U0788234

婺城年鉴

2022

金华市婺城区地方志编纂委员会 编

方志出版社
Publishing House of Local Records

图书在版编目(CIP)数据

婺城年鉴. 2022 / 金华市婺城区地方志编纂委员会编. — 北京 : 方志出版社, 2022.12
ISBN 978-7-5144-5491-8

Ⅰ. ①婺… Ⅱ. ①金… Ⅲ. ①区(城市)—金华—2022—年鉴 Ⅳ. ①Z525.54

中国版本图书馆 CIP 数据核字(2022)第 243111 号

责任编辑：丛　珺
责任校对：刘玉霞
责任印制：梅中英
出 版 者：方志出版社
地　　址：北京市朝阳区潘家园东里 9 号(国家方志馆 4 层)
邮　　编：100021
网　　址：http://www.zgfzcb.cn
发　　行：方志出版社图书营销中心(010-67110500)
印　　刷：浙江远大印刷有限公司
开　　本：889 毫米×1194 毫米　1/16
印　　张：22.5
字　　数：710 千字
版　　次：2022 年 12 月第 1 版
印　　次：2022 年 12 月第 1 次印刷
定　　价：200.00 元

·版权所有　翻印必究·

(如有印装质量问题，请与我社图书营销中心联系)

金华市婺城区地方志编纂委员会

顾　问：高　峰

主　任：胡余仙

副主任：胡小荣　赵燕华　李可春　董智频

成　员：（以姓氏笔画为序）

丁美国　厉　挺　朱德勤　华国庆　刘寿松　严东生

李　刚　应　波　沈春燕　宋友余　张建华　陈　英

陈　剑　邵旭萌　邵建平　周光辉　周黎华　郑　甬

赵建洪　赵锡生　柯建洲　俞　军　姜建军　骆君长

徐　明　徐　彪　高佳平　陶　迅　曹　巍　蒋晓蔚

廖　宁　戴忠余

《婺城年鉴(2022)》编纂室

主　　编： 刘寿松

副 主 编： 朱德勤

执行主编： 徐　胜

编　　辑： 朱艳萍　　范升元　　方素佳

编辑说明

一、《婺城年鉴》是由中国共产党金华市婺城区委员会、婺城区人民政府主办，婺城区人民政府地方志编纂委员会承编的地方综合年鉴。

二、《婺城年鉴(2022)》以马克思列宁主义、毛泽东思想、邓小平理论、“三个代表”重要思想、科学发展观、习近平新时代中国特色社会主义思想为指导，坚持辩证唯物主义和历史唯物主义的立场、观点和方法，记述婺城区2021年改革开放、经济建设、全面建成小康社会等内容，汇集全区各系统、各部门、各行业在改革开放和社会主义现代化建设中的新成就、新经验、新情况、新矛盾，客观反映婺城区的新发展。

三、《婺城年鉴(2022)》记述时限为2021年1月1日至2021年12月31日(作为背景资料，部分条目内容和数据适当上溯或下延)，收录范围为婺城区(含金华经济技术开发区)的机关部门、园区、乡镇、街道和企事业单位。建置沿革类目内容记述时间起自事物发端。特载中有3个报告的时间为2022年。

四、《婺城年鉴(2022)》采用分类编辑法。框架结构分类目、分目、条目3个层次，部分分目下设次分目，以条目为主要载体。本书设特载、专辑、大事记、婺城区概况、中国共产党金华市婺城区委员会、婺城区人民代表大会、婺城区人民政府、中国人民政治协商会议婺城区委员会、纪检监察、民主党派 工商联、群众团体、法治、军事、经济管理、农业、水利、工业、园区、投资集团、城乡建设与管理、商贸、交通 通信、财政 税务、金融、教育、科学技术、文化 旅游 体育、卫生与健康、社会事务、人物 荣誉、街道镇乡、附录、名词解释、索引34个部分。为方便检索，不同层次的标题用不同的字号、字体和版式。

五、《婺城年鉴(2022)》采用的资料由区各单位指定专人负责撰写，并经各单位主要领导和相关专业部门审核。照片由各单位、各部门提供。撰稿人姓名加括号列在类目、分目或条目后面。

六、《婺城年鉴(2022)》数字用法、标点符号用法分别采用国家标准《出版物上数字用法》(GB/T15853—2011)、《标点符号用法》(GB/T15834—2011)，计量单位采用国家技术监督局1993年12月发布的《量和单位》系列国家标准。年鉴中的数据均经有关部门核实，综合性数据以统计局提供的统计年鉴为准。部分分项数据之和不等于总量数据，是由于数值修改误差所致，未作机械调整。

七、组织机构及负责人名录由区委组织部提供。

年度聚焦

12 月 28 日，中国共产党金华市婺城区第八次代表大会开幕

（区新闻中心供稿）

12 月 28 日，区领导看望中国共产党金华市婺城区第八次代表大会第二代表团代表

（区新闻中心供稿）

5 月 20 日，省交通厅普通国省道提标、提质、提速“三提”现场会在婺城区召开

（区交通运输局供稿）

6 月 29 日，金华五中成美校区竣工仪式举行

（区教育局供稿）

9月8日,人民西路西延工程通车仪式举行

(区交通运输局供稿)

9月26日,金华市市长邢志宏(前排左三)到临江工业园区参加市区重点新建制造业项目观摩活动

(婺城经济开发区供稿)

10 月 22 日，浙江婺城经济开发区挂牌成立暨婺城区制造业“腾笼换鸟、凤凰涅槃”攻坚推进大会举行

（婺城经济开发区供稿）

10 月 31 日，二环西路竣工通车　（区交投集团供稿）

10 月 31 日，智能交通科技园全面结顶　（蒋堂镇人民政府供稿）

庆祝中国共产党成立 100 周年

6 月 19 日，原创红色题材话剧《九峰星火》试演现场

（蒋堂镇人民政府供稿）

6 月 29 日，“百年风华 薪火相传”婺城区庆祝中国共产党成立 100 周年·大型红色婺剧《南山火种》在中国婺剧院首演

（区委宣传部供稿）

6月29日，城东街道举行“光荣在党50年”纪念章颁授仪式

（城东街道供稿）

6月30日，婺城区举行“光荣在党50年”纪念章颁发仪式

（区委组织部供稿）

部门风采

3 月 10 日，婺城区开展“四攻坚四争先”青春助力“生态名城”建设主题团日暨植树节活动

（团区委供稿）

4 月 22 日，区税务局与区工商联联合召开政企恳谈会

（蒋焕杰摄）

6 月 21 日，婺城区粮食物资局组织消防安全演练

（区经商局供稿）

8 月 3 日，婺城区粮食物资局人员指导夏粮收购工作

（区经商局供稿）

8 月 17 日,婺城区遭受强降雨影响,区红十字会应急救援队开展人员转移救援

(区红十字会应急救援队供稿)

11 月 5 日,时任区应急管理局党委委员、副局长周全喜获全国应急管理系统先进工作者

(区应急管理局提供)

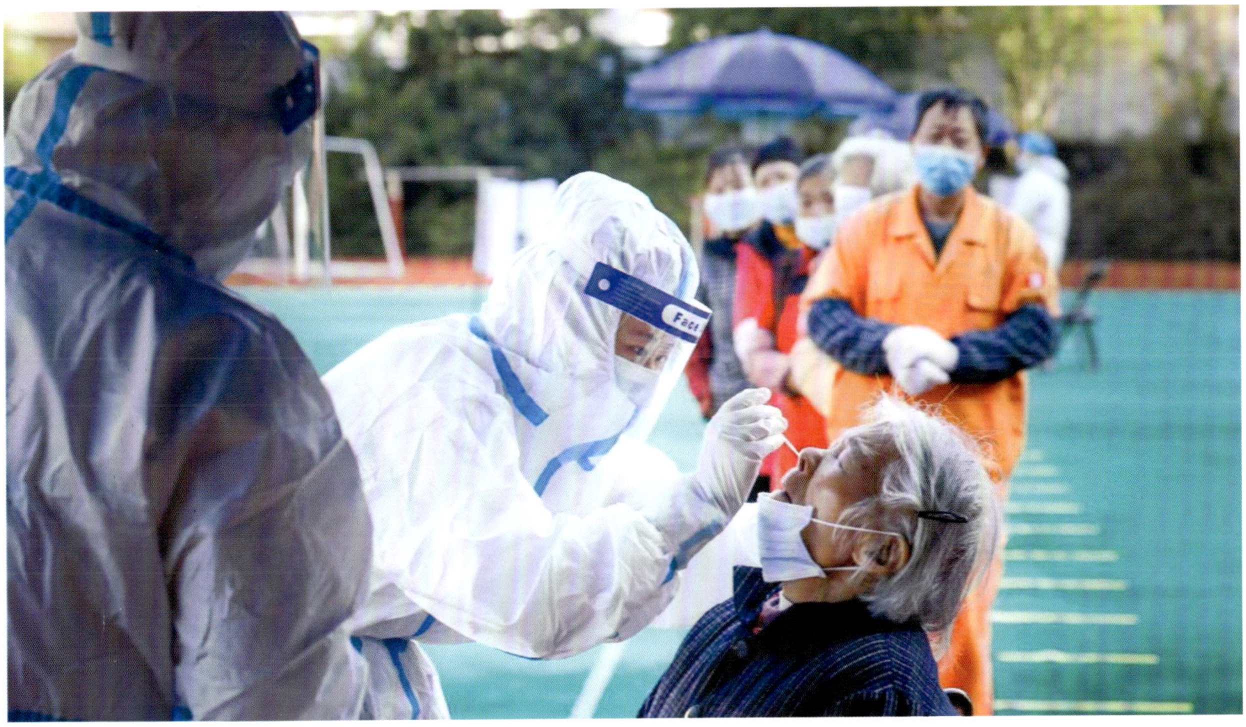

11 月 11 日，塔石乡开展大规模核酸检测应急演练

（塔石乡人民政府供稿）

12 月 6 日，区委书记高峰（右一）走访婺城区民主党派之家

（民革婺城基层委供稿）

党史学习教育

4 月 23 日，金华市青年联合会一起读党史分享会在婺城区举行

（团区委供稿）

12 月 30 日，区新一届区委委员、候补委员和区纪委委员开展党史学习教育，集体重温入党誓词

（区新闻中心供稿）

5 月 12 日，婺城短视频联盟成立暨“建党百年 幸福婺城”短视频大赛正式启动 （区新闻中心供稿）

6 月 10 日，区审计局全体干部在东阳长征博览城开展“重走长征路”党史学习教育实地研学活动 （区审计局供稿）

7 月 5—9 日，民革婺城区基层委举行“同心向党·走多党合作之路”党史学习教育 （民革婺城基层委供稿）

文化建设

3 月 13 日,中国·金华 2021 第十二届中国茶花博览会颁奖典礼现场

(区新闻中心供稿)

4 月 2 日,2021 花满婺城·幸福生活第五届雅畈杜鹃花节开幕现场

(区新闻中心供稿)

4月2日，"箬阳龙珍"国家地理标志品牌发布会暨婺城区第三届茶文化节举行

（区新闻中心供稿）

4月25日，婺城区首届原创歌曲音乐会现场

（区文联供稿）

5 月 17 日，知名画家走进钱塘江诗路文化带“视觉婺城”第六季白沙溪三十六堰写生活动启动

(区文联供稿)

5 月 20 日，白沙八景落成典礼暨歌曲《闻着花香回故乡》全球首发式举行

(区新闻中心供稿)

9 月 30 日至 10 月 4 日，2021 年浙江省青少年（儿童）乒乓球锦标赛暨浙江省第十七届运动会乒乓球测试赛在金华市体育中心体育馆举行　　（区文旅体局供稿）

10 月 15 日，婺城区 2021 “百家礼堂迎亚运”群众舞蹈大赛举行　　（金耀摄）

10 月 21 日，婺城区文艺创客联合会成立大会举行　　（区文联供稿）

白沙八景

白沙古堰(一)

(周金权摄)

白沙古堰(二)

(周金权摄)

宝塔摇铃(一)

(余凌智摄)

宝塔摇铃(二)

(余凌智摄)

涧道雄关(一)

(翁哲宁摄)

涧道雄关(二)

(翁哲宁摄)

琅琊峰回(一)

(彭丽莎摄)

琅琊峰回(二)

(彭丽莎摄)

龙桥映月

(区新闻传媒中心供稿)

乌云桥渡

(黄诗媛摄)

双湖烟雨(一)

(徐美琴摄)

双湖烟雨(二)

(徐美琴摄)

铁店遗韵(一)

(蔡阳彪摄)

铁店遗韵(二)

(蔡阳彪摄)

目　录

中国共产党金华市婺城区委员会

婺城区人民代表大会

婺城区人民政府

中国人民政治协商会议婺城区委员会

纪检监察

民主党派　工商联

群众团体

法　治

经济管理

农　业

水 利

工 业

园 区

投资集团

城乡建设与管理

商 贸

交通 通信

财政　税务

金　融

教　育

科学技术

文化 旅游 体育

卫生与健康

社会事务

人物　荣誉

街道镇乡

附　录

特　载

奋楫赶超争先　奋进共同富裕
为建设高能级现代化都市核心区而努力奋斗

——在中国共产党金华市婺城区第八次代表大会上的报告

婺城区区委书记　高　峰

2021 年 12 月 28 日

一、过去五年工作回顾

区第七次党代会以来，区委团结带领全区党员干部群众，在习近平新时代中国特色社会主义思想的科学指引下，在党中央和省委、市委的坚强领导下，忠实践行“八八战略”、奋力打造“重要窗口”，紧紧围绕“建设都市核心、决胜全面小康”目标，紧扣“工业强区、科创兴区、生态立区、城乡统筹”发展战略，唱响“担当赶超、婺城图强”主旋律，“都市经济创新城、美好生活幸福城”“双城”战略落地成景，圆满完成区第七次党代会确定的目标任务。

——五年来，我们举旗帜铸忠魂，坚决践行“两个维护”。立足两个大局，心怀“国之大者”，把学思践悟习近平新时代中国特色社会主义思想作为首要政治任务，自觉扛起“红色根脉”和“五大历史使命”政治担当，深入开展“两学一做”学习教育、“不忘初心、牢记使命”主题教育和党史学习教育，积极推进高质量全面落实意识形态工作责任制省级试点，不断提升政治判断力、政治领悟力、政治执行力。认真学习贯彻习近平总书记重要讲话和指示精神，特别是在浙江考察时的重要讲话精神，召开 12 次区委全会，推动治理体系和治理能力现代化、打造“重要窗口”、高质量发展建设共同富裕示范区等中央决策部署在婺城落地生根，不断提升以新发展理念引领高质量发展的思想自觉、行动自觉。

——五年来，我们举旗帜铸忠魂，坚决践行“两个维护”。立足两个大局，心怀“国之大者”，把学思践悟习近平新时代中国特色社会主义思想作为首要政治任务，自觉扛起“红色根脉”和“五大历史使命”政治担当，深入开展“两学一做”学习教育、“不忘初心、牢记使命”主题教育和党史学习教育，积极推进高质量全面落实意识形态工作责任制省级试点，不断提升政治判断力、政治领悟力、政治执行力。认真学习贯彻习近平总书记重要讲话和指示精神，特别是在浙江考察时的重要讲话精神，召开 12 次区委全会，推动治理体系和治理能力现代化、打造“重要窗口”、高质量发展建设共同富裕示范区等中央决策部署在婺城落地生根，不断提升以新发展理念引领高质量发展的思想自觉、行动自觉。

——五年来，我们重改革谋创新，发展活力持续迸发。数字化改革竞跑快跑，“大综合一体化”行政执法改革在省委深改委会议上获得省委主要领导充分肯定。科技创新竞跑快跑，2020 年党政领导科技进步目标责任制考核全省优秀，科技创新进步指数升至全市第二。人才集聚竞跑快跑，引进海内外院士4人，实现全市顶尖人才全职引进零突破，每10万人口中拥有大学生2.1万人，高于全市平均水平8000人，浙中人才策源地优势不断显现。

——**五年来，我们促转型稳增长，都市经济量质齐升**。预计GDP突破350亿元，是2016年的1.36倍，规上工业产值突破250亿元，是2016年的1.67倍，社会消费品零售总额突破345亿元。大力实施“腾笼换鸟、凤凰涅槃”行动，完成低效用地再开发466.73公顷，做优做强汽车零部件产业链工作获得省政府主要领导批示肯定。积极推进服务业提质增效，入选省级夜间经济、省级智慧商圈试点，服务业发展综合评价位列全省第12位。认定农业标准地3666.67公顷，珍其源两头乌、箬阳龙珍、婺禾富硒米等品牌享誉国内外，动物防疫工作获得省委主要领导批示肯定。

——**五年来，我们勇担当善攻坚，大战大考克难奋进**。产业平台整合提升捷报频传，浙江婺城经济开发区获省政府批复成立，飞扬智造工业平台、临江工业平台列入市区六大万亩工业平台。项目攻坚加力提速，96个省市重点项目高效落地，完成固定资产投资513亿元，比前五年实现翻番。征迁攻坚强势推进，圆满完成68项征迁硬任务，完成城中村改造135万平方米，西郊40天、鲍杨30天、黄金苑20天，不断刷新婺城速度。疫情防控筑牢防线，精密智控走在前列，“守好北大门”做法得到省委主要领导肯定，经济运行月度综合评价指数列全省第18。

——**五年来，我们抓统筹提品质，花满婺城风景更好**。城市越来越精美，老城区完成老旧小区改造366个、173万平方米，二七区块百幢高楼拔地而起，高铁新城高位起势；新城区人气商气加速集聚，万泰广场浴火重生，中轴景观更加亮丽，配套服务不断完善；老城新区加速融合，双溪西路、人民西路等7条断头路全面打通，“六横六纵”交通格局加快成形。乡村越来越和美，建成全国“一村一品”示范村3个、小城镇环境综合整治省级样板6个、省级美丽城镇样板2个。生态越来越秀美，五年三夺“大禹鼎”，成功创建省级生态文明示范区，获批全省面积最大省级自然保护区。百姓越来越富美，预计城乡居民收入分别达64600元、29480元，较2016年提升45%、52%，行政村经营性收入超12万元，低收入农户全面消除。

——**五年来，我们葆初心赢民心，百姓生活幸福满满**。优学婺城品牌更响，实施28个教育拉长板项目，新增中小学幼儿园学位1.3万个，五中成美校区、金师附小凤山校区等建成投用，成功创建全国义务教育发展基本均衡区、省教育基本现代化区、省教育强区。健康婺城基础更实，实施5大卫生补短板项目，区人民医院投入使用，区中医院、妇保院开工建设，省级卫生健康促进区通过验收，“15分钟医疗服务圈”基本形成。社会保障力度更大，新增就业岗位6.3万个，完成再就业1.2万人。人文婺城韵味更浓，“白沙溪·三十六堰”获评世界灌溉工程遗产，铁路文化公园、熊猫猪猪国际牧场、燕语湖国际垂钓中心实力“出圈”。

——**五年来，我们防风险守底线，社会大局和谐稳定**。法治婺城建设走在前列，获评全国青少年普法教育示范区、法治浙江建设示范区。平安婺城建设再创新高，连续十六年获评省级平安区，勇夺全省首批一星平安金鼎，成功创建“无信访积案区”“无欠薪区”，扫黑除恶专项斗争圆满收官。除险保安持续提质，较大以上安全生产事故实现零发生，生产安全事故数和死亡人数较2016年分别下降83%、74%。

——**五年来，我们强基础固根本，党的建设全面加强**。基层堡垒不断夯实，乡镇换届圆满完成、村社组织换届平静安静，西市街商圈党建共同体做法入选全国优秀案例。党风政风不断向好，区委巡察实现全覆盖，“四风”纠治寸步不让，党风廉政建设考核全市第二，全面从严治党群众满意度全市第一。不断加强党对人大、政府、政协、武装工作的领导，全力支持纪委监委、法院、检察院履行职能，坚持巩固和发展新时代爱国统一战线，双拥工作成果丰硕，群团改革成效明显。

回望五年的奋斗历程，让我们倍感振奋的是，2019年、2020年连获全市综合考评优秀，GDP增速跃升到全省第24名，婺城整体性、系统性、本质上反转向好的基础逐步夯实。让我们倍感荣耀的是，坚决扛起主战场之责，高水平创成了全国文明城市。让我们倍受感动的是，面对突如其来的新冠肺炎疫情，全区1086个基层党组织、2.7万名党员干部闻令而动、尽锐出战，特别是1.2万卫健工作者白衣执甲、不负重托，坚决打赢了疫情防控遭遇战阻击战歼灭战。全区广大党员干部群众与婺城同呼吸共命运，敢于斗争、顽强不屈，无惧艰险、拼搏向前，这是我们扛旗争先、奋楫赶超，加快推动婺城高质量发展的最大底气！

五年拼搏砥砺，五年春华秋实。这些成绩的取得，是习近平新时代中国特色社会主义思想科学指引的结果，是以习近平同志为核心的党中央坚强领导的结果；是省委、市委正确领导的结果，是各级党组织和党员干部群众攻坚克难、团结奋斗的结果，也是历届区委打下坚实基础的结果。在此，我谨代表中共金华市婺城区委，向全区广大党员干部群众，向各民主党派、工商联和无党派人士、各人民团体、离退休干部；向驻区解放军指战员、武警部队官兵、公安干警和消防救援队伍指战员，向所有关心和支持婺城发展的社会各界人士，表示崇高的敬意和衷心的感谢！

回顾五年来的工作，我们的主要体会是：必须坚持党的全面领导。实践充分证明，泰山压顶、风雨来袭时，习近平总书记是最可信赖的核心、以习近平同志为核心的党中央是最可靠的主心骨。只要我们始终不渝坚持党的领导，坚定捍卫“两个确立”，坚决做到“两个维护”，就一定能够确保各项事业沿着正确的方向前进。必须坚持发展第一要务。发展是解决婺城一切问题的基础和关键。只要我们始终聚焦高质量发展主题，把着力点放在实体经济上，锚定方向、蹄疾步稳，就一定能取得更优的发展成效。必须坚持以人民为中心。人民幸福是最重要政绩。只要我们牢固树立发展为民的价值取向、民生优先的行动指向，用心用情用力解决好群众“急难愁盼”问题，就一定能赢得民心、汇聚民力，创造出得到人民认可、经得历史检验的发展实绩。必须坚持深化改革创新。惟改革者进，惟创新者强。只要我们敢于创新、勇于变革，坚决破除体制机制障碍，将改革作为解决问题的根本途径，将创新作为推动发展的制胜法宝，就一定能创造更多比较优势，充分汇聚发展动能。必须坚持办实事求实效。实事求是很重要，实事求是不容易，但必须实事求是。只要我们一切从实际出发，追求实实在在的投入、实实在在的增长、实实在在的发展，就一定能推动高质量发展取得新的更大成绩。

二、今后五年的总体要求和主要目标

今后五年，是婺城借梯攀高、大有可为的战略机遇期，是实现高质量发展、竞争力提升、现代化先行的关键期，更是能级大提升的攻坚期，必须“抬头志在万里、低头绣花功夫”，奋楫赶超争先，奋进共同富裕。

奋楫赶超争先，奋进共同富裕，要坚定不移做“两个确立”忠诚拥护者、“两个维护”示范引领者。始终怀着对习近平总书记的忠诚之心、爱戴之心、拥护之心、感恩之心，当好“红色根脉”的传承人、守护者，切实做到“总书记有号令、中央有决策、省委市委有部署、婺城见行动”。争当学懂弄通做实习近平新时代中国特色社会主义思想排头兵，加强党对意识形态工作的全面领导，构建用党的创新理论武装党员、教育人民、指导实践、推动工作长效机制，打造全省意识形态工作标杆。深化拓展党史学习教育成果，紧扣党的二十大、“八八战略”实施20周年、新中国成立75周年等重大时间节点，大力实施理论溯源铸魂走心工程，形成一批高质量研究成果。

奋楫赶超争先，奋进共同富裕，要始终保持清醒坚定。进入新发展阶段，婺城面临新使命、新机遇、新挑战、新要求，要善于观大势识大局，找准赛道跑道。

我们面临扛旗争先和崛起浙中的双重使命。近年来，婺城发展与自身相比有了长足进步，但横向比较，标兵渐远、追兵渐近、强兵更多，区域竞争不进则退、慢进也是退。当前，“浙江之心”风生水起、“崛起浙中”大幕已开。既要在区域竞争中扛旗争先，更要为建设共同富裕现代化都市区贡献婺城力量。

我们面临优势集成和战略叠加的双重机遇。我们拥有主城区位综合优势、教育医疗资源优势、千年古城人文优势、山水资源禀赋优势。随着高质量发展建设共同富裕示范区开局起步,长三角一体化发展、长江经济带建设等国家战略深入实施,建设全国性综合交通枢纽、中国(浙江)自由贸易试验区金义片区等重大战略落地金华,机遇前所未有、发展时不我待。既要跳出婺城看优势,更要融入大局求突破,全力把发展机遇转变为发展成果。

我们面临做大"蛋糕"和分好"蛋糕"的双重挑战。发展能级亟待全面提升,GDP全市占比不高,工业企业规模偏小、效益较低,缺乏高能级产业平台、科创平台、城市平台,创业创新氛围不够浓厚。同时,共同富裕亟待破题快进,区域差距、城乡差距、收入差距较大,公共服务体系不够健全。既要持续做大总量、加快动能转换,实现从积累到突破的"关键一跃",又要破除城乡二元壁垒,迈出从全面小康到共同富裕的"历史一步"。

我们面临提升塑造变革能力和涵养清风正气的双重要求。与先进地区相比,部分党员干部的干劲还不足、信心还不够、能力还不高,在敢想敢干、协同作战、改革创新方面差距比较明显。党的建设存在薄弱环节,"四风"问题仍有反复,风清气正的政治生态还需巩固涵养。既要保持奋进者姿态、激发创造性张力,又要守牢底线,在法纪轨道上、安全前提下推动自我变革。

奋楫赶超争先,奋进共同富裕,要准确把握指导思想。今后五年,婺城经济社会发展的指导思想是:高举中国特色社会主义伟大旗帜,以习近平新时代中国特色社会主义思想为指导,全面贯彻党的十九大和十九届历次全会精神,深入学习贯彻习近平总书记考察浙江重要讲话精神,统筹推进"五位一体"总体布局,协调推进"四个全面"战略布局,立足新发展阶段、贯彻新发展理念、构建新发展格局,紧紧围绕忠实践行"八八战略"、奋力打造"重要窗口"的主题主线,坚持稳中求进、以进求变的工作基调和"扛旗争先、崛起浙中"的工作要求,大力实施"1483"发展战略,加快建设活力婺城、品质婺城、幸福婺城、水墨婺城,奋力提升"八个能级"打造"八个高地",纵深推进全面从严治党"三大工程",奋楫赶超争先,奋进共同富裕,凝心聚力建设高能级现代化都市核心区。

奋楫赶超争先,奋进共同富裕,要科学确立奋斗目标。能级是城市实力的综合体现,城市的兴起,在于能级形成;城市的衰落,在于能级衰退;城市的持久繁荣,在于能级不断提升。面对激烈的区域竞争、面对崛起浙中的大局,必须在能级提升上持续用力、久久为功,不断打造人无我有、人有我优、人优我特的核心竞争力。今后五年,我们要围绕建设高能级现代化都市核心区的总目标,切实担起主城区之责、展现核心区作为,确保城市能级排名进入全省市辖区前25名。

——扛起核心区担当,打造动能强劲的"活力婺城"。奋力提升经济能级、创新能级,让婺城成为年轻人筑梦、追梦、圆梦的城市。发展更有活力,GDP突破500亿元,外贸进出口年均增速8%以上,固定资产投资、规上工业增加值、规上企业数实现翻番;创新创业更有活力,科技创新进步指数进入全省前30,数字经济核心产业增加值占生产总值比重高于全市平均,在册市场主体实现翻番;城市更有活力,每年新增大学生万人以上,15~59岁人口比例逐步提升。

——放大核心区优势、打造魅力无限的"品质婺城"。奋力提升城市能级、乡村能级,让城市农村一样美、居民农民一起富。城市建成区面积增加10平方千米以上,常住人口城镇化率领跑全市,命名"新时代富春山居图样板区"1个以上。完成老旧小区改造40万平方米、实施城中村改造15个以上、建设安置房1.5万套以上。城乡居民收入倍差达到全市平均水平。

——拉高核心区标杆,打造人民满意的"幸福婺城"。奋力提升公共服务能级、治理能级,让群众的日子芝麻开花节节高,一年更比一年好。每千人口拥有3岁以下婴幼儿托位数达到5个以上,创建现代化学校10所,居民人均可支配收入年均增长8.5%以上,新增二甲以上医院3家,每万老年人拥有持证护理员28人,建设保障性租赁住房7100套以上,城乡居民最低生活保障年标准达到13500

元。居民人均期望寿命、平安指数保持全省前列。

——彰显核心区底蕴,打造钟灵毓秀的“水墨婺城”。奋力提升文化能级、生态能级,复兴古婺文脉、护好绿水青山。区乡村三级公共文化设施实现全覆盖,国民素质和社会文明程度达到新高度,地表水III类以上水体比例达到100%,$PM_{2.5}$控制在28微克/米^{3}以下,空气质量优良天数比例达到92%以上,森林覆盖率达到66.7%以上,生态文明指数逐年提高,创建南山国家级自然保护区,争创国家级生态文明示范区、省级低碳示范县。

奋楫赶超争先,奋进共同富裕,要各美其美、美美与共。18个乡镇(街道)要找准跑道,拿出硬本领、真功夫,人人扛旗、个个争先。罗店镇要依托金华山争创“中国旅游强镇”。乾西乡要当好老城新区融合发展“桥头堡”。竹马乡要争当绿色低碳发展探路者。雅畈镇要建设古婺文化展示窗口。安地镇要做强仙源湖省级旅游度假区,打造安定安居安业之地。白龙桥镇要当好能级提升排头兵。琅琊镇要擦亮山水生态共同富裕金名片。蒋堂镇要建设浙中现代特色农业示范镇。长山乡要打造婺南旅游新地标。沙畈乡要传承红色资源、筑牢绿色屏障。塔石乡要做美“云上塔石”。莘畈乡要争创农体旅融合新标杆。箬阳乡要争当共同富裕绿色发展模范生。城东街道要点亮三江之心,彰显古城气派。城西街道要凤凰涅槃,打造城市有机更新样板区。城中街道要激活核心商圈动能,打造活力时尚消费中心。城北街道要深化两大改革试点,打造基层治理迭代升级样板。新狮街道要加快有机更新,打造创新高地。

三、今后五年的主要任务

围绕上述目标要求,今后五年要奋力提升“八个能级”,全力打造“八个高地”,奋战五年,蝶变婺城。

(一)奋力提升经济能级,打造浙中产业新高地。没有产业支撑的城市“站不直、走不远”。坚决挺起实体经济的脊梁,强化产业根基,不断提升婺城经济的分量和地位。

强力补齐制造业短板。坚决拓展产业平台。以婺城经济开发区为核心打造高质量发展主战场,制造业投资年均增速17%以上,实现五年翻番。临江工业平台大力发展智能制造产业,拓展空间80公顷,飞扬智造工业平台打造汽车核心零配件产业示范基地,扩容533.33公顷。坚决推动“腾笼换鸟、凤凰涅槃”行动。完成低效工业企业整治提升733.33公顷,规上工业亩均税收达到37万元。坚决加快打造主导产业。推动汽车核心零配件、五金工量具产业转型升级,形成两大百亿产业集群。大力培育数字经济、生命健康、新材料三大新兴产业,产值年均增长20%以上。坚决加大制造业主体培育力度。新增上市公司2家,“专精特新”企业数翻两番。坚决打好招大引强攻坚战。招引3亿元以上产业项目105个以上,招引落地10亿元以上制造业项目21个以上,实际使用外资年均增速10%以上。

持续优化服务业结构。大力提升传统商贸业,实施现代服务业集聚发展行动,培育做大万泰、万固两大新兴商圈,商贸业年均增速8%以上,社会消费品零售总额超500亿元。培育夜经济产业带,重点打造西市街、古子城、梅溪—燕语湖等夜经济地标,市场规模突破20亿元。开展“一镇一街一品”特色街区创建行动。立足高铁新城培育金融、总部经济,依托新城区发展信息技术服务、研发设计,生产性服务业产值占服务业比重提升5个百分点以上。

充分放大农业特色优势。加快“传统农业大区”向“现代农业强区”迭代升级。推动改革赋能,深化农业供给侧改革,打造农业“标准地”改革婺城样板。推动特色赋能,做优花卉苗木、高端茶叶、生态畜牧等产业,打响“三十六堰”公共区域品牌,打造“婺城拾珍”特色农产品品牌。推动平台赋能,熊猫猪猪国际牧场成为世界级文旅融合大IP,婺南省级现代农业园区建成省级特色产业引领区,石道畈片区争创国家级现代农业产业园。守牢耕地红线,坚决遏制耕地“非农化”、严格管控“非粮化”,完成233.33公顷新增耕地垦造。

(二)奋力提升创新能级,打造数字化改革新高地。突出重构重塑,彰显管用有效,让改革创新成为高质量发展“关键变量”和“最大增量”,让改革的婺城方兴未艾,创新的婺城如虎添翼。

全面深化数字化改革。以“152”体系架构为基础,将“三张清单”“五个必须”贯穿数字化改革始终,全区新增20个以上省级试点。聚焦党政机关整体智治，完成85%以上党政机关重大任务事件组。聚焦数字政府,掌上办公比例达90%以上,政务服务“一网通办”率达90%以上,数据共享率达99%以上。聚焦数字经济,新增市级以上数字化车间、智能工厂、未来工厂项目100个。聚焦数字社会,建好“城市大脑”，开展3个以上省级未来社区建设,每年推进4个以上未来乡村试点建设。聚焦数字法治,统一行政处罚办案系统应用率达70%以上。聚焦一体化智能化公共数据平台,完善数字孪生城市底座。

撬动重点领域改革。聚力打造营商环境最优区,深化“放管服”改革、商事登记制度改革,企业投资项目审批用时缩短80%以上。深化推进5个省级试点:深化意识形态工作责任制综合试点,实现基层党组织书记抓意识形态工作专项述职覆盖率100%。深化“大综合一体化”行政执法改革试点,实现85%以上执法力量下沉一线,打造全省样板和全国标杆。深化“县乡一体、条抓块统”改革试点,建成8个以上基层治理“四治融合”样板村,12个基层治理“一件事”全部实现线上运行。深化国有林场改革试点，探索建立符合浙江实际的绩效考核激励机制。深化非公企业产业工人队伍建设改革综合试点,新增培育技能人才900人以上,其中高技能人才占比达35%以上。

激发科技人才活力。坚持“创新驱动,科技引领”,打造沪杭创新孵化重要承接区、浙江省重要技术创新基地,争创省可持续发展创新示范区。深度融入长三角G60科创走廊和浙中科创大走廊建设,加强与浙师大校地合作,建成师大创新城,积极推动浙师大国家大学科技园争创国家级孵化器、国家大学科技城。加大科技研发投入,财政科技投入年均增长20%以上,规上工业企业研发费用年均增长35%以上，高新技术产业投资年均增长17%以上，R&D 经费支出占GDP比重达3.35%。加快创新要素集聚,高新技术企业、科技型中小企业数量实现双倍增。加快人才生态最优区建设,深入实施“鲲鹏行动”计划,用活“揭榜挂帅”机制,引进科技领军人才100名以上、人才项目10个以上。推进高校院所、省级院士专家工作站、省级博士后工作站等智力平台建设,培育产业蓝领队伍,专技人才总量突破7万人。拓宽“人才绿色通道”,深化人才创业创新全周期服务,建成人才公寓800套以上。

(三)奋力提升城市能级,打造人居品质新高地。以1391平方千米的大地为基、为95万婺城人民筑城,让婺城成为婺城人民最美好的栖身之所。

建设古今交融的品质之城。老城更有韵味。突出千年州府地一砖一瓦的厚重和都市核心区的时尚繁华,围绕“一江四片区”布局,全面提升“五韵”城市风貌。沿婺江北岸以水为脉,以文化为魂,串联八咏楼、天宁楼、铁路文化公园等文化地标和沿江公园、绿道,提升打造“婺水之韵”风情带。城东片区依托古子城“一城两巷、一带两环”,推进活化利用,创新植入业态,建设金华人文旅游示范区、健康养生体验区和高尚生活居住区,打造“古城之韵”样板区。城中片区依托西市街商圈和周边优质教育、医疗资源,建设浙中最具吸引力的时尚生活圈,打响婺城购物品牌,打造“时尚之韵”样板区。城西片区高铁新城加快实施“长湖湾”及周边片区“城市复兴”项目,完成开发建设2.5平方千米,打造“品质之韵”样板区。城北片区围绕“一校一园四带”加快有机更新、退二优二,打造“创新之韵”样板区。新城更具活力。新城区实施“东接、南联、西延、北拓”发展战略,打造产城融合开放创新示范区,建设未来新城、滨水新区。“东接”江南主城,开发建设高桥单元宾虹西路以北2.8平方千米。“南联”白龙桥镇区,加快金龙路以北、330国道以南2平方千米城市有机更新。“西延”规划建设7平方千米郭蓉休闲区,打造金华中心城市的后花园。“北扩”规划1平方千米生命健康科学城,启动一期20公顷开发建设,华龙南街北延至杭金衢婺城互通建成开通,打造新城区迎宾大道。加快完善配套设施,新城区农贸市场、邻里中心、区机关紫金幼儿园、区妇幼保健院、区康复医院等建成投用,让新城区既有产业创新发展的高度,更有美好生活的温度。

建设交通便捷的品质之城。实施重点交通项目25个,基本建成“一港二铁三轨三高四干五联”综合交通体系。以交通互联加速区域融合,完成金建铁路、甬金衢上高速婺城段、上华至琅琊公路、建德至武义高速建设,加快沪昆铁路外绕、金义城际、315省道、一环路、二环路快速化改造、金星街南北贯通、金华江航运开发一期等重点项目建设,不断打通婺城外畅内联通道。高水平建设"四好农村路",提升长山到城区道路等级,实现平原乡镇高等级公路全覆盖,城乡公交一体化率达到100%,打造"3060"农村公路交通圈。建设数字交通、平安交通,让"出门的路""回家的路"更加舒心。依托婺城公铁水联运港建设物流集聚区,打造义甬舟开放大通道重要节点。

建设开放融合的品质之城。不断增强婺城开放度,在科创、人才、产业等方面全方位融入长三角。以产业创新引领金义一体化,对接自贸区金义片区,高质量建设城北跨境电商产业园,打造跨境电商百亿产业,形成浙中跨境电商集聚中心。主动融入都市区共建,探索县域创新合作新路径,协同共建金兰创新城,形成都市区先进制造业西拓的重要增长极,推动临江片区与兰溪开发区江南片区对接,实现错位互补发展。

(四)奋力提升乡村能级,打造共同富裕新高地。共同富裕路上一个也不能掉队,必须重农固本,为婺城乡亲谋幸福,为婺城乡村谋振兴,在融合发展中持续缩小城乡差距、收入差距、区域差距。

以城带乡缩小城乡差距。牢固树立"全区一盘棋"思想,优化资源要素配置,以城区街道为主体构建都市核心发展圈,以平原乡镇为主体构建城乡融合紧密发展圈,以山区乡镇为主体构建绿色生态发展圈,开展乡镇(街道)结对共建,探索党建统领先富带后富实现共同富裕的机制和路径,形成"三圈一体"城乡融合发展新格局。拓宽村集体创富渠道,重点推进"飞地抱团"项目,实现集体经济年收入40万元且经营性收入20万元以上行政村全覆盖,年经营性收入50万元以上行政村占比达到60%以上。

"扩中""提低"缩小收入差距。实施增收渠道拓宽行动,深化"三块地"改革,建立完善集体经营性建设用地入市增值收益分配机制,鼓励农民盘活闲置宅基地和闲置农房2000套以上,深化收入分配制度改革,劳动报酬占GDP比重稳步提升。实施扩大中等收入群体行动,聚焦家庭年收入10万~20万元群体,分类管理、精准施策,家庭年收入20万~60万元的群体比例达到45%。实施提高低收入群体收入行动,聚焦家庭年收入10万元以下群体,强化困难群体政策兜底保障,家庭年可支配收入10万~50万元的群体比例达到75%。

下山安居缩小区域差距。以"下山安居创富工程"统筹南部山区保护与发展,带动山区群众共同富裕,五年搬迁1万人。启动箬阳整乡搬迁,2022年建成蒋堂移民安置二期项目,2024年建成白龙桥移民安置一期项目,谋划启动白龙桥二期、琅琊等移民安置项目。加快农业转移人口市民化,为移民小区配套经营性用房2000平米以上,新建公立幼儿园、社区服务活动中心等设施,为移民提供就业岗位4000人以上。

(五)奋力提升公共服务能级,打造民生幸福新高地。人间烟火气,最抚凡人心,始终坚持以百姓心为心,让婺城的幸福看得见、摸得着,让婺城人民的获得感成色更足、幸福感更可持续。

完善高质量教育体系。坚持教育优先发展战略,争创全国义务教育优质均衡发展区、全省学前教育普及普惠区。实施教育强基行动,新建、扩建四中高铁新城校区等12所中小学、保利天汇幼儿园等15所幼儿园,新增学位1.8万个以上。实施教育提质行动,"名校+教育"做优金师附小、环小、四中、五中四大教育集团品牌,"互联网+教育"做强城乡教育共同体,100%实现城乡学生课堂共享、教师研修同步、学校集群发展,"双减+教育"率先为金华出试点、为全省出经验。实施名师孵化行动,名师团队数量保持全省前列。

完善高质量卫生健康体系。把人民健康放在优先发展的战略地位,争创国家级健康促进区,居民人均期望寿命超过80岁,公共卫生应急管理能力显著提升,基本实现卫生健康现代化。慎终如始抓好新冠肺炎疫情防控,创新完善常态化疫情防控体制机制,牢牢守护婺城百姓健康安全。构建整合型医疗卫生服务体系,深化医药卫生体制改革,推进区中医院等卫生项目建设,实现大病不出区、小病不出乡。优化完善"3211"婴幼儿照护服务体系,助力"三孩"政策全面落地。争创省级体育现代化区，人均体育场地面积提升到3平方米以上。

完善高质量就业和社会保障体系。深化新时代社会救助综合改革，健全完善"1+8+X"大救助体系，推行退役军人全生命周期管理保障新模式。完善就业服务体系，新增城镇就业5万人，城镇登记失业率控制在3%以内。推进积极应对人口老龄化行动，加快建设居家社区机构相协调、医养康养相结合的养老服务体系，丰富智慧养老应用场景，打造区域养老品牌。

(六)奋力提升治理能级，打造法治建设新高地。当好婺城公平正义"守望者"、平安和谐"守护者"，为婺城人民创造安业安居安康安心的良好环境。

构建大平安新格局。统筹安全与发展，构建风险闭环管控的大平安机制，坚决实现"六个严防"，平安考核进入全省前30，力夺全省首批二星平安金鼎，争创平安中国建设示范区。坚定维护国家政治安全，坚守反恐防暴反邪底线。巩固"遏较大"攻坚成果，全面提升本质安全水平，事故起数、死亡人数下降20%以上。健全完善应急管理体系，建成100个以上避灾安置场所，实现全区重点乡镇(街道)综合应急救援队伍全覆盖。建设网络安全应急指挥中心，营造清朗网络空间。

构建依法治区新格局。把法治作为未来发展核心竞争优势，争创全国法治政府建设示范区。深化司法体制综合配套改革，健全扫黑除恶斗争常态长效机制，努力让婺城人民在每一项法律制度、每一个执法决定、每一宗司法案件中都感受到公平正义。广泛开展"八五"普法，夯实基层法治根基，争创1个国家级民主法治村、40个省级民主法治村，实现"后陈式"法治村、市级法治乡镇全覆盖。完善现代化公共法律服务体系，律师万人比达到6以上，公职律师配备率达到80%以上。健全守信激励和失信惩戒机制，全面打造"信用婺城"。构建基层治理新格局。加强党对基层治理工作的统筹领导健全"四治融合"的城乡基层治理体系。开展社区治理能力提升行动，全区省级善治(示范)村覆盖率达到50%以上。开展矛盾纠纷清源行动，健全社会矛盾纠纷多元调处化解机制，就地化解率达到95%以上。开展信访积案清零行动，信访总量下降30%以上，争创国家级信访工作现代化示范区。开展治理体系贯通行动，扎实抓好市级社会治理中心试点建设，加快"152"与"141"体系贯通，做强区乡两级综合指挥平台，优化全科网格治理模式，事件办结率达到95%以上。

(七)奋力提升文化能级，打造浙中文化新高地。一脉婺文化，千年永流传，焕发"浙江之心、双星争华"精神，打造暖意融融、正气充盈、敢打敢拼的城市气质。

传承弘扬婺文化精神特质。实施文化基因解码工程，传承保护好婺学、婺窑、婺产、婺风、婺建，推进钱塘江诗路文化带建设，实施"千年古城"复兴计划，做好雅畈、安地等古镇保护开发，打响"浙里说婺·宋韵文化""心写婺城""视觉婺城"等特色品牌，打造省级以上重大文化标识2个以上。生动诠释"金星与婺女争华"的精神意志，全力塑造金华学派作为浙学源头的显著标识，激励全区上下广泛凝聚起奋楫赶超争先的强大力量。

大力发展文化事业。加强基层公共文化供给，建成区老年大学、妇女活动中心、青少年宫、文化艺术中心、非遗馆，每万人拥有公共文化设施面积达到4350平方米以上。努力把文化优势转化为整体发展胜势，以仙源湖旅游度假区、双龙风景名胜区、古子城文化旅游区、"白沙溪·三十六堰" 水利风景区为核心，推进全域景区化，游客突破500万人次，床位数突破2万张，旅游收入突破50亿元。

全域推进精神文明创建。坚持以文化人、以文培元，把社会主义核心价值观融入社会发展各方面，深化"婺城好人""草根奖"品牌，拓展新时代文明实践中心建设，构建15分钟文明实践圈，提升全民文明素养和全社会文明程度，社会诚信度达到96%以上，文明好习惯养成实现率达到92%以上，努力在共同富裕中实现精神富有，在现代化先行中实现文化先行。

(八)奋力提升生态能级，打造绿色发展新高地。"南山北山竞秀、白沙婺水汇流"是婺城人民心中最大的眷恋，我们要守护好这方山水，让生于斯、长于斯的家园更加美丽宜人。

打好生态环境巩固提升持久战。深化“五水共治”碧水行动，完成北山水系“三库三溪”综合整治工程、市九峰水厂及配套输水管道工程、“千塘百库”整治工程，基本形成城市和重点城镇防洪闭合圈。推进清新空气行动，建成清新空气示范区。推进净土行动，污染地块安全利用率达到95%，受污染耕地安全利用率达到93%。推进固体废物污染防治行动，建设“无废城市”婺城样板。

建设诗画美丽宜居家园。深化“千万工程”，构建“县域特色风貌总体设计—村庄设计—农房设计”三级设计体系，建成“村庄规划”一张图数据库。抓好常态化环境治理，推进农村垃圾、厕所、污水“三大革命”。打造美丽乡村新标杆，建成共同富裕新时代美丽乡村示范带1条、美丽乡村风景线5条、省级美丽乡村建设示范镇6个、省级特色精品村20个，争创省级新时代美丽乡村标杆县。

推进碳达峰碳中和。科学编制实施碳排放碳达峰行动方案，统筹推动全面绿色低碳转型。构建清洁能源供应体系，全区非化石能源消费比重提高到24%。深度调整产业结构，创建绿色低碳工业园区2家以上、绿色低碳工厂10家以上，单位GDP能耗下降16%，单位GDP二氧化碳排放下降20%。实施大型活动碳中和制度，建设10个“零碳”体系试点，推进新增百万亩国土绿化行动，增加生态系统碳汇。

四、纵深推进全面从严治党

全面贯彻新时代党的建设总要求和新时代党的组织路线，打造变革型组织，提高塑造变革能力，锻造一支“会思考、有活力、重团结、善冲锋、守规矩、保清廉”敢打必胜的婺城铁军，争创“省红色强基先进区”，为建设高能级现代化都市核心区提供坚强保障。

（一）实施变革重塑提能工程，锻造扛旗争先的过硬队伍。聚力结构重塑，对标新时代好干部标准，突出事业为上，围绕“年龄、专业、经历、气质”，好中选优、优中配强。深入开展领导班子政治体检，探索建立班子领导力、干部胜任力评价和“人岗匹配”评估机制，实现领导班子结构功能“四优四强”。聚力能力重塑，深入实施“立德铸魂、靶向赋能、压担扛旗”三大行动，加大年轻干部和专业干部培养，大力推进干部跨部门跨领域制度性交流，加大城区、平原、山区干部交流力度，选派千名干部到急难险重场景实战实训，切实推动干部高素质专业化。聚力制度重塑，运用文化激励、晒拼激励、考核激励、督导激励激发干部精气神，推进精密智管干部大监督，实现领导干部职业生涯全周期监督纪实。构建干部暖心关爱全周期闭合链，健全容错纠错、澄清保护等机制，打造唯实惟先、善作善成团队文化。

（二）实施红动婺城强基工程，筑牢扛旗争先的战斗堡垒。聚焦共富争先提升队伍战斗力，大力实施“领雁计划”，深化“红领新青年”培养，迭代升级“书记话图强·五力大比拼”，培养一大批带头争先、带头致富的基层执政骨干。聚焦织密体系提升组织统合力，以党建联盟推动区域党组织优势互补，在各领域多跨组建50个示范共富联盟。深入开展两新党建覆盖攻坚行动，推进机关党建“双建争先”、城市党建提质扩面，规范互联网、快递物流等行业党委运行机制，推进城市社区党组织体系向下延伸，提升社区党组织统领“红色物业”“红色业委会”能力，使组织形态与发展形态更加耦合融合。聚焦善治智治提升功能创新力，升级完善“红色先锋”智管平台，全面提升党员联邻帮户网格信息化水平，构建党建统领整体智治体系。

（三）实施清廉婺城深化工程，厚植扛旗争先的廉政根基。全覆盖创建清廉单元，严格落实党风廉政建设“两个责任”，深化构建“四责协同”机制，加强对“一把手”和领导班子等“关键少数”履责监督，推动清廉建设责任落实更加严实。实施清廉建设“十百千”五年行动计划，建成百家区级清廉建设示范单位，千家单位基本实现清廉单元规范化建设。全领域深化基层治理，始终保持“严”的主基调，聚焦“四风”“四不”突出问题开展专项治理，重拳整治懒散躺平、敷衍塞责、阳奉阴违、打滑空转的人和事。围绕教育、医疗、工程等重点领域，有序开展腐败和作风建设专项治理。高质量实现八届区委巡察全覆盖。用好用足“智廉智律”“基层公权力”等大数据平台，确保全区273个村（社）公权力规范运行。

深化基层涉纪信访源头治理,涉纪信访总量每年下降5%以上。实施“清廉文化五大精品工程”,开展“正气清风扬婺城”主题系列活动,推动清廉文化阵地提档升级。以“婺江廉风”清廉文化品牌为核心,开展清廉家风、清廉传统文化、体验式清廉旅游三条风景线为主的“一品三线”建设,不断厚植清廉文化土壤。

同志们,奋楫赶超争先,奋进共同富裕的道路上,必须广泛团结一切可以团结的力量。切实加强社会主义民主政治建设,坚持和完善人民代表大会制度、中国共产党领导的多党合作和政治协商制度,支持人大、政协依法、依章程履行职能。巩固和发展新时代爱国统一战线,全面落实党的民族、宗教、侨务等政策,做好对台、港澳工作。创新群团工作体制机制,注重发挥群团组织作用。完善双拥工作和军民共建机制,巩固军政军民团结大好局面。广泛凝聚乡贤力量,携手为婺城建设作出新贡献。

金华市婺城区人民代表大会常务委员会工作报告

——在金华市婺城区第十届人民代表大会第一次会议上

婺城区人大常委会主任 朱利群

2022 年 1 月 25 日

五年工作回顾

过去的五年，是全区上下凝心聚力实现“十三五”发展目标、决胜全面建成小康社会的五年，也是我区人民民主稳步发展、法治建设扎实推进、人大工作取得明显进步的五年。五年来，区九届人大常委会在区委的坚强领导下，坚持以习近平新时代中国特色社会主义思想为指导，深入贯彻落实党的十九大和十九届历次全会精神、习近平总书记关于坚持和完善人民代表大会制度的重要思想和习近平法治思想，坚持党的领导、人民当家作主和依法治国有机统一，紧紧围绕全区工作大局，按照区委“都市经济创新城、美好生活幸福城”的战略部署，依法履行职责，主动担当作为。召开人代会 5 次、常委会会议 47 次，主任会议 87 次，开展专题询问 2 次，履职评议 3 次。圆满完成宪法法律赋予的各项职责，在婺城纵深推进现代化都市核心区建设历史进程中，奋力开创了人大工作新局面。

一、坚持党的领导、依法履职有机统一，不断增强维护核心见诸行动的政治自觉

五年来，常委会始终把坚持党的领导作为人大工作的根本遵循，坚定政治立场，坚守政治责任，做到与区委在政治上同向、思想上同心、工作上同步、发展上同力。

旗帜鲜明讲政治，维护核心有“高度”。严守党的政治纪律和政治规矩，认真落实请示报告制度，坚持在区委领导下统筹安排和有序推进监督工作、重大事项决定、人事任免、代表履职和自身建设。始终把党的领导贯穿人大工作全过程、落实到依法履职各方面，始终把人大工作放在区委整体工作布局中去谋划。在中央、省、市人大工作会议召开后，及时向区委汇报会议精神，协助区委召开人大工作暨全区人大宣传工作会议，在区委《关于进一步加强和做好人大工作的实施意见》出台后，常委会制定了贯彻落实措施，为全区人大做好工作领航定向，确保人大工作始终与区委决策部署步调一致，与区委中心工作同频共振。

以学为先筑根基，学思践悟有“深度”。坚持把学习习近平新时代中国特色社会主义思想和习近平总书记系列重要讲话精神作为“第一议题”，强化理论学习、筑牢思想根基、统揽人大工作。扎实推进“两学一做”“不忘初心、牢记使命”主题教育，切实把教育成果转化为谋划工作、推动落实的强大动力。深入开展党史学习教育，通过学习“四史”和习近平在庆祝中国共产党成立 100 周年大会上的重要讲话等精神，牢固树立“感党恩、听党话、跟党走”的忠诚信仰，扛起守好“红色根脉”的责任担当，坚定不移做“两个确立”的忠诚拥护者、“两个维护”的示范引领者，更加坚定人民代表大会制度的初心使命，更加坚定走中国特色社会主义政治发展道路的自信自觉。积极开展“我是代表我先行、我为群众办实事”实践活动，切实把党史学习教育激发出来的热情转化为履职尽责的实际行动。

履职尽责担使命，积极作为有“力度”。坚持区委有部署、人大有行动。在疫情防控、企业复工复产、全国文明城市创建、基层组织换届、“三服务”等工作中，常委会领导深入基层、企业、群众，了解所需所盼、听取意见建议、协调解决问题，有力推动工作落实。积极做好“十个一”联系、信访值班、包案化解,为婺城社会和谐稳定作出努力。积极参与、主动作为、尽心尽责做好区委交办的垃圾分类、小城镇环境综合整治和美丽城镇建设工作,为乡村环境改善,城市品质提升贡献力量。对洪源、鲍杨、上浮桥、酒坊巷、西郊、黄金苑、三联区块等征迁工作进行专项视察,深入了解情况,为助推重点工程顺利推进建言献策。组织常委会机关干部全力以赴协助共建单位,为高标准做好创文、防疫工作助力加油。

二、坚持党委决策、人大决定有机统一,坚定迈出科学民主依法行权的有力步伐

五年来,常委会围绕事关全区发展全局性、系统性、长远性重大问题,科学决策、民主决策、依法决策,确保作出的决议决定符合区委要求、人民意愿和婺城实际。

注重质量,依法作出决定决议。坚持抓大事、议大事,进一步探索行使决定权的方式方法,完善决策机制和程序,对涉及我区改革发展稳定的重大规划、重大民生问题开展调查研究,认真听取各方面意见建议,广泛形成共识,凝聚发展合力,依法科学作出决议、决定,及时把区委重大决策和人民群众共同意愿,通过法定程序转变为全区人民的自觉行动,健全跟踪监督机制,确保决策贯彻落实到位。先后开展“十三五”规划目标完成情况中期评估审议、“十四五”规划和2035年远景目标纲要审查,结合婺城实际,提出一系列破解难题、推动发展的措施和办法,为婺城“十四五”及未来十五年发展“把脉定向”。认真贯彻落实《浙江省民营企业发展促进条例》,对政府重大投资项目、法治政府建设、岭上乡撤乡等重大事项作出决议决定。

严格程序,依法实施人事任免。忠实履行宪法和法律赋予的职权,坚持党管干部与人大依法任免有机统一,积极探索做好新形势下人事任免工作的新方法、新途径,不断完善制度、规范程序,推进人大任免工作创新发展。制定《关于任免国家机关工作人员的办法》,进一步规范人事任免工作机制,完善人事提请、任前法律知识考试、任职表态、颁发任命书、宪法宣誓等工作制度,强化被任命人员的法律意识、责任意识、公仆意识和人大意识。加强对被任命干部的任后监督,凡由常委会任命的政府职能部门主要负责人每年书面向常委会报告年度履职情况,促其牢记职责、依法履职。五年来,依法任免国家机关工作人员767人次,组织宪法宣誓146人次。

拉高标杆,依法完成区乡换届。科学部署、精心组织、广泛调研、实地走访乡镇街道和有关职能部门,精准掌握人口变动、区划调整等情况。先后召开工作部署会、业务培训交流会、代表推荐动员会、成员单位联席会、专题推进会和7次区选举委员会会议,统一标准、规范程序、优化方案。首次使用全省县乡人大换届选举应用系统,选民登记“线上、线下”同步,有效防止选民重登、漏登、错登,户籍人口登记率99.62%。作为市区试点的蒋堂镇,高标准完成试点工作,得到市人大常委会、区委主要领导充分肯定。严把人选结构、政治标准和素质能力关,确保政治合格、群众认可、能力过硬的优秀分子选入代表队伍。近56万选民分别在134个大选区、467个小选区的1273个投票站参加投票,选举产生297名区级、1044名乡级人大代表,实现换届选举工作依法高效、平稳安静的预期目标。

三、坚持严格执法、公正司法有机统一,扎实推进以良法促发展保善治的法治实践

五年来,常委会深入学习贯彻习近平法治思想,组织开展法治宣传,积极推进严格执法、公正司法、全民守法,确保宪法法律有效实施,各项工作在法治轨道上规范运行。

树牢法治思维,推进法治宣传常态化。听取审议“七五”普法工作报告,作出“八五”普法决议,推动政府“谁执法谁普法”责任制落实。联合司法局,深入开展“法律六进”活动,拓展宣传方式、丰富宣传内容、提高宣传成效。开展国家宪法日和宪法宣传周系列活动,举办全区“弘扬宪法精神、树立法治信仰”宪法和法律知识竞赛,营造全区尊崇宪法、学习宪法、遵守宪法、维护宪法、运用宪法的良好氛围。与法治办共同组织全区干部法律知识培训,着力提高干部法律意识。加强《中华人民共和国民法典》学习宣传,开展专题培训3次,发放民法典24000本,让民法典走到群众身边、走进群众心里。做好地方性法规宣传工作,开展专题学习培训179

次，发放地方性法规单行本22400本，着力增强群众对地方性法规的知晓率，提升地方性法规在群众生产生活中的影响力。

*强化法治保障，推进法规实施具体化。*根据上级人大部署，联动协同开展安全生产、水环境保护、固体废物污染环境防治、学前教育、民营企业发展等领域的地方性法规落实情况执法检查，推动地方性法规贯彻实施。以“金法督”系统为抓手，大力推进地方性法规在婺城落地落实，共反映立法建议22条、制定配套制度9个、办理执法案件967件、开展法规监督6次，位列全市“金法督”综合排名首位。全面加强白龙桥镇基层立法联系点建设，全力配合省市立法调研，高质量完成省市人大常委会17个立法项目的意见征询，该项工作由省人大法工委发专报予以高度肯定。配合市人大开展《规范性文件备案审查条例》执法检查，审查区政府报备规范性文件53件，向市人大报备常委会制定的规范性文件14件，切实维护法治统一。

*凝聚法治力量，推进法律监督实效化。*围绕法治政府建设持续用力，坚持每年选准一个重点开展监督，促进政府切实转变职能、提升依法决策水平、规范公正文明执法，加快推进法治政府建设。开展深化司法体制改革专题调研，助推改革取得实效。听取和审议公安机关开展扫黑除恶专项斗争和反诈情况，区检察机关关于司法改革、刑事公诉、公益诉讼、未成年人检察情况，区法院关于案件执行、行政审判、知识产权审判等情况报告，提出审议意见25条，促进公检法部门依法履职、公正司法。扎实开展“两官”评议，把对事监督与对人监督有效结合起来，强化人大司法监督工作实效，促进“两官”履职能力提升。对“大综合一体化”行政执法改革试点进展情况开展调研，听取和审议专项工作报告，并开展行政执法中队长履职工作评议，为全省开展行政执法改革提供可复制、可借鉴、可推广的婺城经验。

四、坚持服务大局、精准发力有机统一，积极探索依法监督与全面支持的有效路径

五年来，常委会紧扣高质量发展要求，找准依法履职和服务发展的切入点、结合点，突出监督重点，创新监督形式，在自觉服从大局、坚决服务大局的生动实践中发挥人大作用。

*聚焦经济发展，在推动高质量发展上持续用力。*听取审议国民经济和社会发展计划执行情况报告，促进经济社会稳定发展。听取审议区政府关于数字经济发展情况报告，推动数字经济“一号工程”深入实施。听取审议预算执行、国有资产和政府性债务管理、财政审计、财政支出资金使用绩效评价等报告，督促政府实施积极的财政政策，强化预算绩效管理、做好隐性债务风险防范化解。听取和审议政府优化营商环境、减税降费和疫情期间中小企业扶持政策落实、司法机关保障和服务民营企业健康发展等报告，对《浙江省民营企业发展促进条例》落实情况开展专题询问，营造良好营商环境和“亲清”政商关系。开展招商引资、科技创新、金融支持实体经济发展、加强“两链”风险防控和化解等监督，为全区经济平稳运行提供保障。

*聚焦城乡建设，在推动能级提升上齐心协力。*聚焦农村土地制度改革、农村危旧房改造、下山脱贫、行政村规划调整后的运行、山区群众饮用水提升改造、全域土地综合整治、美丽乡村建设、现代物流（快递）业发展等开展视察调研，集中各方智慧，提出可操作性的意见建议，为党委政府决策提供依据。重点关注高铁新城建设，就如何高起点规划设计、高品质建设管理、高效能开发利用提出对策措施建议。持续关注生态环保、水资源保护、美丽河湖创建、空气污染治理等工作，着力推动生态环境改善。密切关注交通重点项目建设，大力推进45省道、二环西路、婺江西路等改扩建；组织视察、跟踪监督人民西路、解放西路、双溪西路和新城区五条断头路建设，助推断头路全面贯通；积极提出推进建设南山大道的建议，完善综合交通体系，缓解婺城交通压力。

*聚焦群众福祉，在推动民生改善上竭尽全力。*对集体经济薄弱村转化、耕地“非粮化”“非农化”整治、文旅融合、退役军人服务保障、殡葬改革等开展调研，就破解要素制约、强化政府主导、注重产业融合等建言献策。对政府民生实事项目实施情况进行跟踪监督，确保一大批民生项目如期落地，真正惠及广大人民群众。听取和审议学前教育三年行动计

划实施、职业教育发展、省教育基本现代化区创建等情况报告,推动教育高质量发展。跟踪督办区人民医院建设,为婺城人民享受优质医疗资源创造良好条件。扎实开展居家养老服务体系建设情况调研,促进政府加快构建与百姓需求相适应的多层次居家养老服务体系。开展“根治欠薪”工作督查,推动我区“无欠薪”城市创建。对打击治理电信网络诈骗违法犯罪工作开展专题询问,推动形成防范和打击合力,保护人民群众的财产安全。三级联动开展“最多跑一次”“最多跑一地”改革监督,推动政府改变作风,方便群众办事。

五、坚持民有所呼、我有所应有机统一,充分发挥人大代表履职为民的主体作用

五年来,常委会始终把做好代表工作放在重要位置,积极为代表依法履职创造条件、提供服务,确保代表工作更接地气、代表履职更具活力、代表建议更贴民意。

强化主体地位,在发挥代表履职作用上下功夫。人大代表,由人民群众选举产生,来自于民、根植于民、服务于民,是人民群众的代言人,是“一府一委两院”联系人民群众的桥梁和纽带。人大工作,主体是代表、基础在代表、活力看代表。常委会通过邀请代表列席常委会会议,政府常务会议,组织代表开展专题调研、专项监督、执法检查、视察重点项目建设、旁听法院庭审等方式,拓展闭会期间代表履职渠道,丰富代表活动内容,激发代表履职积极性,发挥代表参政议政作用。按照代表专业结构,开展代表培训,不断提升代表履职能力。组织市区两级人大代表走进“8890”接听民情热线,听民声、解民忧。开展区人大代表向选区选民述职,接受选民评议,促进代表牢记代表身份、不忘代表职责、不负人民重托。落实代表履职经费保障,助力代表高质量履职。

强化平台建设,在提升代表履职实效上求突破。根据省市人大部署,按照“四好”代表联络站的建设标准和“下楼梯、出院子”方便群众进站要求,全面完成乡镇、街道代表联络站升级改造,6个代表联络站被金华市人大评为示范性“四好”代表联络站。在区矛调中心成立人大代表联络站,在乡镇(街道)矛调中心设立联络点,在村(社区)矛调中心设立联络岗,协助矛盾纠纷化解,推进基层治理。组织领导干部代表和“一府一委两院”负责人走进人大代表联络站开展主题活动,两年来解决群众急、难、愁、盼问题134件,成为支持和帮助政府工作的“助推器”,受到基层各方点赞和肯定,也得到了市人大领导的表扬,相关做法在浙江人大网、《金华人大》杂志上刊登。落实代表进站接待群众制度,真正发挥代表联络站反映民情“直通车”、为民服务“连心桥”、化解矛盾“减压阀”的作用。

强化建议办理,在激发代表履职热情上出实招。常委会坚持把代表建议办理作为推动依法行政、解决民生问题的重要抓手,不断创新办理方式,加大督办力度,有效促进代表建议办理效果。召开人大代表建议专题交办会,集中交办人大代表提出的建议,召开建议办理单位座谈会,跟踪指导建议办理,压实办理责任,促进任务落实。注重发挥各工作委员会作用,对联系单位建议办理进行日常监督。实施重点建议由政府分管领导领办、人大领导督办制度,并开展“二次评价”,对不满意件进行二次交办、二次答复,推动代表建议办理从“答复满意”向“结果满意”转变,着力提高人大代表建议办理的质量与实效。开展优秀代表建议评选,增强全体人大代表的荣誉感、使命感和责任感。五年来,共办理1124件代表建议并全部答复。

六、坚持内强素质、外树形象有机统一,努力提升服务保障履行职责的能力水平

五年来,常委会主动适应新时代地方人大工作新要求,以“两个机关”建设为抓手,强机制、转作风、提效能,全面加强自身建设,在守正创新中不断提升履职能力和水平。

加强党的建设,发挥领导核心作用。全面加强党的建设,按照党章党纪党规原则要求,建立并不断完善党组工作、议事、决策等制度,充分发挥常委会党组在人大工作中把方向、管大局、保落实的领导核心作用。严格落实党风廉政建设各项规定,压紧压实全面从严治党主体责任和“一岗双责”,纵深推进“清廉人大”建设,营造风清气正的政治生态。自觉接受人大代表和人民群众监督,不断提高常委

会工作法治化、规范化、科学化水平。严格对照“七张问题清单”,狠抓区委巡察反馈问题整改落实,进一步健全党建工作闭环管理和责任体系。牢牢把握意识形态工作主动权,守牢意识形态阵地,建立重大突发网络舆情“全链条”应急处置制度,防范化解意识形态领域重大风险,2021年度获意识形态工作区级先进。

加强作风建设,激发履职内生动力。不折不扣落实中央八项规定及其实施细则和省、市、区委的各项规定,以作风建设永远在路上的执着和韧劲,驰而不息纠“四风”,让党员干部知敬畏、存戒惧、守底线,不断增强抓好作风建设的政治自觉、思想自觉和行动自觉。紧扣干部的思想实际,常委会采取多种行之有效的方式,引导广大干部端正思想、提高认识,强化爱岗敬业的职业精神,树牢人大工作不是“二线”,而是民主法治建设第一线的意识,进一步增强责任感,纠正“船到码头车到站”的思想倾向,做到守职尽责、不负重托、不辱使命,保持干事创业、奋发有为的精神风貌,察实情、出实招、办实事,以真抓促发展,以实干谋实效。认真贯彻《浙江省街道人大工作条例》,推动街道人大工作规范化、制度化,不断提升全区街道人大工作质量和水平。

加强改革创新,提升综合服务能力。全面落实省人大数字化改革部署,出台区人大数字化改革实施方案,推进人大工作数字化转型。积极推动人大常委会、人代会全面实现电子表决。代表与选举任免工委研发的人事任免系统,实现人事任免全工作全过程数字化,被市人大确定为“金任免”在全市推广使用,得到省人大常委会肯定,相关经验做法在浙江人大公众号上刊发。办公室研发的机关内部“一件事”联办系统、会议服务系统、公文流转系统全面完成,为常委会及机关高效履职提供强有力支撑。增设社会建设工作委员会,加强社会建设,创新社会管理,推进社会领域依法治理。成立信息宣传中心,进一步加强人大宣传工作。

各位代表,五年来,本届人大常委会恪尽职守,开拓创新,锐意进取,较好地完成了历史赋予的使命,取得了一定的成绩。这些成绩的取得,是区委坚强领导的结果,是“一府一委两院”积极配合的结果,是区政协、金华经济技术开发区、金华双龙风景旅游区大力支持的结果,是九届人大常委会组成人员、各乡镇(街道)人大和全体人大代表积极履职的结果,更是社会各界共同参与的结果。特别是在新冠肺炎疫情防控中,各级人大代表立足岗位、冲锋在前、真情奉献,为婺城“两战两赢”贡献力量。在此,我谨代表区九届人大常委会,向全体人大代表和人大工作者,向长期以来关心、支持我区人大工作的各位同志和社会各界人士,表示崇高的敬意和衷心的感谢!

五年春华秋实,五年风雨兼程。在总结成绩的同时,我们也清醒地看到,常委会工作按照宪法和法律赋予的职责要求,与党和人民群众的期望,还存在着一定的差距和不足。主要表现在:监督实效、监督力度有待进一步加强;代表建议意见办理质量和问题解决率有待进一步提高;人民群众和人大代表参与人大工作方式有待进一步深化;人大代表、人大干部履职能力有待进一步提升。对于这些问题,区十届人大常委会将高度重视,切实推动解决。

五年工作体会

回顾五年履职历程,总结五年生动实践,我们深切体会到:

——牢牢把握正确政治方向,自觉把党的领导贯穿于依法履职全过程是人大工作的根本保证

坚持党对一切工作的领导是国家富强、民族复兴、人民幸福的前提条件,也是做好人大工作,发挥国家权力机关职能作用的根本保证。我们始终把坚持党的领导摆在首要位置,坚决维护习近平总书记党中央的核心、全党的核心地位,在区委的领导下依法履职尽责。实践证明,人大工作只有自觉坚持和紧紧依靠党的领导,才能牢牢把握人大工作正确的政治方向,才能与区委的中心工作协调一致、合力推进,人大制度才能更好地发展和完善。

——紧紧围绕经济社会高质量发展,全力推进区委重大决策落地见效是人大工作的职责所在

发展是党执政兴国的第一要务。人大工作是党和国家工作的重要组成部分,必须自觉服从和服务全区经济社会发展大局。常委会紧紧围绕区委工作中心,通过法定程序将区委主张转变为全区上下的共同意志和自觉行动,依法推进民主选举、民主决策、民主管理、民主监督,积极推动区委重大决策部署贯彻落实。实践证明,人大工作只有服务大局,以自己法定的工作方式促进发展,才能更好地发挥作用、有所作为、开创新局。

——始终坚持以人民为中心的发展理念,不断满足人民日益增长的美好生活需要是人大工作的本质要求

人民利益是我们一切工作的出发点和落脚点,人民高兴不高兴、满意不满意、答应不答应是检验各项工作的根本标准。常委会始终抓住人民群众最关心最直接最现实的利益问题,努力为满足人民群众对美好生活多样化、多层次、多方面的需求发挥重要作用。实践证明,只有真正将以民为本作为人大工作的本质要求,切实关注民生,努力促进民生的持续改善,人大工作才能得到人民群众的拥护,才能具有广泛的群众基础和社会基础。

——充分发挥人大代表主体作用,切实保障代表依法履行职责是人大工作的活力之源

人大代表是人民代表大会的主体,是常委会密切联系群众的桥梁纽带,是倾听人民呼声、汇集群众智慧的重要渠道,代表工作是保持人大生机活力的源泉。常委会始终把发挥代表作用作为坚持完善人民代表大会制度的重要内容,把强化服务代表意识、提升代表工作效能贯穿依法履职全过程。实践证明,只有突出代表的主体地位,发挥代表的主体作用,才能进一步畅通民意渠道,使人大及其常委会真正成为同人民群众保持密切联系的代表机关。

——持续加强常委会自身建设,不断激发内生动力提升能力水平是人大工作的重要基础

人大工作重心在基层,关键在基础。我们始终坚持问题导向,大力倡导求真务实,力戒形式主义、官僚主义,自觉接受人大代表和人民群众监督,把更多的精力放到各项工作的高效推进上。不断激发机关干部和各级人大的战斗力、凝聚力和创造力,为依法履职提供有力保障。打铁还需自身硬,实践证明,人大常委会只有不断提高自身的能力素质,才能更好地履行宪法和法律赋予的各项职权,更好地发挥人大的制度优势和职能作用。

今后五年工作建议

本次大会即将选举产生的新一届人大常委会,承载着全区人民的期望,肩负着新时代的重任。根据区第八次党代会精神,建议今后五年工作的指导思想是:高举中国特色社会主义伟大旗帜,坚持以习近平新时代中国特色社会主义思想为指导,全面贯彻党的十九大和历次全会精神,中央人大工作会议精神,深入贯彻习近平法治思想、习近平总书记关于坚持和完善人民代表大会制度的重要思想,坚持党的领导、人民当家作主、依法治国有机统一,按照区委“1483”战略部署,聚焦中心工作、聚情民生关切、聚力依法履职、聚合代表力量,加强“四个机关”建设,放大制度优势,发挥职能作用,发展和完善全过程人民民主,为建设活力婺城、品质婺城、幸福婺城、水墨婺城,奋力提升“八个能级”、打造“八个高地”,奋楫赶超争先、奋进共同富裕,建设高能级现代化都市核心区,贡献人大智慧和力量。

一、深学笃行重要思想,在自觉坚持党的领导上更加清醒坚定。始终把学习贯彻习近平新时代中国特色社会主义思想作为首要任务,全面系统学、及时跟进学、深入思考学、联系实际学,切实筑牢信仰之基、补足精神之钙、把稳思想之舵,在学思践悟新思想中不断增强拥护核心、维护核心的思想自觉和政治定力。把学懂弄通做实习近平总书记关于坚持和完善人民代表大会制度的重要思想摆在突出位置,在深学笃行中增强党员干部坚持和完善根本政治制度的自觉性坚定性。认真落实“第一议题”学习制度,强化理论学习,不断提高政治判断力、政治领悟力、政治执行力。加强党的建设,全面落实从严治党和意识形态工作责任制。围绕中心、服务大局,紧跟区委工作节奏,找准人大工作的切入点,始终做到与区委保持一致。严格落实请示报告制度,自觉把党的领导贯穿于人大工作全过程、落实到依法履职各方面。

二、依法规范行使职权，在发挥人大职能作用上更加务实高效。按照宪法法律规定，坚持抓重点、议大事、求实效，围绕中心，深入开展调查研究，将“一府一委两院”工作中涉及经济社会发展、民主法治建设及人民群众普遍关心的问题列为重大事项，依法做出决议决定，切实提高常委会决议决定的专业化、科学化水平。综合采用调研视察、工作评议、执法检查、专题询问等形式，持续有力打好人大监督“组合拳”，切实提高监督实效。坚持党管干部与人大依法任免有机统一，抓好人事任免工作，重视加强干部任后监督，提高人大任命干部依法行权、尽职履责意识。继续开展“两官”履职评议、政府组成部门工作评议，促其自觉接受人大监督。加强人大干部队伍建设，大力弘扬真抓实干的优良作风，激励常委会机关干部干事创业、担当作为。

三、聚焦中心履职尽责，在助力奋楫赶超争先上更加担当有为。围绕提升“八个能级”，打造“八个高地”目标任务，实行正确监督、有效监督、依法监督。密切关注“十四五”规划目标任务完成情况，听取审议计划、财政预算执行和审计、国有资产管理等工作报告。聚焦重点项目建设、优化营商环境、生态保护、数字经济、城市有机更新、乡村振兴、科技创新等开展视察调研，为经济社会发展“把脉问诊”。聚焦突出问题，对“八五”普法决议执行、法治政府建设持续跟踪问效。对地方性法规落实情况开展执法检查，着力打造监督“闭环”机制，努力做到“敢问”“敢议”“敢管”，使人大监督更有力度更具权威。加快推进人大数字化改革成果转化，加强对政府及部门依法履职情况的动态监督，打造数字赋能人大履职的硬核成果，全面推动新一届政府工作高质量发展。

四、坚持人民至上理念，在服务保障民生改善上更加勠力同心。深入学习习近平总书记关于发展全过程人民民主的重要论述，不断完善人大及其常委会运行的制度机制，使人大各项工作都体现人民意志、维护人民利益。围绕人民群众关注的热点难点问题，紧扣共同富裕愿景下民生改善和社会发展的重要问题加强监督，着力构建群众“点单”、代表“定单”、政府“买单”、人大“验单”的为民办实事新模式，在解决百姓关切的民生堵点、难点、痛点上下真功、用真情、出实招，为助推“四个婺城”建设展现人大作为，让人民群众的获得感、幸福感、安全感更加充实、更有保障、更可持续。不断巩固、拓展基层立法联系点功能，充分听取基层群众的真实声音，切实发挥联系点“彩虹桥”“直通车”作用，努力把白龙桥基层立法联系点打造成为践行全过程人民民主的“重要窗口”。

五、发挥代表主体作用，在提升代表履职能力上更加创新有为。充分发挥人大代表作用，进一步丰富人大代表联系人民群众的内容和形式，做到民有所呼、我有所应。积极开展代表履职培训，及时为代表“充电”。充分发挥“代表联络站”作用，听民声、察民情、聚民智、解民忧。继续开展领导干部代表和“一府一委两院”负责人走进联络站主题活动，解决群众急、难、愁、盼问题。成立代表专业活动小组，增强代表活动效率。加大督办力度，提高建议办理质量和问题解决率，确保代表提出的议案和建议得到有效落实。建立代表履职登记和考评制度，开展优秀代表评选和代表风采宣传，激发代表树立强烈的职务意识和担当精神，为人民履责、替人民代言、对人民负责。开展人大代表约见政府部门负责人活动，拓展代表参政议政、依法履职行权的途径。

六、突出四个机关定位，在加强人大自身建设上更加从严从实。建设讲忠诚有信念的政治机关。忠诚于党的信仰、党的组织、党的宗旨、党的理论和路线方针政策，树牢“四个意识”、坚定“四个自信”、拥护“两个确立”、践行“两个维护”、守好“红色根脉”、擦亮“政治底色”。建设讲法治有权威的权力机关。牢牢把握人大作为国家权力机关的宪法属性，忠于宪法，履行宪法使命，为人民掌好权、用好权，自觉把为人民服务贯穿于行使权力的全过程和各方面。建设讲责任有担当的工作机关。坚持在找准定位中服务大局，强化工作监督，坚持问政于民、问需于民，积极推动党委决策部署落到实处。建设讲宗旨有情怀的代表机关。牢固树立以人民为中心的发展理念，坚守敬畏人民的心态，涵养服务人民的情怀，增强代表人民的能力，不断推动民生改善。

2022年主要工作安排

2022年，是新一届人大常委会履职的开局之年，也是实现区第八次党代会制定的宏伟蓝图的开局之年，常委会将围绕区委“1483”战略，在推动婺城经济社会高质量发展中，认真履职行权。采取专项审议、调研视察、重点监督、执法检查等监督方式推动“一府一委两院”工作落实。

婺城区人大常委会2022年主要工作安排表

表1

项目	内容	责任办委
专项审议	区检察院关于刑事检察工作的报告	法制和监察司法工委
	区监委关于整治群众身边不正之风和腐败问题工作的报告	
	婺城公安分局、江南公安分局关于打击治理电信网络诈骗违法犯罪工作的报告	
	区政府关于法治政府建设工作的报告	
	初审区政府关于2022年婺城区国民经济和社会发展计划草案、财政预算草案	财政经济工委
	区政府关于2022年政府投资重大项目预安排情况的报告	
	区政府关于2021年婺城区国有资产管理情况的综合报告	
	区政府关于2022年上半年计划执行情况、2022年上半年财政预算执行情况、2021年度财政预算执行和其他财政收支的审计工作的报告，审查批准2021年财政决算	
	区政府关于2022年财政预算调整情况报告	
	审计查出问题整改情况报告	
	关于政府财政支出绩效评价情况的报告	
	关于婺城区产业平台建设发展情况报告	
	区政府2021年关于耕地"非粮化"目标任务完成情况工作报告	农业与农村工委
	区政府关于山塘水库除险加固建设情况的报告	
	区政府“双减”政策落实情况报告	教育科技文化卫生工委
	区政府智慧医疗建设情况的报告	
	区政府2021年关于环境状况和环境目标任务完成情况工作报告	城乡建设与环境资源保护工委
	区政府关于交通项目建设情况工作报告	
	区政府关于污水零直排建设情况的报告	
	区政府关于固废污染防治情况的报告	
	区政府、金华经济技术开发区管委会关于区十届人大一次会议代表建议办理情况的报告	代表与选举任免工委
	区政府、金华经济技术开发区管委会关于区十届人大一次会议代表重点建议办理情况的报告(含二次评价)	

续表 1

项目	内容	责任办委
专项审议	区政府关于劳动就业保障情况的报告	社会建设工委
	区政府关于完善“1+8+x”大救助体系的情况报告	
	区政府关于推行退役军人全生命周期管理保障新模式的情况报告	
	区政府关于节地生态安葬的情况报告	
视察	区法院派出法庭建设情况	法制和监察司法工委
	婺城重点产业平台建设发展情况	财政经济工委
	金华江右岸婺城大桥至兰溪交界段治理工程项目建设情况	农业与农村工委
	下山安居创富工程实施情况	
	浙江省第十七届运动会婺城区承办工作情况	教育科技文化卫生工委
	城市老旧小区提升改造工作、交通建设等城市有关更新项目建设情况	城乡建设与环境资源保护工委
	区居家养老服务中心提升改造和运营情况	社会建设工委
监督	开展政府组成部门工作评议	人民代表大会常务委员会
	法官、检察官履职评议	法制和监察司法工委
	对区政府、区法院、区检察院和乡镇人大制定的规范性文件进行备案审查	
	督查区政府地方性法规贯彻落实情况	
调研课题	民主法治村(社区)建设情况调研	法制和监察司法工委
	加强人大对国有企业监督的思考	财政经济工委
	调研新形势下如何落实各项共富政策,拓宽农村居民增收渠道、探索合理增收机制	农业与农村工委
	师大创新城项目建设工作	教育科技文化卫生工委
	开展小区物业管理工作调研	城乡建设与环境资源保护工委
	提升代表建议办理质量路径和措施(考核导向、销号制度、逐年累计报告)	代表与选举任免工委
	关于我区应急管理及安全生产情况调研	社会建设工委
	三级联动开展节约能源“一法一办法”执行情况检查	财政经济工委
	配合上级人大开展地方性法规条例执法检查	城乡建设与环境资源保护工委
	三级联动开展就业促进法执法检查	社会建设工委
数字化改革	全面使用会议系统,实行主任会议、常委会会议无纸化	人大常委会办公室
	扎实推进省人大规定的人大机关智治综合应用系统等 13 个场景建设	

婺城区人民政府工作报告

——在金华市婺城区第十届人民代表大会第一次会议上

婺城区人民政府代区长　胡余仙

2022 年 1 月 24 日

一、2021 年及本届政府主要工作和成效

2021 年是中国共产党成立 100 周年，是“十四五”开局之年，也是高质量发展建设共同富裕示范区的开启之年。一年来，我们坚持以习近平新时代中国特色社会主义思想为指导，全面贯彻落实中央和省、市决策部署，坚持稳中求进工作总基调，完整准确全面贯彻新发展理念，争当社会主义现代化先行市排头兵，经济社会发展取得新成效。预计实现地区生产总值 350 亿元，完成区级一般公共预算收入 12.6 亿元，城乡居民人均可支配收入分别增长 9.3%、11.1%，十大民生实事全面完成。

(一)坚持转型升级，产业层次持续跃升

加快发展不停步，大力推进经济转型升级，新旧动能转换不断加速。一是工业提速向好。企业培育有新突破，新增规上企业 31 家，新培育国家级单项冠军企业 1 家、专精特新“小巨人”企业 2 家，均实现零的突破。产业升级有新成果，建成首批数字化样板企业 10 家，通过浙江制造“品字标”认证企业 9 家。招商引资有新成效，引进 3 亿元以上企业 9 家，实际到位内资 37 亿元，到位率列全市第一。全年实现规上工业增加值 48 亿元，完成制造业投资 12.7 亿元。二是农业高质高效。农业生产稳步增长，实现农林牧渔产值 23.1 亿元，粮食产量 2.1 万吨，生猪存栏 10.6 万头，超额完成粮食增产、生猪保供任务。内生动力不断激发，深入推进农业“标准地”改革，新增高标准农田 2000 公顷，实施非粮化整治 2066.67 公顷。特色农业焕发生机，举办第十二届中国茶花博览会，建成全国首家 5G 数字化养殖中心，新增“金农好好”品牌授权企业 6 家，蒋堂获评省特色农业强镇。三是服务业迭代升级。夜经济发展良好，成为全省首批“夜间经济”样板城市。网络经济快速增长，跃居全国“直播电商百强县”五十强，五金产业集群列入省级跨境电子商务试点。商贸流通更趋活跃，限额以上社会消费品零售总额同比增长 26.3%，捷特包装获国家级服务业标准化试点，为全市唯一。全域旅游亮点纷呈，熊猫猪猪·两头乌国际牧场等成为网红打卡点，全区共接待游客 278.1 万人次，实现旅游收入 30.9 亿元。

(二)坚持改革创新，内生活力持续释放

改革攻坚不畏难，着力促进创新争优，高质量发展活力不断激发。一是聚焦改革走深走实。数字化改革找准“浙里”跑道，围绕“152”体系，建成一体化智能化公共数据 3.0 平台，梳理出“三张清单”，建成省级优秀多跨场景应用 8 个。各领域改革多点突破，“大综合一体化”行政执法改革获省级法治建设成果，区乡财政体制改革、农村宅基地审批制度改革、“绿色小水电”改革等不断推进。二是载体培育高质多元。谋划建设师大创新城，浙师大网络经济创业园一期通过省级孵化器认定。优化提升城北跨境电商产业园，科创文创电商产业起势良好。初步构建产学研新模式，与浙江大学等高校组建产业研究院 3 家。充分发挥沪杭科创飞地“桥头堡”作用，推送项目 12 个，新入驻企业 6 家。三是科技支撑不断增强。创新主体实现“双倍增”，新增国家高新技术企业 29 家、省科技型中小企业 108 家。企业科研投入持续加码，规上工业企业研发投入 8.7 亿元，占营业收入比重 3.3%，列全市第一。发明创造喜结硕果，每万人发明高价值专利拥有量 8 件，列全市第一。招才引智成效明显，引进科技领军人才 15 名，40 名博士结对婺城企业，居全市前列。

(三)坚持深耕平台,发展动能持续集聚

狠抓平台不松劲,全力夯实发展基础,综合承载能力不断提升。一是平台发展有突破。高铁新城华丽转身,铁路文化公园、铁路文化馆建成开放,内部路网实现贯通,现代品质住宅建成交付。婺城新城区加快建设,省级婺城经济开发区正式挂牌运行,万科、中海等房产项目拔地而起,紫金南街等5条“断头路”实现贯通,浙中首家奥特莱斯签约落地。飞扬智造工业平台加快基础设施建设,完成投资7亿元。临江工业平台推进“腾笼换鸟、凤凰涅槃”行动,提升容积率,新增厂房12万平方米。二是项目牵引有突破。完成政府性固定资产投资33.9亿元,“县市长”工程开工率、投资完成率均达100%;社会民间投资增速51.7%,列市区第一;万里扬变速器、今飞摩轮、氢途科技等一批引领性、带动性项目建成投产。三是要素破解有突破。开展“四破”攻坚行动,盘活低效工业用地178.53公顷。深化“亩均论英雄”改革,出清低效企业177家。争取用地指标96.13公顷,列市区第一。完成低效用地再开发300.07公顷,列全市第二。完成耕地垦造68.97公顷、耕地整改1200公顷,发展空间进一步拓展。

(四)坚持统筹共建,城乡发展持续融合

统筹城乡不松懈,协同推进乡村振兴和新型城镇化,美丽家园不断打造。一是培育现代城市新品质。完成62个老旧小区改造、42个小区“污水零直排”建设。完成三联、酒园、后陈等城中村征迁,加快黄金苑、鲍杨、西郊等区块安置房建设,完成洪源、勤俭、前庄头等区块3751套安置房分配。打造历史古街区和未来社区,婺州古城成为省级风貌样板区试点,柳湖小区成为省级未来社区试点。抓好城市环境综合整治,巩固文明城市创建成果,顺利通过国家和省级复评验收。二是构建交通互联新格局。完善“内畅互联”的城市交通网,二环西路、临江路提升改造顺利实施,解放西路、人民西路、婺江西路三大西延工程实现贯通。完善“外联互通”的交通枢纽网,金武、金兰快速路完工通车,婺城港罗洋作业区加快建设,金建铁路、沪昆高速婺城段拓宽改造有序推进。三是绘就美丽乡村新图景。写好美丽乡村建设文章,高标准打造省级美丽风景线、精品村,罗店获评4A级景区镇,雅畈获评省级美丽城镇样板镇,竹马、蒋堂、长山、莘畈、箬阳获评省级美丽城镇达标镇。“安地—雅畈、琅琊—长山”列为省级风貌样板区试点。写好美丽河湖建设文章,雅干溪入选省级“美丽河湖”,安地获评省级“水美乡镇”。写好农村基础设施提升文章,建成“四好农村路”30公里,亮化农村公路19公里。写好农村环境整治文章,深入推进农村垃圾分类,开展“十佳村、十差村”评选,获省级美丽乡村优胜区、农村生活垃圾分类处理优胜区。写好“下山安居创富”工程文章,蒋堂移民新村安置房二期顺利结顶,白龙桥安置区块一期启动建设。四是打造绿色生态新优势。强化水质提升,Ⅲ类以上地表优质水占98.4%,再获“大禹鼎”。强化大气治理,空气优良指数达93.3%。强化治土治废,实行固废全过程闭环管理,危废100%无害化处置。强化生态修复,南山省级自然保护区成为全省面积最大的自然保护区;新增国土绿化面积220公顷,获“森林浙江”建设优秀区;竹马、沙畈、塔石获评省级森林城镇,创建省级“一村万树”示范村5个。

(五)坚持保障民生,人民福祉持续增进

改善民生不懈怠,持续加大民生投入,人民群众的获得感、幸福感、安全感不断增强。一是社会保障更有力。就业形势稳中向好,新增城镇就业1.5万人,城镇登记失业率保持在2%以下。社会救助精准高效,救助对象“三个率”达100%,发放救助金3526万元,乡镇(街道)居家养老实现全覆盖。公益慈善健康发展,成立区慈善总会,健全慈善三级网络,募集款物1000余万元。殡葬改革稳步推进,开展殡葬领域专项治理,建成节地生态安葬点5个。二是“优学婺城”更满意。实施教育项目16个,金华五中成美校区、婺城小学白沙校区等建成投用。实施学前教育提质扩面,成为“幼小衔接”省级实验区。实施小学“特色教育”、初中“高效课堂”,中考各项指标均列全市第一。实施提质减负,“双减”工作在全省率先破题,培训机构“两转一停”获全省第一。三是“健康婺城”更幸福。加快医疗卫生补短板项目建设,区中医院、区康复医院等5个项目主体工程结顶。开展爱国卫生运动,所有乡镇通过国家卫生乡镇省级验收,成为省级健康影响评价试点县。开展“医聚婺城”等医疗服务,重点人群家庭医生签约率达 80%以上。积极应对新冠疫情,累计完成新冠疫苗接种 104.9 万剂次,打好疫情防控遭遇战、攻坚战。四是“人文婺城”更厚重。首开“农村文化礼堂大学”,获省级文化礼堂建设示范区,白龙桥获省级文化礼堂建设示范镇。“双堂双进”德育文化活动,获中央和省级肯定。培育“文艺创客”等艺术乡建点 113 个,举办“农民村晚”等活动 1500 余场,群众文化生活更趋丰富。五是“平安婺城”更和谐。平稳处置世贸中心、青年汽车、五百滩等涉稳风险,平安指数列全省第一方阵,获省级“无信访积案区”。深入推进“八五”普法,全民法治素养得到提升。切实强化食品药品安全监管,公共食品药品安全满意度持续提升。认真落实安全生产“七张清单”,安全生产事故同比下降 28.9%,死亡人数同比下降 14.3%,重特大事故零发生。建立健全数字化应急指挥体系,精准救援水平进一步提升。坚决打击违法犯罪行为,开展食药环、跨境赌博、追逃等专项行动,战果列全市第一;持续打击电信网络诈骗犯罪,立案数下降 16.3%。

(六)坚持唯实惟先,政府效能持续提升

作风建设不止步,有力推进行政规范化、程序化、法治化建设,政府效能不断加强。一是行政效能持续提升。深化“最多跑一次”“无证明城市”改革,96.8%的事项实现“不见面”办理。二是依法行政大步推进。自觉接受人大法律监督、政协民主监督,办理人大代表建议、政协委员提案 423 件,满意率达 100%。依法依规发布政府信息 4.6 万条,依申请公开及时答复率达 100%。行政诉讼败诉率实现“四连降”;行政争议案件化解率达 80%,列全市第二。三是廉政建设纵深推进。加强监察和审计监督,强化财政绩效管理,建设廉政节约型机关,压减非重点、非硬性项目支出 10.3%。坚决纠正“四风”,营造干部清正、政府清廉、政治清明的政治生态。

双拥活动深入开展,国防动员和后备力量建设持续加强,民族宗教、审计、统计、外事、侨务、对台、史志档案、气象、退役军人事务、机关事务服务、援川和东西部协作等工作取得新成效,工会、妇女儿童、青少年、老龄、慈善、残疾人、红十字会、关心下一代工作、供销社等事业取得新进步。

各位代表,2021 年目标任务已顺利完成,本届政府划上了圆满句号。回首过去五年,我们攻坚克难、赶超图强,办成了一批大事、要事、实事,经济社会发展迈上了新台阶,为高质量发展建设共同富裕示范区打下了坚实基础。

——五年来,我们凝心聚力谋发展,综合实力明显提升。地区生产总值从 256 亿元增加到 350 亿元,年均增长 7.3%。一般公共预算总收入达 57.4 亿元;累计实现固定资产投资 513.8 亿元,其中完成政府及国有企业投资 222.6 亿元。规上工业企业从 137 家增加到 216 家,实现规上工业产值 251 亿元,社会消费品零售总额突破 336 亿元。

——五年来,我们多措并举调结构,发展基础更为牢固。现代工业科技含量不断提高,国家高新技术企业累计达 111 家,实现翻番。现代农业发展强劲,各项指标走在全省前列,获评省级“畜牧产业强县”“特色农产品优势区”。现代服务业蓬勃发展,网络零售额达 150 亿元,较 2016 年实现翻番;软件和信息营业服务收入达 34 亿元,较 2016 年增长 60%。对外开放度不断提升,外贸出口额达 59 亿元。

——五年来,我们攻坚克难提品质,城乡面貌焕然一新。不断提升城镇颜值,全面完成小城镇环境综合整治,建成美丽乡村风景线 4 条、省级精品村 53 个,A 级景区村覆盖率达 60%。不断提升城市品质,改造 10 个城中村,开工建设安置房超 100 万平方米。改造老旧小区 284 个,建成“污水零直排”小区 676 个。不断擦亮生态底色,$PM_{2.5}$ 浓度下降到 22 微克/米^3,达到国家二级标准。“五水共治”三夺“大禹鼎”,白沙溪三十六堰列为世界灌溉工程遗产。

——五年来,我们坚定不移抓改革,发展活力持续迸发。推进“最多跑一次”“无证明城市”改革,群众办事更方便。推进数字化改革,加快体制机制重塑,政府效能不断提高。推进国有企业改革,成立区城投、交投集团,投融资实现平台化运转,有力支撑经济发展。完成农村土地承包经营确权登记和林业股份制改革,农业“标准地”和“绿色小水电”改革走在全省前列。

——五年来，我们千方百计惠民生，人民福祉不断改善。夯实民生保障底线，户籍人口养老保险覆盖率达 98.78%，医保覆盖率达 99.91%。投入 4 亿元改善农村饮用水质。投入 12 亿元加强教育事业，实现义务教育标准化学校全覆盖，获评省级教育基本现代化区。投入 25 亿元加强公共卫生事业，建成 2 家公立医院、2 家专科医院和 5 个医疗分中心，群众健康保障水平升至全市第一梯队。面对新冠疫情，全区上下众志成城，实现全面布控、精密智控，坚决守护婺城人民生命健康安全。

——五年来，我们刀刃向内强作风，政府效能稳步提升。坚决贯彻全面从严治党要求，扎实开展“两学一做”“不忘初心、牢记使命”以及党史学习教育等系列主题教育，狠抓政府自身建设，努力打造整体智治、唯实惟先的现代政府。持续加强作风建设，严格落实中央八项规定精神，坚决整治形式主义、官僚主义，基层负担有效减轻。

各位代表！五年的成绩来之不易，这是习近平新时代中国特色社会主义思想科学指引的结果，是市委、市政府和区委正确领导的结果，是区人大、区政协有效监督和大力支持的结果，是全区广大干部群众奋勇拼搏的结果。在此，我代表区人民政府，向全区人民和广大建设者，向人大代表、政协委员、老领导、老同志，向各民主党派、工商联、无党派人士和社会各界人士表示衷心的感谢，并致以崇高的敬意！向在婺省市直属单位、驻金部队、武警官兵、公安干警、消防救援队伍，表示衷心的感谢！向金华经济开发区、金华双龙风景名胜区，表示衷心的感谢！

我们也清醒地看到，婺城发展道路上还存在不少困难和挑战。发展速度不够快，主城区首位度不高；产业经济规模偏小，结构和效益还不够优；大项目、好项目落地还不多，发展后劲有待增强；土地、资金、人才等要素制约突出；有的干部服务意识和责任担当还需进一步增强。对此，我们将采取有力措施，认真加以解决。

二、今后五年的总体目标和任务

各位代表！未来五年，充满机遇和挑战，新一届政府将牢牢把握以下五个理念，踔厉奋发、笃行不怠，努力实现婺城整体性、系统性、本质上赶超。

一是把坚持党的全面领导作为最大原则。我们事业能成功，核心是坚持党的坚强领导。要高举习近平新时代中国特色社会主义思想伟大旗帜，坚定不移做“两个确立”忠诚拥护者，“两个维护”示范引领者，切实做到党有号召、政府见行动，确保各项事业沿着正确的方向前进。

二是把以人民为中心作为最大初心。江山就是人民，人民就是江山。政府来自于人民、根植于人民、服务于人民，必须始终与人民心心相印、与人民同甘共苦。要时刻把群众放在心上，解民忧、纾民困、暖民心。只要我们始终为了人民，依靠人民，必将凝聚起磅礴力量，开创婺城美好未来！

三是把加快发展作为最大任务。问题是时代的声音，发展是解决婺城一切问题的基础和关键。面对机遇和挑战，我们要牢牢把握稳进提质、除险保安、塑造变革的要求，努力推动经济实现质的稳步提升和量的合理增长。我们要回答好“时代之问”，建设什么样的主城区、呈现什么样的婺城？要充分发挥主城区优势，努力建设有活力、有韵味、有温度的魅力城区，建设高质高效、宜居宜业、富裕富足的美丽乡村。

四是把改革创新作为最大动能。改革是推动各项工作迈入现代化的重要抓手，是提升服务和治理水平的重要举措。要充分发挥数字化改革的牵引撬动作用，以数字化改革倒逼各领域深化改革，推动生产力水平跃升、生产关系优化、社会活力迸发。抓创新就是抓发展，谋创新就是谋未来。要加快补上高能级创新平台短板，深化创新体制机制，优化区域创新生态。

五是把保护生态作为最大责任。环境就是民生，青山就是美丽，蓝天也是幸福。清新的空气、秀美的山、优质的水是婺城的突出资源。我们要实行最严格的生态保护，打好污染防治攻坚战；做好生态修复文章，打造天更蓝、山更绿、水更清的自然生态。

根据区第八次党代会精神，今后五年发展的指导思想是：坚持以习近平新时代中国特色社会主义思想为指导，全面贯彻党的十九大和十九届历次全会精神，深入贯彻落实习近平总书记对浙江、对金华工作的重要指示批示精神，统筹推进“五位一体”总体布局，协调推进“四个全面”战略布局，立足新发展阶段、贯彻新发展理念、构建新发展格局，紧紧围绕忠实践行“八八战略”、奋力打造“重要窗口”的主题主线，坚持稳中求进、以进求变的工作基调和“扛旗争先、崛起浙中”的工作要求，大力实施“1483”发展战略，紧扣“四个聚焦”，加快建设活力婺城、品质婺城、幸福婺城、水墨婺城，奋力提升“八个能级”打造“八个高地”，奋楫赶超争先，奋进共同富裕，凝心聚力建设高能级现代化都市核心区。

今后五年主要目标是：实现地区生产总值突破500亿元；固定资产投资年均增长12%左右；规上工业增加值年均增长15%左右；社会消费品零售总额年均增长8%左右；居民人均可支配收入年均增长8.5%以上，城乡居民收入倍差持续缩小；城市能级排名进入全省市辖区前25名。

围绕上述指导思想和目标，今后五年的主要任务是：

(一)聚焦共创共新，奋力打造活力婺城。加快产业转型升级，实施创新驱动，焕发婺城新活力。聚力经济能级提升，加快动能转换，制造业投资实现五年翻番；加快现代服务业发展，大力提升传统商贸业；积极发展特色农业，加快“传统农业大区”向“现代农业强区”迈进。聚力创新能级提升，深化数字化改革，新增省级试点20个以上；加快重点领域改革，推进五大省级试点；激发科技人才活力，实现科技创新进步指数迈入全省前30，每年新增大学生万人以上。

(二)聚焦共建共美，奋力打造品质婺城。加快魅力城市、美丽乡村建设，统筹城乡一体化发展。聚力城市能级提升，打造新城区未来滨水新城，提升老城区“五韵”古城风貌；构建大交通格局，织密交通路网，基本建成全国性综合交通枢纽。聚力乡村能级提升，优化资源要素配置，不断缩小城乡差距；推进“扩中提低”，家庭年可支配收入10万~50万元的群体，比例达到75%；大力实施“下山安居创富”工程，带动山区居民共同富裕，力争五年搬迁1万人。

(三)聚焦共富共享，奋力打造幸福婺城。加快民生事业普惠普及，提升基层现代治理水平。聚力公共服务能级提升，推动教育提质扩容，争创全国义务教育优质均衡发展区、学前教育普及普惠区；提升健康和医疗水平，争创国家级健康促进区、省级体育现代化区，居民人均期望寿命超80岁；强化社会民生保障，城乡居民最低生活保障标准达13500元。聚力治理能级提升，完善风险闭环管控的大平安机制，平安考核进入全省前30名；构建依法治区新格局，争创全国法治政府建设示范区。

(四)聚焦共生共融，奋力打造水墨婺城。加快生产、生活、生态和谐共融，彰显人文底蕴，建设美丽家园。聚力文化能级提升，强化基层文化供给，每万人拥有公共文化设施面积达4350平方米以上。全域推进精神文明创建，构建15分钟文明实践圈，提升公众文明素养。聚力生态能级提升，保护生态环境不动摇，力争生态文明指数逐年攀高；建设宜居家园不松懈，争创省级新时代美丽乡村标杆县；推进低碳转型不松劲，争创省级低碳示范区；做好三十六堰世界灌溉遗产保护利用文章，争创国家级水利风景区。

三、2022年目标任务和重点工作

2022年是新一届政府的开局之年，是婺城全面起势、整体成势的奋进之年，更是全体婺城人扛旗争先、奋楫赶超的奔跑之年。我们必须深刻领会、准确把握习近平总书记重要讲话重要指示批示精神，咬定目标不放松，狠抓落实不懈怠，以开局就是决战、起步就是冲刺的姿态，奋力奔跑，跑出新速度，跑出新动力，跑出新局面。建议2022年全区经济社会发展的主要预期目标为：地区生产总值增速8.5%以上；一般公共预算收入增速与经济增长同步；固定资产投资增长16%以上；外贸进出口增长10%以上；城乡居民人均可支配收入高于经济增长，城乡居民收入倍差进一步缩小。

(一)竞跑转型升级赛道，跑出扩容提质加速度

以产业转型升级为抓手，全方位推动智能化改造，着力提升产业核心竞争力。一是产业平台动能加速提档。围绕“存量提质、增量调优”的目标，拓展“万亩工业平台”空间600公顷。飞扬智能制造平台要聚焦主导产业，建设以汽摩配智能制造为核心的先进制造基地；加快基础设施建设和政策处理，争创省级特色小镇。临江工业平台要实施新一轮“腾笼换鸟、凤凰涅槃”攻坚行动，力争盘活低效用地66.67公顷以上；实施“扩容提升”攻坚行动，实现平均容积率达1.4以上，增加66.67公顷以上产业发展空间。乡镇工业平台要加快优化提升。二是传统产业动能加速重塑。围绕新能源汽车核心零部件、五金工量具等优势产业，加快构建现代产业集群。大力实施“雄鹰行动”“雏鹰行动”，力争规上工业总产值增长20%以上，规上工业亩均税收增长17%以上。大力支持企业走“专精特新”之路，培育专精特新“小巨人”2家以上，力争单项冠军有新突破。大力实施制造业智能化改造，推进工业互联网应用，建成“智能工厂”“未来工厂”22个以上。三是新兴产业动能加速培育。狠抓项目招引落地，紧盯14个已签约项目，主动靠前服务，促使项目早落地、早建成。加快科技企业培育，力争高新技术企业、科技中小企业“双倍增”，高新技术产业增加值占规上工业增加值50%以上。加快现代产业园培育，提升专业化服务水平，重点推进立春产业园、今飞智造园等园区建设。加快发展现代服务业，推进人工智能、数字设计、金融科技服务等行业做强做优。

（二）竞跑塑造变革赛道，跑出创新发展加速度

以改革创新为抓手，加快发展活力释放，着力打造创新驱动发展新局面。一是按下改革攻坚“快进键”。深入推进数字化改革，坚持“五个必须”，谋深抓实“三张清单”，贯通融合“152”与“141”体系，打通基层治理“最后1公里”。推广一体化数字资源系统IRS应用，谋划五金电动工具产业大脑、城市内涝及安全运行等重大应用场景。以数字化改革撬动各领域改革，全面深化“大综合一体化”行政执法改革，建立政府监管全覆盖、行政执法全闭环等五大体系。全面深化国有企业改革，创新投融资机制，做大做强城投、交投两大国企平台，成立金婺资源开发公司，确保国企融资65亿元以上，切实发挥国企在重大基础设施建设等方面的主力军、顶梁柱、突击队作用。二是抓住人才引育“牛鼻子”。深入开展“智汇婺城”等活动，深化“揭榜挂帅”引才机制，力争揭榜数和兑榜额“双提升”。积极鼓励企业与高校院所深度合作，力争引进院士专家工作站2家、科技领军人才10人以上。全面培育创新载体，推进师大创新城、生命健康科学城建设；加快建设省级创新服务综合体，充分发挥产业研究院创新引领作用。三是优化营商环境“生态圈”。深化“放管服”改革，实施营商环境优化行动。落实减税降费政策，培育激活市场主体。简化办事流程，压缩审批时间，整合涉企审批、投资项目、公共资源交易等服务体系，提供“一站式”服务，实现综合窗口乡镇（街道）全覆盖，积极营造“干部干事用心、群众办事省心”的一流营商环境。

（三）竞跑魅力城市赛道，跑出品质提升加速度

以品质城市建设为抓手，放大主城区优势，着力打造现代城市新气质。一是提高城市发展聚合度。高铁新城要围绕建成现代都市核心的目标，推进“长湖湾”及周边区块城市有机更新。充分发挥铁路文化公园、铁路文化馆地标性作用，推进西郊等成熟地块开发建设。推进九年一贯制公园式学校、区中医院等项目建设。婺城新城区要围绕建成产城融合典范的目标，不断拓展城市发展空间，实施“东接、南联、西延、北拓”发展战略，推进高桥单元城市有机更新，完成生命健康科学城一期规划设计。不断完善基础配套，开工华龙南街北延工程，完成临江路提升改造，建成区妇幼保健院，启用区水上运动中心。二是提高城市品质辨识度。着力打好“综合交通大会战”，加快推进琅琊—上华公路、婺城港乾西作业区等项目，完成G60高速婺城互通等项目建设。着力提升人居环境，推进既有住宅加装电梯，改造居住小区111个。着力升级商圈业态，扶持培育万泰奥特莱斯、万固广场等新兴商业综合体，西市街等核心地段争创省级高品质步行街。着力构建“百园之城”城市公园体系，启动吕祖谦公园、河盘翠舞公园等建设。着力推进城市有机更新，重点抓好黄金苑、三联、酒园等9个区块安置房建设，确保2730套安置房如期交付。着力实施“水韵古婺·燕舞三江”城市风貌样板工程，不断提升城市风貌。三是提高城市治理精细度。加快城市大脑婺城平台建设，完成柳湖、三江里未来社区建设，启动八咏楼、北苑未来社区创建，不断提升城市智能化水平。开展城市“两路两侧”、沿街立面形象、“停车难停车乱”等专项整治，完成22座生态公厕优化改造，推进垃圾转运站提档升级，完善垃圾分类处置体系，不断提升城市管理精细化水平。

(四)竞跑美丽乡村赛道，跑出共富共享加速度

以新时代美丽乡村建设为抓手，深入实施“三大行动”，着力谱写乡村振兴新篇章。一是实施强村富民行动。努力打造共同富裕标志性成果，积极实施“扩中提低”计划，探索推出增收致富激励举措，拓宽增收渠道，激发创业活力，提高致富能力，让更多人通过自身努力进入中等收入群体。大力发展高效农业，力争完成“非粮化”整治4.2万亩，创建省级水稻高产百亩示范田。大力推进农业“双强”行动，建设农机综合服务中心1个，农业“机器换人”示范基地2个。大力发展农林特色产业，推动花卉苗木、高端茶叶、生态畜牧业发展，努力打响“婺城拾珍”品牌。大力推进渔业绿色发展，争创省级渔业健康养殖示范县。大力发展壮大村集体经济，力争所有行政村集体经营性收入15万元以上，50%行政村集体经营性收入50万元以上。大力推进“下山安居创富”工程，完成蒋堂移民新村二期安置，加快白龙桥安置小区一期建设，力争下山移民1300人。二是实施乡村品质提升行动。深化“百镇样板、千镇美丽”工程，建成乡村绿道5条、美丽达标村28个、精品村7个，争创省级“新时代富春山居图”样板区。推进农村公路建设，争创省级“四好农村公路”示范区。实施千塘百库除险加固清零行动，完成山塘整治15座，建设武义江、白沙溪、桐溪等河道及堤防工程。三是实施生态环境保护行动。持续改善生态环境，新增国土绿化面积1800亩。深化生态文明创建，争创国家级生态文明示范区。深化水环境治理，持续推进工业园区“污水零直排”整治。深化治气成效巩固，持续推进$PM_{2.5}$和臭氧“双控双减”工作。深化“净土清废”工程，全面实现生活垃圾精准分类，争创省级“无废城市”和“垃圾革命”示范区。深化国家低碳城市建设，落实“双碳”战略，实行能耗“双控”，加快高能耗、高污染项目出清。

(五)竞跑项目攻坚赛道，跑出牵引带动加速度

以项目攻坚为抓手，切实发挥项目的牵引拉动作用，着力汇聚发展新动能。一是狠抓项目建设增动能。扎实开展“产业项目攻坚年”行动，大力推进270个政府性投资项目建设。加快建设“县市长”工程和“十大标志性项目”，争取项目早开工、早见效。大力推进社会民间投资项目建设，强化已签约项目的政策处理和服务保障，加快推进项目落地。二是狠抓要素保障挖潜力。聚力全域土地综合整治，力争完成蒋堂许里、琅琊泉口等项目建设。聚力土地指标保障，强化优质项目包装招引，积极争取各项用地指标533.33公顷。聚力低效用地整治，开展“新四破”专项攻坚，完成低效用地再开发233.33公顷，盘活存量建设用地113.33公顷，出清低效企业150家以上。三是狠抓招大引强育新业。坚持招商引资“一号工程”不动摇，建立健全招大引强工作机制，发挥京沪深杭四个驻外招商招才机构作用，强化精准对接，创新招引方式，实现招大引强。依托“万亩工业平台”，围绕主导产业，拓展延伸上下游企业，实现强链补链，做强现代制造业。着眼数字经济、生命健康、新材料等新兴产业，签约3亿元以上产业项目14个，落地10亿元以上制造业项目3个。

(六)竞跑民生福祉赛道，跑出惠民安民加速度

以改善民生为抓手，切实回应群众关切，着力迈上民生保障新高度。一是社会保障更加厚实。全面落实就业保障措施，力争年内新增就业1万人以上，城镇登记失业率控制在3%以下。着力完善多层次社会保障，健全“1+8+X”大救助体系，开工建设保障性租赁住房2900套。切实强化医疗保障，户籍人口医疗保险实现应保尽保，大病保险选缴率在93%以上。持续推进居家养老照料中心提升工程，探索社区养老、居家养老新模式，实现老有所养。二是基础教育更加均衡。加快实施教育基础项目13个，实现老城区学校扩能促均衡，新城区学校扩容提品质。全面实施“初中强校”工程，增强优质教育资源供给。大力实施新一轮学前教育行动计划，力争公办园招生覆盖面达55%，普惠性幼儿园招生覆盖面达92%。三是医疗健康更加温暖。推进医疗优布局、提品质，加快建设区中医院、妇幼保健院等6家医疗机构。推进“医智慧”二期建设，构建布局合理、运转高效的基层医疗卫生服务体系，实现县域就诊率

在90%以上。坚持疫情防控常态化,核酸检测能力达到6万管/日,提高疫情应急应对能力,切实保障群众生命健康安全。四是人文气质更加闪耀。坚持以德育人、以文化人。传承保护好婺学、婺窑、婺风、婺建,完善现代公共文化服务体系,打造人文精神高地。建设公共文化设施,每万人拥有公共文化场馆面积达3150平方米;建成投用区科技馆、青少年宫。打造良好赛事环境,办好省第十七届运动会,继续举办燕语湖网红垂钓大赛、莘畈万人毅行大会等赛事活动。推进文旅融合发展,打造婺州古城、白沙文化创意园等文化产业中心,培育"文旅+"产业融合示范基地3个,建设精品旅游线路3条。推进望山隐庐、燕语湖国际垂钓中心二期等项目建设,做好仙源湖旅游度假区提质扩容文章。五是社会治理更加和谐。夯实安全生产基础,以"遏较大"为目标,系统架构"3+8"工作体系,杜绝重特大安全事故。优化应急指挥平台,重塑应急管理流程,做到管控高效,响应迅速。强化信访纠纷"治旧控新",坚决打赢党的二十大等系列安保维稳攻坚战。全力防范化解经济金融风险,保持社会和谐稳定。加强社会治安防控体系建设,常态化开展扫黑除恶、盗抢骗、食药环等违法犯罪行为,不断提升人民群众安全感。

四、全面加强政府自身建设

新时代要有新作为,新时期要有新担当。新一届政府承载着95万婺城人民的新期盼,我们要坚持党的领导,积极推进治理体系和治理能力现代化,努力建设人民满意的现代政府。

牢记使命担当,建设奋发有为政府。坚决落实以人民为中心的发展思想,以谋发展办实事来回应群众的期盼。全面加强学习,深化调查研究,不断提高政府工作人员专业素养。坚持领导带头,大兴真抓实干之风、攻坚克难之风,把时间用在办实事求实效上,把精力用在谋发展创业绩上,推动婺城"走前列、争一流"。

牢记勤政为民,建设务实高效政府。坚持问政于民、问计于民、问需于民,做到民生回应有速度、解决问题有力度、服务人民有温度。强化整体智治、唯实惟先,强化改革创新、系统重塑,强化知责担责、履责尽责,勇当标杆、敢为闯将,以踏石留印、抓铁有痕的劲头抓落实,说一件、干一件、成一件。

牢记依法行政,建设阳光法治政府。深入践行习近平法治思想,严格落实重大行政决策程序制度,把政府工作全面纳入法治轨道。依法接受人大法律监督,自觉接受政协民主监督,主动接受司法监督、群众监督、舆论监督,让权力在阳光下运行。

牢记公正廉明,建设清正廉洁政府。加强公共资源交易、政府投资项目等重点领域、关键环节、大额资金的审计监管。坚持"政府过紧日子",严格控制和压减一般性支出。严格履行全面从严治党主体责任,严格落实中央八项规定精神,深入推进清廉政府建设,力戒形式主义、官僚主义,营造风清气正的良好政治生态。

中国人民政治协商会议金华市婺城区第四届委员会常务委员会工作报告

——在政协第五届金华市婺城区委员会第一次会议上

婺城区政协主席　张茹先

2022年1月23日

本届政协工作回顾

政协第四届金华市婺城区委员会任期的五年，是担当赶超、婺城图强的五年。五年来，在中共金华市婺城区委的坚强领导下，区政协常委会坚持以习近平新时代中国特色社会主义思想为指引，坚持团结民主主题，围绕“建设都市核心、决胜全面小康”目标，认真履行政治协商、民主监督、参政议政职能，倾力服务改革发展大局，以民为重强担当，守正创新提质效，推动政协工作迈新步谱新篇，为都市经济创新城、美好生活幸福城“双城”战略落地成景交上了政协履职答卷。

一、强政治基础，坚持党的领导方向引领

五年来，常委会坚持把党的全面领导作为根本政治原则，深化理论武装，加强思想政治引领，切实发挥重要阵地、重要平台、重要渠道作用，夯实团结奋斗共同思想政治基础，确保政协工作沿着正确方向前行。

坚持政治领航。自觉接受区委对政协工作的全面领导，坚持在党委领导下谋划工作，切实把党的领导落实到政协工作全过程各方面。严格执行重大事项请示报告制度，五年累计向区委汇报工作67次。主动报请区委研究政协重要议题、为政协履职点题，保证政协重要工作、重要履职围绕党政中心任务开展。党政一把手亲自参加政协重要会议和活动，推动政协工作方向明确、重点突出、主题鲜明。贯彻落实中央和省委、市委政协工作会议精神，协助召开区委政协工作会议，配合制定《中共婺城区委关于新时代加强和改进人民政协工作的实施意见》等，推动“区委统战部长兼任政协党组副书记”等规定落实。增设政协机关党组，强化党组领导核心作用，自觉拥护“两个确立”，做到“两个维护”，在政治立场、政治方向、政治原则、政治道路上同以习近平同志为核心的党中央保持高度一致。

厚植思想根基。坚持用习近平新时代中国特色社会主义思想筑牢理想信念之基，“两学一做”“不忘初心、牢记使命”主题教育和党史学习教育成果丰硕。以党组理论学习中心组学习为引领，构建“3+1+N”全员全面全过程学习体系，形成重视学习、崇尚读书浓厚氛围。搭建党组学堂、政协大讲堂、微课堂、崇学书院等学习交流平台，线上线下相结合，书香政协学风日盛。积极开展“百名委员领讲百年党史”“同心向党·读党史、颂党恩、跟党走”“学党史、汇同心、助共富”时政读书活动，委员参与率和发言数居全市前列。广泛开展中共十九大及十九届历次全会精神主题宣讲，加强意识形态主阵地建设，把党的主张转化为各党派团体和各族各界人士的共见共识共为，使更多的人紧密团结在党的周围，凝聚起实现中华民族伟大复兴的强大正能量。

强化党建统领。积极探索新时代政协党建新路子，进一步扩大党的组织覆盖和工作覆盖，以党建强政治、带队伍、促履职、增团结，推动党建工作活起来、实起来。系统构建党建工作机制，完善党组成员与党员常委、党组成员与党外委员、党员常委与党员委员、党员委员与党外委员“四联结对”制度，发挥政治引领、履职示范、带动影响作用，政协系统党建优势整体凸显。延伸党建工作触角，建立“政协

党组+机关党组+临时党支部+委员履职党小组”四级组织网络，把支部建在委组里，把委员聚在党旗下，把党建融入履职中，党建工作的经脉气血更加畅通。有效发挥临时党支部在全会协商、专项监督、联村调研、委员培训等履职活动中的组织堡垒作用，让各类履职平台成为党建工作的重要阵地，让政协履职充满党性、党味。创建“围绕履职抓党建，抓好党建促履职”工作品牌，擦亮党员委员“第一身份”，经验做法在全省政协系统交流推广。

二、强协商质效，服务助力婺城赶超发展

五年来，常委会紧跟区委决策部署，紧扣党政中心工作，紧贴人民呼声期盼，立足主责主业，充分发挥专门协商机构作用，积极服务“双城”战略实施，创造性推进政协履职提质增效，在婺城高质量发展中发挥积极作用。

广泛协商扩面扩效。以全会协商为龙头，专题议政性常委会、“请你来协商” 专题协商会为重点，专委会对口协商、提案办理协商、基层微协商等为常态，构建“1+2+X”协商议政新格局。以党委领导、政府支持、政协搭台、委员主体、群众参与为模式，加强精准选题，坚持调研前置，积极融合发力，扩大协商效应，扎实做好“有事好商量、有事商量好”的协商民主文章。每年聚焦党政关注、社会关切、群众关心的发展领域和民生热点，按照党政所需、发展所向、政协所能，与党委政府共同商定年度协商计划。围绕政府工作报告和全区经济社会改革发展重大事项、民生热点协商议政，《“大水缸”边的百姓路在何方》等63篇大会发言得到区委书记、区长点赞。围绕“双城”建设、“十四五”规划编制、县域治理现代化、共同富裕示范区建设等重大决策部署建真言献良策，百余条专题协商建议进入党政领导视野和部门工作范畴。围绕振兴实体经济、优化营商环境、增强创新优势、完善公共防控体系、“大综合一体化”改革、全国文明城市创建等中心工作重点工作，举行“请你来协商”35场，报送建议案、调研报告、协商纪要73份，每年参加协商的专家、委员、群众人数超千人次，为党委政府推进工作夯实民意基础。围绕非粮化整治、集镇道路改善、污水管网改造、小区停车难等百姓家门口的微困难、微问题、微诉求，开展基层微协商137场，推进政协协商向基层协商、民生小事延伸。持续关注协商建议落实，以上门谈、座谈议、回头看等方式，加强沟通协办、跟踪督办，领导批示38件委员建议，协商成果有效转化。区委书记、区长多次参加专题协商活动，区长每年亲自通报经济社会运行发展和政府工作情况，协商民主在党政各项工作中得到最大程度体现。

多重监督实锤实效。积极探索民主监督的有效方式和途径，寓监督于各项履职活动中，充分发挥钉钉子抓落实的重要一锤作用，增强政协软监督的硬效果，助力经济社会发展跑出加速度。加强协商监督。常委会专题听取党风廉政、平安建设、提案办理等重点工作通报，主席会议专题听取两院工作、财政预决算、应急管理、数字经济发展等专项工作通报，与纪委联合向政府部门委派民主监督小组和监督员，常态化开展双向民主评议，推动党政部门工作优化，提升实效。加强视察监督。围绕高铁新城、飞扬小镇、燕语湖垂钓中心、熊猫猪猪牧场等重点项目和基础教育提升、饮用水达标提标、四好农村路等民生工程建设，开展专题视察216次，就加快城市有机更新、加强民生保障、激发治理效能等提出意见建议1230余条，助推经济社会发展和民生要事落地。每年开展金华经济技术开发区视察，开展金华山旅游经济区视察，协同助力大婺城建设。加强联动监督。聚焦剿灭劣V类水、城乡垃圾分类处理、最多跑一次改革、乡村振兴等重点工作，与省市政协三级联动，与委员联村工作结合，先后组织111个监督调研组1200余人次，赴乡镇、走村社、进企业、访窗口，深入开展专项集体民主监督，报送社情民意、监督建议412件，助推党委政府重要决策部署落实。与兰溪市政协联合开展五水共治、生态廊道、交通廊道建设视察，开展金婺兰三方联动协商，共同推动金兰同城一体化发展。

综合履职提质提效。发挥政协智库优势，综合运用“会场+现场”“线上+线下”“请进来+走出去”等多种形式，多维多措发力，系统融合推动，放大政协履职成效。关注经济发展建真言。开展工业经济、物流业等9个重点课题调研，提出《让新城区真正成为企业发展热土》等72个重点提案，举办优化营

商环境、打好经济翻身战、工业园区转型升级等6场专题协商,组织传统产业改造升级、数字经济发展、小微企业园建设等69次专项视察和民主监督,持续助推经济提振。锚定交通发展献良策。专委会与党派、基层委组联合,连续开展综合交通建设专项调研、改善新城区交通环境专题协商和微协商、交通基础设施和工程建设民主监督,力推交通建设提速。履职建议得到区长高度重视,直接推动洞溪工业园区基础设施、新城区交通环境建设相关50余个项目落地。致力农业农村发展出实招。针对花卉苗木产业发展,以调研建言、信息报送、专题协商、跟踪监督等多措并举,成功助推1.04亿元“花木贷”融资产品落地;针对农村集体经济消薄,以大会发言、重点提案、委员联村、项目视察等多环并进,“消薄十法”建议转化为促进我区省定107个集体经济薄弱村发展的具体行动。组织委员积极参政议政,五年累计提交提案1397件,立案1328件。首推提案“即提即商即办”,加强统、督、追、联、商、促“六办”联动,促进政府提案办理工作成效提升,提案问题解决率达87.89%,委员满意率达99.54%,被《人民政协报》关注报道。

三、强团结民主,汇聚砥砺奋进共识力量

五年来,常委会牢牢把握团结和民主两大主题,充分发挥政协大团结大联合的独特优势,积极传播好声音,广泛凝聚正能量,协助党委政府增进各界共识、维护和谐稳定,巩固和发展政通人和的政治局面。

以合促和强团结。充分发挥政协统战功能,支持和保障各民主党派、工商联、人民团体、无党派人士通过政协平台开展履职活动,各民主党派向党委政府报送“直通车”建议47篇。协助健全同党外知识分子、非公有制经济人士、新社会阶层人士的沟通联络机制,提高合作共事能力,在更大范围推进政治共同体建设。认真落实领导干部“十个一”联系工作,主席会议成员主动靠前,站到党政中心工作一线,积极参与全域土地整治、城市建设征迁、白沙文化研究、行政村规模调整、村社组织换届、信访积案化解等工作,包乡走村、包点跑面,协调解决问题,推进工作落实,与区委区政府同“唱一台戏”“同念一本经”。每年开展“政协走亲连心”,协助做好精准扶贫、招商引资、能人回乡等工作,为各级政协委员、浙商婺商、各方乡贤回婺创业牵线搭桥。累计接待来婺调研的省内外政协同仁167批次,组织委员和机关干部学习考察14批次,联谊交流得到深化。认真贯彻党的民族政策和宗教政策,关注和推动宗教和谐、民族村发展,协助做好民族和宗教工作,促进民族团结、宗教和睦、社会稳定。

以民为本促和谐。积极创新履职为民特色平台,让政协走近群众,请群众走进政协,充分发挥协调关系、化解矛盾、增进共识、汇聚力量的作用,推动政声与民声紧密连接。规范打造“三进三服务”平台。建立委组联系乡镇、委员小团组联系村居、委员联系群众等机制,引导委员参与美丽乡村建设,主动听民声、集民情、汇民意、纳民智,为群众排忧解难,增进民生福祉,通过“六送六服务”、扶贫帮困、爱心助学等活动累计捐款捐物8500余万元。品牌打造“委员会客厅”平台。设立婺商司法服务和新生代双创委员会客厅,发挥好学习交流新载体、联系群众新纽带、协商民主新路径、团结联谊新平台的作用,得到省、市政协充分肯定,婺商司法服务委员会客厅制度建设入选省政协优秀案例。特色打造“民生议事堂”平台。创设西市街商圈、新昌桥、城西等民生议事堂8家,协助开展民情民访,做好问需于民、协商于民、服务于民的工作,帮助调解化解各类问题370余个,相关做法登上《人民政协报》。五年累计收集和反映社情民意信息1514篇,上报1237篇,报送数量和质量连续5年均列全市第一。其中被全国政协和省、市党政部门、政协采用267篇,《关于未来社区建设的建议》得到时任省委副书记、省长郑栅洁批示。

以文聚心汇合力。加强政协文化文史工作,坚守中华文化立场,弘扬优秀传统文化,切实发挥政协以文聚心、以文促和、以文共识的积极作用,提升和合、团结、民主的政协文化影响力和软实力。用好翰墨传情的文化名片,在庆祝改革开放四十周年、新中国成立70周年、中国共产党成立100周年的重大时间节点上,举办“婺城70年·穿越光影话巨变”新老照片对比摄影展、“三江诗路情 翰墨庆华

诞”书画作品联展，以文润心、培根铸魂，讲好新时代婺城故事，凝聚奋进新时代强大合力。发挥文史资政的重要作用，收集纪念改革开放四十周年、70年70人、全面小康路上的政协人、同心战疫等专题“三亲”史料，征编《浙江历史文脉》《浙江文化印迹》文史资料，讲好政协奋斗故事，展现委员家国情怀，体现以史为鉴、团结育人时代价值。强化助力发展的文化担当，积极挖掘和培育优秀历史文化、非遗传统文化、红色革命文化和社会主义先进文化，配合市政协征编《金华祠堂》历史资料，组织编辑《婺城古桥》和白沙文化系列文史书籍，拍摄“白沙革命烈士徐文佩”微电影，复兴队舞非遗文化项目，助力人文婺城·幸福城建设，焕发婺城文化自信。

四、强初心使命，展现新时代政协新样子

五年来，常委会锚定新时代人民政协工作新方位新使命，以两支队伍建设为抓手，强素质、提质效、树形象，塑造具有开放精神、创新活力、满怀激情的政协团队，开创政协工作新局面，展现政协事业发展新风貌。

强队伍提活力。加强管理创新。健全全会、常委会、委组工作制度体系，完善委员管理和履职考评机制，常态化实行常委履职述职、委组工作书面通报和委员履职登记制度，动态开展委员履职提醒和退出管理，每年开展先进委组和优秀委员评选，委员主体作用有效发挥。加强服务创新。开通委员履职服务企业号、微信平台，深入开展“政协大家访”，经常走进委员，密切联系委员，在“倾听委员呼声、关心委员生活、服务委员履职”上下功夫，委员履职热情和动力有效激发。加强素质提升。推进“1+1+N”委员培训体系建设，举办主席读书会、委员履职能力提升培训班，开展提案工作、社情民意信息工作、委员联村工作等多样化履职培训36期，委员参与数达3300余人次，实现委员培训全覆盖，委员思想政治素质和系统履职能力得到较大提高。加强作风建设。引导委员强化为国履职、为民尽责的使命担当，自觉践行社会主义核心价值观，把守纪律、讲规矩、重品行摆在更加突出位置，真正做到心有所戒、行有所止，守住底线、不碰高压线。

强机关提效能。稳步推进“数字政协”履职平台建设，建成“民情一点通”“请你来协商·民生议事堂”“提案在线”“崇学书院·书香政协”应用场景4个，基本实现数字赋能政协履职现代化，得到省、市政协表扬。着力解决政协工作“两个薄弱”问题，优化专委会设置，设立机关“一办六委一中心”，选调年轻干部进机关，充实机关队伍力量，促进机关工作迈上新台阶。着力加强机关效能建设，充分发挥机关委室的职能作用，统筹安排调研视察、专题培训、各类会议，规范出访活动，机关综合协调和服务保障水平进一步提高。扎实履行全面从严治党主体责任，持续深化“清廉政协”建设，严格落实中央八项规定精神和省、市、区委有关制度规定，持之以恒正风肃纪，确保党风廉政建设“两个责任”落到实处。自觉接受区委巡察监督，支持派驻纪检监察组工作。优化机关作风，打造政治立场坚定、拥有政协情怀、奉献政协事业的高素质干部队伍。

强担当树风采。开展“新时代人民政协的新样子”专题讨论，引导委员向善向上向美，勇担政协时代之责。组织全体委员投入新冠疫情防控、复工复产大战大考，委员们各展所长、各尽其能，奋战救治一线、参与防控攻坚、实施法律援助、助力文艺抗疫，捐款捐物达1500余万元，用大爱书写委员情怀，以奉献彰显政协担当。向全体委员发出全国文明城市创建倡议书，委员们打头阵、扛大梁、作表率，带头做文明人、行文明事，深入一线参与文明督导、入户宣传、环境整治等志愿服务3000余人次，协调解决问题400余个，为成功创建贡献政协力量。37名委员获得市、区战疫先锋、创建先进等荣誉称号。广大委员立足本职岗位，积极建功立业，陈立平委员荣获“全国劳动模范”称号，郑宝银委员获得“全国归侨侨眷先进个人”表彰，吴月华委员当选“浙江省新时代中国特色社会主义事业优秀建设者”。加强政协宣传工作，开展最美政协人评选、委员履职好故事推选，在人民政协报、联谊报、金华日报等主流媒体刊发561篇，依托省政协同心苑等新媒体平台宣传1377篇，展示新时代委员新风采，让委员出彩率持续走高。

各位委员，四届区政协取得的工作成绩，是区委坚强领导，区人大、区政府、社会各界鼎力支持，各部门单位、乡镇街道、开发区(园区)协作配合的结果,离不开政协历届老领导、老同志的关心关怀,广大政协委员和政协各参加单位的共同奋斗。在此,我代表四届区政协常委会向长期以来关心、重视和支持区政协工作的各位领导和同志们表示衷心的感谢!向为区政协工作付出辛勤努力的全体委员和各民主党派、人民团体、各族各界人士致以崇高的敬意!

总结五年来的工作,我们也清醒地认识到存在的不足和问题,主要是:专门协商机构的作用发挥仍需进一步加强,双向发力的履职通道仍需进一步拓展,团结民主的职能载体仍需进一步创新,政协数字化改革工作仍需进一步探索,委员的主体作用发挥仍需进一步强化,这些都需要在今后工作中加以改进和提高。

本届政协工作体会

五年来,四届区政协各项工作在继承中发展、在发展中创新,开创了积极向上、蓬勃发展的新局面,更加充分地彰显了政协协商民主的生机与活力。我们的体会是:

——**坚持党的领导,政协"政治有地位"**。坚持党对政协工作的领导,是人民政协事业沿着正确方向前进的根本保证。五年来,我们旗帜鲜明把对党忠诚放在最高位置,主动将政协工作融入区委工作全局,做到重大决策前做好协商、贯彻执行中做好协调、具体工作中做好协助、实现目标中做好协同。区委高度重视政协工作,从政治上保证政协重要地位,从制度上保障政协依章程履职。实践证明,只有始终坚持在党的全面领导下,心往一处想,智往一处谋,劲往一处使,政协事业才能方向正确、健康发展、有为有位。

——**坚持服务大局,政协"出力有舞台"**。坚持服务大局是政协工作必须遵循的基本原则,是政协履职的责任所在。五年来,我们坚持紧盯区委战略部署,紧扣全区中心任务,努力做到建言建在需要时、议政议在点子上、监督监在关键处,为党委政府全面推进中心工作的落实起到了重要作用。区委重视发挥政协智库作用,将事关婺城发展的多项重大课题交由区政协"做题",积极吸纳政协调研建议、协商成果。实践证明,只有紧扣中心服务大局,察实情、出实招、做实功,政协工作才能找准切口、把握重点、见到实效、彰显风采。

——**坚持为民尽责,政协"履职有价值"**。人民政协根基在人民、血脉在人民。五年来,我们坚持以人民为中心,尽职尽责为民生献计献策,真心实意为群众排忧解难,紧紧围绕社会保障、教育医疗、就业创业等涉及群众切身利益的关键小事、疑难杂事,深入调研协商,了解和反映社情民意,为基层和群众办好事做实事,让群众感受到政协离自己很近、委员和自己很亲,赢得了人民群众的欢迎和社会的尊重。实践证明,只有坚持以百姓心为心,把群众所盼、所急、所愁化为政协履职所思、所做、所为,才能让政协履职更有价值。

——**坚持团结民主,政协"工作有力量"**。人民政协作为协商民主的重要渠道和专门协商机构,需要搭建平台、拓展民主形式、拓宽协商渠道,团结一切可以团结的人,最大限度调动一切积极因素。五年来,我们始终坚持团结和民主两大主题,不断创新团结方式,拓展联谊渠道,支持民主党派、工商联、人民团体、无党派人士在政协更好履行职能,确保始终与党委政府同频共振、同轴运转,做到帮忙不添乱、合唱无杂音,把全区各界的力量,通过政协这个平台广泛凝聚起来。实践证明,只有我们的朋友圈越来越大,才能更加众志成城助推发展。

——**坚持自我革新,政协"事业有活力"**。创新是政协事业发展的不竭源泉、强大动力、制胜法宝。五年来,我们敢于求新、勇于求变、善于求质,把加强自身建设作为重要的基础性工作来抓,以"干在实处、走在前列"的奋斗姿态,切实强化责任和使命担当,不断探索创新政协履职新方式,搭建发挥委员作用的新载体,使政协工作更好地体现时代性、把握规律性、富有创造性,形成了鲜明的时代特征、婺城特色,许多经验被省内外兄弟政协借鉴。实践证明,只要始终坚持守正创新、保持蓬勃朝气,就能永葆政协事业的蓬勃生机和旺盛活力。

今后五年工作建议

各位委员，五届区政协的任期是“十四五”规划的实施期，是婺城建设高能级现代化都市核心区的攻坚期，是高质量发展建设共同富裕示范区的关键期。同时，今年我们还将迎来中国共产党第二十次全国代表大会的胜利召开。站在新时代新起点上，建议新一届区政协要高举中国特色社会主义伟大旗帜，以习近平新时代中国特色社会主义思想为指导，全面贯彻中共十九大和历次全会精神，深入学习贯彻习近平总书记考察浙江重要讲话和省、市、区党代会精神，忠实践行“八八战略”、奋力打造“重要窗口”，按照“扛旗争先、崛起浙中”要求，紧紧围绕区委“1483”发展战略，牢牢把握团结民主两大主题，充分发挥专门协商机构和重要阵地、重要平台、重要渠道作用，不断提高政治协商、民主监督、参政议政水平，更好凝聚共识凝聚智慧凝聚力量，高质量服务活力婺城、品质婺城、幸福婺城、水墨婺城建设，助力提升“八个能级”打造“八个高地”，为婺城奋楫赶超争先、奋进共同富裕，建设高能级现代化都市核心区做出更大贡献！

一、秉承政治忠诚自觉，扛起拥护“两个确立”的政协担当

新一届区政协要坚持把习近平新时代中国特色社会主义思想作为统揽各项工作的总纲，坚定不移做“两个确立”忠诚拥护者、“两个维护”示范引领者，坚持党对政协工作的全面领导，增强“四个意识”，坚定“四个自信”，提升政治判断力、政治领悟力、政治执行力，做到党委有号召、政协即响应，党委有部署、政协见行动，确保党的各项决策部署在政协得到全面落实。深化拓展党史学习教育成果，全面从严加强政协党的建设，整体谋划政协党建思路理念、工作载体、方式方法和制度机制创新，构建全链条、全方位、全过程的党建责任落实体系，更好发挥党组织的战斗堡垒作用和党员委员的先锋模范作用，着力提高政治领导力、思想引领力、群众组织力、社会号召力，广泛团结社会各界力量为实现党的大政方针共同奋斗，确保党的各项决策部署在政协得到全面落实。加强党对意识形态工作的全面领导，筑牢意识形态主阵地，团结引领政协委员、政协各参加单位和各族各界人士与党委思想同心、目标同向、行动同步。坚持和完善中国共产党领导的多党合作和政治协商制度，深化与各党派团体、各族各界人士的合作共事，拓展同党外知识分子、非公有制经济人士和新社会阶层人士的团结联谊，加强和港澳台同胞、海外侨胞、在外婺商的密切联络，发挥政协组织优势，拉长广泛团结“半径”，画好一致性“圆心”，凝聚共识度、汇聚团结力、提升正能量。

二、秉承服务发展自觉，贡献提升“八个能级”的政协智慧

新一届区政协要持续推动构建政协协商民主体系，围绕区委区政府中心大局履职尽责，积极服务“八个能级”提升、“八个高地”打造，做到区委区政府中心工作推进到哪里，政协履职工作就聚焦到哪里、跟进到哪里。围绕高新产业发展、补齐制造业短板、现代服务业发展等，履职助力经济能级提升。紧扣争创省级创新示范区、深化数字化改革、打造人才生态最优区等，履职助力创新能级提升。聚焦未来社区建设、城市有机更新、打造人居品质之城等，履职助力城市能级提升。关注城乡融合发展、缩小城乡差距、构建绿色生态发展圈等，履职助力乡村能级提升。着眼教育强基提质、卫生健康现代化、高质量就业、智慧化养老等，履职助力公共服务能级提升。立足大平安新格局、创建法治政府建设示范区、优化基层治理模式等，履职助力治理能级提升。关注文化事业发展、文物保护和利用、全域旅游发展等，履职助力文化能级提升。紧盯打造绿色发展高地、生态环境巩固提升、“无废城市”建设等，履职助力生态能级提升。围绕“十四五”规划实施，聚焦区委区政府重点工作、重要工程和经济社会改革发展中的大事、要事、难事，运用系统集成方法，深化协商、视察、监督、调研、提案、社情民意等综合履职方式，充分发挥好政协的智库作用、协商作用、建言作用、资政作用，为婺城高质量发展贡献更多智慧力量、展现更大担当作为。

三、秉承履职为民自觉，唱响奋进共同富裕的政协强音

新一届区政协要始终葆有以人民为中心，履职为民、为民尽责的初心和情怀，坚持把满足人民群众日益增长的美好生活需要作为履职工作的出发点和落脚点，用心、用情、用力服务民生发展，做好、做实、做优增进民生福祉文章，切实把人民政协制度优势转化为服务助推共同富裕示范区建设效能。优化升级“请你来协商”“基层微协商”平台，推进“委员会客厅”提星晋级、“民生议事堂”提质扩面，深化“三进三服务”“六送六服务”活动，加强文史工作和文化履职，推动政协履职触角不断向基层延伸，使政协工作更接地气、更近民心，在服务助推共同富裕示范区建设中打造具有鲜明辨识度的政协履职品牌。关注区域差距、城乡差距、收入差距等问题，组织委员开展调研、议政、监督，协助党委政府做好收入分配、公共服务均衡、困难群众救助、社会保障服务、社会公平正义、共建共治共享等工作，让发展成果更公平惠及全体人民。充分发挥政协桥梁纽带作用，完善委员联系群众制度，引导委员锚定民生之事，关注百姓小事，加强社情民意信息反映，协助党委政府做好协调关系、理顺情绪、化解矛盾的工作，协调解决好群众“急难愁盼”问题，让人民群众的获得感成色更足，幸福感更可持续，安全感更有保障。紧扣中共二十大、“八八战略”实施20周年、新中国成立75周年等重大时间节点，加强理论溯源铸魂走心工作，发挥各民主党派、工商联、人民团体、无党派人士的积极作用，发挥广大委员在本职工作中的带头作用和界别群众中的引领作用，带动各界别各阶层群众营造团结奋斗、促进共同富裕的浓厚氛围。

四、秉承抱朴守正自觉，绘写奋楫赶超争先的政协风采

新一届区政协要继承和发扬人民政协优秀文化，坚持守正创新，强化系统思维、集成理念、质效意识，以奋楫之势、奋斗之志、奋发之劲、奋进之力，致广大而尽精微，当好人民政协事业赶超争先的先行队、领跑者。实施委员提能精品工程，从严抓好委员队伍建设，加强素质能力提升，增强协商履职本领，锻造一支扛旗争先的过硬队伍。健全委员培训制度，开展年度集中培训和分类培训，确保届内至少轮训一遍。完善政协常委提交履职报告制度和委员履职情况统计、评价、激励机制，促进常委、委员高质量履职。实施委组提能精品工程，从实抓好专门委员会、工作委员会、联络组建设，加强和改进委组工作，更好发挥委组基础性作用，实现委组工作有特色、高质量。统筹安排常委会、各委组协商议政会议和视察考察调研等活动，让更多委员参与其中。实施机关提能精品工程，从细抓好政协机关建设，接力创建模范机关，提升服务保障能力，把机关工作质量推向新高度。打造“同心向党”党建工作品牌，持续加强机关党风廉政建设、作风建设、效能建设，打造唯实唯先、善作善成的政协干部队伍。打造“书香政协”学习品牌，结合实际开展委员读书活动，促进委员履职能力共同提升，思想上共同进步，真正做到“懂政协、会协商、善议政，守纪律、讲规矩、重品行”要求。打造“数字政协”特色品牌，以“掌上履职、指尖协商、云端互动”等为切入点，抓好掌上履职、掌上议政、掌上办公平台建设，进一步拓展委员履职的广度、深度和效度，不断提高履职能力水平。

专 辑

2021 年婺城区重点建设项目

2021 年婺城区省重点建设项目一览表

表 2

序号	项目名称	建设规模及主要内容	总投资(万元)
1	金华市婺城区中医院建设项目	项目用地面积 29731.59 平方米,总建筑面积 50927.94 平方米。其中,地上建筑面积 32985.79 平方米,包括一栋 3 层医疗综合楼和一栋 10 层住院楼;地下 2 层建筑面积 18000 平方米,建筑高度为 42.3 米	49667
2	浙江省金华监狱西关押点改扩建工程项目	总用地 26.42 公顷,项目总投资 5.1 亿元,总建筑面积 113961 平方米,其中新建建筑面积 102245 平方米,改建建筑面积 11716 平方米	50975
3	婺城区妇幼保健院整体迁建项目	项目新建妇幼保健功能用房、院内生活、保障用房和行政管理、室外配套工程、地下车库(含人防)。项目建设用地面积约 72315 平方米,新建建筑面积 56600 平方米,其中地上面积约 45800 平方米,地下面积 10200 平方米。项目规划设置床位 400 张	51600
4	金华新兴产业集聚区兰溪上华至婺城琅琊公路	建设规模:长约 12 千米,一级公路,设计速度 80 千米/小时,双向四车道,路基宽度 24.5 米	84300
合计	4 项		236542

2021年婺城区市重点建设项目一览表

表3

序号	项目名称	建设规模及主要内容	总投资(万元)
1	金华新兴产业集聚区兰溪上华至婺城琅琊公路(婺城区段)	建设规模:长约12千米,一级公路,设计速度80千米/时,双向四车道,路基宽度24.5米	84300
2	金华市婺城区蒋堂移民新村(二期)建设工程EPC总承包项目	拟建22幢小高层住房建筑、2幢6层住房建筑及其配套工程,总建筑面积14.2万平方米,安置房864套	34000
3	婺城二中新建工程	征地6公顷,建筑面积44000平方米(学生宿舍7200平方米、地下室10000平方米),48班规模	19800
4	金华铁路文化公园项目工程	二七铁路主题公园总用地面积15公顷,建设内容包括园路、广场、景观构筑、绿化改造、停车场、基础照明、休闲建筑等	147300
5	二七凤翔安置房(婺江印月小区)	新建住宅4栋18层288套,总建筑面积2.34万平方米	41000
6	婺城区安居工程城中村改造项目(西郊一期)	城中村改造安置房建设,用地面积21773平方米,总建筑面积约6.7万平方米	35926
7	婺城区安居工程城中村改造项目(鲍杨)	城中村改造安置房建设,用地面面积97139平方米,总建筑面积约30万平方米	127190
8	今飞控股集团有限公司 汽车摩托车零部件及智能制造装备项目	项目规划用地50公顷,建设面积10万平方米,购买精雕机、加工中心、三坐标等设备	150000
9	330国道武义江大桥改建工程(原二环南路武义江大桥)	路线全长1.0千米,其中含1座大桥437米	18682
10	浙江今飞机械有限公司年产300套节能环保设备、200套工业机器人及配套机器人减速机项目	用地面积6.00公顷,新建厂房及附属设施,建筑面积33082.28平方米。项目采用先进的激光切割,数控折弯,高精度龙门加工中心等技术,引进德国环保计划,推广VOCs焚烧处理设备	50000
11	万泰集团(金华)有限公司万泰购物广场项目	项目一期投资4.0亿元,装修改造面积18.8平方米,包括海立方、物美超市等项目。项目二期投资4.5亿元,用地面积7.67公顷,总建筑面积19.5万平方米,业态包括特色商业街、精品酒店式公寓、商务写字楼、城市养老公寓等项目	85000
12	婺城区妇幼保健院整体迁建项目	项目新建妇幼保健功能用房、院内生活、保障用房和行政管理、室外配套工程、地下车库。项目建设用地面积约72315平方米,新建建筑面积56600平方米,其中地上面积约45800平方米、地下面积10200平方米。项目规划设置床位400张	51600
13	金华市婺城区公共卫生防控中心工程	1.白龙桥镇总部:总用地面积1.28公顷,总建筑面积13000平方米,其中地上面积10000平方米、地下面积3000平方米。2.雅畈镇分中心:总用地面积1.31公顷,总建筑面积12000平方米,其中地上面积10600平方米、地下面积1400平方米。3.蒋堂镇分中心:总用地面积1.52公顷,总建筑面积7100平方米,其中地上面积6500平方米、地下面积600平方米。4.竹马乡分中心:总用地面积1.35公顷,总建筑面积6000平方米,其中地上面积5000平方米、地下面积1000平方米	35000

续表 3

序号	项目名称	建设规模及主要内容	总投资(万元)
14	金华市婺城区中医院建设项目	项目用地面积 29731.59 平方米,总建筑面积 50927.94 平方米。其中,地上建筑面积 32985.79 平方米,包括一栋 3 层医疗综合楼和一栋 10 层住院楼;地下 2 层建筑面积 18000 平方米,建筑高度为 42.3 米	49667
15	金华市婺城区康复医院改扩建工程	用地总面积 19303.7 平方米,总建筑面积约 3.7 万平方米。新建康养大楼 2 幢,拟安排床位 500 张,分设治疗区、护理区、康复区及养老区,其中养老床位不少于 300 张。新建配套附属用房约 5000 平方米,另对院内约 10000 平方米的道路、绿化环境进行提升改造	28000
16	婺城区安居工程城中村改造项目(五星田里)	城中村改造安置房建设、基础配套等费用。用地面面积 38672 平方米,总建筑面积约 11.5 万平方米	49300
17	金华市婺城区安居工程城中村改造项目(城西西郊二期)	城中村改造安置房建设、基础配套等费用。总用地面积 2.25 公顷,总建筑面积约 71637.8 平方米,建设安置房 397 套	37933
18	金华市婺城区水上运动中心	婺城新区二环西路荣光国际学校以北,婺城大桥以东,婺江南岸,包括赛艇、皮划艇、小轮车、轮滑场馆的建设。项目总用地面积约 6.33 公顷(不含水域面积)	49995
19	婺城区安居工程城改项目(黄金苑)	城中村改造安置房建设、基础配套等费用。总用地约 12.33 公顷,总建筑面积约 41 万平方米	219870
20	金华至建德铁路项目婺城段	婺城段全长 9.381 千米,主体工程用地总面积 69.69 公顷	230000
21	婺城区生态安葬点建设项目	在罗店、竹马、白龙桥等婺城区 12 个乡镇建设 15 个节地生态安葬点	32600
22	金华立春智能仪表科创园	项目用地约 2.28 公顷,新建厂房总建筑面积 24 万平方米。打造以智能制造和化妆品为主导产业的小微企业园	120000
23	浙江星筑科技有限公司工业化成品住宅及部品部件智能化制造基地建设项目(一期)	利用现有厂房的基础上进行改造,增加先进工艺设备,形成年产装配式建筑 1000 栋(建筑面积约 20 万平方米)的集成能力;形成门窗集成系统 75 万套,木门窗集成系统 15 万套,整体卫浴系统 2 万套,系统收纳 2 万套的生产能力	101756
合计	23 项		1798919

2021年婺城区十项重点惠民实事

一、优学婺城·幸福城提升工程

1. 金华实验中学学前教育专业实训基地(附属幼儿园)新建工程，总投资9000万元，建筑面积16000平方米，计划2021年3月份开工，年底前完成主体工程。

2. 完成乾西乡中心小学幼儿园、婺城区紫金幼儿园、北苑小学幼儿园建设，3个项目总投资1.55亿元；新增幼儿入园人数1000人，普惠性幼儿园覆盖面争取达到90%以上。

3. 完成婺城小学白沙校区扩建工程，总投资7000万元。

4. 实施明眸摘镜工程，建立学生屈光发育档案5万份，学生总体近视率较上年度下降1%以上，优化视觉教室265间。

二、平安婺城·幸福城建设提升工程

1. 实施城市大脑婺城平台建设，一期投资3916万元，实施数字驾驶舱、数字哨兵、云执法、智慧养老、应急管理、一码通婺城、一机游婺城等应用开发，并投入使用，迭代升级感知城市物联网系统，大力发展智慧交通、智慧能源、智慧市政、智慧社区、智慧旅游，打造数字城市、智慧城市，提高数字治理水平。

2. 继续实施平安婺城“雪亮”工程。

3. 完成70个村(社区)避灾安置场所规范化建设，资金200万元。

三、婺城水·幸福城水利提升工程

1. 开工建设汪家垅水库加固改造工程，实施大坝除险加固，溢洪道改造等，项目总投资2316万元，消除汪家垅水库大坝安全隐患，保障水库下游村庄安全。

2. 开工建设金华江右岸婺城大桥—兰溪交界段2千米堤防治理。项目总投资6300万元，2021年计划投资2000万元。项目建成后，将形成完整的防洪闭合圈，保护乾西乡竹马乡在20年一遇设计标准下不受淹。

3. 开工建设桐溪入江口整治工程，2021年计划投资1000万元。为水上运动中心周边景观配套，让婺城新城区居民更有获得感、幸福感。

4. 完成山塘整治6座，创建水美乡镇1个，创建美丽河湖1条，总投资1500万元。消除山塘安全隐患，保障山塘下游村庄安全及农田灌溉。

5. 完成全区农村村内管网及一户一表改造、单村供水站设备提升建设，总投资5000万元。

四、健康婺城·幸福城提升工程

1. 新建婺城区中医院项目，规划配套床位规模300张，新建门急诊医技综合楼、住院楼、后勤服务楼，主体基本结顶，2021年计划投资1.8亿元。

2. 开工建设塔石乡卫生院维修改造工程(业务用房和职工宿舍维修改造工程)，面积2000平方米。

3. 开展新冠肺炎疫苗免费接种1.2万人次；开展高危人群大肠癌筛查16000人次；开展重点人群开展流感疫苗自愿免费接种12600人次。

五、农民安居建房提升工程

1. 实施农村建房规范化管理三年行动，进一步优化村庄布局，保障村民住房需求，改善人居环境，实现农民和村庄的可持续化发展。完成雅畈、长山试点，全年安排不少于5.33公顷建房土地指标(安排三年)，解决农村建房难的问题。

2. 解决困难家庭住房50户，完成全区农村自建房排查，力争完成危房改造100户。

3. 实施困难残疾人无障碍设施进家庭工程，涉及残疾人总数114户。

六、污水零直排改造提升工程

1. 基本完成城区污水零直排建设工程，2021年投资3.6亿元。

2. 实施农村生活污水处理设施提升改造工程，完成全区100个处理设施的提标改造及终端智能化建设，2021年计划投资1500万元。

七、农村食品安全综合治理能力提升工程

1. 整合资源完成改造提升农村家宴放心厨房13家。

2. 到2021年末，全区12个乡镇(街道)食安办达到省三星级规范化管理要求。

3. 提升食品安全抽检监测工作质量效益，农产品和食品抽检量达到每千人4.5批次，其中市场监管部门抽查量不少于每千人3批次;强化不合格食品核查处置，核查处置率、按时完成率分别达到100%和85%。

4. 按照省放心农贸市场标准,完成提升改造农村农贸市场2家;启动婺城新城区农贸市场、高铁新城农贸市场(邻里中心)项目建设。

5. 完成建设便民食品安全快检站5家。

八、美丽乡村建设提升工程

1. 提升以竹马乡、罗店镇为主的茶花争妍美丽乡村风景线,建设沿线景观节点、配套基础设及房屋立面整治、绿化、文化、洁化等环境整治提升;启动建设精品村10个,总投资约4000万元,计划3月份开工建设。

2. 提升农村生活垃圾分类长效管理水平,每月开展农村环境“十佳村、十差村”评选,农村生活垃圾分类优秀村创建率达到90%以上,实施农村阳光堆肥房技改提升20座。

九、老旧小区改造提升工程

基本完成城东、城中街道62个老旧小区的立面改造、雨污水管网改造、道路改造、停车位增设、适老化改造、绿化提档等配套基础设施工程,总投资2亿元。

十、农村公路安全治理提升工程

1. 实施农村公路大中修30千米，总投资4500万元,计划2021年6月底开工,年底前基本完成建设。

2. 整治交通事故隐患点位50个，项目总投资500万元,计划2021年6月底开工,年底前完成整治。

3. 完成农村公路信息化升级改造,项目总投资248万元，计划2021年1月开工,6月底前完成建设。

4. 新建港湾式停靠站25个,包括砌挡土墙、新建港湾式停靠站、新建公交站台。

5. 实施农村公路路网完善工程，总长6千米，项目总投资900万元，计划2021年7月份开工建设,12月底前完成建设。

6. 完成四好农村路建设二期工程，花博园道路、向家源—李金堂、马泉线(环镇南路至良种场段)、马泉线老线 (马海地至铁路桥洞)4条路线建设,共计11.62千米,总投资1亿元。

大事记

1月

6日　婺城区召开市科技婺商表彰暨区级企业研发投入工作推进会。230多家规模以上工业企业、服务业企业相关负责人参加会议。

7日　婺城区召开疫情防控工作汇报会。

8日　婺城区召开创建全国文明城市总结表彰大会。

同日　婺城区举行小葫芦(金华)商业运营中心启动仪式暨金华首届智慧商业研讨会。

14日　古子城步行街被省商务厅等11个部门认定为“浙江省首批高品质步行街”。

同日　婺城区法律援助中心驻婺城区人民检察院法律援助工作站正式挂牌成立投入运行,法律援助服务与检察机关司法为民、法律服务实现无缝衔接。

15日　婺城区召开全域集成综合行政执法改革动员大会。

22日　婺城区政府与中国光大银行杭州分行战略合作协议签约仪式举行。

2月

1—3日　中国人民政治协商会议第四届金华市婺城区委员会第五次会议召开。

1—4日　金华市婺城区第九届人民代表大会第五次会议召开。

7日　婺城区召开领导班子2020年度总结和领导干部述德述责述廉述法会议暨领导干部个人有关事项报告工作培训部署会。

8日　婺城区举行“汇聚青年英才·共建创新名城”云招才启动仪式。

10日　婺城区举行《白沙溪》世界灌溉工程遗产献礼片、电视散文系列片首发仪式。

20日　婺城区召开2021年全区干部大会暨“四攻坚四争先”动员大会。

3月

2日　婺城区召开志愿者协会二届一次会员大会。

4日　婺城区举行学习贯彻习近平法治思想宣讲报告会。

5日　婺城区举行志愿服务大会暨新时代文明实践十大项目发布仪式。

8日　婺城区召开纪念“三八”国际劳动妇女节111周年暨妇联系统“四攻坚四争先”推进会。

同日　婺城区人民政府与北航投资有限公司签订战略合作签约仪式举行。

13日　婺城区举办第十二届中国茶花博览会。

14日　婺城区举办中国花卉苗木产业智慧博览园一期——枫隐园开园仪式。

15日　婺城区召开“永远跟党走 建功‘十四五’”党史学习教育动员部署会。

17日　婺城区三联区块城中村改造工作会议在白龙桥镇政府召开,标志着三联区块城中村改造正式启动。

18 日　省委全面深化改革委员会召开第十三次会议。婺城区区委书记蔡艳以“系统集成、高效联动、整体智治,探索打造市区‘大综合一体化’行政执法新样板”为主题,汇报此项重大改革的前期谋划、先行探路、工作进展和下步思路举措等情况,得到省领导的充分肯定。

23 日　婺城区攻坚争先大比拼暨 2021 年第一期百亿项目集中开工仪式举行。

26 日　婺城区举行金华铁路文化馆开馆仪式。

27 日　2021 金华· 南山第六届竹文化节暨婺城区第三届农民网络文化节在沙畈乡举办。

4 月

2 日　婺城区在金华革命烈士纪念碑前举行祭奠英烈仪式。

同日　2021“花满婺城·幸福生活”第五届雅畈杜鹃花节开幕。

同日　婺城区“箬阳龙珍”国家地理标志品牌正式启用。

6 日　全区新冠病毒疫苗接种工作会议召开。

7 日　婺城区举办首届中国网络红人经济产业博览会。

17 日　由浙江师范大学、金华经济技术开发区管理委员会、中国管理科学研究院教育创新研究所、新东方教育科技集团联合主办的“教育 E 大会暨首届儿童成长多元发展论坛”在金华市新东方双语学校举行。

22 日　市自然资源和规划局婺城分局召开婺城区全民所有自然资源资产清查部署会议,正式启动婺城区全民所有自然资源资产清查工作,助力婺城生态文明建设和自然资源资产产权制度改革。

23 日　召开“学史力行·实事我来办”专题实践活动启动暨深化 “三服务·婺城家服务”2.0 工作推进会。

24 日　区委书记蔡艳受中共浙江省委依法治省办邀请,参加浙江电视台《法治的力量》专题节目采访。

同日　婺城区在仙源湖旅游度假区举办“庆建党百年辉煌，享花满婺城幸福生活”——燕语湖杯 2021 迎亚运金华 10 公里长跑精英赛活动。

25 日　婺城区在白沙溪三十六堰之一的旱龙堰畔举行首届原创歌曲音乐会。

27 日　中华全国总工会召开大会庆祝 “五一”国际劳动节,表彰 2891 个集体和个人。浙江康灵汽车零部件有限公司设备动力部经理应祝良获得全国五一劳动奖章。

28 日　婺城区与浙江师范大学开展校地合作交流座谈会。

同日　婺城区举行 “献礼建党 100 周年·永远做党的好儿女”——庆祝“五一”国际劳动节表彰大会暨职工文艺汇演。

同日　婺城区举行“青春助力‘十四五’ 接续奋斗正当时”主题团日活动。

28—30 日　浙江省首届乡村美食大会在金华古子城开幕，作为浙江省举办的首个乡村美食展会、线上线下联动型展会,省内 11 个地级市 130 余家主体参展。

29 日　婺城区首创的数字乡村幸福智治平台——“村婺通” 上线启动会在白龙桥镇新昌桥村文化礼堂举行。

30 日　婺城区召开建设平安婺城工作、扫黑除恶专项斗争总结暨庆祝中国共产党成立 100 周年维稳安保会议。

5 月

9 日　婺城区莘畈乡举办 2021 “花满婺城 幸福生活”莘畈毅行大会暨国家第六届“万步有约”健走激励大赛婺城赛区启动仪式，共有 4800 名运动员参加。

13 日　2021 年度婺城区首期村社 “书记话图强·五力大比拼”活动正式启动。

17 日　婺城区举行“庆建党百年 享幸福生活”知名画家走进钱塘江诗路文化带暨 “视觉婺城”第六季白沙溪三十六堰写生创作系列活动启动仪式。

18 日　在全省建设新时代美丽浙江暨中央生态环境保护督察整改工作推进大会上,婺城区荣获

2020 年度浙江省“五水共治”(河长制)“大禹鼎”。

19 日　婺城区举办“花满婺城 幸福生活”“5·19”中国旅游日婺城数字赋能乡村旅游文化节暨 2021 年金华罗店第四届枇杷节。

20 日　婺城区举办“白沙八景”落成典礼暨歌曲《闻着花香回故乡》全球首发式。著名词曲作家、音乐人、婺城乡贤陈越,国家一级导演陈建平,区主要领导及深圳市金华商会童星桦共同为“龙桥映月”揭幕,并出席《闻着花香回故乡》全球首发启动仪式。

同日　婺城区召开慈善总会第一次会员代表大会暨一届一次理事会。

同日　全省普通国省道“三提”会议在婺城区召开。

同日　婺城区举办外婆童谣广场暨外婆童诗馆落户活动。

22 日　“保护自然环境 共建生态婺城”2021 国际生物多样性日世界环境日宣传活动在琅琊镇白沙溪畔举行。

24 日　中共金华市婺城区竹马乡商会委员会成立大会暨第一次党员大会在竹马乡工业功能区党群服务中心召开。

25 日　区委副书记、区长黄国钧参加万泰奥特莱斯购物公园启动大会。

27 日　婺城区在罗店镇召开第二次乡村振兴现场会。

28 日　婺城区第五届老人运动会在金华实验中学举行。区委书记蔡艳出席开幕式。

同日　金华市数字化改革软件赋能首场对接会在婺城区举办。

29 日　婺城区全民运动会在金华实验中学举办,共有 2000 名运动员参加。

6 月

5 日　世界灌溉工程遗产“白沙溪三十六堰”授牌仪式暨婺城区第二届“卢文台”治水文化节在白沙溪畔举行。

同日　“蓝芽杯”2021 年浙江·金华体育舞蹈公开赛暨友好城市少儿拉丁舞大奖赛在婺城中学举行,共有 487 名运动员参加。

8 日　四川省甘孜州妇联主席穆黎带队到婺城区调研民情民访代办、基层妇女组织建设工作。

同日　省人大常委会白龙桥镇基层立法联系点正式挂牌成立。

9 日　婺城区人民政府与北京联东集团公司举行联东 U 谷·金华婺城科技创新谷项目签约仪式。

11 日　经婺城区委、区政府同意,市委编办批复,婺城区农业农村局增挂区乡村振兴局牌子。

16 日　遴选站前小学作为市内首家试点学校试行部校共建少年军校路子,区委副书记、区长黄国钧参加站前小学“少年军校”成果观摩暨全区国防教育工作会议。

同日　金华开发区融媒体中心启用暨“学史力行 攻坚争先看一线”融媒体采访活动启动仪式在开发区融媒体中心演播厅举行。

17 日　四川省南充市嘉陵区党政代表团到婺城区考察东西部协作工作。

同日　金华市千个“金华有爱·红色驿站”集中挂牌暨百场志愿服务下基层活动启动仪式在婺城区举行。

23 日　为期 3 天的长三角产业科技创新研讨会暨智江南论坛在金华市婺城区落幕。期间,婺城区政府、浙江大学、氢途科技三方签订“浙江大学—氢途科技婺城氢能与燃料电池联合研发中心”合作协议。

25 日　婺城区举行 2021 年“图强赶超 冲刺全年红”攻坚争先大比拼活动。

29 日　婺城区举行“奋进‘十四五’ 永远跟党走”以优异成绩向中国共产党成立 100 周年献礼活动。

同日　婺城区在中国婺剧院举办庆祝中国共产党成立 100 周年·大型红色婺剧《南山火种》首演活动。

30 日　婺城区举行庆祝中国共产党成立 100 周年先进典型表彰会暨区委党史学习教育专题党课。

同日　《金华市婺城区(含金华经济技术开发

区)矿产资源“十四五”规划(2021—2025年)》通过论证。

7月

1日　婺城区组织集中收听收看庆祝中国共产党成立100周年大会。

2日　婺城区举行综合行政执法队伍综合素质大比武成果展示活动暨乡镇(街道)综合行政执法队授牌仪式。

3—12日　浙江省2021年青少年足球(男子乙组)锦标赛,在金华教育学院、金华五中举办,共有350名运动员参加。

5日　区委副书记、区长黄国钧参加与浙江民泰商业银行签署战略合作协议签约仪式,介绍婺城情况并发表致辞。

6日　金华婺城南山省级自然保护区管理中心揭牌暨重点建设项目启动仪式举行。

7日　婺城区举行“闪光婺星”表彰大会暨颁奖典礼。

8—9日　婺城区委举办学习习近平总书记在庆祝中国共产党成立100周年大会上的重要讲话精神专题读书班。

9日　婺城区举行“凝聚乡创力量 助推共同富裕”乡村创业青年交流研讨会。

15日　区委副书记、区长黄国钧参加与浙江正凯集团有限公司举行项目签约仪式。

29日　婺城区“奋进‘十四五’ 永远跟党走”正方献礼中国共产党成立100周年暨企业晋升特级资质庆典在浙江正方控股集团有限公司举行,区委书记蔡艳与正方集团董事长徐伟星共同为公路工程施工总承包特级资质揭牌。

8月

1日　婺城区举行熊猫猪猪·两头乌国际牧场开园仪式。

2日　区委书记蔡艳主持召开全区新冠肺炎疫情防控工作会议。

5日　婺城区召开区政府2021年上半年经济社会发展情况通报会暨区政协“请你来协商·加速创新增强开发区新优势”专题协商会。

11日　全国创建“青少年维权岗”活动领导小组公布2019—2020年度全国“青少年维权岗”名单,婺城区检察院获评全国“青少年维权岗”。

13日　婺城区召开对口工作领导小组2021年度第一次会议。

15日　夜里起,浙江金华婺城区部分地区出现大暴雨。据统计,8月16日20时至17日6时,全区平均面雨量48.6毫米,累积雨量最大为171.9毫米位于罗店镇双龙站,最大小时雨强为58毫米也在罗店镇双龙站。

18日　婺城区举行“争先抢创、冲刺三季胜”—“四攻坚四争先”项目大会战现场会。

21日　婺城区在环城二小开展大规模新冠病毒核酸检测演练。

23日　婺城区文物局揭牌成立。

同日　婺城区政协召开“请你来协商·白沙堰上话共富”专题协商会。

26日　浙江师范大学、金华开发区举行合作共建浙江师范大学附属学校签约揭牌仪式,金华市第十五中学正式成为浙江师范大学附属中学。

27日　婺城区召开城中街道商会成立大会暨第一届会员大会。

31日　金华五中成美校区举行新校区启用仪式。

9月

3日　“守好红色根脉 助力乡村振兴‘我在窗口写青春’青牛论坛(金华婺城站)”活动在婺城区熊猫猪猪·两头乌国际牧场举办。

7日凌晨　婺城区部分村庄短时雨量达暴雨级别,引发山体塌方等灾害。

同日　婺城区成立学科类培训机构鉴定专家组,举行全省首场培训机构学科鉴定,开出首张非学科类培训项目鉴定单。

8日　婺城区举行人民西路西延工程通车仪式。

12日　婺城区全国首创“双减码”三色预警系统。定期对“五项管理”等8个内容进行调查,对红码比例高于全区平均值的学校领导、分管领导进行约谈;责成学校对红码比例高于全区平均值的年级组长进行约谈。

12日　婺城区召开全国文明城市巩固提升集中攻坚行动部署会。

同日　区委书记蔡艳主持召开防御第14号超强台风“灿都”工作会议。

14日　2021年第十届中国创新创业大赛浙江赛区暨第八届浙江省“火炬杯”创新创业大赛高端装备制造行业总决赛在婺城区举行。

同日　婺城区完成全省首家学科类培训机构“营转非”,完成全省首个营利性学科类培训机构向非学科类培训机构的变更登记。

17日　金华市首家高校“退役军人之家”在浙江师范大学揭牌成立。

18日　婺城区召开能源“双控”攻坚会议。

23日　金华市庆祝2021年中国农民丰收节活动在古子城保宁门广场开幕。

24日　婺城区举行年轻干部任前集体谈话暨“导师帮带”结对仪式。

26日　婺城区举行“花满婺城·幸福生活”全国摄影展。

28日　蒋堂镇文学艺术界联合会成立并举行第一次代表大会。

29日　金华铁路文化公园正式开园。

10月

3日　浙江首条“音乐公路”在金华市婺城区南山脚畔奏响《亲爱的婺城　亲爱的你》,婺城区白门线古方段总长683米的“音乐公路”正式亮相。

13日　婺城区举行“请党放心　强国有我”金华市庆祝少先队建队72周年主题队日活动暨金华市共青团助力“双减”公益服务清单发布仪式。

15日　婺城区开展军事日活动。

同日　区委书记蔡艳主持召开中国共产党金华市婺城区第七届委员会第十一次全体会议,会议表决通过《关于召开中国共产党金华市婺城区第八次代表大会的决议》。

18—19日　四川省甘孜州道孚县委副书记、县长扎多率党政代表团到婺城区考察。

21日　举行全省首家——婺城区文艺创客联合会成立大会暨婺城文艺名家工作室授牌仪式。

22日　浙江婺城经济开发区挂牌成立暨婺城区制造业“腾笼换鸟、凤凰涅槃”攻坚推进大会召开。

22—24日　2021世界非遗二十四节气与生命健康暨中医药产业发展国际论坛在金华经济技术开发区举办。

27—29日　水利部农村水利水电司副司长邢援越、国际合作与科技司副司长李戈带领调研组到婺城区塔石、洋埠等地调研小水电绿色发展工作。

28日　婺城区举行2021年第二期村社“书记话图强·五力大比拼”活动。会议以视频形式召开。

29日　婺城区人民政府与浙江中医药大学附属第二医院正式签约。

11月

3日　区委副书记、区长黄国钧参加市区六大万亩工业平台“腾笼换鸟”工作观摩活动,并陪同市长邢志宏一行到浙江今飞机械有限公司和浙江开创电气股份有限公司进行调研。

4日　时任区应急管理局党委委员、副局长周全喜获全国应急管理系统先进工作者称号。

8日　国家税务总局金华市婺城区税务局召开干部宣布任命会议。市税务局党委书记、局长许保国主持会议,市局党委委员、纪检组组长祝雄峰宣读任免文件。经国家税务总局浙江省税务局批准,毛晓东任国家税务总局金华市婺城区税务局局长;免去胡红平国家税务总局金华市婺城区税务局局长职务,另有任用。

18日　举行浙中婚庆广场项目开工暨新宇·宏腾生活广场复工仪式。

23日　婺城区人民政府与金华成泰农商银行举行战略合作签约暨婺城支行综合楼工程奠基仪式。

24日　市委副书记、市长邢志宏在婺城区宣讲中共十九届六中全会精神。

25 日　召开全区领导干部会议，市委书记凌志峰出席并发表重要讲话。会议宣布中共浙江省委决定：高峰任金华市婺城区委书记；蔡艳不再担任金华市婺城区委书记职务。中共金华市委决定：胡余仙任金华市婺城区委副书记；黄国钧不再担任金华市婺城区委副书记职务。

同日　区委副书记胡余仙主持召开学习贯彻中共十九届六中全会精神“六讲六做、扛旗争先”大宣讲活动动员部署会。

26 日　婺城区九届人大常委会召开第四十五次会议，审议表决通过区政府、区法院主要领导任命议案，决定接受黄国钧辞去婺城区人民政府区长职务，决定任命胡余仙为婺城区人民政府副区长并代理区长职务，丁胜为婺城区人民法院副院长并代理院长职务。

12 月

2 日　举行中共金华市婺城区委社会建设委员会揭牌仪式。区委书记高峰，区委副书记、代区长胡余仙共同为“中共金华市婺城区委社会建设委员会”揭牌。

3 日　婺城区安地镇南杉温泉地热资源采矿权颁证仪式在金华市南杉温泉酒店举行，婺城区（不含经济开发区）第一口地热温泉拥有开发利用经营的通行证。

4 日　婺城区召开数字化改革专题培训会。会议以视频形式召开。会议邀请浙江大学工学博士、高级工程师楼健人，数字浙江技术运营有限公司总经理王巍作专题辅导报告。

7 日　区委副书记、代区长胡余仙参加国务院新冠肺炎疫情防控工作电视电话会议（视频会议）。

8 日　区委书记高峰主持召开疫情防控工作会议。

9 日　省司法厅党委书记、厅长陈伟带队到婺城区调研法治建设、司法行政和综合行政执法改革工作情况。

10 日　婺城区 BRT 公交站台应急宣教体验馆项目通过验收，婺城区首个沉浸式体验馆投入使用。

13 日　全市疫情防控工作视频调度会结束后，区委书记、区新冠肺炎疫情防控工作领导小组组长、指挥部指挥长高峰第一时间召开续会，并以“四不两直”方式，暗访督查疫情防控工作情况，看望慰问坚守在疫情防控一线的党员干部和工作人员。

22 日　婺城区、乡两级人大代表换届选举投票日，全区 55.65 万余名登记选民在乡镇（街道）、机关单位、高校企业的投票站，行使民主权利，投下庄严一票。

同日　召开中共金华市婺城区委七届十二次全体会议。区委委员、区委候补委员出席会议，区纪委委员列席会议。

23 日　浙江省商务厅、浙江省文化和旅游厅等 7 部门公布首批省级夜间经济样板城市名单。金华市义乌市、婺城区上榜，正式创成首批省级夜间经济样板城市。

28—30 日　举行中国共产党金华市婺城区第八次代表大会。高峰代表中国共产党金华市婺城区第七届委员会向大会作题为《奋楫赶超争先　奋进共同富裕　为建设高能级现代化都市核心区而努力奋斗》的报告。大会采用按表决器投票的方式，通过了《中国共产党金华市婺城区第八次代表大会选举办法》；通过了关于七届区委报告的决议和关于七届区纪委工作报告的决议。

29 日　婺城区东坑口水电站、郭力垅水电站、罗店库口水电站、泥山坞水电站、双溪口水电站、瀛头水电站、张坑水电站、周村水电站共 8 座小水电被水利部公布为 2021 年度绿色小水电示范电站。

31 日　区委书记高峰主持召开中共金华市婺城区委第十一轮巡察工作书记专题会议。

是月　婺州古城景区入选浙江省第一批省级夜间文化和旅游消费集聚区名单，并被认定为第二批浙江省示范级文化和旅游 IP，熙春巷特色饼一条街被评为“诗画浙江·百县千碗”美食街区。

婺城区概况

建置　区划　人口

【建置沿革】 金华市婺城区地域据《尚书·禹贡》记载属扬州之地。春秋时属越国,其中原汤溪县地域属姑蔑国。战国楚威王七年(前333)灭越为楚地。婺城先后为长山、吴宁、东阳、金山、金华县治,也是历朝郡、州、路、府、道、专区和地区的治所。

1985年5月15日,国务院批准撤销金华地区,金华市升为地级市,原县级金华市地域分设婺城区和郊区。7月26日,中共金华市委宣布将金华市城区和近郊13个乡划给婺城区。12月23日,撤销郊区复置金华县。

1994年4月6日,中共金华市委、市政府作出婺城区机关部分部门与市机关合署办公的决定,除区人大和公安局、检察院、法院、人武部外,其余机构均纳入市、区合署办公体制。

2000年12月30日,国务院批准撤销金华县,设立金华市金东区,将原金华县雅畈等14个乡镇划归婺城区,原婺城区的仙桥、多湖、东孝3个乡镇划归金东区管辖。婺城区与市机关合署办公体制也随之结束,重新按照区一级党政机构的规范工作。

2013年10月,根据市委、市政府《关于完善金华经济技术开发区和金西经济开发区管理体制的意见》,两个开发区成建制整合,管理机构实行"一块牌子、统一对外,一套班子、统筹管理"。同时,保留金华高新技术产业园区和金西经济开发区牌子。原由金华经济技术开发区、金西经济开发区托管的乡镇(街道)由整合后的金华经济技术开发区托管,包括三江街道、江南街道、西关街道、秋滨街道、苏孟乡、汤溪镇、罗埠镇、洋埠镇,面积253.86平方千米。

2015年7月6日,金华市正式推出"大金华山"概念,设立金华山旅游经济区管理委员会。婺城区罗店镇、金东区赤松镇和新狮街道中的7个行政村,由金华山旅游经济区全面托管。金华山旅游经济区管理委员会是金华市政府直属单位,与金华双龙风景旅游区管理委员会、金华双龙风景名胜区管理委员会合署办公。实行三块牌子、一套班子管理体制,是一个以经济旅游开发为重点的新区,区域面积150平方千米,其中涵盖了双龙景区79.7平方千米的规划区。

2019年1月,金华山旅游经济区托管的婺城区罗店镇范围的教育、文化、卫生、体育、基层党建、社会综治、"三农" 工作、"三改一拆"、"五水共治"、征地拆迁、人武统战、社会保障等有关工作交还婺城区负责组织实施。

【行政区划】 2021年,婺城区辖9个镇、8个乡、9个街道(其中3个镇、1个乡、4个街道由金华经济技术开发区托管),117个社区居民委员会、317个村民委员会,区域内有国家级金华经济技术开发区、浙江婺城经济开发区、双龙风景旅游区、仙源湖旅游度假区。全区总面积 1391.24平方千米。

【人口】 2021年,全区户籍人口65.77万人,常住人口97.1万人。区属户籍管理人口38.68万人,其中男性19.22万人,占总人口的49.69%;女性19.46万人;占总人口的50.31%。全年出生人口2458人,人口出生率为6.35‰;死亡人口2336人,死亡率为

6.04‰;人口自然增长率为 0.31‰。

截至 2021 年 11 月 30 日,区属 60 周岁以上老年人 96790 人,占全区总人口的 25.02%。至年底,百岁以上老人 32 人,年龄最大者 106 周岁。

经济社会发展

【概况】 2021 年,全区(含金华经济技术开发区)实现生产总值 719.53 亿元,比上年增长 7.7%。其中:第一产业增加值 18.54 亿元,比上年下降 0.9%;第二产业增加值 237.85 亿元,比上年增长 10.5%;第三产业增加 463.15 亿元,比上年增长 6.8%。在第三产业中,交通运输、仓储和邮政业增长 11%,批发零售业增长 9.9%,住宿餐饮业增长 18.2%,金融业增长 7%,房地产业下降 1.5%,其他营利性服务业下降 0.7%,非营利性服务业增长 7.9%。三次产业比例为 2.5:33.1:64.4。

全区(不含金华经济技术开发区)财政总收入 57.35 亿元,增长 29.6%;一般预算收入 12.63 亿元,增长 13.8%;一般预算支出 37.75 亿元,比上年增长 13.1%。

【农业】 农林牧渔业总产值 21.71 亿元,下降 1.8%,农林牧渔业增加值 13.78 亿元,下降 1.8%。粮食作物播种面积 3780 公顷,增长 3.8%;粮食总产量 2.08 万吨,增长 4.0%。花卉苗木种植面积 3640 公顷,下降 52.3%。油菜籽产量 1950 吨,下降 15.4%;蔬菜产量 5.22 万吨,下降 24.3%;瓜果总产量 1.7 万吨,下降 38.4%。生猪出栏 12.76 万头,下降 14.5%,生猪存栏 10.49 万头,下降 11.8%;家禽出栏 27.76 万羽,下降 4.0%;牛存栏数 7355 头,下降 8.0%,牛奶产量 25431 吨,下降 21.5%;淡水产品产量 10547 吨,增长 2.51%。完成造林面积 210 公顷,森林抚育面积 980 公顷。深入推进农业“标准地”改革,新增高标准农田 2000 公顷,实施非粮化整治 2067 公顷。举办第十二届中国茶花博览会,建成全国首家 5G 数字化养殖中心,新增“金农好好”品牌授权企业 6 家,蒋堂镇获评省特色农业强镇。网络经济快速增长,跃居全国“直播电商百强县”五十强,五金产业集群列入省级跨境电子商务试点。捷特包装获国家级服务业标准化试点。“熊猫猪猪·两头乌国际牧场”等成为网红打卡点,全区接待游客 278.1 万人次,实现旅游收入 30.9 亿元。

【固定资产投资和社会生活】 固定资产投资 120.8 亿元,增长 10.8%。项目投资 49.8 亿元,下降 24.8%;房地产开发投资 71 亿元,增长 66%。项目投资中工业投资 17.4 亿元,下降 12.8%。限额以上固定资产投资按产业分:第二产业完成投资 17.4 亿元,下降 12.8%;第三产业完成投资 102.9 亿元,增长 15.8%。

社会消费品零售总额 336.8 亿元,增长 12.3%。批发业销售额增长 10%;零售业销售额增长 21.9%;住宿业营业额增长 11.7%;餐饮业营业额增长 33.6%。

【工业与外贸】 工业增加值 64.1 亿元,比上年增长 7.4%,工业增加值占生产总值的 18.3%。其中规模以上工业企业完成总产值 250 亿元,增长 16%;销售产值 246.6 亿元,增长 14%,工业品产销率为 98.6%。规模以上工业企业完成出口交货值 36 亿元,增长 13%,占销售产值的 14.6%。工业企业实现营业收入 264.4 亿元,增长 11.3%;工业企业实现利税总额 19.8 亿元,下降 21.2%,其中利润总额 14.3 亿元,下降 27.7%。完成建筑业总产值 59.44 亿元。建筑施工企业房屋建筑施工面积 226.58 万平方米,竣工房屋面积 49.68 万平方米。

实现外贸进出口总额 9.66 亿美元,下降 12.47%。其中外贸出口额 9.43 亿美元,下降 12.57%;利用外资 411 万美元,下降 26.34%。

【科技与教育】 各类科技立项 84 项,其中省级科技计划项目 3 项、市级科技计划项目 37 项、区级科技计划项 44 项。国家高新技术企业新认定数 30 家,重新认定国家高新技术企业 14 家;新增省科技型中小企业 108 家。专利申请量 1180 件,其中发明专利申请量 452 件,发明专利申请占比 38.31%;专利授权量 2279 件,其中发明专利授权量 351 件,发明专利授权占比 15.4%。

幼儿园 92 所,在园幼儿 1.81 万人。小学 22 所,在校学生 3.34 万人。初中 20 所,在校学生 1.60 万人。职业高中 1 所,在校学生 3722 人。小学、初中入学率和巩固率均 100%。幼儿园专任教师 1428 人,义务教育中小学专任教师 3352 人。

【文化与医疗卫生】 举办第四届中国·金华山水四项公开赛等大型文体活动30余场。建成图书馆分馆9家、文化馆分馆2家,新建图书流通站2个,实现6个文化站图书室图书通借通还。红色歌舞情景剧《百年风华》、婺剧《南山火种》等建党百年系列群众文化活动178场,线上线下参与活动人数达52.5万人次;承办"全民阅读月"各类文化活动及赛事15项,送文化下乡130场、送戏下乡90场,文化走亲7场,举办展览120场、讲座31场,服务读者455433人次。举办体育赛事活动17场,其中国家级赛事1场,省级赛事活动2场。全运会荣获1枚金牌、1枚铜牌。筹备亚运会省运会,顺利承办3项省运会测试赛,安置优秀退役运动员14人,完成14枚加计金牌任务,引进优秀运动员28人。

医疗卫生机构373个,其中民营机构42家。医疗床位1120张,其中公立医疗机构599张、民营医疗机构521张。全区低保、低边、特困、残疾人员城乡居民养老保险在保4176人,其中待遇享受人员1738人,发放待遇627.77万元。新建8家乡镇(街道)居家养老服务中心,实现服务中心乡镇(街道)全覆盖。为211家居家养老服务发放补贴资金1957.96万元,就餐功能惠及8100名老人。落实符合条件的孤儿发放儿童福利费120.56万元。新增就业岗位15445人,失业人员实现再就业2735人,其中困难人员再就业623人;登记失业率1.99%。

地理环境

【位置面积】 婺城区地处浙江省中部,金华市中西部。东连金东区,南接武义县,西南与丽水市遂昌县接壤,西与衢州市龙游县毗邻,北与兰溪市交界。介于北纬28°44′~29°15′、东经119°18′~ 119°46′之间。东西长45千米,南北宽55千米。距省会杭州市135千米(径距)。土地面积1391.24平方千米,约占浙江省总面积的1.36%。婺城区是金华市辖区,金华市人民政府驻地,浙中城市群中心城市的核心区块。区人民政府驻宾虹西路2666号。

【地质地貌】 婺城区地处金衢盆地中段,地跨浙西大复向斜与浙南变质地体两个二级构造单元。由于两个构造单元地质历史演化截然不同,因而地层、岩性也不尽相同,大致以江山—绍兴深断裂为界,以北为江南地层区,以南为华南地层区。地势西南与东北高,中部低,南北两山对峙,中部平原丘陵相间,形成两山夹一川的走廊式地形。

【水资源】 婺城区江河属钱塘水系,有钱塘江一级支流衢江、二级支流金华江及其上游义乌江和支流武义江。流入以上四江的溪河,10千米以上的有18条。诸溪下游和四江沿岸,水网交织,水利称便,唯受地形和气候影响,溪河之水暴涨暴落,山丘易旱,水土流失比较严重,河床淤积,沙洲迭见。

根据金华市水文及水文地质条件,婺城区地下水类型属于一般山丘区,河床切割较深,河床基流量已汇集了地下水排泄量的绝大部分。因此山丘河川基流量即作为地下水资源量。

【矿产资源】 婺城区主要金属矿产有锡、多金属、辉钼矿、铅锌矿和金等。非金属矿产有石灰岩、建筑石料、建筑沙砾、沸石、珍珠岩、萤石、砖瓦用页岩和花岗岩。

【土地资源】 婺城区山地丘陵地质构造复杂,地层岩性多样,岩石种类繁多。主要成土母质有白垩纪方岩组的暗紫砂页岩、紫红砂页岩、砾岩、砂岩、石灰岩、第四纪的红色黏土、侏罗纪的凝灰岩、流纹岩及燕山运动晚期的花岗岩、花岗斑岩等。山地土壤分成红壤、黄壤、石灰岩土、紫色土4个土类、9个亚类、18个土属、43个土种。四大土壤种类中红壤占63%,黄壤占20%,紫色土占15%,石灰岩土占2%。红壤黄壤具有黏、酸、瘦等主要肥力特征,旱季保水性差,不适于作物高产,主要适于种植茶、竹、果等经济特产及玉米、甘薯等旱粮作物。

2021年,婺城区争取省、市用地指标96.13公顷,其中盘活存量奖励指标47.2公顷,国家重点项目专项指标17公顷,重大产业奖励指标4.67公顷,农民建房专项指标12.6公顷,跨省增减挂用地指标9.13公顷,省统筹补充耕地奖励指标5.13公顷,扶贫异地搬迁专项指标0.4公顷。

【水文水情】 2021年,全区累计降水量1308毫米,较上年同期偏多30.1%,较常年同期偏少9.77%,降水主要集中在 5 月(253.7 毫米)、6 月(247.2 毫米)、8 月(177.6 毫米)。6 月 10 日入梅,7 月 5 日出梅,梅雨期 25 天，较常年偏多 3 天。梅雨期全区梅雨量 225.7 毫米,较常年梅雨量偏少 21.8%。台汛期,第 6 号台风“烟花”、第 14 号台风“灿都”、“8·17”强降雨、“9·7” 强降雨对婺城区有所影响。7 月 24—27 日,受第 6 号台风“烟花”影响,婺城区出现强降雨,全区平均面雨量 47.2 毫米,其中降雨量最大的为罗店镇北山测站 286.5 毫米。9 月 12—14 日,受第 14 号台风“灿都”副高边缘影响,出现一次风力增大和降水过程,全区平均面雨量 19.3 毫米。8 月 16—18 日,婺城区出现短时强降雨,全区平均面雨量 60.7 毫米,其中降雨量最大的为新狮街道五石垅水库测站 186.5 毫米。9 月 6—8 日，婺城区出现短时强降雨,全区平均面雨量 44 毫米,其中降雨量最大的为安地镇章坑水库测站 242 毫米。

【气候】 2021 年，婺城区总体气候特点是：气温偏高,雨量、雨日偏多但分布不均,日照偏少。婺城城区年平均气温 19.7℃,比常年偏高 1.9℃,破历史最高纪录;2 月 1 日入春,较常年明显偏早,4 月 30 日入夏,比常年提前 16 天,10 月 16 日入秋,12 月 25 日入冬。6 月 10 日入梅,7 月 5 日出梅，梅期 25 天，梅雨量为 225.7 毫米,较常年偏少 21.8%。年总降水量 1535.4 毫米,比常年偏多 6%。年日照时数 1617.3 小时,比常年偏少 11%。年内寒潮、连阴雨、强对流、梅雨期暴雨、台风、高温、干旱等对生产、生活造成不利影响。

【气温情况】 婺城城区平均气温为 19.7℃,比常年同期偏高 1.9℃,破历史最高纪录。年极端最高气温 38.4℃(7 月 12 日)，年极端最低气温−4.2℃(1 月 9 日)。从各月分布来看,2021 年逐月平均气温均较常年月平均气温偏高。

单位:℃

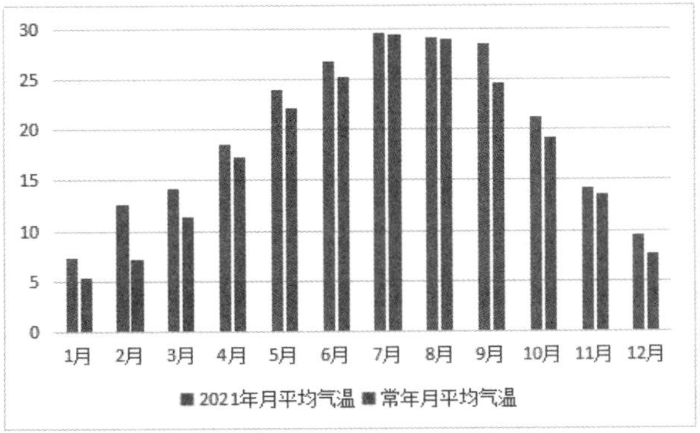

图 1　2021 年婺城城区月平均气温变化图

全区各区域自动站 2021 年年平均气温为 12.8~20.1℃,最高为乾西乡乾西站,最低为罗店镇北山站,具体年平均气温分布如下图：

单位:℃

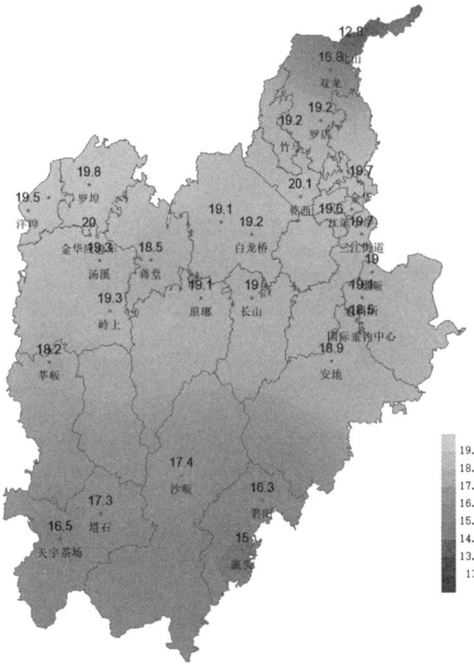

图 2　2021 年婺城区各区域自动站年平均气温分布图

【降水情况】 2021 年,婺城城区年降水量 1535.4 毫米,比常年偏多 6%。全年总雨日 171 天,较常年偏多。从各月降水量分布来看,受连阴雨、梅雨影响,3

单位:毫米

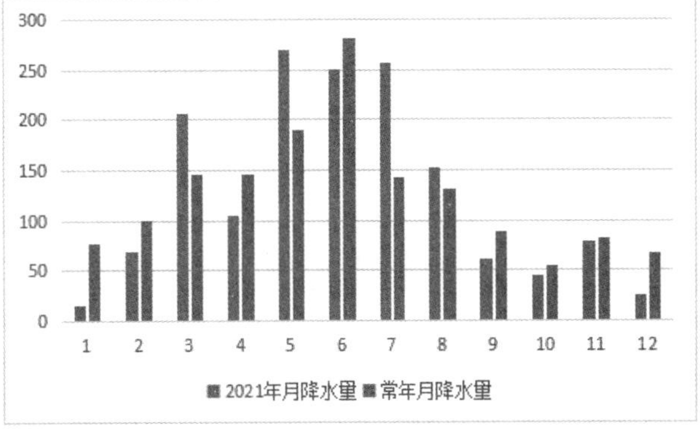

图 3　2021 年婺城城区月降水量变化图

月、5 月、7—8 月降水量多于常年;而 1—2 月、4 月、6 月和 9—12 月降水量偏少，部分地区出现供水紧张。

全区各区域自动站 2021 年年降水量为 1413.7~2979.8 毫米,最大雨量出现在箬阳乡箬阳站,最少出现在乾西乡乾西站,具体年降水量分布如下图:

单位:毫米

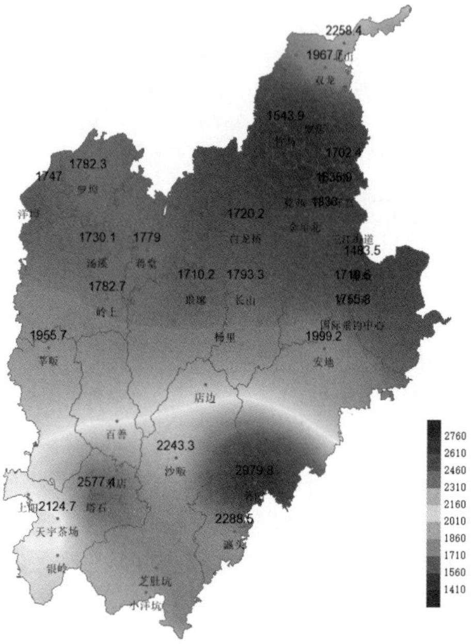

图 4 2021 年婺城区各区域自动站年降水量分布图

【日照情况】 2021 年,婺城区总日照时数 1617.3 小时,比常年偏少 11%。其中 3—8 月,10—11 月日照时数较常年偏少;1—2 月,9 月和 12 月日照时数较常年偏多。

单位:小时

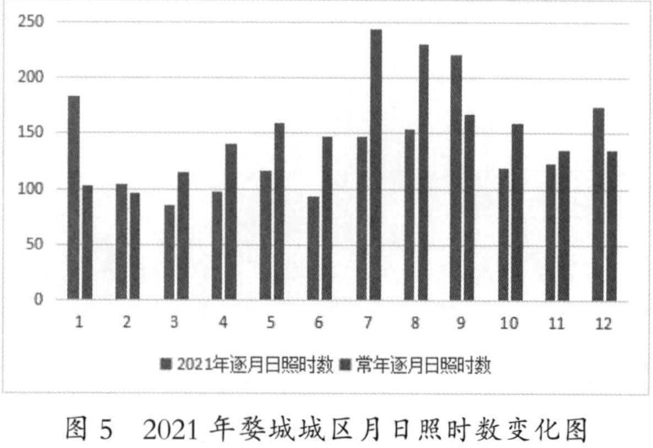

图 5 2021 年婺城城区月日照时数变化图

【气象与灾害】 2021 年，婺城城区年平均气温 19.7℃,比常年偏高 1.9℃,连续 25 年偏高,刷新历史纪录。其中 1 月中旬开始冬春季气温异常偏高,特别是 2 月平均气温 12.7℃，较常年偏高 5.2℃,打破历史纪录;8 月下旬至 10 月上旬气温持续显著偏高,期间平均温度 28.9℃,打破同期历史纪录,特别是 10 月 2 日、3 日婺城城区最高气温分别达到 35.7℃和 36.0℃,10 月出现连续高温天气历史罕见。

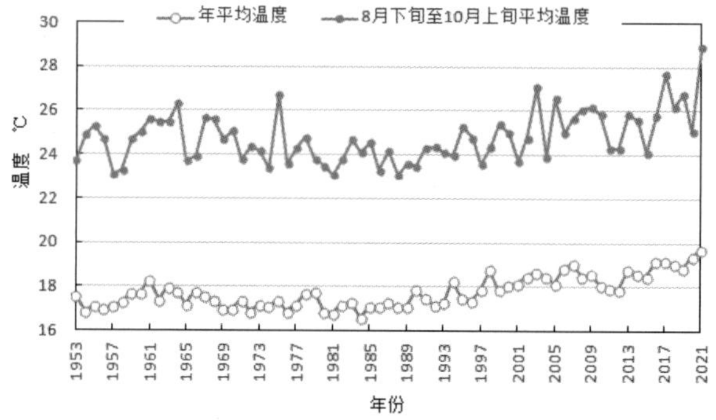

图 6 1953 年后婺城城区历年年平均温度变化曲线图

2021 年年内强对流天气多发，特别是“3·31”“5·10”“8·17”“9·7”等极端性强对流天气，突发性强,局地性特征明显,致灾性大。其中“5·10”飑线影响,雷暴、短时强降水、大风、局地冰雹齐上阵;“8·17”强对流天气罗店镇双龙站 7 小时累积雨量达 184.1 毫米;“9·7”强对流过程箬阳站 172.2 毫米,安地站 132.0 毫米(最大的小时雨强 78.3 毫米),婺城多处受淹,水涝、地质灾害严重,损失大。

2021 年 1 月和 11—12 月冷空气活动频繁,每月各有一次寒潮天气过程。其中 1 月上旬在寒潮和强冷空气影响下,出现持续低温冰冻天气,7 日出现雨夹雪或小雪，婺城城区 1 月 1 日、9 日最低气温-4.2℃,山区-7~-10℃,高海拔山区-12℃以下,部分地区创新低,全区出现严重冰冻;11 月 7—8 日受寒潮影响,全区出现明显降温、大风和降水天气,普降中到大雨,最大风力 5~7 级,9 日早晨最低气温平原地区 4~6℃,山区 1~3℃,个别高山站-1.6℃,有霜或霜冻;12 月 24—25 日受寒潮影响,26 日山区出现雨夹雪或雪,27 日早晨最低气温平原地区 0℃左右,山区 0~-3℃,高海拔山区达-4~-6℃,28 日平原地区出现小雨夹雪或小雪，山区有雪。

2021 年 6 月 10 日入梅，7 月 5 日正式出梅，梅期 25 天。梅雨形势总体不典型，婺城城区梅雨量 225.7 毫米，较常年偏少 21.8%。梅雨期共出现 4 轮强降水过程，呈现分散性、局地性、极端性等特征(6 月 12 日塔石乡塔石站小时雨强达 107 毫米)，且强降雨落区重叠、致灾风险高；梅雨期间 6 月 14—17 日、7 月 3—4 日出现两次阶段性高温，全区最高气温升至 35~37℃。

单位：毫米

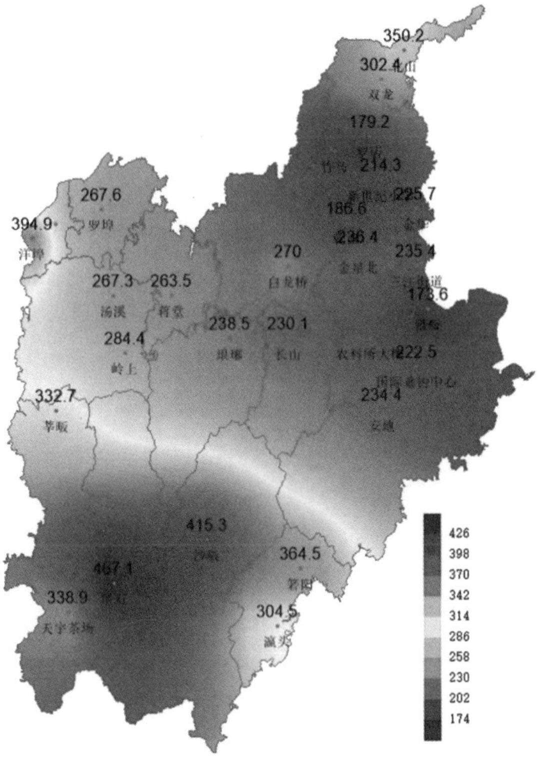

图 7　2021 年婺城区梅汛期降雨量分布图

2021 年第 6 号台风“烟花”于 7 月 25 日 12 时 30 分前后在浙江舟山普陀沿海登陆，登陆后继续西北行，于 7 月 26 日 9 时 50 分前后在浙江平湖沿海再次登陆。台风“烟花”强度强、移速慢，对婺城区的风雨影响 7 月 22 日开始至 28 日影响结束，时间长达 6 天，其中高海拔山区出现 7 级以上极大风速累计时间约 40 小时，风雨影响时长破婺城区有气象记录以来台风影响时间最长纪录。

2021 年全年总日照略偏少，婺城城区年日照 1617.3 小时，比常年偏少 11%；但年内分布不均，其中 5 月中旬至 8 月中旬日照持续偏少，其间累计日照 345.1 小时，比常年偏少 48%，破历史最低纪录。

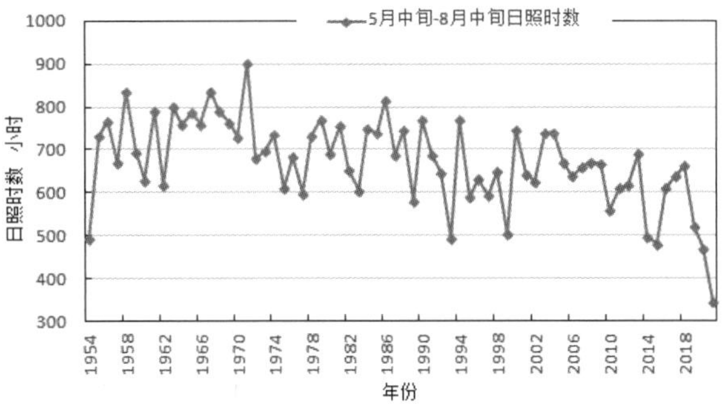

图 8　婺城城区历年 5 月中旬至 8 月中旬日照时数变化曲线图

2021 年 8 月中旬副热带高压强度偏弱，“梅雨带”重新在长江中下游地区形成，出现盛夏季节罕见的连续降雨天气，全区多个河段水位上涨到警戒线以上。8 月 11—17 日全区平均面雨量 128.1 毫米，其中最大为箬阳乡箬阳站 291.7 毫米，婺城城区累计雨量达 116.4 毫米，是常年同期的 4.7 倍，破历史同期纪录。

单位：毫米

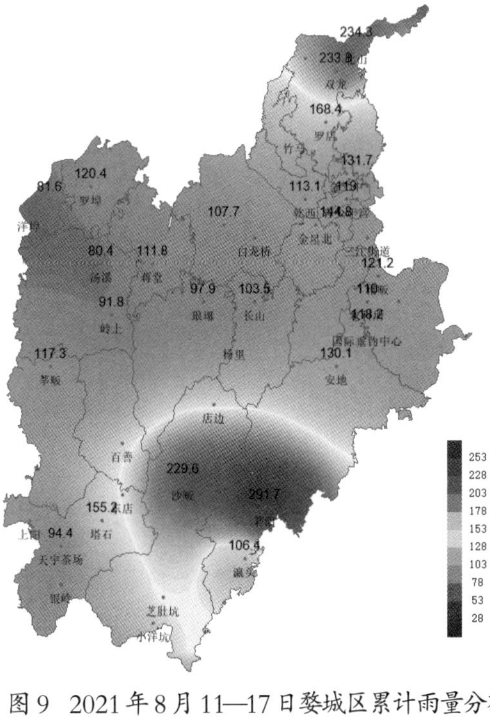

图 9　2021 年 8 月 11—17 日婺城区累计雨量分布图

2021 年全年总降水量正常略偏多,婺城城区年降水量 1535.4 毫米,比常年偏多 6%;但年内降水分布不均。其中,1 月 1 日—2 月 9 日,全区面雨量仅为 25.9 毫米,婺城城区降水量仅 20.1 毫米,较常年同期偏少 80%, 为历史同期第三少;9 月中旬至 10 月上旬出现阶段性持续降水偏少时段,全区面雨量仅为 38.3 毫米,其中婺城城区降水量仅 15.8 毫米,较常年同期偏少 82%,气象干旱显现,部分地区供水紧张。

【生物资源】 婺城区生物资源丰富, 气候温暖,适宜各种动植物生存。

植物资源 婺城区境属亚热带常绿阔叶林植被地带,按海拔可划分四类:海拔 400 米以下,以马尾松和常绿阔叶林为主,主要由松、杉、茶、果等人工栽培树种和次生灌丛组成; 海拔 400~800 米,以常绿阔叶林和杉木林、竹林为主, 主要树种有松、杉、青冈、木荷、白栎、苦槠、石栎、枫香、浙江楠、大叶榆、牛筋树等;海拔 800~1000 米,以常绿落叶混交林和落叶阔叶林为主,主要树种有黄山松、柳杉、白栎、茅栗、化香、冬青、石楠、三尖杉、红花油茶等;海拔 1000 米以上,以灌丛、草丛为主。

全区植被类型分阔叶林、针叶林、灌丛、草丛 4 个植被型组;常绿阔叶林、竹林、暖性针叶林、温性针叶林、常绿混交林、落叶混交林、落叶阔叶林、灌木林、草丛 9 个植被型和 18 个群系。植物种类有 161 科、1500 多种, 其中森林树种 83 科、439 种,毛竹 8 属、34 种、2 个变种、2 个变型, 草本植物约 70 科、300 余种,农作物品种资源 800 余种。

全区植物资源丰富, 不计常年栽培的粮、棉、油、茶、果和野生的藻、菌、蕨、苔藓、地衣等种类在内的主要植物有 148 科、971 种。其中,裸子植物门 9 科、44 种,被子植物门 139 科、927 种。被子植物门中双子叶植物纲 113 科、761 种,单子叶植物纲 26 科、166 种。有常见野生蔬菜 39 科、68 种。列为国家和省级重点保护的,有南方红豆杉、银杏、金钱松、竹柏、福建柏、鹅掌楸、香果树、浙江楠、半枫荷、榉树、花榈木、半枫荷、天竺桂、杜仲、凹叶厚朴、青檀、珙桐、短穗竹等近 20 种。东方红林场被列为浙江省“油桐育种程序系列研究”项目试验基地。

动物资源 区境内陆生野生动物资源有两栖类 6 科、25 种, 爬行类 6 科、25 种, 鸟类 43 科、126 种,兽类 21 科、49 种。国家一级野生保护动物有白颈长尾雉(鸟类)、黄腹角雉(鸟类)、黑麂、穿山甲 4 种。国家二级野生保护动物有猕猴、中华鬣羚、白鹇、勺鸡、小天鹅、林雕、松雀鹰、凤头鹰、赤腹鹰、日本松雀鹰、鹰雕、蛇雕、普通鵟、游隼、领鸺鹠、斑头鸺鹠、领角鸮 17 种。浙江省一般保护动物在区境内普遍分布,其中两栖类 13 种,爬行类 17 种,兽类 22 种,国家及省级重点保护以外的所有鸟类均作为一般保护动物。婺城区畜牧业历史悠久,主要养殖种类有猪、牛、羊、兔、鸡、鸭、鹅等。金华两头乌为地方优质品种。主要经济水产品种有青鱼、草鱼、鲢鱼、鳙鱼、鲤鱼、鲫鱼、三角鲂、大口黑鲈、罗氏沼虾、青虾、甲鱼、泥鳅、棘胸蛙等。

中国共产党金华市婺城区委员会

综　述

【基本情况】 2021年，婺城区委坚持以习近平新时代中国特色社会主义思想为指导，坚定不移做“两个确立”忠诚拥护者，“两个维护”示范引领者，忠实践行“八八战略”、奋力打造“重要窗口”，隆重庆祝中国共产党成立100周年，争当高质量建设共同富裕示范区排头兵，胜利召开区第八次党代会，开启建设高能级现代化都市核心区新征程。2021年，婺城区(不含金华经济技术开发区)地区生产总值突破350亿元，比上年增长7.2%。4项经济指标位列全市第一，11项指标位列全市前四。全区共有18项工作排名全市前三，其中一般公共预算收入(税收收入)、民政工作、巩固全国文明城市创建成果、编制工作、三服务优作风、党政信息5项工作居全市第一。总收入20万元以上且经营性收入12万元以上的行政村已实现100%全覆盖，省定相对薄弱村全部消除，集体经济小微创业园项目作为浙江省资本运营型村集体经济发展模式的典型案例面向全国推广。

【政治建设】 区委常委会认真贯彻习近平总书记重要讲话精神和省委“九学九新”要求，不断提高政治判断力、政治领悟力、政治执行力。坚持高标准、高站位，以“永远跟党走，建功十四五”为主题，谋划开展“我心向党·学史明理”“婺望初心·学史增信”等九大主题活动，在纵深推进党史学习教育中学出“婺城味”，点亮“婺城红”，得到省、市巡回指导组的高度肯定。婺城区委聚焦“学史明理”“学史增信”“学史崇德”，举办习近平总书记在庆祝中国共产党成立100周年大会上的讲话精神专题读书班、习近平新时代中国特色社会主义思想系列培训班次10余期；召开区委常委会34次，组织理论中心组集中学习11次，坚决做到“总书记有号令，中央、省委、市委有部署，婺城见行动”。聚焦“学史崇德”，持续深化“千名书记讲党课”活动，成立新时代“润婺有声”理论宣讲志愿者联盟，持续推进“百场党课下基层”，开展“百千万”宣讲团“六进”活动1000余场。聚焦“学史力行”，在全市率先打响“学史力行·实事我来办”专题实践活动品牌，开展“为民办实事、为企解难题、为基层减负担”活动，举办“奋进‘十四五’永远跟党走”献礼中国共产党成立100周年庆祝活动；打造“三服务·婺城家服务”2.0版，解决各类疑难问题6000余个，服务率、解决率、满意率近100%。

【经济发展】 2021年，婺城区(不含金华经济技术开发区)地区生产总值突破350亿元，比上年增长7.2%。实现规模以上工业总产值250亿元，比上年增长16%；规模以上工业增加值48.31亿元，比上年增长7.5%；完成社会消费品零售总额336.8亿元，比上年增长12.3%。企业培育有新突破，新增规模以上企业31家，新培育国家级单项冠军企业1家、专精特新“小巨人”企业2家，均实现零的突破；熊猫猪猪·两头乌国际牧场正式运营，花博园之智博园一期开园，“蒋堂富硒花园小镇”开工建设；跃居全国“直播电商百强县”五十强，五金产业集群列入省级跨境电子商务试点；限额以上社会消费品零售总额比上年增长26.3%，捷特包装获国家级服务业标准化试点,为全市唯一;在全省科学技术奖励大会上斩获市县党政领导科技进步目标责任制考核优秀县（市、区)等三项大奖,全省首推企业科技特派员服务团,科创飞地累计入驻企业和推荐项目居全市前列;深化“揭榜挂帅·全球引才”机制,加快完善全生命周期人才服务保障体系,引进科技领军人才15名、博士40名结对婺城企业、居全市前列,持续开展“逐梦新婺城”双创系列活动、成功引进高校毕业生9954人。

【项目建设】 2021年，婺城区项目建设全面提速，全年完成政府性固定资产投资33.9亿元,“县市长”工程开工率、投资完成率均达100%;引进3亿元以上企业9家,实际到位内资37亿元,到位率列全市第一;社会民间投资增速51.7%,列市区第一;解放西路西延、婺江西路、330国道武义江大桥等一批群众期盼多年,严重制约发展的重大卡脖子项目的竣工贯通,为婺城拥江发展、新老城区融合插上腾飞的翅膀。平台拓展全面提速,通过2020年的全域土地综合整治，获得省级奖励2021年新增建设用地指标65.39公顷,占全市17.61%,全市第二;新城区以省级经济开发区挂牌为契机，扩容至9.1平方千米。婺城兰溪战略合作协议签订,开启“金兰同城”新篇章。要素破解全面提速,开展“四破”攻坚行动,盘活低效工业用地178.53公顷;深化“亩均论英雄”改革,出清低效企业177家。争取用地指标9613.公顷,列市区第一;完成低效用地再开发300.07公顷,列全市第二。完成耕地垦造68.87公顷、耕地整改1200公顷,发展空间进一步拓展。城市经营全面提速,城北区块跨境电商产业园建设有序推进;万固广场8个月完成拍地到结顶;全力克难攻坚,完成白龙桥三联区块、安地酒园区块等1235户、3000余人、100余公顷的土地征迁,完成城东街道上浮桥2公顷市场用地的货币化兑现，解决了十多年的历史遗留问题；成功争取到2021年老旧小区改造中央补助资金8522万元，单个项目争取中央资金量居全省第一。

【改革创新】 2021年,婺城区两大省级试点引领改革破局,市区“大综合一体化”行政执法改革省级试点工作在省委改革委第十三次会议上作专题汇报,得到会议和省委主要领导高度肯定,并在全省“大综合一体化”行政执法改革推进会上作典型发言；“县乡一体、条抓块统”省级试点工作在市第8次深改委会议上作专题汇报,得到会议充分肯定。改革试点创历史新高,其中东方红林场列入全国深化国有林场改革试点；婺城成功入选2021年度浙江省党委(党组)高质量全面落实意识形态工作责任制综合试点、全省公益诉讼志愿观察员制度试点地区和全省公安机关全过程执法视音频管理信息系统采集站模块应用试点;成功申报省数字“三农”新基建试点县;区法院“法网协同”被列为“浙江全域数字法院”试点项目。载体培育高质多元,谋划建设师大创新城,浙师大网络经济创业园一期通过省级孵化器认定;优化提升城北跨境电商产业园,科创文创电商产业起势良好；初步构建产学研新模式,与浙江大学等高校组建产业研究院3家;发挥沪杭科创飞地“桥头堡”作用,推送项目12个,新入驻企业6家。科技支撑不断增强,创新主体实现“双倍增”,新增国家高新技术企业29家、省科技型中小企业108家;企业科研投入持续加码,规模以上工业企业研发投入8.7亿元,占营业收入比例3.3%,列全市第一;发明创造喜结硕果,每万人发明高价值专利拥有量8件,列全市第一。

【花满婺城】 婺城区美丽乡村全域绽放,罗店镇获评省级美丽乡村示范乡镇,南山漫道风景线获评省级美丽乡村风景线,琅琊镇、安地镇获评园林城镇省级样板,婺城区获评全省农村生活垃圾分类工作考核优秀区。美丽生态全域提升,深入推进“污水、垃圾、厕所”三大革命,“五水共治”群众幸福感测评列全省第13、全市第三,再获“大禹鼎”,“白沙溪·三十六堰” 世界灌溉工程遗产正式授牌,“白沙八景”落成,南山省级自然保护区管理中心正式揭牌;“污水零直排区”建设全速推进,河(湖)长制提档升级,水生态环境质量持续提升,Ⅰ~Ⅲ类水质断面占比98.4%;新增百万亩国土绿化面积213.33公顷,建成全国保护品种最多的省级樱花种质资源库项目,累计创建省级森林城镇10个、“一村万树” 示范村15个，获评2020年度森林浙江建设目标责任制考核优秀县(市、区)。美丽经济全域壮大,深入推进“十乡百村”乡创婺城行动,成功举办竹马乡第12届中国茶花博览会、全省首届乡村美食大会、第二届“卢文台”治水文化节、莘畈毅行大会等40余场“花满婺城·幸福生活”休闲旅游年活动，带动销售额2.43亿元；“下山安居创富”圆梦山民致富，蒋堂移民新村二期基本建成；创新推出“共创共富十二法”，城乡居民收入比缩至2.175，较上一年度缩小0.037。

【民生事业】 “健康婺城”服务更优，区妇幼保健院、区中医院等总投资17亿元的五大医疗卫生项目稳步推进；智慧医疗优化升级23项便民举措，平均挂号时间从8分钟缩短到1.5分钟，疾病指标检测分析由平均6小时缩短至最快10分钟；全市首个上线疫苗接种预约小程序将脱漏率控制在1.35%以下，雅畈镇中心卫生院建成全省首家“虚拟药房”；获评2020年健康浙江建设考核优秀。“优学婺城”品质更高，全面落实“双减”政策，教育质量持续领先，一中录取人数超定向指标42%；学前教育优质普惠，普惠性幼儿园招生覆盖面达86.87%，省二级以上幼儿园招生覆盖面达59.1%；金华实验中学成功举办65周年校庆，北京大学建筑与景观设计研究院教学实践基地落户实验中学，中本一体化报考分数线再创新高，成为浙江职业教育金名片；实施教育基建项目16个，总投资7.9亿元，总项目数比上年增长60%，在建项目数比上年增长1.5倍；以金师附小为代表的评价改革方案入围浙江省教育评价改革典型案例，全市唯一；省数据驱动教育教学改进试点区、省幼儿园与小学科学衔接实验区、省新教师及在职教师犯罪记录查询试点区落户婺城；以校园足球为代表的体育教育走在全省前列。社会保障基础更实，就业形势稳中向好，新增城镇就业1.5万人，城镇登记失业率保持在2%以下；社会救助精准高效，救助对象“三个率”达100%，发放救助金3526万元，乡镇（街道）居家养老实现全覆盖；公益慈善健康发展，成立区慈善总会，健全慈善三级网络，募集款物1000余万元；殡葬改革稳步推进，开展殡葬领域专项治理，建成节地生态安葬点5个。

【社会治理】 持续深化“基层党建+社会治理创新”，婺城区平安指数持续走在全省前列，获评法治浙江（法治政府）建设示范单位，“平安婺城”创建实现“十六连冠”。平安护航中国共产党成立100周年庆祝活动；持续深化专案模式得到省委常委、政法委书记王昌荣批示肯定；高质量通过“全国综合减灾示范社区”验收；加强社会面防控，全区刑事打击数比上年上升56.5%，跨境网络赌博“婺城打法”在全省“122”机制会议上作经验交流，战果全市第一；持续推进重复访专项治理和“信访户大家访”活动，全区信访总量比上年下降24.9%，国家信访局交办的90件积案100%化解。服务中心大局成效显著，圆满完成世贸中心、孝道文化园、五百滩、青年汽车、金盾公司等专项处置攻坚任务，有效夯实社会稳定根基，孝道文化园项目处置工作获省委书记袁家军批示肯定；区检察院箬阳茶质量与品牌公益诉讼案入选最高检典型案例。

【文化引领】 以“文化名城”建设为统领，持续推进“人文婺城·幸福城”建设，擦亮国家历史文化名城和婺文化的金名片，打造浙中文化新高地。新时代文明实践中心省级试点挂牌，“婺e家”获评省级网络文化家园。《闻着花香回故乡》全球首发，全国首推世界灌溉工程遗产大型电视散文《白沙溪》点击超千万，有力提升婺城知名度。全省首家铁路文化馆——金华铁路文化馆开馆。金华铁路文化公园开园。荣誉市民、见义勇为英雄王亮获评“浙江省道德模范”“浙江骄傲人物”，成为“全国道德模范”候选人，全市唯一；邵建新当选为见义勇为类“中国好人”“浙江好人”。浙中网络经济中心等3家园区获评省重点文化产业园区，婺窑小镇入选第五批省成长型文化企业。首开“农村文化礼堂大学”，获省级文化礼堂建设示范区，白龙桥获省级文化礼堂建设示范镇。“双堂双进”德育文化活动，获中央和省级肯定。培育“文艺创客”等艺术乡建点113个，举办“农民村晚”等活动1500余场，群众文化生活更趋丰富。

【党的建设】 持续激发基层党组织向心力，深化打造“五星三强”党建示范点50个、党建综合体2个、城市党建联盟3个，建成百家“红色驿站”，承办“金华有爱·红色驿站”全市现场会，相关做法在全市推广；高质量做好村社换届“后半篇文章”，全面落实村务监督“五个一”机制，优化推行村级组织运行

“18条”“第一书记”履职清单20条,深化开展“书记话图强·五力大比拼”活动,实施“开门一件事”1614件、村级发展项目84项,婺城“第一书记”亮相央视《新闻联播》;深化开展两新党建“整体跃升”行动,推动各领域党组织开展献礼百年主题活动1000余场次; 区乡党委和人大换届选举工作稳步推进,人大选举换届试点蒋堂镇已产生正式代表候选人103人。持续提升干部队伍战斗力,聚焦“五大名城”建设提升干部能力,举办主体班、专题班30余场,累计培训2000余人次;创新打造“三色学堂”特色品牌,选派200余名干部征迁一线攻坚克难、吃劲岗位 “摔打历练”, 全链条构建优秀干部选育管用体系;突出严管厚爱激励担当,深化开展“听听干部心里话”“大家访”等暖心服务,解决干部“后顾之忧”120余个。5名省级、24名市级、210名区 “两优一先”、32名“闪光婺星”荣获表彰。持续强化正风肃纪威慑力,对数字化改革、“五大名城”建设等重点工作持续开展监督检查,发现整改问题142个;全面加强对中央巡视整改任务的监督落实, 探索运用“3311” 督查工作体系, 推动419条整改措施完成368条,完成率87.83%;扎实推进区委十一轮巡察工作,高质量完成全市百村巡察“回头看”任务,发现整改问题3671个,挽回经济损失1626.4万元,处理党员干部1980人次,实现本届区委巡察全覆盖;深化“正风2021”系列行动,聚焦担当作为、基层治理、正气清风三大主题成立15个专项督查组开展常态化正风肃纪,发现并督促整改问题86个,追责问责69人,其中党纪政务处分14人,通报曝光4期、16起19人。始终坚持严的主基调,累计立案155人,党纪政务处分94人,留置2人。

(徐 乐)

区委办公室工作

【秘书工作】 2021年,秘书科完成办文办会、后勤服务、车辆管理、财务管理、人事管理、信访接待和其他各项工作任务。全年办理各种大小会务246余场,下发公文164件,下发通知800余次。准确及时地做好各类文件的上传下达,按照领导批示要求办理,做好文件的分类和保存,及时填写文件办理情况登记表, 以备查阅。全年共处理上级来文1435件,运转处理请示件、报告件等各类批办件176余件,及时处置领导批示246件,协调保障视频会议92次、区委常委会议45次。

(楼瞻驵)

【值班工作】 2021年,区委、区政府总值班室牢固树立“值班室工作无小事”的责任意识,创新值班工作的方法、工作的理念,按照值班制度工作要求,做到24小时在岗在位,填写好值班记录,做到各种信息的上传下达,确保信息往来畅通无阻。针对婺城区发生的重大或突发事件,值班人员协助领导处置紧急、突发事件,及时掌握事件发生的时间、地点、事由、经过、事件发生的伤亡情况或损害程度、状况等相关信息,严格按照值班工作程序做好紧急事件的上报、传达等各项工作。做好区委的大型会议通知工作和普通文件寄发工作。

(洪志生)

【外事及港澳台事务】 2021年,区外事办发挥严防境外输入疫情风险,做好新增境外已返浙人员和近期境外拟来金华人员情况预测信息报送,严格落实入境人员闭环转运管理。全年入境疫情管控共414人, 其中外籍人员及中国港澳台同胞50人, 转运110批、153人次。继续做好外国人服务管理工作,深化“六方协作”机制,为浙江师范大学留学生、外教团体提供咨询、签证、翻译、法律援助、矛盾纠纷调解等一站式服务,会同区卫健局做好外籍人员疫苗接种工作。妥善处理涉外事件, 加强与公安、民政、法院等有关部门紧密联系,全年依法依规及时协调处置涉外案件5起。规范外事管理,办理因公出国1批、3人次执行押解任务,配合市外办到企业开展APEC商务卡的上门走访宣传活动,为企业进行一对一精准服务。践行“外事为民”海外领事保护,积极与有关部门沟通联系,协助因身体原因和证件遗失无法回国的婺城籍人员回国。

【国安工作】 2021年,婺城区通过线上线下相结合形式,在区行政机关(企事业单位)、村镇、街道、商场、医院、高铁站等主要公共场所悬挂国家安全宣传横幅200条，张贴海报1050份，走访入户发放《中华人民共和国国家安全法》《中华人民共和国反间谍法》等宣传资料6800份。通过微信公众号平台“婺城发布”“婺城普法”发表《全民国家安全教育日宣传片来了》，“婺城司法”发表《国家安全牢记不忘，人人都是法治宣传员》，“金华平安婺城”发表《婺城公安多形式开展“全民国家安全教育日”宣传活动》，阅读量累计达1500次；利用880处LED显示屏、电子白板、电子投影等多媒体设备不间断滚动播放宣传视频短片，播放数达20000余次，累计覆盖人群8万余人次。开展形式多样国安活动，在全区各中小学开展“知危险会避险、守护安全成长”专题教育活动，到浙江师范大学开展国家安全教育课，向在校国内外学生讲解国家安全的定义和类别，介绍《中华人民共和国境外非政府组织境内活动管理法》等法律法规，同时结合身边案例围绕防范电信网络诈骗等内容为学生们开展普法教育，深受广大师生欢迎。坚决扛起“外防输入、内防扩散、严防输出”的政治责任，克服麻痹思想、侥幸心理、松劲心态，强化监测预警，狠抓隐患排查整治，提升应急处置能力，全力以赴抓好安全生产各项工作。

【对台工作】 2021年，婺城区做好台资企业的招大引强工作。推动鹰鹏集团与普洛斯公司的普鹏供应链项目，完成该项目的工商注册、准入通过、投资协议签订、尽调完成、土地挂牌程序启动等程序。开展争当惠台服务“三大员”活动。将近几年的全国、省、市有关惠台政策进行整理汇编，印制200份《惠台政策选编》，组织开展送政策上门服务活动；会同台联会开展春节、中秋节生活困难台胞台属走访慰问；安排24名台胞免费接种新冠疫苗；协助做好接待全国台企联常务副会长李茂春、东阳旅台同乡会理事长卢建强等考察工作；主动对接区法院、信访局等有关部门了解涉台案件。配合市台办做好线上创新交流，率先完成2条宣传短视频的拍摄工作。加强区台联会组织建设，指导召开工作例会并开展“重走红军路”等乐走公益活动。

（童　佳）

【督考工作】 2021年，婺城区委督查考评科围绕区委重大决策开展全面督查。2021年，开展区委全会、全区领导干部大会等重要会议贯彻落实情况督查10余次，全年编发《督查通报》9期，表扬先进、鞭策后进，使区委重大决策得到及时贯彻落实。紧扣领导批示件开展专项督查。坚持“批则必查，查则必清、清则必办、办则必果”的原则，抓好领导批示和交办事项的落实。收转上级领导批示件70余件，承办书记批示的督办件10件，做到件件有回音、事事有结果。抓住热点问题主动督查。先后围绕重大项目、疫情防控、文明创建等群众关心事项、媒体曝光问题主动进行跟踪查办，开展专项督查80余次，认定“蜗牛奖”2个，反馈《今日聚焦》问题2起。聚焦“七张问题清单”开展重点督查。建立健全“七张问题清单”相关机制，专班推进全面压实整改责任。全年收到省、市级交办问题18个，收集区级全量问题503个，下发交办区级清单问题34个，以问题整改倒逼各项重点工作压茬推进，2021年度全区“七张问题清单”问题管控力指数得分位列全市第3位。完善考核办法。牵头研究制定全区机关部门、乡镇（街道）工作目标责任制考核办法，顺利组织实施。每季度对市、区考核情况开展分析，督促各考核牵头单位及时查漏补缺。落实好区委党风廉政主体责任相关工作。专人负责“两个责任”动态考核管理系统，按时上报相关材料，年底会同纪委做好迎检工作，获市对区该项考核第二名。

（杨笑眉）

【改革专班】 2021年，婺城区成立“1+5+1”数字化改革专班、建立健全“县乡一体、条抓块统”等重点改革工作专班，制定印发《婺城区数字化改革实施方案》等改革文件。召开深改委会议、数字化改革领导小组例会4次，专班例会40余次，开展全区改革大竞赛活动3次，评选出“改革先锋”15人。在省委改革委会议、市委改革委会议上做典型发言4次。数字化改革区级总门户和党政机关整体智治、数字政府、数字经济、数字社会、数字法治等五大系统门户完成上线，一体化智能化公共数据平台完成与省IRS平台对接。形成“三大成果”，打造行政执法协同指挥集成应用系统等12个省级应用场景试点，形成《市区“大综合一体化”行政执法改革的思考与实践》等19篇理论成果和《“关键小事”应用系统建设工作方案》等 60 余项制度成果。梳理数字化改革“三张清单”47 项。集中打造“五度四步”干部积分制管理考核平台等 39 个特色应用场景。新增深化国有林场改革、“未来工厂”建设等 9 个省级以上改革试点,其中省部级试点 5 个。“县乡一体、条抓块统”改革,构建“1346X”改革框架,搭建“152”和“141”贯通体系,形成“村社(村婺通)—乡镇(基层治理四平台)—区(数智婺城)”三级基层治理体系。“大综合一体化”行政执法改革,构建“1362”改革模式,区级综合执法事项从 526 项增加到 2117 项,基层执法力量占比从 58%提高到 87%,案件平均处理时长从 3.38 天下降到 1.8 天,群众满意率从 97%提升至 99%以上。

(曹　曦)

【通信保密工作】 2021 年,通信保密科加大对机关工作人员的保密教育力度,增强保密意识;开展通信保密人员的业务知识学习,提升通信保密人员的综合能力,增强通信保密人员的整体素质;抓保密工作各项制度的落实;规范电报的使用和管理工作,加大管理力度,确保电报绝对安全保密;高标准完成年度视频会议的保障工作,确保区领导和机关的满意;信息化管理安全可靠;按照实施方案顺利完成本地区安可替代工作进度;开展全区保密工作大检查;做好迎接省、市两级保密检查与考核工作,及时更新保密业务知识,完成年度保密杂志的征订任务。

(张纯陆)

【信息工作】 2021 年,区委办信息科不断提高工作人员政治思想水平和工作能力,在提高信息服务决策上取得新突破。全年党委信息取得丰硕成果,上级领导批示捷报频传,信息战线面貌焕然一新,实现报送篇数历史新高、考核分数历史新高、省级专报零的突破等三个新突破。全年编发《婺城信息》70 期,包括全会专刊 10 期、专报信息 31 期、每周汇报 18 期;向省、市信息处上报各类信息 675 条,其中省委办公厅录用 110 条,获得省、市领导批示 8 次,信息报送量、采用量均位居全市第一。

(王芯怡)

【史志工作】 2021 年,婺城区委党史研究室紧扣“一突出”“两跟进”要求,不断发挥“以史鉴今、资政育人”作用,稳步推进史志各项工作向前发展。区史志工作强化理论指导和基础研究的导向定位,讲好党史故事、传播方志文化、注重成果转化应用的功能定位,在服务中参与到区委、区政府的中心工作中。

2021 年,印刷发送《红色婺城　百年风华(上册)》(内部资料),为党史学习教育提供婺城党史资料;参与起草婺城区庆祝中国共产党成立 100 周年系列活动方案;编写婺城党史视频脚本初稿,为《南山火种》首映前播放的婺城党史宣传片提供理论支撑;参与制作婺城红色地图以及婺城党史明信片;参与报送婺城区“红色文物故事”14 则,其中 3 则被“学习强国”学习平台采用;配合其他部门提供相关党史知识素材、参与文稿创作与文稿史实校对等。选取婺城范围内具有代表性的红色故事及红色人物,拍摄《红军挺进师在银坑·艰难险阻的敌后坚持》《劳动伟大·“赤脚书记”陈双田》视频,纳入“百年风云　红色八婺”主题系列报道;结合《金华日报》数字出版部推出的“百年风华颂”栏目,选取婺城党史上具有代表性的荣光时刻,以党史工作者为讲述人录制短视频的方式,讲述婺城的抗日救亡文化运动,录制其中“‘东南文化名城’的抗日救亡运动”一期,推动党史学习教育,歌颂党的百年风华,从百年党史中汲取前行的智慧和力量。选取婺城具有地方特色的重大事件,编写脱贫攻坚口述史三篇,重点反映党和国家脱贫攻坚重大决策在婺城的贯彻执行情况。

2021 年,完成婺城党史二卷初稿,初步开启婺城党史三卷工作;完成《婺城年鉴(2019)》和《婺城年鉴(2021)》的编纂出版工作。强化党史教育基地建设,协助安地镇计划打造以围绕蒋宝贤革命烈士为主题的红色旅游项目,打造南山革命火种第一村,为蒋宝贤革命事迹展陈馆、蒋里红色支部旧址的打造提供相关文史、图片资料,强化基地建设的党史理论资料支撑。新创作以蒋宝贤为题材的婺剧《南山火种》首演仪式现已圆满落幕。在原有的基础上加大主推、造势宣传现有的红色基地的力度,申报四处婺城范围内的党史教育基地,包括金华烈士纪念园、毛泽东视察双龙水电站纪念馆、邵飘萍旧居陈列室、陈双田纪念馆被评为第三批金华市党史教育基地，其中毛泽东视察双龙水电站纪念馆被评为第四批浙江省党史教育基地名单。

通过《今日婺城》报、婺城发布、婺城融媒等融媒体平台，选取在党史百年中婺城境内发生的重大事件和重要人物，以时间为脉络推出系列主题文章，推出18期内容，展示中国共产党成立100周年来婺城境内党和人民重要活动，讲述富有婺城特色的红色故事，让全区的广大党员干部群众了解婺城党史，重温百年来中国共产党在婺城艰苦奋斗的历史足迹，感受婺城党史上优秀共产党人英勇顽强的坚毅品质和开拓进取的坚定信念，向中国共产党成立100周年献礼。依托婺城融媒平台，挖掘婺城党史资源，以大事记形式，适当运用图片资料，以历史上的今天为线索，梳理婺城党史所发生的大事件2~3件，以每日微党史的形式推出145期内容，方便读者获取婺城党史小知识，学习党领导婺城人民进行革命的伟大历史，感受婺城历史的变迁。开展婺城党史知识竞赛活动。采取每周一期线上开展模式，通过"婺城组工"党史知识每周发布，内容包括中共党史、婺城党史、区委中心工作等，将100年间党史的重要事件、重要人物知识以问答形式进行编辑，传播、普及党史知识，助推党史学习教育工作。参与承办以"学党史·强本领"为主题的线下党史知识竞赛。4月19日，在婺城区文化馆举行全区党史知识竞赛总决赛。加入金华市党史系统宣讲团、红色故事讲述人宣讲团队，为浙江省农信联社金华办事处、婺城区妇联系统等单位宣讲党史专题党课。做好向有关部门和领导发放《足迹》《春秋》等党史刊物等，全年上报采用信息"金华党史网"6条。

（邹　洋）

【疫情防控】 2021年，婺城区委办在疫情防控工作中充分发挥党组织的战斗堡垒作用和党员的先锋模范作用。组织筹备疫情防控各类会议和区委领导调研活动，高质高效做好服务保障；及时掌握基层信息，发现困难问题，提炼总结先进经验，为区委及时掌控情况、科学决策提供依据；深入基层一线对全区疫情防控各项重点任务进行督查，发现问题交办整改；组织干部职工下沉一线，参加明月楼社区的卡口测温亮码、社会面宣传、人员排查等防疫工作。

（程　蕾）

组织工作

【概况】 2021年，婺城区共有基层党组织1254个，其中党委71个、总支41个、支部1142个。共有党员27259人，其中女党员8256人，占党员总数的30.29%。从年龄上看，35岁及以下党员4909人，占18%，较上一年增加562人；61岁及以上党员9883人，占36%，较上年增加69人。从学历上看，大专以上学历党员11213人，占比41.14%，其中研究生学历395人，占1.32%；大学本科学历6686人，占24.53%；大学专科学历4132人，占15.16%。从领域上看，全区乡镇、行政村党员13061人，占47.91%；城市街道、社区党员7097人，占26.04%。2021年，全区40个基层党组织受到省、市、区三级表彰，其中省级2个、市级8个、区级30个；110名党员被评为优秀共产党员，其中省级2人、市级8人、区级100人。95名党员被评为优秀党务工作者，其中省级2人、市级8人、县级85人。

全区行政机关干部1485人。其中，女干部508人，占34.2%；党员干部1176人，占79.19%；35岁以下干部519人，占34.94%；36~45岁358人，占24.1%；大专以上学历1482人，占99.8%。

【党史学习教育】 2021年，区委组织部开办基层党组织书记、机关党组织书记、离退休干部党支部负责人及基层关工委负责人、"两新"党组织书记等各类党史学习轮训班10场次2000余人次。带动全区支部书记上党课千余场，实现学习全覆盖。全面掀起献礼中国共产党成立100周年活动热潮，深入挖掘红色资源，推进沙畈乡银坑村、安地镇蒋里村等红色教育基地建设，创建3家省级现场教学基地，推出红色婺剧《南山火种》。高质量做好省、市、区"两优一先"推荐表彰、颁发"光荣在党50年"纪念章等工作，全区3名党员和2个基层党组织获省

“两优一先”荣誉表彰。

【“三服务”工作】 2021年，区委组织部始终秉持“微笑办、暖心办、马上办、我来办、数字办”的“五办”作风，聚焦群众、企业、基层急难愁盼，以数字化改革为抓手，以“学史力行·实事我来办”实践活动为载体，全力打造“三服务·婺城家服务”2.0版。区主要领导率先垂范，带领全区广大党员干部，深入镇街、村社一线、企业工厂车间一线、工作服务对象一线，开展调研解难活动，完成调研手记、报告398篇，破解重难点问题100余个。全区上下为群众办实事7261件，公示并实施“实事我来办”服务事项455件；37个助企服务团、604名驻企服务员深入企业一线，破解难题1759个；成功化解基层一线工作难题800余件，解决基层干部生活难题725件。选树产生区级“闪光婺星”118人、团队（优秀品牌）7个。形成“科技特派员”、金茶花家服务帮帮团、“三服务直通车”、“和姐”工作室等特色品牌。各类经验做法获省、市主要领导批示13篇，其中省级7篇；各类信息被省、市媒体刊用68篇，其中省《党政信息简报》刊用42篇（《金华婺城区“红色驿站” 解“零工”群体及时之需》入选全省“三服务”活动月度十个好典型）；市级及以上媒体报道200条次，其中中央电视台报道20条，《浙江日报》和《浙江新闻联播》报道和刊用107条。

【人才队伍建设】 2021年，婺城区聚焦人才引进，创新“四度招引法”全力开展人才科技攻坚行动，系统推进揭榜引才、专员引才、市场引才、以赛引才。深化“揭榜挂帅”引才机制，发挥“榜单推广大使”推广引流作用，吸引各类高层次人才到婺城区创业创新，累计发放各类榜单133项，涉及榜额1.3亿元，促成揭榜88个，兑现榜额4833万元。成立招商引才总部，下设京沪杭深四大分部，选派37名招商招才专员，常驻化开展“双招双引”工作，聘请47名专家教授、企业高管、专技人才担任婺城招才引智大使，突出以才引才、项目引才。先后与北京、上海等地市场化人力资源机构在人才引进、海外引才站建设等方面开展合作，累计引进科技领军人才6人、人才项目10个。举办金华市“双龙计划”（婺星回归）创业大赛暨婺城区首届婺城英才创业大赛、第十届中国创新创业大赛浙江赛区暨第八届浙江省“火炬杯”创新创业大赛高端装备制造行业总决赛、长三角产业科技创新研讨会等系列赛事活动，不断壮大引才声势。2021年，新引进省级领军人才15人，其中全职9人，比2020年增长150%；新引进大学生9954人，其中博士156人、硕士381人。

【人才发展环境优化】 做大做强智企平台建设，探索创新政校企合作新模式，与合肥工业大学、万里扬共建新能源汽车技术和智能制造创新中心，招院引所取得新突破。全年新增省级博士后工作站1家、市级院士专家工作站4家、博士后创新站1家，新建大学生创业园1个、大学生实习基地19家。聚焦服务转型升级，秉持“家服务”工作理念，不断优化人才服务环境，打造人才服务新名片。制定出台《关于建设创新名城的若干政策意见》，累计兑现各类人才政策5400万元，惠及人才2000余人、企业100余家。修订完善《婺城区人才公寓租赁管理办法》，给予人才在婺安居、科技创新等方面更多政策支持，对玉龙华府11套人才公寓进行装修升级，并新规划建设人才公寓300余套。开展区拔尖人才、青年拔尖人才、“金茶花·人才奖”评选活动，营造“尊重劳动、尊重知识、尊重人才、尊重创造”良好氛围，激发人才科技创新活力。组建人才科技服务团，送服务、送政策、听需求、听意见，全面走访辖区重点人才企业和规模以上企业200余家，梳理“揭榜挂帅”技术榜单100余项，收集涉企问题941个，协调解决934个，解决率超99%。

【工资管理】 2021年，婺城区聚焦数字化规范化管理，借助“互联网+”工资管理系统，夯实工资基础数据，推动审核管理转型升级，推进工资业务线上办理。2021年系统审核业务4800余条。做好日常业务管理工作，开展好正常晋升、职务职级待遇兑现、一次性奖金、退休业务、介绍信转介、法检绩效奖金等待遇审核工作，业务办理共计2100余条。配合省、市规范津补贴班，做好津补贴专项调研、各项津补清理规范及相关表格统计上报，共报送各项表格和材料20余份。按照上级要求，做好中国共产党成立100周年离休干部生活补贴待遇发放工作。

【干部队伍建设】 2021年，围绕“五好五新”目标，以数字化改革为牵引，推进各级领导班子和干部队伍建设，推进干部队伍系统性重塑。健全领导干部政治素质识别和评价机制，探索出台婺城区领导干部政治考察工作办法，制定《“政治标准”细节性问题清单25条》和《政治表现反向测评15项具体情形》。换届期间，探索建立干部政治素质档案，坚持定量分析与定性分析相结合，明确35项收集内容与11个收集单位，明确正面清单和负面清单赋分办法，对干部政治素质进行“微扫描”，实现“一人一档案”“一人一图表”“一人一分数”，完成政治素质评价263人次。坚持注重实绩和从一线选用干部的导向，注重在克难攻坚一线、项目征迁一线、社会稳定一线等急难险重工作中培养考察干部，科学运用干部考察结果，将在“两战”、文明城市创建、和美乡村建设、重点工作推进、数字化改革等攻坚工作中表现优秀、实绩突出的干部提拔或转重要岗位使用。敢于打破隐性台阶，大胆选拔优秀年轻干部，换届后35岁以下班子提升到34.6%，35岁以下党政正职提升到23.1%，同时全日制本科学历提升到41.4%，专业干部适配率提升到95%，信访量下降66%，对工作表现一般、能力不适应的4名干部予以退出领导岗位或转岗使用调整，实现导向与风气“双优”，结构与功能“双强”，选人与谋事“双好”。在区第八次中国共产党代表大会中，通过领导指导、夯基固本、分析研判、流程优化、疫情防控、氛围营造六个“到位”，组织提名的38名区委委员、7名候补委员、19名纪委委员和30名出席市中国共产党代表大会代表人选全部一次性满票当选，实现选举“满堂红”。

【干部教育培养】 2021年，实施新时代基层干部推动共同富裕主题培训行动计划，明确“3类型、7模块”主题培训，采取“请进来+走上去”的新途径，开展“婺城图强大讲堂”线上+线下系列培训6期，为全区干部提供更具前瞻性、实践性和岗位适配性的教育培训，全年完成6000余人次培训。坚持把服务中心大局作为锤炼干部担当作为的“主战场”“大熔炉”，深化“蹲苗行动”，采取组织点名的方式，先后抽调200余名干部到疫情防控、数字化改革、招商引资、征地拆迁、信访化解等工作专班及各类指挥部攻坚克难，选派14名干部、专业技术人才到四川甘孜州对口援派，选派45名干部到北京、上海、深圳、杭州等先发地区招商招才，推动干部在贯彻落实重要部署、完成急难险重任务等实践中，经风雨、见世面、壮筋骨、长才干，实现婺城发展、干部培养双丰收。提升“成长指数”，优化年轻干部培养路径，抓好常态配备和后续培养，推出以红色理论学堂、蓝色帮带学堂、黄色实战学堂为内涵的年轻干部“三色学堂”，全方位提升年轻干部独当一面的能力。建立导师帮带制度，推行“三五”帮带法，为62名乡镇年轻领导班子、新招录的48名公务员逐一配备导师，实施选调生成长全程纪实制度，推行“成长日记”制度，促进年轻干部尽快成长成才。

4月19日，2021年婺城区领导干部进修班、中青年干部培训班开学典礼举行 （区委组织部供稿）

【干部激励管理】 2021年，聚焦公务员平时考核，构建“五度四步”积分制管理考核体系，围绕考什么、怎么考、怎么用，系统重塑考核流程，科学设置考核指标，构建差异化、数字化的考核激励闭环。采取“各单位月推+区级季度优选+区级年度终评”的方式，在全区党员干部、群众、团队（优秀品牌）三个层面同步开展“闪光婺星”选树，打造全链条、宽领域、多层次的干部持续激励体系。深化“干部大家访”关爱机制，帮助干部及家属解决实际问题，各地各单位家访干部家庭共计2000余户，走访率达到100%，帮助解决228个问题和困难。健全完善容错纠错机制,全年运用澄清正名7件、13人,公开反馈信访举报2件,树立为担当者担当的鲜明导向,激发干部干事创业的内生动力。

【干部监督管理】 2021年,建立干部政治素质档案,对领导干部政治素质进行量化赋分评价,实现"一人一档案""一人一图表""一人一分数",完成政治素质评价263人次。综合集成打通干部立体监督信息系统。以数字赋能理念,构建全方位、立体式、动态化的大监督格局,贯通省、市干部立体监督系统,完成18个模块,1495条数据维护更新,全年开展提醒49人次,函询27人次,诫勉3人,强化"咬耳扯袖"抓早抓小抓预防,全面筑牢干部日常监督管理的"防火墙",堵住"风险点",坚决防止干部"带病提拔",为干部培养选拔精准赋能,为干部担当尽责保驾护航。持续深入推进选人用人专项检查。聚焦中央、省委巡视反馈问题、"咬尾"检查整改和第十、第十一轮专项检查,发现并整改问题65个,问责处理 17人,修订完善制度规定21项。深化选人用人"五查"专项行动,落细落实问题整改"三单两责一提升"机制,巡察回头看检查部门单位7家,清查2016年以来科级以上领导干部信访30件,督导反馈问题整改58个,审核干部档案568份。从严从实抓好乡镇换届风气监督工作。坚持教育在先、警示在先、预防在先,全覆盖开展干部谈心谈话,发出《"十严禁"换届纪律要求》提醒卡5278份,观看警示教育片6483人次,签订承诺书 2193份。制定《关于严肃换届纪律加强换届风气监督的实施方案》,将加强换届风气监督要求细化6个方面、18项任务措施,引导乡镇党委实行挂图作战、对表施工,全面履行主体责任。成立6个换届风气督查组,完成5轮风气督查,对换届各个环节实行全程纪实、跟踪督查,营造风清气正的换届环境。

【基层组织建设】 2021年,全面掀起献礼中国共产党成立100周年活动热潮,推进沙畈乡银坑村、安地镇蒋里村、琅琊镇浩仁村等红色教育基地建设,高质量做好省、市、区"两优一先"推荐表彰、颁发"光荣在党50年"纪念章等工作。深入推进"五星三强"基层党组织创建工作,打造村社党建示范点32个,打造各领域"红色驿站"100个。高要求做好村社换届"后半篇文章",全面落实村务监督"五个一"机制,整转完成13个软弱后进村党组织;全域选派"第一书记",制定"第一书记"履职清单20条,婺城"第一书记"亮相央视《新闻联播》;全面实施"头雁领航"工程,每季度组织开展"书记话图强·五力大比拼"活动,41名村社书记代表通过线下述职、线上展示等形式开展比拼。高质量抓好党员教育管理,出台《婺城区整治党员违法问题"一挂钩三到位五个一律" 规定》,党员违纪违法数量较上年下降37.24%。坚持把政治建设放在首位,组织三期"实践锻炼+集中学习"发展对象培训班,完成372名党员发展工作。高水平开展村级集体经济巩固提升行动,全区213个行政村村集体总收入24243.96万元,增幅12.42%;经营性收入11178.05万元,增幅45.89%,村均经营性收入达到52.48万元。婺城区集体经济小微创业园项目作为浙江省资本运营型村集体经济发展模式的典型案例面向全国推广;《婺城区用好共创共富"十法"绘就共同富裕先行示范浙中板块婺城新图景》获金华市市长邢志宏批示。

【疫情防控】 2021年,全面建立"党建+单元"作战体系,建立103个临时党支部,推动全区21000名党员干部,下沉村社一线,融入红色微网格,助力打赢疫情防控狙击战。落实疫情防控"领导包干制",38名县级领导分别包干18个乡镇(街道)、32个村、300家企业,到点指导279人次,发现问题86个。认真落实"暖心十条",强制休息11人。开展一线考察257人次,拟选树"战疫先锋"50个,及时表彰宣传

6月30日,婺城区"光荣在党50周年"纪念章颁发仪式举行,图为部分纪念章获得者合影

(区委组织部供稿)

涌现出的先进典型，把在疫情防控中的表现作为评价和使用干部的重要依据。

【文明创建工作】 2021 年，区委组织部配合共建社区开展文明创建，按照社区点位分布，对部机关 30 余人科学组网、定点分组，并不定期安排随机人员进行全社区点位隐患排查，确保不失分、少扣分。同时，在部机关夜学安排文明创建点位规范业务学习 8 次，确保每位干部对点位扣分失分点了如指掌，保障迎检工作完成。全年参加社区文化服务、城市环境美化、公益宣传活动等共建志愿服务 1000 余人次，参与文明劝导 180 余人次，社区服务总时长超 750 小时。

【机关自身建设】 2021 年，区委组织部坚持以习近平新时代中国特色社会主义思想为指导，深入学习贯彻中共十九届六中全会精神、省委十四届十次全会精神，组织部务会“第一议题”28 次，中心组专题会 9 次，部委班子上党课 11 次，组工传承会 8 次，常态开展组工课堂、图强讲堂、三色学堂等领学和交流 40 余次，全面贯彻新时代党的建设总要求和新时代党的组织路线，统筹推进基层党组织、干部队伍、人才队伍建设，各项工作取得新成绩、新成效。围绕“争做新时代浙江组工人”主题实践活动主线，创新铸魂立心、明规清心、拼创凝心、墩苗强心、激励暖心“五心”组工做法。深入探索组工干部“持证上岗”制，以考评级，践行“安专迷”，倒逼激励争做“新时代浙江组工人”。深化开展“百村蹲点百企破难”活动，推动 15 个调研课题逐步转化成制度性成果，为企业群众基层解难题 200 余个，以实战历练培育组工干部攻坚力。聚焦数字化改革、区乡换届等年度重点任务，制定四类十大项目清单，推行实绩亮榜“晒拼创”，以工作亮晒、互学互比、交叉检查、量化评估等多种形式，推动区乡两级组工干部奋楫争先、勇创佳绩。全年组织工作在中央电视台、《人民日报》等省级以上媒体刊发 119 篇次，在金华电视台、《金华日报》等市级媒体刊发 69 篇次，获副省长高兴夫、市委书记陈龙等省、市领导批示 6 次，中央和省《组工信息》刊发6 篇，浙江组织工作网采用 5 条。

（王朱敏）

公务员事务管理

【概况】 2021 年，区公务员局贯彻落实《中华人民共和国公务员法》，围绕区委、区政府的中心工作，不断深化高素质专业化公务员队伍建设，提高公务员管理科学化水平。做好 2021 年公务员招录及 2022 年招录计划编报工作，不断充实紧缺专业人才。考录工作中面对疫情防控压力，严格落实防疫要求，完成 8 名选调生和 40 名公务员的考录工作。

【公务员职务改革】 2021 年，区公务员局继续做好公务员职务与职级并行制度改革工作，根据《公务员职务与职级并行规定》及省市实施方案，结合全区人员结构、职数等实际，稳妥推进职务与职级并行制度。在晋升人选把握上，强化党组织领导和把关作用，不唯资历确定人选，综合考虑人员德才表现、职责轻重和工作实绩等多方面因素，全年晋升 411 人，其中晋升一级调研员 1 人；三级调研员 21 人；四级调研员 17 人；一级主任科员 96 人；二级主任科员 71 人；三级主任科员 105 人；四级主任科员 88 人，晋升法官、检察官 10 人，晋升执法勤务类2 人，晋升工作整体平稳有序。

【公务员办事改革】 2021 年，区公务员局深入贯彻机关内部“最多跑一次”改革，会同区委编办、区大数据局等部门积极推进改革工作，全年办理各项业务 1419 件，业务办理所需材料和办理时间都得到较大幅度减少，较好实现了减负、增效和提质的目标。

【公务员考核】 2021 年，区公务员局根据公务员平时考核的工作要求，探索构建公务员“五度四步”积分制管理考核体系，围绕好干部标准，创新设置“政治忠诚度”“勤勉敬业度”“廉洁自律度”“岗位胜任度”“担当争先度”五个维度的考核指标，实行“日积、月累、季赛、年评”四步积分规则，重塑考核流程，通过立体运用平时考核结果，激发基层公务员“扛旗争先”的拼搏干劲。工作中围绕数字化改革的要求，推进“五度四步”积分制管理考核数字化平台建设，实现公务员日常考核一键调取、一屏掌握。2021 年，省组织部《组工情况》刊发全区平时考核开展情况,考核平台在全省组织系统数字化场景路演中获得好评,市组织部拟在全市推广婺城区数字化考核平台。

(舒子剑)

机关党建

【概况】 2021年,婺城区委直属机关工委坚持以习近平新时代中国特色社会主义思想为指导,对标对表新时代机关党建使命任务和走在前作表率的要求,坚持"围绕中心、建设队伍、服务群众"的核心任务,以推进清廉机关模范机关建设工作为总牵引,聚力推动机关党建高质量发展。

【抓实政治机关建设】 2021年,婺城区委直属机关工委严格落实"第一议题"学习制度,开展理论中心组学习巡听旁听,常态化推行"党委(党组)中心组学、红色基地实践学、支部集中深入学、学习强国日常学、青马小组交流学、每月一测比拼学"六学模式,推动理论学习走深走实。抓实党史学习教育,组织开展党史知识竞赛、打卡红色地图、支部书记党史专题培训、党史每周测、"书记讲党史"专题党课等活动,组织集中观看《南山火种》红色婺剧,开展"打卡红色地图" 活动引导机关党员干部自觉继承革命传统、传承红色基因。持续发挥31个青马小组作用,推动青年理论学习制度化、规范化。

10月20日,婺城区机关党建培训班第一组学习现场 (区委组织部供稿)

【服务保障中心工作】 出台助力"四攻坚四争先"行动十条措施,成立50余支机关党员突击队,46名党委(党组)书记、200余名党支部书记带头领办党建项目。组织开展"机关党员认领微心愿"活动,圆梦困难群众"微心愿"756个,相关做法在《浙江日报》《中国组织人事报》刊发。持续推动104家机关党支部与农村党支部形成共建联盟,推动机关党员力量沉到一线摸实情办实事,帮助村社解决实际难题300余个。建立疫情防控临时党支部6个,推动3000余名机关党员干部下沉村社一线,融入红色微网格,助力打赢疫情防控狙击战。

【聚力强基固本】 2021年,婺城区委直属机关工委深化"三级书记"抓党建责任清单,推动党建工作具体化、明确化。持续提升支部规范化标准化建设水平,组织对16个机关党委78个基层党支部开展规范化标准化建设交叉检查,选出记录较为规范的优秀党支部记录本,组织党务干部学习借鉴。紧盯基层基础,通过编订"工具书"、列出"问题清单"、量化"常规指标",抓实支部基本组织、基本制度、基本队伍、基本活动和基本保障。实施党务干部素质提升行动,举办新时代机关党建高质量发展培训班,开展争当守好"红色根脉"排头兵的专题大讨论,提升党务干部的工作能力和水平。

【推进清廉机关建设】 开展清廉机关示范培育工作,11家机关单位获评2020年度区级示范单位。开展"除'四不'、转作风、强能力、树形象"主题教育整顿活动,通过开展一次反思剖析、谈心谈话、改革体验、整改提升、主题演讲、服务评议等"六个一"活动,有效提升机关干部作风。深化党员整治立规创优行动,持续推动"零违纪、零违法"支部创建,强化党员日常教育管理,常态化开展警示教育,用好第一种形态进行提醒谈话,累计开展提醒谈话659人次。

【打造活力机关文化】 持续推进"闪光婺星"选树、干部"大家访"活动,通过"闪光婺星"表彰大会,推动形成"人人争星、人人闪光"的干事创业氛围。落实关心关爱党员相关政策,走访慰问优秀共产党员、老党员、生活困难党员345人。开展"最美办公室"评选活动,在机关营造"优美整洁、温馨舒适、绿色节能、和谐高效"的机关办公文化。组织开展"出彩机关、献礼百年"机关才艺作品征集展评活动,展示机关干部才艺和健康向上的精神风貌。

（项移娟）

“两新”工委工作

【概况】 2021年，区委“两新”工委以纵深推进“助企八条”落实为主线，以“三年创优、整体跃升”为总抓手，高标准推进“五星三强”创建、开展“支部定议题、党员找问题、党群破难题”主题党日活动，高品质推进非公企业党组织覆盖攻坚、完成中央巡视“两新”党建有关问题整改，高质量推进新业态、新就业群体党建试点工作。相关工作获省级以上新闻媒体报道21次。

【党史学习教育】 2021年，区委“两新”工委开展“学党史、解难题、创品牌”活动，高标准高质量开展党史学习教育，用好各类车间讲堂、红色驿站，抓好党史学习教育，引导“两新”组织党员学党史、悟思想、办实事、开新局。依托市委党校对全区217名“两新”党组织书记全面完成党史学习培训，并通过书记上党课形式，将党史学习教育推广到全区所有“两新”党组织。2021年，累计开展“三题”主题党日活动2000余次，解决2400个难题。以“党旗在基层一线高高飘扬”为主题，全面开展庆祝中国共产党成立100周年系列活动，通过区、乡、企业三级，举办合唱大赛、党史知识竞赛、红色观影、剪纸、重温入党誓词等活动80余场次，共庆中国共产党成立100周年。万里扬集团党委被评为省先进基层党组织，商圈党委专职副书记胡槐皎被评为省优秀党员。

【“两新”党建示范集群建设】 2021年，区委“两新”工委以非公企业党组织覆盖攻坚工作为契机，全面强化“两新”组织双覆盖工作，新增、撤并、优化“两新”党组织88个。连续5年开展“两新”党建示范点创建工作，2021年新建示范点8个，区级投入资金90万元，带动企业投入资金超200万元。做强万里扬集团、浙中信息产业园、时代广场、金华CRC文化创意园、金华康复医院等精品示范点，形成全区“党建强、发展强”的新地标。

【社会组织党建】 2021年，区委“两新”工委联合区民政局推进社会组织党建工作，组建社会组织党建联盟。打造集社会组织培育孵化和社会工作人才培训等功能于一体的婺城区社会组织党群服务中心，引入婺城区社会组织服务中心和婺城区慈善总会常驻。发挥区社会组织服务中心党支部作用，实现社会组织“双孵化”基地常态化运行，开展社会组织党建“一社一品”创建。完善律师行业党组织规范化建设标准，开展“百名党员律师下基层宣讲”“助企三进”等活动，以党建引领律师行业健康发展，浙江凯大律师事务所获评浙江省第二批“三强双进”基层党组织。

【“两新”党建数字化】 2021年，婺城区发挥“两新”工委体制优势，推进“两新”党建数字化，完成全区800余家“两新”组织、197家规模以上企业，近300个“两新”党组织录入精密智管系统和红色根脉强基系统，建立“两新”组织党建数据台账，推进“数字赋能、集成服务”的示范型党群服务中心创建。

【市级转入“两新”党组织整建制接收】 打好“融管用”组合拳，接收17家市级转入“两新”党组织，针对组织生活开展、换届不及时等9类问题，落实一企一策。组建档案审核专班，全面派驻党建指导员、驻企服务员31人，全面推行党员先锋岗、车间政委及红色车间创建工作，及时纳入党建示范项目打造清单。

【区域产业党建联盟】 2021年，区委“两新”工委深入总结全区商圈楼宇党建工作经验，持续打造组织、发展、治理相统一的“党建共同体”，走出一条党建引领商圈楼宇“红色共治”的新路子。西市街商圈联合党委获评献礼中国共产党成立100周年基层党建与民生发展优秀案例，为全市乃至全国提供了婺城样本、婺城经验。持续做强汽摩配、建材等产业党建联盟。建设完成汽摩配产业党建联盟展厅，深入参与飞扬小镇会客厅党群服务中心建设，开展联盟聚力“六大行动”，打造联盟“共享专家”体系，受到浙江卫视新闻联播关注报道，联盟轮值主席单位万里扬集团党委获评2021年度“两新”党建优秀案例(提名)。

【新业态、新就业群体党建试点工作】 2021年，区委“两新”工委加强机构部门协作，成立区快递物流行业党委，派出党建指导员、驻企服务员超200人。

对接成泰银行为快递物流行业企业授信2亿元，解决企业发展资金需求。联合区检察院，推出全省首个《快递行业规范健康经营指引》，促进行业高品质健康发展。相关工作受到中央电视台《正点财经》、浙江卫视《午间播报》、《浙江日报》等宣传报道。加强牵头组织协调，协调各主管部门和属地单位开展好“双找”“五查”(行业自查、“码上”调查、公安协查、站点联查、社区排查)工作。排摸出互联网重点企业32家，快递企业3家(网点59家)，物流公司164家(个体户199家)，第三方劳务公司15家，外卖站点7个，网约车合作企业7家，党员229名(其中流动党员99名)。对新就业群体党员从业状态进行细致核实，在省党员系统内同步标记新就业群体标签，并完成社区报到。加强红色资源整合，全区打造100个集学习教育、党群活动、便民服务为一体的“金华有爱·红色驿站”，并定制铺设15台红色一体机，延伸服务触角。6月，顺利承办全市“金华有爱·红色驿站”启动现场会。制定下发《婺城区社区新就业群体流动党支部管理办法(试行)》，全面强化社区党建和新就业群体党建的同频共振。组建骑手志愿队、反诈宣传队、消防志愿宣传队等，引导参与群防群治、网格化管理、平安社区建设等工作。全面开展“双十”行动(“红色领航”十大行动和“婺暖青蜂”十大关爱行动)，持续加强对新就业群体的关心关爱、团结凝聚。

【工作机制】 根据“党建强、发展强”的要求，不断完善“两新”党建工作机制。强化横向联合，落实部门发挥牵头协调作用，激发“两新”工委委员单位积极性，如区快递物流行业党委(交通局)、区互联网行业党委(网信办)、产业党建联盟(经商局、属地乡镇街道)、律师行业党建(司法局)、商会党建(工商联)、社会组织党建(民政局)、小微园区党建(经商局)等等。强化纵向牵引，压实基层党委抓支部的党建责任，落实市委组织部文件要求，深入开展“支部定议题、党员找问题、党群破难题”主题党日活动。推动党员联系服务群众，多渠道了解群众意见建议，刀刃向内找问题。建立分类办理、合力破难、跟踪督促制度，确保群众反映的问题事事有回应、件件得落实。压实支部书记推行支部工作责任，压实党建指导员对驻点单位的指导责任，自上而下推动基层“两新”党建工作。

(程俊杰)

关心下一代工作

【概况】 2021年，婺城区关心下一代工作委员会围绕庆祝中国共产党成立100周年主题，聚焦区关工委成立20周年时间节点，紧扣立德树人根本任务，努力肩负起关工委的政治责任和历史使命，以“四个聚焦”着力谱写关心下一代事业新篇章。金华铁路文化馆获批第三批浙江省关心下一代教育基地。

【主题活动】 2021年，婺城区关工委传承红色基因，推动党史学习教育走深走实。3月31日，邀请抗美援朝老战士何志超在全区关心下一代工作会议上开展党史宣讲，拉开全区关工委系统党史学习教育序幕。联合教育局、团区委等单位开展“我身边的党史故事宣讲比赛”“童心向党·礼赞百年” 公益夏令营、“追寻红船精神·争做红船小少年”宣讲活动、“我心向党 红歌嘹亮”家长音乐素养提升班歌咏展演等形式多样的党史学习教育活动。活动参与青少年达5000余人。铸造信仰养成，思想政治引领成效明显。市、区关工委联合开展“百年潮涌·红船精神薪火相传”清明祭扫活动，缅怀革命先烈，厚植家国情怀。联合团区委等开展寻找 “新时代好少年”活动，评选并表彰区级“新时代好少年”100名，市级7名。联合区妇联、区文旅体局等举办“传承红色基因 书香浸润婺城” 为主题的婺城区第十七届未成年人读书节，提高未成年人的读书兴趣。深入开展“学时代英雄 庆建党百年”系列活动，在市“学时代英雄 庆建党百年”征文比赛中，全区选送的作品3篇获一等奖，4篇获二等奖，8篇获三等奖。金师附小教育集团婺城小学获优秀组织奖。凝聚“五老”合力，唱响百年党史。成立婺城区“学时代英雄 庆建党百年”五老宣讲团，开设“五老讲四史”微课堂。“五老”志愿者深入学校、村社，同时创新党史宣讲方式，“五老” 骨干朱有权将党史宣讲融入快板、道情演奏等丰富的文艺形式中，增强宣讲感染力和影响力，传播党的“好声音”，受教育人次达1.2万人。

5月21日，婺城区开展“我身边的党史故事”全区中小学生宣讲比赛　　（区委组织部供稿）

【品牌培育工作】 2021年，婺城区关工委深化“爱心圆梦”助学活动。建立并完善乡镇（街道）、区民政局、区关工委联审制度，规范助学资金的管理和使用。2021年“爱心圆梦”助学活动共申报227名同学，经过多轮筛选、审核，确定200名资助对象完成40万元助学金的发放。5月26日，在雅畈小学举办的“爱心圆梦 保亿萤火虫助学”活动捐赠仪式受到人民网、《金华日报》等媒体的关注报导。同时按要求做好省帮困助学服务系统困难学生的信息录入，推动帮困助学系列活动精准化、规范化开展。做好“新婺城人”子女关爱文章。2021年春节，区关工委响应区委、区政府发出的留婺过年号召，面向全区730余名留婺的新婺城人子女，开展“以爱为家 留婺过年”关爱留婺青少年暖冬行动，获《浙江日报》关注报导。暑假期间，联合区教育局、相关乡镇（街道）率先开展10个小学生暑期托管试点班，优先保障农村留守儿童、“新婺城人”子女。2021年，婺城区新增区层面青少年教育基地8家。依托主阵地抓实青少年核心价值观教育。2021年，依托革命博物馆、金华铁路文化馆、烈士陵园等阵地，经常性组织青少年开展主题宣讲、小小讲解员、志愿者服务、研学等活动，各中小学累计开展红色研学活动50余次，各类红色寻访活动100余次，覆盖青少年7000余人次。10月中旬，省关工委副主任江坪一行到婺调研青少年教育基地建设工作，对铁路文化馆关工委工作尤其是在向青少年进行爱国主义教育中，发挥“五老”作用的相关做法表示肯定，并撰写《一个铁路文化馆的红色传承》一文发表于10月28日的《浙江日报》。2021年，婺城区关工委撑起未成年人维护权益保护伞。配合区检察院等部门，做好未成年人保护工作。依托区检察院成立的“蔷薇工作室”，有效预防和遏制未成年人犯罪，撑起未成年人维护权益的保护伞，取得良好的社会效益。探索青少年法治教育“云”模式。如开展线上检察院、法院开放日活动，通过青少年更易接受的方式讲授法律知识，让法治精神滋养青少年成长，维护青少年合法权益。参与青少年达3000余人。司法局关工委通过婺城普法公众号与电视台联动，宣传普及法律知识；公安分局关工委通过抖音、微博平台开展系列法制宣传报道。

【提质赋能强基工作】 2021年，婺城区关工委以换届为契机，加强基层组织建设，不断夯实关工委组织基础。召开乡镇（街道）关工委主任、常务副主任会议，要求对关心下一代工作要做到思想上重视、工作上支持、经费上保障。做到班子健全、结构合理，根据工作需要和实际情况，适时调整充实班子成员。区“五好”基层关工委创建达50%以上。结合“基层建设提升年”，在区关工委主任黄海根的带领下，开展新一轮全区大调研活动，掌握换届后全区基层关工委组织建设的基本情况，找准存在的主要问题及原因，不断夯实基层关工委的工作基础。下发《关于做好乡镇（街道）关心下一代工作委员会组织建设情况统计工作的通知》，及时掌握换届后乡镇（街道）关工委工作队伍情况。注重建立机制体制，增强队伍内生力。5月，精心组织全区基层关工委负责人党史学习培训班，通过课堂教学、观看红色历史题材婺剧、现场教学相结合的形式，动员大家把学习收获转化为做好青少年党史学习教育、关心下一代工作的思路、办法和举措。通过深化主任办公会议制度、基层关工组织工作例会制度、信息通讯员制度，搭建区关心下一代微信工作群等沟通平台，实现关工委系统的定期信息报送、工作经验交流。着力加强部门联动，激发工作新活力。重新明确区未成年人保护工作委员会由区府办、区民政局牵头,含区关工委在内的24家成员单位组成,共同开拓未成年人保护工作的新局面。

5月17—18日,区委老干部局、区关工委联合举办全区离退休干部党支部负责人及基层关工委负责人党史学习教育培训班 (区委组织部供稿)

【纪念活动】 2021年,以“护苗二十载 风华正茂时”为主题,加强对区关工委这些年先进典型群体的系统梳理、全面总结,开展区关工委成立20周年系列纪念活动,包括“一展”(“纪念区关工委成立20周年各级关工委图片展”)、“一册”(《“婺城有爱·护航成长”纪念区工委成立20周年纪念画册》)、“一会”(区关工委成立20周年纪念大会),市关工委主任金中梁、专职副主任涂李明到会祝贺。推动全区关工委干部和“五老”志愿者再燃激情,为关心下一代事业发展凝心聚力实干开新局。

老干部工作

【概况】 2021年,婺城区委老干部局围绕庆祝中国共产党成立100周年主线,谋深做实“银辉先锋、银耀婺城、银尚乐活”三大品牌,在打造具有婺城辨识度的老干部工作上取得新成果。《婺城区打造“红色婺语·银辉先锋”激发老党员干事创业新活力》做法被省委办公厅《浙江信息》采用,婺城区委组织部(老干部局)被授予“全省老干部工作先进集体”荣誉称号。

【离退休干部党建】 以深化“红色婺语·银辉先锋”党建品牌建设为抓手,全方位、多角度、立体式地提升离退休党建水平。做好“强”字文章。以规范化强支部,新增规范化支部8个,示范化支部2个;以培训强头雁,育好领头雁队伍,开办全区离退休干部党支部书记及委员培训班,头雁带动效应进一步增强;以扩面强阵地,新打造提升老党员驿站4家,新增党建共享基地3家,红色磁场吸引力、服务力不断增强。做好“建”字文章,围绕“三建”扎实开展离退休干部党建融入城市基层党建工作,着力打造深度融合的“共同体”。建组织,创新基层党组织设置,搭建“1+3+N”的组织框架(1即街道层面设立银辉大党委,3即街道下辖的三个社区分别设立银辉党支部,N即在每个银辉党支部下面组建N个银辉志愿者服务队、格老工作室),确保有人管,有人抓。建“纽带”,强化街道党工委和社区党委的责任,明确街道组织员、社区党委副书记为离退休干部党建融入城市基层党建工作的联络员,切实在街道社区党组织与银辉党组织之间搭建起密切联系的桥梁纽带。建制度,在深入座谈的基础上建立离退休干部进社区报到、就近参与志愿服务活动等系列制度,努力实现“组织共建、事务共商、品牌共创、资源共享、党员共管”。做优“学”字文章,精心打造“学史课堂”,组织老干部观看婺城原创红色情景剧《南山火种》,举办“忆峥嵘岁月 话百年风华”百名老干部红色观影活动、“共忆党史 共话初心”老干部座谈会、县处级老领导党史教育读书会,推动老干部学党史、守初心。深入开展“我为老干部办实事”实践活动,拍摄《铭记·永绽的红色茶花》纪录片,为46位离休干部制作一册一视频,记录好“革命史”“荣誉照”“奉献录”,讲好婺城老干部的红色故事。

【离退休干部党史宣讲】 匠心打造“三服务三助力”的“银雁矩阵”,点燃最美“夕阳”助力婺城建设。“银发之声”唱响百年党史。开展“六讲六做·扛旗争先”大宣讲活动,组织老干部进社区、进学校开展党史和十九届六中全会精神宣讲。如举办“听百岁老党员讲百年党史”活动,邀请百岁老党员、离休干部王风为年轻的党员代表、共青团员、少先队员进行党史宣讲。离休干部、抗美援朝老战士何志超到金华求是学校讲述战斗故事反响热烈。退休教师朱有权深入基层一线，用快板、道情等方式开展宣讲活动，深受欢迎。“银雁齐飞”文艺入基层。各乡镇老年大学、家门口老年大学组织开展“文艺轻骑兵”志愿服务活动，以群众喜闻乐见的方式唱响党的最强音，累计演出24场，参与人数近1万人次。

【离退休干部“两项”待遇】 2021年，婺城区委老干部局多次开展“携手跨越数字鸿沟”云服务活动，让老干部感受“数字”魅力，惠及8600余人。助力价值养老，与喜马拉雅公司合作开展“书香阅读”老年读书卡赠送活动；重阳节组织县处级老领导“走看促”活动，建言献策婺城发展；打造温馨家园，对老干部活动中心设施和环境进行优化；推动区本级老年大学筹建。真诚服务老干部，坚持“四必访”，及时送达党和政府的关爱。

（杨　倩）

宣传工作

【概况】 2021年，婺城区入选省委高质量全面落实意识形态工作责任制综合试点；世界灌溉工程遗产“白沙溪三十六”正式授牌；燕语湖国际垂钓中心被国家体育总局指定为全国唯一的全项目垂钓赛事训练基地；全省首家铁路主题文化馆——金华铁路文化馆开馆；熊猫猪猪·两头乌国际牧场正式开园。成功举办“白沙八景”落成典礼、志愿大会暨新时代文明实践十大项目发布仪式、百姓颂百年歌咏比赛、百家礼堂迎亚运群众舞蹈大赛等大型活动。相继出台《依法治网专班运行机制》《新时代文明实践中心（农村文化礼堂）专项资金管理办法》《文化精品和文化人才扶持奖励办法（修订）》。成立新时代“润‘婺’有声”理论宣讲联盟，“婺实·00”后宣讲联盟，扩充宣讲成员1647人，探索打造宣讲“联盟+互动”大矩阵。

【专题学习】 2021年，婺城区委宣传部举办“学习贯彻中共十九届六中全会精神”专题学习会，区委理论学习中心组带头学习，开展理论中心组学习72次，交流发言453人次，完成心得体会252篇。举办中共十九届六中全会精神宣讲骨干培训班，成立区直机关千人宣讲团和基层干部千人宣讲团，开展“六讲六做　扛旗争先”大宣讲活动，领导带头示范宣讲214次，全区开展宣讲活动364场，覆盖党员16383人，特色亮点做法受《浙江新闻联播》持续关注报道。

【党史学习教育】 组建“一办五组”运行专班，明确“1269”主题主线，开展“婺望初心·学史增信”等九大主题活动。聚焦“七大主题”“13项活动”分类科学推进学习教育全覆盖。组建10个巡回指导组，对全区61家单位进行覆盖指导。区委理论学习中心组开展集体学习15次，全区61家单位开展理论中心组学习312次，交流发言969人次，完成心得体会969篇。持续开展“六个一”党员教育活动，培育“相遇青马·不负芳华”等学习品牌48个。举办全区党史知识竞赛，婺城区代表队在全市党史知识竞赛中获二等奖，并参加全省复赛。全面开展“百场党课下基层”活动，组织县处级领导干部讲授专题党课89场，科级领导干部到所在基层党组织讲党课516场，基层党组织书记和先进典型讲党课900余场。重点打造“润‘婺’有声”宣讲品牌，组建102支特色宣讲队伍，扩充宣讲员1945人，开展宣讲活动2085场，受众逾10万人次。开设“一周图说|婺城区党史学习教育速览”等区级专栏和“红盾忆史　奋楫笃行”等28余个基层专栏。开展原创红色歌舞情景剧《百年风华》和婺剧《南山火种》巡演共计37场。“电影党课主题厅”相关做法得到省委宣传部2位领导批示肯定。举办大型融媒体新闻行动出征仪式，推出“献礼建党百年·寻访红色地标”系列报道。发布婺城“红色地图”，编写党史红色文物故事36则。总结提炼创新做法和典型经验，在省级以上主流媒体刊发相关报道240余篇，刊发简报60期、90篇。搭建“学史力行·实事我来办”载体，为群众办实事7261件、为企业解难题2362件、为基层减负担316件，公示实施“学史力行·实事我来办”服务事项455件，群众满意度达98%以上。

5月7日，婺城区村社党组织书记党史学习培训班开班仪式举行　　（区委组织部供稿）

【农村文化礼堂建设】 2021年，婺城区被评为浙江省农村文化礼堂建设示范县（市、区），获得奖励资金200万元。安地镇岩头村农村文化礼堂列入省特色文化礼堂建设试点，获得奖补资金20万元。完成新时代文明实践所建设提升10家，文化礼堂提升22家（其中特色文化礼堂提升5家），6家文化礼堂被评为省五星文化礼堂，20家文化礼堂被评为市四星文化礼堂，蒋堂书香文化礼堂建设在2021年全省农村文化礼堂2.0版建设暨新时代文明实践中心建设工作现场会上得到省委常委、宣传部长朱国贤肯定。全区村落文化大数据库基本建成，完成村落文化数字画像193个，采集照片2.3万张，文字70万字，采访1100人，建设特色文化旅游线路39条、

8月19日，省委宣传部副部长、省委网信办主任朱重烈（右三）调研“婺e家”网络文化家园建设情况　　（区委宣传部供稿）

村落数字化景点187个。文化礼堂年收益额200万元，吸引游客10万人次。

【媒体融合发展】 婺城媒体融合做法经验入选2021年《中国市县融媒体中心建设研究报告》。区新闻传媒中心在全省县（市、区）中率先完成媒体融合工作，实现一网融合一微一端一报一云，“一带四”全媒体格局，实现“移动优先”后，婺城融媒矩阵各平台粉丝数达40万人，阅读人数超1000万人次，在2020年全国地级市市辖区品牌传播热度百强榜中，婺城位列全国第24位、浙江省前五。浙报县级融媒指数9月排名全省前列、全市第一。婺城融媒新闻作品获省级奖项23个，市级奖项7个，婺城新闻网连续四年获得浙江在线十佳支站奖项。

【新闻宣传】 2021年，在国家、省、市级主流党报党台、网站、新媒体刊发5976篇，其中《人民日报》（含海外版）刊登10篇，同比增长66.7%；央视报道38次，其中央视《新闻联播》5次、1次登上央视《新闻联播》头条，均创历史新高。《浙江日报》刊登85篇，浙江卫视报道69次。

【网络管理】 2021年，处置违规账号2个，撤删违规文章2篇，落地查证6人，教育训诫3人，行政处罚1人，原发辟谣稿件6条，转发辟谣346条，区互联网行业党委被中国网络社会组织联合会评选为四强党支部，优秀案例在光明网上展示。开设“婺e家·话普法”专题，推出“童眼看新风”“群主有话说”“以案说法”“反诈周记”等栏目，聚焦青少年防沉迷防护、网络虚假信息清理、网络社交平台专项治理、网络防诈骗等专项行动，传播依法治网相关知识。基本建成婺城区“0579X”舆情闭环系统和整体智治应用平台数字化驾驶舱。

【网络文化传播】 搭建区互联网行业党委线下党建基地——婺e家，获省“文润同心”网络文化家园铜牌。组织开展新电商知识大培训、线上直播课、大卖分享会、平台招商会等活动767场，线上线下培训覆盖人数超60000人次。创新开展国家网络安全宣传周暨“领婺幸福 e路有礼”全民网络素养提升活动季系列活动10余场。开展网络安全和网络素养提升“六进”活动，制作网络安全宣传短视频《陷阱》《电信诈骗公开课》《梦里赚了一个亿》《“领婺幸

福 e路有礼”——网络素养全民提升“十大倡议”》，网络累计点击量达 100 万次，《电信诈骗公开课》成为全省组织推送网络安全宣传短视频之一，登上“学习强国”平台，短视频各平台总阅读量约 40 万。举办第三届农民网络文化节，表彰全区网络文化传播先进个人 30 人，组织开展网络传播活动 20 余场次，征集创作各类正能量短视频 1000 余个，网络点击量超 1.2 亿次。

【精神文明建设】 出台《婺城区新时代文明实践中心建设工作实施方案》等文件，投入近 2000 万元建成新时代文明实践中心 1 个、所 18 个、站 256 个、点 13 个，开展文明实践活动 6700 余场。推进文明实践智慧管理云平台，推送服务菜单 120 项，完成点单活动 3650 场，年度开展志愿服务活动 7700 余场次。提升专业管理力量，投入资金 321.2 万元助力创投项目 36 个，陈纪祥团队等 21 家专业团队入驻所站。“润心、交心、暖心”经验入选省工作现场会创新案例汇编。开展“草根奖”“闪光婺星”“身边好人”选树，2021 年，入选全国道德模范 1 人，浙江道德模范 1 人，中国好人 2 人，浙江好人 5 人，金华好人 13 人。开展文明出行、文明就餐等联合宣传检查 102 余次，通报问题 1024 个涉及 211 人次。建成文明家宴酒店 14 家，农村家宴中心 48 家，文明家宴拟定率 90%，简办红白喜事 255 场，节约 196 万元。培育新丝路·六方协作、插上爱的翅膀、阳光洁节帮等 10 个志愿活动品牌，开展各类活动 1050 场。

3 月 5 日，婺城区志愿服务大会暨新时代文明实践十大项目发布仪式举行　（区委宣传部供稿）

【疫情防控】 2021 年，区委宣传部组织干部下沉社区支援疫情防控工作 20 余次。刊发防控公益宣传、疫情防控知识、疫苗接种宣传等版面 60 余个，在婺城发布、婺城融媒客户端等本地平台发布有关疫情防控原创新闻稿件 800 多篇。央视新闻联播《疫情不放松，各地加强防控措施》报道婺城区推出的春节补房租等六项暖心举措留住外地员工在婺过年。《婺城政企送福利留外地员工过年》《金华婺城“花式”活动丰富就地过年青少年假期生活》《婺城“云上春晚”·且歌且舞吾心安》《婺城“云地”监管，为老年人构筑安全屏障》等做法登上《浙江日报》，“别样的元宵 一样的团圆”“金华高铁站等交通重点场所织密疫情防控网”登上浙江卫视新闻联播。在市级及以上媒体刊发疫情防控报道超 300 篇。

（鲁杭燕）

新闻传媒

【概况】 2021 年，婺城区新闻传媒中心围绕“高水平推进‘双城’战略迭代升级、奋力建设‘五大名城’”的工作总目标，整合婺城融媒各平台资源，以新闻宣传的力量聚焦全年任务落实，讲述婺城好故事，传递婺城好声音，把握正确舆论导向，筑牢意识形态主阵地，融媒事业取得跨越式发展。婺城区新闻传媒中心有人员 54 人，其中事业编制 20 人，聘用人员 34 人，担负新闻报道、外宣、网信、报道组、电视摄制等多项职能。在媒体融合改革中，婺城区新闻传媒中心全力打造移动优先的传播矩阵，在融合改革中，打破报纸、电视、网络记者编辑的局限，所有采编人员全部转型为融媒体记者。将宣风化雨品牌深融进中心，每周定期举行融媒策划头脑风暴，新闻及好作品阅读分享点评，融媒讲坛等三大锤炼行动，并通过岗位练兵、技能竞赛、业务研讨、师徒结对、好新闻晒拼创等活动提升全员融媒体思维和综合媒介素养，增强凝聚力战斗力，打造“既专又能、一体多用”的融媒体新闻团队。

【主题宣传】 重点围绕“攻坚争先在一线”“学史力行·实事我来办” 掀起庆祝中国共产党成立 100 周

年宣传热潮,按照统一部署,全面动员,全面发声。在各媒体平台先后开设"百年传承·寻访红色地标""百年风华·红色婺城""百年辉煌·党员干部话图强""百年印记·党的光辉照我心""百年影像·礼赞新时代""百年新征程""党史宣讲"等十多个栏目,推出原创新闻1000多条。围绕"四攻坚四争先"、全面小康建设、数字化建设做好宣传报道。聚焦共同富裕宣传,推出专题、专版,聚焦贯彻省委全会精神,报道各部门、乡镇贯彻落实省委全会精神。围绕高质量发展建设共同富裕示范区,全媒推出宣传专题10个,报道30余篇。

【报道形式创新多样】 抓住短视频快速发展的有利时机,区新闻传媒中心运用婺城发布、婺城发布视频号、婺城融媒、抖音等多个平台,整合力量,组建短视频联盟,做强做优短视频团队。《抗严寒 保民生 寒潮下护水人:"听漏" 修管 守护每一滴水》《三江六岸灯光璀璨 绚丽多彩年味浓厚》等多条短视频作品在央媒、省媒播出。进行"白沙八景"落成典礼暨歌曲《闻着花香回故乡》全球首发式、区领导做客浙江电视台《法治的力量》、2021"花满婺城·幸福生活"第五届雅畈杜鹃花节、"箬阳龙珍"国家地理标志品牌发布会暨婺城区第三届茶文化节、2021金华·南山第六届竹文化节暨第三届婺城区农民网络文化节、第十二届中国茶花博览会"茶花产业发展论坛"等多场融媒直播,总阅读量达530万。

【对外宣传】 利用《金华日报》、金华广电、《浙江日报》共享联盟,发挥各自优势,共同做大做强婺城舆论阵地。聚焦基层治理、数字化改革、乡村振兴、花满婺城、共同富裕、党史学习教育等方面,上送新闻素材,在中央、省、市级主流媒体讲好新时代婺城故事。2021年,婺城在国家、省、市级主流党报党台、网站、新媒体见稿7300多篇,其中《人民日报》(含海外版)13篇(比上年同期增长18%);央视41次(含重复播放13次)(除去重复播放量,比上年增长33.3%),其中央视新闻联播6条,均创历史新高;《浙江日报》109篇(比上年同期增长5%);浙江卫视87条(含新闻联播38次)(浙江卫视比上年同期增长52.6%,联播比上年同期增长58.3%)。

【媒体融合】 依托婺城新闻网,婺城融媒体中心实现一网融合,"一微一端一报一云","一带四"全媒体格局,实现"移动优先"后,婺城融媒矩阵各平台粉丝数达40余万人,阅读人数超1000万人次,"婺城发布"2021年首次实现3个10万+作品,成功跻身全省政务发布的第一梯队。在2021年全国地级市市辖区品牌传播热度百强榜中,婺城区位列全国第24位、浙江省前五;浙报县级融媒指数9月排名全省前列、全市第一;婺城融媒新闻作品获省级奖项23个,市级奖项7个,婺城新闻网连续四年获得浙江在线十佳支站奖项。婺城媒体融合做法经验入选2021年《中国市县融媒体中心建设研究报告》。

(戴 翔)

统战工作

【概况】 2021年,婺城区委统战部紧扣全年目标任务,坚持守正创新,强化思想引领,聚焦服务大局,打造特色品牌,推动全区统一战线各领域工作提质增效。加强多党合作政治协商制度,抓好民宗宗教工作,做好归侨侨眷服务工作,强化自身建设,做好疫情防控工作。婺城统战工作经验做法在省级以上主流媒体报道25条,其中《婺城区:"八大行动"汇聚婺城侨力,助力共同富裕示范区先行》等7条被中新网、人民网、新华网等中央主流媒体报道。

【统一战线系列活动】 举办全区统一战线"同心向党·百年辉煌"主题书画展,参与市委统战部组织的"同心·颂歌"合唱比赛,并摘得"金奖"。在民主党派中组织开展"学百年党史,守好红色根脉,重温多党合作之路"主题系列活动;在新的社会阶层人士中组织开展"献礼建党百年,助力乡村振兴"主题活动;在宗教界人士中开展"庆百年、学党史、跟党走——寻梦中国·正言正行"红色之旅教育实践活动;在非公经济人士中开展以"婺商永远跟党走"服务活动;在侨界人士中开展"侨心向党·奋进新征程"座谈会、文化沙龙等。

【多党合作效能提升】 2021年,围绕全区中心工作、主要目标,落实年度政党协商计划,召开政府工作报告征求意见座谈、重要人事安排民主协商、重大决策征求意见、调研协商等活动10场。推动相关部门做好特约人员工作，支持开展共同富裕示范区等专项民主监督。上报“直通车”建议8条，提交各类提案议案120余件，被市级以上刊物采用的调研信息、社情民意200余件。

【新的社会阶层人士】 打造知联会“智助家”服务社会品牌，支持区知联会下设卫生、法律、企业三个分会。打造新联会“新联大讲堂”公益活动品牌，2021年，举办《参政议政献良策，凝心聚力促发展》《政企共建学党史，企业合规践初心》两期“新联大讲堂”活动，举办“我与共同示范区建设”学习恳谈、文化沙龙等宣讲活动50余场，开展“定格家乡百景寻美花香婺城”摄影采风、《共产党宣言》百米长卷书法展等公益活动共计10余场，参与人次300余人。

5月27日，婺城区民宗局举办“庆百年、学党史、跟党走”学习教育活动　　（区委统战部供稿）

【凝聚乡贤力量】 根据新一轮乡贤排摸和换届领导的变化，重新调整区领导联系重点乡贤制度，建立健全区、乡镇（街道）、村（社区）三级乡贤统战工作网络。梳理乡贤回归投资亿元以上签约项目14个，组织开展在外乡贤采风、“花满婺城·燕归故里”乡情茶叙、乡情恳谈等活动20余场。动员民营经济人士参与到“乡村振兴·七色花”行动，引导支持其投身到乌拉乌两头乌产业文化园、浙江神农德康生态旅游公司等一批农文旅产业发展项目建设中。发动民营企业参加“2+1”村企结对帮扶工作和东西部协作与道孚对口支援工作，资金扶持累计520万元。多形势、多途径引导侨团（企）参与“百家侨团（企）扶百村”活动，落实帮扶贫困村2个，投入资金150万元。

【服务企业】 以“爱企日”为抓手，深化“三服务”，通过“企业码”“婺城企服通”等数字化载体，开展线上答疑、组团跟单、即时呼叫等助企服务5000余次，帮助企业解决难题2000余个。拓宽政企沟通渠道，联合区科技局、区税务局等部门举办政企恳谈会8场，收集各类问题建议50余条，办结率达100%。联合区法院、检察院搭建法律服务平台，推进法治营商环境建设，建立“法官联络站”“检察官助企团”等工作机制，2021年，开展法官、检察官进商会95人次，线上、线下答疑解惑500多个，有效协助处理民营企业维权案件172件。助推清廉民企建设，成功创建万里扬“清廉民企”样本示范点。深入开展“侨小二”服务侨企活动。推行“1+1+1”（1个职责部门、1位驻企服务员、1家侨资企业）“侨小二”服务侨企婺城模式，全区共走访侨资企业37家，收集问题 22个，解决问题12个。打造助推共同富裕示范基地“熊猫猪猪·两头乌国际牧场”婺城区为侨服务阵地。

【自身建设】 学习宣传贯彻《中国共产党统一战线工作条例》，支持和引导广大统战成员加强中共党史学习教育。推进各领域团体建设，完成民进婺城区基层委和基督教两会换届工作。抓严抓实新一届政协委员的筛选、推荐和资格审查等人事安排工作，有序推进政治交接。抓住换届契机，举荐有能力有潜力的党外代表人士担任各级人大代表、特邀人士。

【疫情防控】 做好重点领域宗教活动场所疫情防控常态化工作，建立往返中高风险地区人员排查台账，坚持疫情防控“零报告”制度，科学引导信教群众防范疫情，确保全区宗教活动场所无疫情输入发生。组织统战部全体机关干部下沉到街道、社区做好“扫街、扫楼、扫店”等疫情防控工作。

（胡　珊）

侨务及港澳事务工作

【概况】 2021年，金华市婺城区人民政府侨务办公室在区委、区政府的领导下，在上级侨办的指导下，围绕中心，服务大局，加强为侨服务工作，更好地凝聚侨心侨力,在优化服务、维护侨益等方面取得成效。

【服务中心】 按照区委“四攻坚四争先”行动部署和深化“三服务”活动要求,深入走访侨资企业,全面梳理助企、扶企政策,听取企业意见建议,切实当好惠企政策“宣讲员”、走企连心“联络员”、帮企纾难“协调员”。如牵线搭桥,助力侨企睿丰康与寿仙谷“联姻”,促进金华生命健康产业发展。2021 年,累计为企业协调解决问题 20 余个,有效帮助辖区内涉侨企业正常运转,为婺城区经济发展贡献侨界力量。做好境外疫情输入防控工作。发动广大侨企、侨胞为河南灾区捐献爱心物资计 400 多万元。

【维护权益】 做好困难侨界群众、侨界重点人士家属和回国探亲的海外高层次人才走访慰问工作。热情接待回乡探亲的海外人士、港澳人士 5 批次。开展侨界人士迎新春送温暖活动。深入贯彻“最多跑一次”改革理念,为侨界群众提供更便捷的服务。2021 年,共为 8 名华侨子女办理“三侨生”认定,为 4 名侨胞子女解决就学问题。

民族宗教工作

【概况】 2021 年,婺城区有四个宗教团体,分别为区佛教协会、区基督教协会、区基督教三自爱国运动委员会和区天主教协会。全区有四个少数民族村,分别为安地镇杨垅村、琅琊镇水竹蓬村、塔石乡大坑村和高塘村。全区常住少数民族人口 4159 人,流动少数民族人口 6561 人。

【民族工作】 2021 年,婺城区全面推进少数民族乡村振兴建设,用好各级民族发展政策,落实省级少数民族发展资金项目,深化“双百村”结对行动,实施统战团体“同心·聚力”结对行动,开展民族团结进步创建活动。深入开展民族乡村振兴建设,跟踪服务少数民族村扶贫项目落地,打造畲乡特色村寨。开展城市少数民族之家创建工作。坚决贯彻落实上级决策部署。

【宗教工作】 做好宗教活动场所疫情防控常态化工作,严格落实宗教领域疫情防控三级责任,建立往返中高风险地区人员排查台账,坚持疫情防控“零报告”制度,推动常态化疫情防控各项措施落到实处,指导宗教场所做好宣传疫情防控知识,科学引导信教群众防范疫情,确保婺城区宗教活动场所无疫情输入发生。围绕“1+9”安全指标体系,开展宗教领域风险点排查,研究解决方法和工作机制。6 月初,区民宗局转发《省民宗委关于开展“平安护航建党百年”民宗领域安全生产大检查大整治活动的通知》,结合“浙江掌上宗教”App 巡查工作,在全区范围内开展安全生产和消防安全大排查,全区 31 处宗教活动场所均已开展排查,受检率 100%。加强对伊斯兰教临时聚会点的管理,推行实名制登记,积极与公安部门协同作战,斋月、开斋节、古尔邦节期间走访慰问伊斯兰教群众,全力做好辖区内的安全工作。

【健全宗教活动场所制度】 2021 年,区民宗局不断强化“三级管理两级责任”工作机制,层层落实宗教场所管理责任,在各宗教场所建立完善“三人驻场所小组”,加强对宗教活动场所的日常监管,发挥全区宗教工作协调小组作用,明确成员单位职责,形成齐抓共管宗教工作合力。坚持宗教中国化方向,加强宗教队伍管理教育。5 月,组织婺城区宗教领域负责人开展“读一本党史”“走一段红军路”“听一堂党课”“开展一次讲经说法”“看一部红色电影”“举行一次升国旗仪式”的“庆百年、学党史、跟党走”系列教育活动,强化宗教团体和宗教界代表人士的爱国爱教之情。10 月,区基督教两会顺利完成换届工作,为带领全区基督教信徒坚持走爱国爱教道路,坚持基督教中国化方向,构建和谐婺城做出更多新的贡献。11 月,组织全区宗教界代表人士到丽水、龙泉开展“爱国爱教·正言正行”主题教育实践活动,引导宗教界自觉走社会主义社会相适应道路。继续深入实施“十百千万”普法工程,将法治宣传与社会主义核心价值体系相结合,制定宗教领域《2021 年度婺城区法治宣传教育责任清单》,制定“八五”普法规划。规范宗教团体管理,引导各宗教团体树立正确的政绩观,开展宗教团体财务专项检查活动,引导宗教团体日常工作规范有序,督促全区 4 个宗教团体按时完成团体年检工作。

机构编制工作

【概况】 2021年,婺城区编办推进“大综合一体化”行政执法改革试点。开展执法事项梳理划转。全面梳理各部门各领域行政执法事项底数4792项,将档案等24个部门管理领域的行政处罚权及与之相关的行政检查权、行政强制权集中交由区综合行政执法局行使,全区综合行政执法事项从488项增加到2117项,占全区行政执法事项总数44.8%。根据实际情况,选取基层迫切需要且能有效承接的执法事项赋权乡镇(街道)行使,其中白龙桥镇、安地镇、城北街道共556项,其他乡镇(街道)42项。开展监管事项梳理,组织部门认领监管事项7761项,督促部门开展行政检查,实现监管事项认领率和行政检查事项覆盖率两个100%。开展执法机构整合,市区两级行政执法队伍从14支减少到6支,形成“1+5”的执法架构,实行“综合执法+专业执法+联合执法”的执法模式。重新调整区综合行政执法局职责机构编制,组建综合行政执法指导办公室。在15个乡镇(街道)设立综合行政执法派出中队,85%人员编制用于基层一线执法,60%左右的人员编制下沉乡镇(街道)。组建乡镇(街道)执法机构,统一设立乡镇(街道)综合行政执法队,作为乡镇(街道)内设机构,与区综合行政执法局派驻执法中队实行“两块牌子、一支队伍”。在乡镇(街道)党政综合办公室增挂法制办公室牌子,承担法制审核工作。

【机构编制清单管理】 协同推进“县乡一体、条抓块统”县域整体智治改革试点。全年梳理编制乡镇(街道)权力清单140项,制定权责清单动态调整制度。规范乡镇(街道)“属地管理”。按照“五个一”体系建设要求,编制事项责任清单69项,有效破解区乡职责交叉、边界不清等矛盾和问题。编制宅基地和农村建房监管等20项高频事项“五个一”汇编,形成校外培训机构监管等5个最佳应用案例,推动12件基层治理“一件事”在“数智婺城”协同治理平台场景应用。强化清单刚性约束。出台《婺城区乡镇(街道)“属地管理”事项责任清单动态调整制度》《婺城区落实乡镇(街道)“属地管理”事项责任清单监管问责制度》,明确部门不得随意向乡镇(街道)转嫁职责,并将清单落实情况纳入巡察、编制运行评估、审计监督重点,实现“清单之外无属地事项、列明之外无其他工作责任”。构建模块化乡镇(街道)职能体系。坚持“扁平化、大部制”原则,因地制宜提出“大党建、大经济(生态)、大治理、大执法、大服务”等工作模块。按照平原镇、山区乡、市区街道推行“543”工作模式。

【重点领域体制创新】 服务保障重点领域体制机制创新。全力保障浙江婺城经济开发区管理体制创新。规范设置浙江婺城经济开发区管委会,解决了长期困扰婺城新城区开发主体地位不明确,管理机构设置不规范的历史问题。设立婺城区新城建设发展中心,强化婺城经济开发区开发建设、招商引资、经济服务等职能。成立婺城经济开发区建设领导协调机构,厘清婺城经济开发区与所在乡镇、区有关部门职责边界,增强工作合力。组建区委社会建设委员会,全面加强区委对社会建设的全面领导,全力保障高质量发展建设共同富裕示范区建设。增强区委改革办力量,加快推动全区数字化改革进程。组建区乡村振兴局,巩固拓展扶贫攻坚成果、统筹推进实施乡村振兴战略。组建区文物局,推动文物保护事业持续健康发展。

【机构编制管理】 2021年,启动机构编制执行情况和使用效益评估。制定《婺城区机构编制执行情况和使用效益评估办法》,设定7大评估指标,制定具体赋分标准。确定3家试点单位,通过确实地调研、履职评议、联评联审、社会调查等形式开展评估。全年共召开座谈会12场次、走访部门单位20余家,发放问卷300余份。强化机构编制评估结果应用,制定《婺城区机构编制动态管理办法(试行)》,实行“红黄绿”三色预警管理机制,评估结果作为编制动态调整的参考依据,实现机构编制管理方式从静态管理向动态绩效管理的转变。加强《中国共产党机构编制工作条例》宣传,开展应知应会知识测试。制定机构编制请示报告制度,规范机构编制事项动议、论证、报送程序。加强用编计划核准,规范“公务员一件事”审批流程。开展机构编制专项检查和机构编制实地核查,提升机构编制工作质效。加强实名制数据库日常管理,开展实名制数据“双随机”抽查和双月通报,督查发现问题101个,已函告相关部门限期整改,大大提高实名制系统数据准确性。

【事业单位监管】 以“三服务”家服务理念指导开展事业单位法人年度报告公示工作,全面完成146家法人年度报告公示工作,公示率100%。开展事业单位法人年度报告公示“双随机”抽查工作,检查4家“双随机”单位,查找问题13个,抽查结果在一定范围通报,提高事业单位监管水平。全面完成科教文卫体领域103家事业单位法人章程制定工作。创新学前教育办学模式,联合区教育、人社、财政出台《婺城区公办幼儿园办园体制改革若干办法》,明确公办幼儿园“登记设立、总量管理、招聘管理、薪酬管理、成本分担”等机制,推动学前教育健康持续发展。全区公办幼儿园达到32家,公办幼儿园在园幼儿占比从29.5%提高到51.77%。

【党史学习教育】 2021年,区委编办开展集中理论学习7次,实地学习4次、交流研讨20人次。推选干部参加市、区两级党史知识竞赛均获第二名,参加省、市工会系统党史知识竞赛中获第一名,全市编办系统党史教育主题演讲比赛中获三等奖。持续坚持“每日一交流、每周一学习、每月一例会、每季一晒、每年一总结”学习工作制度。强化全员办信息工作,业务信息被中央编办网站采用13条,省级书面刊物采用2篇,省委编办网站采用25条。深化“三服务”机构编制迭代升级“三服务·家服务”2.0版,开展“跨部门交叉式”改革执法体验,查找基层治理难点堵点17个。出台干部积分制量化考核管理办法,列入全区公务员“五度四步”干部积分考核试点单位。集中开展“除四不、转作风、强能力、树形象”主题教育整顿活动,不断提升干部担当作为实干能力。

(陈欣欣)

信访工作

【概况】 2021年,全区信访总量6108件。其中群众走访427批、1468人次,比上年批次下降30.5%,人次下降29.2%;群众来信406件,比上年下降15.4%;网上投诉5275件,与上年基本持平。群众通过“12345”热线投诉举报咨询来电21929件,比上年上升7%。信访事项按期受理率100%,按期办结率100%,群众满意率96.6%。

【领导坐班接访】 深化“区领导和部门‘一把手’每日在区社会治理中心轮值接访、区领导每月带头到联系乡镇(街道)下访、乡镇(街道)领导随时接访、村(社)干部常态上门走访”机制,做到信访事项处置快、安全隐患发现快、矛盾纠纷调解快、专项工作落实快。区领导全年接访174批、637人次。

【积案化解攻坚】 2021年,婺城区实施信访积案“一把手”坐堂会审、亮晒排名、分片督导等工作机制,每月逐一过堂分析研判,每月“晒拼创”,形成人人身上有担子、人人身上有责任,全区“一盘棋”的信访工作新格局。依据区领导分工、联系乡镇(街道)、任职履历和擅长领域,逐一将上级交办积案精准交办到22名区级领导,逐案建立化解专班,挂图作战、清单销号。迭代升级“三服务·家服务”2.0版,领导下访、约访、家访“三访”合一,常态化开展“信访户大家访”活动,访到家里,做到心坎,既解决事、又解决信访户的生产生活难题,真心化坚冰。2021年,上级交办的149件积案,化解146件,化解率98.0%。

【民情民访代办】 2021年,持续深化民情民访代办迭代升级,做深做实民情民访夜班车、助企代办直通车、重点工程驻点代办站等特色代办服务,采取代办宣讲、导师带徒、代办员星级评定等方式建好代办学院,提升代办质效,从源头上控制信访增量。代办站成为“听民声,访民情,解民忧,护民利”的干群连心桥,“基层党建+社会治理”的金名片。2021年,受理民情民访代办事项7268件,办结率99.9%。

【数字化改革】 以数字化改革为契机,运用数字化技术、数字化思维、数字化认知,构建“数据采集+需求分析+决策实施+评价反馈”的闭环体系,加快实现信访工作从“事”向“制”“治”“智”转变。注重系统梳理、收集、整合数据资源,加强与“浙里办”、“三服务”小管家、“12345(8890)民情热线”、“基层治理四平台”等数字政府平台的无缝衔接,打通“数据孤岛”，推动信访工作主动融入“城市大脑”“整体智治”，提升工作效能。

【信访工作举措】 重视人民意见建议征集。2021年，共征集人民意见建议125条，其中转化为政策措施2条，上报省、市人民建议“金点子”2条。信访业务规范办理水平显著提升。探索实施班子成员分片联系制度，常态化开展信访件办理“回头看”、业务培训和督查指导，信件办理质量不断好转。

（李荣飞）

社会矛盾纠纷调处化解中心

【概况】 婺城区社会矛盾纠纷调处化解中心（简称：区矛调中心）成立于2019年7月，区信访局整体入驻区矛调中心，信访局局长兼任矛调中心常务副主任，内设立综合协调、业务指导、“12345”政务服务、民情民访代办指导4个科室。

区矛调中心按照“应入尽入、能入尽入”的原则，整合群众来访接待中心、法院诉讼服务中心、“12309”检察服务中心、公共法律服务中心、行政争议调解中心、矛盾纠纷多元化解中心、社会帮扶中心、社会心理服务中心、社会治理综合指挥中心、综合信息指挥中心10个中心。区人社局、公安分局、住建局、农业农村局、卫健局、资规局、综合执法局、经商局8个重点部门单位派驻人员常驻，其他单位随驻。

【调解工作】 区矛调中心以习近平新时代中国特色社会主义思想为指引，围绕“小事不出村、大事不出镇、事事不出区”的目标，全面推进“人民调解、行政调解、司法调解”联调机制建设，提高“人民调解成功率、民事诉讼案件调解率、信访案件结案率”，2021年全区民事诉讼案件、重大群体性事件、重复信访事件、重大治安事件等得到及时处理，事件总量呈现下降趋势，区矛调中心兜底化解功能得到显现。2021年，区矛调中心受理各类群众来访事项3513件，结案3382件，结案率96.27%，群众满意率99.55%。

（林晨宇）

婺城区人民代表大会

综 述

【概况】 2021年,婺城区人民代表大会常务委员会在区委的领导下,坚持以习近平新时代中国特色社会主义思想为指导,深入贯彻落实中共十九大和十九届历次全会精神、习近平总书记关于坚持和完善人民代表大会制度的重要思想和习近平法治思想,坚持党的领导、人民当家作主和依法治国有机统一,紧紧围绕全区工作大局,按照区委“都市经济创新城、美好生活幸福城”的战略部署,依法履行职责,主动担当作为。2021年,召开常委会会议9次,主任会议17次,开展专题询问1次,履职评议2次。圆满完成宪法法律赋予的各项职责,在婺城纵深推进现代化都市核心区建设历史进程中,奋力开创了人大工作新局面。

【依法履职】 2021年,婺城区人民代表大会常务委员会认真落实请示报告制度,坚持在区委领导下统筹安排和有序推进监督工作、重大事项决定、人事任免、代表履职和自身建设。在中央、省、市人大工作会议召开后,及时向区委汇报会议精神,在区委《关于进一步加强和做好人大工作的实施意见》出台后,制定贯彻落实措施,为全区人大做好工作领航定向。坚持把学习作为“第一议题”,深入开展党史学习教育,通过学习“四史”和习近平在庆祝中国共产党成立100周年大会上的重要讲话等精神,牢固树立“感党恩、听党话、跟党走”的忠诚信仰,扛起守好“红色根脉”的责任担当。在疫情防控、企业复工复产、全国文明城市创建、基层组织换届等工作中,常委会领导深入基层、企业、群众,了解所需所盼、听取意见建议、协调解决问题,有力推动工作落实。积极做好“十个一”联系、信访值班、包案化解,为婺城社会和谐稳定作出努力。对西郊、黄金苑、三联区块等征迁工作进行专项视察,为助推重点工程顺利推进建言献策。

【依法行权】 2021年,婺城区人民代表大会常务委员会坚持抓大事、议大事,进一步探索行使决定权的方式方法,完善决策机制和程序,对涉及区改革发展稳定的重大规划、重大民生问题开展调查研究,认真听取各方面意见建议,依法科学作出决议、决定,健全跟踪监督机制,确保决策贯彻落实到位。开展“十四五”规划和2035年远景目标纲要审查,结合婺城实际,提出一系列破解难题、推动发展的措施和办法,为婺城“十四五”及未来十五年发展“把脉定向”。坚持党管干部与人大依法任免有机统一,积极探索做好新形势下人事任免工作的新方法、新途径,推进人大任免工作创新发展。首次使用全省县乡人大换届选举应用系统,选民登记“线上、线下”同步,有效防止选民重登、漏登、错登,户籍人口登记率99.62%。作为市区试点的蒋堂镇,高标准完成试点工作,得到市人大常委会、区委主要领导充分肯定。严把人选结构、政治标准和素质能力关,确保政治合格、群众认可、能力过硬的优秀分子选入代表队伍。近56万选民分别在134个大选区、467个小选区的1273个投票站参加投票,选举产生297名区级、1044名乡级人大代表,实现换届选举工作依法高效、平稳安静的预期目标。

【法治实践】 2021年，婺城区人民代表大会常务委员会扎实推进以良法促发展保善治的法治实践。根据上级人大部署，联动协同开展安全生产、固体废物污染环境防治等领域的地方性法规落实情况执法检查，推动地方性法规贯彻实施。以“金法督”系统为抓手，大力推进地方性法规在婺城落地落实，共反映立法建议22条、制定配套制度9个、办理执法案件967件、开展法规监督6次，位列全市“金法督”综合排名首位。全面加强白龙桥镇基层立法联系点建设，全力配合省市立法调研，高质量完成省市人大常委会17个立法项目的意见征询，该项工作由省人大法工委发专报予以高度肯定。配合市人大开展《规范性文件备案审查条例》执法检查。听取和审议区检察机关关于司法改革、公益诉讼、未成年人检察情况，区法院关于案件执行、行政审判、知识产权审判等情况报告，促进公检法部门依法履职、公正司法。扎实开展检察官评议，强化人大司法监督工作实效，促进检察官履职能力提升。调研“大综合一体化”行政执法改革试点工作，听取和审议专项工作报告，并开展行政执法中队长履职工作评议，为全省开展行政执法改革提供可复制、可借鉴、可推广的婺城经验。

【依法监督】 2021年，婺城区人民代表大会常务委员会探索依法监督与全面支持的有效路径。听取审议国民经济和社会发展计划执行情况、预算执行、国有资产和政府性债务管理、财政审计、财政支出资金使用绩效评价等报告，督促政府实施积极的财政政策，强化预算绩效管理、做好隐性债务风险防范化解。聚焦下山脱贫、山区群众饮用水提升改造等开展视察调研，集中各方智慧，提出可操作性的意见建议，为党委政府决策提供依据。持续关注生态环保、水资源保护等工作，着力推动生态环境改善。密切关注交通重点项目建设，大力推进45省道、二环西路、婺江西路等改扩建，积极提出推进建设南山大道的建议，完善综合交通体系，缓解婺城交通压力。对耕地“非粮化”“非农化”整治、文旅融合、殡葬改革等开展调研，就破解要素制约、强化政府主导、注重产业融合等建言献策。对政府民生实事项目实施情况进行跟踪监督，确保一大批民生项目如期落地，真正惠及广大人民群众。听取审议省教育基本现代化区创建等情况报告，推动教育高质量发展。扎实开展居家养老服务体系建设情况调研，促进政府加快构建与百姓需求相适应的多层次居家养老服务体系。对打击治理电信网络诈骗违法犯罪工作开展专题询问，推动形成防范和打击合力，保护人民群众的财产安全。

【提升履职能力】 2021年，婺城区人民代表大会常务委员会按照代表专业结构，开展代表培训，不断提升代表履职能力。组织市区两级人大代表走进“8890”接听民情热线，听民声、解民忧。开展区人大代表向选区选民述职，接受选民评议，促进代表牢记代表身份、不忘代表职责、不负人民重托。落实代表履职经费保障，助力代表高质量履职。根据省市人大部署，按照“四好”代表联络站的建设标准和“下楼梯、出院子”方便群众进站要求，全面完成乡镇、街道代表联络站升级改造，6个代表联络站被金华市人大评为示范性“四好”代表联络站。组织领导干部代表和“一府一委两院”负责人走进人大代表联络站开展主题活动。召开人大代表建议专题交办会，集中交办人大代表提出的建议，召开建议办理单位座谈会，跟踪指导建议办理，压实办理责任，促进任务落实。实施重点建议由政府分管领导领办、人大领导督办制度，并开展“二次评价”，提高人大代表建议办理的质量与实效。开展优秀代表建议评选，增强全体人大代表的荣誉感、使命感和责任感。

坚持内强素质、外树形象有机统一，努力提升服务保障履行职责的能力水平。严格落实党风廉政建设各项规定，压紧压实全面从严治党主体责任和“一岗双责”，纵深推进“清廉人大”建设，营造风清气正的政治生态。严格对照“七张问题清单”，狠抓区委巡察反馈问题整改落实，进一步健全党建工作闭环管理和责任体系。牢牢把握意识形态工作主动权，守牢意识形态阵地，建立重大突发网络舆情“全链条”应急处置制度，防范化解意识形态领域重大风险，获评意识形态工作区级先进。认真贯彻《浙江省街道人大工作条例》，推动街道人大工作规范化、制度化，不断提升全区街道人大工作质量和水平。全面落实省人大数字化改革部署，出台区人大数字化改革实施方案,推进人大工作数字化转型。积极推动人大常委会、人代会全面实现电子表决。代表与选举任免工委研发的人事任免系统,实现人事任免全工作全过程数字化,被市人大确定为"金任免"在全市推广使用,得到省人大常委会肯定,相关经验做法在浙江人大公众号上刊发。办公室研发的机关内部"一件事"联办系统、会议服务系统、公文流转系统全面完成,为常委会及机关高效履职提供强有力支撑。

人大重要会议

【区九届人大五次会议】 2021 年 2 月 1—4 日,区九届人大五次会议在区行政中心召开。出席会议的区人大代表 274 人,列席人员 201 人,参加区政协四届五次会议的全体委员列席会议。会议听取和审查区政府区长黄国钧所作的政府工作报告,审议金华经济技术开发区管委会工作报告,审查和批准金华市婺城区国民经济和社会发展第十四个五年规划和 2035 年远景目标纲要草案,审议金华经济技术开发区国民经济和社会发展第十四个五年规划纲要草案,审查、批准金华市婺城区 2020 年国民经济和社会发展计划执行情况及 2021 年国民经济和社会发展计划草案的报告、金华市婺城区 2020 年财政预算执行情况和 2021 年财政预算草案的报告,听取和审查区人大常委会主任朱利群作的金华市婺城区人民代表大会常务委员会工作报告、区人民法院院长鲍大兵作的金华市婺城区人民法院工作报告、区人民检察院检察长李良才作的金华市婺城区人民检察院工作报告。会议通过关于批准上述报告的相应决议。会议对区人民政府 2021 年度民生实事项目进行票决,表彰2020 年度区人大工作各项先进集体和个人。

2021 年婺城区人大常委会会议情况表

表 4

时间	会次	主要议题
1 月 21 日	区九届人大常委会第三十七次会议	会议听取区政府关于 2020 年度民生实事项目完成情况报告,并对实施情况进行满意度测评,审查提交区九届人大五次会议审议票决的 12 项 2021 年度民生实事候选项目。会议审议区九届人大五次会议议程草案、大会日程草案、主席团和秘书长名单草案;审查出席区九届人大五次会议部分代表的代表资格审查报告;审查通过区九届人大五次会议列席和邀请人员名单;初审区人民政府工作报告、金华经济技术开发区管委会工作报告、区十四五规划纲要和 2035 年远景目标及 2020 年计划执行情况和 2021 年计划草案报告、财政预算草案报告、水环境保护工作报告、环境工作报告、法院工作报告、检察院工作报告;审查通过区人大常委会、财政经济委员会、法制和监察司法委员会、社会建设委员会工作报告;审查区人大财政经济委员会关于婺城区十四五规划和 2035 年远景目标纲要、2020 年国民经济和社会发展计划执行情况与 2021 年国民经济和社会发展计划草案的初步审查结果报告,婺城区 2020 年财政预算执行情况和 2021 年财政预算草案的初步审查结果报告。讨论通过 2020 年度区人大工作各项先进名单。会议以书面表决方式通过区政府有关人事提请议案,决定任命徐镜跃为婺城区人民政府副区长。在颁发任命书之后,副区长徐镜跃进行宪法宣誓。会议还以电子表决方式通过其他人事事项

续表 4

时间	会次	主要议题
2 月 4 日	区九届人大常委会第三十八次会议	会议以书面表决方式通过区政府有关人事提请议案，决定免去王建中的金华市婺城区人民政府副区长职务，决定任命陈夙为金华市婺城区人民政府副区长。在颁发任命书之后，副区长陈夙进行宪法宣誓。会议以无记名投票方式接受有关市七届人民代表大会代表辞去代表职务并补选出缺代表，以电子表决方式通过区法院的有关人事提请
4 月 23 日	区九届人大常委会第三十九次会议	会议传达市人大召开的《金华市城市绿化条例》贯彻实施工作部署视频会议精神，审查批准区政府关于 2021 年政府投资重大项目预安排情况的报告，交办 2021 年度人大街道工委工作任务。会议以电子表决方式通过主任会议的有关人事提请，并现场颁发任命书，举行宪法宣誓仪式
6 月 29 日	区九届人大常委会第四十次会议	会议传达学习习近平总书记在青海考察时的重要讲话精神和浙江省委十四届九次全体(扩大)会议精神，听取审议区政府关于行政事业单位国有资产情况、居家养老服务中心建设情况、行政复议和行政诉讼防范和应对工作的报告，审议通过区政府关于婺城区乡镇行政区划调整有关工作情况报告；批准《金华市婺城区街道预算审查监督办法》。按照党史学习教育“六个一”相关要求，常委会组成人员、人大机关干部、街道主任中的党员进行现场宣誓，重温入党誓词
8 月 20 日	区九届人大常委会第四十一次会议	会议听取和审议区长黄国钧关于 2021 年上半年政府工作情况的报告，听取和审议区法院关于知识产权审判工作报告、区检察院关于未成年人犯罪检察工作报告、区政府关于 2021 年上半年国民经济和社会发展计划执行情况报告、区政府关于 2020 年财政决算草案和 2021 年 6 月止财政预算执行情况报告、区政府关于 2020 年度财政预算执行和其他财政收支的审计工作报告，批准公安分局有关代表许可报告的决定、2020 年度区财政决算
9 月 3 日	区九届人大常委会第四十二次会议	常委会对检察院部分员额检察官、综合行政执法局部分中队长开展履职工作评议，听取被评议检察官、综合行政执法中队长的履职报告，听取和审议区人大常委会两个评议工作领导小组，对被评议的检察官、行政执法中队长履职评议情况的调查报告，分别进行满意度测评，并为获得“优秀”的被评议检察官颁发获奖证书。会议开展打击治理电信网络诈骗违法犯罪工作专题询问会，听取区政府关于打击治理电信网络诈骗违法犯罪工作情况的报告，并对区打击治理电信网络诈骗违法犯罪工作联席办主要成员单位的工作情况和应询单位的应询情况进行满意度测评。会议还审议通过《金华市婺城区人民代表大会常务委员会关于乡镇人民代表大会代表名额的决定》
9 月 18 日	区九届人大常委会第四十三次会议	会议听取和审议区政府关于污水零直排建设情况报。批准区委组织部关于设立金华市婺城区换届选举委员会的决定，蒋堂镇人大主席团关于设立蒋堂镇选举委员会的决定

续表 4

时间	会次	主要议题
10月29日	区九届人大常委会第四十四次会议	会议学习贯彻中央人大工作会议和全省各级人大常委会主任学习会精神。会议听取和审议区政府关于“健康婺城”工作情况报告,批准区政府关于“八五”普法规划实施意见并作出“八五”法治宣传教育决议、区政府关于调整2021年财政预算的决议,批准区、乡两级人大换届选举有关事项的决定、设立各乡镇选举委员会和区选举委员会街道选举办事处的决定,听取关于部分区镇选举委员会组成人员辞职情况说明。会议听取和审议区政府、金华经济技术开发区及10件重点建议承办单位关于重点建议办理情况的报告,并开展二次评价。会议以电子表决方式接受鲍大兵辞去区法院院长职务,通过区检察院和主任会议的有关人事提请,并现场颁发任命书,举行宪法宣誓仪式
11月26日	区九届人大常委会第四十五次会议	会议以无记名投票表决方式接受黄国钧辞去区人民政府区长职务,决定任命胡余仙为金华市婺城区人民政府副区长,并代理区长职务。任命丁胜为金华市婺城区人民法院审判员、审判委员会委员、副院长,并代理人民法院院长职务
12月27日	区九届人大常委会第四十六次会议	会议学习监察法、公职人员政务处分法、监察法实施条例。会议听取和审议区政府关于2020年度财政预算执行和其他财政收支审计整改情况的报告、2021年法治政府建设情况的报告、交通项目建设工作情况的报告、全域集成综合行政执法改革工作情况的报告、2021年婺城区环境状况和环境保护目标完成情况的报告,批准区十届人大一次会议的决定。会议以电子表决方式通过区政府、区监委、主任会议和区法院的有关人事提请,决定免去陈夙、吴冠频的区政府副区长职务,决定任命严卫星为区政府副区长、市公安局婺城分局局长;胡广辉、李可春为区政府副区长,决定魏然副主任代理区监察委员会主任职务,并现场颁发任命书,举行宪法宣誓仪式

重要活动

【视察与调研】 2021年3月24日,区人大常委会组织部分人大代表联合政协委员组成视察组,就婺城区“四攻坚四争先”重点城建、交通项目建设情况开展联合视察。视察组实地查看金江南街北延工程、紫金南街北延工程、二环西路婺城段优化改造工程、S313(45省道)婺城至兰溪段改造工程、凤山街与解放西路交叉口改造工程、解放西路连通工程、婺江西路延伸工程等项目施工现场,听取区政府有关工作情况报告。

4月9日,区人大常委会组织部分辖区的省、市人大代表,就推动乡村振兴战略、培育休闲旅游之花情况开展专题调研。调研组实地走访雅畈镇神农德康生态旅游休闲养老中心,听取项目负责人的讲解介绍,详细了解项目规划、工程进度、产业发展等情况,并进行座谈讨论。随后,调研组调研安地镇岩头村美丽乡村建设工作,现场深入了解传统文化保护利用、乡村旅游业发展、文创产业培育、农村文化礼堂建设等情况。

6月16日,区人大常委会组织部分区人大代表开展固体废物污染环境防治法贯彻落实情况的视察,实地走访金华雅境再生能源有限公司、浙江综和固废收集科技有限公司和城投治砂厂工程项目,听取区政府及相关部门有关工作情况汇报。

7月14日，区人大常委会组织部分区人大代表到区公安分局视察“情指行”一体化迭代建设工作。实地视察区公安分局案件管理中心、物证管理中心、执法办案中心和合成作战中心，听取区公安分局关于“情指行”一体化典型案例汇报和反诈工作汇报。

12月9日，区人大常委会组织金华市第七届人大代表婺城中心组实地视察铁路文化馆、熊猫猪猪·两头乌国际牧场，听取区政府相关情况汇报。

【换届选举】 区人大常委会领导按照分工，对各自联系的乡镇(街道)开展换届选举各项准备情况进行督查，指导各乡镇(街道)按要求做好各类预案，确保换届选举工作圆满完成。在区委的坚强领导、各位领导的高度重视、相关部门的配合支持和各乡镇（街道）的严密组织下，12月22日选举日当天，26个乡镇（街道）一次性成功选举产生区级人大代表297名，选举产生乡级人大代表1044名，圆满完成人大代表换届选举任务。

【重点建议督办】 区人大常委会按照办前沟通、办中督促、结果核查、办后汇总的督办程序，对听取代表意愿、落实工作措施、回复办理结果等环节进行全程督办。完善代表建议办理定期通报机制，结合专题视察调研等督办活动，及时跟进建议办理情况，重点督办进度滞后件、代表不满意件，提升建议办理的面商率、满意率和解决率。

【数字化改革工作】 全省人大数字化改革工作推进会后，婺城区人大常委会高度重视，第一时间传达贯彻省、市关于数字化改革重要决策部署，成立以常委会主任为组长的数字化改革工作专班，下设6个工作小组。婺城区承担常委会人事任免系统场景应用试点工作，为市人大迭代升级的“金选任”应用系统场景提供婺城人大实践经验。配合、高标准推广和使用市人大的“金法督”和“预算国资监督”系统，组织系统培训、召开座谈会、及时导入数据等，承接好上级人大工作任务。全面运行人大会议服务系统、“一件事”联办系统和文件收发系统，实现内部业务、文件传阅办理等一网通办。

【白龙桥基层立法联系点揭牌】 6月8日，浙江省人大常委会白龙桥镇基层立法联系点揭牌仪式在白龙桥镇政府举行，标志着婺城区常态化听取群众意见的平台进一步扩展，公众有序参与立法的途径进一步拓宽，更好地助推“法治婺城”建设再上新台阶。

【领导干部代表和“一府一委两院”负责人走进代表联络站】 以区级领导干部代表和“一府一委两院”负责人走进人大代表联络站主题活动为载体，区人大常委会聚焦解决群众急难愁盼的民生问题，采取把群众“请上来”和代表“走下去”相结合的方式，“面对面”听取代表群众意见建议，“心贴心”回应社会关切，“实打实”推动问题有效解决。对能够解决的问题，及时协调职能部门给予回应；对受政策规定、资金保障等一时难以解决的问题，要求相关部门作出详细的解释说明，受到基层各方的点赞、肯定和理解。

【履职评议】 9月3日，区人大常委会组织开展检察官和综合行政执法中队长履职评议工作，对检察院部分员额检察官、综合行政执法局部分中队长进行评议。听取被评议检察官、综合行政执法中队长的履职报告，听取和审议两个评议工作领导小组对被评议的检察官、行政执法中队长履职评议情况的调查报告，并分别进行满意度测评。

【专题询问】 9月3日，区人大常委会召开打击治理电信网络诈骗专题询问会，并将发现问题、推动工作、解决问题贯穿全过程。会上，围绕“反诈”工作的痛点、难点和堵点，5位区人大常委会委员、3位区人大代表和2位市民代表向相关部门、单位提出询问问题，10家部门、单位负责人作应询回答。随后，对区打击治理电信网络诈骗违法犯罪工作联席办主要成员单位的工作情况和应询单位的应询情况进行满意度测评。

【人大代表走进“8890”】 区人大常委会按照金华市人大常委会统一部署，在金华市便民服务中心支持下，组织辖区市、区人大代表两次走进12345“(8890)民情热线”活动。围绕“助推高水平创新型省份、创新型城市建设、婺城区‘创新名城’战略实施和数字化改革及人大数字化改革工作中存在的突出问题和解决办法的意见建议”等主题开展热线接听，解答群众诉求。

（李双双）

婺城区人民政府

综　述

【概况】 2021年,婺城区政府紧密团结在以习近平同志为核心的中共中央周围,在区委的坚强领导下,扛旗争先、只争朝夕、实干干实,以数字化改革为引领,社会经济稳中有进,各项事业繁荣发展,全面完成十大民生实事,各项目标任务顺利完成。2021年,婺城区区属生产总值增长7.2%,区级一般公共预算收入增长13.7%,固定资产投资增长10.8%,社会消费品零售总额增长12.3%,城乡居民人均可支配收入分别增长9.3%、11.1%。

【“大综合一体化”行政执法改革婺城样板打造】 婺城区是全省首个设市区行政执法体制改革试点。2021年,婺城区全面推进综合执法体制改革,组建专班先后55次专题研究,将“大综合一体化”行政执法改革与“县乡一体、条抓块统”改革同步谋划、同步推进,着力构建“1362”改革框架。厘清三张清单,明晰权责边界。以30个领域1531部法律法规为依据,依托浙江省行政权力事项库,梳理7818项监管事项和市、区两级部门4872项行政执法事项,编制市区乡三级监管事项清单、执法事项清单和职责边界清单,并分领域、按频次绘制监管执法事项“红黄蓝”三色图。以“一件事”“场景化”理念重塑执法模式,汇编12件“一件事改革”流程图,制作13张高频案件案卷文书和执法过程流程图,编制“综合查一次”场景应用清单,制定16个领域“教科书式”标准化执法办案手册。在19个乡镇(街道)重新布局16支综合执法队,配齐配强乡镇(街道)执法力量,完善法制审核员队伍建设。定期对赋权乡镇(街道)事项的执法情况开展评估和指导,提升基层执法专业化水平,提高综合执法效率,做到“服务零距离”“提效不扰民”。围绕六大体系建设形成18项创新性制度,针对人员管理举措形成24项制度,激发新领域执法的工作动力。系统提炼改革经验做法,剖析问题和原因,探索制定“大综合一体化”行政执法改革省级标准。结合改革进度和各乡镇(街道)执法重点领域拟制各类研究性题目82个。婺城改革工作在省委全面深化改革委员会第十三次会议上得到省委书记袁家军等领导的肯定,在全省“大综合一体化”行政执法改革推进会上作典型发言,中央电视台、《人民日报》、新华社、浙江新闻等主流媒体60多次报道,其中国家级媒体刊登改革相关文章7篇。

【浙江婺城经济开发区挂牌成立】 10月22日,浙江婺城经济开发区正式挂牌成立。浙江婺城经济开发区依托原有的婺城新城区进行规划建设。婺城新城区于2003年3月挂牌成立,规划面积89平方千米。截至2020年,共入驻工业企业820家,规上企业124家,形成以汽摩配、五金工具量、医药食品、新型建材等为主的支柱产业,引进的万里扬、今飞、巨龙管业已成功上市。工业总产值从成立之初的19亿元增长至239亿元,税收从0.65亿元增长至4.5亿元,分别是成立之初的12.58倍、6.9倍。2020年11月19日,浙江省人民政府办公厅批复整合设立浙江婺城经济开发区(浙政办函〔2020〕73号),实行省级经济开发区政策。浙江婺城经济开发区作为婺城经济主战场、创新主平台、高质量发展主阵地,按照“科技创新策源地、生态宜居幸福地、高端产业集聚区、体制机制创新区和产城融合示范区”两地三区的发展定位,着力打造一流的国际智造产业城、生态宜居幸福城,重点培育汽摩配、五金工量两大传统主导产业和生物医药、生命健康、新能源、新材料等战略新兴产业,全力向省级高新技术产业园区迈进。

【婺城区实现省平安区“十七连创”】 2021 年,婺城区连续第 17 年获省委、省政府授予的“平安区”称号。2021 年,婺城区全面凝聚平安建设工作合力,多措并举、重点整治,全面提高公共安全管控水平,扎实开展“平安十大问题专项整治”和“大平安百日攻坚”行动,全力清除生产、交通、消防、社会治安、食药等领域风险隐患,实现重大案(事)件“零发生”。固本强基、创新引领,全面夯实平安综治基层基础。在前端,做细“闭环微网格”;在中端,做深“民情民访代办”;在末端,做实“矛调体系”,形成“全链条”矛盾纠纷源头治理体系。2021 年累计化解各类矛盾纠纷 4854 件,接待群众 8097 人次,群众满意率达 99.55%。进一步发挥“141”基层治理体系在疫情防控工作中的应有作用,明确网格员信息核查、人员管控、防疫宣传、服务群众四项主要工作,实现“141”体系无缝对接疫情防控“七大机制”。平安指数始终保持全省第一方阵,9 月至 12 月持续位列全省前二。

【熊猫猪猪·共创共富联盟激活乡村共富】 2021年,婺城区按照“党建引领、区域联动、优势互补、抱团发展”的整体思路,以“党建共建、规划共绘、产业共兴、资源共享、文化共育、生态共护”的“六共”机制为支撑,组建了以熊猫猪猪·两头乌国际牧场为核心,包括汇鑫葡萄基地、然兰蔬菜基地、暖田有机蔬菜基地、蘑菇生态文化园、千亩精品果园基地、蒋堂富硒系列农产品等共同富裕细胞单元的熊猫猪猪共创共富联盟。熊猫猪猪·两头乌国际牧场位于婺城区长山乡,项目总开发面积 80 公顷,总投资 3.6 亿元,是全球首家以世界级珍稀猪种——金华两头乌为 IP 形象,集智慧养殖观光、科普教育、研学团建、休闲游乐、美食体验、亲子趣玩、网红打卡于一体的复合型亲情互动乐园、未来牧场。牧场开园三个月累计接待游客 30 万人次,为周边 3 个村增加土地流转收入 1300 万元,带动周边长山乡、琅琊镇和白龙桥镇的民宿、餐饮、农产品销售等产业发展,为 9 个村引流 15 万人次,带动村集体增收 1330 万元。熊猫猪猪共创共富联盟建立了党委轮值、工作会商、项目共推等 8 项机制,整合村集体、企业、金融机构、乡贤、协会等“7+X”个乡创主体,充分挖掘白沙溪、铁店窑和两头乌等区域文化,打造中国山水四项公开赛、熊猫猪猪欢乐节等 5 个特色文体品牌。依托联盟的 8 座“一村一品”文化礼堂和 4 家特色文化展陈馆,举办卢文台治水文化节等文化活动。成立 4 支“白沙卫士”志愿服务队,常态化开展治水护绿、志愿服务等活动,三十六堰灌溉工程展陈馆获评浙江省第一批“五水共治”实践窗口。联盟将组织优势转化为发展优势,带动了白龙桥镇、长山乡共 8584 人共同富裕,同时辐射蒋堂镇 17 个村 17000 多人,从“一村绿富美”到“村村绿富美”,生动演绎着共同富裕道路上的“婺城故事”。

区政府办公室工作

【秘书工作】 2021 年,区政府办秘书科严谨高效做好办文办会。全年圆满完成全区性大、小型会议保障 2463 场。不定期举办各类办文办会专题培训,邀请业务专家授课。同时,积极开展精简文件工作,规范收文、登记、分派、审核等各个环节,严控文件数量,严把文件质量。2021 年,收文收函3839 件,发文 357 件,全部落实到位。严抓公文批示反馈,确保领导批示件件有落实,件件有回音。

(陈　婷)

【政务公开】 2021 年,婺城区坚持以公开为常态、不公开为例外原则,不断扩大公开范围、深化公开领域、细化公开内容。全区各级行政机关通过多种载体、方式累计主动公开信息 46662 条,比上年增长 100%以上。收到 195 件政府信息公开申请,答复 195 件,答复率达 100%。

(葛璇锟)

【督查工作】 2021 年,区政府办公室积极开展督办落实,履行政务督查工作职能。制定《督查督办工作机制》,对重要会议精神贯彻、文件办理、会议决定事项、领导批示等4个方面的督促落实工作进行细化,形成工作闭环。定期督办区政府常务会议决策事项,压实2021年度政府工作报告中的重点工作及省、市、区民生实事项目的督查任务。严格落实季度督查工作机制,全年共督查100项重点工作、132件民生实事项目,重点督查滞后项目,确保所有项目按期完成。

(刘徐薇)

【大数据发展管理】 2021年,婺城区府办(大数据局)作为婺城区数字政府建设牵头单位和一体化智能化公共数据平台建设单位,协调职能部门谋划特色场景,围绕省12个"浙里"系列跑道和32个子跑道,深化体系架构,梳理多跨场景"三张清单",迭代升级数字政府门户,多跨场景应用逐步上线运行,提升政府治理能力和治理体系现代化。统筹指导业务部门开放数据共享,开展"浙政钉"不活跃群清零行动,开通"浙里办"婺城城市频道,有序推进数据普查编目、全域数据归集、数据仓专题库建设工作,强化数据共享支撑能力。主动参与疫情防控工作,努力提升疫情防控数字化水平,牵头组建数字化防控工作专班,协助金华防疫指挥平台开发建设,完成两批基础数据的梳理工作,用数字化手段赋能疫情防控。

(黄晓佳)

【金融工作】 2021年,区金融办发挥金融职能,鼓励银行对企业加大金融支持,为全区214家规模以上企业配备金融顾问52人。继续发挥工商银行婺城支行等6家银行"金融服务小分队"作用,主动对接中小企业,解决企业资金需求,累计对接企业124家,共收集问题124个,已全部解决到位,满足贷款需求4.15亿元。加快企业对接多层次资本市场进程,促进企业转型升级,兑付奖励资金146.8万元。

(陈　昆)

【疫情防控】 2021年,面对严峻的疫情防控形势,全区上下万众一心、众志成城,取得疫情防控阻击战阶段性胜利。区府办作为区疫情防控指挥部主要组成单位,迅速响应、全面部署,第一时间取消休假,全员投入到疫情防控战役。建立专班运作、疫情防控数字化、"三情"联动等9项制度,全力服务全区防疫大局。全年累计组织各类指挥长会议和防疫工作例会60次,下发指挥长令7个,其他通知84个,总结工作特色亮点72篇。全省首创"智安车站预警系统",钉钉"防疫扫街"应用便捷惠民,"一生一策"有序保障硕士研究生考试,"一图五方六步"锁死入境人员闭环管控,充分展现婺城干部担当实干、扛旗争先的良好精神面貌。

【信息工作】 2021年,区府办信息科上报政务信息572条,市级采用87条、省级采用27条,疫情防控工作简报全市排名第4,获省、市领导批示14篇,其中省级9篇、市级5篇,《基层反映对大货车司机进行疫情管控难度大》《婺城区"三聚焦"打造优质学前教育"婺城样板"》等获省领导批示,较好地发挥了参谋作用。

(洪嘉慧)

【住房委员会服务中心】 婺城区住房委员会服务中心为婺城区人民政府办公室所属公益一类事业单位,根据《关于印发金华市婺城区人民政府办公室所属金华市婺城区住房委员会服务中心等3家事业单位机构编制规定的通知》,中心主要承担住房制度改革、公有住房售后维修基金管理以及退休人员住房货币化补贴审批兑现等工作的辅助和服务工作。2021年,完成170名退休人员住房货币化补贴审批和兑现的辅助工作,发放补贴225.7万元,同时对所有资料进行整理归档。开房改证明95人次,其中婺城区籍在外工作人员个人回区开证明的18人次,通过"金华市区一证通办综合服务平台"申请核验的23人次,各乡镇委托第三方来核查拆迁户房改情况的54人次。

(肖秋贞)

行政服务中心

【概况】 2021年,全区35个部门纳入办事事项共1882项。其中,实现"网上办掌上办"事项1773项,占比94.2%;实现"零次跑"事项1571项,占比83.5%。全区受理政务服务事项49991件,其中区行政服务中心23400件、基层便民服务中心26591件；受理“网上办”事项41154件，“一网通办”率达82.32%。

【“一窗受理、集成服务”】 2021年，区行政服务中心对现有服务容量和工作流程进行整合再造，设置“一窗通办”的综合服务窗口，将18个办事窗口整合优化为8个综合窗口，改变各部门各自受理、独立办理、业务分散的现状，建成“前台综合受理、后台分类办理、统一窗口出件”的服务模式，实现一站式“无差别受理”。2021年，受理“无差别”事项3.9万件。

7月6日，举行婺城区行政服务中心与武义县行政服务中心的“金武通办”政务服务战略合作签约仪式　（区行政服务中心供稿）

【效能建设】 2021年，开展作风效能提升行动，简化办事程序，主动作为、创新思路，及时发现总结新做法，不断归纳提炼、丰富完善，形成“政务下沉”“容缺办理”“无否决权”等一系列相对完备、具有可操作性的创新制度措施，深入调研，主动服务，解决群众审批服务上的操心事、烦心事，打通服务群众“最后一公里”，提升群众获得感、满意度。

【公共资源交易监管】 创设公共资源交易小额工程“网上超市”平台。服务于婺城区预算价在30万元以下的建筑、水利、公路等工程项目的招投标，招标人通过直接选定、简易程序选定、公开招标三种方式选择施工单位，集操作快捷，信息公开，管理留痕等特点于一体，有效杜绝现场开标容易发生的“围标”“串标”行为，实现小额工程项目从“线下”到“线上”一件事管理。2021年，共有83家企业入驻平台，完成小额工程项目43宗，成交金额突破720万元。

【基层便民服务中心标准化建设】 2021年，全区设基层便民服务中心综合窗口岗位33个，建成中心向基层便民服务中心派驻服务专员的工作机制，推动政务服务队伍职业化和专业化建设。派驻到乡镇(街道)便民服务中心综窗人员10人。

【“一件事”联办工作】 2021年，深化“一件事”改革，通过跨部门系统整合、数据共享和业务协同，打通“数字壁垒”和“数据孤岛”，设计最优审批路径，将各行政部门分散的业务整合为连贯的“一件事”事项清单，实现复杂事项“高效办”。2021年，整合高频“一件事”事项41件，其中办结学科类培训机构“营转非”事项86件，办理率达100%。

【政务服务】 打造远程政务服务平台“婺小服”。迭代升级“三服务”2.0版，自主开发政务服务视频直办系统，集成视频连线、咨询、受理、办理、回访等功能，通过设置咨询服务专区，简化功能模块及操作界面，群众一键视频直达综合窗口办事人员，可提供营业执照办理、老年人优待证办理、城乡居民医疗保险参保缴费等1086项服务事项，实现全区18个乡镇(街道)46个办事窗口全覆盖。

【综合自助机终端建设】 针对窗口可能出现“排队拥挤”的情况，配置本地化政务服务一体机，拓展收件、办理渠道，构建可视化自助业务系统，补足综合窗口空白。综合政务一体机可办理查询事项62项，缴费类事项5项，自助经办类事项11项、自助申报事项296项。

（陈健航）

机关事务服务

【概况】 2021年，婺城区机关事务服务中心围绕区委、区政府中心工作和“管理、服务、保障”三大主责，聚力实现新时代机关事务工作高质量发展主目标，提升保障水平和管理实效，推进机关事务治理体系和治理能力现代化。

【自身建设】 严格落实“三会一课”制度,通过主题党日、“科长论坛”、“学习强国” 等载体抓实干部职工理论学习。开展党史学习教育,组织开展党史读书分享、红色基地见学、为机关干部职工办实事等活动,掀起党史学习教育热潮。推进党风廉政建设和反腐败工作,坚决落实主体责任和“一岗双责”。建立健全内部规章制度,聚焦资金使用、工程管理等重点领域,细化各科室职能职责。围绕公车维修审批、物资采购、主任办公会议事规则、工程建设管理等方面修订完善 10 项规章制度,规范内部管理。以巡察整改为契机,严格对照区委巡察办、区委第一巡察组对整改工作的要求,层层压实巡察整改责任,明确责任领导,提出整改措施,即知即改,长期坚持。

【公务接待】 在严控接待标准和接待成本的基础上,挖掘婺城文化、景观、饮食特色,将婺城风景文化融入接待包厢装饰及菜单、餐叙卡、席位卡设计,研发建立“十里八乡,婺城家宴”(婺城十八碗)等菜品资源库,全面提升接待细节服务。2021 年,接待来宾 175 批、1680 人次,完成浙江省委政策研究室、中国中医药管理协会、省委办公厅到婺城区等重要接待任务及区领导到四川、杭州、武义等地外出考察的后勤保障工作。

【后勤保障】 坚持“零差错、零失误”的工作标准,周密安排会场布置、酒店驻点、车辆调度、安保维稳等工作,完成区两会、区政府与浙江中医药大学附属第二医院签约仪式、浙江婺城经济开发区挂牌成立大会、婺城——道孚东西部协作和对口支援、万泰奥特莱斯购物广场招商大会、和美乡村现场会等区委、区政府重要会议、重要活动等保障任务。

【食堂服务】 优化调整食堂经营模式。2021 年,中心对自 2007 年以来一成不变的食堂经营模式进行调整,全面降低菜价,丰富菜品种类,提升菜品质量。成立行政中心膳食委员会,定期开展安全卫生检查、召开座谈会收集干部职工意见;强化合同签订、考核考评等监管措施,不定期开展食用油品牌、超市商品价格的监督检查,根据检查结果兑现合同奖惩,督促食堂承包方规范经营。

【安全保卫】 深入推进安全教育培训常态化制度化,通过聘请安防专家现场授课、观摩安全演练等方式增强安保人员安全意识和应急处理能力。建立健全消防管理制度和火灾应急处理预案,按要求配备专业消防维保单位,加大行政中心消防安全隐患排查整治, 按月出具消防设施维护保养报告书,及时配齐更新消防设备,排除消防故障 75 处。登记来访群众 60621 人次; 全年无安全生产事故发生,有力维护区行政中心安全稳定。

【公车管理】 推进公务用车一张网平台建设使用,将除执法车以外的乡镇(街道)用车等统一纳入平台管理。通过定期召开安全警示专题会、谈话提醒等形式,加强驾驶员管理及安全行车教育,杜绝公车私用及各类交通事故的发生。2021 年,派出车辆 2967 台次,实现车辆保障零事故、零投诉,服务满意率 100%。高效完成区“两会”、区党代会、第三届茶花文化节、防汛督查等重大公务活动用车。

【疫情防控】 加强出入摸排工作, 严密排查进入行政中心车辆和人员,严格落实测温验码、实名登记、电话确认放行。加强会务工作管理,做到“一会一消毒”。严格落实消杀防护工作,做好公共场所消毒灭菌、办公室内外卫生保洁等疫情防控措施。强化宣传引导,通过张贴疫情防控温馨提示、定期发放防疫通知等方式加强宣传,引导机关干部、来访群众常态化落实进入电梯、食堂自觉佩戴口罩等防控措施。

【公共机构节能】 开展节约型、节水型机关、垃圾分类示范单位创建工作。在全区范围内持续开展节约型机关创建 “八大行动”,100%机关部门完成创建,60%以上乡镇(街道)达到创建标准。严格落实 2021 年节水型单位创建及复核工作,100%县级党政机关,78%事业单位建成节水型单位。指导 28 家单位创建垃圾分类示范单位。由区行政中心膳食委员会牵头,不定期联合区作风办、区纪委等部门开展文明就餐劝导、提醒、监督工作。2021 年,食堂餐厨垃圾较上年下降 25%。落实能源消费总量和强度“双控”目标任务。制定印发《金华市婺城区关于公共机构带头做好能源“双控”工作的通知》,严格执行空调开启标准和温度控制标准,在楼梯、走廊、卫生间等公共区域实行 “隔一开一”、感应照明，关闭区行政中心景观灯、仅保留必要亮化灯，合理设置电梯开启数量和时间。开展节能降耗工作后，区行政中心日平均用电量与上年同期相比下降25%。

【数字后勤】“数字房管”循序推进。按照省、市机关事务管理局数字化改革方案部署，中心公开招标确定服务单位，完成全区党政机关办公用房涉及42幢楼134060平方米的基础测绘工作，为下步平台建设打好数据基础。“数字餐厅”迭代升级，成功开发“婺城智慧订餐”浙政钉应用，配套线上预订付款、线上余额查询、简餐速提等功能，为干部职工提供“掌上办”“码上享”的全新服务体验，得到干部职工的一致好评。“数字接待”亮点纷呈，开发了“婺城接待”微信小程序，架设婺城风味、别样婺城、考察地图、人员对接等模块，具备内容修改即时化、展示手段多样化的优势，为婺城来宾提供内容丰富详尽、携带使用便捷的“掌上接待手册”。

【后勤保障】2021年，引入24小时自助咖啡机、全自助可降解环保袋取袋机等服务设施。更新机关理发室、水果店、农产品销售等合作商，完善合作商考核监管机制，针对服务质效、服务价格定期开展检查，确保优质履约。聚焦雨天出行新投放文明伞千余把，协调有关单位开通快充、慢充充电桩6台，有效盘活区行政中心汽车充电设施资源，满足机关干部新能源汽车充电需求。引导各部门自行认领资产，牵头召开废旧资产处置协调会，成功处置大批无主废旧资产。通过召开驻行政中心各部门代表座谈会、发放调查问卷等形式，综合干部职工意见建议并结合实际，优化区行政中心公交专线线路，延伸增加部分站点，尽力打通干部职工交通出行“最后一公里”。

（楼晓娜）

自然资源管理

【概况】2021年，自然资源和规划婺城分局顺利完成各项工作任务，在区2021年岗位目标责任制考核和市局对各县（市、区）自然资源和规划局2021年综合考核中均获优秀单位称号，在2021年市自然资源系统考核中，获得金华市第二名。

【土地开发整理】2021年，分局推动6个全域土地综合整治工程，蒋堂镇、安地乡2个全域土地整治部分子项目已实施，竹马乡、琅琊镇、雅畈镇3个项目正完成政策对接，莘畈乡项目完成村庄规划；66.67公顷垦造耕地任务完成68.87公顷；完成1196.34公顷耕地整改工作，其中非粮化整治完成1036.87公顷，提质扩面完成159.47公顷。

【耕地保护】2021年，完成非粮化整治耕地功能恢复1133.33公顷，全区非农化调查及占永农扩大自然保护地处置非农化整治任务65.8公顷；通过整改完成被扣减123.47公顷新增耕地和175.93公顷水田的指标追回，货运外绕及甬金衢上等3个重大项目445.47公顷的补划工作；完成安地喻斯和罗店玲珑岩后坞坑等2个废弃矿山治理任务，39个涉林整改项目的自查自纠及2个市级督导涉林项目的销号，123处部级督查疑似历史遗留矿山的筛查及中央环保督查、高标田乡村振兴审计、粮功区审计、上海督查、土地例行督查、耕地卫片监督、领导离任审计、占补平衡专项督查9项督查审计举证工作。

12月23日，省自然资源厅副厅长徐国龙（左一）一行检查婺城区土地整治项目现场　（赵源摄）

【节约集约用地】开展低效用地再开发“新四破”专项行动，协同推进退二进三“四破”攻坚，深化“亩均论英雄”改革。2021年提前一个季度完成市政府年度低效用地目标考核任务。全年完成低效用地再开发任务300.07公顷,完成率220%,位列市区第一、全市第三;完成盘活存量建设用地114.8公顷,完成率104%;完成消化批而未供236.2公顷,完成率119%。获得金华市政府低效用地再开发专项奖励3126万元,奖励数量位列市区第一。《浙江婺城多措并举推进低效用地再开发 落实土地节约集约》《婺城力推低效用地整治 唤醒沉睡土地资源》等多篇文章被中国新闻网、《中国自然资源报》等媒体刊用。

【土地出让】 2021年,婺城区关注房地产市场,循序渐进,有序推出出让地块。2021年,婺城出让经营性用地21宗,面积90.45公顷,收取土地出让金81.4亿元,出让金收入创婺城历史新高,完成全年目标任务。

【土地资源】 利用各种渠道,争取省、市用地指标;提早谋划项目,建立项目清单库,开展项目选址和预审工作,提早安排征地,争取用地指标96.13公顷,其中盘活存量奖励指标47.2公顷,重大产业奖励指标4.67公顷,农民建房专项指标12.6公顷,跨省增减挂用地指标9.13公顷,省统筹补充耕地奖励指标5.13公顷,指标争取数量位居市区第一。

【矿产资源开发利用现状】 2021年初,全区拥有生产矿山5座,都为中小型建筑用石料矿,其中2座于7月8日到期,截至2021年年底,有生产矿山3座。2021年,辖区内矿山采出矿量152万吨,工业总产值6979万元。完成安地矿区DR2地热井(南杉温泉)探转采工作,井口水温45.1℃~45.8℃,属优质温泉,尚未进行开采。

【矿产资源管理】 编制完成《金华市婺城区矿产资源规划(2021—2025年)》,上报市局统一报市政府审批;推进矿地综合开发利用项目,完成雅畈镇南干村矿地综合开发利用项目采矿权挂牌,启动雅畈镇竹园村矿地综合开发利用项目(一期);2021年,完成工程性采矿公开出让19宗,矿产品处置款1.246亿元;开展绿色矿山再提升行动,开展全区现有3家建筑石料矿山企业的绿色矿山再提升,指导督促各矿山企业对标提档,梳理问题清单,落实全面整改;同时,以蒋堂镇富硒土地作为申报项目,争创“国家富硒土地”品牌。

【地灾防治】 全区原有地质灾害隐患点3处,2021年新增4处,治理完成4处,剩余3处,其中滑坡1处、崩塌1处、泥石流1处,威胁13户、35人,威胁财产120万元。2021年,全区有226个地质灾害风险防范区,3499处山区切坡建房不稳定、欠稳定边坡。2021年,婺城区开展地质灾害防治“六大工程”建设。探索短临强降雨地质灾害防控新机制,建立“两库”名单,在“三个撤离”的基础上,严格落实“三立刻”制度。推进“下山安居创富”地质灾害避让搬迁行动,形成建议搬迁清单,共涉及781户、2286人。

【农房确权登记】 2021年,全面开展农房确权登记工作,完成数据入库96371宗,入库率97.3%;完成单一农房及房地一体登记农户数20198户;加快推进容缺受理确权登簿5652宗农房资料收集和完善工作,与乡镇自然资源所、作业单位对接,开展整理和完善工作,完成“一宗一档”收集完善5361宗,打印证书5318宗。

【不动产登记】 2021年,办理完成不动产注销登记554宗,完成因征地拆迁农村(居)民宅基地及房屋权证注销登记工作;不动产咨询服务3171人次,出具不动产查询证明6681份。

【自然资源统一确权登记】 依据国家、省、市自然资源统一确权登记工作要求,制定出台《金华市婺城区自然资源统一确权登记工作方案》《金华市婺城区自然资源统一确权登记工作实施方案》,编制全区重要自然资源登记清单,制定三年工作计划,确定全区重点自然资源统一确权登记项目。10月,根据部、省厅的规范要求,结合婺城区的实际,编写婺城区自然资源统一确权登记项目技术设计书并通过市局评审,12月底,完成省级九峰湿地公园(包括三维建模)自然资源和生态空间统一确权登簿前各项工作。

【各地类变化情况】 2021年,全区土地总面积1391.24平方千米,各地类数据成果分别为:耕地17793.56公顷、园地7942.20公顷、林地84141.27公顷、草地426.74公顷、湿地61.01公顷、城镇村及工矿用地17136.41公顷、交通运输用地1903.48公顷、水域及水利设施用地7717.30公顷、其他2002.15公顷。

【用地审批】 2021年,办理选址和用地预审项目33

个，用地规划许可项目 42 个，涉及用地面积 197 万平方米；办理规划审批 125 件，涉及建筑面积 295 万平方米。局领导带队现场服务企业 50 余家，为辖区内企业规划、土地审批相关业务提供指导。

【“标准地+承诺制”改革】 秉持“想改革事、吃改革饭、做改革人，少一些堵点，多一些集成，勿以微小而不改”的理念，率先探索建设项目竣工“多验合一”改革，内部科室间采取“并联式”管理，统一受理归集、现场踏勘，验收发证。让内部多跑路，企业少跑路。通过“靠前指导，简化流程，部门协同，前置核查”等举措，实现标准地承诺制升级版，即“交地即发证 拿地即开工 完工即验收”的“全生命周期”服务，实现至少提前 20 天完成审批环节。

【土地矿产执法监察】 2021 年，自然资源部下发全区土地卫片执法图斑 524 个，总面积 390.20 公顷，耕地 154.92 公顷，永久基本农田 103.21 公顷。其中违法图斑10 个，违法总面积 2.91 公顷，涉及耕地 0.71 公顷，永久基本农田 0.05 公顷，初始违法耕占比例 0.79%，整改完成违法图斑 4 个，耕地 0.71 公顷，永久基本农田 0.05 公顷。下发矿产卫片执法图斑 31 个。

【违法违规案件查处】 严厉打击各类破坏耕地和永久基本农田的违法行为，严肃违法举报线索处置，及时移交相关违法线索，实行动态监督检查，做到早发现早处置。共查处土地矿产违法案件 11 件，罚没金额 15.5391 万元。

【国土资源法律法规宣传】 2021 年，开展“4·22”世界地球日、“6·25”全国土地日、“12·4”宪法宣传日的宣传活动，对外发放普法宣传资料 5000 份，横幅 21 幅；对工作人员集中培训 11 课时，报送被各级采纳工作信息 53 篇；组织全区国土资源培训 26 课时，召开全区自然资源工作推进会 12 次、80 课时。结合浙江省统一咨询投诉平台，对使用平台咨询的市民进行快速答复，宣传国土资源相关法律法规。新修改的《土地管理法实施条例》于 2021 年 9 月 1 日施行，开展新修订《土地管理法实施条例》的学习，在学深悟透上下功夫，深入领会新修订《土地管理法实施条例》的内容和丰富内涵。

（胡　敏）

综合行政执法

【概况】 2021 年，区综合行政执法局办理一般程序案件 1259 件，简易程序案件 2423 件，处罚 229 万元；人行道违停 2.6 万人次，处罚 320 万元；行政许可 4482 件，金额 2 万元。获市级“三八红旗集体”、“青春战疫”先进集体、青年文明号”等荣誉称号，获市、区两级“巾帼文明岗”荣誉称号，在创建第六届全国文明城市期间，因工作突出记集体三等功。

【执法改革】 婺城区是全省首个设市区行政执法体制改革试点。围绕“1362”改革框架，全局坚持求创新、抓实效，全面推进综合执法体制改革，为全国作探索，为全省出经验。围绕六大体系建设形成 18 项创新性制度，针对人员管理举措形成 24 项制度，激发新领域执法的工作动力。系统提炼改革经验做法，剖析问题和原因，探索制定“大综合一体化”行政执法改革省级标准。结合改革进度和各乡镇(街道)执法重点领域拟制各类研究性题目 82 个。中央电视台、《人民日报》、新华社、浙江新闻等主流媒体 60 多次报道婺城改革工作，其中国家级媒体刊登改革相关文章 7 篇。组建改革专班，先后进行 55 次改革专题研究，将“大综合一体化”行政执法改革与“县乡一体、条抓块统”改革同步谋划、同步推进，改革工作得到省委书记袁家军、副省长高兴夫等领导的肯定，在全省“大综合一体化”行政执法改革推进会上作典型发言，省级部门多次到婺城调研指导，市主要领导对试点工作多次作出工作指示。

【三张清单明权责】 2021 年，区综合行政执法局以 30 个领域“1531”部法律法规为依据，依托浙江省行政权力事项库，梳理“7818”项监管事项和市、区两级部门“4872”项行政执法事项，编制市、区、乡三级监管事项清单、执法事项清单和职责边界清单，分领域、按频次绘制监管执法事项“红黄蓝”三色图。以“一件事”“场景化”理念重塑执法模式，汇编 12 件“一件事改革”流程图，制作 13 张高频案件案卷文书和执法过程流程图，编制“综合查一次”场景应用清单，制定 16 个领域“教科书式”标准化执法办案手册。

【联合执法】 在19个乡镇(街道)重新布局16支综合执法队,配齐配强乡镇(街道)执法力量,完善法制审核员队伍建设。定期对赋权乡镇(街道)事项的执法情况开展评估和指导,提升基层执法专业化水平,提高综合执法效率,做到“服务零距离”“提效不扰民”。在城北中队先行试点,执法业务纳入街道管理,逐步向“一支队伍管执法”过渡。改革过渡期,开展多部门联合执法141次,部门间联合执法1930次。

4月30日,城中中队组建女子巡逻队,开展柔性执法 (区行政执法局供稿)

【规范化管理】 2021年,抓好全局的党史学习教育,确保学习效果。把党史学习教育作为中心组学习的重要内容,定期开展领学交流。局党组带头深入基层一线讲专题党课,开展理论中心组学习14次,上专题党课6次。组织机关人员开展每周夜学,在全局自主推出的“执法蓝精灵”App平台上加载党史学习教育专栏,邀请市委党校教授专题讲座,定期开展专题演讲、专题调研、实地教学等系列活动,组织党员观看警示教育片、旁听庭审等,提高政治站位,提升纪律作风意识,加强正面引导。党组书记严格落实“第一责任人”职责,分管领导根据职责分工,认真履行“一岗双责”,对各自分管领域内党风廉政建设工作予以指导共20余次。全年召开党风廉政专题会议4次,定期分析研判全局党风廉政工作,准确把握人员思想动态。在全局范围内深度摸排、梳理廉政风险点63条,对苗头性的问题及时提醒谈话、咬耳扯袖,全年运用“第一种形态”24次,其中提醒谈话13次,批评教育11次。建立“全员学习、全科作训、全程督考、全面塑造”的“四全”培养体系,举办为期3个月24期的周末学堂,开发“执法蓝精灵”App,举办行政执法综合素质大比武,构建“线上+线下”“集中+自学”“体能+技能”“培训+比武”的多元学习模式。建立“导师帮带”机制,选聘18名优秀执法队员担任导师,聘请10名公安干警担任执法顾问,选派36名年轻干部定向参与应急、重点工作,实现人员素质由“单一型”向“复合型”迈进。在全省率先探索人大对行政执法中队长履职评议,开展政协“请你来协商”、开展星级评定和层级管理、双向选择等行动,实现奖优罚劣。创新“党建+治理”,率先推出“一圈六方”管理机制;创新“执法+服务”,推行“721”柔性工作法,被央视社会与法频道《热线12》栏目播出。开展“一队一品”个性化提升,打造“城市红管家”“雷锋中队”“清廉中队”等15个队伍品牌。全面推行政务服务“网上办”“掌上办”为群众提供便利,开展助企服务29次。

【执法办案】 率先在全省综合行政执法系统创新推出“教科书式”执法新理念,在全市第一个承办了“人行道违停教科书式执法现场会”,牵头编写《金华市综合行政执法系统人行道违停处罚教科书式执法指引》,为下步基层执法提供健全完善的执法依据。制定下发《年度典型案例汇编》《人行道违停处罚指导手册》《以案释法简报》等资料,得到省、市执法系统领导的好评。在全市创新推出“一圈六方”管理机制。将商圈办和西市街商圈联合党委合署办公,通过六方协作,实现“共管、共治、共享”新格局,牵头推行“一圈六方”长效管理、部门联合执法、商家共建共管机制,全面提升西市街商圈城市品质。组建女子巡逻队、“啄木鸟”服务队、联合执法大队,打造“综合查一次”最优营商环境。

【审批便捷】 严格实行审批公开透明制度和责任追究制度,确保全部审批工作按照规定流程运作。加快局智慧系统和金华市区一证通办综合服务平台对接,努力实现零材料、零跑动、零批准。推出人行道违停线上自助处理指南,为办事群众提供便利。自公布业务咨询帮办热线电话以来，接听咨询电话1657个，电话代办事项563件，通过“网上办、掌上办”办结审批业务2652件。

【普法宣传】 区综合行政执法开展普法工作，对内强化执法队伍法治素养，对外回应群众知法需求，解决群众实际诉求。常态化开展“以案释法”工作。将每月至少推出2个典型案例列入考核范围，制作“以案释法”简报，做成年度典型案例汇编，供各中队科室参考学习。通过每季度开展执法案卷互评互查活动，发现和纠正执法案卷制作中存在的问题，促进各中队文书制作向规范化、案件质量向精良化方面发展。依托“城市红管家”，开展“服务+普法”工作。全局自2019年推出的“城市红管家”服务品牌以来，通过不断的“更新换代”，打造职能更清晰的服务名片和普法更专业执法队伍，发放“红管家服务名片”3250余张，通过在社区、居民小区设立的600余个红管家服务牌，接到求助电话3810个，解决市民问题2623个，办理率和回复率均达到100%。践行“家服务”，传递“家温暖”。针对身体残疾或者特困户在辖区内设立18家便民服务摊点，开展“帮办代办，送证上门”特色便民服务，主动电话联系，上门收集资料，直至将审批好的经营许可证送到18家便民服务摊主手中。做好“三服务”，助力营造消费氛围。为助力营造消费氛围，减轻疫情给企业带来的负面影响，婺城区综合行政执法局审批窗口配合做好相关的审批相关工作；同时对在婺城区域范围内举办的各类展会和活动给予大力配合和支持工作，公益占道活动审批费用一律给予减免。2021年商圈活动开展174场次，人民广场活动开展17场次。全局通过局公众号发布“网上办”“掌上办”的通告提醒办事群众进行线上操作全面推行政务服务“网上办”和“掌上办”等线上方式和帮办代办服务。公布各项业务咨询帮办热线电话以来，接听咨询电话600余个，电话代办事项350余件，通过“网上办、掌上办”办结审批业务4527件，人行道机动车违章停车处罚24869人次，推出人行道违停线上自助处理指南，为办事群众提供便利。借力媒体宣传，扩大普法覆盖范围。数字化背景下，充分利用公众号等新媒体平台，加强与《浙江新闻》《金华日报》《直通8890》、婺城融媒App、婺城普法公众号等多媒体的合作，刊登普法相关信息510余篇，向广大市民普及法律法规，重点包括《中华人民共和国道路交通安全法》《金华市城市市容和环境卫生管理规定》《金华市养犬管理规定》《金华市农村生活垃圾分类管理条例》等。通过局公众号，发布典型案例向广大市民阐明法律原理，做到推而广之、广而告之，扩大普法宣传的覆盖面。

11月12日，普法宣传进社区活动现场

（区行政执法局供稿）

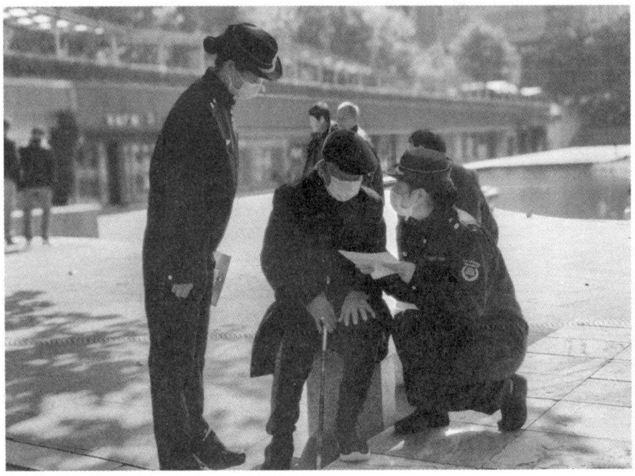

11月10日，执法中队在人民广场开展反诈宣传，提高老年群体反诈意识　（区行政执法局供稿）

【环境整治】 深化创建全国文明城市工作。以文明城市创建复评走在全国前列为目标，以“四整治一提升”“五整治两长效”为重点，持续整治十大顽疾，加强与区创建办沟通协作、督查考核，将各项任务分解落实,确保专项整治工作形成合力,最终成功通过创建验收,助推人居环境进一步优化提升。开展小微企业安全生产和消防安全违法建筑专项整治行动、瓶装液化气经营点整治行动、户外广告排查整治检查辖区内瓶装液化气站点 13 处、1532 余次,检查餐饮场所 1986 家、6976 余次,整改 458 处隐患,取缔违规存瓶点 3 处,立案查处 9 起,移送公安一起,处罚金额 4500 元;拆除违规户外广告 3100 平方米;排查建筑工地 101 个/次。开展餐饮油烟专项执法行动、路面扬尘专项整治、垃圾秸秆焚烧专项整治、固体废弃物专项执法等专项行动,坚决为蓝天保卫战打好基础。持续推进餐饮油烟整治工作,确保餐饮油烟净化器安装率保持 100%,清洗台账登记 100%。持续推进"污水零直排区"建设,做好中央环保督查问题的整改销号。联合交警、路政、公安及各辖区乡镇等,对外地牌照半挂车超载超限及随意倾倒渣土等违法行为执法 20 余次, 涉案公司 10 家,立案 22 起,处罚金额近 20 万元。精心打造"天看地查" 防违控违网格, 实现新增违建 "零增长"。在镇、村两级设置巡查队伍,专人专岗专职,不间断巡逻防控。全区累计拆违 1841 处,面积 101.83 万平方米,占年度计划完成量的 126.34%。

【数字执法】 构建一个数字执法体系。推动"152"体系与"141"体系融合贯通,构建数字化、立体化精密治理网络。通过集成执法办案数字化办理流程图、执法事件数字化处置流程图、行政执法指挥数字化流程图、执法监督数字化流程图,重塑行政执法执法流程,实现行政执法从事前的多手段智慧巡检到事中一体化网上处置、网上办案再到事后评价都有章可循。建设五个数字执法基础应用平台。在原智慧系统综合展示平台集成管理重点、警力分布等信息的基础上,又共享"雪亮"工程打通数据壁垒,借助该平台,二季度门前五包测评婺城排全市第一。在全市率先建立并全面运行行政执法执法办案平台, 为各类执法事项自动匹配自由裁量标准、处罚金额及配套文书,实现案件办理数据化、标准化。建立行政执法"电子监察室"、配发执法记录仪、数据采集站,实现执法全过程可追溯。建设 N 个数字执法智慧监管应用场景。上线"婺城随手拍",访问次数超 52411 次,使用人数达到 10506 人次,投诉量为 2989 次,反馈率为100%,满意率达 98.26%。垃圾分类智慧监管应用场景,对二期系统升级,提高收运效率、实现非现场执法。车辆泊位管理应用场景,对区域内的停车泊位进行监管,实时显示机动车停车点位和共享单车停车泊位的空余车位和满员车位信息,缓解停车难停车乱问题。餐饮油烟智慧监管应用场景,在新狮街道先行开展"智慧餐饮油烟"系统试点,有效解决餐饮油烟监管难题。

(滕曼依)

环境建设与管理

【概况】 2021 年,婺城区生态环境保护和建设工作围绕建设"生态名城"目标,开展治水、治气、治土、治废四大行动,科学推进生态文明建设,守护婺城的绿水青山, 区域生态环境质量持续改善。截至 2021 年年底,全区 $PM_{2.5}$ 浓度为 24 微克/米^3,全市排名第三,比 2020 年同期下降 4%,达到国家二级标准及市下达的 $PM_{2.5}$ 浓度 26 微克/米^3 的年度目标任务;空气优良指数(AQI)为 93.4%,达到 91%以上的年度目标任务。全区乡镇的 64 个支流交接断面中,Ⅰ—Ⅲ类水质断面 63 个占 98.44%;Ⅳ类水质断面 1 个占 1.56%,无Ⅴ类、劣Ⅴ类水质断面。沙金兰水库集中式饮用水源地水质平稳达到Ⅱ类以上。

【水污染防治】 加强水环境监管与保护, 完成安地、沙畈、金兰水库有机物全指标分析,编制《沙金兰水库库中"一点一策"治理方案》《安地水库、沙畈水库、金兰水库饮用水水源地"一源一策"保护方案》。稳步推进工业园区"污水零直排区"建设工作,推进 544 家企业雨污分流评估整改。城市水质指数 4.54,比上年下降 10.3%,下降幅度位列全市第三。

【大气污染防治】 构建立体空气监测网络, 在 16 个乡镇空气监测站、2 个城市站的基础上,新增高空瞭望点位 12 个、道路扬尘监测点位 15 个, 配套 VOCs 走航车 1 辆、雷达颗粒物扫描仪 1 个。

【土壤污染防治】 2021 年,完成全区 14 个乡镇 300 余个自然村的"十三五"农村环境土壤整治工作。启动《地下水国考点位水质排放分析巩固方案》编制工作。

【固废污染防治】 “无废城市”创建全域推进,全区430家产废企业实现在线监管,建立小微危废和工业固废综合回收体系,小微产废企业危险废物收运实现100%全覆盖。

【生态保护与创建】 2021年,全区成功创建省级生态文明建设示范区。投入180万元全域开展生物多样性本底调查。推动开展为期五年的“两山”实践创新基地创建,安地镇成功列入全省首批低(零)碳试点乡镇。

【项目审批】 2021年,全区审批建设项目环评报告59个,其中报告书项目6个,报告表项目53个。创新开展“批量式”“量产化”环境影响评价备案,完成小水电站环评备案9个。

【环境监管与执法】 全年受理环境信访投诉举报132件,比上年下降38.3%,调查处理率100%,信访举报数量(由少到多排列)位居市本级第一。

2021年,全区持续保持环境执法高压态势,深入实施“百日攻坚”“绿剑”“双随机”等系列环保专项行动,出动执法人员1962人次,检查企业785家,发现环境问题254个,立案处罚16家,处罚金额143.831万元,下达责令改正通知书36份,查封扣押14家。查处婺城第一起借助“VOCs走航监测技术”、金华市首例因违反新《排污许可管理条例》的环境违法事件。

【环境宣传教育】 2021年,国际生物多样性日、世界环境日期间,联合教育局等单位以“保护自然环境,共建生态婺城”为主题,开展征文、绘画等环保宣传活动。拓宽生态文明宣传途径,打造生态满意度、生物多样性2条BRT宣传专线。根据省美丽办公布的2021年度全省生态环境公众满意度调查结果,全区得分90.63分,排名全市第三、全省第九。环境应急管理工作迈上新台阶,在浙江耐司康药业有限公司建立区环境应急物资库,编制完成《婺城区生态环境应急预案》和饮用水水源应急预案,全年没有因环保处置不到位引发的环境污染事故。

(沈　丹)

应急管理

【概况】 2021年,区应急管理局按照“安全第一、预防为主、综合治理”方针,全面落实安全生产责任,强化基层基础工作,加大执法监察力度,完善应急救援措施,确保全区安全生产形势持续稳定。全区发生生产安全事故7起,死亡6人,事故起数比上年下降28.9%,死亡人数比上年下降14.3%,持续保持全市较低的事故指标控制。自然灾害方面,启动防汛应急响应5次,8月17日和9月7日,受局地强降雨影响,多个乡镇(街道)受灾,直接经济损失9151.77万元。

【安全生产责任压实】 2021年,健全完善党委政府抓安全生产工作领导体系,实施安委会“双主任”、“1+6”专委会模式并制定工作规则,发挥安委会牵头抓总、统筹协调和专委会专业统筹、督促推动作用。开展岁末年初安全生产集中治理月行动、人员密集公共场所安全生产大排查行动、“护航攻坚”安全生产大排查大整治行动、燃气及相关领域安全专项整治等行动,排查生产经营单位74327家,发现问题隐患39181处,已整改32559处,整改率83.1%。打赢“遏较大”攻坚战,围绕道路运输、建设

9月8日,浙江省应急管理厅召开应急指挥信息系统演示汇报会议,专题听取金华市婺城区“110”应急指挥平台建设及应用情况汇报

(区应急管理局提供)

施工等8大重点领域,绘制风险链鱼骨图,梳理重点攻坚任务206项,具体措施266项,完成率100%。

【安全生产教育培训】 2021年,深入开展生产加工型小微企业及“三场所两企业”、高危行业企业从业人员的针对性安全培训,累计开班67期,培训3866人。组织区安委会成员单位和乡镇(街道)开展应急管理专题培训2期。

【安全生产社会化服务】 2021年,全区18个乡镇街道建成安全生产体检站20个,完成体检站年度考核和新一轮公开招标,对全区1622家工业企业开展安全体检,各体检站按照“红橙黄蓝”四色风险常态实现平台管控,通过传、帮、带,提升企业隐患排查和风险管控能力;每月报送不少于辖区工业企业数5%的企业名单,由乡镇(街道)督促整改,有效解决企业安全生产技术支撑和基层隐患排查问题。完善体检站监管机制,建立月度例会、年中比武、年终考核制度,出台绩效评估办法、考核办法,探索差异化体检,打造社会化服务婺城特色。

【工贸领域安全监管】 2021年,按照“条块结合、分类实施”原则,构建安委会抓统筹、各重点领域专委会分工协作、乡镇(街道)分工负责、企业主动落实的安全生产风险普查工作体系,基本完成8大重点领域风险普查,探索建立“常普常新”工作机制。针对辖区内企业特点和安全生产工作薄弱环节,梳理6大专项整治项目,建立应急管理局、乡镇(街道)、第三方组成的项目组,对危化品企业“低、小、散”、粉尘涉爆作业、高温熔融作业、有限空间作业、液氨制冷、医药化工类企业6个重点领域开展项目化的专项整治,按照“一企一册一提升”要求逐个指导企业整改。同时根据整治情况针对性地开展企业负责人和重点岗位责任人员的专项培训,实现安全技能提升全覆盖,检查企业285家,发现隐患656处,完成整改586处,完成专项培训860人次。

【安全生产执法工作】 2021年,打通日常检查和监管执法链条,打造应急管理局、乡级应急管理站、体检站“3”联动,日常监管和常态执法“2”结合的执法模式,对安全生产工作主体责任严重缺失的企业开展重点执法,强力推进整改。11月1日起,开展“百日攻坚”专项执法行动,对企业主要负责人履职、危险作业、安全设备等项目开展重点检查,累计参加执法114人次,处罚企业47家次,比上年同期增加123.8%,注销危化经营许可证11家,移送追究刑事责任1人。

【防汛工作】 2021年,汛前督促指导各乡镇(街道)调整基层防汛责任人,于4月16日在《今日婺城》公示。3月开始,区应急委办牵头深入完成防汛防台隐患大排查和整改工作,下发通报2期、督办单3期。汛前参与检查4706人次,排查点位2524处,发现隐患111处。主汛期前,将发电机、排水泵、卫星电话等“三大件”配送到位,对18个乡镇(街道),107个防汛重点村和山区村开展防汛抢险装备联教联学实操培训8期,授课对象200余人。制定防汛物资储备标准,督促指导各乡镇(街道)足额储备,争取乡、村两级防汛物资专项资金210万元,配备应急物资柜,规范基层维护、更新、使用等管理流程。

【森林防火工作】 2021年,建立森林防灭火会商制度及信息交互制度,召开会商研判会6次,通报森林防灭火案例4个。联合公安、农业农村、文旅体等部门多次开展森林防灭火专项督查,坚持常态化宣传和重点时段宣传相结合。组织开展森林防灭火拉练2次,比武1次,有效提升森林消防队的业务素质及综合防控能力。

【应急演练】 2021年,实战化开展应急演练,以预案为基础,结合区应急指挥平台深入开展“每月一练”,累计组织开展应急拉(演)练7次,参练队伍69支次,参练人数1317人次,使用装备555件次,提升多兵种、多灾情抢险救援实战水平。

【应急救援队伍建设】 2021年,新培育社会救援队伍1支,组建区级专业森林防扑火队伍1支,增加乡镇综合性应急救援队伍2支。科学选址,实现直升机停机坪“零突破”,开展事故灾害应急救援,加快构建航空救援体系提供有力支撑。

【避灾安置场所规范化和综合减灾示范社区建设】 2021年,推动避灾安置场所建设项目纳入年度“平安婺城·幸福城”建设提升工程,完成避灾安置场所规范化建设70处,超额250%,同步实现可视化覆盖。

【综合管理信息系统建设】 2021年,“三个抓手”促进“数智应急”迭代升级,城市大脑——应急指挥平台投入使用。靶向风险监测、事件预警、应急响应、总结评估等应急指挥流程,建成婺城区应急指挥平台,集成物联监测“一张网”,梳理隐患摸底“一张表”,形成资源统筹“一个库”,推动应急管理、应急处置、应急救援由“经验导向”向“数智化”精准管控转变。创新应急资源动态管理场景应用,针对婺城区应急资源管理手段单一、末端管控不到位、资源调度效率偏低等问题,结合浙江省应急物资保障综合管理信息系统建设应用试点工作,围绕应急物资全生命周期,打通应急体系堵点,建立“一村一码”“一库一码”的动态管理场景应用。融合通信实现应急处置可视化,构建“1+1”(现场1盘棋+指挥1张屏)系统化作战格局,通过无人机、移动单兵、布控球等便携式设备实现省、市、区、乡、村五级现场画面的互联互通。6月23日,承办全市首次可视化指挥调度演练,展示建设成果和救援效用。

【问题清单整改】 2021年,推进“七张清单”应用,以省委“七张清单”的“重大安全生产问题清单”为抓手,在前期定期报送基础上,印发《关于加强重大安全问题清单定期报送工作的通知》,扩大报送对象范围、提升问题报送质量。前期主动上报清单问题6项,完成销号5项,1项(文保单位(点)存在消防安全隐患)完成整改,正在线上销号反馈中;更新部门问题库19项。11月,重大安全生产问题清单指数,婺城区排名全市第三,清单问题晋级数并列全市第一。

【宣传安全教育】 2021年,打造应急宣教“重要窗口”,加强宣传教育阵地建设,着力在因地制宜、科学规划和合理布局上下功夫。按照”扩面提质、常态长效”的要求,以“四有”为基本标准,完成应急体验馆建设3处,其中在“婺城区政府”站BRT站台选址1处,利用其地段的便利性、人流的充足性和场地的开放性,打造婺城区首个“沉浸式”应急宣教体验馆。该馆整体设计与BRT候车亭结合,布局“应急救援、应急救护、消防安全、防灾减灾、交通安全”等五大板块,设置单人地震模拟器、交通 标识翻牌互动、安全知识抢答和模拟灭火等互动区,推进全民安全素养提升。

(胡小婷)

消防救援

【概况】 2021年,婺城区公安消防救援大队出警1041起,出动警力17251人次,抢险救援396起、社会救助194起,其中火警434起,造成火灾28起,死亡1人,受伤0人,直接财产损失143万元,抢救疏散被困人员178人,抢救财产价值187万元,成功处置“6·5”十二局民房火灾、“6·20”竹马油库火灾、“8·17”车头社区抗洪、“9·7”长山乡东屏村抗洪等急难险重救援任务。

【坚持党建引领】 2021年,大队共召开党委会41次,科学决策50余项事关队伍建设和消防工作的大事、要事。深入贯彻落实党委统一的集体领导下的首长分工负责制,每名班子成员自觉做到维护集体领导、维护党委权威,带头严格执行党委决议,按职责、按分工、按程序抓好落实,确保党委决议有人抓、有人管、有成效。

【两严两准治队】 2021年,大队始终按照纪律部队建设标准和要求,坚持政治建队、文化育队、导向塑队和从严治队,持续激发指战员干事创业的发展活力,全面营造风正劲足的良好氛围。把党建工作与业务工作目标同订、任务同下、责任同查,有效增强党组织的凝聚力、战斗力和创造力。从规范党委会、支委会召开,落实民主集中制,过好组织生活,提升党员身份意识抓起,为创建省级“示范基层党组织”打好基础。建立健全团组织、工会和妇女委员会,严格落实党领导群团工作的各项制度,加强与地方组织的协调沟通,开展党员志愿服务等活动。始终把学习贯彻习近平总书记重要训词精神作为首要政治任务,推进党史学习教育,设立每周党史学习自选动作任务,举办读书班2期,开展交流讨论15次。注重日常教育和遂行教育,把教育的触角延伸到日常生活、执勤训练、监督执法和灭火救援等工作中。树立让“肯付出”的人“有收获”的鲜明导向,2人分别被推荐为“闪光婺星”和“身边好人”候选人,通过以点带面,营造“比学赶超”的浓厚干事创业氛围。全年大队获“金华市创建第六届全国文明城市工作先进集体”,1名家属被部局表彰为优秀女家属,1人被区政府记三等功,2人被总队记三等功,1人获“金华市技术标兵”和“金华市青年岗位能手”荣誉称号。以正规化达标创建为契机,坚持“软硬件”同时发力,开展“纪律作风大提升活动”,持续扭转不良作风。深入推进“三整一清”行动,不断提升队伍拒腐防变能力。

【提升作战能力】 2021年,大队高度重视岗位练兵活动开展,重形式、重质量,对于“练什么、怎么练、通过练达到什么目的”等问题研究透彻,对队伍中的薄弱环节与练兵效果进行针对性的有效结合。在上半年支队举办的春季体能对抗赛中,大队获得团体总分第三,临江东路站获得在编站总分第三的好成绩,在下半年支队举办全员岗位大练兵比武竞赛中,大队获得团体总分第一,临江东路站获得在编救援站总分第一的好成绩。夯实技能基础,强化初战打赢能力。根据全员岗位大练兵要求,科学制定每周训练计划,实现练兵工作全员、全程、全方位精准管控。围绕单兵、班组(作战单元)和整建制队站三个层面,开展内攻搜救、初战控火、登高救人、破拆排烟等实战科目训练,增强队员间协同配合,提升队伍整体初战打赢能力。

【夯实理论基础】 大队严格执行战例复盘研讨制度,总结救援经验教训,提高全员安全防事故意识,提升队伍整体技战术水平。开展全员作战训练安全制度落实,开展业务理论学习和全员安全大讨论工作,完善作战力量规模体系。完善作战指挥处置体系,依托指挥中心建设,完善“智慧消防”网络系统,加大消防基础数据与政府机关、社会应急联动单位等的数据共享,建立信息共享、互联互通和协同合作机制。

【隐患排查】 2021年,大队坚持源头治理、善谋主业,筑牢消防安全“防火墙”。以专项整治三年行动为主线,推动责任落实,狠抓隐患整改,火灾防控能力不断得到提升。强化消防安全责任制落实。牵头制定印发消防目标责任制考评办法,将三年整治行动具体工作细化到全年工作中去,安排专人从事消安委运行工作,逐步实现实体化办公。突出重点区域消防安全整治。对辖区内大型商业综合体进行全面体检,制作整改报告并细化分工及整改推进时间表。推进综合体、商市场的自我管理,在综合体、商场内部形成“微网格”,建立健全党员管理责任体系,形成“党支部—楼层长—各商铺”的管理责任链。开展“两房一店”专项排查整治工作。贯彻区委区政府先后召开的两次专题会议精神,推进部署“两房一店”整治工作。牵头印发《关于进一步开展“两房一店”清查行动的通知》《金华市婺城区“两房一店”整治协同机制》《“两房一店”整治再排查、再整治工作方案》。强化与行业部门的联系,形成整治合力,指导乡镇(街道)组织开展由消防救援、公安、行政执法、市场监管等部门参加的集中执法行动。全区排查整治单位8791家,整治违规住人314家,防火分隔不到位847家,强制搬离50余人,一批消防安全隐患得到整治。

【加强消防宣传】 多措并举开展消防安全宣传工作。在消防宣传载体上,依托“两微一端”新媒体、户外大屏、楼宇电视、宣传栏等宣传阵地开展消防常识提醒和火灾隐患曝光,利用环卫车这一载体,实现流动宣传,营造良好的消防安全氛围。全年辖区有100余家单位启动户外广告屏、50余家单位利用室内宣传栏,播放消防宣传公益广告2.2万条。制作并分发宣传单(册)4万份,900人走进红门零距离体验消防。开展乡镇(街道)、行业部门工作人员、企业员工、学校师生、老年人群体、外来务工群体集中教育培训30余次,受教育人数达2700人次。

(葛超凡)

中国人民政治协商会议婺城区委员会

综　述

【概况】 婺城区政协共有提案委员会、委员工作委员会、经济科技委员会、资源环境与农业农村工作委员会、教育文化卫生体育与文史资料委员会、社会法制民族宗教与港澳台侨委员会6个专门委员会和罗店工作委员会、乾西工作委员会、竹马工作委员会、雅畈工作委员会、白龙桥工作委员会、琅琊工作委员会、蒋堂工作委员会、汤溪工作委员会、塔石工作委员会、罗埠工作委员会、洋埠工作委员会11个工作委员会，及城东联络组、城中联络组、城西联络组、城北联络组、新狮联络组5个联络组。2021年，区政协召开全体会议1次、常委会会议2次、主席会议8次；组织调研视察69次，形成调研报告4篇；共收到以提案形式提出的意见建议256件，按照《中国人民政治协商会议金华市婺城区委员会提案工作规则》，经提案审查委员会审查，立案244件(其中集体提案13件)。

【履职现代化】 2021年，区政协稳步推进“数字政协”履职平台建设，建成“民情一点通”“请你来协商·民生议事堂”“提案在线”“崇学书院·书香政协”应用场景4个，基本实现数字赋能政协履职现代化。

重要会议

【区政协常委会会议】 5月21日，区政协召开区政协四届二十一次常委会会议。区政协主席张茹先，常委会议成员参加会议。会上，学习《政协浙江省委员会关于加强和促进人民政协凝聚共识工作的实施意见》和《政协浙江省委员会关于强化政协委员责任担当的意见》；协商讨论《婺城区乡镇行政区划调整组织实施总体方案(送审稿)》；并开展“手机摄影”政协大讲堂。

8月5日，区政协召开区政协四届二十二次常委会会议。区政协主席张茹先，常委会议成员参加会议。会上，学习贯彻习近平总书记在庆祝中国共产党成立100周年大会上的讲话精神、区委七届十次全会精神；听取区政府关于2021年上半年经济社会发展情况的通报；举行“请你来协商·加速创新增强开发区新优势”专题协商会议。

【区政协主席会议】 1月20日，区政协召开区政协四届三十七次主席会议。审议通过区政协四届五次会议日程（草案)；审议通过区政协常委会工作报告；审议通过区政协提案工作报告；审议通过大会发言及发言人员名单；审议通过区政协四届五次会议邀请列席人员名单；审议通过区政协四届五次会议分组名单；审议通过区政协四届五次会议秘书处工作机构分组职责；审议区政协专门委员会部分委员调整名单；审议通过有关人事事项；审议通过2020年度“最美政协人”名单。

3月17日，区政协召开区政协四届三十八次主席会议。审议通过《政协第四届金华市婺城区委员会常务委员会工作报告工作任务分工方案》；审议通过《上一线当标兵、勇担当善作为，政协助力“四攻坚四争先”行动措施》；审议通过《“请你来协商”——打造法治化营商环境最优区》专题协商活动方案。

4月12日，区政协召开区政协四届三十九次主席会议。听取就业工作情况的通报；审议通过重点提案；审议通过《“请你来协商”——数字化赋能，打造应急管理最优区》专题协商活动方案；审议通过《“请你来协商”——加强农村宅基地审批改革，助推和美乡村建设》专题协商活动方案。

5月13日，区政协召开区政协四届四十次主席会议。听取水务工作情况的通报；审议通过区政协四届二十一次常委会议议程(草案)、日程(草案)；审议通过《关于加强和促进人民政协凝聚共识工作的实施意见》；审议通过《“婺城数字政协”建设总体方案》；审议通过《“请你来协商”——加速创新增强开发区新优势》专题协商活动方案。

7月26日，区政协召开区政协四届四十一次主席会议。审议通过《“请你来协商”——打造白沙汉堰人文地标》专题协商活动方案。

9月1日，区政协召开区政协四届四十二次主席会议。听取法院工作情况的通报；听取数字经济工作情况的通报；审议通过《关于撤销吴方军政协第四届金华市婺城区委员会委员资格的建议》；审议通过《“请你来协商”——加强食品安全治理》专题协商会议方案。

11月19日，区政协召开区政协四届四十三次主席会议。听取区政府关于政协四届五次会议提案办理情况的通报；听取检察院工作情况的通报。

12月31日，区政协召开区政协四届四十四次主席会议。审议五届区政协委员名单及委员安排情况说明(草案)；审议召开区政协五届一次会议的决定(草案)；审议区政协五届一次会议议程、日程(草案)；审议区政协四届常委会工作报告(审议稿)及报告人；审议区政协四届常委会提案工作情况报告(审议稿)及报告人；审议区政协五届一次会议秘书处工作机构职责和组成人员名单(草案)；审议2021年度优秀提案、承办提案先进单位名单(草案)；审议2021年度政协工作先进集体、优秀委员名单(草案)；审议有关人事事项。

主要工作

【政治协商】 2021年，区政协围绕打造法治化营商环境最优区、加快农村宅基地审批改革、数字化赋能促进婺城区应急管理水平再提升、“大综合一体化”行政执法改革、加速创新提升产业竞争力、打造“世遗古堰”人文婺城品牌、提升食品安全智慧治理能力开展“请你来协商”活动7场。256名专家、群众、委员就完善园区配套、依法行政、做优村庄规划修编、注重建房政策平衡性、数字化赋能基层治理现代化、提升应急处置水平、行政执法改革、产业发展、白沙文化等积极建言献策，提出意见建议300条。区委、区政府领导，机关部门负责人当面回应委员，与委员互动协商，给予委员们极大鼓舞，进一步凝聚共识、增强建设“五大名城”的信心和决心，发挥政协在建言资政和凝聚共识上双向发力作用。全年指导并参与白龙桥、乾西、竹马、雅畈等基层委组开展基层微协商18场，就打造白沙溪文化新地标、守住粮食生产生命线、规范乡镇文化站运行和管理、政务服务“一件事一次办”改革等进行协商对话，助力解决城乡经济社会发展、基层治理和群众生产生活中的“微困难、微问题、微诉求”。

【调研视察】 围绕“白沙文化”、全域集成综合行政执法改革试点工作，先后走访调研沙畈、琅琊、城北、城中、雅畈、白龙桥、区综合行政执法局等部门单位。围绕农村宅基地改革试点工作，多次调研白龙桥、雅畈、长山等有关乡镇，并形成《当前农村宅基地审批和管理中存在问题及建议反映》的社情民意报送区政府，得到区长高度重视。围绕5G+智慧城市建设、招商引资项目落地情况、和美乡村建设、工业企业数字化转型升级、乡村旅游业发展及县府里全球科创中心、婺州英才创新园建设等开展视察监督，联合区人大视察“四攻坚四争先”重点城建、交通项目建设情况，助推区委区政府各项决策落地见效。与兰溪市政协联合开展金兰同城一体化视察，开展金华经济技术开发区教育现代化建设情况视察，凝心聚力推进“金兰同城一体化”、“大婺城”教育现代化发展工作。

【民主监督】 以“四攻坚四争先”行动为抓手，坚持联系实际，研究制定《在一线做表率、勇担当善作为，政协委员助力“四攻坚四争先”行动举措》，充分发挥政协“围绕中心、服务发展”和“为民履职、为民尽责”作用，广泛动员政协委员和机关干部发扬“三牛精神”，强化数字赋能、拼搏争先导向，争当助力“四攻坚四争先”行动的排头兵。围绕工业企业数字化转型升级、慈善和社会救助、老旧小区改造、“县乡一体、条抓块统”县域整体智治改革、“幸福河湖”建设、诉源治理、政府性重大投资项目建设情况及教育、卫生重点项目工程建设等开展视察监督。对10件重点提案“加快盘活低效工业用地”办理情况开展专项监督。

【民主评议】 开展区政府职能部门工作和政协提案办理情况双向民主评议，通过提案者对提案办理效果和部门工作提出意见，办理者对提案质量提出建议，促进提案质量和办理质量双提高，进一步助推部门工作落实。

【提案和信息工作】 四届五次会议立案交办的252件提案已办复，提案所涉问题已经解决或基本解决的221件，委员反馈满意247件，满意率99.6%。

【委员管理】 健全全会、常委会、委组工作制度体系，完善委员管理和履职考评机制，常态化实行常委履职述职、委组工作书面通报和委员履职登记制度，动态开展委员履职提醒和退出管理，开展先进委组和优秀委员评选，委员主体作用有效发挥，不断加强管理创新。开通委员履职服务企业号、微信平台，深入开展“政协大家访”，经常走进委员，密切联系委员，在“倾听委员呼声、关心委员生活、服务委员履职”上下功夫，委员履职热情和动力有效激发，加强服务创新。推进“1+1+N”委员培训体系建设，举办主席读书会、委员履职能力提升培训班，开展提案工作、社情民意信息工作、委员联村工作等多样化履职培训，委员思想政治素质和系统履职能力得到较大提高。引导委员强化为国履职、为民尽责的使命担当，自觉践行社会主义核心价值观，把守纪律、讲规矩、重品行摆在更加突出位置，真正做到心有所戒、行有所止，守住底线、不碰高压线。

【履职为民】 2021年，区政协创新履职为民特色平台，让政协走近群众，请群众走进政协，充分发挥协调关系、化解矛盾、增进共识、汇聚力量的作用，推动政声与民声紧密连接。规范打造“三进三服务”平台，建立委组联系乡镇、委员小团组联系村居、委员联系群众等机制，引导委员参与美丽乡村建设，主动听民声、集民情、汇民意、纳民智，为群众排忧解难，增进民生福祉，通过“六送六服务”、扶贫帮困、爱心助学等活动累计捐款捐物200余万元。品牌打造“委员会客厅”平台，特色打造“民生议事堂”平台。创设西市街商圈、新昌桥、城西等民生议事堂8家，协助开展民情民访，做好问需于民、协商于民、服务于民的工作，帮助调解化解各类问题370余个，相关做法登上《人民政协报》。

【党史学习教育】 2021年，区政协召开党史学习教育动员部署会，深入学习贯彻习近平总书记在党史学习教育动员大会重要讲话精神、中央及省市区委关于开展党史学习教育的部署要求。邀请专家教授开展党史学习教育专题授课，到古田会址、井冈山革命根据地等地现场教学；依托“婺城政协”微信公众号微课堂，组织机关干部、政协委员进行线上学习并发布理论文章67篇；利用“婺城政协”微信公众号定期推送《党史上的今天》等学习资料，开展“百名委员领讲百年党史”及“百名主席进百厅讲党史”活动，组织党员干部和政协委员系统学习党和国家领导人重要论述、党史回眸，结合学习内容深入开展体会交流发言，不断强化守初心担使命的责任意识。广泛开展“书记讲党课”“书记讲党史”主题宣讲活动，要求科级领导干部、党组书记、支部书记、“第一书记”作一场党史宣讲或党课报告。组织委员和机关干部参加市政协“同心向党”党史学习教育朗诵会。开展干部大家访、“我为群众办实事”活动，推进党史学习教育向实践转化。

【文史工作】 2021年，区政协加强政协文化文史工作,坚守中华文化立场,弘扬优秀传统文化,切实发挥政协以文聚心、以文促和、以文共识的积极作用,提升和合、团结、民主的政协文化影响力和软实力。强化助力发展的文化担当,挖掘和培育优秀历史文化、非遗传统文化、红色革命文化和社会主义先进文化,配合市政协征编《金华祠堂》历史资料,组织编辑《婺城古桥》和白沙文化系列文史书籍,拍摄《白沙革命烈士徐文佩》微电影,复兴队舞非遗文化项目,助力人文婺城·幸福城建设,焕发婺城文化自信。

【团结联谊工作】 发挥政协统战功能,支持和保障各民主党派、工商联、人民团体、无党派人士通过政协平台开展履职活动,各民主党派向党委政府报送“直通车”建议6篇。协助健全同党外知识分子、非公有制经济人士、新社会阶层人士的沟通联络机制,提高合作共事能力,在更大范围推进政治共同体建设。落实领导干部“十个一”联系工作,主席会议成员主动靠前,站到党政中心工作一线,积极参与白沙文化研究、信访积案化解等工作,包乡走村、包点跑面,协调解决问题,推进工作落实,与区委、区政府“同唱一台戏”“同念一本经”。开展“政协走亲连心”活动,协助做好精准扶贫、招商引资、能人回乡等工作,为各级政协委员、浙商婺商、各方乡贤回婺创业牵线搭桥。贯彻党的民族政策和宗教政策,关注和推动宗教和谐、民族村发展,协助做好民族和宗教工作,促进民族团结、宗教和睦、社会稳定。

(王　桢)

纪检监察

综　述

【概况】 2021年，婺城区委旗帜鲜明、立场坚定，坚决扛起管党治党主体责任，以党的政治建设为统领，纵深推进清廉婺城建设，深化全面从严治党。全区各级党组织和广大党员干部坚决落实党风廉政建设和反腐败工作的一系列重大决策部署，形成齐抓共管的良好局面。全区纪检监察组织始终坚持稳中求进工作总基调，发挥全面从严治党引领保障作用，持之以恒正风肃纪反腐，纪检监察工作高质量发展成效不断彰显。2021年，全区党风廉政建设"两个责任"考核连续第三年获全市第二名。

【区纪委七届六次全会】 3月11日，中共金华市婺城区第七届纪律检查委员会第六次全体会议召开，会议听取和审议《奋力推进纪检监察工作高质量发展 为争当社会主义现代化先行市的排头兵提供坚强保障》的工作报告，总结回顾2020年全区党风廉政建设和反腐败工作，研究部署2021年任务。

【巡察工作】 全面加强对中央巡视反馈问题的整改和督办，整改完成率达到97.3%。高质量完成七届区委巡察全覆盖任务，发现问题4338个，移交线索238条，挽回经济损失2233.49万元，健全完善制度778项，处理党员干部2276人次。

【智慧纪检建设】 严格落实《关于进一步深化纪检监察派驻机构改革的实施意见》，派驻机构立案23件，处分25人，自办案件覆盖率达75%，发挥"驻"的优势。全面应用基层公权力大数据监督平台，发出红色预警65条，发现问题8个，处理人员9人，初步实现对基层公权力的数字化监督。建成综合行政执法智慧监督"AI巡兵"系统，对16.8万条执法数据进行运算碰撞，推动整改问题1091个，被列入省纪委公权力大数据监督应用场景一本账储备库管理。深化智廉智律大数据平台建设，为党政机关整体智治提供婺城实践，多次得到省纪委、市委和市纪委主要领导的调研和批示肯定，并被市委列为重点打造的多跨场景。

党风政风监督检查

【概况】 2021年，婺城区纪委区监委清单化监督习近平总书记重要指示批示精神以及"重要窗口"建设、共同富裕先行示范、数字化改革等重大决策部署落实情况，组织32个专项监督行动，督促整改问题4150个，确保政令畅通。抓实疫情防控专项监督，督促整改问题2615个，做到监督工作与防疫工作同向合拍。持续推动全面从严治党责任落实，协助区委出台《关于进一步加强对"一把手"和领导班子监督工作的通知》，探索建立"5+4+4"13张责任清单，有效推动各级领导干部清单化履责。

【作风建设】 开展"正风2021"系列行动，落实中央八项规定及其实施细则精神，纠治"四风"问题90个，追责问责78人，其中党纪政务处分21人。上下联动开展涉企资金奖补领域专项整治、礼品礼金专项清理等行动，督促整改问题79个，上交廉政账户资金32.35万元。开展供销社、交通、医疗、政法、国企和教育六大行业专项整治，推动整改相关问题349个,追责问责143人,其中党纪政务处分28人,推动完善相关制度52项,追缴资金316.54万元。坚持“三个区分开来”,为16名干部澄清正名,打击诬告陷害行为并移送司法机关1件,公开反馈信访举报14件,旗帜鲜明为担当干部撑腰鼓劲。

【惩治腐败】 坚持惩前毖后、治病救人,精准运用“四种形态”处置476人次，其中第一种形态占66.6%,第二种形态占22.9%,真正让红脸出汗、咬耳扯袖成为警醒干部的常态。坚持严的主基调,处置问题线索547件,党纪政务立案208件、比上年增长18.9%,党纪政务处分159人,留置5人。严肃查处任某某、徐某某等一批严重违纪违法案件。做深查办案件“后半篇文章”,发出纪检监察建议书26份,督促排查风险隐患66个，推动完善相关制度32项。深入开展警示教育活动,通过组织党员干部旁听庭审、制作《“着魔”的权力》警示教育片等方式,不断提升党员干部拒腐防变意识。

【清廉建设】 出台《关于纵深推进清廉婺城建设的工作方案》等文件,建立完善“五位一体”责任闭合体系,召开清廉单元建设工作联席会议5次,推动解决问题16个。深入开展清廉单元示范点创建工作，建成16家市级示范单位、43家区级示范单位。发挥清廉文化作用,开展清廉婺剧送戏下乡、“廉姐说廉”“家属助廉”等12项活动,创新策划“百年征程·清满婺城”清廉微电影微视频大赛,微电影《纪检干部相亲记》获全国第三届“玉琮杯”微电影类入围奖、市清廉微视频微电影大赛银奖,在全区营造清新崇廉的社会氛围。

【基层治理】 开展赌博酒驾、违章建房、优亲厚友、虚报冒领等整治行动，查处村社党员干部112人。开展百村巡察“回头看”,推动问题整改116个,有效发挥政治巡察联系群众纽带作用。开展全区纪检监察信访举报“五抓五强”活动,实现检举控告件、初次举报件、重复举报件比上年分别下降52.4%、55.1%、5.7%,6个乡镇(街道)全年零检举控告。开展教育医疗、养老社保等领域专项整治15项,发现并督促整改漠视侵害群众利益相关问题240余个,推动建立完善制度35项,挽回经济损失1290余万元。

【换届监督】 严把区、乡换届廉政审核关,出具廉政审查意见54批次、5912人次，提出否定性意见35人次,严肃开展换届纪律督查,保障换届工作平稳有序。

队伍建设

【概况】 2021年,婺城区纪委区监委落实党史学习教育要求，先后开展“党旗在基层一线高高飘扬”“追寻红色记忆、薪传红色精神”等活动8批次,结合“三为”专题实践,班子成员领办难题开展课题研究8个，下访调研解难30余次。强化能力素质提升,开展线上线下综合培训,组织线上知识测试39次、4000余人次,开展脱产培训2期、130余人次,选派优秀干部到上级纪委学习锻炼21人。

【内部监督管理】 注重加强内部监督,修订内部管理制度,按照接受最严格管理的标准,对10名履职不力的纪检监察干部进行问责,以“零容忍”态度防治“灯下黑”。

(刘娅芸)

民主党派　工商联

中国国民党革命委员会婺城区基层委员会

【概况】 2021年，中国国民党革命委员会婺城区基层委员会(以下简称民革婺城区基层委)有党员67人，发展新党员4人，党员关系转出3人，其中教育支部19人，机关支部23人，企事业支部25人。担任市人大代表1人、区人大代表4人（其中常委1人)，市政协委员3人、区政协委员11人(其中常委4人)，有6名党员担任市、区特邀(约)监督员、督查员、督学。基层委与下属3个支部有分有合组织了36次活动。基层委人大代表、政协委员提交大会发言2件、建议提案30件，其中团体提案5件。有23位党员获得荣誉与奖励。民革婺城区基层委获2021年度民革全省组织工作先进集体、2021年度五好民革党员之家和民革金华市委会2021年度先进基层组织。

【参政议政】 组建“同心”参政团，发挥自身的特色和优势，以乡村振兴、下山安居创富、“非粮化”整治等主题深入开展调查研究，反映社情民意、为金华经济社会发展建言献策。在市、区“两会”期间，提交大会发言2件、建议提案30件，其中王岚代表民革金华市委会《擦亮学在金华的金名片》的大会发言和代表基层委《请还教育一个纯静校园》的大会发言，均以得票数第一名获市、区优秀大会发言并分别获得市、区领导批示。基层委《关于办好人民满意更高质量的婺城教育，打响“优学婺城”金字招牌的建议》团体提案被列为区政协四届五次会议重点提案、优秀提案，邵红艳《关于加强我区农田灌溉设施建设与管理，助推粮食安全保障的建议》获评2021年度区人大代表优秀建议，王岚、陈立平获评区优秀政协委员。基层委发挥民革委员工作室作用，开展了“大综合一体化”行政执法改革专题协商会议，为助推综合行政执法改革向纵深发展献计献策。与对口联系部门建立常态化的联系制度，保持密切的交流合作，开展重大事项相互协商通报、联合开展调研等活动，推动对口联系工作再上新台阶。基层委党员积极参加市区党委、政府、人大、政协召开的专题协商会、情况通报会和意见征询会，就加快农村宅基地审批改革、食品安全、打击治理电信网络诈骗违法犯罪、金华市十四五规划纲要草案、加强党外代表人士队伍建设等方面积极建言献策，发出了民革好声音。基层委6名特邀监督员、督查员、督

6月3日，在婺城民革委员工作室召开“大综合一体化”行政执法改革专题协商会议

（民革婺城区基层委供稿）

学主动作为、认真履职,通过参加共同富裕示范区专项民主监督、招投标行风监督等检查、监督活动,发挥民主监督作用。基层委党员发挥各自优势,提交参政议政素材7篇,上报民生保障、乡村振兴等方面社情民意信息5篇。围绕发展最关键、改革最紧迫的问题,组织开展专题调研,形成4篇调研报告,提交"直通车"建议3件,其中直通车建议均获得市委书记或区委书记批示,为党委政府科学决策提供重要参考。

【社会服务】 整合优势资源,组建"博爱"服务团,积极服务经济社会发展、服务弱势群体,助力增进民生福祉。2月5日,开展"留婺过大年 开启幸福年"主题慰问活动,为"留婺过年"工友和家属们拍摄全家福,送上防疫礼包、防寒围巾、棉被、学习用品等温暖大礼包和慰问红包。2月8日,开展"大爱民革情,温暖老人心"新春慰问活动,为东阳市千祥镇金村380余名老人送去大米和食用油等价值7万余元的慰问品。10月11日,开展"献爱心、购玉米"活动,组织党员踊跃参与民革金华市委会结对村武义畲族锦源村的"献爱心、购玉米"活动,助力消费扶贫。10月29日,开展"六送六服务"活动,走访慰问沙畈乡高儒村困难老人,送去日用品和慰问金。开展法律服务活动,鼓励党员发挥专业特长参加"法雨春风"进高墙律师咨询、法律援助等咨询活动专场,走进金华电台《乡村法律》讲堂、金华电视台《金华普法》栏目宣传"双减"和新修订的"土地管理法"等。开展疫情防控工作,陈丽萍主委带头下沉一线,督导检查疫情防控重点场所、重点部位防疫措施落实情况和督促指导薄弱环节的整改,党员们下沉联系村社、企业,投入卡口设防检查、走访排查重点户等工作,助力疫情防控工作有序有效开展。

12月23日,民革婺城区基层委开展为台胞台属"送温暖"活动　　(民革婺城区基层委供稿)

【祖统工作】 组建"连心"联谊团,开展为台胞台属"送温暖"活动,"连心"联谊团各慰问组为台胞台属送上新春的祝福和挂历、口罩等慰问品,关心他们的工作、生活及台湾亲人情况,为深入开展台胞台属工作奠定扎实的基础。

(孔爱华)

中国民主同盟婺城区基层委员会

【概况】 2021年,中国民主同盟婺城区基层委员会(以下简称民盟婺城区基层委)下辖4个支部,有盟员85人,年内发展盟员2名,转出组织关系盟员1名。有市政协委员2名、区政协委员9名,其中区政协常委2名。2021年,民盟婺城区基层委被民盟金华市委会授予2021年度盟组织盟务工作优秀集体、思想政治建设和宣传工作先进集体、反映社情民意信息工作先进集体荣誉称号。盟员项建忠、陈长征被盟省委授予"脱贫攻坚先进个人"称号,盟员教师郑小咪被浙江省教育厅列为浙派名师名校长、初中学科社会与历史拟培养对象。盟员郑艳球获盟市委"反映社情民意信息工作先进个人"称号,盟员郑小咪、陈璐莹获市党史盟史知识竞赛三等奖。

【参政议政】 民盟婺城区基层委围绕区委、区政府的中心工作,组织动员所有盟员结合工作实际,开展工作调研,履行参政议政职能。区四届五次会议上,9位盟员委员提交个人提案15件,团体提案1件;市两会上提交提案3件。在区政协大会上,盟员郑艳球、金圆圆分别作大会发言,其中《迈向园区4.0 开启省级开发区建设新征程》大会发言被评为优秀大会发言。4名盟员被评为2020年度区优秀政协委员,2名盟员被评为最美政协人。盟员郑艳球、金圆圆、吴晓、陈凯瑜、吴慧群等参加区政协"加速创新增强开发区新优势""白沙堰上话共富""打造法治化营商环境最优区”“数字化赋能,促进我区应急管理水平提升”“加快农村宅基地审批改革,破解农民建房难”“重视舌尖上的安全” 等专题协商会议,并作《坚持二产三产互动,增强开发区发展要素的磁聚》发言;盟员吴晓参加市政协请你来协商“优化营商环境”专题协商,作《招投标条件设置要一视同仁》的发言。3 月 24 日,盟员吴晓参加“聚焦金华老旧小区建设”电视访谈节目。11 月 18 日,盟员郑艳球参加区人民法院组织的案款执行集中发放行动,并接受金华电视台采访。组织骨干盟员组成小分队,到有关乡镇开展疫情常态化背景下振兴乡村旅游、如何振兴乡村旅游实现共同富裕的调研,并根据调研情况形成《关于疫情常态化背景下振兴乡村旅游的建议》《振兴乡村旅游,推进共同富裕》2 篇调研报告。完成《关于加快我区现代服务业发展的建议》,并以直通车形式报送区委,获区委书记高峰批示。完成民盟市委课题《关于提升乡村精神风貌的几点建议》。

【社会服务】 在盟员中提倡无私奉献精神,组织和动员盟员在做好本职工作的基础上,采取多种形式开展面向社会、为建设幸福婺城服务的活动。7 月 5 日,盟员吴慧群通过婺城区慈善总会向为“学在金开公益课堂” 师生素养提升活动捐助大米 250 千克、现金 1.5 万元。7 月 24 日,河南暴雨导致洪灾,盟员吴慧群通过市共青团会向河南灾区捐赠粗粮营养饼干 100 份,方便面 100 箱,饼干 100 箱,总价值 1.5 万元。9 月下旬,为迎接全国文明城市复检,民盟婺城区基层委员会组织盟员到各学校、社区参加文明创建活动,助力全国文明城市创建,以实际行动喜迎国庆华诞。10 月 14 日上午,副主委吴晓带队到岭下镇敬老院开展“情满敬老院、爱心暖夕阳”送温暖活动,为老人们送去大米、面粉、面条等爱心礼品。11 月 20 日,组织盟员到北山开展“民盟林”除草育林活动。12 月上旬,组织盟员深入联系乡镇(街道)或所在社区等全程参与疫情防控工作,通过扫楼、扫街、扫店等方式协助开展行程卡带“★”号人员排查,督促指导商家全面落实亮码测温戴口罩等措施,全力做好政策宣传和防控防护,用辛劳和责任守护群众生命安全。

【自身建设】 围绕“做合格盟员,创活力总支”,开展学习、参观、联谊等组织活动,分支部开展习近平总书记系列重要讲话、全国两会精神和上级会议精神学习。春节前开展老盟员走访慰问活动。面向盟员开办“同心美美”书法、中国画、古琴等中国传统文化艺术培训班,有 40 余名盟员参加。3 月 19 日是中国民主同盟成立 80 周年纪念日, 民盟婺城区基层委员会召开纪念民盟成立 80 周年专题学习会,集体学习民盟光辉历史。4 月 29 日,在金华四中举办“五一口号”发布 73 周年纪念活动,副主委赵小渊主持活动,郑小咪作“风雨同舟七十三载,砥砺奋进共筑强国梦”的主题演讲。组织 25 名盟员分别参加民盟金华市委会和区委统战部代表队,参加市委统战部组织的庆祝中国共产党成立 100 周年和民盟成立 80 周年纪念活动。6 月 27 日,民盟金华市委会举办庆祝中国共产党成立 100 周年暨中国民主同盟成立 80 周年“见证初心”歌咏汇,选送二胡、笛子合奏《骏马奔驰保边疆》节目,由盟员程铭编导。7 月 6 日,组织盟员到遂昌王村口古镇开展党史现场学习教育活动,参观天后宫挺进师八一誓师大会旧址、宏济桥挺进师召开群众大会会址等。11 月 22 日,召开专题学习会,传达学习中共十九届六中全会精神,部分盟员代表交流学习心得体会。

（陈璐莹）

中国民主建国会
婺城区基层委员会

【概况】 2021 年,中国民主建国会婺城区基层委员会(以下简称民建婺城区基层委)有 8 个支部,会员 96 人。其中有民建省委会委员 1 人、市委会委员 2 人,省民建参政议政委员 1 人,市人大代表 2 人、市政协委员 3 人、区人大代表 2 人、区政协委员 7 人。其中,区人大常委 1 人、区政协常委 2 人。2021 年,基层委团结全体会员,围绕市委、市政府和区委、区政府的中心工作,创优争先,取得了突出成绩。民建婺城区基层委被评为全市统一战线“同心抗疫　最美集体”称号,为全面建成小康社会作贡献成绩突出集体，雷永金被评为“同心抗疫　最美个人”荣誉称号；郑威被评为“一村一委员”先进个人，严跃平、丰群飞、游红艳、范锦霞、施建国、吴旭康、张萍、杜国平被评为市级优秀会员。

【参政议政】 民建婺城区基层委利用人大政协舞台，认真履行参政议政职责，积极建言献策。会员杜剑撰写的《关于健全完善社会风险评估与治理机制，更高水平推进平安浙江建设的建议》《关于进一步促进农村普惠金融发展的几点建议》被省委会采用，《关于推进储备粮轮换机制改革的建议》部分被民建中央采用。两会期间，民建婺城区基层委向区政协提交团体提案《关于后脱贫时代全面推进乡村振兴的建议》，会员郑威提交《关于金华市老旧小区加装电梯的建议》《让中国优秀旅游城市“马踏飞燕”标志回到更合适位置的建议》，童健英提交《关于对临江西路进行改造升级的建议》，范锦霞提交提案《关于提升农家书屋服务效能助力乡村振兴的建议》，方美玲提交提案《关于婺城打造直播电商之区的提案》，温小敏提交提案《关于加强婴幼儿养育的建议》，周卫中提交《关于市区交通信号灯科学设置的建议》《关于加快全区军民融合产业发展的建议》，俞建花提交《关于增加城北健身场所的报告》的议案。这些提案、社情民意，很多都得到有关领导、部门的重视。童健英在区政协会议上作的发言《关于后脱贫时代全面推进乡村振兴“路漫漫”》，获大会发言优秀奖。

【自身建设】 民建婺城区基层委把思想建设作为发挥参政党职能的首要工作，2021年，开展形式多样的组织生活，增强党派的凝聚力和向心力。4月2日，参加民建省、市、区三级组织祭拜施复亮先生，民建省委会专职副主委计勇强出席并发表讲话。5月23日，民建婺城区基层委开展“学党史、跟党走”主题学习教育活动。会员集体参观双龙电站纪念馆、金华革命烈士纪念馆，邀请市人大原副主任杨守春作中共党史教育宣讲。11月下旬，组织会员共同学习贯彻中共十九届六中全会精神。民建婺城区基层委各支部通过建立微信群、参观考察、召开座谈会等多种形式，开展会员的交流活动。

【社会服务】 民建婺城区基层委各位会员立足本职工作岗位，履行职能，热心公益事业。由主委雷永金创设的“民建·金宇”奖学金，用于资助浙师大家庭经济困难、品学兼优的研究生；四支部继续发扬支部拥军的光荣传统，为改善官兵饮水条件，向雷达站捐赠四台直饮水一体机，价值1万余元。民建婺城区基层委到婺城区蒋堂镇初级中学开展社会服务活动，向蒋堂初中捐赠价值1万元的图书和5万元的捐资助学款。六支部主委周卫中个人向汤溪中学捐款20万元。

(童健英)

6月24日，民建婺城基层委到蒋堂初中开展社会服务后合影留念　　(民建婺城区基层委供稿)

中国民主促进会婺城区基层委员会

【概况】 中国民主促进会婺城区基层委员会(以下简称民进婺城区基层委)原名民进婺城区总支。截至2021年年底，民进婺城区基层委共有会员95人，会员中有市人大代表1人，市政协委员1人，区政协委员7人(其中副主席1人，常委3人)。下设6个支部。

【思想建设】 民进婺城区基层委始终把加强思想建设放在自身建设的首位，加强学习，提升理论研究水平，拓宽宣传工作平台，引导广大会员增强坚持中国共产党领导、走中国特色社会主义政治发展道路的自觉性和坚定性。民进婺城区基层委召开支委、支部主任工作会议，各支部分别召开读书会，组织读原著、学原文、悟原理，开展大学习、深调研、真落实。组织会员参加省委会、市委会和市区两级政协、统战部门组织的各类专题培训，基层委的组织建设能力、骨干的参政议政能力、会员的综合素质得到显著提升。注重宣传工作，婺城民进各项活动的新闻在“金华民进”微信公众号上刊登40次。

12月31日，民进金华婺城区二届一次会议合影留念　（民进婺城区基层委供稿）

【组织建设】 2021年，民进婺城区基层委加强组织交流、拓展活动形式、丰富活动内容，活动质量、数量及会员参与度都有显著提升。基层委员会下属支部活动开展有声有色，各支部以座谈学习、茶话交流、参观考察、读书恳谈、植树远足等形式开展各式活动30次，会员参加组织活动的积极性持续高涨，出勤率持续保持高位。以中国民主促进会成立75周年和民进金华市委会成立35周年为契机，组织各支部和全体会员参加文艺会演、诗歌朗诵比赛、演讲比赛、合唱比赛等系列活动。第五支部更是围绕“我向民进献祝福”活动，组织会员拍摄祝福视频，宣传学习中国民主促进会成立75周年和民进金华市委会成立35周年的光辉历程，缅怀民进老一辈领导人的高尚风范，发掘民进优良传统的时代价值，推动优良传统内化为当代民进人的精神追求。

【参政议政】 基层委组织会员参政议政，唱响婺城民进好声音。在年初召开的市、区两会上，提交《关于设立“金华市民日”》《关于为全市公办中小学教室全面配备空调的建议》《关于将健康融入所有政策的建议》《关于打造我区“周末流动集市”的建议》等人大建议、政协提案26件，会员吴耀峰代表民建婺城区基层委作的《优化养老照护体系，打造健康婺城幸福城》大会发言获得优秀奖。两会闭会后会员们反应社区民意，邵发明撰写的社情民意信息《建议将钢丝棉烟花列入烟花爆竹范围并加强监管》被全国政协采用，撰写的《俞子夷与兰溪侠谷战时初中》《叶圣陶1957年在金华》在民进中央网站“会史纵览”栏目刊登，《马叙伦在“旧政协”召开前后的战斗檄文》《胡适日记中的“索薪运动”》两篇文章，入选民进浙江省委会编印的纪念马叙伦先生诞辰135周年征文选编《风骨绵亘》。

【社会服务】 利用专业优势，做好社会服务工作一直是民进婺城区基层委的一项优良光荣传统。2021年，基层委继续组织开展多种形式的社会服务活动，打响民进服务品牌，助推和谐社会建设。深化送医下乡服务内涵，继续联合医卫支部定期不定期开展送医下乡活动。强化送春联下乡服务品牌，由会员陈政权牵头，组织基层委的书法爱好者和婺城区书法家协会会员，为村民免费写春联，全年开展活动10余场，服务群众1500余人次，撰写春联1万余副。参与抗击疫情和文明城市创建工作。据不完全统计基层委会员参加志愿者服务时间超1000小时。

【政治交接】 经报民进金华市委会和中共金华市婺城区委统战部同意，民进婺城区基层委于12月31日召开二届一次会员大会。大会总结第一届基层委五年以来的工作，选举产生第二届基层委领导班子，研究部署今后五年工作。婺城区委领导、民进金华市委会领导、区委统战部领导、区各民主党派、工商联、知联会代表、兄弟县(市)区民进代表以及基层委全体会员100人参会。大会选举丁晓峰、吴耀峰、邵发明、金丽敏、祝娅、徐斌、曹波、楼淑萍、滕惠芳9位为第二届基层委委员。在随后召开的基层委二届一次委员会议上，选举滕惠芳为主任委员，邵发明、吴耀峰、楼淑萍为副主任委员。

（吴耀峰）

中国农工民主党婺城区基层委员会

【概况】 中国农工民主党婺城区基层委员会(以下简称婺城农工)，郑池爱(女)任主任委员，李笑银、杜伟亮任副主任委员,龚琴丹、唐金寿、吴章秋、陆卫红、陈卫军任委员。下辖金华四中支部、金华五中支部、青春中学支部、婺城区综合支部、婺城区医卫支部5个支部委员会, 有党员93人。党员以医药卫生、教育领域高中级知识分子为主,其中高级知识分子占55%。有11人次担任金华市、婺城区人大代表、政协委员。先后获得浙江省树立和践行社会主义核心价值体系先进基层组织、中国农工民主党先进基层组织等荣誉称号。

【思想组织建设】 婺城农工在中共婺城区委、婺城区委统战部的领导下,按照农工党金华市委会的统一部署, 聚焦庆祝中国共产党成立100周年主题,先后丰富多彩组织开展中国共产党成立100周年党史知识竞赛、主题书画比赛等。组团参加农工党市委会合唱队、婺城区委统战部合唱队,并在市委统战部“同心·颂歌”合唱比赛中获一等奖。医卫支部走进陈望道故居,金华四中支部到“浙东红村”横坎头村,重走红色路。12月,组织40余名在职党员在风光秀丽的湖海塘畔举办趣味运动会,展现婺城农工凝心聚力、意气风发的精神面貌。把中国共产党党史学习教育主题活动作为首要政治任务抓紧抓好,重温中国共产党党史,突出中共十九届六中全会精神、习近平新时代中国特色社会主义思想、习近平总书记在浙江考察时重要讲话精神的学习贯彻,引领广大党员学史明理、学史增信、学史崇德、学史力行,不断坚定初心如磐跟党走的信念,广大党员“四个意识”不断增强,“四个自信”不断坚定,忠诚拥护“两个确立”,坚决做到“两个维护”,岗位争先,出彩出色广大党员成为市、区文教卫等行业中坚,思想组织建设展现新风貌。

【参政议政】 婺城农工牢记使命担当, 聚力区委、区政府中心工作,发挥自身教育、文艺、医卫领域的专业优势,着眼大局、融入大局、服务大局,聚焦“十四五”规划纲要、新冠疫情防控、教育“双减”、稳外贸外资、开发区高质量发展、优化乡镇布局、加快推进中心村镇发展、乡村振兴、数字经济等,深入一线调研,建言资政、坚实履职,全年提交政协提案、调研报告、基层党务信息、社情民意等30余篇,被国家期刊、教育部、农工党省委会等采用,为婺城区推进“五大名城”战略,高质量建设新时代现代化都市核心区和“重要窗口”作贡献,其中,《全面提升婺城“个性化”都市发展能级》发言获优胜奖,《聚焦夜间经济消费特点 聚力发展夜间经济》获评区政协优秀提案;郑池爱、陆卫红等被农工金华市委会评为参政议政先进个人;郑池爱被区政协推选为“最美政协人”,参政议政民主监督彰显新作为。

【社会服务】 婺城农工不忘初心,紧扣“民本民生”主题,发挥人才优势,按照“群众所盼、党派所能”要求,组织党员践行宗旨,投身社会服务有“温度”。主委郑池爱政协委员工作室,倾听群众诉求,关心关爱困难群体,架起与群众的“连心桥”;医卫支部所有党员强化责任担当, 参与新冠病毒疫苗接种、核酸检测、预诊分诊等工作,筑牢防疫一线阵地;派出党员专家参加6月4日农工金华市委会在永康举办的“喜迎建党百年·百名专家老区行”为主题的2021年“环境与健康宣传周”社会服务活动,打造“健康农工”服务品牌; 金华四中支部送教琅琊初中,开展结对助学;金华五中支部党员情系学困生,开展心理辅导、结对活动,“社会服务品牌”创建不断取得新成果。

(郑池爱)

九三学社婺城区基层委员会

【概况】 九三学社婺城区基层委员会(简称九三学社婺城区基层委)。2021年,九三学社婺城区基层委共接收入社意愿8名,根据高门槛入社,高质量吸收的原则, 全年发展新社员2名, 列入考察对象3名,其中副科级1名、公务员1名、企业主1名。九三学社婺城区基层委在2021年秉承九三“爱国、民主、科学”的优良传统,在中共婺城区委和九三学社金华市委员会的领导下,认真履行参政议政、民主监督职能,开展社会服务活动,为婺城经济社会发展做出积极贡献。

【参政议政】 2021年,婺城区九三社员向区政协提交《深度挖掘婺文化 做好幸福水文章》等提案6件。其中李中天的提案被评为大会发言优秀奖。胡达华、庄凌飞、马春炜撰写的《婚检率断崖式下降新生儿出生缺陷率上升亟须加强关注》被九三学社省委、国务院办公厅采用；王建盼撰写的《合理规划彰显特色 助力发展乡村文旅产业》得到市委书记凌志峰批示，另一篇《关于严防以城乡融合为名推动“赶农民进城”的建议》被九三学社中央、浙江省委统战部采用。

【服务社会】 9月，九三学社婺城区基层委与兰溪基层委联合开展送医送药送科技助力塔石共同富裕的活动。3月24日，到婺城区白龙桥镇东方红林场开展义务植树活动。李中天社员出资5000元，慰问乾西乡残疾人士，并资助贫困学生45人。九三学社婺城区基层委已坚持结对帮扶长达8年。钱善治在城北街道设立九三法律援助点，全年免费调解咨询提供法律援助，形成良好的社会影响力。

【主题教育】 5月，组织九三学社婺城区基层委20余名骨干社员，前往重庆开展““永远跟党走”主题教育活动，瞻仰考察九三学社的发源地、中国统一战线传统教育基地，重温各民主党派与中国共产党风雨同舟、患难与共的光辉历史。7月，学习贯彻“习近平总书记在庆祝中国共产党成立100周年大会上的重要讲话精神”并展开讨论；10月，组织全体社员集体观看红色主题电影《长津湖》；11月，组织学习中共十九届六中全会精神。2021年，全年贯穿主题教育活动，让社员既有理论的提升，也有实践的飞跃。基层委在做好文件和图片的宣传形式外，加入了短视频，在认真宣传同时不失活泼和时尚。

【活动调研】 在多次向区政协提交关于打造白沙溪三十六堰坝婺城文化新坐标建议的前提下，组织骨干社员实地考察都江堰水利工程，结合地方实际，组织全体社员到白沙溪流域开展调研活动，深入寻访“白沙文化”，社员们聆听“白沙文化”的历史，深入交流挖掘其内涵。

【荣誉奖项】 2021年，社员们在各自工作岗位上建功立业，出现许多先进个人，社员黄珂被评为金华市年度“争做最美资助人”先进个人、汪燕鸣被聘为中国民族建筑研究会专家，李中天当选商会会长获“五一”奖章、王小明成为衢州市首席技术官，梁仲叔获得全国优秀指导教师称号，还一些社员的优秀作品获得荣誉奖项，耿建的绘画作品多次获省级奖项、王小明多篇论文发表、汪燕鸣出版专著、季美珍的国画入选书画展等。

（罗　霞）

婺城区工商业联合会

【概况】 2021年，婺城区工商业联合会(以下简称工商联)会员总数1864人，个人会员1864人，新发展会员47人。区工商联为正科级群团机关，行政编制3名，事业编制2名。工商联下设1家事业单位，为婺城区商会服务中心。2021年，召开区工商联(总商会)四届四次执委会，增补选举总商会执委4名。区工商联获全国“五好”县级工商联荣誉称号，获全省工商联服务“两个健康”工作成绩突出集体，《法律护航 为民营企业健康发展营造良好法治环境》被评为2021年度全省工商联服务“两个健康”最佳工作实践创新成果。

【社会服务】 2021年，区所属商会及民营企业向慈善总会捐款计1200余万元，其中万里扬股份有限公司在慈善总会设立1000万元教育专项基金，30家民营企业捐助200余万元。引导民营经济队伍同心抗疫、共筑防线，区所属商会及民营企业向区疫情卡点捐赠累计约20万元的物资。围绕“科技自立自强促发展”“便民办税春风行动”，联合区科技局、区税务局举办2期恳谈会。印发《婺城区工商联关于深化清廉民营企业建设的实施意见》，建立由区工商联牵头，“两新”工委、公安、检察院、司法局、市场监管等部门联合组成的会商助企机制。联合区司法局、检察院等部门做好相应风险防控的建议工作。2021年，成功创建万里扬“清廉民企”示范点。

【考察交流服务】 为促进工作交流，提升对外交流层次，各商会积极组织对外考察活动。杭州市婺城商会组织会员先后9次外出考察学习；深圳市金华婺城商会组织商会会员先后6次到各地企业考察学习。

【异地商会建设】 2021年，区工商联先后3次组队外出联系婺商，筹建异地商会，排摸广西、武汉、济南等地婺城籍人士信息，开拓婺城对外交流的平台。现有深圳、绍兴、杭州、上海、云南、温州、北京、广州8家异地商会。

5月24日，中共金华市婺城区竹马乡商会委员会成立大会暨第一次党员大会召开，选举产生婺城区竹马乡商会第一届委员会　　（区工商联供稿）

【商会活动】 2021年，各商会积极开展思想教育和

3月23日，区工商联(总商会)举行四届四次执委会暨党史学习教育动员会　　（区工商联供稿）

学习培训活动。围绕"永远跟党走,建功十四五"为主题的党史学习教育，各基层商会、行业商会和异地商会开展"参观红色遗址 重温革命故事""重温入党誓词""红色之旅""红色观影""老党员座谈会""六讲六做"大宣讲等各类主题教育活动。区总商会组织50多名民营企业家到义乌陈望道故居参观学习；白龙桥镇商会组织会员单位到湖南长沙、韶山等地参观学习，体验学习革命老区的红色精神；广州市婺城商会召开老党员座谈会；杭州市婺城商会组织"以青春映初心，庆祝中国共产党成立100周年"观影活动；深圳市婺城商会到广州黄花岗七十二烈士陵园开展爱国主义教育活动。区工商联联合法院、检察院等涉法部门，开展法官(检察官)进商会活动。新生代创业者商会先后开展"直播电商·未来互联网新经济"主题活动和"助力高质量建设发展共同富裕示范区暨直播经济赋能新零售主题活动"，从理论到实践，从做好电商直播的前期准备到直播卖货的基本流程，给予创业者们专业的指导。

【对口支援】 2021年，区工商联(总商会)发动10家企业(社会组织)参与对口支援工作，资金扶持累计30万元。发动商会、企业走访对口村10余次，为对口村争取到实际帮扶资金8万元。

【法律服务】 联合区法院出台《关于建立健全人民法院与工商联沟通联系机制的实施意见》，建立健全深化日常联系、民主监督和投诉转送、信息互通共享、矛盾纠纷化解、民营企业司法重整等六大方面机制。设立"法官联络站"，由12名法官对应联络23家商会。与区检察院建立助企沟通联络机制，组建"检察官助企团"。

（陈方婷）

群众团体

婺城区总工会

【概况】 2021年,全区共有乡镇(街道)总工会14家、机关工委8家、产业工会2家;有482家基层工会,其中机关事业单位工会210家(含国企、集体企业),非公企业单建工会266家、联合工会6家,工会会员34045人。

【工会改革】 2021年,区总工会组织128家企业开展产改工作,确定省级试点企业2家、市级试点企业1家、区级试点企业30家,以点带面、以面带全,推动形成全区企业参与产改的良好局面。推进工会数字化改革。全面对接省总数字化改革工作,完成党政机关整体智治系统工会核心业务5个大项,17个小项的业务梳理,推进网上工会组建、换届批复系统投入使用。开展新业态新就业群体工会组建攻坚争先专项行动。推进基础工会组建特别是新业态新就业群体的工会组建,开展全区企业大排查,制定2021—2023年工会组建计划。2021年,新建基层工会80多家,新加入工会会员2000余人。

【职工疗(休)养】 2021年,完成职工疗(休)养网上备案1649次、职工7782人,完成对口支援省份6条疗休养线路询价工作。命名金华市壹达酒店管理有限公司、金华市婺城区莘畈乡田园运动休闲疗休养基地为婺城区职工疗休养基地。组织60余名一线职工参加市总工会一线职工疗休养,组织270余名一线职工参加区一线职工疗休养。

【职工技能素质提升】 为不断提升广大职工日常生活技能水平,顺应广大职工需求,开展职工日常生活技能提升培训活动,全区有4000余名职工报名参加各类文化体育培训活动。2021年,完成高级育婴师、母婴护理、茶艺、瑜伽4个项目500余名职工的培训。

【精准帮扶】 2021年,开展职工医疗互助保障工作,完成参保单位436家、参保职工27514人,完成目标比例107.48%,实现稳中有进,逐年提高。开展职工免费体检活动,参与企业23家,共有3513名职工进行免费体检。经多次向区政府汇报、协调,解决43名非公企业劳模待遇问题。

【劳动模范评选】 2021年,根据面向基层、面向经济和社会发展第一线的原则,经初步审查、政治审查,再经区劳动竞赛委员会议投票,评选并表彰区劳动模范19人,区模范集体5个。

【技能竞赛】 2021年,区总工会开展群众性劳动竞赛活动,在全区企业中组织开展"十百千万"群众性劳动竞赛活动,有200余家企业共20000多名职工参与,通过广泛竞赛、层层选拔,评选出劳动竞赛示范企业10家,优秀企业10家,职工科学技术创新项目54个,合理化建议531条。开展职工技术提升竞赛活动。2021年,组织举办涉及采茶、炒茶、电工、钳工、汽修工、保育员等14个项目,500余名职工参与的劳动技能竞赛活动,通过技能竞赛,233名选手获得职业资格晋升。

【职工权益维护】 开展"工会进万家·新就业形态劳动者温暖行动",深入新业态企业为新就业形态劳动者送上慰问品,同时开展中共十九届六中全会精神宣讲活动。设立户外劳动者爱心驿站20个,加大对以新就业群体为主的户外劳动者的关心关爱力度,解决户外劳动者工作中饮水、休息等实际问题。开展工资集体协商。全区续签集体协议 309 份,职工 22000 余人,续签率达到 100%。开展高温慰问一线职工“送清凉”活动,开展以区内重点工程、室外一线职工、重点企业职工为主要走访慰问对象的“送清凉”活动,走访慰问重点工程项目 8 个,室外高温一线单位 9 家,重点企业 23 家,发放清凉慰问品 1757 份,价值 17.57 万元。

【安全生产培训】 开展“安康杯”安全生产知识有奖答题活动,采用线上答题形式开展安全生产知识有奖答题活动,共有 2000 名职工参与,发放 500 份奖品。开展法律法规宣传活动,发放《区总工会法律宣传手册》等宣传资料 18000 余份(册)。

【职工文化建设】 2021 年,婺城区新时代工会实践示范基地建设不断推进,为助力共同富裕,打造婺城区工会工作示范点,区总工会与索菲娅生活家居产业园联合打造一家综合性、示范性的工会职工服务阵地。

【困难职工救助】 开展困难职工帮扶救助工作,2021 年,为困难职工、困难劳模、困难农民工共 90 人,发放帮扶慰问资金共计 38.5 万元。

【疫情防控】 2021 年,婺城区设立疫情防控专项资金 50 万元,以“六送”服务外地员工留婺过年。送宣传,发出《致全区各级工会组织和广大职工一封信》,倡导留婺不回乡,平安健康过新年;送温暖,为 430 名留婺过年的困难职工送上价值 300 元/人的年货大礼包;送文化,到企业开展迎新年送文化进企活动,免费为职工写春联、剪窗花;送服务,建立企业职工志愿者联盟队伍,为留婺过年的外来职工提供暖心服务;送图书,联合团区委开展留婺过年“小候鸟”走访慰问活动,为 60 多名留婺职工子女送上价值 7200 元的图书;送旅游,组织 300 余名新金华人游金华。开展“春送岗位”活动,组织 18 批次 400 多家次企业开展线上、线下招聘,提供岗位 10000 余个,缓解企业“招工难”问题。走访慰问抗疫一线职工。深入基层走访慰问全区 18 个乡镇(街道)、高速卡口、暖心服务点等抗疫一线职工 3000 余人次,发放慰问品 3300 份,走访慰问疫情防控一线劳模 120 人次。

1 月 25 日,区总工会在万泰公园开展慰问留婺过年职工活动 (区总工会供稿)

【工会自身建设】 开展“我心向党”主题系列活动。在全区开展润“婺”有声·百名劳模(工匠)话党史百场宣讲“五进”活动;开展“献礼中国共产党成立 100 周年·永远做党的好儿女”职工文艺汇演;庆祝中国共产党成立 100 周年线上学党史活动,全区共有 5000 余名职工参加;组织 2000 余名女职工参加学习宣传党史知识暨庆“三八”有奖答题活动;组织干部职工参加全省职工党史知识竞赛,荣获省、市双冠军。开展学习宣讲中共十九届六中全会精神活动。班子成员深入企业开展“六讲六做 扛旗争先”宣讲中共十九届六中全会精神,组织企业女职工优秀代表召开学习贯彻中共十九届六中全会精神座谈会,建立劳模工匠宣讲团,深入企业、车间向广大产业工人宣讲中共十九届六中全会精神。高质量高标准开展党史学习教育。全体党员干部认真学习习近平总书记在党史学习教育动员大会和中国共产党成立 100 周年庆祝大会上的重要讲话精神,规定动作学到位,组织党史学习教育专题学习会,开展党史集中学习 18 次,专题交流研讨 18 次。组织全体党员开展“学百年党史 品信仰味道”学习教育实践活动,近距离感受信仰的味道。创新开展支部党建工作。常态化开展周一夜学制度,建立工会干部个人领学制度,全面提升干部业务素质。开展主题教育整顿活动,全体党员干部进行深刻自查反思,并撰写剖析材料。开展“学史力行·我为群众办实事”活动。组织开展党员志愿服务活动,走访联系村竹马乡姜衙村,自筹资金认领困难群众“微心愿”。常态化开展“当一周工人·体工会初心”活动。

全体干部到力扬五金开展“当一周工人·体工会初心”活动,与职工一起吃饭、一起工作,拉近与一线工人距离,增进感情,增强工会服务职工的针对性和实效性。

3月8日，召开婺城区工会系统党史学习教育工作暨志愿者联盟成立大会　　(区总工会供稿)
(卢肖飞)

中国共产主义青年团婺城区委员会

【概况】 2021年,中国共产主义青年团婺城区委员会共有基层团委36个,基层团工委9个,团总支3个，团支部571个，在志愿汇上注册志愿者总数77205人,志愿者队伍900支。团区委团结带领全区各级团组织凝心聚力,围绕党政中心,服务青年群体,在区委和团市委的正确领导下,忠实践行“八八战略”,奋力建设“重要窗口”,扛旗争先,笃定前行,广泛动员全区团组织和团员青年切实担负起走在前列的时代重任,为高能级建设现代化都市核心区贡献青春力量。

【基层团组织建设】 2021年,通过“推优入团”程序顺利发展团员377人,学社衔接比例接近100%。全年新增59家非公企业团组织和县府里“青年之家”,成立快递物流行业团工委、互联网行业团工委、教育团工委,基层团的组织建设不断优化。组织召开婺城区青年联席会第二次会议,贯彻落实省、市青年工作联席会议精神，研究部署当前及今后一个时期青年工作,发布《未成年人检察工作白皮书》。举办青年和人大代表、政协委员面对面活动，有关建议意见13次出现在区两会的提案和议案中。

【主题教育活动】 2021年,团区委部署党史学习教育主题活动,把学习情况纳入团、队员日常管理教育。建立“矩阵网”,实现组织化学习全覆盖。创新打造“四课两线一链条”,系统部署“党课、团课、队课、思政课”,全力推动“青年大学习”和“红领巾爱学习”两大学习板块,重点围绕党团队一体化培养链条,推动学习教育深入基层、融入日常,实现552个团组织1.4万名团员、1074个少先队组织4万名少先队员党史学习全覆盖,两次承办市级党史学习教育活动。团区委党史学习教育活动3次登上省、市党史学习教育简报。

【青年创业就业工程】 2021年,成立全市首个“新农飞地”运营中心,帮助创业青年链接婺沪两地资源，邀请上海交通大学教授2次到婺城区调研授课，组织婺城农企3次到上海设点销售。“新农飞地”已入驻企业50家,组建专家团队13个,帮助解决创业难题10余个，展销优质农产品1000千克。2021年年初,团区委与区委组织部共同举办“汇聚青年英才”云招才活动,2小时引流6万人次,提供20余项优惠政策和500余个就业岗位,在线求职超过1600人,达成初步意向300余人。11月,举办“奇思妙想 创在婺城”青年创业大赛,吸引近200个项目报名,“双创”婺城的氛围进一步浓郁。

9月29日,团省委副书记包志炎(右一)在婺城区县府里全球科创中心调研红色驿站和青创飞地建设　　(团区委供稿)

【青少年权益维护】 2021年，团区委聚焦户外行业，集中建立100个“红色驿站”，发布十大志愿服务品牌，为户外工作者筑起暖心服务的红色港湾，承办全市千个“金华有爱·红色驿站”启动仪式，有关做法获市委常委、组织部长批示肯定。聚焦四个亲青平台，围绕青年关注的婚恋交友、就业创业问题，完成亲青恋活动3场、亲青筹项目4个、亲青帮案例3个、亲青创活动7场，6次组织区青联委员、青企协会员和爱心青年企业家等慰问困难青少年118人次，给困境青少年送去温暖祝福。承办团省委青少年“三禁三防三自”活动，强化青少年心理健康教育，预防校园欺凌问题。

【服务青少年健康成长】 2021年，“跑小青”“调小青”12次走访慰问受抑郁症困扰的少年小宇，助其打开心扉、复归社会。组建首批100名公益诉讼志愿观察员队伍，提交线索92条，立案42件，开展公开听证等活动20余次，督促保护“白沙老爷庙”行政公益诉讼案入选全省典型案例，婺城区获评优秀试点单位荣誉称号。

【青少年思想道德建设】 2021年，团区委组织拍摄《唱支山歌给党听》快闪视频，吸引1万多人次观看，视频内容被金华发布采用转发。成立“白沙溪三十六堰少年研究院”，组织2000余名青少年开展实践活动32次，引导青少年感悟生态文明和农耕文化。建强青春领“婺”宣讲团，广泛吸纳青年宣讲员，“8090说全会”等4个宣讲活动贯穿全年，制作音视频28个，唱响强国有我的青春宣言。牵头开展区“首届十大杰出青年”评选活动，广泛组织社会各界98名优秀青年报名，评选产生首届“十杰”和“十优”，营造全区青年拼搏争先、矢志奋斗的良好氛围。

【青年志愿服务行动】 2021年，婺城区新增注册志愿者3553人，开展志愿服务活动1146场，活动时长30.7万小时。千名青年志愿者助力万名“银龄”跨越数字鸿沟，联合18家单位举办活动12场，全力提升老年人的幸福指数。组织“消薄帮帮团”三次走访结对村，开展岁末年初贫困家庭走访慰问活动，帮助村、企架起沟通桥梁，助力打好消薄攻坚战。“志愿红”多次登上《金华日报》、金华电视台、人民网等主流媒体。推选的志愿者、志愿服务队和社区获评市志愿服务“五个10”先进典型。

【疫情防控】 2021年，团区委组织第一时间组织团员青年和企业、社会组织等800名志愿者投身防疫一线，协助村(社区)开展疫情防控志愿服务，用实际行动为打赢疫情防控阻击战贡献青春力量。战“疫”以来，组织机关企事业单位青年干部、社会组织志愿者和社会志愿者下沉到各个村(社区)卡口、疫苗接种点、核酸检测点等地开展疫情防控工作，协助开展沿街店铺从业人员信息登记、核酸检测、疫苗接种秩序维护、核酸检测点秩序维护、疫情防控宣传、“扫楼排查”重点人员排摸等工作。下沉志愿者4000余人，开展疫情防控志愿服务场次300余场，活动时长2万小时。

【数字化改革】 2021年，团区委持续探索数智赋能，召开共青团数字化改革专题座谈会，探索建立“新农飞地”小程序，邀请企业、专家云端入驻飞地，在线开展专业对话，在乡创企业孵化的小窗口中寻找共同富裕大场景。

(彭　聪)

婺城区妇女联合会

【概况】 2021年，婺城区妇女联合会(以下简称婺城区妇联)有乡镇妇联13个，街道妇联5个，村(社区)妇联270个。区、乡镇(街道)专(兼)职妇联干部46人。2021年，区妇联获金华市创建第六届全国文明城市工作先进集体荣誉称号。

【基层组织建设】 婺城区妇联持续向“四新”领域延伸组织建设。在“妇女微家”建设上寻求突破，组建各类妇女微家32个，完成阵地建设12个。开展“四攻坚四争先”比拼活动。组织各乡镇(街道)进行半年工作大比拼，评出7个优秀乡镇(街道)，7个良好乡镇(街道)，4个合格乡镇。举办村(社区)“和姐”、区妇联执委、乡镇(街道)妇联主席培训班各1期，提高各级妇联干部能力水平，加强妇联干部队伍能力建设。

【女性人才培养】 2021年，成立巾帼云创联盟，举办主题沙龙、网络直播培训班，为百余名婺城创业女性提供思想碰撞、学习经验的平台。评比表彰各类先进典型。2021年，婺城区有4人获市级三八红旗手荣誉称号，2人获市级巾帼建功标兵荣誉称号，10人获区级三八红旗手荣誉称号。举办各级妇联干部培训班，提高妇联干部能力水平。2021年有4名乡镇（街道）妇联主席和2名乡镇（街道）妇联副主席被提拔为区管干部。

【垃圾分类】 开展“垃圾分类，巾帼先行”活动。组织各级妇联干部和巾帼志愿者深入社区，入户发放倡议书、宣传册。依托“妇女之家”、家长学校等阵地张贴《垃圾分类从家庭做起》宣传画及《浙江省生活垃圾管理条例》等，用生动的语言、醒目的图片来宣传讲述生活垃圾分类的重要意义和分类知识。利用“婺女之声”微信公众号平台宣传《浙江省生活垃圾管理条例》，定期发布垃圾分类知识及活动信息。全年共发放宣传资料3000余份，举办宣讲活动19余场，参与人数1200余人。

【妇女儿童权益保护】 结合“三八”维权周、“8·5”普法宣传周、平安家庭创建集中宣传月等时间节点开展各类普法宣传活动40余场，发放宣传资料30000余份。承办全市婚姻家庭辅导员培训班，提升婚姻家庭矛盾纠纷调处化解能力水平。组织各级“和姐”工作室开展集中接访，引导律师、心理咨询师等社会力量轮驻“和姐”工作室。全年各级“和姐”工作室接待来访855件，办结率100%，其中宋园春“和姐”工作室接待211件。全区260名“和姐”骨干参与民情民访代办，调处婚姻家庭矛盾纠纷1677件。组建280多支“反诈骗巾帼宣讲队”，“格姐”们通过集中和入户、线上和宣传、授课和文艺宣传相结合的形式，开展反诈宣传活动80余次，参与人数5000多人。继续开展“春蕾助学”活动，资助学生25名，受助金额2万元。组织各级妇联走访慰问特殊家庭妇女200余人次，走访慰问低保、困难儿童、山区学生765人，给他们送去鞋子、学习用品、“爱心牛奶”等。“蔷薇合护站”未成年人综合保护中心项目为全市唯一入选省“十四五”妇女儿童发展规划示范项目。

【文明家庭创建】 2021年，婺城区妇联组织全区基层妇联开展实践“家家幸福安康工程”，评选出城西街道中山路社区等5个“家庭建设工作实践”先进村（社区）。打造“巾帼联廉”品牌，组织“和姐”代表通过道情的形式，编唱《巾帼联廉 幸福过年》，举办婺女清风讲堂“巾帼联廉 廉姐说廉”专场，邀请村主职干部家属代表作廉洁宣讲。开展好家风传承活动、“好家风”故事分享会20多场。开展各类家庭评选，2户家庭获评省级最美家庭、7户家庭获评市级最美家庭，816户家庭获评区级文明家庭。

【美丽庭院创建】 继续开展“党建+”美丽庭院创建工作，组织开展“千名格姐扮万户 美家美院美婺城”美丽庭院晒拼创活动，全区共创建美丽庭院达标户6862户、示范户3346户。举办全市巾帼助力乡村振兴现场会，全市乡镇（街道）妇联主席近200人考察参观婺城区雅畈镇芳田村。在罗店镇举办首批景观园林设计技能培训班。开展“绿色家庭”评选活动，全年推荐市级“绿色家庭”10户，区级“绿色家庭”20户。

【创业就业扶持】 2021年，全区有来料加工经纪人353名，加工人数5366人，全年共发放来料加工费1.37亿元，比上年增长17%。区妇联组织举办来料加工培训班，通过理论学习、实地考察、技能培训，开阔来料经纪人眼界，提升经纪人素质，推动来料加工业转型发展。组织2家婺城妇字号企业和3位女企业家参加中国义乌国际小商品博览会（简称“义博会”），帮助经纪人拓宽销售。认定首批“婺城区巾帼创业创新基地”5家。与四川甘孜州道孚县妇联签订“东西部协作框架协议”，捐赠30台电动缝纫机、6台电脑以及打印机等物资，为道孚当地妇女开展缝纫技能培训。联合竹马乡开展茶花销售直播活动。在大岭村召开巾帼助力共同富裕座谈会。

【疫情防控】 全区妇联干部、巾帼志愿者与妇女群众迅速响应行动，投身疫情防控一线，严格落实各项疫情防控措施。区妇联机关全体干部响应区委号召，下沉共建社区，配合社区对辖区内的住户居民和商业进行全面走访、核查排摸，开展防疫宣传。对辖区内来料加工点开展疫情防控检查，要求各经纪人严格落实防疫和安全防控工作，做好加工人员日常测温亮码，定期开展安全生产自检工作，保证人员和生产的安全。组织万余名“格姐”深入街头巷尾、居民家中、办公楼宇、商超菜场等场所，通过发放防疫知识宣传单、响起做好防护大喇叭、挨家挨户大排查等方式,织密全区疫情防护网;参与农贸市场等人员密集场所出入口以及各村卡口的查码测温登记等各项工作。组织区女企业家协会将4000余只成人口罩、1000余只儿童口罩等防疫物资捐赠给抗疫工作人员。

(徐美珍)

婺城区科学技术协会

【概况】 2021年,婺城区科学技术协会围绕打造科技工作者温馨家园、高端智力集聚工程、全民科学素质提升、建设智慧科协等方面抓好工作,赋能"双城"战略迭代升级、建设"五大名城"。新增3家市级院士专家工作站,1家市级专家工作站升级为市级海外院士工作站。3家单位获批金华市级科普教育基地,1家单位获批金华市级农村科普示范基地。在2021年度全市科协工作"攻坚争先大比拼"中被评为年度工作突出单位,开展的"小小科学家,科普伴我行"科普教育活动获评2021年全国科普日优秀活动。

【服务创新驱动发展】 人才攻坚行动成效显著,2021年,新增浙江先创能源科技股份有限公司、浙江六环电缆科技股份有限公司和金华市婺城区人民医院等3家市级院士专家工作站,全年人才攻坚任务市级院士专家工作站新建完成率达到2020年的1.5倍。金华金婺农业发展有限公司引进乌克兰农业科学院院士马克西姆教授团队,升级为市级海外院士工作站,为全市首个升级的工作站。市级院士专家工作站建站企业金华金婺农业发展有限公司报送的项目获第五届浙江省农村创业创新大赛总决赛二等奖和最佳人气奖。睿丰康生物医药科技(浙江)有限公司建立"金华市博士创新站",成为金华市首批、婺城区首家博士创新站试点单位。

【科学普及活动】 2021年,区科协组织婺城区科普教育基地和纲要办成员单位开展"新年留浙里,科普过大年"系列活动。"科学素养你我他"系列活动首场讲座走进金华广播电视大学,特邀婺江健康医学实验室首席科学家秦晓峰教授为5000余名师生开展生命健康知识专题讲座,破解疫苗犹豫。前往箬阳乡开展茶叶病虫害防治技术专题科普活动,邀请中国农科院茶树病虫害防控创新团队首席科学家周利进行茶叶专题科普讲座。科普活动品牌效应显著。开展非遗文化科普系列活动和科普阅读读书会活动2场,非遗文化科普活动3场。

【学会学术交流活动】 邀请中国科学院院士、复旦大学教授麻生明,省科协副主席王忠民、省科协一级巡视员姜长才、中共农办农业农村部乡村振兴专家咨询委委员赵兴泉,省科技服务中心副主任黄文胜,扬州大学教授秦爱建,西安交通大学教授张兄文、徐州医科大学教授张潇等院士专家到婺城进行技术指导和对接交流。给婺城籍新当选中国科学院院士滕皋军教授发去贺信,邀请他常回家看看,继续关心、支持婺城的发展。推进学会智汇婺城,发挥学会的学术交流作用,指导现有学会依托会员的智力资源,开展科普进社区、科普大讲堂、乡创品鉴会等活动17场。"百博赋企"活动走进婺城,省内多所院校、省青年高层次人才协会的20余位专家教授与企业开展需求对接。邀请中国工程院院士郑裕国出席长三角产业科技创新研讨会暨智江南论坛,并作"医药生物工业的创新与发展"主题报告。协助市科协开展"科创赋能 智汇山区"浙江省青年高层次人才助力山区县高质量发展活动。

3月29日,中国科学院院士麻生明(前排左二)到婺城区雅畈镇杜鹃花王国调研走访　　(何凡摄)

【青少年科技活动】 2021年,区科协组织举办"百名科创小星星庆'百年'"青少年党史学习科普研学系列活动，帮助青少年掌握科学知识，激发爱党爱国之情。“青少年人工智能公益课堂”活动、“小小科学家，科普伴我行”青少年科普教育系列活动服务青少年全面发展。开展第二届金华市《冲刺！科学+》科普比赛婺城区移动端海选，近4万人次中小学生参与答题闯关，其中一组亲子家庭进入市赛，并获金华市赛第4名。响应省科协“百城联动，乐享科学”的活动号召，利用现有的9家市级及以上科普教育基地，开展科普活动。组织首场婺城区创新大赛青少年科技辅导员培训班，加强科技创新教育、提高科技辅导员水平和能力。

【疫情防控】 实施迭代升级“三服务”2.0版服务企业，为企业送上疫情防控宣传册，助企服务员常态化做好疫情防控政策宣传和问题收集上报。利用“科普婺城”微信公众号、婺城区“村婺通”数字乡村幸福智治平台“科普婺城”板块做好疫情防控线上宣传教育工作，推送疫情防控科普知识20余条。组织人员前往乾西乡联合社区开展疫情防控志愿活动，配合社区做好卡口测温、政策宣传、资料分发、数据统计、维持秩序等工作。

【科普融合】 夯实科普信息化基础，配合省市科协做好数字化改革工作，加快科普信息化的布点和设施建设，2021年，全区新增“科普e站”10个，“科普婺城”微信公众号推送消息30余条。7月，在婺城区“村婺通”数字乡村幸福智治平台上线“科普婺城”板块，科普融合数字化改革普惠群众，科普信息阅读量突破2万。牵头开展“银龄跨越数字鸿沟”科普专项行动，组织老年人就近就地开展智能手机应用普及，全年开展活动近30场次，培训人数4000余人次。

画好科技工作者齐心向党的同心圆。区科协联合区科普学会、区口腔医院、中国建设银行金华分行营业部等单位开展“助力创新城 情系婺科人”暖冬关爱活动，走访慰问科技工作者代表。与区科普学会、区口腔医院共同组建“科学+”党建联盟，到安地镇开展党史学习教育活动暨党建联盟共建活动。举行全国科技工作者日“婺城区科技工作者话‘创新’”沙龙，“百名科技工作者送祝福”活动邀请全区百名科技工作者录制视频，为中国共产党成立100周年送上祝福，抒发愿景。

（何　凡）

金华市婺城区归国华侨联合会

【概况】 2021年是中国共产党成立100周年，也是全面实施“十四五”规划的开局之年，更是浙江省侨联“十代会”胜利召开的开端之年。婺城区侨联以“奋进‘十四五’图强新婺城”为主旋律，围绕为侨服务和为经济社会发展大局服务的主线，加强海外联谊，优化为侨服务，切实增强自身建设，为婺城建设“重要窗口”贡献侨界力量。

【服务侨企】 深化“三服务”理念，开展“侨小二”服务侨企活动。推行“1+1+1”(1个职责部门、1位驻企服务员、1家侨资企业)“侨小二”服务侨企婺城模式，通过一线走访、政企恳谈等形式，及时了解掌握侨企在经营发展中存在的真困难、真问题。2021年，共走访侨资企业37家，召开政企恳谈会23场，收集问题22个，解决问题12个。

【联络联谊】 做好春节、中秋等重大节日的走访慰问活动，全年共走访30余户困难侨界群众、侨界重点人士家属和回国探亲的海外高层次人才。接待广西北海市侨联来婺考察交流乡村振兴工作，深化对接合作。开展侨界人士迎新春送温暖活动，举办各侨企“留婺过大年 开启幸福年”主题活动，为留婺员工派送春节“大礼包”。联合区教育局举办港澳侨少儿绘画大赛、文艺会演等活动，搭建联络联谊交流平台。承办全市侨联活动，如暑期读书会等活动计4场次。婺城多元化的为侨服务工作给省、市领导留下了深刻的印象。

【侨助共富】 多形势、多途径引导侨团(企)参与“百家侨团(企)扶百村”活动，加快打造具有婺城侨界辨识度的共同富裕标志性成果。鼓励侨界群众热心公益，回报家乡，年内落实帮扶贫困村2个，投入资金150万元，实现企业与结对村“双赢”。成立婺城区为侨服务阵地——助推共同富裕示范基地“熊猫猪猪·两头乌国际牧场”。

【组织建设】 培育打造为侨服务婺城品牌，在城西街道成立婺城“联心侨暖心工作室”，以“123456”工作法，为侨胞侨眷提供“一站式”服务。推进婺城留学生创业园建设，入驻留学生企业近20家，承办2021“金华优选·品牌出海”跨境电商培训，举办e-Bay“领军计划”2021走进浙江产业带金华专场等活动，举办专项培训10余场。

（申晓卫）

婺城区残疾人联合会

【概况】 婺城区残疾人联合会(以下简称区残联)，下设“金华市婺城区残疾人劳动就业服务中心”。2021年，区残联辖18个乡镇(街道)残联，274个村(社区)残协。全区持证残疾人9699人，其中视力残疾862人，听力残疾1362人，言语残疾137人，肢体残疾4097人，智力残疾1025人，精神残疾1725人，多重残疾491人。

【重要会议】 3月17日，召开婺城区残工委全体会议暨区残联五届主席团四次会议，总结2020年和“十三五”残疾人工作，部署“十四五”和2021年工作任务。7月29—31日，举办2021年残联系统业务工作培训班，残联及下属残疾人就业服务中心全体干部职工，各乡镇(街道)残联理事长、残疾人专职委员参加培训。

【残疾人补贴发放】 落实、落细残疾人两项补贴、教育救助、住房救助等系列政策规定，提升残疾人生活保障水平。2021年，全区发放困难残疾人生活补贴1548人、438.94万元；发放重度残疾人护理补贴5474人 、1283万元；发放重度残疾人机构托养护理补贴490人、303万元。全年新增申请生活补贴108人。根据浙江省残疾人联合会《关于做好残疾人“两项补贴”发放移交准备工作的通知》，5月，残联整理自2016年残疾人“两项补贴”发放以来有关“两项补贴”发放的全部档案资料，做好归档工作，确保相关材料完整规范，12月完成“两项补贴”交接工作。

【扶残送温暖活动】 2021年春节，下发物质油、米各2200份，由乡镇(街道)残联实地走访慰问形式送达残疾人。

【残疾人劳动就业】 强化精准就业援助和个性化就业服务，开展残疾人就业援助专项活动。创新残疾人就业培训，培育残疾人直播网红，促进残疾人多渠道就业。完成省、市政府民生实事项目提升建设4个“残疾人之家”，全区“残疾人之家”信息化管理实现全覆盖，促进残疾人辅助性就业，该项工作走在全市前列。

【残疾人保险】 为提高全区残疾人保障水平，减轻残疾人因意外伤害和疾病而造成的第二次伤害，有效减轻残疾人家庭经济负担，婺城区残联共投入49余万元资金统一为全区9936名持证残疾人投保《残疾人意外健康保险》，保费为50元/人。

【残疾人文化体育活动】 为丰富婺城区残疾人的文化生活，提升残疾人融入社会的归属感，感受美好生活的幸福感，举办全国助残日“观影无障碍，志愿暖人心”专项行动，组织开展无障碍观影12场，发放电影券2000张。为展示婺城区残疾人群体爱党、爱国的情怀和蓬勃向上的精神风貌，5月，举办“传唱红色经典 献礼百年华诞”红色电影主题曲演唱大赛，营造残疾人融入全区文化大发展的良好氛围。选送优秀残疾人艺术节目参加省、市残疾人艺术汇演，获得优异成绩。

【扶残助学活动】 2021年，区残联为金华市特教学校送去3万元慰问金及慰问品；核查统计各乡镇(街道)残疾学生入学情况，全年发放残疾学生助学补助37.5万元，贫困家庭子女教育补助7.55万元。

【社会保障】 2021年，全区新增重度护理补贴(含机构)834人。完成全区9857名持证残疾人基本状况和需求数据动态更新工作，掌握残疾人基本状况，明确康复目标。全年总计投入76万元开展一个省级无障碍社区创建(浙师大社区)，投入63万元对114户残疾人家庭进行无障碍改造，全面提升全区残疾人无障碍环境建设。

【康复医疗】 制定全区残疾儿童定点康复机构协议管理办法，通过资格化认定、协议化服务、协同化管理的新模式，完善全区残疾儿童定点机构建设布局和服务质量；发挥好城西卫生院儿童康复中心优势，创建婺城康复机构品牌，方便残疾人就近康复训练。按时发放精神残疾人服药救助卡，做好精神病免费服药全额保障工作，发放补助金额236.8万元，惠及残疾人群众1988人；推进婺城区残疾人托养中心项目建设，解决重度残疾人托管托养难问题。

【疫情防控】 根据市、区通知要求，迅速成立疫情防控工作领导小组，党组成员带头深入一线做好疫情防控。按照疫情防控工作需要暂停办理残疾评定、信访接待、"残疾人之家"运行，暂停盲人按摩机构的经营活动，对区所属残疾人托养、康复机构和残疾儿童定点康复机构展开疫情防控检查。及时向全区残疾人发出抗击"新冠"疫情的倡议，努力构筑群防群治的严密防线。

【队伍建设】 加强残疾人干部队伍建设，抓好乡镇(街道)专职委员和行政村(社区)专职委员选聘、配备、培训等工作。通过办班集训、下基层宣讲等形式抓好区、街两级残联干部培训工作，推动残疾人工作者综合素质和服务能力提升；加强专门协会工作，支持专门协会开展政策业务培训、残疾人调研、为残疾人办好事实事和相关公益活动。

（廖　亮）

婺城区红十字会

【概况】 2021年，婺城区红十字会加强红十字基层基础建设，广泛团结动员人道力量，开展"三救三献"业务工作，婺城区红十字事业呈现蓬勃发展的良好态势。2021年获金华市红十字应急救护大赛团体三等奖、金华市红十字系统庆祝中国共产党成立100周年宣传汇演金奖、基层组织建设先进单位。

【党史学习教育】 2021年，开展党史学习教育。根据区党史学习教育工作要求，成立红十字会党史学习教育领导小组，召开党史学习教育动员部署会，研究制定红十字会党史学习教育实施方案，严格按照区党史学习教育提示，以理论中心组学习、全体党员干部集中学习、个人自学等形式开展党史学习教育；通过4本指定教材，系统学习党史知识；通过"学习强国"重点学习采访实录《习近平在浙江》《习近平在党史学习教育动员大会上的讲话》《习近平总书记七一重要讲话》等习近平系列讲话精神和中共十九届六中全会精神；通过"婺城组工"微信公众号开展"党史知识每周测""党史天天学"活动；通过"浙江红十字"微信公众号，学习"党史上的今天"，确保党史学习教育开展有力；先后组织全体党员参加党史学习教育知识竞赛、重温入党誓词、观看爱国主义教育影片《1921》《红船》、到红色教育基地蒋宝贤故居学习先辈光荣事迹等活动。党组书记带领党组成员深入基层讲党课；开展数字化场景体验。参加全市红十字系统"红心向党、关爱生命"庆祝中国共产党成立100周年宣传会演等；坚持把"办实事"作为党史学习教育的落脚点，为群众办实事八件，受惠群众近三万人次；为企业解难题五件，受惠企业24家；为基层减负担实事3件，受惠群众400余人；开展志愿救援服务75次，每周组织人员参与社区共建，完成微心愿4个。

【应急救护培训】 2021年，培训救护员1913人次、普及培训18033人次，分别完成年度任务数的163.5%、161.4%。开展46场应急救护培训进农村文化礼堂活动，累计3000名村民参加急救知识普及培训，新增应急救护站(点)2个，在学校、乡镇卫生院、机关部门公共服务区域等18处配备AED，完成"健康婺城"任务的225%，提高"救命神器"有效覆盖范围。

【人道救助服务】 开展2021年"红十字博爱送万家"活动，走访慰问全区16个村(居)困难家庭等160余户，发放款物折合金额近8万元；与金华文荣医院、众康医院设立联合助医项目，审核困难群众

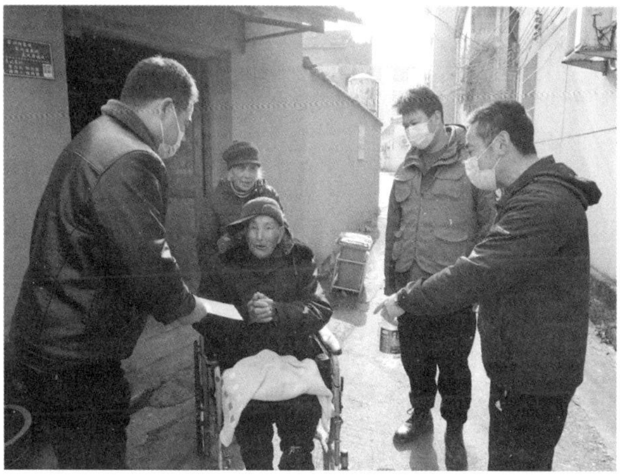

1月29日，婺城区红十字会开展"红十字博爱"送万家活动　（朱前摄）

121 名,发放金额 18.15 万元;联系杭州婺城商会,为辖区 1 名即将失学学生资助 2 万元助学金,确保该名贫困生能够继续上学;开展“小桔灯”公益救助项目, 资助 2 个家庭困难的器官捐献者子女上学,分别发放助学金, 合计 5000 元; 发挥红十字政策优势,结对帮扶高塘村壮大村级集体经济,补助资金 3 万元,提高村集体经济收入;为辖区 16 家残疾人之家配备应急救护包,对从事残疾人服务工作及残疾人员开展应急救护培训。

【应急救援】 应急救援队新增队员 14 人, 新增各种应急设备 50 余套, 组织参与各类救援任务 75 次,出动应急救援人员 800 余次,包括辖区水域落水人员搜救、打捞,区政府组织的应急演练、赛事保障、抢险救灾、寻找走失人员等。特别是在 8 月发生汛情时,红十字救援队带着抢险装备第一时间赶往现场,转移涉险群众;9 月,发生泥石流灾害,救援队再次奔赴一线,参与抢险救灾工作;12 月,金华疫情警报拉响,婺城区红十字应急救援队第一时间成立疫情防控突击队,每天组织 24 名队员,分三个班次守卫在金华高速口。婺城区红十字应急救援队成为婺城应急救援体系重要组成部分。

【“两捐”工作】 开展造血干细胞捐献和人体器官捐献知识宣传、普及和登记联络工作。2021 年,造血干细胞采样新增入库 60 人份,完成任务数的 100%,成功捐献 7 例,累计捐献 21 例;人体器官捐献 4 例,累计捐献 19 例,弘扬社会文明进步的崇高思想。

【志愿服务】 组织全体党员干部开展 “心连心、共创建”志愿服务活动,携手社区共同维护城市文明,开展疫情防控宣传和疫苗接种情况入户摸排,动员社区居民接种疫苗;开展党员送微心愿活动,4 名党员各为困难家庭完成一个微心愿;开展“孝行助老‘手’护母亲”感恩母亲主题活动,组织志愿者为竹马乡方下店村老人提供病理咨询, 普及急救知识,泡脚修脚等服务;助力“双减”携手行,参与由团婺城区委组织的“你点单我服务”青春助“减”公益行动,为近 200 名青少年提供了红十字急救课程的体验活动,通过青春助“减”公益行动,“减”去学生的负担,“增”加学生的快乐。

【红十字文化传播】 联合城中街道西市街商圈联合党委每周日在帝壹城购物中心开展红十字志愿服务活动, 向商圈工作人员及群众宣传心肺复苏、AED 使用等应急救护知识。联合琅琊小学开展学校安全教育及地震应急演练为主题的宣传活动,向学生宣传腿部骨折人员、溺水人员救治等。同时,利用报刊、互联网等各类媒体,扩大宣传,有效提升红十字会的社会影响力。

9 月 8 日,区红十字会培训讲师走进金华四中,讲解急救知识和技能 (区新闻中心徐乐摄)

【基层组织建设】 建立乡镇 (街道) 红十字会 18 个,建会率 100%,建立村(社区)红十字会 274 个,建会率 100%,建立学校红十字会 40 个,建会率 100%,建立企业红十字会 1 个,各项工作有序展开。提升全区红十字干部的业务能力和综合素质,夯实红十字基层组织基础,增强红十字力量,在市委党校首次举办全区各乡镇、街道、学校、有关村等基层红十字干部综合业务培训班,有效促进全区红十字事业更快更好发展。在石墙脚村、雅畈二村、高塘村、后溪河村开展“博爱家园”项目建设,依托“博爱家园”项目平台,广泛开展防灾避险知识宣传、群众性应急救护培训、人道救助和慰问活动,为群众提供精准优质、具有红十字辨识度的人道服务。

(朱　前)

婺城区文学艺术界联合会

【概况】 2021 年,婺城区文学艺术界联合会(以下简称区文联)有团体会员 13 个,会员 1000 余人。全年推送各类文艺展赛、活动信息 300 余篇。完成婺城文艺家协会 2021 年度绩效评估工作, 激发协会的积极性和会员的向心力，各协会文艺采风、作品点评会、加工会等活动层出不穷。指导区诗词楹联学会召开第四次会员大会并完成换届工作。成立全省首家文艺创客联合会，通过团结引领、宣传推介、联融合作、服务运营等方式，为全区文艺创客集智集慧、抱团发力提供载体，助力婺城乡村振兴和产业发展。创建“北山文艺创客之家”，已入驻大岭诗歌工作室、北山书法工作室、尖峰摄影工作室、婺江音乐工作室，经常性开展采风、交流等活动。全年“北山文艺创客之家”开展各类文艺创作、交流活动50余场，酝酿出“艺术乡建”意向项目8个，不断发挥“艺术乡建”作用，用文艺方式激活乡村资源，赋能乡村产业，美化乡村环境，助力农村实现物质富裕、精神富有，走出一条助力乡村振兴的特色文艺之路。推介宣传优秀文艺人才，拍摄制作“婺城优秀文艺创客”宣传视频，在学习强国、婺城融媒、婺城文艺等平台播放，提高文艺创客知名度和影响力。成立蒋堂乡镇文联，为丰富基层文艺活动提供组织保障。根据婺城文艺名家工作室评定办法，授予述章玉石雕刻工作室、界庐书法工作室、半溪文艺创作服务工作室为2021年度婺城文艺名家工作室。关心关爱老艺术家、文艺工作者及新文艺群体，走访慰问老艺术家10余人，走访文艺创客30余人。

【文艺活动】 2021年，以中国共产党成立100周年为主题，举办“心写婺城”庆祝中国共产党成立100周年暨第二届婺城书法篆刻大展、“同心向党 百年辉煌”婺城区统一战线庆祝中国共产党成立100周年主题书画展、“出彩机关 献礼百年”婺城区机关干部才艺作品展、“百年逐梦 墨颂清风”婺城交通庆祝中国共产党成立100周年主题书画展等主题书画展10余场。

8月23日，举行“百年逐梦 墨颂清风”婺城交通庆祝中国共产党成立100周年主题书画展

（区文联供稿）

围绕党史教育主题，举办婺城区“宣风化雨”文艺轻骑兵活动并在区文化馆、下张家村、山下曹村、今飞控股企业、泉口村、开化村等地巡演，举办“永远跟党走 建功十四五”婺城区首届原创歌曲音乐会。区音协、区舞协、区戏协被授予宣风化雨“文艺轻骑兵”称号。围绕花满婺城主题，承办“花满婺城 幸福生活”全国摄影大展，开展白沙摄影训练营、摄影采风等多种形式的活动，巡展先后走进安地、长山、罗店等地。配合第十二届中国茶花博览会，开展“花满婺城 幸福生活”茶花书画展、书画笔会及文艺采风活动。围绕白沙文化主题，举办“视觉婺城”第六季暨美术家走进“白沙溪三十六堰”写生创作展览活动，组织作协开展“驻景联村 文学兴婺”活动推介“白沙八景”，邀请省内知名专家开展白沙原创歌曲创作加工会，区摄协、区诗联、区音协共组织上百名会员到白沙溪沿线开展采风活动。围绕抗“疫”主题，文艺工作者们潜心创作，用文艺的特有方式宣传防控知识，讴歌英雄壮举，以“艺”战“疫”，为爱加油。

4月26日，“红色回响 奋进之歌”——婺城区“宣风化雨”文艺轻骑兵巡演活动启动

（区文联供稿）

2021年，开展文艺惠民活动。春节期间，组织摄

影家协会志愿者为春节期间留婺的外来务工人员拍摄全家福,组织书法家协会志愿者参与"留浙迎春 福至万家"线下送福活动,为企业留婺人员献上春联、福字上百幅,雅畈文联组织书画家在春节期间为村集体、群众写春联、送春联。常态化开展送文艺进机关、进单位活动,组织区作协走进罗店小学开展罗店小学北山文学社授牌暨作家进校园活动,组织书画家到安地岩头村、琅琊小学、区政协、区检察院、武义俞源村等地开展书画笔会活动。在文艺志愿服务日,组织文艺家开展文艺志愿服务,并拍摄"学党史、传精神、跟党走"文艺志愿者在行动短视频,表达婺城文艺志愿者坚守初心,"听党话、跟党走,奋进新征程"的信心决心。

【文艺培训】 区文联与宣传部共同举办文化产业发展专题培训班,组织文艺骨干到宁波开展专题培训,提高理论水平和文艺能力;承办"花满婺城 幸福生活"金华婺城白沙溪摄影训练营,特邀摄影界知名专家授课指导,提升摄影工作者的专业素养。区书协在育才小学开设书法培训班,由协会副主席朱长虹、理事范启良担任授课老师,提升学生书写能力。区美协举办文艺骨干培训班,邀请区文联主席沈根新、市美协副主席季怀授课并开展书画笔会交流,提高协会会员综合能力。区舞协组织开展一系列群众舞蹈培训及送师下乡活动,受益人次2300余人次。区音协举办《歌声中的党史》文艺党课暨婺城区音协会员声乐培训班,特别邀请女高音歌唱家张重辉、杭州歌舞剧院国家一级演员支乐双、女高音歌唱家黄琦、声乐教育家马建华做专题讲座,提升会员专业水平。

【创作成果】 2021年,出版《风雅婺城》《光荣荆棘路上的跋涉者》《白沙溪三十六堰》等文学作品;编印《婺城作家年选》《二七涅槃》《二七起航》《守望记忆·城市有光——走读婺城区高铁新城区块》《婺江文艺》《婺风遗韵》等文学作品集。

音乐舞蹈作品推出《驻足白沙》《醉在白沙好时光》《婺州窑韵》等10余首婺城优秀原创歌曲。舞协编创广场舞《亲爱的婺城 亲爱的你》并拍摄教学展示片,受益人次1.3万人次。

2021年获奖作品有:16人次作品在国家级文艺家协会主办的展赛中获奖;37人次作品在省级文艺家协会主办的展赛中获奖;6人次作品在省文化和旅游厅主办的展赛中获奖;5人次作品在省文化馆主办的展赛中获奖;50余人次作品在其他省级展赛中获奖。

(邵玉婷)

【区作家协会】 2021年,区作家协会精选婺城区文学创作队伍老、中、青三代作家创作的文学新作,出版《风雅婺城》,多角度反映婺城经济社会发展的成就。组织采写并编印《二七起航》《二七涅槃》《守望记忆城市有光——走读婺城区高铁新城区块》等图书,以纪实的写作手法展现婺城在城市有机更新建设中的成果。组织作家挖掘婺城党史资料,撰写红色故事,出版《婺城作家精品选》,向中国共产党成立100周年献礼。推出红色话剧《九峰星火》,讴歌革命先烈为党和国家的事业英勇奋斗的精神。全年编辑《婺江文艺》2期,集中展示婺城作家创作的大量各类优秀文艺作品。组织作家开展"驻景联村"活动,挑选32名会员,分为8个小组入驻"白沙八景",挖掘白沙文化的内涵,助力白沙溪流域的文旅事业和乡村振兴。在罗店小学成立"北山文学社",推进校园文化建设,为孩子们提供展示才华的平台。配合三联村拆迁工作,组织作家开展采风、走读活动,为村落文化数字化留下影像文字资料。区作家协会先后有20余篇作品在省、市文学刊物发表。

4月21日,婺城区作家协会在罗店小学成立"北山文学社" (区文联供稿)

(汪 胜)

【区美术家协会】 2021年，承办“庆建党百年 享幸福生活”知名画家走进钱塘江诗路文化带暨“视觉婺城”第六季白沙溪三十六堰写生作品展、“百年逐梦 墨颂清风”婺城交通庆祝中国共产党成立100周年主题书画展、“出彩机关 献礼百年”婺城区机关干部才艺作品展、“同心向党 百年辉煌”婺城区统一战线庆祝中国共产党成立100周年主题书画展，助力中心工作。举办文艺骨干培训班，邀请区文联主席沈根新、市美协副主席季怀授课并开展书画笔会交流，以思想教育和专业素养相结合，提高协会会员综合能力。参与文艺志愿服务，组织协会会员到婺城区检察院、琅琊小学、雅畈小学开展书画笔会交流活动，丰富群众精神文化生活。开展“艺术乡建 振兴乡村”婺城美协走进大岭村写生创作活动，用画笔描绘婺城的美丽新面貌。

（池　清）

【区书法家协会】 2021年，区书协参与重大主题活动，在区书协书法培训基地——育才小学开设书法培训班，由协会副主席朱长虹、理事范启良担任授课老师，提升师生书写能力。在婺城区半溪文艺创作服务工作室设立书法创作基地，增进会员间的书法创作交流。入驻罗店镇大岭村“婺城文艺创客之家”，开展文艺活动，丰富基层群众精神文化生活，助力乡村振兴。组织书法家参加区检察院、琅琊小学、区政协书法笔会，两节期间进企业、社区、乡镇开展写春联送春联活动，营造浓厚的文化氛围，传递党的声音和关怀。承办“百年逐梦 墨颂清风”婺城交通庆祝中国共产党成立100周年主题书画展、“出彩机关 献礼百年”婺城区机关干部才艺作品展、“同心向党 百年辉煌”婺城区统一战线庆祝中国共产党成立100周年主题书画展、“心写婺城”第二届全婺城书法篆刻大展，展示书法的艺术魅力，传递婺城人共庆中国共产党成立100周年的喜悦豪情。

（章国新）

【区戏曲家协会】 2021年，区戏曲家协会组织会员结合婺城区重点工作开展创作，程明芝创作大型情景舞蹈剧《万年上山》，洪增贵完成电影剧本《人间极罪》、婺剧小戏《春暖花开》，赵海琴创作《幸福留婺过大年》《骗子认母》等系列道情作品。据统计，全年共计创作、演出金华道情50余首，小品、小戏30余个、微电影10余部。洪增贵婺剧小戏作品《三挂牌》获婺城区第三届戏曲小品大赛银奖、邵有娟曲艺作品《忆往昔看今朝》获婺城区第三届戏曲小品曲艺大赛优秀奖。邵有娟获评金华市婺城区2021年第二季度“闪光婺星”。4月，召开创作会，到汤溪九峰烈士陵园进行祭祀和采风活动。组织近40名会员到赴塔石乡开展“学全会看发展”乡村采风暨十九届六中全会精神宣讲活动，推动全会精神入脑入心。广泛凝聚金华市青年婺剧团、越剧之友社等团队力量，以婺剧、越剧、金华道情和小品等群众喜闻乐见的文艺形式助力全国文明城市创建、美丽乡村建设。

（李逢亭）

【区舞蹈家协会】 2021年，围绕中国共产党成立100周年这一重要时间节点，推动歌舞情景剧《百年风华》创作排练，组织15名协会会员参加婺城区中国共产党成立100周年红色MV拍摄。舞协全年围绕红色主题，共创作编排幼儿、儿童舞蹈作品50余个，为中国共产党成立100周年献礼。区文联主席郑慧娜创编广场舞《亲爱的婺城 亲爱的你》并拍摄教学展示片进行线上推广，受益人次1.3万人次。组织开展“文艺婺风”群众舞蹈培训，共开展24期，包括肚皮舞、广场舞等，受益人次800余人次。开展舞蹈送师下乡文化服务活动，服务15个乡镇街道，受益群众人次1500人次。会员陈佳瑜获《中国舞蹈家协会教材》“健康养身舞”消脂塑身版金牌教师；会员邓雯获《中国舞蹈家协会教材》“天使芭蕾”1—2级金牌教师。第七届全国体育舞蹈公开赛中，晓萍舞蹈组队45人获第一名17个、第二名6个、第三名5个，共计66块金牌。副秘书长胡琳创作的广场舞《灯火里的中国》获浙江省社区运动会广场舞比赛获得银奖，获“幸福像花一样”2021年浙江省首届乡村艺术节暨乡村舞蹈大赛“金穗奖”三等奖。刘学刚的创新创业项目《赤承艺心——原创舞蹈助本土红色文化一路“芳华”》获“建行杯”第七届浙江省国际“互联网+”大学生创新创业大赛获铜奖，获浙江师范大学2020年大学生创新创业大赛暨2021年浙江省创新创业大赛选拔赛金奖、编创舞蹈《我爱这土地》获批2021年度金华市文艺创作重点扶持项目、舞蹈项目《赤承艺心》获批2021年国家级大学生创新创业训练计划立项。协会秘书长柳毅创编情景舞蹈《愿生命如夏花绚烂》参加市级比赛荣获金奖,参演的舞蹈作品《这是我家》获浙江省“庆建党百年 享美好生活”群众舞蹈大赛金奖,指导7个队伍参加金华市第十三届广场舞大赛和金华市第八届“文化礼堂杯”广场舞大赛,荣获银奖两名,铜奖三名,参加金华市百姓文化艺术节拉丁舞大赛,三个作品获得“百姓拉丁舞之星”。

(柳　毅)

【区音乐家协会】 2021年,区音乐家协会选取婺城区首届原创歌曲征集活动中的81首优秀作品,制作婺城优秀原创歌曲集《白沙飞歌》。承办“永远跟党走　建功十四五”婺城区首届原创歌曲音乐会。协办婺城区2021年度“百姓颂百年”歌颂大赛暨第二届农村文化礼堂村歌大赛。承办“庆建党百年 享幸福生活”婺城区第三届少儿器乐大赛。组织8名会员参加“八婺青年说七一知识”文艺界专场宣讲活动。婺城区音协被授予婺城区“宣风化雨”文艺轻骑兵称号。

2021年,协会相继举办“歌声中的党史”文艺党课暨婺城区音协会员声乐培训班、白沙原创歌曲创作加工会、创作骨干座谈会等专题活动,邀请专家进行授课和指导。

7月11日,“歌声中的党史”文艺党课暨婺城区音协会员声乐培训班开班　　(区文联供稿)

协会推出《驻足白沙》《醉在白沙好时光》《婺州

7月11日,召开婺城白沙原创歌曲创作加工会

(区文联供稿)

窑韵》等十余首婺城优秀原创歌曲,《婺城依然美丽》《加油武汉》《宅家人吉祥》《又一年》等多首抗疫歌曲。翁向晴、梅杰、叶惠、梅映、陈跃国、叶乐平、关佳齐、陈波加入浙江省音乐家协会。

(李瑷芬)

【区摄影家协会】 2021年,区摄影家协会与婺城区总工会联合主办“花满婺城幸福城 留婺迎新春 温暖过大年”免费拍摄全家福献爱心公益活动,走进金华市希能折叠桌制造有限公司和金星纸业有限公司,为春节期间留婺的外来务工人员拍摄全家福。

2月4日,开展“留婺迎新春 温暖大过年”免费拍摄全家福献爱心公益活动　　(区文联供稿)

配合市总工会宣传活动,组织4名会员为105名金华市全国劳模和先进工作者拍摄个人宣传照。招募摄影爱好者参加白沙溪摄影训练营。协办“花满婺城 幸福生活”全国摄影大展展览,先后在岩头

村、长山乡、罗店镇、蒋堂镇、雅畈镇巡展。继续协办婺城区浙中生态廊道“白沙杯”摄影比赛。组织11名会员参加三联村拆迁起动仪式,围绕“探寻记忆·留住乡愁”主题拍摄照片。组织会员到罗店镇大岭村、熊猫猪猪国际牧场、雅畈镇汉灶村、沙畈乡青草村等地开展摄影采风活动。组织协会老干部分会到东阳横店红军博览城开展临时党支部全体党员活动。入驻“北山文艺创客之家”,成立尖峰摄影工作室。为配合区委区政府中心工作,征集各乡镇街道代表性摄影作品时305幅、茶花摄影作品24幅、尖峰摄影作品40幅,为宣传美丽婺城发挥作用。2021年有66幅获奖作品在全国性国家级摄影大赛中获奖或入选。

（陈兆刚）

5月15日,“花满婺城 幸福生活” 白沙溪摄影训练营开营 （区文联供稿）

【区诗词楹联学会】 2021年, 召开第四次会员大会,选举产生新一届理事会,其中常务理事9人,领导班子5人,顾问2人。吸收3名新会员,平均年龄下降,会员老龄化情况得到改善。召开2021年迎春诗会,广大会员展示了自编、自演、自吟、自诵的作品。举办茶话会,组织80岁以上的会员在重阳节之时相聚一起,为学会的发展出谋划策。疫情期间组织会员创作诗歌作品,一大批作品都被省、市、区各级专刊采用。组织会员前往熊猫猪猪国际牧场、白沙溪沿岸开展创作采风活动。诗书画“小分队”开展写春联送书画进社区文艺惠民活动。编撰2021《婺城诗联》。会员胡陈英参加由中华诗词学会、中国出版集团、中华诗词研究院及中华书局联合主办的第五届诗词中国传统诗词创作大赛,《砚台》获高峰赛精品奖,《为赴汉驱疫方护士代作》获主赛场优秀奖。

（阮　华）

6月19日,召开婺城区诗词楹联学会第四次代表大会 （区文联供稿）

【区民间文艺家协会】 2021年,区民间文艺家协会承办婺城区建党百年剪纸艺术品展,6月28日,在金华剪纸博物馆开展,随后在金职院、婺城区图书馆巡展。承办“人民的非遗 人民共享”2021文化和自然遗产日主题活动走进国遗千年古窑——铁店窑活动。开展民协白沙溪三十六堰采风活动。举办铁店窑传承基地、吕永明铁店古窑工作室揭牌仪式。程明芝创作话剧《九峰星火》、舞台剧《上山文化》、民间故事集《传说金华》。朱明升牵头负责的省级课题《打造白沙溪诗路旅行目的地》顺利结题,《白沙溪三十六堰》正式出版。编印《婺城民间文艺集萃》。盛庆余、洪增贵编写了道情“火把”和“大井英烈”等。朱明升获评浙江省民协先进个人荣誉称号。

（朱明升）

【区文艺创客联合会】 10月21日, 区文艺创客联合会在区文联的指导下正式成立,现有会员60人,理事28人。区文艺创客联合会旨在通过做好团结引领、宣传推介、联融合作、服务运营等多篇文章,发展艺术经济,推动乡村振兴。2021年,入驻罗店镇大岭村“北山文艺创客之家”,开展学习交流、文艺创作。组建“金华好婺”线上线下销售平台,重点销售婺城文艺创客的创意产品、婺城非遗产品、婺城特色农副产品,取得初步成效,受到广泛好评。组织

5名文艺创客骨干参加区委宣传部、区文联共同举办的文化产业发展专题培训班，提高会员综合素质和专业水平。

(周文跃)

【雅畈镇文联】 雅畈镇文学艺术界联合会于2021年先后开展各类展览、展示、培训及艺术交流活动，营造了浓厚的文化氛围，丰富基层群众的精神文化生活。

上半年召开雅畈文联第二次委员会会议，总结2020年度文联工作，部署2021年度工作。召集文联委员会部分委员、顾问在雅畈书画院开展党史教育活动。举行“金华市离退休干部书画协会雅畈创作基地”挂牌仪式暨书画捐赠仪式。3月，成立雅畈镇书画协会；11月，成立雅畈镇诗词楹联协会，不断扩大雅畈文联组织的覆盖面和影响力。与雅畈一村在文化礼堂联合举办“迎建党百年，红歌唱起来”专题晚会。与镇政府共同举办“书百年党史、画辉煌历程”雅畈农民书画联谊赛。创建了雅畈镇首个文化品牌“畈上雅集”，以“宋韵文化”为主题，开展雅畈镇第三届民俗文化节系列文化活动。举办雅畈文联成立一周年书画创作活动。邀请陈政权、方强洪、应青、汪柏寿、陈轶超等多位书画家在雅畈书画创作室开展书画交流笔会活动。举办“庆祝中国共产党成立100周年 百景百图话百年”摄影创作展并在3个村文化礼堂进行巡展。陪同省影协走访参观芳田村南灶庙、婺州窑博物馆等地，为即将创作的以“婺州窑”为主题的院线电影取材。组织雅畈书画协会部分会员走访文房四宝专家廖达敏工作室。

(潘丽娜)

【蒋堂镇文联】 9月29日，蒋堂镇文学艺术界联合会在上级领导的关心和指导下正式成立。组织文联顾问开展交流活动，与会顾问对蒋堂文联各项工作的开展交换了意见。与浙江中西部文化研究中心，金华山文化研究院，蒋堂镇政府联合举办大型舞台情景剧《万年上山》剧本研讨会，先后被《金华日报》、金华电视台、今日头条等新闻媒体报道。邀请镇文联副主席汪柏寿和镇文联委员李述声两位书法家开展书法创作，为乡贤赠送书法作品50多幅。新一轮新冠疫情来袭后，号召蒋堂镇文艺工作者积极创作，发布抗疫作品至微信群进行宣传，以“艺”抗疫。

9月29日，蒋堂镇文学艺术界联合会成立大会举行 (区文联供稿)

(程明芝)

法 治

政法委及综治

【概况】 2021年，婺城区深学笃行习近平法治思想，按照中央、省委和市委的决策部署，以平安护航中国共产党成立100周年为主线，以数字化改革为抓手，开展社会治理争先行动，推进政法队伍教育整顿活动，平安婺城基础更加扎实，连续十六年获评省级平安区，平安指数始终保持全省第一方阵，9—12月连续四个月位列全省前二。

【疫情防控】 针对省内疫情防控严峻形势，婺城区委政法委坚决贯彻落实省、市、区党委政府及上级政法委部署要求，坚持"以攻为守"，打好"主动仗"，织密织牢疫情防控网，坚决打赢外防输入"硬仗"。强化内部疫情防控，召开专题会议，传达市、区两级疫情防控会议精神，要求所有人员做好核酸检测、分批就餐、出差审批、非必要不出市本级等措施，提高安全防范意识，提升自我防护能力，确保疫情零感染、安全零事故、队伍零减员。高标落实社区防控，根据区疫情防控指挥部要求，按"周一到周五30%，周末全员"的标准下沉共建社区，做好疫情防控工作。在小区门口严格落实"测温+亮码+戴口罩+登记"，高标落实防控措施；在小区内挨家挨户走访询问，是否去过中高风险地区，并查看两码。发挥网格队伍作用，组织各乡镇(街道)发动416名网格员第一时间投入疫情防控工作，彻夜开展返婺人员排查筛选，督促相关人员做好隔离观察和核酸检测，全天候进行"扫楼、扫街、扫店"，宣传防疫科普知识，驻守"卡口"，全面落实亮码测温戴口罩等措施，织密疫情"防控网"，筑牢疫情"防控墙"。发挥"141"基层治理体系在疫情防控工作中的应有作用，第一时间将"雪亮工程"和"四平台"系统接入疫情防控指挥大脑，下发《关于进一步发挥全区基层网格员作用助力疫情防控工作的通知》，明确网格员信息核查、人员管控、防疫宣传、服务群众四项主要工作，实现"141"体系无缝对接疫情防控"六大机制"。

【平安建设工作】 2021年，婺城区多措并举、凝心聚力，以更高标准、更实举措、更严要求推动平安建设各项工作落地落实。区委、区政府高度重视平安建设和社会稳定工作，始终把平安建设作为"第一责任""一把手"工程全力推进。在深入总结16年连创经验基础上，持续推进"平安浙江示范区"建设，全面部署推进攻坚争创工作。根据平安县(市、区)考核条款要求，进一步细化平安建设"任务、责任、追责"三张清单，把创建平安婺城工作目标进行分解，层层压实责任、步步落实举措。对平安综治、维稳、信访、退役军人、消防等工作，实行"一月一督查、一月一排名、一月一通报"，每月通报模拟考核排名，督促各乡镇(街道)严控指标、攻坚争先。把平安建设纳入党政重大事项督查，联合区督考办对全区42个平安创建薄弱问题予以集中交办，努力推进平安创建各项措施落实。对平安建设工作走形式、推进慢的单位，及时对主要领导进行约谈提醒。对省、市暗访组发现的问题，由区领导督导相关职能部门逐一落实、逐一复查验收，并举一反三，全面排查，确保同类问题不出现。

【平安综治基层基础】 以创新的思路和举措,提升基层自治效能,为争当市域社会治理现代化排头兵贡献婺城力量。运用基层治理智慧平台。依托大数据技术,首创集邻里场景、健康场景、教育场景、服务场景、交通场景、建筑场景于一体的柳湖花园式2.0版智慧小区,其中建筑场景通过数字化对社区设备进行一屏化管理,快速查看设备分布,设备异常信息,保证设备全在线,提升社区设备管理效率。对社区发生的各类事件进行预知预判,高效处理事件发生,让整个社区的信息化水平和整体运营提高一个档次。迭代升级矛盾纠纷化解机制。在前端,做细"闭环微网格";在中端,做深"民情民访代办";在末端,做实"矛调体系";形成"全链条"矛盾纠纷源头治理体系。强化功能聚合、调解联处、服务下沉,区矛盾调解中心实现规范高效运作,乡镇矛盾调解中心上下贯通联动,村社矛盾调解站遍地开花,从源头上层层解决群众信访和社会矛盾问题,打造成矛盾纠纷的"终点站"。2021年,区矛盾调解中心受理各类群众来访事项4854件,接待群众8097人次,结案4731件,结案率96.69%。基本实现矛盾纠纷化解"136"工作格局。

【数字法治建设推进】全面落实省委数字化改革系列部署和要求,以"1338"为主要内容的数字法治系统,推动有关体制机制、组织架构、业务流程的系统性重塑。推进体系架构迭代建设。一体推进政法一体化办案体系、综合行政执法体系、风险闭环管控大平安体系建设。政法一体化高效协同,各项指标均达90%以上。综合行政执法协同指挥集成应用入选全省数字化改革行政执法多跨场景重大改革任务目录,在全省率先构建"115X"全智治数字执法体系,做法多次在全省改革交流会上作经验介绍,获省委主要领导充分肯定。改革试点项目取得新突破。共争取到6个省级试点(分别为精密智控、威慑警务、法网协同数字化应用、行政执法协同指挥集成应用系统、国土出让公益诉讼智能研判平台、行政非诉执行大数据研判系统)。此外,"婺城一键找法"移动平台已正式上线启用;"数智婺城"协同治理应用入选全省多跨场景应用"一本账"S0基础谋划项目和全市首批"10+10+X"重点应用场景;完成100家"共享法庭"安装运行。特色应用场景取得新进展。按照上级任务接得住、自选动作有创新的要求,在梳理6个省级试点应用的基础上新开拓劳动争议数智治理平台、民情直达数智平台、未成年人校外安全治理监督平台三个平台,不断创新数字法治应用场景。

【政法队伍教育整顿】 开展政法队伍教育整顿。高站位、高标准推进政法队伍教育整顿工作。4月下旬,以"政法干警进万家,为民服务开新局"为主题,组织政法各单位实地开展"公益惠民"实践活动,切实解决群众"急难愁盼"问题和群体性涉稳风险问题,获群众广泛好评。创新"员额法官入网格"做法,所有员额法官全面入驻辖区乡镇(街道)网格,加强网格与司法之间的互动,提升基层治理效能,获省委教育整顿督导组高度肯定。

(周玉南)

公　安

·金华市公安局婺城分局·

【概况】 金华市公安局婺城分局(以下简称"婺城分局"),设置派出所14个,设立政治处(机关党委)、警令指挥处、警务监督处、执法监督处、警务保障处、政保反恐中心、治安管理中心、刑事侦查中心、经济犯罪侦查大队9个综合管理、执法勤务机构;2021年,实有民警445名(其中女民警53名,派出所民警269人),辅警827人。2021年,婺城分局贯彻落实习近平总书记"重要训词"精神和"三能"重要指示,提高"三地一窗口一示范区"政治站位,牢固树立"安保无小事、事事连政治"的大局观,"政治安全、社会安定、人民安宁、网络安靖"四向发力,庆祝中国共产党成立100年活动安保取得完胜,护航"五大名城"建设有力有为,平安指数始终保持全市前列、全省第一方阵,全区社会治安平稳可控。2021年,婺城分局以全市公安机关综合实绩第一名的成绩获评优秀单位、以同序列第二名的成绩获评全区机关部门岗位目标责任制考核优秀单位,获进步银奖,获评全区"四大四比晒拼创"活动先进集体、全区重大项目及重点工作推进成绩突出集体;实现全省公安机关执法质量考评优秀单位“十八连优”;获评全省共青团和青年工作成绩突出集体。1个集体立一等功,1个集体立二等功,1个专案组立二等功,2人立二等功,16人立三等功,49人受到嘉奖。2021年,婺城分局接报有效警情34433起,比上年上升3%。其中,传统侵财警情2226起、矛盾纠纷警情15033起,分别比上年上升11%、13%;刑事立案1939起,比上年上升1.84%,破案584起,破案率30.12%,比上年上升2.39%,命案发生4起、侦破4起,侦破命案积案1起;刑事处罚1766人,比上年上升3.3%;移送起诉人1455,比上年上升40.17%。行政处罚3764人,比上年上升6.03%。

【打击治理跨境赌博】 2021年,婺城分局连续侦办“10·4”“6·10”等省、市督办案件,采取刑事强制措施246人,行政处罚47人,跨境网络赌博“婺城打法”,受邀在全省“122”机制会议上作经验交流,打击治理跨境赌博继续全市领跑。

【电信网络诈骗打防】 2021年,婺城分局下发精准预警数据3.5万余条,成功劝阻3万余条,劝阻成功率达98.89%。1—12月,全区发案1158起,比上年下降20.63%,打处电诈犯罪嫌疑人344名,连续破获13起百万元以上电诈案件。

【经济犯罪打击】 2021年,婺城分局移送起诉犯罪嫌疑人50名,与上年同期相比上升56.25%;挽回经济损失1042.8万元,挽损率达到47.78%。开展打击涉众型经济犯罪专项行动,立案侦办涉众型经济犯罪案件19起,打处犯罪嫌疑人49名,移送审查起诉46人,涉案投资人1400余名、涉案金额1.4亿元,已追赃挽损300余万元。推进打击整治假币违法犯罪,成功部署、收网林某平等人伪造、出售假币案,抓获犯罪嫌疑人13名,涉案价值达1000余万元。

【压降民生犯罪】 2021年,婺城分局打处传统侵财犯罪嫌疑人252人,入户盗窃破案率达44.62%,17小时速破特大黄金盗窃案,得到副市长、市公安局局长董旭斌批示:婺城分局侦破特大黄金盗窃案行动迅速,是安保工作的一次实战,增强群众的安全感、满意度。打处涉黄赌犯罪嫌疑人114名,行政拘留556人;查处吸毒违法人员51名,打击涉毒犯罪嫌疑人35名,强制隔离戒毒13人;破获食药环知类刑事案件38起,刑事打处172人,侦破“3·30”特大生产销售假冒侵权商标商品案,抓获犯罪嫌疑人41名,涉案资金达1亿余元。

【公安行政管理】 以“一把手”工程力度推进“公安大脑”建设,成立工作领导小组,下设“一办十组”,专班实体化运作,“智安车站预警系统”“警格网格协同应用”入轨全省“一本账”跑道,唯实惟先建立流动人口精密管控、物业式城中村治理、“管服疫眼”、智慧外管服务、5G移动联席警务车等18个特色应用场景,数字赋能成效在《人民日报》《人民公安报》央级媒体刊发推介。承接市局部署的“一窗通办”改革试点工作,制定分局改革实施方案,围绕省厅公布的188个“一窗通办”事项,依托政务服务2.0平台,整合取叫号系统,以“通办+专窗”并轨模式,从取号到好差评全链条优化办事流程。重新规划咨询引导、综合受理、后台网办、出件及自助办理等五大功能区,调整六个户籍派出所窗口设置和功能区,新增通办窗口,完成硬件设备采购安装,真正让群众“只进一扇门,只跑一个窗,办成多件事”“一窗通办”各类业务7244件。围绕“实战实用实效、精心精致精准”工作理念,按照“三合六全”要求,投入资金220余万元,高标准、高质量建成“情指行”一体化合成作战中心,打造“1个中心,4大支撑,6个分中心,14个综合指挥室,N个专班” 运行体系,重点整合“技网图数”四大支撑手段,集中警力、集约数据、集成手段,推动“数据流、业务流、管理流”三流合一,在服务领导决策、安保维稳、疫情防控、侦查办案中取得显著成效。

【警务保障工作】 稳步提升基层所队综合保障水平,蒋堂、雅畈、安地派出所大楼主体建设及室内装修基本完成,年内全部启用;加强各单位应急物资库建设,及时新增救生衣、救生圈、铁锹、帐篷等救援装备,保障一线实战需求;深化警医合作,与中心医院签订“优诊优治”警医协作协议,开通分局“暖警房”,保障民警享受良好的医疗待遇,落实古子城景区、双龙景区向民警免费开放政策。

【公安队伍建设】 坚持从严治警和从优待警齐头

并进，全面凝聚婺城公安事业和队伍建设发展的奋进力量，锻造“三能”婺警铁军。做实学习教育、查纠整改、总结提升“规定动作”，做优法纪协同、参股警戒、行风监督、执法顽疾曝光、队伍信息员等“自选动作”。深入开展顽瘴痼疾专项治理，分局民警对照“33个是否，156项情形”如实填报《自查自纠报告表》，排查“工作岗位风险”“个人廉政风险”“家庭个人心理”三张清单。强化政策宣教，以案示警拍摄廉政微电影《坎》，用身边事教育身边人。以非常担当解决中央巡视组交办、省纪委督办的金盾公司历史遗留问题，依法收回国有资产，配合纪检监察查处犯罪，得到市委、市政府主要领导以及中巡组、省纪委、省教育整顿办的充分肯定。把“三能”主题教育实践活动作为抓好教育整顿“后半篇”文章的重要载体，成立活动领导小组，下发实施方案，按照工作职责和目标任务，科学指导、高效推进，突出“四层三学两表一册”措施，形成领导带头、上下联动、横向协同、一体推进的工作格局。突出学习讨论先行，以各支部为单位，围绕“什么是能”“我能不能”“怎样才能”开展专题学习讨论，明标准、找差距，全局民警、辅警撰写心得体会1000余篇。以“关键少数”带动“绝大多数”，开展中层干部“话三能、践三能”演讲比赛；以“锻造‘三能’铁军，争做‘三能’民警”为主题，深入挖掘和梳理队伍中的先进典型，先后选树吕昭华、吕峰、季军、暨哲佳等“三能”民警25名。稳步推进所队“训练角”建设，对22名派出所警务教官开展集中培训，以点带面推进全警提升。组织开展2轮6场公共科目抽测考核，全面摸底政治理论、法律、信息化水平。每周开展新警能力提升测试，通过岗前训示、师徒配对等岗位练兵形式，加强成长培养、提升综合能力。分局在涉网新型犯罪现勘、追逃比武中获全市第一，出入境、法制、督察、宣传等业务线比武排名靠前。用好“红蓝对抗”练兵，组建“蓝军”队伍，全时空全要素开展对抗练兵3轮次，查纠整改各类问题20余处。

【打造“5G小黄车”赋能基层智治】 主动融入数字化改革大局，探索区域联防联控处置体系建设，自主开发“5G阳光·移动联席警务车”又称“5G小黄车”，将5G技术与移动警务站深度融合，打通公安办证、移动通信、“雪亮工程”等平台数据，搭载公共安全系统预警、人员密集监控布警、空中巡查全方位管制、实时监控人脸识别、外来人员网格提醒、指令必达综合指挥、移动办公随身系统七大平台，具备宣传服务、预测预警、现场监护、处置指挥、移动看护五大场景应用功能，由城中派出所“红叶青枫”志愿服务队员维护使用，推动区域社会治理由“人治”向“智治”迈进。投入使用以来，累计提供便民服务1200余次，涉及群众4000余人，年内城中辖区电诈警情比上年下降28%。

【“警监合作” 打造联管共治新模式】 先后与金华监狱签订《监地警务工作合作框架协议》《警务安保合作协议》等互助协议，建立健全工作联动、信息联通、安全联保、学习联同的协作机制。借力数字化改革东风，依托“雪亮工程”平台，打造全覆盖立体防控网络，确保警监双方信息系统有效对接，形成资源共享、工作互动的良好格局。

【打造忠诚清廉、实干担当“古城卫士”】 抓住关键环节，扎紧制度篱笆、规范执法行为、堵塞风险漏洞，构筑清正清廉队伍，被市公安评为全市五星级清廉所队。围绕“政治工程”，思想守廉保清正。依托队伍教育整顿、党史教育、“三能”主题教育等活动，强化忠诚教育，深化落实“三会一课”等学习活动，建强支部“战斗堡垒”；围绕“民心工程”，民生筑廉展警风。推行“阳光座席”、民情民访代办等民生举措，解决群众困难事，守好古子城景区平安；围绕“法治工程”，执法促廉守底线。通过抓教学、抓自查、抓规范，进一步树好全警规范执法理念、提升全警执法能力水平；围绕“廉洁工程”，氛围育廉塑警队。常态化开展四个“一”廉政主题活动、打造清廉所队“三角、一室、一走廊”、落实严管监督体系，全面守牢队伍廉政风。

【建立“行业大管家”机制】 坚持“管行业就是管平安、治行业就是治风险”理念，立足辖区行业企业多、公复场所多实际，对治安重点行业根据类别划分为十个网格，以党建统领为核心，创推“一镇通办+智慧警眼”双管措施“行业大管家”机制，精心打造“包干自治、分级诊治、联动共治”体系，夯实基础、服务实战，年内化解行业矛盾纠纷400余起，整改隐患80余处,开展各类服务70余次,为行业解决民生难题14件。工作成效得到副市长、市公安局局长董旭斌批示肯定,并在《人民公安报》《平安时报》《金华日报》等多家媒体宣传报道。

【高标建成食药环案件快检实验室】 投入资金20万元,联合中国人民公安大学食药环犯罪研究中心,高标建成食药环案件快检实验室,提高检验分析速率,提升精准打击能力。实验室运行以来,累计抽检水产品、性保健品、糕点等样品1000余批次,向区市场监管局、检察院传递涉案线索90余条,行政处罚10家食药领域单位,年内分局破获食药环知类刑事案件38起,刑事打处172人,战果位居全市前列。

【打造标杆"智安小区"提升基层治理能力】 坚持党建引领,创新基层治理模式,围绕"小事不出社区、大事不出街道、矛盾不上交"目标,打造标杆"智安小区"柳湖花园。建立柳湖智慧管理指挥中心,打通物业与公安数据,构建"以属地为责任主体,以'红色全科网格'的预防机制,实现立体化信息化管理构建,同步设置综合服务一体机,涵盖疫情防控信息查询、政务服务、社保服务、医保服务、不动产服务、档案查询等功能,提高社区居民幸福感、获得感。

【擦亮"白沙溪三十六堰"护水金名片】 以"水库警长制"为领衔,会同环保、水政、渔政、野保、海事、"两库一厂"、乡镇等部门深入走访排查涉水矛盾纠纷、安全隐患,做好宣传维护、线索传递、涉水违法犯罪打击等工作;实地调研、科学布点,由"汗水警务"迈向"智慧警务",努力擦亮"白沙溪三十六堰"护水金名片。2021年,教育劝离私自垂钓人员240余名,抓获污染环境违法人员1名、非法捕捞水产品人员4名,有效提高水域环境安全。

【研发"五星透视+黄赌打击"模型】 承接全市黄赌打击模型试点建设任务,依托"五星透视"数据基座,按照实战化、精准化要求,对涉黄赌、网络招嫖等相关大数据进行整合、分析、研判,构建高效黄赌打击模型系统,具备警情感知、场所感知、举报暗访、人员感知、打击统计、警戒线、数据比例分析等功能,推动黄赌打击整治工作。系统投入使用后,累计摧毁黄赌违法犯罪团伙5个,刑事打处114人,行政拘留556人,黄赌警情比上年下降7%。

【"尖峰卫士"志愿服务队担当战"疫"主力军】 面对新冠肺炎严峻形势,"尖峰卫士"青年志愿服务队主动投入战"疫"工作,队员们坚守村居卡口,宣传防疫知识,劝阻聚集行为,协助隔离管控,解决群众困难,创推"红蓝对抗"模式助力疫情防控,特色做法被《浙江日报》《金华日报》、金华电视台等多家媒体报道,成效显著。除此之外,志愿服务队参与村级社会治理,不断吸收全镇预备党员、入党积极分子加入其中,形成"党建+社会治理"的良好局面。

【深化"阳光·和合工作室"】 持续深化发挥"阳光·和合工作室"作用,完善"联处联调"工作机制,吸收乡镇干部、网格员、律师、企业代表等组成"和合工作团",开展社区暖心服务、不安定因素排查、疫情防控等工作,结合"一警情三推送"工作,及时排查矛盾纠纷、定期开展会商、每月攻坚疑难问题、适时跟进定期回访,切实构建矛盾纠纷底数排查、共同化解、集中攻坚、定期回访的"一条龙"工作机制,形成共建共治共享的基层社会治理齐格局。2021年,工作室成功化解非正常死亡事件9起,调处矛盾纠纷578起,办理民情民访事项79起,调解金额累计300余万元。

【成立"阳光犇警团—反诈小分队"打造"无诈村社"】 会同乡镇综治办,成立"阳光犇警团-反诈小分队",围绕争创"无电诈校园、无电诈村居、无电诈网格"目标、构建"全民反诈、全警反诈、智慧反诈"体系。先后组建"警民联系微信群"220余个,将反诈小知识通过微信小程序下放至辖区22个行政村,联村干部邀请村民积极参与答题,达到入脑入心效果。定期下沉到各村,上门挨家挨户、面对面开展"以案说法式"防骗宣传,累计发放宣传单1.5万余份;在各村、医院、银行网点、加油站、娱乐场所、菜场等区域,采取宣传栏、LED电子显示屏、发放宣传资料等形式开展反诈宣传,营造浓厚的创建氛围。所辖区共计悬挂反诈和平安宣传标语横幅50余条,张贴海报200余张,成功劝阻19万元,返还被害人钱款180万元,电诈警情上上年下降39%。

【省督区块链技术洗钱犯罪团伙案】 9月起,婺城网安大队会同相关派出所在浙江、广东、安徽、四川、贵州、湖北等地对一起区块链洗钱案件进行收网,抓获犯罪嫌疑人 14 名,缴获作案用手机 30 余部,银行卡 50 余张,涉案价值 2000 余万元。案件被省厅列为督办案件,案件的破获对利用区块链数字货币犯罪方面进行探索,总结整理出一套关于通过虚拟币资金查控及落地的技战法,具有一定的借鉴意义。

【多部门联动追逃见成效】 2021 年,分局刑侦大队依托侦查中心建设,完善情报导侦体系,集合警种特点、发挥部门优势,开展多部门联动追逃,取得良好效果,在全市追逃比武中,抓获逃犯 83 名,其中命案逃犯 2 名,电诈目标逃犯 4 名,上报逃犯研判线索 18 条, 抓获 12 名, 研判报告落实抓捕率 66.67%,总成绩排名第一,获得历史最好成绩。

【省督李某等涉嫌生产、销售违禁假药案】 5 月,婺城分局在市公安局、市场监督管理局等部门支持下,在浙江金华、海南陵水等地捣毁生产、销售违禁假药窝点 2 个,抓获犯罪嫌疑人 5 名,扣押涉案违禁品 1000 余件,销售地涉及全国 20 余省市,彻底铲除网络销售标示有 “三唑仑片” 用于引诱吸毒、迷奸、迷抢等犯罪团伙,消除社会隐患,被省厅总队确定为“省标”案件。

【侦破系列非法捕猎案】 2021 年,分局加大情报导侦力度,广泛收集案件线索,通过人力情报与大数据分析研判,取得重大战果。辖区各派出所先后侦破多起非法捕猎画眉鸟、鹦鹉等国家二级保护野生鸟类案件,打击犯罪嫌疑人 26 名,解救画眉鸟 58 只、鹦鹉 3 只, 有效震慑违法犯罪, 保护全区生态文明建设,构建“查、护、送”一体化的野生动物保护机制。

【侦破非法向律师提供公民个人信息案】 10 月 16 日起,婺城网安大队会同相关派出所在福建、四川、河南等地对一起专门为律师提供公民个人信息的犯罪团伙进行收网,抓获犯罪嫌疑人 5 名,扣押手机 18 部、电脑 12 台,缴获非法查询到的公民个人信息 6000 余条,涉案金额 100 余万元。同时开展“一案双查”工作,对金华市多名涉案的律师进行行政处罚,并向全国 18 省发起集群战役。

【侦破“4·23”百万电诈案】 4 月 23 日,婺城分局城东派出所接群众报警称被他人以网上开课炒股的名义骗走 141.6 万元,经反诈中心深入分析研判,先后抓获为境外诈骗窝点制作 APK 技术的犯罪团伙成员 7 名,成功打断 APK 编程、封装打包、后台维护等多环节、全链条犯罪。

(李　迪)

·金华市公安局交警支队直属一大队·

【概况】 2021 年,金华市公安局交警支队直属一大队 (同金华市公安局交通管理分局开发区大队,以下称开发区大队)下设综合处罚室、智能勤务室、事故中队、江南中队、湖海塘中队、秋滨中队、汤溪中队;大队设党总支委员会,综合处罚室和智能勤务室合并设立综合党支部,各中队分别成立中队党支部。2021 年底,开发区大队共有在职民警 48 人,职工 3 人。

2021 年, 大队接报各类交通事故 40410 起,立案 11388 起,其中简易程序处理 11290 起。处理上报交通事故 98 起, 上报交通事故造成死亡 19 人,受伤 118 人,直接经济损失 211562 元;与上年同期相比,上报事故多发 13 起,死亡人数下降 7 起,受伤人数较上年同期增加 47 人, 直接经济损失增加 108461 元。

2021 年,查处各类交通违法行为 207999 起,机动车交通违法 164469 起, 其中醉酒驾驶 165 起、饮酒后驾驶 631 起、机动车闯红灯 98061 起(分局)、机动车违法停车 35146 起、 机动车不礼让行人 6894 起;非机动车交通违法 43530 起,非机动车逆向行驶707 起,非机动车行驶在机动车道 3491 起;行人交通违法 2897 起。

【警保联动】 2021 年, 大队完善警保联动工作机制,简化定责和理赔流程,节约警力资源,有效缓解道路拥堵,取得良好的社会效果。在推行警保联动机制的过程中, 大队对接人保财险金华支公司,通过对政府部门、网办、警医邮、行政服务中心、保险公司网点、小区等一系列工作调研,深入辖区开展枫桥式宣传工作,在辖区社区内成立的警保联动服务站日处理事故做到优服务快处理,自警保联动服务站成立以来处理事故无一投诉案例,在群众中反响良好。同时,大队根据辖区道路交通事故模式特点，结合“警保联动”相关工作的开展，自创交警“社区警务室”概念，在湖海塘社区建立具有事故快处快撤快赔、违法自助处理、道路救援服务、交通安全宣传等多种功能为一体的“警保联动服务站”，以多样且强大的模块化职能全面覆盖社区，提高交警的工作效率，也让群众百姓切实体会到便捷与惠利，推动警保联动工作机制的宣传工作和实际开展。

【事故防控】 2021 年，大队继续保持路面高压严管，狠抓“控大”不放松，加强路面管控，强化路面显性用警，加大震慑力度，持续严查“三超一疲劳”、酒驾毒驾、开车使用手机和公路违停、违法变道等与交通事故关联度高的严重交通违法行为，规范和优化行车秩序。督促“两客一危一货”等易发重大事故的运输企业落实安全生产主体责任，严格落实“两外”车辆的“追逃”措施，严防车辆和驾驶人带“病”上路，发挥农村地区“两站两员”作用，针对面包车超载、货车违法载人等交通违法行为开展劝导活动，强化事故多发路段风险提示，提升广大交通参与者的交通安全意识。

【交通安全宣传】 2021 年，与市级、省级各类媒体进行沟通，报送相关新闻素材。大队上报的素材多次被公安部交通管理局、中国警察网、金华交警、浙江交警、浙江之声等媒体采纳。11 月，标题为《“你躺我怀里就好了！”》的素材被多家媒体采用，其中包括公安部交通管理局、中国警察网、《人民公安报》及浙江公安等诸多媒体。开展入村、入社区、入学校的“七进”走访宣传活动。据统计，2021 年，大队走访辖区驾校 18 次，走访辖区学校 260 次，走访辖区农村 158 次，走访辖区企业 390 次，走访辖区社区 98 次。共开展百警进千企 70 余次，美丽乡村行 30 余次，各类其他宣传宣讲活动 10 余次。大队重视“一栏一标语”宣传阵地建设工作，与村上相关部门进行沟通，设立城区、农村宣传栏，全年共完成超 100 处安全宣传栏的设置。

【队伍建设】 2021 年，大队深入贯彻习近平总书记关于加强政法队伍建设的重要指示和训词精神，以队伍教育整顿、党史学习教育、“三能”主题教育实践三大活动为载体，持续严管厚爱相结合方式，坚持“四个常态”推动队伍高质量发展，锻造一支素质过硬的交管铁军。常态政治建警，坚持精神“补钙”。持续开展政治学习，以政治学习补足精神之钙，引导全警进一步筑牢忠诚警魂、厚植为民初心。常态爱警惠警，坚持实事“暖心”。深入落实“暖警惠警”措施，从警员实际出发，解决后顾之忧，提高队伍活力和战斗力。常态典型选树，坚持先进“活血”。牢固树立“向宣传要警力、要战斗力”的工作理念，常态选树、宣传先进典型，树立精神标杆、凝聚榜样力量。常态正风肃纪，坚持整改“化瘀”。大队不断优化内部管理机制，严举措、补短板、强弱项，前置查纠整改，整治顽瘴痼疾，筑牢忠诚警魂、严明纪律作风、强化党的领导面。2021 年，大队相继获全市公安交警系统摩托车警务驾驶技能比武竞赛团体第一、全市公安交警系统事故处理比武竞赛团体第一，在全省摩托车警务驾驶技能比武竞赛名列前茅，江南中队党支部被市局评为“学习型党组织”，3 位民警荣立个人三等功，5 名民警获个人嘉奖，1 名民警获 2021 年度市级青年岗位能手称号。

【枫桥创建】 大队以“红枫”双八条为准则，提高站位、迅速行动，通过常态学习、常态排查、常态便民、常态评警，迅速掀起创建热潮。坚持主动作为，常态理论学习。大队坚持对创建工作规划、标准要求、领导讲话等内容实施常态学习，加大学习力度，定期组织应知应会知识测试，确保全警对创建内容深学深悟、常学常新。坚持靶向施策，常态警民联动。大队结合辖区实际，调动中队积极性，探索打造各具亮点特色的枫桥式交警中队。坚持民生导向，常态便民举措。大队锚定“行稳致远、争创一流”目标，以民生为导向，针对群众反映强烈的事故处理多次跑、事故认定水平不一、违章处罚等待时间长等问题，重新规范事故处理流程，制定交通事故处理工作规定，推出一窗全受理服务，简化办事流程，辖区群众满意度不断攀升。坚持征求意见，常态开门评警。秉持“警力有限、民力无穷”理念，大队深入查找交管业务工作和队伍建设中存在的突出问题及薄弱环节，深入开展系列“开门纳谏听民声”的评警活动，广泛聆听广大群众的意见建议，回应社会各界对公安工作的殷切期望。2021 年 9 月 29 日，秋滨中队业务技术用房正式启用。11 月 30 日，秋滨中队在交管分局组织的“三能”主题教育实践第二轮“晒拼创”暨市级“枫桥式交警中队”创建评比中荣获市级“枫桥式交警中队”称号。2022年1月,大队部成功创建“红色示范所队”达标单位,秋滨中队成功创建“红色示范所队”示范单位。

【专项整治】 2021年,大队全警动员、全面发动,开展多项专项整治行动。“铁拳”行动强化危化品道路运输路面管控。大队加强与交通运输部门和治安、刑侦等警种的联系,强化联勤联动确保相关任务落地落细,大队开展危化品车辆交通安全警示教育25次,治理危化品车辆通行道路风险除患3处,在315省道下潘路段设立危化品执勤点,检查登记危化品车辆3611辆。“排雷”行动实现涉及电动车交通事故明显下降。自3月中旬开展“排雷”行动以来,大队通过一日一整治、一周一总结、一月一公示强势发力实现涉及电动车交通事故明显下降。排雷行动开展以来,大队查扣涉牌涉证电动车1442起,其中电动三轮车违法413起。“清雷”行动加强货车交通安全管理。用好“挂牌整治”这把利剑,大队将辖区85家货运企业相关负责人的信息、单位驾驶员的数量、是否在岗等信息建档立册,做到“时时可查询”。从事故入手进行反思,研判辖区大货车事故原因,以此明确日后工作中的整治重点,提高整治工作针对性,实施精确打击。3月,针对工程车事故对辖区盛捷、安建等6家企业进行约谈7次。“压降警情”行动有效遏制交通事故警情高发势头。按照“警力根据警情走的原则”,利用考核指挥棒,将压降警情成效作为重点考评依据。2021年,大队交通事件有效接警40561起,交通事故自发现警情占比12.8%,较一月提升12.44%。“雷霆”行动全面开展安全隐患大排查大整治。紧扣“平安护航建党百年”主题,强化企业安全主体,定期开展部门联合监管,做到“双百”必查(车货总重超100吨、超限超载100%以上)。6月,大队查获货车违法2012起,超载311起。

【疫情防控】 2021年,大队成立新型冠状病毒肺炎疫情防控工作领导小组,由大队长李建新任组长。领导小组下设由副大队长陈清元为主任的办公室(暨防控工作专班),负责对大队辖区交警参与疫情防控勤务工作的指挥协调。在大队领导小组(专班)的统筹部署下,大队开展以下工作:进行车辆分析研判。充分发挥大队智能勤务室分析研判功能,利用市局视频综合应用、部局集成指挥平台等系统,做好相关情报、信息研判工作,准确高效的开展对疫区流入重点车辆筛选追踪工作,常态阶段保持24小时人员值守,随时接受落实上级各项管控指令,战时阶段大队统筹安排抽调中队民警辅警24小时轮流值守金华西高速路口防疫检查点,配合卫生部门对来金车辆及人员进行检查,负责现场交通秩序维护。因时因势调整勤务。大队专班动态掌握疫情发展变化,及时落实上级部署要求,强化内部信息共享,抓好各项工作措施的落实。各中队强化责任落实,进一步明确工作分工和处置流程,根据疫情形势、应急响应等级及上级统一部署,实施差异化管控措施,随时做好恢复金华西高速出入口、洋埠市际检查点管控措施的各项准备工作,确保管控策略调整时能立即启动相应的勤务方案。加强交通应急处突。大队在做好日常交通管理的同时,配置足够的应急处突力量,并制定细化的疫情防控交通应急处突预案,充分发挥交管科技和铁骑等应急处突装备效能,为疫区输入车辆追踪、防疫物资运输、临时疫情隔离交通管制等突发交通管理需求提供有力保障,全力配合相关部门做好疫情防控工作,遇突发紧急事件,确保机动警力能够快速妥善处置。

【勤务制度改革】 大队聚焦勤务机制改革,实现事故警情由“被动接警”向“主动发现警情”转变。大队在现有警力基础上创新勤务机制,提出“动态化岗位管理、等级化勤务响应”模式,提高自发现警情的积极性。自实行勤务机制改革以来,大队自发现警情占比由0.36%提升至12.8%。4月,大队出台勤务机制等级化响应方案后,10个警区实行一级响应,6个警区实行二级响应,机制倒逼实现大队总警情、重复报警量、接处警超时率“三下降”。另外,大队聚焦重点车辆溯源,实现由“人海战术”向“信息引导”转变。在年初确定“重点车辆溯源管理”的工作重点后,大队探索建立大队—中队两级数字勤务室,用实科技支撑,实现数字赋能后的精准打击。常态化通过视频监控倒查方式固定货车驾驶行为证据,落地追查，确定违法驾驶人后依法处罚，并通过媒体大力曝光。

（何勇俊）

·金华市公安局交警支队直属三大队·

【概况】 2021年，金华市公安局交警支队直属三大队（同金华市公安局交通管理分局婺城大队，以下简称大队）接报各类交通警情79017起，立案处理交通事故10945起。其中简易程序处理10822起；上报事故123起，比上年下降6.82%；死亡27人，比上年下降30.77%，受伤164人，比上年上升19.17%；直接经济损失20.43万元，比上年下降38.85%，取得全省亡人事故下降第一的优异成绩。

【事故防控】 2021年，婺城区交通管理依靠婺城区委、区政府，推动、联合各职能部门，形成政府主导、部门协作、群众参与、齐抓共管的局面。健全“一路一警”工作机制。按照“中队—警区—网格—路段—岗点”开展五级事故防控层级责任制，大队7个路面中队划分24个责任区，中队领导、民警承包主干道、事故多发道路，辅警承包支路，“一路一警”分工基本落实到位。建立常态化的督导检查和科学的绩效考评机制，明确“一路一警”工作目标，科学有序完成任务。成立大队合成作战专班和打击队。大队打击队学习分局打击队工作理念和经验，3月26日，经大队党总支讨论，率先成立合成作战专班和打击队，以智能勤务室为主，各中队确定一名业务骨干配合，利用监控倒查、铁骑线索上报、群众举报等各种途径，开展视频倒查工作，抓拍重点企业大货车114辆，其中溯源处罚35辆次；固定重点企业大货车交通违法行为证据303起，追处违法224起，共记351分，罚款22320元，抓拍电动自行车、三轮车闯红灯、违法载人等违法行为297起。向新闻媒体报送两起典型案例（无证超速单方事故、大货车溯源降级），被省、市两级媒体报道，扩大震慑效应。推行“党建+”新模式，打造农村交通安全治理新格局。大队与白龙桥镇对接，发挥乡镇党员干部先锋模范作用，制定高峰点位执勤表，白龙桥镇34个行政村每天安排党员干部在各村口参与交通安全劝导工作，形成“农村道路有人管、安全宣传有人抓”的良好格局，实现“交通事故发生数大幅下降、群众安全满意度大幅上升”的目标。乡镇亡人数均实现比上年下降50%以上。安地镇、雅畈镇、琅琊镇、蒋堂镇均已推广党员干部参与交通安全劝导工作。推进“双创”工作。大队始终坚持把“双创”工作作为压实事故防控的契机，围绕双创工作要求，推进“枫桥式交警中队”和“红色示范所队”创建工作，要求各部门增强思想认识、强化硬件设施、创新“一队一案”建设，以点带面，促进队伍业务全面提升。大队安地、乾西中队新营房已投入使用。琅琊镇、罗店镇中队正在抓紧土地征用工作。

【队伍管理】 2021年，大队强化组织领导，突出教育学习抓队伍。加强思想教育，筑牢纪律防线。深入学习习近平总书记提出的“平常时间能看得出来，关键时刻能冲得出来，危急时刻能豁得出来”重要讲话精神，做好“三能”主题教育（每天自主学习一小时，每周开展一次集中讨论学习，每月观看一本书籍并批注，每人写一篇心得体会）等相关要求，确保应学尽学、不漏一人、入脑入心，组织全体民辅警专题集中学习5次，各部门累计100余次，民辅警学习教育参与率100%，筑牢思想道德防线。领导带头学习，提高学习质量。大队10个党（总）支部共召开支部党员大会21次，支委会35次，开展“第一议题”学习45次，各支部委员轮流领学、交流学习心得，推动学习常态化制度化。制定学习方案，掀起学习热潮。“学习是最好的投资”，为确保“三能”主题教育活动稳步推开，大队自我加压，对照副省长王成国提出的“三句话”要求（警察要有警察的样子、组织要有组织的责任、领导要有领导的担当），研究下发《婺城大队关于学习贯彻副省长王成国在全省公安机关警示教育党课上的讲话精神活动方案》，要求大队各部门严格按照“六个一”（开展一次集体大讨论、撰写一次心得体会、开展一次谈心谈话、开展一次家庭走访、上好一次党课、完善一次“三能”活动清单）活动要求，丰富学习载体，压实主体责任，确保“三能”主题教育实践活动走深走实。

【监督管理】 2021年，大队坚持以“100-1=0、信任不能代替监督”的管理理念，在大队网页设置“顽瘴痼疾曝光台”，确保队伍管理抓常抓细抓小。2021

年，大督查专班发布各类通报95期，其中督查通报40期，执法办案相关通报28期，中队正职领导纠违工作情况通报9期；通报表扬142人次，考核扣分498人次；评选红枫标兵6名，每月之星55名，做到监督全覆盖、无死角，奖优惩劣。隐患排查常态化。大队秉持“严管厚爱，激励约束”的理念，每月全领域开展队伍风险隐患排查研判工作，排查情况及时上报分局纪检室；加强对大队重点关注对象和关注人员的特殊管理，确保因人施策、“一人一策”，对此类人员经大队党总支研究可适时进行轮岗、息岗；在民辅警队伍中建立信息员制度，及时发现队伍的风险隐患苗头。暖警惠警再提升。经大队多次和区政府主要领导汇报沟通，大队现有50名创建编辅警年薪待遇提高，实现和分局编制辅警“同工同酬”；并向区总工会申请了10个区政府编制辅警疗休养名额，提高辅警队伍的工作积极性，促进队伍更进一步稳定，更好发挥工作效能。

【作风建设】 2021年，大队抓住“关键少数”，为强化中层领导履职意识，发挥示范引领作用，为全体民辅警带好头、作表率，大队常态化对各中队正职领导纠违工作情况挂网通报，发布通报9期，一级做给一级看、一级带着一级干，以“关键少数”带好“绝大多数”。加大党风廉政教育力度。向实使劲，组织全体民辅警认真学习《金华市公安机关涉酒纪律执行细则》、《浙江省公安机关关于对公安民警酒后驾驶机动车违法违纪行为从严处理的规定（试行）》、王成国“金字”摘要等内容，并逐个签字背书，牢记“酒驾、嫖娼、赌博、到有偿陪侍的歌舞厅消费”这四条高压线，压实责任要求，增强全体民警、辅警遵纪守法的意识。强化层级管理六项规定。严格落实层级管理“四个一”，切实发挥家属群的作用，不定期在家属群编发：工作纪律、警示教育、安全提醒、典型案例(特别是身边人)等内容。依托家属委员会开展家庭助廉，共同探讨民辅警的“八小时”外管理对策，及时发现和纠正民辅警在业余时间发生影响公正履职、有悖社会功德、有损公安形象的行为，打造“单位—家庭—个人”全链条监督闭环。

【隐患排查治理】 2021年，大队联合工商、安监等部门成立合成作战工作专班和打击队，发挥分析研判、倒查溯源、精准打击作用，强势开展大货车“清雷”、电动车“排雷”、危化品运输车“铁拳”整治等行动，严查酒驾、醉驾、货车超载、违法载人、面包车超员、电动车不戴头盔、逆向行驶等易肇事肇祸交通违法行为，2021年，查获各类交通违法行为22.3万起。建立渣土运输车安全管理制度，实施准入制，加大安全设施投入，统一渣土车外观标识，严格通行证审批，对于不遮篷布、号牌不清的车辆一律查扣，推动行业自律。严格落实“一超四罚”措施，实现路警联合治超勤务常态化，开展联勤240余次，联合查处超限运输车辆1297辆次，其中“百吨王”55辆次，累计记分7282分。查处危化品运输车各类违法380起，“两外”车辆违法3250起，有效净化辖区通行环境。

精心设计全区交通隐患汇总表，包含区级清单1张、乡级清单16张，要求各乡镇(街道)及防指成员单位每周报送检查、整改情况，提升交通隐患的主动发现准确度及广度。建立道路交通风险隐患闭环管控机制，投入保障经费500万元，落实隐患动态增减，全年排查并完成整改小微隐患291处，完善交通标志249处，交通标线5403.3平方米。推行“综合待行区”，完成二环北路北山路省级隐患点位整改，解决多年“肠梗阻”难题，并完成人民西路回溪街路口和临江路福利院路段两处市级事故多发点段整改验收。完成2处农村公路平交路口，胡家村——开下线村村通道路胡家村胡宏亮户地段和白汤下线与白门线交叉口的整改，完成洞合线338千米+100米农村公路穿村过镇路段整改工作，167个农村路口实施“五个一”工程。完成河线338千米+100米白龙桥镇郭塘村路口和金兰北线5千米+100米罗店镇三甲山村路口2处市级路口开口隐患治理工作。实现白汤下线二级加宽公路全线改造。实行“千灯万带”工程，新增发光斑马线9条，完成金兰北线、蒋罗公路、虹戴公路和白汤下线的亮灯工程，提升辖区道路的亮化率。

深化危化品运输企业星级管理制度，聚焦企业“四大责任”，从企业安全责任落实、“三率”动态清零、交通事故防控、隐患问题整改等方面进行综合监管，检查整改问题23个，处罚不规范运输行为56

起，约谈企业13家，车辆三率均达100%，确保危化品运输车交通事故零发生，不断提升行业自治水平。联合交通、应急等部门开展联合检查20次，整改省级挂牌整治重点运输企业1家，市级2家，县级11家。全面走访辖区电动车生产、销售和维修门店和企业78家，签订禁售超标电瓶车承诺书，查处违规生产、销售电动车企业3家，提高"排雷"行动震慑力。

【降警情工作】 大队以最大限度从警情源头遏制交通警情为工作目标，建立"去重、减量、长效"机制，全面加强"警源治理"问题遏制、源头管理和常态发展。警务模式"精细化"。依托铁骑"快、灵、敏"特点，将交通事故处理由"被动接警"向"主动发现警情"转变，实施"骑警"警务模式，8月，大队发现警情202起，通过以巡带管，把"骑警"打造成一支灵活机动、快速反应的交管队伍，通过智能勤务室的调度，第一时间处置各类交通警情，为群众提供精准快速的路面交管服务。制度考核"导向化"。对每个中队警情量设置警戒值，如当月超出所规定的警戒值，将对其进行约谈，并扣相应的月考核分，若连续三个月超警戒值的，对部门评先考核"一票否决"。两站两员"专业化"。推进农村道路交通安全管理"两站两员"建设，设立交管站13个，劝导站23个，配备交管站专职人员41名、265名村社劝导员，及时消除道路安全隐患，遏制重大道路交通事故的发生，累计劝导各类违法行为1.1万起。大队在琅琊中队辖区推行"快速处警一件事"改革，做好交通劝导员培训，偏远地区的轻微车损事故由两站两员人员进行证据采集，引导当事人到快处中心处理，集约警力、减少当事人等待时间、预防二次事故发生。

【"三小车"整治】 大队从区级层面推进"三小车"头盔安全守护行动。9月16日晚，区委召开常委会议，大队长郑国洪参加工作会议，对辖区道路交通安全形势进行专题汇报，着重就"三小车"交通安全隐患整治问题进行研究，推动"政府主导、公安牵头、部门联动、社会参与"的思路开展"三小车"头盔佩戴率、守法率整治。9月17日，副大队长官保平到区教育局对接学生及家长佩戴安全头盔情况，形成小手拉大手，推动"1+2≥3"的整治格局，打破"三小车"管理工作交警部门唱独角戏的局面，使部门齐抓共管，形成合力，压实主体责任。推动电瓶车销售点通过买车送头盔的方式，让驾驶人把头盔戴起来。累计排查销售点90个，约谈违规销售经营户4家。组织乡镇干部、村干部、网格员开展"三小车"底数大排查，逐车粘贴反光条并与车主签订安全承诺书，形成台账清单。以"头盔佩戴率、守法率"为主要指标对各乡镇(街道)"一校一企一村一路口一机关"进行专项检查。各乡镇(街道)参与整治200人次，排查"三小车"2.5万余辆，劝导群众5万余人次。

【交通安全宣传】 开展"两村一校一室"试点建设工作。大队与安全法宣中心、秩序指挥中心等部门进行对接，探讨农村地区交通安全宣传十条工作思路和开展交通事故动态横幅警示、交通事故警示片、重点人员提示信息推送、老年人面对面教育、宣传阵地建设、社会面宣传等六项措施。王路荡村、沙畈村、蒋堂小学"两村一校"样板阵地建设工作已落实场地，下一步将联系广告公司进行设计规划，定期更换主题宣传资料。

【警企联动实施"珍爱生命，杜绝酒驾"系列活动】 对接滴滴代驾公司和安全法宣中心，共同策划并实施"珍爱生命，杜绝酒驾"系列活动。滴滴代驾公司提供公益宣传横幅100条，禁酒驾海报2000张，推拉门贴1000组，纸巾20000盒，由交警部门和志愿代驾司机在辖区重要干道、商业区、酒店、集镇沿街饭店、农家乐等重点区域进行发放和张贴，通过金华交警微博线上直播酒驾整治和互动体验，开展醉驾入刑10周年普法主题宣传活动。活动期间，共查获酒驾68起，醉驾5起，较上月下降22.3%，地区滴滴代驾业务比上年同期上升23%，辖区群众酒后禁驾意识有所提高。

【警校合作"开学第一课"安全教育进校园】 3月10日，大队联合机动警卫大队铁骑队、区教育局、金华广电总台、浙中在线，在白龙桥小学开展互动体验式交通安全"开学第一课"直播，观看人次达36.5万次，除本区中小学生统一组织观看外，其他区(县、市)等部分学校也进行观看学习，打造"警校家"道路交通安全综治联盟。

(夏宇真)

检 察

【概况】 2021年,区人民检察院服务保障大局有力度、检察工作品牌有特色、检察队伍建设有成效,院集体获评全国青少年维权岗,3件案件获评最高检典型案例,6件案件获评全省精品典型案例,2件案件获省检察院检察长贾宇批示,3件案件被央视报道,1件案件被中央政法委长安剑报道。

【刑事检察】 2021年,第一、二检察部共受理各类报捕案件540件、740人,审结555件、745人,审查后批准逮捕427件、557人,不批准逮捕132件、195人,不捕率26.2%。组织干警积极撰写案例5篇。其中2个案例获评2020年全省十大法律监督案例,1个案例获评全市少捕慎诉典型案例;1篇宣传被中央政法剑转载,1篇宣传被最高人民检察院公众号、《检察日报》深度报道。

第五检察部办理生态环境和自然资源、食品药品安全等领域刑事案件76件,其中审查逮捕案件26件、40人,审查起诉案件56件、112人。向公安机关发出纠正违法通知书1件。

【民事检察】 2021年,第四检察部办结生效裁判监督案件29件,其中提出再审检察建议9件,提请金华市人民检察院抗诉13件。婺城区人民法院审结提请抗诉的生效裁判监督案件6件,均已改判。民事审判程序监督案件立案72件,审结发出检察建议72件,收到回函55份,均已被婺城区人民法院采纳。民事执行监督案件立案86件,审结发出检察建议87件,收到回函73份,均已被婺城区人民法院采纳。

【行政检察】 2021年,办理行政生效裁判监督案件2件,行政审判程序违法和执行监督案件76件,实质性争议化解案8件。围绕"裁执分离"案件执行、终结本次执行、执行流转程序等领域开展专项监督活动,收回行政处罚50余万元,拆除违法设施、建筑5处,面积2万余平方米。1人获得全省行政检察业务竞赛标兵称号。

【公益诉讼检察】 2021年,办理公益诉讼案件69件,其中行政公益诉讼55件,民事公益诉讼14件,重特大案件10件。一案获评最高检典型案例,一案获评省检察院与团省委联合发布典型案例。2人在全市公益诉讼竞赛中获得荣誉。

【未成年人检察】 2021年,受理未成年人刑事案件123件、158人,其中审查逮捕案件23件、25人,审结23件、25人,不批准逮捕6件、6人,不捕率为24%;审查起诉案件100件、133人,审结37件、47人,不起诉21件、27人,其中附条件不起诉4件、5人,不诉率为57.45%。受理侵害未成年人案件57件、64人,其中审查逮捕案件24件、25人,批准逮捕23件、24人;审查起诉案件33件、39人,审结32件、37人,提起公诉31件、36人。开展羁押必要性审查并变更强制措施5人。开展立案监督(包括监督立案、监督撤案)25件、29人。开展民事支持起诉7件,民事审判程序监督10件。提出公益诉讼诉前检察建议1件,提出社会治理检察建议1件。

【法律监督】 2021年,根据日常检察和专项检察,发现社区矫正对象在社区矫正期间违反规定或者严重违法情形,向司法行政机关提出建议收监执行的检察意见书。有效地防止监外执行罪犯脱管、漏管,保障监外执行罪犯的刑罚执行工作依法规范开展。做好司法工作人员相关职务犯罪侦查工作。全年向市检察院移送犯罪线索7件,核查线索9件,提供线索成案1件,经市检察院交办区检察院立案侦查1件。强化指定居所监视居住执行的检察监督。

严谨办理罪犯又犯罪公诉案件。全年办结4件,由法院作出有罪判决2件。加强对法院暂予监外执行决定的监督,全年共计办理暂予监外执行提请审查案件12件,暂予监外执行决定审查案件21件。提升强制医疗交付执行的监督,以纠正违法的方式督促公安机关积极履职,全年提出相关纠正违法通知书2件均被采纳。深化完善法律监督事项案件化办理,全年共计办理法律监督案件12件

【白龙桥检察室】 2021年,白龙桥检察室服务9个乡镇,既有区中心所在的白龙桥镇,又有城乡接合部的乾西乡、长山乡,还有山区的塔石乡、莘畈、沙畈乡,地域广,各乡镇经济、人员成分、发展产业、工农业占比、主要矛盾各不相同,情况复杂。白龙桥

检察室以轮办刑事案件审查逮捕、审查起诉为基础,2021年办理47件,因地制宜,贯彻落实枫桥经验、下沉矛盾调解中心,抓好诉源治理,护航建党百年,促进企业合规,服务中心工作。2021年,第一期省检察院的《检察队伍建设》刊登检察室保障换届选举的做法。

【基层设施建设】 2021年,按照“一体发展、全域推进、共促共建、共享共赢”的部署精神,深入挖掘检察文化资源,由市检察院牵头、区检察院承办,九地协同,于婺城区检察院旧址建设“金华检察之窗”,打造浙中金华检察集聚、集成、集约文化精品的创新实践。完成了全院范围监控改造、办公大楼木门修缮、走廊前面吊顶修缮及四楼会议室修缮等项目。规范管理食堂工作,按照食堂人员及食堂用餐管理制度开展供应服务,严格执行排菜配菜、菜品配送、仓库存货管理、制作烹饪流程、人员值班考勤、物品使用登记、卫生消毒要求、加班招待用餐审批管理制度;针对干警科学饮食需求不断提高的现象,严格监控水果质量;丰富早餐和午餐菜品的品种,在现有条件下给干警最佳的用餐体验。收集整理文书档案458件,归档照片117张,全部按规定进行妥善保存。接待调卷人117次,提供查询608卷(件),严格执行调阅案卷手续,无一例案卷损毁、遗失情况发生。申报省检察院重点调研课题12篇,申报市检察院专题调研课题9篇,5篇获市检察院立项,《涉网络多犯罪治理进路》被《人民检察》刊登。《提升轻罪不起诉率的实证分析》调研获省检察院黄生林副检察长批示(争取获贾检批示),被最高检察院采纳,《2020年度法律监督年度报告》获区委主要领导批示,《未成年人检察及权益保护工作白皮书(2018—2020年)》获市委副书记、政法委书记蔡永波批示肯定。加强案例研究与指导,强化指导性、典型案例的经营、申报工作,院领导多次组织学习最高检指导性案例、典型案例,充分发挥案例指导作用,提高办案能力水平,组织召开典型案例学习研讨会6次。同时,全院专款开通“法信”平台,供全体干警学习最新最全的司法案例和法律知识,浓厚学习研究的氛围。2021年,共有6件案件上报最高检典型案例,3件已获批,3件上报最高检获初步认可并审核中编发婺城检察信息19篇,《“鬼火少年”无证驾驶隐患丛生基层检察院建议未成年人交通安全保护须筑牢四防线》《警惕辍学失学未成年人成为犯罪“后备军”》《靶向整治非法“视力养护”机构刻不容缓》被省检察院采用。《检察听证是什么?听证会能解决什么?从案例中找答案》《为当“赘婿”,他照顾偏瘫“大舅哥”整整8年……》被《检察日报》正义网微信转发,《在美国名校留学,靠代购奢侈品赚取生活费……靠谱吗?》《今晚九点半》《今天你卡骗了吗》被最高人民检察院微信转发。18篇检察新闻宣传稿件被《检察日报》等国家级媒体采用,16篇检察新闻宣传稿件被《浙江法制报》等省级媒体采用。

【检察队伍建设】 2021年,成立专题实践活动领导小组,党组书记、检察长带头领办“法暖民生”项目,深入开展“检察为民办实事”活动,整合公益诉讼、未成年人保护、司法救助等七大民生主题,以清单式、项目化推进全体干警扎根一线参与为民办实事。激励干警学榜样、扬正气,坚持绩优导向,选树先进典型,通过引领示范营造争创先进、学习先进的浓厚氛围,“蔷薇工作室”被确定为金华政法系统先进典型。

启动“青蓝计划”人才培养工程,共确定18名30周岁以下青年干警为计划培养对象,资深员额检察官和浙师大老师分别任实践导师和理论导师,明确每年申报一个精品案例、完成一篇理论文章等“五个一”工作任务,并执行年度考核,通过搭建平台发现和培养人才,培养对象已承担各项综合任务17人次。

4月30日,婺城区检察院召开以“初心向检 青春领航”为主题的“五四”青年干警座谈会

(区检察院供稿)

制定“四大检察”一体化岗位练兵计划,打破部门界限,树立全局观念、融合思维,营造比学赶超的良好氛围,提高干警的综合能力。组织全员参加中检网学习和公务员网络学院学习,组织干警参加全省优秀干部综合素能提升研修班、检察业务分析研判培训班等各类培训32人次。调动干警积极性,开展刑检控辩赛、院精品案件评选等活动,让干警在实战中积累经验,1名干警获评省级标兵,3名干警获评市级标兵、能手。

(谢陈华)

法　院

【概况】 2021年,婺城区法院新收各类案件28584件,比上年增长6.75%,办结28553件,比上年下降0.53%,涉案标的额32.3亿元,一线法官人均结案493件,基层法院“七升五降”指标综合得分多次排名全市第一。

【结案提质增效】 2021年,大院着力清积案,对超9个月案件予以督办会商,落实“三定”方案,防止存量反弹,实现未结案数持续下降,正常审限内结案率持续提升,12个月以上未结案全面清零。开展“提质减量”“质量效率双提升”和“质量建设年”活动,一审判决案件改判发回瑕疵率大幅优化,从近年最高0.41%,降至0.08%,排名全省前十。

【法官进网格】 开展“法官进网格”活动,全体员额法官深入辖区26个乡镇(街道),入网格1315次,集中授课153次,提供法律咨询644次,参与纠纷调解463次,化解纠纷198起。建好“法官+网格”的平台,把司法资源真正融入基层网格社会治理中,把矛盾纠纷化解在村一级。每月制作“法官入网格”分析报告,内容包括每个乡镇(街道)的案件量升降情况、案件类型分布情况,抄送党委政府作为决策参考,帮助掌握不同乡镇(街道)矛盾的集中点和爆发点。

3月17日,婺城区法院进行员额法官进网格启动仪式　(区法院供稿)

【打造“立审执破”一体化人民法庭】 创新和发展新时代“枫桥经验”,打造龙山经验升级版、都市版,人民法庭主动融入基层党建+社会综合治理平台,入驻区综治中心,设立劳动争议巡回法庭,引入律师调解、驻庭人民调解,形成“请进来、走出去”的诉调衔接工作模式,发挥人民法庭化解纠纷前沿作用。执行中队全面入驻辖区四个派出法庭,争取党委政府、派出所、司法所、村居的支持与配合,克服地缘障碍,提高查找被执行人的成功率和执行工作效率。法庭庭长审理执转破等简易程序破产案件,提升法庭服务当地党委政府发展大局的能力和水平。

【强势亮剑黑恶】 贯彻落实中央和上级的决策部署,依靠党委和政府,开展扫黑除恶专项斗争,开展“打财断血”专项执行行动,创新“黑财清底”执行模式,开通涉案财物司法网拍平台,实行“一元起拍,一次拍定”竞价规则,最大限度追赃挽损。注重“打财断血”“黑财清底”,执行到位涉黑恶财产2.7亿元。

【助力优化营商环境】 开展“企业扫码我来办”活动,发挥青年的力量,成立青年助企团,74名青年干警组成帮扶团队,提供预约式线上“一对一”服务。与婺城区工商联联合出台《关于建立健全人民法院与工商联沟通联系机制的实施意见》,选派12名精干法官与区属商会结对,挂牌“商会联络站”。审结不动产权属纠纷案件30件,让有恒产者更有恒心;审结合同纠纷案件9159件、9.7亿元,营造诚信经营市场环境。

【助战“腾笼换鸟”】 坚持推动司法服务保障供给侧结构性改革,2021年,共盘活楼盘7个、商业体4个,清零115万平方米烂尾楼,化解49亿元金融不良资产,清偿并上缴税款5.8亿元,促使“桂语山居”“香溪玫瑰园”“151公馆”“白沙春晓”“婺城城市广场”“金华御园”“中奥邑墅”等项目得以破产重整。

成功重整“五百滩”项目，该重整计划的通过率、偿还率、满意率均创造破产案件新高，圆满完成市委、市政府提出的6月底之前市区涉众重大历史遗留问题“清零”的目标。

【诉讼服务数据化】 建立全市首家诉讼信息采集中心，组建扫描、排期、送达团队，实现审判辅助业务集约化管理，诉讼服务高质、高效发展。在金华地区率先完成与省高院集中统一编目系统的对接，扫描后实时生成案卷电子目录，确保源头无纸化管理，数据化运作，实现100%无纸化立案。全院民商事案件统一排期、送达，做到立案后当天分案、当天排期、当天送达，基本实现简易程序案件立案后三周内开庭，普通程序案件立案后四周内开庭，平均缩短庭审准备周期二周。

【法官办案无纸化】 强化无纸化办案指标的考核，制定无纸化办案工作指引，帮助法官主动适应无纸化办案模式，通过“云上法庭”完成合议庭阅卷、笔录会签等程序，合议庭在线会签率99.79%，位居全市第一。与婺城区司法局、人社局联合发文建立劳动争议“一站式”司法确认线上协作机制，打通法院诉讼服务中心与婺城区劳动监察大队、劳动争议调解组织之间的线上互通和矛盾纠纷线上流转渠道，为构建社会矛盾纠纷多元化、数字化化解体系探索新的路径。

【执行协作信息化】 加强智慧执行建设，探索建立与现代科技相适应的新型执行工作机制，朝着“切实解决执行难”的目标努力迈进。推进不动产司法网拍过户“一站受理”，与金华市不动产登记管理中心以及税务部门建立司法网拍过户“一件事”改革机制，买受人在成功竞拍不动产并缴纳尾款后，由法院在线向相关部门发起不动产登记、税费缴纳确认，买受人缴纳完税费后即可现场领取产权登记证。与金华市不动产登记管理中心达成“总对总”合作事项，已打通不动产数据链路和审批权限设置环节，后续可在金华“三区”范围内实现不动产查封、解封“一次不用跑”。

【接访即办全面到位】 构建“纠错、救助、终结、打击、释法”五位一体机制，以兼收并蓄、闻过即改的开放心态面对信访问题，2021年院领导网格接访70余次，实质化解并终结信访积案8件，对确实生活困难又无法获得有效赔偿的信访人提供司法救助金4万元。

【政法队伍教育整顿】 把党史学习和教育整顿有机结合起来，坚持党对法院工作的绝对领导，恪守“四个意识”，坚定“四个自信”，制定《金华市婺城区人民法院队伍教育整顿实施方案》，形成横向到边、纵向到底的教育整顿工作责任体系，相关经验做法获得省委政法委肯定，并在省、市政法队伍教育整顿工作简报上予以刊登。

【从严治院】 开展“作风建设年”活动，观看警示教育片、参观廉政建设教育基地、召开专题民主生活会，层层签订党风廉政建设责任书、层层廉政谈话，形成一级抓一级的廉政建设格局，切实增强纪律意识和规矩意识遥强化主体责任和一岗双责，抓早抓小，对违法违纪坚持“零容忍”。

【队伍素质提升】 鼓励干事创业、素质提升，开展岗前培训、案件评查、疑案讨论、学术辩论、优秀案例评选等活动，提升司法业务能力。通过组织法官进电台直播间、进校园、进培训课堂等形式，培养宣讲法治的能力。完善绩效考核，明确工作目标，层层压实工作责任。丰富法院文化生活，开展各类文体比赛，增强干警的凝聚力和团队荣誉感。

（杨雅倩）

4月9日，区法院举行“学党史 强本领”党史学习暨政法队伍教育整顿知识竞赛 （区法院供稿）

司法行政

【概况】 2021年，婺城区司法局以数字化改革为牵引，深入开展党史学习教育和政法队伍教育整顿，推进依法治区和司法行政事业高质量发展上扛旗争先、奋楫赶超,交出了一张人民满意、亮点纷呈的高分答卷。2021 年,婺城区获首批“法治浙江(法治政府)建设示范区”称号,成功创建部级“智慧矫正中心”,获评浙江省文明单位。

【法治建设】 2021 年,婺城区深化告知承诺制改革,出台 70 余项证明事项清单,形成告知承诺全链条闭环监管体系,群众企业办事少提交证明 2 万余件。开展清理“烦企扰民”规定专项行动,确保涉企政策合法规范。强化基层法治建设,推动乡镇(街道)合法性审查有效覆盖。成功创建市级法治乡镇(街道)7 家,相关工作受到市验收组肯定。在全市率先出台《婺城区加强法治乡村建设实施方案》,推动自治、法治、德治、智治“四治融合”的乡村治理体系建设。

【普法宣传教育】 抓好“谁执法谁普法”责任制落实,印发《2021 年度婺城区法治宣传教育责任清单》,注重加强对重点部位和关键环节的指导,督促重点执法部门建立落实普法责任制实施细则。发挥法律明白人等法治宣传队伍及“娘舅讲师团”“新丝路”等 19 支普法志愿队的作用,开展普法宣传系列活动 740 余场。创新普法形式,组建“婺城普法跑团”,开展 10 余场活动,将日常跑步与普法宣传相结合。利用新媒体普法影响力开展宣传,深度融合《金华老娘舅》与《婺城普法》栏目,收视率居全市所有自办栏目第一名;紧跟“短频快”时代需求,新设“婺城普法”视频号,“婺城普法”微信公众号连续 11 个月进入全省“司法行政系统”20 强。

7 月 18 日,婺城区司法局召集 100 多名爱好跑步的普法志愿者,成立婺城普法跑团,并在宪法主题公园开展新行政处罚法宣传　　(区司法局供稿)

【律师管理】 深化“扬帆行动”成效,开展律师行业突出问题专项治理,研究制定方案,成立专项治理工作组,开展律师行业“四必谈”和“一人一表”“一所一表一清单” 自查自评活动, 自查覆盖率达 100%,教育引导广大律师提升思想政治素质、职业道德水准、业务能力水平。开展企业法治体检“清患”专项行动,采取“法律服务团+村(居)法律顾问+司法所”方式,为网格内企业开展“法治体检”,建立园区企业微信群,帮助企业防范化解生产经营法律风险,律师入企开展法治体检,举办各类座谈会、法治讲座,参与排查涉企矛盾纠纷,为企业解决困难和问题。

【人民调解】 2021 年,全区建成市级“枫桥式”司法所 3 家,申报省级“枫桥式”司法所 1 家,以规范化建设推进基层治理水平提升。建立人民调解法治指导员制度,探索“员额法官+网格”调解模式,组织法官、律师和法律服务工作者进乡镇、村社,指导开展纠纷调解。派出调解专家入驻区重点工程指挥部,化解征地拆迁疑难纠纷。大胆创新,推动人民调解“坐班接诊”向“出访巡诊”方式的转变,主动摸排矛盾纠纷,提升调解质效。推进监地衔接工作,主动将人民调解关口前移进“墙”,实现辖区内 3 所监狱人民调解组织全覆盖。全年调解纠纷 3800 余件,保障基层社会稳定。

【社区矫正】 升级社区矫正智慧管理平台“码上矫正”App2.0 版, 新增实时签到、 积分商城等五大内容,宽严相济,深入打造“精准矫正”婺城样板。规范社区矫正监管流程, 推进清廉矫正工作体系建设,实行“疑难案件会商”制度和“执法透明公开”制度。开展社区矫正重点执法领域集中整治,提升社区矫正执法水平。发挥心理矫治功效,根据心理测评结果对矫正对象分级进行个案心理咨询。开展社区矫正对象“四学一做”教育活动 5 场,定期推送党史文章,引导社区矫正对象树立正确的人生观、世界观、价值观,帮助改过自新、自强自立、回馈社会

【法律服务】 紧跟数字化改革步伐,开发“一键找法”精准法律服务平台。成立多个助企服务团,为市场主体、民营企业提供优质精准法律服务,为企业出具法律风险防范法律意见书。实现全区公共法律

服务人工智能自助机全覆盖，为群众全天候提供援助申请、法律文书查询等在线服务。在婺城区人民检察院设立法律援助工作站，建立值班律师库和法律援助律师后援团，具结认罪认罚法律援助案件近千起。与婺城区人民检察院联合出台《关于支持起诉与法律援助协作机制的意见(试行)》，推进“支持起诉+法律援助”工作规范化开展。全年法律援助中心共受理法律援助案件1300余件，挽回经济损失600余万元。

【民主法治村建设】 全域化推进民主法治村建设，市级以上民主法治村覆盖率达99%。建立民主法治村建设以奖代补经费保障机制，对成功创建市级、省级、国家级的村分别给予1万元、3万元、8万元的补助。在市级民主法治村全域化推进的基础上，全面开展“后陈式”法治村建设，“后陈式”法治村覆盖率高达90%，显著提升基层依法治理水平，形成和谐社会氛围。

4月25日，省委召开法治浙江建设工作会议，区委书记蔡艳代表婺城区上台领取法治浙江(法治政府)建设示范单位奖牌 (区司法局供稿)

【行政争议化解】 完善行政争议预防化解制度闭环，落实“每案引调”“阳光听证”等措施，加速推进行政争议化解工作。开展风险告知、行政错案约谈，提升行政主体责任意识。强化败诉案例警示，形成26个案例汇编成册分发给各乡镇(街道)部门，增强“关键少数”依法行政意识，从源头降低行政争议风险。加大行政复议监督力度，制发行政复议意见书，大幅减少违法行为久“纠”不改等情形，提升案件办理质量。全区一审行政诉讼败诉率连续3年下降，行政机关负责人出庭率100%。

【执法监督】 根据巡察反馈线索，对执法部门开展个案监督，向纪委(监委)派驻纪检监察组出具反馈意见2份；联合区纪委通过智廉智律系统对综合行政执法局开展执法监督，排查整改问题；根据区检察院反馈线索，开展联合执法监督；与区法院合作，寻找合适案件组织开展旁听庭审活动。将“说理式执法”和“教科书式执法”作为行政执法规范化建设的载体，指导部门高质量完成28个执法标准指引、33个执法范文、36个执法视频的制作，其中6个项目被评为市级优秀。组织集中评查执法案卷99卷，制发执法监督通知书，促进全区执法规范化水平提升。

【执法规范】 落实政法队伍教育整顿工作各项要求，结合党史教育，开展“五学五讲”活动，贯彻“六项教育”，严格落实“369”时间规定，基本实现“五个全覆盖”，筑牢政治忠诚。由党组书记进行“自查从宽、被查从严”相关政策宣讲，落实对象“五必谈”、内容“八必谈”，向每名干部及家属寄发“一封公开信”，帮助放下思想包袱，主动自查自纠，促进队伍纯洁。开展社区矫正重点案件评查，成立专班、集中办公，对社区矫正工作人员进行全面排摸，对社区矫正案件进行自查整改，全面提升执法规范化水平。

(李 想)

军 事

人民武装

【概况】 2021年,婺城区国防动员和后备力量建设呈现稳步上升、持续向好的良好态势,先后完成军分区赋予的人武部规范化建设、国防教育少年军校、学生军训正规化建设、民兵教练员建设转型四个试点任务,在军分区民兵岗位练兵比武考核中包揽三项团体第一,连续4年被省军区评为全面建设先进单位、征兵工作先进单位。双拥共建工作成绩突出,被市政府表彰为拥政爱民模范单位。

【民兵组织整顿】 组织民兵整组潜力7大类基础数据调查,开展新兴领域专项核查,推动"统计数据"向"能力指标"转化运用。突出实体编兵,调整组建基干民兵队伍,编实建强应急队伍、专业分队、特殊分队。

【征兵工作】 在地方政府支持下拿出资金,落实大学生一次性奖励金发放,在此基础上,专门协调区政府出台大学毕业生专项激励政策,制定3个方面11条措施,每年安排专项激励。完成征集新兵任务,被评为全省征兵工作先进单位,区本级"五率"量化考评获全市第一。

【区委常委议军会议】 1月5日,婺城区召开区委常委议军会议,研究出台《关于进一步加强基层武装工作的实施意见》,规范基层武装机构和人员编设,加强专武干部和民兵干部队伍建设,提升基层武装工作质量,完善基层武装工作相关机制。

【全区武装工作会议】 1月5日,组织召开全区武装工作会议,学习贯彻中共十九届五中全会精神和习近平强军思想,总结部署武装工作,乡镇(街道)党(工)委书记代表进行党管武装述职,既表彰先进典范、弘扬担当作为,又直面问题、补短板找差距,推动武装工作始终走在前列。

【人武部规范化建设试点任务】 4月8日,担负军分区首家正规化试点任务,着力规范四个秩序,初步形成"任务安排统筹化、职责权限清单化、日常管理制度化、资源条件配套化"的"四化"工作运转秩序,先后迎接各地参观学习7批次,成为分区对外展示窗口。

【承担国防教育少年军校试点任务】 6月16日,遴选站前小学作为市内首家试点学校试行部校共建少年军校,探索形成把国防教育融入教学框架、把正规管理融入行为养成、把军营文化融入校园文化的"三个融入"方法路径,实现"少年军校"建设与学校教育深度融合、科学整合、有效结合,走一条寓教于训、寓学于行的学校国防教育路子,组织相关部门、学校领导百余人召开现场观摩会总结经验、推广思路,收到良好效果。

【承担学生军训正规化建设试点任务】 10月28日,遴选金华市实验中学作为试点,召开全市高中阶段军训工作现场会探索总结方法思路,初步形成"学校提需求、教育局搞协调、人武部派教官、共同抓落实"的军训模式,依据教学大纲明确现代国防、队列、战术等7个必训科目,轻武器射击、识图用图等4个选训科目,革命歌曲、主题演讲等若干自选科目要求,构建"7+4+X"的内容体系,对军训的组织领导、职责分工,教官的来源、培训、考核、管理,落实的质量评估、检查督导、综合保障等问题进行规范,有效提升军训工作的质量效益。

【承担民兵教练员建设转型试点任务】 围绕分区标准要求,按照试点实施方案,紧盯军事训练转型,从编建、培养、使用、储备、保障、激励等方面,探索符合实际、具备生命力持久力的建设路子,初步形成一份试点经验材料、一个军地专家人才数据库、一份教练员队伍建设细则、一个系统规范的教学资源库、一批配套完善的教学训练场地、一次现场备课示教展示"六个一"经验成果。

【遂行应急抢险任务】 8月17日,受强降雨影响,新狮街道发生严重内涝,应急连出动民兵20余人转移受灾群众并参与灾后秩序恢复工作;9月7日,婺城区突发暴雨,区民兵应急连紧急出动78人连夜赶到安地镇、长山乡救助遭受泥石流侵害的村民,成功营救2名被困群众,安全转移25人。2021年,民兵积极参与乡镇疫情防控工作。

【双拥工作】 组织区级领导班子及国防动员委员会相关部门干部到驻地某部队开展"军事日"活动。深化"百企千店助国防"工程,签约金华文荣医院为首家拥军医院并设立军人床位,建设打造西市街拥军商圈,协调地方着力解决北山雷达站官兵吃水难、基层武装工作经费保障难、官兵家属子女就业就学难等7个现实困难,区人武部被市表彰为拥政爱民模范单位。

【参加金华军分区第四届岗位练兵大比武】 7月22日,人武部机关和区民兵应急连到义乌民兵训练基地参加军分区第四届民兵岗位练兵大比武,一举包揽团体总分、首长机关比武考核、应急连比武考核三项团体第一,在个人项目及单项科目上均获得出色的成绩。

(丰懿超)

退役军人事务

【概况】 2021年,婺城区退役军人事务局做好思想政治教育、就业创业、服务站提档升级、双拥共建等工作,组建婺城"红色老兵"宣讲团,开展宣讲60余次,覆盖群众6000余人次;依托成熟创业园区建成婺城区退役军人就业创业园地3家,其中婺州英才园、浙江师范大学网络经济创业园被评为省退役军人就业创业基地;解决长期困扰北山雷达站官兵的饮用水、生活垃圾处理和执勤道路维修等难题,"改造部队饮用水系统"被列为省首批拥军优属百件实事,在年底完成;《搭建孵化平台 落实优惠政策婺城退役军人创业就业很便利》经验做法被《浙江日报》刊登。

4月15日,"红色老兵宣讲团"成员马淑芳在金华烈士纪念馆为区退役军人事务局全体党员干部上党课　(赵钰摄)

【优抚褒扬】 2021年,做好重点优抚对象定期补助款、农村籍退役士兵兵龄补贴、义务兵优待金、新兵入伍大学生一次性奖励金、优抚对象医疗救助的发

4月7日,烈士李学好远在山东的亲人到雅畈镇烈士墓祭扫　(赵钰摄)

放工作;开展清明祭英烈、"9·30"公祭等褒扬烈士活动30余场;完成农村现役义务兵父母和享受定期抚恤补助的烈属免费健康体检;完成残疾等级评定、残疾等级提高、带病回乡退役军人认定工作。

【双拥共建】 春节、"八一"建军节期间,区领导牵头慰问驻婺部队,送去慰问物资;组织区领导、国防动员委员会成员单位、双拥成员单位领导、乡镇(街道)党委书记和双拥办工作人员走进部队,集体过参与军事日活动;持续推进"百企千店助国防"工程,社会化拥军氛围更浓;组建"马奶奶拥军服务队",传承杨思岭双拥共建传统,让基层双拥品牌化;城中街道退役军人马淑芳获浙江省首届最美拥军人物荣誉称号,中国工商银行股份有限公司金华铁岭头支行、金华市容象体育培训有限公司被授予浙江省社会化拥军成绩突出单位荣誉称号。

【权益维护】 开展服务保障能力提升攻坚行动,沙畈乡银坑村成功创建全省百家红色退役军人服务站,浙江师范大学建成全省首家一本高校退役军人服务站,罗店镇建成"党建+双拥之家"特色服务站,创建省级"枫桥式"服务站28家。

【移交安置】 高质量安置转业军官、符合政府安排工作条件退役士兵(退出消防员),其中转业军官100%安置公务员(参公以上)单位;完善军人退役"一件事"办理,接收自主就业退役军人;加强退役军人就业帮扶,发放自主就业一次性经济补助,组织开展退役军人职业技能培训5期,举办退役军人招聘活动4场;落实军休干部、无军籍职工相应待遇,建军节、春节走访慰问。

(赵 钰)

经济管理

发展与改革

【概况】 2021年，婺城区实现区属地区生产总值350.19亿元，比上年增长7.2%；区级一般公共预算收入12.6亿元，比上年增长13.7%；货物贸易进出口总额(不含市场采购)61亿元，比上年增长10%，其中出口总额59.56亿元，占全国比重的0.282‰；固定资产投资完成120.8亿元，比上年增长10.8%，其中交通运输投资8.5亿元，生态环境和公共设施投资7.5亿元，高新技术产业投资9.49亿元，比上年增长0.4%，民间投资75.6亿元，比上年增长51.7%，制造业投资12.7亿元，比上年增长16.1%；社会消费品零售总额336.8亿元，比上年增长12.3%；城镇居民人均可支配收入64214元，比上年增长9.3%；农村居民人均可支配收入29521元，比上年增长11.1%；城镇登记失业率1.99%，完成年度目标；单位生产总值能耗下降和主要污染物总量减排均全面完成上级下达的目标任务。

【经济体制】 2021年，婺城区完成“标准地”出让13宗，总面积41.44公顷。实现新增工业用地100%以“标准地”形式出让。在“标准地+承诺制”推进过程中，全区以省、市文件精神为指引，建立部门联席制度。全区建立以区发改局为牵头单位，区经济商务局、区自然资源与规划分局、区水务局等相关部门协同的“标准地”指标设置联席制度。新增工业用地在明确出让意向后，由区发改局会同协同部门确定出让地块的亩均税收、能耗、产值等“硬约束”控制指标，报自然资源和规划部门。完善企业信用奖惩制度。推行信用评价+数据应用的“一诺双用”全过程监管机制，研究事中、事后的监管方案，建立企业信用评价及奖惩制度，根据评价结果和企业的信用状况，实施分类监管，加大对企业严重失信行为的惩戒力度，营造“守信者受益、失信者受限”的社会氛围，推行项目代办制度。完成规模以上服务企业亩均效益评价，前期对规模以上服务业企业开展数据采集工作，其中包括占地面积、总建筑面积、出租和租用面积等占地情况。后期经过多次对企业的信息的信息包括土地使用性质、面积、容积率等的核对，完成对规模以上服务企业的评价，最终结果为A类39家、B类119家、C类33家、D类2家。以出清亩均万元以下低效企业和以整治“低散乱”为抓手，推动低效企业出清。把任务分解至各乡镇(街道)，并对重点乡镇开展培训指导。

【能源管理】 2021年，婺城区发改局对标“四个维度”“四项指标”，初步编制形成《婺城区“碳达峰、碳中和”工作实施意见》及《婺城区“6+1”领域达峰行动方案》。5月，全区与大唐发电签订《浙江中西部天然气发电项目合作协议》，计划建设两套先进的9H级燃气——蒸汽联合循环机组发电机组，实行天然气发电，消减电力尖峰负荷。与浙江大学、浙江氢途科技有限公司合作成立氢能与燃料电池联合研发中心，建设2万台燃料电池发动机生产研发项目。同时能耗“双控”工作有序推进。成立能耗“双控”工作专班，以37家年用能量1000吨标煤以上的高耗能企业、D类和未评价企业及亩均税收3万元以下企业为重点，实行电量预算化管理和差别化控制。

【发展规划编制】 根据《婺城区“十四五”规划编制目录》，2021年,全区确定发展规划1个,专项规划35个，其中重点专项规划17个，一般专项规划17个,备案制专项规划1个。区发改局根据工作要求,与各有关部门沟通衔接,统筹推进编制进度,指导服务编制工作。《金华市婺城区国民经济和社会发展第十四个五年规划和二〇三五年远景目标纲要》于3月印发。截至2021年年底,35个专项规划中23个已经完成发布工作。

【重大项目建设】 2021年,婺城区制造业投资增速处于全市领先水平,6—12月均处于全市第一;全年老旧小区中央补助资金8522万元，项目争取量居全省第一;计划2022年专项债储备7个,申请额度5.39亿元;争取各类省级以上资金1.7亿元,未来社区建设实现零的突破,首个未来社区——金华婺城柳湖社区列入浙江省第三批整合提升类未来社区创建名单。项目实施单元占地23.2公顷,地上建筑面积30万平方米,以柳湖花园小区为核心,收益人口8800人,计划投资5000万元,项目由区建设局牵头实施建设。

【疫情防控】 2021年,婺城区发改局做好疫情防控攻坚工作,班子带头下沉玉龙社区开展疫情防控志愿服务工作;带头开展“三服务”活动,做好重点保障企业的要素保障工作；为全区36家疫情防控重点保障企业上报争取贷款需求21亿元，争取到抗疫特别国债项目资金5792万元；地方政府专项债项目12个(不含市级项目),额度6亿元。

【服务业工作】 2021年,婺城区成功申报现代服务业创新发展区。全区通过省级专家评审公示后成功入选浙江省首批现代服务业创新发展区,成功争取到专项资金180万元。服务业发展综合评价再创新高。根据省发改委公布的2020年度全省各市、县(市、区)服务业发展综合评价结果显示,婺城区(含金华经济技术开发区)连续2年提升,已跃居第12名,在全市一类地区中位居第一。全区成功争取省级应急物资储备系统试点。通过前期摸排,摸清仓库及物资底数，在已具规模化的仓库提前运行系统,实现数据信息同步和统筹管理,合力推进系统运行,提升全区物资保障整体智治水平,展现试点成效。

对口工作

【概况】 2021年，区发改局以习近平总书记在全国脱贫攻坚总结表彰大会的重要讲话精神和关于深化东西部协作和定点帮扶工作重要指示精神为指引,认真落实中央和省委、市委、区委的决策部署，围绕共同巩固脱贫攻坚成果、推进乡村振兴、推动共同富裕三大目标,全力打造对口工作“婺城模式”。

【对口支援】 2021年,新一轮对口支援结对关系为婺城区—甘孜州道孚县。婺城区积极开展与对口支援地的交流互访,组织召开党政联席会,制定《婺城区对口支援工作考核细则》，成立婺城援助道孚工作分队。完成市定26项考核指标任务,15项指标超额完成考核任务，其中学校结对5家、医院结对3家、村企结对10家；帮助四川省农村劳动力就业2541人;消费帮扶达806.57万元;引导企业投资4.9亿元;社会捐赠336.6万元。

【山海协作】 2021年,婺城区认真贯彻《中共金华市委 金华市政府关于打造山海协作工程升级版的实施意见》的工作精神,全面落实山海协作项目实施,推进山海协作工程向纵深发展,做好山海协作交流对接工作。2021年,义乌援助60万元用于莘畈乡方家村休闲农业和乡村旅游项目。通过项目实施建设,改善村庄的硬件设施,更加方便游客及村民的休闲活动，为AAA级景区村庄的创建工作起到助推作用,使全体方家村村民收益。

【对口合作】 2021年,婺城区与吉林省四平市铁西区加强交流、增进友谊、合作共赢、协同发展。成立金华市婺城区援派道孚县工作分队,援派道孚县党政干部2名(处级、科级各1人),援派专业技术人才12名。上缴省财政东西部协作帮扶资金1235万元,援助道孚县预算外资金380万元、社会帮扶物资及资金336.6万元。按照省驻川工作组统一安排,2021年负责对口支援道孚县3个项目，年度投资4150万元。

【对口消费】 2021 年,全区在四川省采购、帮助销售农畜牧产品和特色手工艺产品金额达 806 万元。开展到四川省疗休养,已向四川省发团 5 个,共计 153 人,为当地地区生产总值贡献约 85 万元。

【企业招聘】 2021 年,婺城区发改局组织婺城区企业到道孚举办招聘会,推出爱心岗位 300 余个,针对高校毕业生推出 800 余个就业岗位。吸纳四川籍农村劳动力到区就业 2078 人,含脱贫人口 109 人。

【教育捐赠】 2021 年,婺城区发改局组织两地学校开展“空中课堂”活动,通过“互联网+”实现资源共享。组织全区学校开展捐赠活动,捐物合计金额达 114.52 万元。

物价管理

【概况】 2021 年度,在疫情持续影响下,区价格工作认真贯彻落实上级有关指示要求,突出保民生、稳价格这一中心,为区委、区政府当好助手、做好参谋,有力保证重要民生商品保价稳控,圆满完成涉民生各项工作,确保全区价格工作平稳有序开展。

【价格监管】 做好价格监测和农产品成本调查,开展粮食、“菜篮子”价格监测,发布价格信息 70 次,按市发改委部署,做好重要民生商品的价格监测工作,密切关注市场价格波动情况,维护市场价格稳定和正常市场秩序。开展油菜籽成本调查,并对成本进行分析,撰写分析报告。

【价格管理】 根据省价格主管部门授予金华市辖区定价权限,开展定调价工作。审批 4 家非营利民办学校、1 家中等职业学校、1 家大货车停车场停放服务的收费标准;按照上级部署完成 2 个污水处理厂 2020 年度成本调查监审;落实好国家“双减”政策关于课后服务收费标准的制定,开展好收费价格检查督导。

【收费管理】 按照省价格主管部门授予金华市辖区政府定价权限开展定调价工作,完成教育、普通住宅前期物业、公墓等共 31 个收费标准的审批。

【价格认证】 发挥价格认证中心作用,为社会稳定服务。2021 年,完成各类价格认定案件 197 件,涉案总金额约 303 万元。

【安全生产管理】 2021 年,负责重点项目、油气长输管道、物流园区、民爆仓库、电力设施的安全生产管理工作,出动 101 人次,检查各类生产经营单位及项目 51 家次,排除隐患问题 27 个,全年安全无事故,安全生产工作考核排名机关部门前列。

(曹文渊)

市场监督管理

【概况】 2021 年,全区登记在册市场主体总量 53068 户,比上年增长 7.62%,注册资金 1006.1 亿元。企业总量 17268 户,比上年增长 8.84%,注册资本总额 949.83 亿元;个体工商户总量 35257 户,比上年增长 8.55%;全区新设市场主体 11919 户,比上年增长 6.61%。其中:新设企业 3030 户,比上年增长 1.54%;新设个体工商户 8863 户,比上年增长 8.88%。2021 年,区市场监管局获全市系统行政处罚案卷评查优秀、全市系统全国法律知识竞赛初赛优秀、“金华市执法人员食品抽样技能比武”团体二等奖、各县(市)区消保委工作目标责任制考核优秀单位、应急管理(安全生产)工作先进单位,药械化科获评全省药品检查工作成绩突出集体,区局机关第三党支部获评金华市直机关四星品牌党支部、区先进基层党组织,登记注册中心获评区三八红旗手(集体),城东市场监管所获评金华市“消保委组织先进集体”、区创建婺城“幸福城”成绩突出集体,城西市场监管所获评区创建婺城“幸福城”成绩突出集体、打造县域治理现代化成绩突出集体,白龙桥市场监管所获评打造县域治理现代化成绩突出集体。

【市场改造提升】 建立“一场五方”工作机制实行农贸市场长效管理,金华市婺城区罗店农贸市场、金华市婺城区琅琊综合市场、金华市婺城区蒋堂综合市场成功创建省放心市场、三星级文明规范市场。

【“守合同 重信用”企业认定】 指导 6 家申报 AAA 级“守合同重信用”企业;9 家申报 AA 级“守合同重信用”,办理格式合同备案 56 件,联合教育局对教育培训机构合同进行专项整治,共备案 41 件。

【商标品牌建设】 深化商标品牌强区建设,加强创牌指导工作,建成"金华市婺城区三十六堰品牌指导服务站""竹马乡品牌指导服务站", 强化区域公共品牌建设,培育申报"白沙堰"商标作为农产品企业区域公共品牌,"安地"商标已完成申报。

【食品监管】 以安全生产主体责任落实为目标,以"浙食链""阳光工厂"为依托,以行动促责任落地,促进全区食品产业高质量发展。全区在册食品生产企业124家,其中食品添加剂生产企业3家,保健食品生产企业2家,食品小作坊130家;14家小微企业、小作坊生产加工小作坊完成5S量化达标管理, 新增 "浙食链"生产主体104家,达到在产企业100%覆盖;激活112家;建成食品生产企业"阳光工厂"78家。

【执法办案】 结合春安行动、反食品浪费执法行动、亮剑消费安全综合执法行动等,开展冻品市场专项整治、浙冷链食品案件查处、房产中介公司专项行动、"天价茶"集中整治行动等;开展药品网络销售及化妆品专项整治、民生领域案件查办铁拳行动、打击整治网络传销、打传规直等专项行动,有效地打击违法行为。共查处一般程序案件202起,涉案金额343.68万元,罚没款599.63万元;其中大、要案49起,罚没款405.46万元,移送公安6起,不予处罚案件12起;办理简案快办案件153起,简易处罚案件3起,罚没款20436元。

【餐饮服务监管】 组织开展学校、养老机构食堂、地产食品、肉制品及乳制品、节令食品等专项整治;结合日常检查及双随机任务,对小餐饮、中型以上、养老机构及学校食堂开展日常检查,实施农产品快检工作,强化餐饮食品安全保障。全程可追溯"浙食链"增加80家,完成农村家宴阳光厨房建设33家,完成校园食堂阳光厨房建设150家,指导209家农村居家养老照料中心完成申报建设,完成"浙江外卖在线"创建763家,推出餐饮单位检查红黑榜12期, 曝光单位各26家, 在辖区监狱推行全智能化"阳光厨房"建设,加强食品安全应急防控能力。

【企业年报监督】 加强年报公示业务的指导和督查,设置专人咨询岗,通过集中宣讲、电话提醒、上门指导等形式逐户提醒并指导年报工作, 强化媒体宣传,督促中介机构和市场主体尽早完成年报,推进歇业市场主体的清理,进一步降低年报企业的基数。

【食品检测】 加强食品抽检规范化建设,推进抽检分离改革,开展食品安全监督抽检1682批次,开展抽样业务培训,培养业务骨干,在全市执法人员抽样技能比武中,全局有5人获全市食品抽样业务标兵和能手荣誉称号,在全省基层执法人员食品抽样技能比武中,婺城区局和东阳局、磐安局等四名执法人员组成的队伍夺得第一。

【药品、医疗器械、化妆品监管】 开展日常监督检查,严格按照标准做好许可验收、飞行检查工作,结合"药剑"行动、医用防疫物资、疫苗单位、中药饮片代煎、药品网络销售、医疗美容机构、麻醉药品和精神药品单位等专项检查,夯实药械化安全,抓好药械化不良反应监测工作;完成药品生产、经营企业检查覆盖率100%,检查医疗器械生产企业12家次、二三类经营企业296家次、使用单位335家次,检查化妆品生产企业21家次、经营单位及个体工商户122家次;开展省政府民生实事,建成民生药事服务站8家,完成6个"送药上山进岛"便民服务点的回头看工作。

【消费维权】 组织20余家部门、200余家经营户组成"3·15"宣传矩阵,落细落实放心消费"三服务";培育放心消费单位1742家、无理由退货承诺单位588家、放心工厂312家、放心消费商圈2个;全年处理投诉举报咨询6710起,挽回经济损失470余万元。

【特种设备安全监察】 加强涉危压力管道安全专项整治,强化重大节假日期间特种设备监管,检查特种设备使用单位699家,出动1409人次,检查1426台设备,发现安全隐患19处,整改19处,立案查处的有12家,处罚35.4292万元;开展特种设备赋码工作,完成特种设备赋码5938台;开展叉车智慧化监管,完成505台叉车智慧化监管设备加装;开展金特安一号行动, 极大整治规范全区48家电梯维保单位维保行为。

【产品质量安全监管】 开展产品质量监督抽查,完成生产领域抽查29批次,流通领域30批次,检测结果均为合格;开展不合格产品后处理工作,后处理已完结68批次; 开展汽摩配产业齿轮产品质量风险排查,举办质量月活动启动仪式暨科技创新助推企业高质量发展培训会；开展各类产品专项整治行动，按要求落实儿童及学生用品、危险化学品、电线电缆等产品质量专项整治行动 33 个；对防疫物资民用口罩产品及成品油开展重点整治，检查生产主体 278 家次，抽检民用口罩 17 批次，其中 3 批次不合格，均已立案查处，罚没款人民币 6 万余元；牵头开展成品油市场专项整治，抽检油品共计 21 批次，开展多部门联合检查，受理相关投诉举报 55 件，均已办结。

【工业产品区域监管】 按规定对告知承诺获证企业开展全覆盖首次证后监督检查，同时按照 30%的比例，完成 9 家获证企业的双随机检查并督促企业完成整改，在检查中还发现 1 起无证生产列入工业产品目录的违法行为，已由辖区所立案查处。

【知识产权】 2021 年，完成专利质押融资 4.16 亿元，7 家企业获评市级专利示范企业；全区有效专利 3587 件，其中发明专利数 1032 件，高价值发明专利 317 件，排名全市第三，每万人高价值发明专利拥有量 6.62 件，位居全市第一。

3 月 16 日，省局商标处带领专家组到锦绣国际家居市场江北分市场进行第一批省级知识产权保护规范化市场实地验收　　（区市场监管局供稿）

【疫情防控】 升级进口冷链防控闭环管理，督导集中监管仓推行每件必检、件件消毒，细查“浙冷链”赋码、扫码、出入库、拆包环节，开展进口冷冻食品专项检查，实现进口冷链食品全程追溯，要求自有冷库的大型酒店、餐饮店严格落实“三证三专、四无五不”的管理要求，对已安装物联设备的冷库，通过查看智慧探头运行状况和线上相关数据实现动态实时监控。落实落细零售药店防控，夯实前沿“哨点”，利用多种宣传方式，严格落实零售药店主体责任，坚持查隐患、堵漏洞、强弱项，切实做好监督管理工作，以督查、突击检查方式查看药店“测温、亮码、戴口罩”，退热止咳类药物等四大类药物实名登记并上报“零售药店常态化疫情监测警戒系统”情况，检查药店 398 家次，“零售药店常态化疫情监测警戒系统”上报信息 3 万余条，发现问题 80 余件，警告 1 家，停业整顿 9 家。加强校园食堂防控，开展阳光餐饮培训，在开学季对幼托机构、中小学和高校的食堂、校园超市进行深入排查，严格落实主体责任，出动执法人员 500 余人次，排查学校食堂 168 家次，对发现的问题当场要求整改。

（张　莹）

8 月 11 日，省市场监管局市场处一行到雅畈综合市场对“五化市场”、疫情防控、限塑等工作进行督查　　（区市场监管局供稿）

审　计

【概况】 2021 年，婺城区审计局完成审计项目 22 个，查出主要问题金额 2.98 亿元，其中违规金额 451 万元、管理不规范金额 2.93 亿元。审计处理处罚金额 1.40 亿元；移送司法机关、纪检监察机关和有关部门处理事项16件,移送处理人员19人,移送处理金额254万元;审计促进整改落实有关问题金额1.23亿元;审计后挽回(避免)损失542万元。出具审计报告和专项审计调查报告26篇,被批示采用3篇;审计提出建议50条,被采纳50条;推动被审计单位制定整改措施85项;促进被审计单位制定、完善规章制度18项;提交审计信息9篇,被批示采用7篇。向社会公告审计结果11篇。

【财政预算执行审计】 依托大数据审计模式,采用"1个核心+6个专题"的方式,促进专项债使用1.47亿元,核销两年以上票据1280张、3397.35万元,盘活6处资产并收缴租金85.84万元,督促两个乡镇收回财政出借资金200余万元,推动建立完善社区配套用房建设使用管理、乡镇(街道)财政管理、农村集体土地房屋搬迁安置和预算项目库管理暂行办法等多项制度。首次对政府财务报告进行审计,纠正10家单位应纳未纳或重复纳入问题。

【领导干部任期经济责任审计】 2021年,审计局指导新调整的12个乡镇、13个部门、49名领导干部开展离任经济事项交接,为选人用人提供经济责任审计报告10余篇次,抽派7人参与区委巡察,提供10条问题线索追责7人,推动建立完善制度27项;对全区61个经济责任审计对象建立ABC分类管理办法;移送案件线索9起,13名人员被问责处理;对2名干部运用"容错免责"机制。

【政策跟踪审计】 关注共同富裕先行示范、乡村振兴等重大决策贯彻情况,对小城镇环境综合整治项目提出健全拨付审核机制、建立工程后续管理督查考核机制等审计建议,推动解决蒋堂移民新村(二期)项目进度滞后、合同履约风险管控不严等问题。

【数字化改革】 探索"审计管理一体化平台""审计微门户"等小切口应用,健全全周期管理机制;归集公积金、公务用车、道路智慧停车等基础数据,汇集全区69家一级预算单位国库集中支付、预算指标等财务数据;加大大数据智能分析、地理信息测绘等在预算执行、自然资源资产审计中的应用,2个大数据审计案例获得省市优秀。

【成果运用】 对单个项目质量进行合规性、合法性审核同时,梳理各领域多发共性问题,编制印发风险防范清单;呈送专报13篇,撰写10余篇调研报告和研究类信息,局领导带头深入调研全区EPC项目,为EPC项目规范管理提出建议,调研成果获全省优秀审计调研文章三等奖。

【审计整改工作】 实行对账销号,督促被审计单位明确整改责任、措施和时限,2021年,审计发现的97个问题,整改率指数达96.91%;分析问题产生根本原因,研究制度缺陷,落实长效管理,督促中小学校完善奖学金和建设项目管理制度,促进出台财政对外借款管理办法,推动婺城在全市率先上线小额工程交易服务"网上超市"。区人大牵头开展审计整改联合督查,区委巡察办将审计问题整改情况列入巡察重点内容,区纪委将审计未整改问题纳入全区"智联智律"平台;建好"七张问题清单"审计领域的"一库一池一清单",梳理全量问题118个,督促指导17个重大审计问题的整改责任单位落实整改、举一反三,"居家养老中心未办理卫生许可证"整改落实情况入选市级审计整改示范榜,"学校食堂管理问题"列入全区前哨探头。

3月22日,婺城区委审计委员会第四次会议召开

(区审计局供稿)

【内部审计指导工作】 召开全区内审工作会议,派出10名内审指导员,指导10余家单位制定完善内审工作相关制度、开展内审项目109余个并出具结果。

【社会审计监督工作】 对中介机构出具的审计报告开展抽查,核减资金200余万元,移送施工、监理等9家单位和责任人9人。

【党风廉政建设】 传达学习各类违纪违法问题的

通报，审计项目实施前均开展审前集体提醒谈话，开展节前廉政教育，开展“除四不”等各类整治行动，获全区“先进基层党组织”和“基层清廉建设示范单位”等荣誉。制定《党员积分制管理办法》《激励干部干事创业争先创优考核办法》，党组书记与领导班子成员，班子成员与分管科室，领导班子和每名干部开展经常性的谈心谈话；要求审计干部遵守审计“四严禁”工作要求、“八不准”工作纪律，严格执行请示报告制度，严禁违反政治纪律和政治规矩，严禁违反中央八项规定及其实施细则精神。

（严　纯）

统　计

【概况】 2021年，婺城区统计局全面深化“三服务”活动，加强与企业沟通，做到有问必答、有疑必解，各专业人员每月3次以上下沉企业和基层，驻企服务员每月1次以上走访联系企业，全年走访调研企业350余家，解决企业问题200多个。发挥统计参谋助手作用，围绕区委、区政府中心工作，加强对经济形势的分析研判，聚焦谋划预测，对全区重点企业、重点指标和重点领域的数据进行研究预判，把握整体经济形势中的趋势性问题及亮点与特点，撰写专题分析二十余篇，为区委、区政府决策提供科学的意见建议。发挥统计解读分析作用，聚焦数据发布，制作主要统计指标卡片、《数说廿年奋斗路 礼赞婺城辉煌史》《统计年鉴》等统计产品，通过微信公众号发布全区各乡镇（街道）图强榜和每季度经济形势分析，深入浅出地解读重要统计数据，向社会大众展现婺城经济发展新成就。

【统计执法检查】 以统计督查为契机，贯彻落实国家、省、市统计部门关于防范和惩治统计造假弄虚作假督查工作的精神和要求，层层压实主体责任。2021年，全区不断加强部门数据比对，对数据异常单位及时进行核查，借用第三方力量对全区四上单位进行不少于一次的全面核查，督促企业做好统计台账资料整理，加强统计数据质量源头管控。以统计执法为手段，制定全年统计执法监督检查计划和执法规程，确保执法检查的规范有序、公正公开。全局共对35家单位进行统计执法检查，其中，“双随机”抽查单位15家，发现违法行为5起，其中简易程序案件5起，共罚款0.5万元。

【统计普法宣传】 2021年，婺城区统计局抓好“关键少数”的学法用法和对统计从业者的普法教育。区级领导班子和各部门主要领导专门学习《关于深化统计体制改革提高统计数据真实性的意见》《统计违纪违法责任人处分处理建议办法》《防范和惩治统计造假、弄虚作假督查工作规定》3个文件和习近平总书记关于统计工作的重要讲话、指示批示精神，强化依法统计意识。各专业统计员深入基层、深入企业，对基层统计员、企业主进行统计法律法规解读宣讲，提高大家依法统计、诚信履职意识。

【统计基础建设】 2021年，婺城区统计局深化“四大体系”规范化建设，上半年完成2020年度“四大体系”规范化建设验收工作。通过单位自评申报、各乡镇（街道）审核推荐、区统计局复核认定等环节，对31家五星统计单位和31位优秀统计工作者进行表彰，建立起统计工作的高标准和严要求，从统计源头抓好数据质量。加强对基层统计人员的业务培训和乡镇（街道）的工作指导，提升干部能力。开展统计“微课堂”活动，安排全局干部上课，通过分析经济形势、讲授统计知识、交流工作体会，打造一个学知识、强业务、促交流的平台，促使统计干部多学悟、常反思、再提升。开展对基层统计员和企业统计员的统计法律法规和统计业务培训，组织统计知识更新培训和年报会等各类涉企、涉乡镇（街道）的线上线下培训10余次，覆盖统计基层、统计企业500多人次。为推动乡镇（街道）统计工作例会常态化，制定针对乡镇（街道）统计工作的考核制度、质量评估制度和责任追究制度，确保统计工作有序展开，乡镇（街道）统计工作制度化。

【人口普查工作】 根据《全国人口普查条例》和国务院的决定，全区以2020年11月1日零时为标准时点进行第七次全国人口普查。在国务院第七次全国人口普查领导小组的统一领导和省、市、区各级人民政府的精心组织下，在全体普查对象的支持配合下，经过广大普查工作人员的艰苦努力，完成全区人口普查任务，主要数据通过婺城融媒对外公布。婺城区统计局获金华市第七次人口普查模范集体荣誉称号，副局长赵晓华获浙江省第七次人口普查省级成绩突出个人荣誉称号，潘丹丹、拜静静获金华市第七次人口普查模范个人荣誉称号。

（杜　艺）

招商投资

【概况】 2021年，婺城区实际到位内资36.94亿元，完成市下达任务的127.4%，完成率位列全市第一；重大产业项目到位资金20.35亿元，完成市下达任务的101.8%，其中制造业项目到位资金14.63亿元，完成市下达任务的112.5%；3亿元以上签约项目9个，完成市下达任务签约任务数的100%。20亿元以上项目4个，完成市下达任务签约任务数的400%；2021年签约3亿元以上项目落地6个，完成市下达任务的120%。2020年3亿元以上签约未落地项目2021年落地3个，完成市下达任务的100%。

【联络合作】 为更好开展招商引资工作，2021年7月全区按照市政府对驻外招商工作的统一部署和要求，开展驻外招商引才专员选拔工作，组织专门人员赴北京、上海、深圳、杭州等四地开展驻点招商。经过个人报名、单位推荐和组织选拔，从区直部门和乡镇共抽调15名业务骨干，加上面向社会招聘的22名人员，组成婺城区驻外招商引才队伍。10月8日，为提升招商专员的专业化水平，区招商服务中心邀请专家和领导对37名驻外招商专员进行为期三天的专题培训，明确驻外目标任务，压实招商工作职责。

驻外招商工作坚持专业化招商，以定点城市为重点，辐射周边区域。北京、上海、杭州、深圳四个驻点招商走访企业、商会、乡贤992余次，已累计收集有效招商信息29条，陪同企业回婺考察16批次，对接有意向项目47个，涉及项目涵盖现代物流、高端装备、智能制造、新材料、现代文旅等多个领域。

【招商引资】 2021年，全区围绕临江工业区、飞扬小镇两大产业平台，突出产业定向招商，重点招引智能制造、汽车零部件、新材料、生物健康等现代产业项目。全年共洽谈天能集团燃料电池项目、今飞铝型材项目、浙能集团镇联电燃机异地迁建改造项目等130余个项目，已签约项目17个，总投资105亿元，其中镇联燃机、正凯集团、中南实业、正向增材、大唐国际、今飞铝型材6个项目投资10亿元以上。

（汪启军　陈慧萍）

农　业

综　述

【概况】 2021年，农村集体资产拥有量增势平稳。婺城区农村集体拥有资产总额35.37亿元，比上年增长4.40%；村均拥有资产1449.59万元，比上年增长4.83%，村均资产拥有量得到较大提升。资产拥有量主要集中在少数经济较发达的乡镇(街道)。因岭上乡撤乡，九峰村划至金华经济技术开发区管理，2021年婺城区区属行政村数调整为213个(此处不包含下山移民安置村蒋堂镇阳山村)，其中总收入在1万元以下的村(社区)0个；年总收入在1万~10万元的村(社区)0个；年总收入在11万~50万元的村(社区)有37个，占总村(社区)数17.37%；年总收入在51万~500万元的村(社区)169个，占总村(社区)数的79.34%；年总收入在500万元以上的村(社区)7个，占总村(社区)数的3.29%。全区213个建制村集体总收入24209.64万元，增幅为12.26%；经营性收入11143.74万元，增幅为45.45%，农村集体拥有资产总额35.37亿元，比上年增长4.40%。

2021年，完成农林牧渔业总产值21.71亿元。夯实农业生产“压舱石”，全年粮食总产量2.08万吨，再创近年新高；农业产业高质量发展启动“新引擎”，农业“双强”行动稳步开展，打造三农新基建、熊猫猪猪·两头乌国际牧场等一批具有婺城区辨识度成果；乡村共富跑出“加速度”，启动新一轮“消薄”攻坚提升三年行动，全年低收入农户收入增长13%以上。

【薄弱村经济扶持】 2021年，全区213个行政村村集体总收入24209.64万元，增幅为12.26%；经营性收入11143.74万元，增幅为45.45%，村均经营性收入达到52.32万元；总收入20万元以上且经营性收入12万元以上的行政村实现100%全覆盖，经营性收入50万元以上的行政村67个，占全区行政村数的31.46%，比上年提高16.96%；16个省定相对薄弱村全部消除，197个非相对薄弱村全部达标。婺城区集体经济小微创业园项目作为浙江省资本运营型村集体经济发展模式的典型案例面向全国推广；《金华市婺城区探索数字赋能乡村发展新路径有效推动集体经济巩固提升》在《浙江省农业农村厅简报》农村改革专题(第3期)上刊登，《婺城区用好共创共富“十法”绘就共同富裕先行示范浙中板块婺城新图景》获市长邢志宏批示。

(贾玉珍)

【家庭农场】 2021年，婺城区经工商部门注册的家庭农场有860家，比上年增加49家。其中种植业646家，畜牧业44家，渔业24家，林业43家，种养结合51家，农业服务业1家，其他行业51家。家庭农场经营土地面积为3236公顷。通过培训、项目申报、建立观测点等多种形式，引导家庭农场向规范化方向发展。婺城区现有27家家庭农场被评为市级示范性家庭农场，61家家庭农场被认定为规范化家庭农场。年销售农产品总值37989万元，其中10万元以下359家，10万~30万元276家，30万~50万元79家，50万元以上146家。拥有注册商标的家庭农场有37家，通过农产品质量认证的有49家。规范全区家庭农场，使全区规范化家庭农场朝着经营规模化、成员知识化、产品安全化、农业设施化、产业生态化、销售品牌化的“六化”方向发展。

【农民负担监管】 2021 年,农民负担监督管理长效机制初步形成,惠农补贴政策落实及时到位,无重大农民负担案件发生。一事一议奖补政策加强规范化运作,落实有序。全区一事一议奖补项目涉及人口 19165 人,承担筹资人口 2651 人,承担筹劳人口 16514 人。2021 年, 全区农业生产性收费 10.07 万元,行政事业性收费 408.72 万元,农村义务教育收费 606.01 万元。确定全区 2021 年度村民一事一议筹资筹劳以资代劳工价标准每工 100 元。

(李思锋)

【耕地“非粮化”整治】 中央、省、市“非粮化”工作部署以来,婺城区全区上下高度重视,以详细的调查形成整治任务“一张图”,以明确的方案做到整治方式“一把尺”,以专班的搭建形成整治力量“一股绳”,打出坚决遏制耕地“非农化”、防止“非粮化”组合拳,推动“藏粮于地、藏粮于技”战略,不断夯实粮食安全基础。

婺城区粮食生产功能区总面积 6553.33 公顷,“非粮化”面积 4886.67 公顷,整治工作开展后,发布《关于坚决制止耕地“非农化”防止耕地“非粮化”的通告》,出台《婺城区“非粮化”整治实施方案》,召开全区动员部署会和推进会, 落实分阶段 “非粮化”整治任务。2021 年,完成粮食生产功能区“非粮化”整治优化面积 2073.33 公顷。

(祁　雪)

【特色农业强镇创建】 2021 年,省级特色农业强镇蒋堂镇—金华市婺城区蒋堂富硒大米水果特色农业强镇以高分通过省级验收,并争取省级奖励资金 500 万元。市级特色农业强镇竹马乡茶花特色农业强镇和安地镇桂花特色农业强镇完成创建并通过验收。

【标准地改革】 推进婺城模式农业“标准地”改革工作,2021 年新增(含存量)“农业标准地”886.67 公顷, 完成率 120.9%; 投资金额 5.85 亿元, 完成率 290%。

【“十四五”规划】 完成《婺城区农业农村现代化发展“十四五”规划》的编制与发布,列入农业重点建设项目 24 个,计划投资额达 78.1 亿元,较“十三五”规划计划投资额 5.19 亿元大幅增长。

【双强行动】 熊猫猪猪·两头乌国际牧场项目在全省农业高质量发展大会上作为农业 “双强行动”重大项目进行签约。

【农业主体培育】 2021 年,新认定区级农业龙头企业 6 家,全区共有区级农业龙头企业 27 家。完成 1 家省级农业产业化联合体(茶叶)的申报认定工作,引导企业抱团发展,实现资源共享,推动产业发展。

(戴美艳)

【产业项目】 成功申报以“箬阳龙珍”茶叶全产业链为主导的“三农”新型基础设施集成试点建设项目,项目总投资 5450 万元,争取省级以上补助资金 2170 万元(全省 12 个,金华市唯一 1 个)。2021 年,全市农业技术推广基金会负责人现场观摩会在婺城区区召开。争取 2021 年金华市农业技术推广基金会项目 16 个。

【对口支援】 2021 年 6 月,婺城区农业农村局与四川省甘孜州道孚县农牧农村和科技局签订《农业发展战略合作协议》,开展人才交流。局工作人员傅巍波于 7 月 15 日随第一批婺城区援川队伍到道孚县开展挂职工作,主要负责道孚农特产品加工园相关工作,完成园区建设工作任务。9 月 23 日,在金华市庆祝 2021 年中国农民丰收节活动上, 展示展销四川道孚县的黑木耳、黑青稞、野生菌、野松茸等独具雪域高原特色优质农特产品, 打开农产品销售市场。9 月 30 日,四川省道孚县农特产品上架金华市“金农好好”婺城区旗舰店。

(徐雅萍)

农产品质量安全

【概况】 2021 年,区农业农村局抓好农产品质量安全监管工作,强化责任落实,与 13 个涉农乡镇签订农产品质量安全监管责任书。加强农产品质量安全监测, 全年开展定量监测数量 440 批次, 合格率 99.3%。提升农产品品牌影响力,“婺城鸭蛋”入选全国名特优新农产品名录。

【“三品”认证】 2021年新通过绿色食品认证产品16个，新增绿色食品基地面积126公顷，完成14个无公害农产品的复查换证，1个绿色食品的续展。全区现有无公害农产品103个、绿色食品36个、国家地理标志农产品1个、全国名特优新农产品2个。全区绿色优质农产品比率58.65%。

（厉尹翔）

【农产品质量安全监管】 2021年，全区农产品定量检测440批次，其中蔬菜147批次，水果121批次，稻谷78批次，茶叶20批次，食用菌3批次，猪肉、猪肝24批次，禽肉、禽蛋8批次，水产品39批次，送中国水稻所和浙江省农科院检测，合格率99.3%；完成定性（快速）检测10583批次；配合部、省、市农业部门抽检243批次。

（李玮峰）

【农业执法】 2021年，“绿剑”执法行动共出动执法人员1067人次，检查企业1184家次，完成监督抽检55个批次。全年立案查处农业违法案件11起，结案15起（含2020年立案4起），罚没款合计9.46万元。渔政应急联动出勤70余次，配合公安抓获电鱼犯罪嫌疑人1人。8月，配合婺城公安分局、婺城区市场监管局查获9个非法屠宰生猪窝点，抓获犯罪嫌疑人21人，涉案金额超100万元。受理农民投诉42起，为农民挽回损失3万余元。开展农业法律法规知识宣传，发放农业法律法规宣传资料1100余份。

【农业植物检验】 2021年，婺城区植物疫情发生面积61.97公顷（不包括加拿大一枝黄花），其中红火蚁疫情发生面积为44.83公顷，柑橘溃疡病发生面积9.07公顷，柑橘黄龙病发生面积1.73公顷，甘薯小象甲发生面积2.13公顷，豚草发生面积4.2公顷。全年新发现红火蚁疫情36.03公顷，开展应急防控后，防控效果达到95%以上。11月，在全区首次发现甘薯小象甲2.13公顷，对染疫甘薯和田块进行了防控。加拿大一枝黄花、柑橘溃疡病和柑橘黄龙病等疫情持续防控，控制疫情扩散蔓延。

2021年，产地检疫161.27公顷，检疫合格种子数量为934.7吨，签发“植物产地检疫合格证”15份。签发“植物检疫证书”313份，调运合格种子数量为386.9吨。

（黄净轩）

【种子管理】 2021年，全区制繁种面积为125.87公顷，生产种子539吨。2021—2022年度救灾储备种子共60.6吨。

（董小红）

【农民信箱】 2021年，全区农民信箱共有注册用户43945人，用户规范率92%。全年发送个人邮件1417次，个人短信2331次，群发邮件194次，群发短信224次，累计发送896万条。

（傅丁帅）

种植业

【概况】 婺城区位于浙江省中西部，地处长三角经济圈南翼，是金华地区的粮食主产区，主要种植的粮食作物有水稻、玉米、大豆、番薯、马铃薯等。婺城区粮食生产工作以“保障农产品有效供给、保持农业平稳发展、促进农民持续增收”为总目标，紧紧抓住粮油两大主要作物，兼顾其他作物，发展现代农业、坚持质量兴农、绿色兴农，以农业供给侧结构性改革为主线积极引进、示范、推广农业新技术、新品种，提升社会化服务，抓好品牌建设，完成稳产保供相关工作。推进“藏粮于地”“藏粮于技”，层层落实粮食安全生产责任，落实好各类粮食生产扶持政策，提升粮食生产水平。

【粮食生产】 2021年，婺城区粮食播种面积3777.32公顷，总产2.08万吨。粮食播种面积比上年增幅3.85%；总产增加0.08万吨，增幅4%。

全区水稻播种面积2870.13公顷，比上年增长16.40%。总产17657.7吨，比上年增长12.88%。受气候因素和非粮化整治地块土壤影响，水稻单产水平有所下降，为6152.25千克/公顷，比上年减少3.03%。其中，早稻播种面积1179.13公顷，比上年增长36.05%；单产5550千克/公顷，比上年增长0.27%；总产6544.2吨，比上年增长36.42%。单季晚稻播种面积643.99公顷，单产7500千克/公顷，总产4829.9吨，比上年面积减少4.31%、单产下降0.27%、总产减少4.51%。连作晚稻播种面积1047公顷，单产6001.49千克/公顷，总产6283.6吨，比上年面积增长 13%、单产减少 3.94%、总产增长 8.55%。

【油料生产】 2021 年，全区油菜播种面积 1113.33 公顷,比上年减少 12.89%;单产 1718.85 千克/公顷,减少 2.84%;总产 1950 吨,减少 15.36%。

(祁　雪)

【蔬菜生产】 2021 年，全区蔬菜播种面积 2636 公顷,比上年降幅 16.16%;产量 52248.28 吨,比上年降幅 27.14%;果用瓜播种面积 401.33 公顷,比上年减幅 44.57%,产量 9473.30 吨,比上年减幅 48.03%。

【水果生产】 2021 年,全区水果栽培面积 369.20 公顷,比上年减幅 51.10%;产量 7567.70 吨,比上年减幅 19.58%。

【棉花生产】 由于棉花收购价格回落、人工成本上涨等因素制约,2021 年全区的棉花面积继续出现大幅下滑，全区棉花播种面积 7 公顷，比上年减幅 30%;产量 11 吨,比上年减幅 26.7%。

【茶叶生产】 2021 年，全区茶园总面积 1301.67 公顷,比上年降幅 6.22%;总产干茶 873.2 吨,比上年降幅 20.03%。

(徐殷哲)

植物保护

【概况】 2021 年,水稻全年发生病虫害面积 1.9 万公顷次,防治面积 2.8 万公顷次,其中植保无人机作业面积 5667 公顷次,挽回损失 2720 吨。全年农作物病虫害发生程度轻于 2020 年。推广科学施肥技术和农药定额施用，减少不合理化肥农药使用,增施商品有机肥,提升耕地质量,推广绿色防控技术。

【化肥减量增效】 2021 年,实施测土配方施肥 2 万公顷,推广配方肥 3630 吨,减少不合理化肥施用量 10 吨。实施商品有机肥推广应用,2021 年全区共推广商品有机肥 16300 吨。

【耕地质量提升】 2021 年,完成全区 4 个耕地地力长期定位监测点、1 个“三区四情”耕地质量综合监测点和农用地土壤污染防治 10 个综合监测点、15 个常规监测点的年度监测任务,掌握婺城区耕地质量和农田土壤污染变化发展。

【植保测报】 做好农作物病虫害测报工作,定期到田间调查农作物病虫害的发生动态,根据病虫发生情况,制定相应的防治策略,2021 年,共发布病虫情报 13 期 1500 份,指导科学用药,推广高效、低毒、低残留农药。

建立绿色防控示范区 6 个,绿色防控示范面积 773 公顷,其中省级绿色防控示范区 2 个,示范面积 133 公顷,推广农作物病虫害绿色防控技术,实施生物防治、生态控制、物理防治等绿色防控措施。推广绿色防控面积 5667 公顷次，推广病虫害统防统治 5133 公顷,农药减量 27 吨。

(李　宽)

畜牧业

【概况】 2021 年,全区奶牛养殖场（小区)10 家,存栏奶牛 7409 头,占金华市奶牛存栏 47.23%左右,约占全省的 1/5,为浙江省最大的奶牛养殖区。全年牛奶产量 33482 吨，生鲜乳收购站 5 家。生猪养殖场 30 家,生猪年末存栏 12.11 万头,其中能繁母猪存栏 1.11 万头，年出栏生猪 16.01 万头，全年饲养量 28.12 万头。家禽存栏 21.76 万羽,出栏 34.99 万羽,全年家禽饲养量 56.75 万羽。全区 2021 年肉类总产量 16301.63 吨，比上年下降 0.98%，其中猪肉产量 15226.08 吨，比上年下降 1.79%；牛肉产量 488.27 吨,比上年上升 19.28%;羊肉产量 6.65 吨,比上年上升 66.08%;禽肉产量 580.63 吨,比上年上升 6.15%。禽蛋产量 2382.19 吨,比上年下降 18.52%。

(张树金)

【美丽生态牧场创建】 继美保龙种猪育种有限公司打造成为全国美丽生态牧场的样板之后,以美保龙猪场为中心,全力改造提升所有保留牧场,促进种养有机结合，全面实现畜禽粪污资源化利用,打造生态安全、环境友好的美丽生态牧场。通过多次举办全区美丽生态牧场推进会、一对一结对现场帮扶指导等方式,提升规模养殖场的生产经营,粪污资源化利用,美化绿化洁化水平。全区 42 家保留养殖场全部通过美丽生态牧场初验，其中通过省级验收的36家，2021年新增省级美丽牧场1家。

（倪俭余）

【动物疫情防控】 制定2021年重大动物疫病防控实施方案、免疫计划和监测方案，全年共免疫高致病性禽流感60.12万羽、牲畜口蹄疫35.45万头、猪瘟34.37万头、高致病性猪蓝耳病11.90万头、小反刍兽疫0.035万头，做到应免动物全部免疫。为科学评估强制免疫效果，组织开展动物疫病免疫抗体监测12639份，其中牲畜O型口蹄疫抗体244份，牲畜A型口蹄疫抗体159份，病原70份；猪瘟抗体409份；猪高致病性蓝耳病抗体129份，病原30份；高致病性禽流感抗体600份，病原100份；新城疫抗体免疫抗体200份；非洲猪瘟病原10241份；布鲁氏菌病457份，免疫抗体合格率均达到省市相关要求。开展动物疫病病原检测1264份，其中检测牲畜口蹄疫病原50份，高致病性禽流感病原120份，高致病性猪蓝耳病原20份，非洲猪瘟病毒核酸检测1074份。开展人畜共患病奶牛“两病”普查工作，普查检测奶牛布鲁氏菌病血样6312头份，结核病皮试检测6312头。

【动物检疫】 2021年，实施产地检疫生猪192312头，家禽21372羽，犬猫16只；实施屠宰检疫生猪445426头，检出病害生猪244头，全部无害化处理。生猪产地、屠宰检疫环节“瘦肉精”等违禁药物抽检78450头份，合格率100%；牲畜交易市场交易肉牛42989头，“瘦肉精” 等违禁药物监督抽检4655头份，布鲁氏菌病监督抽检2244头份，合格率100%。

【规范犬类免疫管理】 婺城区有动物诊疗机构13家，其中宠物医院5家，宠物诊所8家。授权10家动物诊疗机构为犬只狂犬病免疫注射定点单位，进一步规范犬只狂犬病免疫工作，全年市区免疫注射狂犬病疫苗犬2020只。

【死亡动物无害化处理监管】 自2016年1月，全区生猪养殖环节病死猪由金华市莱逸园环保科技开发有限公司统一收集、集中无害化焚烧处理，建立生猪保险全覆盖与无害化处理联动长效管理机制。病死猪收集由无害化处置中心收集员、人保公司理赔员、乡镇监督员和养殖场人员同时到场收集，并在保险理赔单据上签字确认。病死猪由专用车运到无害化处置中心后，称重、核对、破碎、无害化焚烧处理环节由区动物防疫检疫中心负责监督管理。2018年，在病死猪统一收集、集中无害化焚烧处理的基础上，延伸到病死牛、羊、家禽等其他病死动物以及养殖场、动物诊疗机构的医疗废弃物，统一由金华市莱逸园环保科技开发有限公司负责收集、集中无害化焚烧处理，实现了病死动物、医疗废弃物无害化焚烧处理全覆盖。2021年，金华市莱逸园环保科技开发有限公司统一收集、集中无害化焚烧处理病死猪46335头（其中死胎2085头），计867.72吨，无害化处理犬1610只，无害化处理禽12439羽，无害化处理牛3头，全年未发生乱扔病死动物及流域性漂浮病死动物现象。

【职业技能竞赛成绩】 婺城区动物防疫检疫中心选派6人参加金华市首届农业职业技能大赛，选手1人获动物检疫检验项目一等奖，2人获动物检疫检验项目三等奖，3人获动物疫病防治项目三等奖，综合成绩位列全市第一。2人获“金华市农业技术能手”称号。

9月，在浙江省农业职业技能大赛上，中心选手获动物检疫检验项目三等奖。

（郦胜威）

渔业生产

【概况】 2021年，婺城区水产品总产量10547吨，比上年增长2.51%。水产养殖面积850公顷，与2020年持平。水产养殖品种以青鱼、草鱼、鲢鱼、鳙鱼、鲫鱼、鲤鱼为主。金华市华力农业开发有限公司成功创建省级水产健康养殖示范场。

【渔业生产管理】 全区56座小(2)型以上水库持续实施洁水渔业。开展水产养殖用投入品监管专项整治行动：查处违规使用药物案件1起，处罚金2000元；开展初级水产品质量安全管理培训1期，培训人员达52人次；加强水产品质量安全监管，现场抽查营业执照、“三项记录本”、饲料及渔业用药，发放“水产养殖用药明白纸”“三项记录本”等资料，推动水产养殖科学用药、精准用药、减量用药,保障养殖水产品质量安全。完善水产养殖病害监测预报体系,加强水产养殖病害预警和风险评估,提高重大病害防控和应急处置能力。

【产业结构调整】 推进养殖尾水零直排整治工作,建立尾水零直排整治示范点3个,截至2021年年底,规模以上水产养殖场完成89.47%尾水处理率。开展渔业资源增殖放流活动,放流鲢鱼、鳙鱼、黄尾密鲴等夏花鱼苗1553.46万尾;放流鲢鱼、鳙鱼、赤眼鳟、青鱼等冬片鱼种3.31万千克,为全区"五水共治"工作输送大批生物"护水军",有利于水生生物资源恢复,促进人与自然和谐发展。

(李世杰)

农机工作

【概况】 2021年,婺城区全区农机总动力为156613千瓦,拥有各类机具24296台套;2021年,购置补贴机具428台套,各级财政补贴101.31万元,惠及农户336户。完成设施项目6个,建设连栋大棚39768平方米,拨付项目补贴资金196.81万元。

2021年金华市婺城区裕洲家庭农场、熊猫猪猪两头乌国际牧场数字化养殖示范基地被评为省级全程机械化应用基地。2021年,水稻耕种收综合机械化率达到87%。

(应　红)

【农业机械】 婺城区免费实地检验农田机具170台,其中为52台农田作业大中型拖拉机、47台烘干机、27台收割机和44台插秧机。

(朱剑锋)

农　村

【概况】 2021年,婺城区以"乡村振兴"为战略指导,推进婺城区美丽乡村建设,以精品村、美丽乡村示范乡镇等为节点,加强农村人居环境整治力度,精心打造"村如景"的风貌,致力建设"净如洗"的环境,全力构建"活如水"的机制,建成一批"自然风景美、生态环境美、特色人文美、田园风光美"的美丽乡村,并以"共同富裕"为总目标,全面提升低收入农户收入水平,确保在共同富裕道路上,一个不掉队。探索合理增收机制,推进"下山安居创富"行动,落实好各项促共富政策。

(卢恒星)

【农村人居环境整治】 2021年,婺城区以农村人居环境"十佳村、十差村"评选为抓手,运用农村人居环境数字化监管平台,持续推进农村人居环境整治提升,2021年获评省级农村人居环境工作优胜县,成功争创"全国村庄清洁先进县"。持续开展农村人居环境"十佳村、十差村"评选,全面落实"党员联系农户"制度,全年开展农村人居环境"十佳村、十差村"评选11批次,评选十佳村110个村次,十差村64个村次,召开全区现场推进会2次,奖励资金337万元。全面提升农村生活垃圾处理终端的运维管理。完成农村阳光堆肥房技改提升41座,数字化提升37座,建立"农村人居环境监管可视化平台"系统,全区农村生活垃圾处理终端一张地图,可实时点击参看终端运行数据。与浙江大学合作开展阳光房产物深度资源化利用的探索,完成项目可行性报告专家评审会,推进阳光房产物深度资源化处理中心项目建设。提升农村公厕的服务化水平,完善农村公厕"所长制"管理,评选"美丽农村公厕"29座,评定省级星级公厕15座,其中示范性公厕2座。

(吴冬根)

【美丽乡村建设】 2021年,建成"茶花争妍"美丽乡村风景线1条,完成新时代美丽乡村达标村创建59个村(其中:精品村20个村),建成省美丽乡村特色精品村4个,建成美丽乡村示范乡镇1个。

(钱彩霞)

【产业扶贫】 2021年,安排雨露计划资金21万元,补助低收入农户家庭学生70人。安排资金50.51万元,为全区在册的3451名低收入农户购买医疗补充政策性保险。安排资金3239.64万元,实施产业化项目8个。婺城区创建全国绿色小水电低收入农户增收项目2021年分2次为低收入农户分配收益,助力低收入农户增收。为全区552名低保边缘户人员、1409户低保户分红138万元。

（徐 斌）

【农村电商发展】 建设益农信息社214家，依托区益农服务中心汇聚全区特色农产品的优势，在助农惠民平台“益农惠选”推出婺城网上年货节，旨在为本地农特产品搭建一个线上交易平台，通过数字赋能，助力农产品出村进城、农民增收致富。网上年货节销售额达29.55万元，订单数为5178单。配送到金华之外城市近3000单，其中发往浙江省外地区1800余单。推进网上农博建设，指导企业入驻省网上农博平台。组织农户报名参加网上农博平台的各类活动，在农业节日、活动中开展直播带货，为农民吆喝农产品，实现农产品出村进城。常态服务农业种植户，帮助农户线上销售，上架当季农产品。已指导33家主体入驻，上架农产品158款，销售额达425411.69元。

（傅丁帅）

【下山安居创富】 为加快推进山区群众异地搬迁工作，改善山区群众生产生活条件，缩小城乡收入差距，婺城区启动新一轮的下山安居创富工程，计划加大搬迁规模，新启动建设一批安置小区，有计划、有步骤的将高山远山、饮用水源涵养区内搬迁意愿高、条件成熟的村搬迁出来。2021年，基本完成蒋堂移民新村二期24幢主体建设，推进附属配套建设。在白龙桥镇郑路村落实新的安置地块，启动白龙桥安置小区土地征迁等前期工作。利用前期安置剩余房屋，开展长山乡安脚扎坑整村搬迁遗留农户搬迁和安地镇、沙畈乡“9·7”受灾山区群众搬迁工作，实施搬迁安置11户、14人。协调推进安置小区不动产证办理工作，完成办证430户。

（徐 刚）

·良种场·

【概况】 金华市婺城区第一良种场位于长山乡境内，土地面积102公顷，可耕种面积86.67公顷，其中农田66.67公顷：水稻21.34公顷、蔬果12公顷、淡水养殖33.33公顷；山地20公顷：茶叶13.33公顷、竹园6.67公顷。现有干部职工160人，其中退休140人、在职20人。农场以培育水稻、小麦良种为主，属国家南方小麦区域试验，水稻省、市区域试验定点场。主要职能是稻麦棉油良种生产、农业试验和技术推广。2021年，完成省种管站下达的59个品种农业试验任务，其中早稻区域试验25个品种，生产试验6个品种；晚稻区域试验28个品种。

（陈 鹏）

林 业

【概况】 2021年，全区重点公益林面积53437公顷，其中国家级公益林244公顷，省级公益林53193公顷。全年完成新增百万亩国土绿化任务227公顷，完成千万亩森林质量精准提升工程201公顷，完成《婺城区新增百万亩国土绿化建设规划（2020—2024年）》编制并通过专家评审。创建省级森林城镇3个，省级“一村万树”示范村4个，市级森林村庄10个，创建省级生态文化基地、省级示范性家庭林场、省级森林人家和森林氧吧各1个。2021年，婺城区现有林地面积84141.27公顷，比上年增长47公顷；森林面积81125.6公顷，比上年增长31.33公顷，森林覆盖率58.31%，净增长0.04%；乔木林面积66767.33公顷，比上年减少48.87公顷；林木蓄积量为4673815立方米，相较上年增长4.28个百分点；乔木林亩均蓄积量4.41立方米，比上年增长0.18立方米。2021年婺城区被授予“‘森林浙江’建设工作突出贡献集体”荣誉称号。

·林业生态建设·

【森林资源年度监测】 2021年，完成2020年度森林资源年度监测。全区森林面积81125.6公顷，林木蓄积量4673815立方米，乔木林亩蓄积量4.41立方米，森林覆盖率58.31%，林木绿化率62.57%。

【林地项目立项及审批】 严格执行林地定额管理，依法依规办理林地占用审批手续。2021年，审核审批62个项目（其中长期占用49个、林业生产服务设施项目13个），占用林地定额55.56公顷，应收取森林植被恢复费 1119.25 万元。

(王怡卉)

【森林督查】 2021 年,完成森林督查自查工作,不瞒报漏报,数据真实,对发现违法问题及时查处整改。婺城区森林督查下发图斑 686 个,其中建设项目使用林地 307 个、林木采伐 229 个、开垦林地 64 个、灾害等引起地类或林相变化 0 个、可识别的因造林更新引起的地类或林相变化 0 个、其他变化 86 个。下发的森林督查图斑涉及 26 个镇(乡、街道),224 个行政村。

【林地案件查处】 2021 年,因婺城区进行大综合执法一体化改革,11 月,林业行政违法案件交由婺城区综合行政执法局查处。全区全年受理违法使用林地案件 22 起,局办理林业行政案件 15 起,移交综合行政执法局案件 7 起,所有案件均查处完成,收取罚款 26.94 万元。其中,涉及违法使用林地 15208.41 平方米,滥伐林木 18 立方米。

(程晨升)

【国土绿化工作】 2021 年,《关于下发 2021 年婺城区新增百万亩国土绿化行动任务的通知》将 213.33 公顷新增百万亩国土绿化行动任务分解到各个乡镇;编制《婺城区 2021 年新增百万亩国土绿化行动实施方案》,于 1 月底上报给浙江省林业局,完成 213.33 公顷新增百万亩国土绿化"落地上图"工作。9 月,完成新增百万亩国土绿化区级验收,面积 226.67 公顷。10 月底,市资规局委托华东林业勘测设计院完成市级抽查,核定面积 220 公顷,完成年度任务的 103%。千万亩森林质量精准提升工程:落实《婺城区千万亩森林质量精准提升工程五年实施方案》编制,11 月底完成报告编制并上报省林业局。完成千万亩森林质量精准提升工程五年任务与金华经济技术开发区的分解,商讨婺城区中幼林抚育补助政策,完成婺城区 2021 年千万亩森林质量精准提升工程中战略储备林和美丽生态廊道建设 186.67 公顷,完成任务的 100%。元旦假期结束,组织市、区两级林业干部职工 100 余人在东方红林场种植红花油茶 200 余株;3 月 12 日,组织区四套班子领导,区属各单位主要负责人、区农业农村局班子成员 130 余人在东方红林场白龙桥林区内,种植红花油茶 300 余株。全区各级政府及部门共开展义务植树活动 15 次,参加 2000 人次,植树 5000 株。全区义务植树尽职人数 22.9 万人次,尽责率 85%。

【森林系列创建工作】 2021 年,完成竹马乡、沙畈乡、塔石乡三个单位创建省级森林城镇方案的评审,指导三个创建乡镇编制创建申报材料,与市局对 3 个乡镇的申报材料进行审核,提出补充内容。6 月,通过省级森林城镇预检工作。指导白龙桥镇新周家村、琅琊镇高田塍村、塔石乡井上村、沙畈乡银坑村、箬阳乡黄阳村创建"一村万树"示范村工作。完成竹马乡、塔石乡、沙畈乡等 5 个乡镇、10 个村创建市级森林村庄。谋划组织白龙桥镇中心小学申报省级生态文化示范基地。成功创建省级示范性家庭林场 1 家。完成梨树源省级森林公园申报工作。申报省级森林人家和最美森林氧吧各 1 个。

【生态公益林管理】 完成上年度 10 个建设项目征占用林地,涉及公益林 13 个小班共 2.13 公顷的公益林变更调整工作。完成婺城区重点公益林补偿面积统计并上报市局。完成"国土三调"数据与公益林数据优化融合工作,优化前面积 51358.2 公顷,优化后面积 53490.87 公顷(含婺城南山自然保护区新增 2078.33 公顷),净变化量 2132.37 公顷。协助、指导婺城南山自然保护区新增 2078.33 公顷规划建档工作。完善护林员巡查考勤系统建设,使监管平台正常运行。接待公益林相关问题查询、咨询、上访 50 余次。

(何梦琳)

·林业产业建设·

【概况】 2021 年,婺城区完成林木种子生产经营许可证、"双随机"抽查、珍贵彩色树种容器苗赠苗、苗木质量自查、林产品抽检等工作。参与第十届花卉园艺博览会,获金、银、铜等奖项共 10 项。组织林业企业参展第 14 届义乌森博会。云中香榧基地喷滴灌项目等 5 个区级项目立项建设,新申报省级林业龙头企业 1 家。

【种苗管理】 2021 年,办理林木种子生产经营许可证 43 本,开展"双随机"抽查 47 家。完成珍贵彩色树种容器苗赠苗 1.22 万株。配合省局完成 2021 年度苗木质量自查工作,抽检苗木7个批次(珍贵彩色树种5批次,木本油料树种2个批次),检查合格率100%。参与第十二届中国茶花博览会,成功举办茶花产业发展论坛。参与第十届花卉园艺博览会,选送参展作品29件,展品获金、银、铜等奖项共10项。组织金华市奔月桂花合作社申报国家级林木种质资源库。2020年永根公司申报的新品种中11个在2021年通过初审,其中4个被国家林业局授予新品种权证。组织花卉苗木协会及苗木产区乡镇领导到湖北省考察学习苗木花卉产业发展,调研"非农化""非粮化"政策背景下苗木产业发展情况。

【林业产业发展】 2021年,全区林下经济种植面积12.67公顷,其中林下种植金线莲5.33公顷,黄精4.67公顷,三叶青0.67公顷,粉防已2公顷。完成2020年市级林业发展和保护项目验收工作,拨付补助资金25.6万元。云中香榧基地喷滴灌项目、油茶加工厂建设项目、杜鹃花育苗连栋大棚建设、林下中药村(黄精)示范基地、特色林下经济示范基地项目5个区级项目立项建设,计划补助资金172.88万元,项目进入验收阶段。新申报省级林业龙头企业1家。成功申报"一亩山万元钱"高质量发展示范基地2个。完成春笋、三叶青等林产品抽检12个批次,香榧和薄壳山核桃各5个批次。组织11家林业企业参展第14届义乌森博会。省林业局巡视员吴鸿、副局长王章明、陆献峰等领导到婺城调研木本油料产业和林下经济,高度肯定近几年婺城区的林业产业取得的成效。区政府围绕林下经济发展召开座谈会。指导并实施塔石乡百善村33.33公顷林下经济种植。

【林业技术推广和食用林产品监测工作】 继续扩大木本油料种植,2021年推广种植油茶良种26.67公顷、薄壳山核桃良种10公顷、香榧良种6.67公顷。做好400多公顷木本油料的抚育管理工作。开展林下经济种植管理和木本油料种植管理培训2期,邀请专家授课,培训人员120人次。

完成省级食用林产品监测30批次,其中春笋10批次,油茶和土壤各10批次。完成市级食用林产品监测20批次,其中油茶10批次,香榧5批次,薄壳山核桃5批次。

(何梦琳)

·森林资源保护·

【林业有害生物】 2021年,完成林业有害生物监测面积63.9万公顷,监测覆盖率100%,无公害防治率98.8%,种苗产地检疫率100%。科学实施松材线虫病防控,完成打孔注药30000瓶,重点防控罗店镇尖峰山综合示范区16公顷松林、双龙风景区500余株古松树及各乡镇古松树,共计1万余株。挂放松褐天牛诱捕器30只,完成松材线虫病秋季疫情调查工作,松材线虫病秋季发生乡镇、林场13个,疫情发生面积2396.8公顷,发生范围内共有枯死松木23290株。做好松材线虫病疫木利用定点企业的监管工作。

对全区现有林开展美国白蛾全面监测,选择代表性地段悬挂诱捕器20只,并落实好人员定时检查监测,4至9月每周进行监测检查,2021年监测未发现美国白蛾。

(郑艳宏)

【森林防火】 2021年,为履行林业森林防火部门预防责任、行业管理责任,与4家森林经营单位(婺城南山省级自然保护区管理中心、九峰山风景名胜区、东方红林场、金华双龙风景旅游区管委会)签订森林防火责任状,落实防火主体责任;定期开展火灾扑救应急演练、技能比武、引水上山实操等"以比促训"活动,全面提高消防队日常护林管林和火灾扑救能力。金华市婺城区东方红林场在全市首届国有林场森林消防实战比武大赛中获一等奖;依托浙江省金衢盆地森林重点火险区综合治理二期工程,购置扑火机具和以水灭火设施设备,为乡镇(街道)发放防火服装414套,在已建成102只森林消防水桶的基础上补充建设部分消防水桶;强化源头数字化监管,完成东方红林场等森林经营单位16个主要出入口防火码更新,地域覆盖率、场景应用率、卡口启用率均达100%,实现管理全链条、火因可追溯、人员可查询;做好春节、元宵、清明、冬至等重点时节的森林防火工作,确保林区安全,实现全区全年"零火灾"。

(吴杰苗)

【林木采伐管理】 2021年,婺城区占限额发证量

327 份,蓄积量 10377.63 立方米,其中商品林占限额使用量 9714.5 立方米（包括主伐 8766.4 立方米、抚育采伐 97.8 立方米、低产林改造 0 立方米、其他采伐850.3 立方米);公益林占限额使用量 663.13 立方米(抚育采伐 228.5 立方米、其他采伐 434.63 立方米)。不占限额发证量 63 份,蓄积量 1653.8 立方米。

2021 年,皆伐面积 152.848 公顷,蓄积 10566.5 立方米;择伐面积 1045.36 公顷,蓄积 1129.27 立方米。

（程晨升）

【野生动植物保护】 2021 年,全区共救护野生动物 49 次，其中国家（一级）陆生野生保护动物 1 只(条),国家(二级)陆生野生保护动物 14 只(条)。全年共计出动护林员开展野生动物疫源疫病防控日常巡查 1500 人次,巡查里程 3200 千米,未发现野生动物疫源疫病情况。推动药用蛇企业发展,位于婺城区长山乡的金华市大宸农业发展有限公司建立了药用蛇养殖基地,占地面积 4 公顷,计划总投资 4800 万元。第一期投资 1300 万元已经建设完成。开展野生动物致害损失补偿保险工作,通过政府购买服务形式与中国人民财产保险股份有限公司金华分公司签订野生动物肇事商业保险合同,保费 5 万元,保额 200 万。全年受理野生动物破坏农作物肇事保险完成理赔 97 起,受害面积 26.33 公顷,涉及农户 97 户,赔付金额 68700 元。

（潘　建）

·现代林业发展·

【深化林业股份制改革】 继续深化集体林权制度改革工作有成效。2021 年,新增两家林业股份合作组织,完成创建 9 家林地股份合作社,林地面积达 452.53 公顷，涉及 3 个乡镇、7 个村，参与农户 900 余户;探索林权流转机制改革工作,引导农户以入股形式流转林地经营权、林木所有权和使用权,推行“保底+分红”的利益联结机制,提高林地流转率,发展适度规模经营，全年新增林地流转面积 2000 余公顷,累计流转面积 17066.67 公顷。

（钱海燕）

【古树名木保护】 对重点古树名木健康检查 500 株。创建婺城区琅琊镇东畈村平原特色古树文化公园一处,投资 17 万元,工程保护古树 3 株。投资 9.5 万元对长山乡邵村村、沙畈乡青草村各 1 株古树进行保护。婺城区人民检察院对婺城区古树名木保护情况开展督查,针对其提出的全区 11 个乡镇、55 株古树存在的问题落实保护措施建议书进行整改,加强对辖区古树名木的日常管理和保护。

（董海均）

【自然保护地建设】 婺城区梨树源省级森林公园完成省级森林公园总体规划方案编制和勘界定标,规划总面积 1190.56 公顷,1 月 13 日，通过省专家组评审和命名。金华婺城南山省级自然保护区管理中心 7 月 6 日正式揭牌,保护区前期建设工程列入全省首个新建自然保护区建设项目和省林业重点工作任务,项目总投资 1461 万元,已通过招投标确定施工单位。完成南山省级自然保护区新增公益林区划界定,新增 2078.33 公顷省级公益林。

（郑卫军）

【防控野猪危害试点工作】 根据国家林草局《关于增强防控野猪危害综合试点省区的通知》《关于进一步做好野猪危害防控工作的通知》文件精神,经省林业局《关于做好野猪危害防控工作的通知》批准,婺城区、建德市、开化县为全省 3 个开展防控野猪危害综合试点县，婺城区政府结合婺城区实际,制定《婺城区防控野猪危害综合试点工作实施方案》及相关管理制度、办法。经金华市公安局婺城分局和区农业农村局政审、体检合格同意成立一支 15 人的婺城区防控野猪危害服务队，配备猎枪 8 支、麻醉枪 2 支,收缴并销毁原乡镇狩猎队猎枪 32 支,猎弹 2900 余发，防控野猪危害服务队开支纳入区财政预算,争取省局补助资金 30 万元。

（叶　锋）

水　利

河道建设

【概况】 2021年，婺城区政府投资河道治理项目13个，其中续建项目8个，新建项目5个，项目总投资3.53亿元。完成金华江治理一期马海畈堤及虹路堤11.16千米及金华江高桥段1.84千米堤防加固、桐溪龙蟠段1.81千米河道综合整治、金华江左岸及白沙溪景观提升改造、车坞水库引水等工程。完成婺城区金华江右岸婺城大桥至兰溪交界段治理工程堤防加固4千米，完成投资3200万元；完成婺城区武义江石楠塘段治理工程对武义江2.5千米进行综合整治，完成投资2000万元。完成美丽河湖建设三期工程(雅干溪)10千米综合治理和景观提档，完成投资1200万元。创建省级“美丽河湖”——雅干溪(喻斯村至梅溪出口)10千米，通过省级验收。创建“水美乡镇”——安地镇，完成五座农村池塘(落江塘、黄路塘、金龙泉塘、蒋塘、东塘)整治，并通过区级验收。

河道管理

【概况】 2021年，开展河湖“清四乱”和水域动态监管，严格落实河湖空间管控和保护规定，深入开展河湖“清四乱”工作，自查4起，处理省水管平台“清四乱”15起，河道线销号率100%。开展涉河涉堤(占用水域)审批工作，完成双溪西路西延跨桐溪石门溪桥、都市区西部联网供水工程跨白沙溪等11个河道管理范围内建设方案审批。开展河道水环境长效保洁和堤防管理维修养护工作，开展金华江、武义江、白沙溪三条江的物业化管理工作和面上泵闸、堰坝的物业化管理工作，对全区327.92千米河道水环境开展长效保洁，实现保洁工作常态化。

【水政执法】 开展整治乱挖、乱倒等水事违法行为，做到及时把握水事案件发生的规律和倾向，努力把问题消灭在萌芽状态。开展河湖“清四乱”工作，2021年自查“四乱问题”6起，处理省水管理平台交办11起。根据区“大综合一体化”行政执法改革要求，完成水利条线处罚事项划转，与综合行政执法部门开展联合巡查5次，移交综合行政执法局案件1起。

开展水法宣传，不断增强民众的水法制意识和水忧患意识。以2021年3月22日“世界水日”，3月22日至28日“中国水周”为契机，开展以“启航新征程，共护幸福水”为主题的宣传活动；与金华市水利局、金东区水务局联合制作节水护水公益宣传片；组织制作大型广告牌5幅、横幅64幅，在各乡镇(街道)机关事业单位张贴宣传；在婺城小学节水宣传教育基地举行科普宣教活动。通过一系列活动的开展提升群众爱水护水意识，使水利法律法规和节水、水资源等相关知识深入人心。

水资源建设

【水利项目建设和管理】 2021年，全区实施政府性水利投资项目21个，其中新建项目13个，续建项目 8 个,完成总投资 2.6 亿元。完成续建项目金华江治理一期 4 标、金华江高桥段、桐溪龙蟠段河道综合整治、金华江左岸及白沙溪景观提升改造以及车坞水库引水工程。完成金华江右岸婺城大桥至兰溪交界段治理工程 4 千米堤防建设,投资完成年度计划的 107%。完成武义江石楠塘段综合治理 2.5 千米堤防建设,投资完成年度计划的 117%。

【水利标准化管理】 开展部分水利工程确权颁证、划界测量、标识标牌制作安装、搭建平台等相关工作,以改革为动力,稳步推行"三化"改革试点,推动水利工程标准化管理提档升级,确保水利工程安全正常运行和效能发挥,不断增强人民群众的获得感、幸福感和安全感。

【山塘水库除险加固建设】 开展汪家垅水库除险加固工程,大坝渗漏段坝体及坝基进行防渗处理,对坝坡、坝顶等进行整治、对溢洪道泄槽段及下游渠道进行改造,同时增设消能设施,工程总投资 2317 万元;完成上龙头山塘、过路塘山塘、龙潭湾山塘、黄大塘山塘、景加塘山塘、狗尾巴山塘、深塘山塘综合整治;完成月亮塘、三眼塘、白酒塘、木勺湾山塘 4 座美丽山塘创建任务;开展全区 56 座水库和部分重要山塘物业化管理工作;开展青塘等 10 座水库安全鉴定和 135 座山塘安全评价;完成青塘等 11 座水库竣工验收。

【农田水利建设】 持续开展农业水价综合改革工作,完成农业水价综合改革"五个一百" 创建任务,其中优秀典型案例有:金星堰、白沙溪二堰、白沙溪提水泵站、乌溪江引水工程灌区(金华片)、停久村用水管理小组、罗店镇基层水利站,获批 2021 年度全省农业水价综合改革工作绩效评价结果优秀单位;实施乌溪江引水工程大型灌区(金华片)十四五续建配套和现代化改造工程,配套建设乌引总干渠、支渠、管护设施等,总投资 1.28 亿元。对建筑提档升级和智能化升级改造,通过渠系改造、数字化管理体系建设、便民项目打造等全面提升灌区安全指数和幸福指数。全年完成工程投资 5004 万元,工程年度任务形象进度 100%。

【水政水资源管理】 2021 年,全区认真按照中央、省、市关于实行最严格水资源管理制度的部署要求,布置当年实施最严格水资源管理工作任务,以最严格水资源管理"三条红线""四项制度"为重点,加强节约用水管理、取用水监管、水资源保护、农村供水保障、河湖管理,督促用水总量控制、用水效率控制、水功能区限制纳污控制等各项措施的落实,较好地完成年度工作任务。

截至 2021 年年底,累计完成高效节水灌溉面积 1657.07 公顷,规模养殖场节水改造 1 个,水肥一体化保有面积 466.67 公顷,新增高效节水灌溉面积 333.33 公顷,农田氮磷生态拦截沟渠系统建设 4 条,省级美丽牧场 2 个,水产健康养殖示范场 2 个,金华市级以上节水型企业创建 5 家,清洁生产审核 11 家,新建供水管网 9.5 千米,改造供水管网 1.9 千米,节水型单位(小区)创建 6 个,再生水利用率 15%,节水标杆小区创建 5 个,节水标杆企业创建 2 家,节水标杆校园 1 个。103 个存量取水许可证电子证照转换任务于 10 月底前全部按时完成。推进取水口整改提升阶段工作任务,纳入整改清单的 65 个取水工程全部整改完成。

【水土保持】 2021 年,全区完成水土流失治理面积 2.21 平方千米,其中水利部门的上范、里东坑莘畈乡片小流域综合治理项目治理 1.55 平方千米,自然资源部门完成坡耕地改造、建设用地复垦 0.25 平方千米,林业部门的水保林种植 0.41 平方千米。

全年审批水土保持方案 59 个 (报告书 27 个、报告表 16 个、登记表 16 个),完成项目设施验收备案 10 件,验收核查 6 个 (2020 年报备 5 个);人为水土流失防治责任面积 280.15 公顷。全年开展水土保持监督检查 306 余人次,下达《要求办理水土保持方案审批通知书 (函)》81 份,《整改通知书》20 份,上报"重点关注名单"单位 1 个。

2021 年,婺城区生产建设项目遥感图斑核查、整改情况;水利部遥感图斑 23 个;省水利厅遥感图斑第一批 1 个,第二批 8 个;全部按规定时间节点完成复核和结果上传工作。

【防汛抗旱】 2021 年,实施水旱灾害应对监测预报预警。建立 24 小时值班制度,加强值班力量配备和值班技能培训,构建职责清晰、统一联动、运转高效的值班体系。进入汛期后,值班人员密切关注雨情、水情，加强与应急、气象部门沟通，互通信息，及时掌握监测情况。汛期期间，启动水旱灾害防御应急响应5次，其中4次Ⅳ级响应、1次Ⅲ级响应。通过婺城区山洪灾害监测预警平台向各类防御责任人共发出预警信息78361人次，省平台共发送山洪灾害预报预警信息49条。全区辖区内有中型水库一座，水利枢纽2处，水库未泄洪，汛期按各自控运计划要求平稳运行。山洪灾害防御。汛前汛中对各处水雨情遥测站点进行巡检维护，并加强日常维护，对巡检中发现的问题与故障点及时进行修复处理，全年对15处遥测设备故障点进行及时排除修复，确保遥测设备正常运行。做好水旱灾害防御工作提前做好汛前安排部署，印发《关于开展2021年水旱灾害防御汛前大检查的通知》和《关于开展2021年度水旱灾害防御汛前复查工作的通知》文件。2月下旬，各乡(镇、街道)组织干部和技术人员对辖区内的山塘、水库、防洪堤等水利工程、防汛薄弱环节和基层防汛体系进行自查。3月5—15日，区水务局分四个小组对各乡(镇、街道)防汛准备工作进行检查，对存在安全隐患的水库、山塘、防洪堤等水利工程进行重点复查。对检查复查中发现的24处水利工程安全隐患制定相应整改措施，24处水利工程安全隐患已在汛前全部完成整改或落实安全度汛措施。汛期期间，组织防汛检查916人次，检查水利工程278处，抽查值班与巡查人员情况1064人次，确保全年汛期安全。落实防汛责任，全面贯彻落实水旱灾害防御责任制，水库、山塘、堤防、闸坝、农村水电站防汛安全“三个责任人”、山洪灾害防御责任人全部落实到位，同时对水利工程相关责任人与巡查人员组织开展汛前培训。完善预案方案编制，组织对水旱灾害防御工作规则、工作应急预案等相关预案和工作规程进行完善修订，增强预案和工作规程的可操作性和科学性，从而更大程度的保证水旱灾害防御工作高效有序的开展。完成对金华江流域特大洪水(含超标准洪水)防御方案、婺城区山洪灾害防御预案、婺城区水旱灾害工作应急预案、婺城区山洪灾防御工作规则、婺城区水务局专项应急指南的修编。做好水毁修复。2021年度区共安排水利工程水毁修复补助资金400万元，涉及17个乡镇街道或单位，年底前完成水毁修复任务。加强水旱灾害防御物资储备。按照水旱灾害防御需求，汛前对水旱灾害防御物资储备情况进行清查整理与维护。落实防御物质仓库500平方米，麻袋1.61万只、编织袋1.5万只、水泵22台、冲锋舟5艘、卫星电话5部、柴油发电机2台、两栖车1辆、无人机1架等各类防御物资，防御物质价值204万余元，补充水旱灾害防御物资20余万元，制定物资管理和调运制度，为做好全区的水旱灾害防御工作提供的物资保障。加强水旱灾害防御演练与培训。参与省、市、区组织的防汛防台应急综合演练，协同区应急局、自然资源和规划局、气象局等有关部门和乡镇组织开展山洪地质灾害防御演练。组织水旱灾害演练4次，参与人员500余人，组织山洪灾害防御知识相关培训2次，培训人员600余人次。

【城乡供水和农村饮水安全工程】　2021年，全区农村饮水建设总投资7990万元，分为二期实施，其中一期工程涉及蒋堂镇蒋堂村等5个乡镇、16个行政村的农村饮用水提升改造工程。工程受益人口15547人，估算投资4991万元，设计概算总投资4829.97万元。二期工程婺城区城乡供水数字化改造提升项目。工程受益人口48300人，估算投资2999万元，设计概算总投资2890.98万元。

根据《生活饮用水卫生标准》(GB5749—2006)、《生活饮用水卫生标准检验方法》(GB/T5750—2006)每月定期对出厂水、管网水、原水进行跟踪采样并分析检测，检验项目覆盖浑浊度、色度、臭和味、肉眼可见物、水温、pH值、氨氮、耗氧量、余氯、菌落总数、总大肠菌群等，出水厂37项，原水38项，管网水11项；每半年对出厂水、原水进行1次全分析检测，每年对管网末梢水进行1次全分析检测，出厂水、管网末梢水全检98项、原水全检106项。生产班组检测：对原水的pH、浊度八小时检测一次；滤前、滤后水的浊度、余氯每二小时检测一次；出厂水的浊度、余氯每二小时检测一次，pH每八小时检测一次。化验室检测：每日对原水、出厂水的相关指标进行检测，检验项目覆盖浑浊度、色度、臭和味、肉眼可见物、水温、pH值、氨氮、耗氧量、余氯、菌落总数、总大肠菌群、耐热大肠菌群；定期对铁、锰、需矾量、需氯量进行检测。铁、锰半个月一次;需矾量(原水浊度>5NTU 进行检测);需氯量(每次购进消毒剂后进行检测);对每次购进的消毒剂、净水剂按国家标准进行检测。根据区卫健部门2021年度监测,结合区委疾控中心出具的检测报告、水厂水质检测报告,婺城区城市管网供水水质达标率为100%。

(王丛云)

莘畈水库简介

【概况】 莘畈水库位于浙江省金华市婺城区西部,钱塘江流域衢江支流莘畈溪上游,集雨面积49.4平方千米,主流长19.9千米,是一座供水、灌溉、防洪、发电等综合利用的中型水库。莘畈水库担负下游76个自然村、浙赣铁路和杭金衢高速公路防洪安全,3913.33公顷农田的灌溉,15万人口饮用水供水任务。

莘畈水库1970年动工,1979年完工,2006年9月进行除险加固工程。工程按100年一遇洪水设计,设计洪水位为145.81米,5000年一遇洪水校核,校核洪水位为147.67米。水库总库容为3712万立方米,正常库容3028万立方米,正常蓄水位144.00米。水库大坝为粘土心墙砂壳坝,最大坝高45米,坝顶长度为220米。莘畈水库于2019年进行大坝安全鉴定,鉴定结果为"一类坝"。

莘畈水库库区内建有日供水规模为5万吨的汤溪水厂,于2012年1月建成投入生产,由金华市金西自来水公司运营。项目运行良好,日均供水量已达5万吨。莘畈水库原一级、二级、三级电站于2021年初划转交由婺城交通投资集团管理。

【防汛防台】 莘畈水库管理处严格组织防汛防台值班,服从上级调度指令,按照经批准的水库控制运行计划科学调度。2021年全年降雨量为1878毫米,进库来水量5176万立方米,本年度未泄洪,留好汛期最后一库水。2021年7月3日最高水位144.21米,3月1日最低水位134.73米。管理处严格执行各项水利工程管理制度,确保工程安全运行,全面完成防汛防旱任务。2021年度未开闸放水。

【水利工程维修养护】 2021年,水利工程维修养护主要完成项目:莘畈、西畈、山坊水库白蚁防治及绿化养护;莘畈水库闸门启闭机机电设备维护;安装库区溢洪道右侧道路硬化护栏300米;完成莘畈灌区渠道清淤3500立方米,进行渠道挡墙底板修复等。完成2021年度农业水价综合改革"五个一百"创建莘畈灌区项目,对金星堰水闸进行亮化提升,提升内容为墙面彩绘、警示牌、公告牌安装,护栏安装、草皮种植等。

【饮用水保护】 莘畈水库是金西地区15万百姓的饮用水源,每年投入大量人力、物力、财力进行水源保护,包括水库边安装隔离护栏、加库尾湿地维护、打捞库面垃圾及漂浮物、水库范围巡查等。管理处于2021年7月成立水库巡查组,日夜进行库面巡查,驱赶非法钓鱼、抓鱼者。为平衡水体生态,管理处分别于年初和年末进行增殖放流,投入鱼苗2.9万千克。莘畈水库水质指标均在"二类"及以上,2021年向自来水厂输送原水1900万吨。

【安全灌溉】 莘畈水库灌溉受益人口5万多人,管理处科学合理地调度水源,灌溉用水前通盘考虑灌区内作物种类、生长期间分布,制订双抢期间灌溉放水计划,在灌溉放水过程中,及时到田间地头了解实际情况,加强与乡镇联系积极与用水大户沟通,合理调配水量,全面保障灌区农业生产用水。2021年莘畈水库灌溉放水2400万立方米,同时利用乌引、九峰水库水源,利用西畈水库作为水量调节,年度灌溉放水工作进展顺利。

(倪慧清)

工 业

综 述

【概况】 2021年,婺城区经济发展遭受疫情巨大冲击,在区委、区政府的正确领导下,婺城区复工复产工作走在前列,为企业恢复生产赢得宝贵的时间。全年实现规模以上工业企业总产值250亿元,比上年增长16.1%。汽摩配等七大支柱产业保持稳定,实现规模以上产值199.81亿元,占规模以上工业总产值的79.92%。

2021年,婺城区推进强企业,扶产业,高质量发展工业经济。完成“低散乱”企业(作坊)整治109家,完成率155.71%;完成亩均税收万元以下低效企业出清177家,完成率118%;盘活闲置低效用地220.17公顷。

【政策支持】 贯彻落实《关于进一步推进创业创新加快工业经济转型升级的若干意见》《关于大力促进民营经济健康发展的实施意见》《关于加快推进智能制造工作的若干意见》等政策,通过扶持重点项目、提高奖励额度、组织优秀民营企业家开展宣讲、对纳税十强法人体检等一系列惠企组合拳,不断优化营商环境。2021年,共兑付各类企业补助资金1.86亿元,减轻企业负担,提振企业发展信心,推进企业发展壮大。

【企业服务优化】 婺城区经济商务局进一步强化驻企代办模式,精准对接企业痛点做好服务,主动帮助企业代办代跑、跟踪办理,全力协调解决企业生产经营中的困难和问题,为企业增信心、稳发展。2021年,走访服务企业2000余次,收集涉企问题2889个,协调解决2889个,解决率为100%。2月,《婺城区深化“企业码”应用打造企业服务数字平台》获得副省长高兴夫批示肯定;4月,《婺城区选优育强打造工业数字化企业“头雁”队伍》获得副市长张新宇批示肯定。

【绿色清洁生产】 2021年,婺城区有绿色清洁生产企业12家,比上年增长50%;全年兑付奖励总额30万元。

【汽摩配行业】 2021年,全区汽摩配行业有规模以上企业28家,汽摩配产值69.33亿元,比上年增长17.60%;实现利税总额3.20亿元,比上年下降70.29%;实现利润总额2.53亿元,比上年下降75.32%。

【五金工量具产业】 2021年,婺城区五金工量具产业有规模以上企业38家,实现产值47.94亿元,比上年增长24.01%;实现利税总额2.13亿元,比上年下降12.46%;实现利润总额1.59亿元,比上年下降15.43%。

【医药化工产业】 2021年,婺城区医药化工产业有规模以上企业15家,实现产值15.94亿元,比上年增长4.01%;实现利税总额1.27亿元,比上年增长157.71%;利润总额1.08亿元,比上年增长488.80%。

【纺织服装产业】 2021年,婺城区纺织服装产业有规模以上企业16家,实现产值9.39亿元,比上年下降10.87%;实现利税总额1.08亿元,比上年下降11.88%;实现利润总额0.29元,比上年下降49.07%。

【新型建材产业】 2021年,婺城区建材产业规模以上企业有33家,实现产值43.98亿元,比上年增长

10.87%；实现利税总额 6.81 亿元，比上年增长 38.42%；实现利润总额 5.02 亿元，比上年增长 56.83%。

【食品加工产业】 2021 年,婺城区食品加工产业有规模以上企业 4 家,实现产值 1.47 亿元,比上年增长 14.98%；实现利税总额 0.07 亿元，比上年下降 51.90%；实现利润总额 0.08 亿元，比上年下降 19.74%。

【包装彩印产业】 2021 年,婺城区包装彩印产业有规模以上企业 18 家,实现产值 11.76 亿元,比上年增长 29.27%；实现利税总额 0.9 亿元，比上年增长 3.02%；实现利润总额 0.47 亿元，比上年下降 14.20%。

（黄慧华）

数字经济

【概况】 2021 年，婺城区深入推进“数字名城”建设，以数字经济 2.0 版集聚数字产业、赋能产业升级,为数字经济与实体经济的深度融合开展一系列具有开拓创新意义的探索与实践。

产业数字化稳步推进。经济商务局开展数字化改造样板项目创建工作。列入培育池中的 16 个项目进展顺利，其中今飞智造摩轮有限公司于 11 月份通过项目提前验收;在数字化改造样板项目试点的基础上,制定并出台《婺城区关于加快推进智能制造工作的若干意见》，全面推进婺城区的工业企业智能化改造工作;2021 年，成功组织百亿项目集中开工仪式、晒拼创、中国共产党成立 100 周年献礼、市级机器人应用现场会等活动。

数字产业化蓬勃发展。截至 2021 年年底,园区入驻企业 480 余家,婺城区(含开发区)网络零售额达 153 亿元,比上年增长 10%,全省排名 44 位,软件和信息服务业达 29.92 亿元,比上年增长 12%。

【智能制造服务】 2021 年,婺城区完成智能化诊断咨询服务工作 101 家。

【数字经济论坛】 成功组织召开金华市数字化改革软件赋能对接会启动仪式暨婺城区首届软件大会,活动以“软件赋能·共创未来”为主题,汇聚全市 100 家软件企业参展,为各单位提供数字化转型中的各种技术建设方案,助力婺城企业拥抱数字化改革。

【电商企业转型】 成功开展网红直播系列沙龙活动,邀请市电商处领导和义乌直播电商大咖以“案”说直播,直接将实操“干货”知识点和技巧带入课堂,帮助电商企业找准流量,精准推广,推动婺城电商企业转型发展,打造本土电商 2.0。结合党史学习教育和“三服务”,开展直播电商“三进”(直播电商进企业、进农村、进社区)活动,培训 1000 余名直播电商人才,通过人才的引领效应,带动传统电商更好地向直播电商转型。

牵头举办数字经济专题培训班,组织婺城区各园区负责人和数字经济重点企业,在浙江大学开展为期 5 天的集中学习,增强婺城区数字经济园区和企业的业务能力,为下一步更好的工作打好基础。

（余　悦）

电　力

【概况】 2021 年，婺城供电分公司完成电网投资 1.1 亿元，完成 220 千伏南郊变电站供地及线路路径调整优化,实现 110 千伏江家变、对岳变变电站供地及土建工程按期进场,确保亚运会电源点建成投运;联合属地政府成立能耗双控监控室,实现有序用电和能耗精准管理;推进老旧台区触电防治低压表前线整改,完成中国共产党成立 100 周年庆及各项保供电任务；供电可靠率达 99.979%；售电量 43.39 亿千瓦时,比上年增长 9.60%。

【作风建设】 开展党史教育活动。新辟“婺望党史”教育阵地,推送“家门口的四史课堂”“简史学习青年说”等栏目 80 余期。承办金华公司红船党员服务队“为民服务日”活动,开展“我为群众办实事”60 余次。推进“初心传承”一域一特色文化名片,讲好“双龙水电站”故事,相关党课获金华市微宣讲视频展播十佳作品，建成白沙源村等“红船·光明驿站”3 处。稳步推进纪检自治,探索“三型六式”监督体系,深入开展靠企吃企、废旧物资等专项监督检查 29

次。主动承接省公司纪检工作试点任务,形成基层支部纪检自治等有效做法。

【安全生产】 完善监管体系,推进主体安全同质化管理,成立安管中心,推动“全专业”反违章,专业部门抓实分管业务范围内的主体安全责任,强化专业指导与督查,落实“班组自查、专业稽查、安监督查”要求。夯实履责基础,重新修订各机构和岗位安全职责清单、各项应急处置方案,强化落实安全巡查问题整改,加强各级举一反三整改落实。强化安全管控,整合成立联合稽查组,建立安管中心周报曝光台,加大违章处罚警示力度。主动对接政府部门,推动政府以安委办名义下发关于加强“非粮化”整治期间安全防范工作的通知,全方位落实风险管控,确保人身、设备安全。

【电网建设】推进新型电力系统建设。对接政府投资项目、民生工程的电力需求,滚动修编主配电网规划。利用新技术、新模式实现配电网与城市协调发展,城市核心区5G+光纤就地自愈线路、江南商务区低压配电自动化建设获省公司立项。推动运维数字化转型。完成红外普测5506处,处理严重缺陷78处。推进老旧台区触电防治低压表前线整改,选点加装大通流避雷器,应急增容补点工程22项、台区分流工程8项。深化配网自动化应用。完成金华公司首条带双向自愈功能的重合闸速断线路投运,实现配电网工程建设年度既定两率指标。迁建资产接收规模1.3亿元,超额提前完成目标。

【供电服务】 优化营商环境,全覆盖实现业扩报装“全域通办”和“刷脸零证办电”。100千伏安及以上低压报装送电85户,保障低压容量开放160千瓦,为用户降低成本120万元。助力乡村振兴,多方面开展业务融合共建活动,促成金华首个“电力先行助力乡村振兴及共同富裕示范区建设”政府指导意见落地实施,建成2个乡村电力驿站、304个电力便民服务点。紧盯“双碳”目标,罗店供电所多维度推进“双碳”落地,全年减少碳排54646吨,建成金华首个“万吨级”碳减排供电所。完成金华首个老旧小区充电桩布点改造和金华山景点105个充电桩布点建设。

(陈 曦)

婺城区工业十强企业简介

【浙江万里扬智能制造有限公司】 浙江万里扬智能制造有限公司前身为浙江吉孚汽车传动系统有限公司,创立于2016年,注册资本5亿元,为国内变速器龙头企业、行业内首家A股上市公司—浙江万里扬股份有限公司(股票代码:002434)的全资控股子公司。公司已形成年产50万台变速器齿轮轴和同步器的制造能力,2021年工业总产值12.48亿元,产品的产销量、市场占有率居行业前列。

公司主营业务为新能源汽车传动系统、汽车变速器及其零部件的研发、制造和销售,主要为浙江万里扬股份有限公司和山东蒙沃变速器有限公司等变速器公司的相关机型提供配套服务。2021年,公司凭借行业领先的创新研发能力、健全的组织管理制度、独立的核心知识产权及卓越的科技成果转化,公司通过浙江省科技型中小企业、国家高新技术企业、浙江省“专精特新”中小企业认定,并建立浙江省万里扬汽车零部件智能制造高新技术企业研究开发中心及金华市工业企业技术中心。

2021年,获“婺城区2021年度工业十强企业”“婺城区2021年度区级工业财政贡献十强企业”“婺城区2021年度政府质量奖获奖企业”“婺城区2021年度工业企业纳税大户”“婺城区2021年度纳税千万元以上企业”“婺城区2021年度人才开发先进企业”等荣誉称号。

【浙江金圆水泥有限公司】 金圆控股集团的核心企业,公司东连杭金衢高速公路,南接金千铁路,北临九龙山,地理位置优越,交通十分便利。2021年,公司有2条日产2500吨熟料的新型干法水泥生产线,年产水泥300多万吨。公司2021年工业总产值8.79亿元,比上年增长17.7%。公司拥有严格的质量检测制度和完善的销售服务体系。“金圆”牌各标号水泥质量稳定,水泥及熟料的各项质量指标均优于国家标准。产品具有安全性能好、早期强度高、后期强度稳定、抗压抗折剪性强、混凝土脆性低、抗渗能力强、干缩性小、耐寒性好等特点。已在高速公路、铁路、桥梁、城市建设等国家重点工程和基础设施建设中得到广泛应用,成为众多重点工程及广大消费者的首选品牌。

在环保上,公司把企业的可持续发展同国家的长远利益相结合,大力发展绿色经济。强化环境卫生管理,营造整洁、优美、安全、文明的工作、办公及生产环境,高度重视环保方面的投资,两条生产线先后投资2700万元用于废气、废水、噪声的处理和生态绿化建设。公司两条生产线所有废气排放点均设置除尘设备,对噪声源采取有效的隔声降噪措施,对所有噪声源均加设消音器,投资一百多万元采用台湾格瑞特进口隔音板安装隔音墙150米,再是在全厂范围内种植绿化,美化厂区环境又减少了厂区噪音;经过几年来的绿化美化,公司厂区内已建造了假山、喷泉,种植了竹林、花木和草坪,厂区绿化面积已达到35%,初步建成花园式工厂格局。

金圆公司以“敬业诚信、敢为人先”为企业精神,“以科技创新,严格管理;优质高效,顾客满意”为质量方针,以“文明生产,安全第一;全员参与,持续发展”为职业健康安全管理方针“以顾客满意度95%以上;国家各级抽检合格率达到100%;“金圆”品牌争创中国名牌。”为质量目标,深化内部管理、完善激励机制,强化技能培训,狠抓安全生产。2021年,获“婺城区2021年度区级工业财政贡献十强企业”“婺城区2021年度工业企业纳税大户”“婺城区2021年度纳税千万元以上企业”等荣誉称号。

【浙江万里扬股份有限公司】 创立于1996年,注册资本13.4亿元,是中国汽车变速器行业第一家上市公司(股票代码002434)、全国制造业单项冠军示范企业。公司拥有分公司或子公司共10家,其中金华市6家,已形成年产180万台乘用车变速器和100万台商用车变速器的综合能力,销售各类变速器1300万台。

公司拥有国家认定企业技术中心、2家国家CNAS认可实验室、省重点企业研究院、省博士后工作站等研发平台,拥有各类技术研发人员1000余人,其中引进省“万人计划”青年拔尖人才1人、金华市拔尖人才2人、省“151”人才2人及市“321”人才多人,和浙江大学、合肥工业大学、北京航天航空大学大学、重庆理工大学等高等院校长期开展合作,公司先后承担10余项国家重点新产品开发和省级重大科技攻关项目,拥有各类授权专利420项,获得国家科技奖二等奖1项、省部级科技奖一等奖2项、省部级科技奖二三等奖多项,多项技术成果被认定为国际先进水平。公司主要为东风汽车、一汽集团、北汽福田、中国重汽、吉利汽车、奇瑞汽车、长城汽车、比亚迪汽车等国内主流汽车厂提供变速器配套服务。公司紧随汽车行业发展前沿及国家提出的“双碳”控制要求,积极开展适用HEV、PHEV的DHT混合动力系统、纯电动ECVT系统等新能源产品的研发。

万里扬承担省重大产业项目2项、省“四个百项”项目1项,2021年,新实施重大投资项目1项,总投资近100亿元,全面按照“未来工厂”要求打造智能制造工厂,“无级变速器智能工厂”被工信部评为国家智能制造示范。公司2021年工业总产值13.88亿元,比上年下降16.6%。2021年,获“婺城区2021年度区级工业财政贡献十强企业”“婺城区2021年度工业企业纳税大户”“婺城区2021年度纳税千万元以上企业”“婺城区2021年度人才开发先进企业”等荣誉称号。

【浙江八达电子仪表有限公司】 浙江八达电子仪表有限公司成立于1997年,位于婺城工贸区碧春路528号,是国网金华供电公司下属集体企业,金华八达集团有限公司全资控股子公司。公司注册资本壹亿元,占地面积1公顷,公司本部现有在职员工318人。2018年9月,与浙江时通电气有限公司吸收合并后,成立时通电气分公司和铁塔分公司。

公司主要从事电能表、用电信息采集设备(集中器、采集器、专变终端、配变终端)等产品的研发、生产、销售,提供电能表分拣、返修、采集运维、采集管控、抄表收费、计量管控、表计配送等营销服务,业务主要来源于国网公司、相关网省公司以及各地区、金华公司的统一招标,在行业中排名保持中上旬水平,产品及服务累计覆盖全国21个省市地区。

公司是国家高新技术企业、浙江省创新型试点企业和国网浙江省电力公司美丽集体企业,公司2021年工业总产值8.37亿元。2021年,获“婺城区

2021年度工业十强企业”“婺城区2021年度区级工业财政贡献十强企业”“婺城区2021年度数字经济十佳企业”“婺城区2021年度工业企业纳税大户”“婺城区2021年度纳税千万元以上企业”等荣誉称号。

【浙江金华南方尖峰水泥有限公司】 浙江金华南方尖峰水泥有限公司是由中国建材股份有限公司旗下公司——南方水泥有限公司与尖峰集团控股子公司——浙江尖峰水泥有限公司共同出资设立的区域性大型水泥生产企业，于2007年9月在浙江省金华市注册成立，初始注册资本4亿元人民币。

公司主要从事水泥、熟料的生产、销售及相关业务。现公司下辖三家单位：金马水泥厂、浙江尖峰登城水泥有限公司、浙江金华尖峰水泥销售有限公司，另外受南方水泥委托管理浙江三源集团有限公司、浙江虎鹰水泥有限公司、浙江立马水泥有限公司等三家企业，水泥年产能达800余万吨。

浙江金华南方尖峰水泥有限公司2021年工业总产值5.46亿元，同时，获“婺城区2021年度工业十强企业”“婺城区2021年度区级工业财政贡献十强企业”“婺城区2021年度工业企业纳税大户”“婺城区2021年度纳税千万元以上企业”等荣誉称号。

公司是深受用户信赖的优质名牌水泥生产企业，旗下主要品牌“尖峰”牌为中国驰名商标，“尖峰”牌PO52.5、PO42.5、PC32.5系列水泥，以质量稳定、早期强度高、适应性强、施工性能好、耐久性高、混凝土构筑物维修费用低、服务优良着称，为国家首批免检产品、全国用户满意产品，畅销金华、温州、台州、丽水等地区，部分远销海外。

【金华中燃城市燃气发展有限公司】 金华中燃城市燃气发展有限公司成立于2007年，是由金华市液化气有限公司和中国燃气控股有限公司共同出资的台港澳与境内合资企业，注册资本1亿元。

金华中燃有员工近187人，分市场开发部、工程管理部、生产运营部、客户服务部、安全监察部、财务管理部、综合管理部等7个部门。公司经营的业务范围主要为管道燃气(液化石油气、天然气)；公司经营区域涵盖金华市婺城区（仙源湖旅游度假区除外）、金东区行政区域，包括金西、金东经济开发区，另增加江南家和园住宅小区，共计1891.4平方千米，占整个金华市区总面积的92.5%。公司经营区域内的各类居民、工业、商业用户逾13万户。金华中燃城市燃气发展有限公司2021年工业总产值5.62亿元，同时，获“婺城区2021年度工业十强企业”“婺城区2021年度区级工业财政贡献十强企业”“婺城区2021年度工业企业纳税大户”“婺城区2021年度纳税千万元以上企业”。

【浙江开创电气股份有限公司】 浙江开创电气有限公司注册资本6000万元，现有各类员工700多人，公司产品包括锂电、交流两大动力，五大系列（往复锯、迷你锯、角磨、电圆锯、多用途工具），100多个品种，公司已通过ISO9001:2015质量体系认证、ISO14001:2015环境管理体系认证、OHSAS18001:2007职业健康安全管理体系认证，公司实验室获得美国UL、欧洲TUV认证授权，公司产品已取得欧洲CE认证，CB成员国IE认证，美国UL认证，澳洲SAA认证等多项国际认证。浙江开创电气股份有限公司2021年工业总产值5.88亿元，同时，获浙江省博士后工作站、浙江省知识产权示范企业、浙江省企业技术中心、金华市专家工作站、全市“美丽工厂”标杆企业、浙江省内外贸一体化“领跑者”企业、“婺城区2021年度工业十强企业”“婺城区2021年度区级工业财政贡献十强企业”“婺城区2021年度工业企业纳税大户”“婺城区2021年度自营出口超千万美元企业”“婺城区2021年度纳税千万元以上企业”“婺城区2021年度人才开发先进企业”等荣誉称号。

【浙江虎鹰水泥有限公司】 是一家具有生产高标号水泥能力的企业，注册资本5000万元，占地面积13.33公顷，总资产2.39亿元，员工179人。公司创建于2004年2月，原是一家民营企业，2007年上半年中国建材为做强水泥产业，在上海组建了南方水泥有限公司。浙江虎鹰水泥有限公司进行了资产重组，于2008年1月24日以100%股权转让给南方水泥有限公司，成为南方水泥有限公司一家下属单位，现由浙江南方水泥有限公司进行管理。公司现拥有一条日产2500吨熟料水泥生产线，带纯低温4.5兆瓦余热发电，年产水泥95万吨。

采用生产工艺:带五级旋风预热器(RSP)窑外分解法生产工艺的水泥熟料生产线,主要配置的设备:二台原料破碎机,一台立磨,一台Φ4×60米旋窑,三台Φ3.2×13米水泥磨带辊压机组成预粉磨系统。

公司生产尖峰牌、虎鹰牌两种品牌,普通42.5、复合32.5两种品质的水泥产品,在丽水、温州、台州、宁波、福建福鼎、金华等地有着很高知名度和美誉度,广泛适用于高速公路、桥梁隧道、水电工程、高层建筑等普通混凝土或高性混凝土工程。

公司在未来的发展中,坚持"创新、绩效、和谐、责任"的南方文化,内抓管理,外拓市场,从低消耗、夺高产中求效益,积极引进先进技术和管理人才,注重员工培训,造就一支正规化、标准化、高素质的员工队伍。实现优质品牌战略,构建和谐社会,营造日益升腾的现代化企业。

浙江虎鹰水泥有限公司2021年工业总产值4.68亿元,比上年增长9.7%。2021年,获"婺城区2021年度区级工业财政贡献十强企业""婺城区2021年度工业企业纳税大户""婺城区2021年度纳税千万元以上企业"等荣誉称号。

【浙江今飞智造摩轮有限公司】 浙江今飞智造摩轮有限公司是浙江今飞凯达轮毂股份有限公司(股票代码:002863)下属的一家子公司,成立于2019年6月,注册资金1亿元,占地面9.38公顷,位于金华市婺城区飞扬小镇。

浙江今飞智造摩轮有限公司被列入浙江省"未来工厂"试点单位,金华市物联网工厂,婺城区数字化样板改造企业。公司按照全球领先标准设计规划、建成装备数字化、运营数字化、工艺数字化的数字化工厂,与传统生产线相比,该项目产品生产全程自动化、流水线方式,产品不落地,生产效率及产品质量受人为影响降到最低。使用工数比传统生产线减少50%以上。引进及应用国内外先进设备896台(套),其中工业机器人116台(套),自动检测设备82台(套)。应用工业物联网信息化管理,从销售订单到发货物流全程实现大数据管控,所有产品可溯可查,在质量管理体系上达到哈雷戴维森、宝马等欧美高端摩托车主机厂的标准。

现公司产品主要出口到印度、日本和欧州、东南亚地区的国家以及中国台湾地区。并与德国宝马、奥地利KTM、本田、雅马哈、铃木、法国标致(PEUGEOT)、印度HERO、印度BAJAJ和ROYALENFIELD等国际知名品牌进行配套合作。同时公司产品在国内市场上与五羊本田、新大洲本田、大长江豪爵、轻骑铃木、钱江摩托、常州光阳、三阳、广东大冶升仕等知名主机厂配套多年,建立深厚的合作伙伴关系。浙江今飞智造摩轮有限公司2021年工业总产值4.998亿元,获"婺城区2021年度工业十强企业"荣誉称号。

【浙江耐司康药业有限公司】 浙江耐司康药业有限公司成立于2002年12月,拥有先进的医药生产设备,占地面积25.2公顷,公司注册、生产地址均为金华市婺城区临江工业区金沙街1318号,公司注册资金约3.7亿元人民币。是一家主要集科研与开发、生产和销售原料药的现代化企业。公司主要生产原料药和医药中间体,生产范围包括:原料药(阿奇霉素、克拉霉素、罗红霉素、盐酸苄丝肼、非诺贝特、格列美脲、环丙贝特)。

2021年,企业有员工248人,具有药学及相关专业的技术人员44人。其中经过资格认定的药学技术人员6人、工程技术人员20人。良好的人才结构为企业快速发展奠定基础。

公司拥有先进的生产设备和质量控制(检测)仪器,注重培养技术力量和分析能力,质量得到了全球客户的认可,不仅达到国际先进水平,而且能满足客户的内控指标。在产品方面,公司取得了非诺贝特、格列美脲、克拉霉素COS证书,其中罗红霉素和克拉霉素、阿奇霉素、盐酸苄丝肼已经通过GMP认证工作。

浙江耐司康药业有限公司2021年工业总产值23.47亿元,同时获"婺城区2021年度工业十强企业""婺城区2021年度自营出口超千万美元企业"等荣誉称号。

园　区

金华经济技术开发区

【概况】 金华经济技术开发区（以下称开发区）成立于1992年，2010年晋升国家级，2013年与原金西经济开发区成建制整合，江南、金西两大区块联动发展，托管一乡三镇四街道，行政管辖面积261.8平方千米，行政村156个，集聚人口50万人。

2021年，实现地区生产总值369.34亿元；实现社会零售消费总额174.2亿元，比上年增长12.1%；财政总收入达到138.8亿元，比上年增长57.9%；税收总收入、一般公共预算收入比上年增长14.1%、0.7%。

【经济工作】 2021年，开发区坚定"工业兴区"决心，紧抓实体经济，转型传统经济，持续做大做强主导产业，经济运行积极态势正在加速。实现规模以上工业总产值617.7亿元，比上年增长35.2%，工业投资比上年增长18.4%；实现规模以上工业增加值114.1亿元，比上年增长23.7%，全市第二；高端装备制造业增加值增长42.6%；加快新智造群体培育，战略新兴产业增加值增长19.1%，新增市级技术中心5家，全市第一，"链主"企业带动力持续增强；产业转型攻坚指数排名跃升至全市第二。工业、投资、贸易等主要行业指标均实现两位数增长，四大结构性投资均实现正增长；规模以上工业利润总额等3项指标增速位居全市第一；高新技术产业增加值比上年增长30.2%，全市第二；规模以上工业增加值、规模以上工业营业收入等7项指标增速位列全市前三。供给靶向刺激政策，激活经济增长细胞，实现限额以上社会消费品零售总额72.8亿元，比上年增长12.9%，进出口总额133.5亿元。打好稳企稳岗"暖心十条"等惠企政策组合拳，企业登记网上申报率超99%，新设内资企业3819户，增长率连续数月居全市第一。

【能级持续增强】 2021年，开发区深化"管委会+部门+国资公司"的运营管理模式，进一步理顺平台发展运营机制，加快拓空间、优布局、强平台。完成南区控规批复，浙大研究院、浙工大创新联合研究院等一批科技创新服务平台建成落地；总部经济中心、百亿级"金创绿谷"、未来社区、玉泉溪公园、未来财富中心、金职院医院等一批商业、民生、金融、医疗等配套落子落项，互联网乐乐小镇列入省级特色小镇创建名单，75万方"金华之心"入驻企业100余家，累计营收43.5亿元。"绿、智"双轴贯通南北，"浙中科创走廊"节点功能显著增强。开展控规修编，环宇科技芯城落地，康迪新能源汽车投产、零跑新能源电动汽车产销两旺，金华新能源汽车小镇创成省级特色小镇，关键零部件制造产业集群效应更加明显。2021年，实现规模以上工业产值130.8亿元，比上年增长69%。完成产业园控规批复，增加三类用地42.13公顷；加快推进花园营养科技、尖峰药业、康恩贝制药一批在建项目竣工投产，实现制造业投资9.5亿元，位居市区六大工业平台之首；全力促进产业集聚发展、引导企业研发创新，集聚了中南高科等一批头部企业。2021年实现规模以上工业产值35.7亿元，比上年增长29.9%。

【产业发展】 强化科创驱动，加大企业培育力度，以"正向激励+反向倒逼"为路径，持续打好产业新旧动能转换战。2021 年,开发区高规格举办“揭榜挂帅·全球引才”“千榜助千企”等系列活动,成功引进诺奖得主、国家级领军人才 9 名,高技能人才 2022 名;创建省重点实验室 2 家;重磅出台科技新政,R&D 投入占 GDP 比重达 2.85%,研发强度跃升至全市第二;省“领雁”重点研发攻关计划项目立项 3 项,市级科技计划项目 42 项,均居全市首位;新增国家高新技术企业 52 家、省科技型中小企业 169 家,创历史新高;每万人发明专利拥有量达 21.72 件,全市领先。制定靶向政策,培育“未来工厂”“品字标浙江制造”,入选国家专精特新“小巨人”4 家、国家重点“小巨人”2 家、第二批省“放水养鱼”行动计划培育库企业 4 家;新增 5 家市级技术中心、10 家市绿色工厂,数量均为全市第一;实施总投资 202 亿元的市级以上重点技改项目 43 个;企业主导或参与制(修)订并发布各类标准 150 项,新增“品字标”企业 7 家。开发工业用地智控平台,实现 911 宗、1973.33 公顷。现状工业用地智能化管理,抓好低效提升和企业转型;协议收回 18 家、124.67 公顷,出清 6 家、33.54 公顷,处置闲置用地 9 宗、52.6 公顷,整治提升低效工业用地企业累计达 134 家、242.33 公顷;浙中仙华科创园获评省四星级小微企业园,获批浙江省小微企业园亩均效益领跑者十强,全市唯一。

【开发建设】 以“特许经营权+国资公司+大型央企”更新模式高效推进片区开发,区域开发走向集约化、高效化、规范化。2021 年,开发区出台片区综合开发实施意见,携手同济大学院士吴志强、深圳城市规划院编制城市更新专项规划,完成特许经营招投标全覆盖;对接社会资本方 100 余家,引入央企(中交城投)合作开发,完成投资 80.1 亿元,资金支付 49.2 亿元。完成土地征收 156.87 公顷,土地流转 41.47 公顷,政策处理 275.2 公顷,清表 433.33 公顷;推进 19 个村城中村改造工作,完成房屋腾空 1379 户、拆除建筑面积 47.6 万平方米,收回企业 21 家、113.53 公顷,分配安置房 3045 套。中央创新区(南区)签订综合开发合作协议;山嘴头未来社区全面开工建设;秋滨产业新城区块城市设计加速推进;湖东活力新城“四横五纵”路网基本成型;新能源及高端装备制造产业园土地流转 260.67 公顷;金西文旅康养新城、健康生物产业园 11 个村整村搬迁完成率 94.4%,房屋腾空 920 户、拆除 37 万平方米。

【投资动能持续累积】 紧扣特色产业,坚持“项目为王”,围绕“省高能级战略平台”创建目标大干苦干实干,持续增强高质量发展动能。结合区块定位,谋划拟实施总投资超千亿大平台、大产业、大投资、大民生项目 300 个,其中总投资 5000 万元以上项目 269 项;健全招商机制,创新招商模式,拓宽招商渠道,积极推动“走出去”“引进来”,组织外出招商 101 次,接待客商 327 批,实现签约项目 43 个,总投资 597.6 亿元。亿元以上签约项目 40 个(含外资项目 3 个),其中 3 亿~20 亿元 28 个,20 亿~50 亿元 1 个,50 亿元以上 4 个。优化项目早介入、早对接、早服务机制,全年上报农转用项目 26 个,面积 319.63 公顷;完成供地 48 宗,面积 143.67 公顷,其中工业用地供地 17 宗,面积 72 公顷,不断优环境、强保障,新增零跑零部件、绿源电动车、永途新能源等 17 个项目开工;新增康恩贝、环宇 6 英寸晶圆线、福川家居等 16 个项目竣工;新增华远微电科技、天开电子材料等 11 个项目投产,完成制造业投资 36.7 亿元;国企市场化投资项目完成投资额 20.07 亿元,50 个教育、卫生等民生项目完成投资额 5.9 亿元。

【社会事业】 抓实事、惠民生,不断满足人民群众新期待,人民群众幸福感、获得感和满足感日益提升。2021 年,开发区新增 2 个未来社区省级试点,总试点数并列全市第一;李渔小学、银湖小学、望道小学等 6 所新校集体开学,增加学位 11730 个,以积分制保障 170 余家企业 562 名员工子女入读公办学校,“双减”开出全市首张非学科类校外培训机构进校园白名单,课后服务学校覆盖率达 100%,学生、家长满意度均列全市首位;全民覆盖、普惠共存、城乡一体的养老社会服务体系已基本建成;乡镇(街道)示范型居家养老服务中心、社工站建设实现全覆盖;省级卫生乡镇实现全覆盖,全民健身设施实现街道社区全覆盖;提前超额建成 6 家民生药事服务站、174 家“阳光厨房”、36 家“阳光工厂”;开展送文化下乡,送戏、送展览、送讲座累计 451 场次;举办建党百年系列文化活动 138 场次,惠及近 2 万人次。“三农”政策制度供给不断加强，财政投入持续加大，以新时代和美乡村创建为统领，点面结合，通过“一图一函两清单”统筹19个市级美丽乡村基础设施提升改造，同步整治提升农村人居环境。重点谋划推进金西城市综合体、汤溪古城特色街区，联动洋埠米行街、罗埠振中街等打造旅游风情街区，逐步推进九峰牧场、越溪白鹤村、五都钱村等为代表的农旅融合发展，打造金西山水田园林“30分钟旅游圈”。粮食、生猪等增产保供能力不断增强，“非粮化”整治1240公顷，取得阶段性成效。农村居民人均收入和村集体经营性收入实现持续增收，完成农村集体“三资”管理改革。完成中小河流治理15公里，实施3座水库除险加固建设；“一坪菜园”及“洋埠有米”商标获核准注册，开发区农产品区域公用品牌建设实现“从无到有”跨越。完成农村饮用水提标改造8个村、“污水零直排区”建设省级生活小区60个，罗埠镇成为“污水零直排区”省级“样板镇”，地表水断面Ⅲ类水质达标率100%，获全市“水美乡镇”；空气质量稳定达到国家二级标准，PM_{10}等4项指标变化幅度位居全市前三；农村生活垃圾分类村覆盖率100%，垃圾分类优秀村创建率达100%。蒙牛乳业(金华)有限公司等2家企业获评全省绿色低碳工厂；创建了41个“无废城市细胞”，污染地块(含疑似)安全利用率、危险废物规范化管理考核达标率稳定达到100%。

【风险防控稳扎稳打】 统筹抓好平安、文明、和谐等领域，创新社会治理载体，努力实现社会大局面上稳定、点上出彩。打造“金开通+微网格”社会治理“微智治”模式，搭建了一张由300个三级网格和7349个四级微网格组成的社会治理网，构建了五级微信指挥塔群，发起“网格日”活动800余次，“金开通”“智慧金开”网格平台事件办结率达99.80%，全面助力文明创建市综合考核今年连续四次排名第一，并顺利通过国、省测复评。持续打好疫情防控硬战，坚持“三严三不”基调不变，压实“四方”责任，落实“四早”措施，千方百计“外防输入、内防反弹”，不断完善指挥体系，创新重点人员“一通三见”排查机制，“12336”防控指导法被省卫健委采用并全省推广，四级微网格联动强化社会面管控，疫苗接种实现应接尽接。各行业领域共检查企业单位3.1万家次，排查隐患2.2万项，完成整改2.5万项，建立乡级应急管理委员会和应急管理中心，实行“1+X+3”工作机制；乡镇基层星级食安办创建、重点领域食品安全公益险实现全覆盖，基层食品安全抽检能力规范化建设通过市级验收；完善避灾安置点可视化118个规范化建设，全年自然灾害人员伤亡零事故，省委书记袁家军等领导接访事项化解率100%；破获部督“6·06”操纵证券市场案获中央领导批示肯定；“无骗网格”创建拉动电信网络诈骗案件发案数、损失金额数分别比上年下降10.6%、22.8%；“会商联检”保护箬阳茶专项整治行动入选最高人民检察院十大典型案例。

【服务水平不断提升】 聚焦关键领域和突出问题，着力解决机制不畅、活力不强、服务不优、效率不高等问题，以体制机制创新推动改革走向纵深。不断深化“最多跑一次”改革，政务服务好差评整改满意率100%；政务服务2.0事项一网通办率、占比达标率全市领先、大厅窗口2.0办件率均全市领先；深化公共服务“集成办”改革，实现水电气网综合窗口8个乡镇(街道)全覆盖；创新企业服务管理，搭建线上和线下“一站式”服务企业专业平台，自11月组建企业服务中心以来，服务企业(个人)办件数达1691件；优化公共资源交易平台，基本实现交易全程电子化“不见面”，持续推进电子保险保函，全年释放资金8000多万。优化行政审批模式，创新行政审批极速极简新举措，行政许可事项承诺时限压缩比99.45%，即办率97.82%，项目施工许可证审批用时2~3天，“拿地即开工”审批四证办理时间缩短为10个工作日。完成5个乡镇“三区一中心”功能标准配置，完成51个基层便民服务中心(点)政务服务2.0信息化配置，实际网办率达99.70%，超额完成任务数。强化数字赋能，全面推进数字化改革，5个综合应用实现功能全上线、省市县全贯通，形成制度成果40项。共有浙里就业创业综合服务平台、产业五金大脑、市容AI智治、平安小区法治建设一件事等6个项目获得省级数字化改革应用试点。数字化场(厂)车四维监管模式得到市场监管总局调研组高度肯定，“睦家园”反家暴应用获得2021全省数据开放创新应用大赛优胜奖、金华赛区一等奖等荣誉,深入商事制度改革、优化准入准营服务入选全市优化营商环境优秀案例。

【自身建设见行见效】 2021年,开发区成立13支特色宣讲团队,开展“十百千万”党史宣讲“七进”活动1524场;推出“百年党史我来讲”微视频线上展播100期、“红色根脉”故事青年说党史18期,整理并上报“红色文物故事”39篇。扎实推进“三为”实践,累计为群众办实事4789件,为企业解难题1573件,为基层减负担362件,认领实现微心愿2632个。强化“四责协同”,排查各类廉政风险点1726个,制定对应防范措施2153条,齐心协力抓党风廉政建设氛围进一步浓厚,党员干部清廉意识进一步增强。开展“清风护航提效”作风专项督查,开展正风肃纪检查152次,检查单位310家次。“望闻问切”四步法下沉乡镇,开展专题谈话138人次;优化乡镇班子成员结构,35岁以下占比提升23.2%;专班运作监督村社公权,重点围绕村级工程、劳务用工、印章管理等6大高频事项,开展数据信息精准监督,加强村级监察工作联络站建设。充分发挥193名村级监察信息员和180名清廉监督员的作用。国企“四色管理”法受省委组织部批示肯定。开设“思源课堂”,开展“金开有为·未来乡村”擂台比拼23次,激励村班子履职630多项,选考择优12名村社书记入职国企;围绕重点领域开展选学点训103项。精准选派干部驻外招商引才,大力开展重难点项目“揭榜挂帅”。

(吴晓思)

浙江婺城经济开发区

【概况】 2021年10月22日,浙江婺城经济开发区正式挂牌成立,在奋楫赶超的火热氛围中,婺城开发区迈入了“二次出发”的新征程。2020年11月19日,浙江省人民政府办公厅批复整合设立浙江婺城经济开发区(浙政办函〔2020〕73号),实行省级经济开发区政策。婺城经济开发区规划范围面积15.33平方千米,分临江、洞溪、婺新三个区块,主要依托原有规划的婺城新城区(2003年挂牌成立)进行开发建设。截至年底,共入驻工业企业820家,规模以上企业124家,形成以汽摩配、五金工具量、医药食品、新型建材等为主的支柱产业。

【经济指标较快增长】 2021年,婺城新城区完成规模以上工业总产值177.61亿元,比上年增长19.46%,占全区的71.04%;婺城经济开发区完成规模以上工业总产值125.07亿元(其中临江平台99.62亿元,飞扬平台25.45亿元),占全区的50.03%;完成固定资产投资18.83亿元(其中工业投入12.29亿元,比上年增长61.96%,占全区的70.83%,政府性投入6.54亿元);规模以上新产品产值59.47亿元,比上年增长21.21%,占全区总量61.31%。规模以上工业企业研发投入5.38亿元,比上年增长46.8%,占全区研发投入的总量61.81%。规模以上工业企业研发投入占营业收入比重4.22%。

【招商引资成效显著】 2021年,新签约工业项目23个,总投资115亿元,总用地121.97公顷,达产后可新增产值约166.2亿元,税收约7.3亿元。其中,投资亿元以上项目14个(浙中天然气发电、浙江正凯、联东U谷、铂大工贸、金宝科技、宏顺铝业、乐嘉厨具、兴鑫物流、镇联燃气、旺达集团、中南3D打印、极数正向、赛动体育用品、金华普鹏)。在谈招商引资项目11个,计划用地35.65公顷,总投资31.6亿元。

【项目建设提升提效】 2021年,在建工业项目共17个,总投资44.91亿元,完成投资19.36亿元。总投资10亿元的星筑科技、总投资15亿元的万里扬商用车混合动力两个县、市长项目已落地,星筑科技一期已投产,用地20公顷的万里扬20万台商用车混合动力系统项目已开工。氢途科技氢燃料电池发动机项目(一期)、聚新科技建筑工业化基地等13个项目基本建成投产;海螺万家、致顺粉末正在新建。新建(续建)政府性投资项目共21个,总投资17.2亿元,2021年完成投资约6.54亿元。已基本完成建设项目有飞扬小镇客厅小镇电力配套项目一期等6个,正在建设的项目有临江分区市政提升改造EPC项目等12个项目。

【土地经营】 2021年,持续推进攻坚克难破解低效用地，为产城融合发展腾出更大空间。区长主持召开婺城经济开发区工作例会 7 次，交办 27 宗土地政策处理，已完成 66.67 公顷；加快低效用地收回，经市政府批准已收回的工业用地 6 宗，面积 39.66 公顷，已上报待批收回工业用地 1 宗，面积 16.13 公顷，正在洽谈收回 5 宗(鹏友化工、厚鹏化工、中萤集团、迪耳投资、耐司康药业等)，面积约 101.01 公顷；完成工业用地出让 7 宗，面积 28.33 公顷；完成 5 宗商住用地出让 43.55 公顷，收取土地出让金 63.07 亿元。

（张方蓁）

金华仙源湖旅游度假区

【概况】 金华仙源湖旅游度假区位于中国桂花之乡——金华市婺城区安地镇境内，2002 年 1 月经浙江省人民政府批准设立，是浙江省第 12 个省级旅游度假区、省内唯一的城郊湖山型旅游度假区，也是金华市区唯一的省级旅游度假区，是首批浙江省职工疗休养基地，距市区 10 千米，规划面积 40.57 平方千米。

2021 年，度假区做大做强桂花特色产业，成功举办第 13 届“桂花节”，以线上线下相结合的方式带动各类文旅产品销售大幅提升，全年累计接待游客 96.88 万人次，实现旅游经营性收入 9439.3 万元，与上年相比增长 9.08%和 26.24%。深挖蒋里红色教育资源，打响“南山火种”红色 IP，研学基地顺利揭幕，“南山火种”专题婺剧成功试演。岩头禾居文创、婺州染坊、琴箫馆、南竹轩等非遗文创品牌快速发展，非遗传承集聚效应不断增强。

【项目建设】 2021 年，政府专项债发债项目仙源湖旅游度假区提档升级二期工程，总投资 8187.76 万元，9 个子项目中的 5 个已启动；石人山景观节点改造、旅游服务驿站、蒋宝贤红色教育基地、烈士墓提升和红色支部 4 个项目已开工建设，其中，烈士墓提升及红色支部项目已基本完工。总投资 1669 万元的香溪西路延伸段工程和桂花街延伸工程已进入招投标阶段，后续工程准备工作正在稳步推进中。总投资 5710.07 万元的 L-2 地块道路配套工程已完成可研编制初步设计。总投资 345 万元的仙源大道两侧绿化提档工程已完成验收，香溪公园和十里桂花长廊连接线工程即将完工。

【综合服务】 2021 年，推动辖区内历史遗留问题的化解，妥善处理金海置业地块政策处理及规划许可问题，帮助项目全面复工；全面完成金华动物园 3.07 公顷纠纷土地政策处理问题，帮助其完善景区内部配套；全面接通 L-2 地块电力、便道、排水设施，有效化解施工矛盾纠纷，保障了“澜山院子”项目施工进度。

（黄寅明）

投资集团

婺城区交通集团投资有限公司

【概况】 金华市婺城交通投资集团有限公司成立于2019年6月18日，承担着国有资产保值增值和全区公路网络建设两大使命，并锚定交工板块、建材板块、航电板块、能源板块、文旅板块、服务板块，不断强化市场拓展，实施交投品牌竞争力提升，已逐步发展成为主业突出、多元化经营、跨行业经营的企业集团，集团公司内设6个部门、下属子公司29家。总资产约108亿元，净资产超50亿元。

【党建引领】 2021年，集团全面落实新时期国有企业党建工作，8月完成党委设立，按板块创建“红色引擎”“心路畅通”“红绿交融 诗画烟雨”“船驰电掣”“尽我所能 拓疆开源”五大特色支部品牌，将支部建设融入到公司经营、项目建设中，为公司健康、有序发展提供强有力的政治保障。对照学史明理、学史增信、学史崇德、学史力行的总要求，抓好四项动作。线上线下齐发力，线下开展集体学习，观看《百年百瞬 回望初心》系列视频和红色电影、参观红色基地、组织共建活动；线上利用学习强国、金华发布等平台学习百余次，全方位、多渠道开展学习教育。组建党史教育宣讲队伍30余人，选拔“8090”青年宣讲员12人，以《习近平在浙江》(采访实录)、《习近平科学的思维方法在浙江的探索与实践》(研究成果)为重要素材，从多渠道、多角度的宣讲方式，力促党史学习教育入脑入心。结合党史学习教育，开展“学史力行、实事来办”系列活动，领导干部谈心谈话超20人次，认领困难群众“微心愿”17个，在职党员参与洞溪社区共建100余人次，用心为群众幸福加码。针对公司的招投标管理、工程末端管理、工程管理、资金管理、材料采购等风险点清单，集团2021年增设招标管理中心、安全管理部，制定并完善《招标代理机构库管理办法(试行)》《国有企业领导人员廉政从业若干规定》《财务审批制度》《工程计量管理办法（试行)》《施工班组选择办法》等，确保工程招标、物资采购、项目建设、资金存放、资产管理、财务管理、预算管理等重点领域查漏补缺。此外，集团认真抓好廉洁文化宣传教育，做到“逢会必讲、逢事必谈、逢节必提”，并将企业廉洁文化建设纳入集团党建和企业文化建设整体规划，因地制宜打造东山村清廉公路，并将上华——琅琊公路作为清廉公路示范工程建设，引导集团党员领导、干部职工树立正确的地位观、权力观和利益观，多管齐下筑牢反腐倡廉防线。

12月12日，安地供能服务站开业

(区交投集团供稿)

【国企担当】 参加抗击疫情、抵御寒潮、防台防汛等工作。新冠肺炎疫情防控期间，集团安排多组人员24小时值守高速路口，鑫隆路桥建设、鑫畅公路养护公司完成多个卡口、点位布置，物业公司、汽服公司切实保障后勤服务，南杉温泉酒店做好疫情隔离工作。寒潮、防台期间，集团开展各类应急抢险演练，鑫隆路桥建设、鑫畅公路养护公司及时抢通湖大线、罗电线、张六线、石道畈—思村等重点路段，抢险救援展现雷霆速度。扶贫攻坚实现共同富裕，五百滩公司开展小水电收购工作打造婺城区消薄扶贫新模式，已完成收购的31座小水电站均已正常运行，2021年，发电量约为3900万千瓦时，收益约1800万元；为婺城区在册农村低保边缘户1961人发放补助资金137.998万元，为11个经济薄弱村支付消薄费用251.24万元；此外，为帮助沙畈店边村脱贫致富，争取扶贫项目，建设配套道路，投资金额约100万元，已完成该道路整体建设，同时对村上未硬化的道路进行整体硬化，投入资金约10万元，解决村内留守老年人出行不便的问题。鑫畅公路养护公司派出专业技术人才到四川甘孜藏族自治州道孚县参加援川活动，巩固脱贫攻坚成果。

【重点项目】 2021年，集团把握国企改革的历史发展机遇，紧扣基础建设项目主题，以“实施一批、立项一批、储备一批”的思路，树立“项目为王”的理念，2021年在建项目超30个，完成投资超12亿元，比上年度增长29.8%，为“双城”战略迭代升级和奋力建设“五大名城”贡献交投力量。其中，二环西路优化改造工程、婺城区停车场项目、白沙溪景观提升工程、“醉”美罗电线项目等基本完工，婺城港区罗洋作业区完成65%、金华城市大脑婺城平台土建工程完成70%、婺城上华至琅琊公路完成25%、绿色小水电项目完成83%、燕语湖国际垂钓中心综合开发项目二期完成12.5%。

（陈严韬　吴思明）

婺城区城乡建设投资集团有限公司

【概况】 2021年，区城投集团在区委、区政府的坚强领导下，紧扣推动婺城城乡建设发展的主责主业，始终把公司治理、资金筹集、资产管理、项目建设、转型升级摆在突出位置，围绕年初明确的目标任务，各项工作有序开展。

【主营业务】 集团内设5个职能部门，下辖22家子公司，参股6家公司，业务涵盖城市建设、资产运营、物业管理、文旅发展、教育投资、建材经营、房产开发、安保服务等多个领域。截至2021年底，集团资产规模超过200亿元，净资产超过70亿元，主体信用等级AA级，评级展望稳定。

【拓宽融资渠道】 2021年，区城投集团继续以强化融资功能、壮大融资平台、做大现金流、整合经营性业务为抓手，努力发挥融资职能，共筹集经济社会发展资金超过51.81亿元，较上年同期增加15.96亿元，增长44.50%。2021年，通过流动资金贷款方式融资22.95亿元；通过项目贷款方式融资12.81亿元；通过融资租赁贷款方式融资7.05亿元；通过发行绿色项目收益债方式融资6亿元；通过债融计划方式融资3亿元。以上融资资金已全部到位。

【重点项目】 截至2021年年底，区城投集团共实施82个项目，涉及总投资额110.1332亿元。包括：区城投主体项目55个(新增项目14个，续建项目9个，新建项目11个，储备类项目18个，前期类项目3个)，涉及投资77.06亿元。2021年，区城投集团代建工程项目共计27个，涉及5个区属部门，其中11个项目已完工，16个项目在施工建设中，涉及总投资近33.0732亿元。2021年度计划投资额16.497亿元，截至年底已完成投资10.218亿元。其中，二七区块代建项目完成投资额7.6175亿元。各项重点工程稳步推进，婺城区水上运动中心项目完成有效投资额约3.8亿元，占项目整体工程量的76%；蒋堂移民新村(二期)项目完成有效投资额近3亿元，占项目总体工程量的83%；金华铁路文化馆4月顺利开馆，南北两侧绿化景观全部完成，金华铁路文化公园9月底实现部分开园；解放西路和婺江西路贯通工程均于5月底前完成基础建设，实现通车；高铁新城凤西街，凤东街，进贤路，婺州北街上跨桥、鲍杨安置房配套路、五星田里安置房配套路、水上运动中心配套路等均已完成项目招标，双龙辅道改造工程完成竣工验收；临江厨余资源再生中心项目完成仓库、门卫房、垃圾处置用房、供配电及附属道路等建设,已达到试运行标准;安地镇仙源湖省级旅游度假区(二期)蒋里村红色教育基地项目完成设施提升施工建设任务,已初步具备运营条件;玉龙华府人才公寓装修项目已完成;水电第十二工程局金华基地职工家属区物业分离移交维修项目3个标的已完成竣工验收。

【做强国有资产】 2021年,完成大岩路868号工业土地公开转让,金额5330万元;完成金茶花厂房拆除处置,转让金额522.5万元;完成石道畈项目406.13公顷土地流转工作,流转费用2666.5万元。成功划转人民东路101号原城中街道办事处房产、宾虹路468号原城东街道房产、人民西路205号原教育局房产;接收婺城区机关事务服务中心新华街9间店面房;2021年8月10日完成铁路文化公园资产整体移交。协议购入婺江西路28号时代商务中心1幢1001号和1003号2处房产原雏英活动部房产;成功竞得回溪街300号5-1幢房产并注入教投公司;公开竞得6处柳湖花园小区房产拟用于区人才房建设;通过司法竞拍取得蒋堂镇界首村土地使用权;通过司法竞拍取得乾西雅宅工业土地;接收乾西四期经营性房商铺10处,住宅11处,辅房1处,车位164个;接收蒋堂移民新村(一期)剩余住宅11处,辅房77处,车库112间;完成求是学校4辆校车收购并交由金盾学生交通服务中心统一管理。协助开展长山乡下山移民易地搬迁安置工作,收回放款约283万元及维修基金约5.4万元;协助区安居创富办完成2017年地质灾害清零移民中部分有回购需求的移民户退款及合同重签,金额约3.9万元。完成金华市兴源城镇建设开发有限公司、金华市雅畈城镇开发有限公司、金华市竹马集镇建设开发有限公司、金华市婺城区城乡建设开发有限公司、金华市金诚建设开发投资有限公司、江北夜市物业管理有限公司6家公司股权划转工作,其中江北夜市物业管理有限公司已正式接管并运营,另5家进行清产核资审计。做好各产业园、写字楼、项目安置房、行政事业单位的物业管理工作;继续经营道路停车收费业务,新增1处位于环城西路与人民西路交叉口180个泊位的停车场,安装全新智能系统,实现无人值守,全区范围内约2000个停车泊位全部实现ETC扣费,稳步推进道路停车收费智慧化工作;接管江北夜市,260个摊位实现管办分离;临江厨余资源再生中心于9月正式运营,日处理量100吨;新增接管铁路文化公园及地下停车场物业及安云大厦物业管理工作;新增一批约1000个道路停车泊位的收费管理工作;新增环保环境能力检测项目。

【强抓文旅发展】 广告与活动策划业务近90项,营业额超过1400万,包括完成2021年春节氛围营造、百亿工程集中开工仪式、婺城区迎建党百年系列活动、建党氛围营造、婺城区文明示范圈(带)等项目。团队旅游业务方面,截至2021年年底,完成营业额约138万元,合作单位125家,接待8614人,其中,金华市小脚丫寻根研学营地4月份开营以来截止目前累计接待人数达5266名,服务46个单位,接待的活动类型包括研学、党建、团建等,成为婺城区首个以红色农耕为主题的研学营地。同时,积极谋划其他团队业务,完善旅行社职能,承接地接团队业务、省外研学等业务。在2021年春节节庆氛围营造工作中,重点打造万泰城市广场、西市街以及明月街、雅堂街、金虹街、宾虹西路等26处点位,向广大市民传递“双城”战略迭代升级、奋力建设“五大名城”新征程等多项举措,获中央电视台等多家媒体报道。金华铁路文化馆于3月26日开馆,截至2021年年底,共计接待25628人次,其中政务接待2209人次,旅游团队3367人次,散客20052次,访客好评率超过95%,成为婺城区乃至金华市区范围内,机关单位、个人党史教育和休闲娱乐的最佳选择地之一。

【项目落地推进】 将集团下属水利水电建筑安装工程有限公司锤炼成为一支“召之即来、来之能战、战之必胜”的施工队伍,积极完成区委、区政府交办的各项应急工程任务。2021年,水建公司紧盯解放西路贯通工程、婺江西路贯通工程、安地蒋里红色教育基地、下张家核心区村庄风貌提升工程、八大乡镇土地复垦项目、金竹路道路环境整治工程等项目,特别是9月在沙畈乡应急抢险工程中用时3小时抢通潭背村塌方路段,为救援争取了宝贵时间,受到区主要领导公开表扬;2021 年，水建公司共计承接项目 65 个,实现产值 10099.5783 万元。平稳接管婺城房产公司后多渠道谋求发展,聚焦金盾雅宅摩托车考场、四眼井 18 号历史建筑迁建、蒋堂一期雨水管网改造、琅琊精选矿业地块收购等项目,按时保质完成目标任务;水电十二局土地收储、下山安居创富工程、洪源小区办证、乾西消纳场运营等项目正稳步推进中。推动金华市婺城区泰越建筑材料有限公司实体化运营,依托建材产业优化集团收入结构。乾西制砂厂项目作为全区首个标准化、全封闭式的绿色制砂生产项目，于 2021 年 4 月获得用地审批,6 月完成联动试机,9 月 1 日正式投产,1 个月完成销售砂石料约 39574 吨，销售收入约 378 万元;泰越公司 4 月开始通过开展建材主材类贸易活动,已签订贸易合同金额超过 7500 万元,预计实现贸易收入 1385 万元。平稳接管金华市金盾实业有限公司。根据区委、区政府部署要求,区城投集团会同区有关部门,制定金盾公司接管、变更和谈心谈话等工作方案,提出经营管理模式、劳动合同、职务(岗位)、薪资待遇“四个不变”,开展谈心谈话工作,消除金盾公司干部职工顾虑和担忧,实现公司变更和接管平稳有序。接管后开展业务大走访,在区领导的带领下,先后走访市体育局、市公安局、金华监狱、市人民医院、金华银行和国家电网等重点单位，为金盾公司后续业务开展打下坚实基础。2021 年度金盾实业下属人力资源公司被评为 2021 年度浙江省人力资源服务企业信用等级全省第 4 名，金盾实业下属安保集团位列第 28 名。截至 10 月底,金盾实业产值约 7.28 亿元,实现利润约 2400 万元。

(邓铭瑶)

城乡建设与管理

城乡规划

【概况】 2021年,婺城区推行村庄规划编制管理创新,实行分类管理、分层审批;完成驻镇规划师集体签约仪式,将形成一批相对稳定的城乡美学专业队伍,做好新时期全域化村庄规划编制(修改)的规划指导服务工作,《浙江金华婺城迎首批驻镇规划师:提升基层规划管理水平》在中国新闻网和《中国自然资源报》等媒体刊登报道;深入基层调研,实现“多规合一”,为婺城区乡村振兴战略注入新的强大生机。

【控规编制工作】 2021年,区资规分局结合婺城发展定位和城市发展战略,谋划最有利于婺城发展的“三区三线”空间布局,完成市、区国土空间规划体系建设及浙江省第二轮“三区三线”边界试划。完成婺城区国土空间规划战略研究评审稿,完成3镇、4乡(琅琊镇、蒋堂镇、安地镇、塔石乡、莘畈乡、箬阳乡、沙畈乡)国土空间规划初步方案。完成婺城新城区60平方千米城市设计初步方案,完成新狮单元、安地镇、燕语湖城市设计方案;完成西郊单元控规、新狮单元05-09街区控规、安地镇控规、燕语湖B/C街区控规批复。推进高桥、临江、栅川、白龙桥、雅畈、竹马等控规编制。

【镇、村规划】 婺城区乡镇级国土空间规划,设计单位已完成3镇、4乡的国土空间规划初步方案。提交蒋堂镇、安地镇、琅琊镇、塔石乡、莘畈乡初步方案与乡镇进行多轮对接,现状调查资料详实,发展定位明确、主要发展思路经过乡镇班子讨论,方案较成熟。沙畈乡、塔石乡已完成现场踏勘、调研并完成思路框架编制,形成初步方案。全年村庄规划已获批复,共涉及10个乡镇、34个村。

【专班组建】 安地双溪源项目是10年以上的老大难问题,分局组建专班,专人负责跟踪对接,解决了历史遗留问题。5月,位于长山乡望山新村的“坡地村镇”试点地块出让成功,标志着“坡地村镇”试点项目的涉宅问题得以妥善解决。完成婺城区首个生态坡地村镇试点项目(望山隐庐)项目评审及后续审批工作。城北街道五星新村小区是农房拆迁安置小区,从2004年开始拆迁安置,五星新村安置小区由于历史遗留问题一直无法办理的18份不动产登记证,历经10余年,专人跟踪解决,2021年发放到群众手中。

(胡　敏)

建筑业

【概况】 2021年,全区有建筑业企业231家,拥有总承包资质企业163家,其中特级资质1家、一级资质7家、二级资质17家、三级资质138家。建筑业总产值59.4亿元,同上年相比增速9%;省内产值43.1亿元,同上年相比增速17.7%,省内排第六,总体排名第五;总税收4.1亿元,区内企业2.2亿元。

(张小双)

【安全生产】 2021年, 新受理监督工程106个,全年监督的新开工及续建在建工程190个,总建筑面积505万平方米，工程总造价为117亿元。通过竣工验收合格项目49个，通过率100%。进行安全监督计划交底109次；下发书面的《安全监督意见书》610份，其中停工通知19份，发现并责令整改的安全问题1682个，整改率100%；办理塔吊、人货电梯、物料提升机等起重机械使用登记共计236台次。2021年，实现全年“零事故”和“零死亡”。

（林素芳）

【村落保护】 2021年，全区新申报雅畈三村传统村落保护项目、补充沙畈乡高儒村传统村落保护项目，共争取补助资金1048万元，已到位224.6万元。其他雅畈二村、石楠塘村、塘头村、岱上村传统村落保护项目于2020年底开始实施，2021年有序推进。

（喻　欣）

房地产管理

【概况】 2021年，婺城区有房地产开发资质的企业29家。在建项目21个，总建筑面积约为415万平方米，总投资为414亿元。全年完成投资额为71亿元，与上年同期相比增长66%。

【房地产交易】 2021年，全区新建商品房累计取得预(现)售证21本，涉及14个项目，累计批准预(销)售的商品房面积为119.10万平方米(8997套)，其中商品住宅累计批准预(销)售面积6.61万平方米(7167套)，商业用房累计批准预(销)售面积1.73万平方米(154间)，其他用房累计批准预(销)售面积47.22万平方米(1556间)。

2021年，全区商品房累计销售面积80.46万平方米，比上年下降0.37%。累计销售金额152.18亿元，比上年增长11.00%。其中：住宅79.14万平方米(7551套)，销售金额150.28亿元，均价18989元/平方米；商业0.73万平方米(99间)，销售金额1.22亿元。

（章小军）

【物业管理】 婺城区辖区内有物业服务企业65家，从业人员4526人，业委会自治或者由社区参与管理的小区699个，有正规物业公司进驻管理的小区133个。2021年，完成辖区内前期物业备案办理13件，处理住宅违法违规装修投诉300余起，下达整改通知书54份，督促落实城镇危房整改到位27处。

【白蚁防治】 2021年，村镇建设服务中心在新建房屋白蚁预防工作上始终坚持“预防为主、防治结合、综合治理”的工作方针，做好新建房屋白蚁预防和灭治工作，完成各项目标和工作任务。2021年，新建房屋白蚁预防登记备案项目69个，总面积为145.99万平方米；新建房屋白蚁灭治施工项目56个，总面积为107.86万平方米；新技术应用面积116.94万平方米。全区内学校、厂房、办公楼、商业住宅等设施，全年灭治55户，面积23.92万平方米，并及时做好其他设施跟踪、新建房屋白蚁预防、灭治工作，确保服务质量。

【绿道建设】 2021年，全区竣工验收绿道4条，婺城区郊野公园绿道——长山二村至东屏村、婺城区郊野公园绿道——白龙桥山回铺村至蒋堂平水殿村、婺城区郊野公园绿道——乾西乡长湖绿道、婺城区郊野公园绿道——莘畈乡环乡绿道。在建绿道5条，郭力垅水库周边绿道、莘畈乡莘兰绿道、竹马乡方下店至下张家段绿道、竹马乡金泉路至下张家段绿道，塔石乡东店村至大坑村绿道，全年建设绿道45千米。超额完成市建设局下达15千米绿道任务。完善浙中生态廊道闭合圈，构筑婺城区慢行游览体系，提升婺城区城乡居民生活质量，为婺城人民的慢出行打下良好基础。

（雷　晶）

城乡建设

【概况】 2021年，婺城区完成部分老旧小区改造工作，包括城中街道西市街社区24个和明月楼社区16个、城东街道青春路社区21个和通园路社区1个，共计62个老旧住宅小区。累计完成改造小区建筑面积约44.932万平方米，完成投资额20184万元。

【城中村改造】 2021年，婺城区加快城中村拆迁改造步伐，相继启动白龙桥镇三联、安地镇酒园及雅畈镇后陈村三个地块的城中村改造。建管中心班子领导及安置科干部进驻各征迁指挥部,发扬争先创优、善作善成的工作作风,以“三服务·婺城家服务”理念分别在政策指导、安置房建设组、征迁组发挥重要作用。

5月20日,三联区块城中村改造工程完成848户的腾空工作,征收房屋面积近22万平方米,用时仅62天。再次刷新婺城征迁新速度。酒园村征收公告于4月25日发布,7月中旬完成388户的签约、腾空工作,改造面积约10万平方米。后陈区块征迁工作于6月22日启动,征收组发挥出 “白加黑”“五加二”工作状态,强势推进征收进度,8月初完成后陈区块征收66户的签约、腾空工作。

【安置房建设】 2021年,农居建管中心围绕两个竣工项目扫尾交付、4个续建项目全速推进,3个新建项目抓好前期三方面开展项目建设工作,全年累计完成政府投资24.85亿元,100%完成年度投资计划。其中:洪源及二七西项目奋力抓好配电工程等扫尾,全力配合街道做好分房工作,项目分别于4月30日、7月23日完成项目竣工验收备案。在城北、城西街道工作人员的不懈努力下,6月19日,洪源区块402户被征收户顺利抽得洪源项目1294套及二七西地块项目288套安置房房号。6月26日,西郊村被征迁户抽得二七西地块537套安置房,环城一期被征迁户抽得16套安置房。11月3日,二七西地块项目剩余房源及巨龙东项目空置3年以上的120房源完成分配工作。鲍杨等四个续建项目按照年度施工计划全速推进,截至12月底鲍杨项目主体结构完成,进入装饰装修及附属配套工程施工阶段;西郊一期项目主体结构完成,电力及景观工程进行招标工作;五星田里项目目前地下室砌体及主体二次结构完成,外架拆除;西郊二期项目主体完成中间结构验收。黄金苑及西郊三期项目已完成项目备案及招标工作,黄金苑项目于11月初取得施工许可证,年底前进行土石方及边坡支护、桩基础施工阶段。西郊三期项目地块清表工作于11月中旬完成,进行“三通一平”及临时设施搭设。三联安置房项目已完成初步试排方案及可研报告编制,完成砂石矿、文物勘探及环评,安置地块清表工作于12月初完成,并配合区财政进行项目融资。安地酒园,雅畈后陈安置房项目启动配套安置房项目前期报批工作。

(黄　金)

【农村危房整治】 2021年,全区共完成160户农村危房治理改造,其中农村困难家庭危房改造38户,一般危房改造118户,非自建房屋治理4户。补助费用将按照审计结果拨付。

(喻　欣)

“三改一拆”“无违建”创建工作

【概况】 2021年,婺城区全年处置各类违法建筑101.83万平方米,年度计划完成率126.34%;城市更新专项规划,科学整合资源,加大项目包装和资金筹集力度,高质量推进城中村改造、旧住宅改造、旧厂区改造。统筹推进“三改”工作,完成酒园村、后陈村、三联村城中村改造共计1290户、33.21万平方米,完成率104.11%;完成城中街道、城东街道老旧小区改造工程13-1标、13-2标、14-1标、15-1标、15-2标项目共计5229户、44.86万平方米,完成率100.10%;完成金华立春智能仪表科创园、浙江开创电气股份有限公司、金华市金久齿轮有限公司等旧厂区改造项目共计16.43万平方米,完成率234.76%。

【维护安全生产】 坚持“安全第一、预防为主、综合治理”的原则,根据《婺城区关于开展治违除患促安全违法建筑专项整治行动的方案》,在巩固提升以往违法建筑治理工作的基础上,与“一地一档”政策相结合,全面开展治违除患促安全违法建筑专项整治行动。以涉及存在安全生产风险、建筑安全风险和消防安全隐患等违法建筑为重点整治对象,集中力量摸底排查、处置整治,做到“整治一处、安全一处、放心一处”,2021年,全区上报隐患违建184宗,累计已处置184宗,涉及面积11.59万平方米,宗数处置率达100%,面积整改完成率100%,全面完成隐患违建100%销号。

【治违控违】 应用系统为基础,全面排摸,做好“一本账”管理。依托浙江省违法建筑防控治理应用场景,以乡镇(街道)为排摸单元,以“不漏一处,不漏一户”为排摸标准，全域摸排违建底数，2021 年，全区累计上报上传违法建筑排摸信息 1896 户、涉及面积 113.77 万平方米；以科学智治为保障，网格管理，防违控违。借助无人机航拍技术，地毯式“扫描”地面建筑，发现变化点由属地乡镇（街道）核实处置。若为新增违建即查即拆，实现新增违建“零增长”。无人机已累计飞拍点位共计 2698 处，共计面积约 799.3 万平方米。

【创建无违建村（社）】 5 月，下发《婺城区关于创建无违建样板示范带实施方案》，以创建样板示范带为契机提升整体环境品质。按照省“无违建”创建验收标准“无违建村”，采取逐村推进的形式，开展治危拆违“六乱”整治等专项行动，结合“十乡百村”“五水共治”、农房确权等工作，逐步推进违建“清零”，开展“无违建”村（社）创先争优。

（方学原）

“五改”工作

【概况】 2021 年，金华市婺城区“五改”工作指挥部主要承担区委、区政府两项工作任务：完成 62 个老旧小区的改造工作；续建完成新狮街道 42 个居住小区的 2020 年污水零直排建设工程。

【老旧小区改造】 2021 年，完成城中街道西市街社区的 24 个和明月楼社区的 16 个老旧住宅、城东街道青春路社区的 21 个和通园路社区 1 个老旧住宅

9 月 14 日，区委书记蔡艳（前排右三）在通园小区视察老旧小区改造　　（区五改指挥部供稿）

计 62 个老旧小区。完成改造小区建筑面积约 45 万平方米，惠及 5229 户，涉及建筑 238 栋。通过改造，完成小区内雨污水管网升级更换 79 千米，建筑外墙立面雨水、阳台废水 PVC 排水管分流改造 65989 米，新增小区内化粪池 366 座、新增沿街商铺预设隔油池 429 座；新建蓄水植草沟 180 米；小区绿化提档改造 27590 平方米，增设健身器材 60 处，新增路灯 154 盏；通过优化绿地和立体绿化的方式新增植草砖停车位 271 个，小区道路优化 152808 平方米，可提供划线停车位 2030 个。

【污水零直排建设】 2021 年，续建完成新狮街道 42 个居住小区的“污水零直排”建设，涉及 662 幢建筑，建筑面积 21 万平方米，完成投资额 16827 万元。其中，完成小区内雨污水管网升级更换 86 千米，建筑外墙立面雨水、阳台废水 PVC 排水管分流改造 55466 米，新增小区内化粪池 71 座、新增沿街商铺预设隔油池 287 座；新建蓄水植草沟 1511 米，新增雨水回收系统 2 套；小区绿化提档改造 14968 平方米，增设健身器材 12 处；新增植草砖停车位 779 个，小区道路优化 225463 平方米，可提供划线停车位 3006 个。

（徐晓斌）

美丽城镇建设

【概况】 2021 年，婺城区美丽城镇建设办全面落实“锚定目标方向、强化重点攻坚、降准方法路径、突出创新引领”的四点要求，结合婺城工作实际，创新推进“125”工作思路：以城乡融合发展为一条主线，以“花小钱办大事、少花钱多办事”为两条根本原则，以聚焦机制强保障、聚焦项目强品质、聚焦督导强管控、聚焦宣传强氛围、聚焦样板强引领五大举措，助力高质量建设“五大名城”为建设社会主义现代化先行市的排头兵添砖加瓦，推动共同富裕。

2021 年，省、市美丽城镇建设领导小组办公室公布新时代美丽城镇建设工作年度考核结果，全区 6 个创建乡镇全部通过考核验收，雅畈镇获评省级样板，竹马乡、长山乡、蒋堂镇、莘畈乡、箬阳乡获评

市级样板,区美丽城镇办连续两年获评全市美丽城镇建设工作先进集体。2021年,向省、市美丽城镇办争取专项补助资金850.88万元,全额用于竹马乡、长山乡、蒋堂镇、莘畈乡、箬阳乡等乡镇补足资金短板,支付相关建设工程费用。

【聚焦机制,完善保障】 完善服务机制。开展“三服务”“双联系”工作制度,坚持工作例会制、“一周一上门”服务机制,联动成员单位共同上门为乡镇提供“点对点”专项协商服务。健全“蹲点调研、评估体检、指导迎检”服务机制,压实成员单位责任,发挥职能优势,抓好各自线上工作开展。根据乡镇需要,结合乡镇实际,定期开展业务知识培训,邀请省、市美丽城镇办专家专项授课,每季度计划组织开展专题培训1次以上。3月,举办“建设讲堂——政府性投资项目”专题课。4月,特邀省城乡规划研究院专家专项解读美丽城镇建设评价办法。5—6月,举办“美丽城镇如何抓”建设讲堂,主动上门为创建乡镇提供专项培训。8月,副区长徐镜跃召集各有关成员单位专项学习美丽城镇建设评价办法。

【聚焦项目,强化品质】 2021年11月,全区美丽城镇建设综合绩效排名全市第二。按照2020年美丽城镇验收情况,省专项考核验收时间提前并考虑防疫、下雨、台风等特殊情况影响,提前要求各乡镇全面梳理完成2021年度项目清单、实施计划,合理倒排项目进度,倒排时间节点,抓好项目建设,实现投资率、开工率、完工率3项指标全面达标。在11月的考核通报中,竹马乡、雅畈镇综合绩效分列全市省标创建乡镇第10名和第18名,莘畈乡、箬阳乡、蒋堂镇、长山乡综合绩效分列市标创建乡镇第1名、第2名、第3名和第13名。贯彻落实好智慧城镇建设导则,指导、规范全区智慧城镇建设,实现智慧平台基本统一,功能基本齐全,特色亮点突出,满足美丽城镇建设需求,同时聚焦小城镇基础设施“最后一公里”难题,推动城镇与乡村基础设施共建共享,实现城市大脑向城镇小脑的延伸和应用。11月,柳湖未来社区建设项目上招投标平台。12月,市美丽城镇办通过《婺城区美丽城镇智慧交通建设研究服务项目》的评审。按照《浙江省建设工程质量管理条例》要求,督促乡镇选取招标代理、设计、施工、监理等中介单位,紧扣项目立项、招投标、竣工验收等关键环节,从根本上拉高设计标准、规范建设质量、提升建设品质,凸显本地特色,彰显本土风情,做到环环相扣、无缝衔接,确保高质高效推进美丽城镇建设工作。截至12月底,全区实施改造、提升项目165个,开工率、投资完成率均达到100%,累计完成投资12.619亿元,基本完成2021年项目建设任务。

【聚焦督导,健全长效管控】 6—11月,省建设厅党组书记、厅长项永丹、副厅长孙哲君等领导实地调研婺城美丽城镇、城乡风貌建设,对婺城区工作表示肯定。健全美丽城镇督导评价机制,严格执行“每周有督查、每月有通报”制度,将督查通报及抽查结果纳入对乡镇的目标责任制考核,对长效管理落实不到位的城镇,建立问题交督办机制,必要时联合区督考办对乡镇进行专项抽查,抄送区主要领导审阅。区督导组不定期对乡镇在建项目建设进度、建设质量等内容进行综合督查,适时邀请区建设局进行专项考核,将考核结果纳入督查通报。利用报纸、广播、电视等主体媒体的舆论监督作用,适时曝光美丽城镇建设中的常态管理缺失、“蜗牛工程”等工作短板,推动美丽城镇建设工作。1—12月交办涉及环境卫生、绿化养护、道路畅通等问题853个,完成整改849个,整改率99%,持续巩固美丽城镇建设成果。

【聚焦成效,强化样板引领】 区美丽城镇办坚持工作例会制,及时梳理建设过程中的经验和不足,适时邀请先验收乡镇现场说法,以老带新、以镇带乡,为后续建设乡镇提供先进经验和做法,共同为“双城”战略落地成景添砖加瓦。4月,区委副书记胡小荣主持召开全区美丽城镇推进会,邀请安地分享创建经验和体会,从项目谋划、台账准备、迎检安排等多个方面给出建设性建议。9月,邀请雅畈镇分享创建经验。11月,邀请竹马乡、长山乡分享美丽城镇建设创建迎检经验。

【聚焦宣传,强化氛围营造】 完善宣传机制,建立区、镇二级美丽城镇建设联动宣传机制,各创建乡镇明确宣传分管领导、宣传负责人、专职通讯员。根据乡镇需要,全区美丽城镇每季度确定一个宣传主题,邀请区新闻传媒中心对创建乡镇进展进行宣传，突出重要节点及阶段成效宣传，借助各种途径和渠道加大宣传力度，争取社会群众最大理解和支持，为工作推进营造良好社会氛围。提升宣传层级。利用和发挥好新媒体的作用与影响力，加大在各级主流媒体新闻客户端和微信公众号等新媒体平台的宣传力度。持续深化同金华日报社、金华广播电视总台等市级主流媒体的战略合作，开设专版、专栏，继续开展美丽城镇建设系列主题报道。2021年，婺城美丽城镇在婺城融媒开设专栏，定期对美丽城镇建设工作进行宣传。截至12月底，婺城区被省级以上重要媒体采用信息稿24篇，其中学习强国、新华社、人民网等高端媒体均有采用。

（张栋栋）

市政建设

【概况】 完成婺城区杨思岭青春路86号雨污分流改造工程；修复婺城新城区核心区块、城北工业园区市政道路及人行道路面2万平方米；完成海绵城市建设6.1平方千米；完成市政设施和内涝灾害的第一次全国自然灾害风险普查；打通两条“断头路”，疏通、清淤管网80千米；完成易涝点整治1处，易积水点整治1处。

【市政设施】 完成婺城区杨思岭青春路86号雨污分流改造工程；启动金华监狱至临江污水处理厂污水干管一期工程：管网长度约4.2千米；启动全市迎亚运“两路两侧‘三化一平’”专项整治行动；修复新城区核心区域、城北工业园区市政道路路面面积18929平方米，修补人行道铺装儿百平方米；完成海绵城市建设6.1平方千米；完成市政设施和内涝灾害的第一次全国自然灾害风险普查工作：包含166条，180千米的市政道路，40座桥梁的市政设施普查和43平方千米的内涝灾害普查工作；打通紫金南街北延、金江南街北延两条“断头路”。

【桥梁养护】 婺城区现有公铁立交桥、白沙大桥、临江大桥3座大桥和宾虹西路1号小桥、宾虹西路2号小桥、临江东路小桥等3座小桥，按照城市桥梁养护规范指导婺城新城区管委会的养护单位建立桥梁基本信息资料（包括一桥一卡、日常巡逻资料、月检查信息卡、年检查信息卡）。

【排水养护】 疏通、清淤新城区核心区块、婺城区城西片区、主城区背街小巷等雨污水干管80千米；完成泰丰名座、环城北路、骆家塘等错接点、管道破损整改修复；完成婺城公安分局门口易涝点改造；完成宾虹西路与金江南街交叉口婺城BRT公交站附近易积水点改造1处；完成排水户排水许可证核发71份。

公用事业

【污水处理】 婺城区农村生活污水运维工作连续两年获得金华市第一名，全省农村生活污水优秀县市区。2020年，获得省级奖励资金636万元，2021年获得省级奖励资金591万元。全区范围内230个行政村，692个污水处理设施，农户73643户，委托杭州问源、浙大水业两家第三方公司进行运维。重新排查全区生活污水设施情况，编制完成《婺城区农村生活污水近期建设改造规划（2021—2025年）》。制定2025年前完成行政村覆盖率100%，出水达标率97%的任务目标。规范管理，推进标准化运维。2021年，投入100万元，对标准化运维点位的运维公示牌、工艺牌、防坠网、管网标示、三水分类告示牌、露天管道保温膜进行改造，按照标准化运维设施要求，对公示牌内容信息及时更新。2021年，累计完成400个，完成率143%（省建设厅下发任务为278个）。分类实施，大力开展提升改造工作。结合实际情况，分类、分批次实施农村污水提升改造工程。2021年投入3000万元，对全区100个分布在主要交通干道、水源保护区、旅游景点、生态廊道等重点区域的农村污水处理终端进行工艺提升和纳管改造。利用2020年省级奖励资金，投入500余万元，对全区80多个原设施出水水质达标，但终端景观性一般的设施提升改造。在做到标准化运维运维的前提下，增加终端的景观性，做到点美景绿，小而精、小而美。

（雷　晶）

【燃气管理】 婺城区有1家管道燃气供应单位(金华中燃城市燃气发展有限公司),2家液化石油气充装单位(金华市宏业液化气有限公司、金华市液化气有限公司),18个瓶装燃气配送点，有38万只气瓶,已全部实现“充装精准溯源信息化”。6月开始,婺城区展开燃气安全专项整治工作,并由区住建局牵头成立燃气排查专班,负责统筹协调城镇燃气安全排查整治相关具体工作，全区共出动35236人次,检查点位52351处,发现隐患7265处,已基本整改到位。

(姚慧卿)

【环境卫生工作】 2021年,婺城区环境卫生服务中心围绕环卫一体化改革、环卫设施提档改造项目、全国文明城市复查工作、寒潮降温天气应急防范工作等重点工作,加强环境卫生意识宣传教育,巩固提升环卫作业水平,推进环卫基础设施建设,推动环卫事业更好更快发展。完成14座省定公厕、13座市定公厕服务提升改造任务,婺城区临江厨余资源再生中心于2021年建成,9月投入使用，设计处理规模200吨/日;实地勘查9座小区化粪池,验收合格7座,验收6座小区公共厕所。

【公园园林建设】 2021年,完成罗店镇、乾西乡口袋公园建设；完成城北生态景观公园主要出入口、节点小品改造工程;完成宾虹西路、东市北街、二环北路2万余平方米退化草皮补种；完成长湖公园2021年省级“优质综合公园”的创建;完成紫郡山庄、熙溪雅居、金华市第四中学、金华市站前小学、婺城区实验幼儿园5家单位的市级“园林式单位、园林式居住区”的创建。

住房公积金

【概况】 2021年,金华市住房公积金管理中心婺城管理部围绕年度工作目标,坚持“数字赋能、拼搏争先”,不断优化服务,提质增效,完成各项工作任务。2021年,获得“全国五一巾帼标兵岗”荣誉称号;在金华市公积金系统岗位目标责任制考核中被评为优秀单位;会员单位履行社会责任参与慈善公益事业,受到浙江省房地产产业协会的表彰。全区住房公积金缴存单位719个,缴存职工19851人,净增住房公积金缴存人数2016人，实缴住房公积金人数与上年同期相比增长10%。

【住房公积金归集】 2021年,全区归集住房公积金3.88亿元,与上年同期相比增长7.81%。累计归集住房公积金27.89亿元,归集余额为8.40亿元。

【住房公积金提取】 2021年,办理提取住房公积金业务3872人、计3.11亿元，与上年同期相比增长1.97%,支取额占当年归集额的80.16%;住房消费类提取2429人、计2.63亿元,退休、终止劳动合同等销户提取1443人、计0.48亿元。累计提取住房公积金19.49 亿元。

【住房公积金贷款】 2021年,发放个人住房公积金贷款437户、计1.63亿元，住房公积金存贷比95.06%;发放个人住房公积金贷款6347户、计16.58亿元,贷款余额为7.99亿元。个人住房公积金贷款逾期率为0,连续10年保持零逾期。

【住房公积金增值收益】 2021年,实现住房公积金业务收入2721.82万元，业务支出1278.94万元,增值收益1442.88万元。提取住房公积金风险备用金865.73万元，提取城市廉租住房资金312.69万元,上缴区财政局廉租住房补充资金252.77万元。

【住房公积金政策实施和调整】 根据《关于调整婺城区机关事业单位2021年度住房公积金缴存工资基数的通知》,1月开始调整机关事业单位住房公积金缴存基数,缴存基数范围为1800~25458元。根据《关于调整2021年金华市婺城区企业单位住房公积金缴存工资基数的通知》,7月开始调整企业单位住房公积金缴存基数,缴存基数范围为1800~24924元,月缴存额最高为5981元,最低为180元。根据《关于开展金华市婺城区机关事业单位2021年住房公积金缴存工资基数补调工作的通知》,7月开始补调住房公积金月缴存工资基数，最高限额为24924元。根据《关于进一步优化住房公积金提取业务的通知》,8月1日开始,租赁住房、个人住房商业贷款可申请按月提取住房公积金;缴存人与单位终止劳动关系超过6个月未重新就业且缴存人及配偶在本市无住房公积金贷款的,可申请销户提取住房公积金。

【“最多跑一次”改革】 2021年,全区推进“互联网+政务服务”,住房公积金29个服务事项全部对接政务2.0平台。实现购房、离退休、购房还贷、出境定居、享受城镇低保、完全或部分丧失劳动力提取公积金事项智能直办,与所在单位终止劳动关系智能秒办,公积金提取业务全市通办。优化完善住房公积金“退休一件事”“逝者身后事”“公务员一件事”“事业一件事”,开通“企业开办一件事”。住房公积金网办率达100%。

【规范资金运行】 开展2020年度公积金运行情况专项审计工作,财务报告及制度实施情况在《今日婺城》和区政府门户网站上进行公告,接受社会监督;开展2020年度管理经费决算专项审计工作,审计报告上报市中心备案;在区政府门户专网公布2020年决算及2021年预算情况,接受各界监督。根据行政事业单位公款竞争性存放管理要求,对住房公积金资金存放采取竞争性招标方式,全年开展2次公开招投标。

(方　芬)

商　贸

综　述

【基本情况】 婺城区经济商务局贯彻落实党中央、省委、市委和区委关于经济商务、粮食和物资储备工作的方针政策和决策部署,在履行职责过程中坚持和加强党对经济商务、粮食和物资储备工作的集中统一领导。拟定并组织实施全区工业和信息化领域的行业规划、计划和产业政策,检测分析全区经济运动态势,统筹推进数字经发展,加快推进信息化和工业化融合发展,负责国内外贸易、外商投资、对外投资和对外经济合作等商务职责。负责全区流通产业促进体系建设及商品市场的提升发展,综合协调电子商务的行业管理,组织实施全区重要物资和应急储备物资的收储管理。

(邵　勤)

【商贸服务业】 2021 年,婺城区商贸流通增长明显,社会消费品零售总额 336.8 亿元,比上年增长 12.3%,增幅排名全市第 3;制定出台《关于支持商贸业、旅游业发展的若干意见》;通过复产补助、经营面积补助和入库奖励等政策优惠,帮助企业渡过疫情难关,鼓励企业做大做强,2021 年,兑付补助资金 568 万元,惠及 72 家商贸企业。紧抓全市消费券发放契机广泛宣传发动,市区联动发放消费券,鼓励相关企业给予叠加优惠,刺激消费市场,释放消费潜力。2021 年,发放汽车补贴 1202 万元,拉动汽车消费 3.97 亿元,同时,配套《金华市商贸流通业发展的若干政策意见》,通过鼓励促消费活动、农产品流通网络建设、再生资源回收体系建设、鼓励做大做强等政策支持,加快商贸流通业发展,促进消费稳定增长,全年兑付奖励资金 1000 余万元。

【省级夜间经济试点城市的试点验收通过】 12 月,婺城区顺利通过省级夜间经济试点城市的试点验收。“婺城夜生活”消费旅游新名片行动方案为引领,围绕“夜游、夜购、夜宴、夜娱、夜宿、夜学”六大主题,打造古子城和西市街商圈 2 个省级夜坐标,提升活化一批夜地标,形成“6+X”消费模式(6 个地标:古子城、西市街商圈、万泰奥特莱斯购物广场、解放东路小百货夜市、花木之窗、金华铁路文化公园)。

(胡梦霜)

【电子商务】 2021 年,经济商务局在电子商务工作上推进直播电商发展,鼓励开展直播带货活动。发动婺城区直播带货的龙头企业金华市美晨商贸有限公司开展直播带货活动并帮助本地企业及农产品开展线上销售,全年开展 36 次大型浙播季活动,带货种类 1000 余种,线上线下交易额超亿元。引进新的直播生态。引进国内知名游戏企业,投资运营数字娱乐直播基地,项目正式落户县府里·全球科创中心,完成抖音、虎牙、B 站等主播工会的建立。

婺城区跨境电商有序开展。依托金华市跨境电商综合服务中心,举办两期跨境电商孵化班,孵化跨境电商企业近 30 家,累计走访金华企业 340 家次,推动金华市本级、东阳、兰溪、浦江企业在 9 个跨境电商平台开展业务,先后帮助开设跨境电商店铺 100 余家,为企业提供 60 余项跨境知识产权及财税的服务。据不完全统计,2021 年整体销售额超过 1455.7 万美金。婺城跨境电商产业园,由南方设计院完成规划编制，部分地块完成收购。

（余　悦）

【小微园建设】 推进小微园区高质量发展。金华超艺科创园通过2021年度省级小微园区认定，省级小微园区达14个。推进浙江智能交通科技产业园、浙江今飞汽摩配智造园等一批园区的建设。通过对园区"一对一"服务、指导园区产业集聚、行业细分，推进小微园区高质量发展。建立数字化园区综合管理平台，推进数字化小微园区建设，助推产业数字化转型。

（吴　岑）

【浙中信息产业园区】 2021年，园区招商引资工作成效明显。合丰服务外包产业园、安云智慧产业园以商引商模式初见成效：安云智慧产业园入驻企业30余家，其中规模以上企业1家，市政府引进项目2个，国家高新技术企业1家，在谈项目2个，全年园区企业营收总额超1.5亿元，园区入驻率超70%；合丰服务外包产业园2021年度新引进入园企业66家，现有入园企业共计173家，其中3家为国家高新技术企业，合丰产业园入园企业（非房地产、国有企业）营业收入超过2.5亿元，实际入库税收超400万元，举办两期跨境电商孵化班，孵化跨境电商企业近30家；县府里·全球科创中心相继引进单身狗等36家（包括虚拟注册）优质数字经济企业，园区税收超千万元；金华电子商务创业园自2011年设立，通过整合社会存量物业，组织实施"退二进三"，实现"腾笼换鸟"的升级目标，已形成"一园三点"的格局，有入园企业152家，地址托管企业400余家，带动就业人数2000多人，其中2021年新入驻企业16家。婺州英才园已进入正常运行阶段，入驻企业46家，2021年新入驻企业23家。

加强园区扶持力度，通过表彰先进，引导园区做大做强。2021年年初，经济商务局根据园区内入驻企业数、综合税收等标准对所属的数字经济园区进行评比，成功选出金华电子商务创业园、浙江师范大学网络经济创业园、合丰服务外包产业园、金华CRC文化创意园、安云小镇5家数字经济示范园区，经过区领导同意在全区的"三干"大会上对5家园区进行通报表彰，并给予一定的资金奖励扶持，引领产业园区提质增效，形成良好的竞争氛围。通过业务培训提升园区运营水平。7月，经济商务局经区委组织部同意在杭州浙江大学举办婺城区数字经济专题培训班，专门组织婺城区的数字经济园区负责人和重点企业，开展为期5天的学习，同时，实地参观杭州先进数字经济园区和企业，学习和借鉴先进经验，增强婺城区数字经济园区和企业的业务能力，为提升园区的服务水平和运营能力打好基础。另在所属园区开展5场网红直播系列沙龙活动，共62家金华本地企业100余人参加，邀请义乌直播电商大咖以"案"说直播，直接将实操"干货"知识点和技巧带入课堂，帮助电商企业找准流量，精准推广，推动婺城电商企业转型发展。

（余　悦）

【"两化"融合】 婺城区列入2021年金华市"两化融合"重点项目16家，兑付市级两化融合资金282.105万元。

（余旭行）

【低效工业企业整治】 2021年，婺城区盘活低效工业企业用地357.33公顷，其中亩税3万元以下出清178.8公顷，"四破"攻坚盘活工业企业用地约178.53公顷（政府协商收回工业用地86.19公顷、司法拍卖22.97公顷、企业自行转让25.85公顷、提升改造43.52公顷）。

（何卫勇）

【疫情防控】 12月，经济商务局牵头召开防疫物资保障专班工作会议，明确专班人员分工及职责，通过数字赋能实现重点物资"云上申请"，以数据流代替人工跑。完善婺城区生活必需品异常波动应急预案、金华市婺城区联保联供"五大体系"建设实施方案、金华市婺城区重点保供企业名单。全局干部兵分四路对大型商超、工业企业、数字经济园区、共建社区开展新冠疫情防控排查工作。要求规模以上工业企业主检查企业疫情防控工作，提醒企业从严做好来婺返婺人员排查，排查带★员工核酸检测情况，做好日常健康监测。大型商超主要检查疫情防控及生活必需品保供工作，对防控措施执行不到位的情况现场指出并要求立即整改，将商场超市测温亮码戴口罩等疫情防控措施落到实处。数字经济园区组指导各园区严格把好入口关，落实测温亮码，对园区内的企业进行走访排查行程码带★人员，并上报管辖社区，共建社区主要协助社区工作人员“扫楼”，摸排居民疫苗接种情况，电话核查风险区来金人员并录入系统。

(邵　勤)

粮食工作

【概况】 2021年，婺城区坚持依质论价和优质优价的国家粮食收购政策，如普通品种粮食市场价低于浙江省最低收购价的，按最低收购价收购；“五优联动”试点优质品种加价由金华市粮食收储公司以轮换价差、优质加价为竞价项目通过公开招投标产生，优质加价部分由中标粮食加工企业承担。早籼谷收购价格为每50千克125元，其中订单早籼谷每交售50千克奖励30元；晚籼谷收购价格为每50千克131元，其中订单晚籼谷每交售50千克奖励20元，每公顷最高奖励900元。

【粮食收购】 早稻实行订单全覆盖，应订尽订，应收尽收，2021年早稻订单计划数量为19500吨，签订20598吨，发放预购定金40户、610万元，实际收购入库16536吨。晚稻订单大户条件确定为2021年订单早籼谷(含订单种子)实际投售80吨以上、晚籼稻种植面积在13.33公顷以上、具备烘干能力。“五优联动”试点品种的计划数量分配限定在2020年订单晚籼投售量较大的前35户，根据其2021年实际种植情况进行测算分配。2021年，签订晚稻订单数量为7556吨（其中晚籼谷5774吨，优质晚籼谷1782吨)，实际收购入库7262吨(其中晚籼谷5662吨，优质晚籼谷1600吨)，另订单外晚籼谷收购1074吨。

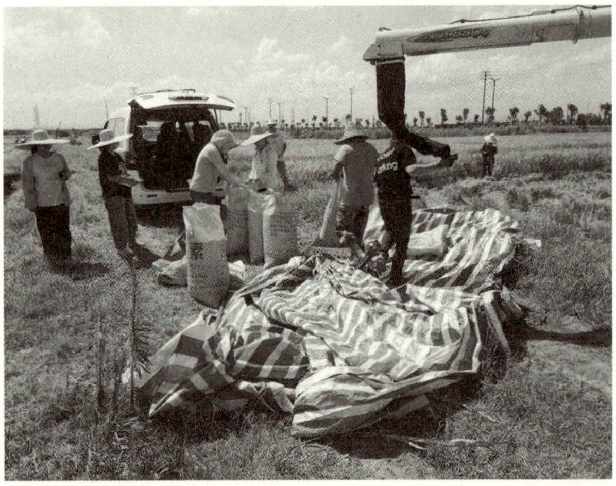

7月21日，区经商局组织人员到乾西乡金泉畈高产田块进行早稻实割实测　　(区经商局供稿)

【粮食储备】 2021年，婺城区做好省、市级储备粮的代储工作，运用科学保粮技术，开展绿色储粮，减少粮食损耗。2021年，采用环流熏蒸粮食4936吨，富氮气调粮食5551吨。及时按计划进行轮换工作，确保储备粮推陈出新，2021年，轮换出库粮食13071吨。储存的各级储备粮账实相符、粮温正常、水分均在安全水分以内、脂肪酸值均符合宜存放标准、储粮害虫达到基本无虫粮标准，达到“一符四无”储粮标准。

【粮储管理与中心库建设】 建立“一符四无”粮仓检查制度，坚持“有仓必到、有粮必查、有账必核、查必彻底、全程留痕”原则，确保储粮数量真实、质量良好、储存安全。通过对国有粮库信息化、智能化升级改造，储备粮仓库及部分出租资产天眼监控项目工程，加快推进粮食管理数字化改革。

【粮油质量监管】 婺城区被列为浙江省早稻和晚稻田间监测重点区域，区粮食和物资储备局分别制定早、晚稻重金属镉污染监测处置实施方案，实行关口前移，根据掌握的有可能受污染范围确定具体采样点和每个样品的田间扦样范围，共采样早稻样品69份、晚稻样品67份。各收购点在粮食入库时均实行一车一检，所有重金属超标粮食均专仓专储、严格监管，做好跟踪检测，根据金华市本级重金属超标粮食收购处置方案，定向销售给饲料加工企业，只限用于饲料加工，严禁超标粮食进入口粮市场。做好“放心粮油”后续监管工作，委托金华市食品药品检验检测研究院对“放心粮油”示范企业、示范店进行一年两次质量抽检，加强政策、业务等方面的督导，及时掌握相关情况。

【市场监测管理】 婺城区范围内共设立10个粮油应急监测点，5个价格监测点，其中零售价格监测点3个、批发价格监测点1个、成品粮出厂价格监测点

1个。区粮食和物资储备局通过建立粮油应急保供微信群，要求各应急点定期上报粮油经营、库存、价格等情况，及时进行汇总、整理、分析、上报并公示，密切关注市场行情，准确把握市场动态上报数据，严防出现粮价暴涨、断供和抢购粮食等现象。同时，完成对10家次粮食企业的“互联网+监管”平台双随机检查。

【粮食流通应急管理】 婺城区调整7家粮食应急供应网点，另新增3家。截至2021年年底，共设立粮食应急供应网点48个，粮食应急加工企业10家（应急加工能力700吨/日），应急配送中心2家、应急运输企业1家。各应急供应网点、加工企业等履行自身职责，在应急期间备足货源，引导群众理性消费，确保市场粮油品种丰富、数量充足、质量良好，为粮油市场稳价保供发挥积极作用。

【居民生活】 婺城区坚持自愿申请、严格审核、强化监管、公开公正的原则并根据“放心粮油”示范单位经营情况，由所在乡镇（街道）推荐、初审，区级部门复核，重新调整2家“放心粮油”示范店。截至2021年年底，符合标准要求的“放心粮油”加工企业3家，配送企业1家，示范店27家，“放心粮油”示范店网络覆盖婺城区25个乡镇（街道）和军粮供应站，乡镇（街道）覆盖率达到96.2%。开展80户乡村居民粮油收支平衡基础调查，根据统计、公安、农业农村等部门提供的粮食播种面积、产量、人口、畜牧生产等情况，进行2021年度社会粮油供需平衡调查并参与全市汇编工作。

【救灾物资储备】 婺城区救灾物资储备库库位于琅琊镇琅琊徐村，建筑面积1786.8平方米，由金华市婺州粮食收储有限公司进行日常的储备管理。2021年年底，储备应急生活包、棉被、应急灯等17种共4389件物资，价值约56.15万元。2021年，制定《金华市婺城区救灾物资储备管理制度（试行）》，涵盖区级救灾物资采购、入库、保管、出库、回收、轮换、报废、仓储设施、统计等各项业务管理，实现对区级救灾物资储备全生命周期闭环管理。根据区应急管理局要求，2021年，通过公开招投标的方式完成71个避灾安置场所、6025件救灾物资的采购和调拨工作，总价值59.124万元。新冠肺炎疫情防控期间，根据相关指令，紧急采购帐篷、棉大衣、雨衣等570件物资，总价值16.925万元；紧急调拨给疫情防控卡口、乡镇暖心服务点等一线岗位帐篷、棉大衣等共10批次、95件物资。

（陈旭丰）

对外贸易

【概况】 2021年，婺城区有进出口实绩的外贸企业342家（其中流通型企业162家，生产型企业180家），比上一年度增加13家。2021年，婺城区外贸进出口62.43亿元，比上年下降19%，其中出口60.93亿元，比上年下降19.11%，出口占全国份额0.280‰（当年目标任务0.307‰），完成度91.32%；进口1.5亿元，比上年下降14.24%。

【跨境电商】 6月，婺城区率先出台《金华市婺城区人民政府办公室关于支持跨境电商产业发展的若干意见（试行）》，每年安排约1500万元资金用于鼓励传统企业转型跨境电商，扶持跨境电商企业做大做强。

金华市跨境电商综合服务中心2021年累计走访金华企业821家次，推动金华市本级、东阳、兰溪、浦江企业在9个跨境电商平台开展业务，先后帮助开设跨境电商店铺202家，为企业提供60余项跨境知识产权及财税的服务。帮助金华市企业在亚马逊、速卖通、沃尔玛、Wish、Lazada、Shopee虾皮、京东印尼等9个跨境电商平台新申请跨境电商店铺202个，申请58个海外商标。2021年，婺城区（含开发区）实现跨境网络零售出口额44.8亿元，占全省比重1.8%，位列浙江省第14位，金华市第3位。

【企业服务】 深化数字化改革成果，利用“企业三服务”系统做到走访企业全留痕、企业问题一键上报。经济商务局组建“拓市场服务团”，坚持送服务上门、联合涉企部门组团服务，为企业办理境外人员邀请、协助口罩企业申请出口白名单、为出口企业对接货运白名单等工作，入选婺城区十佳助企服务团队。及时兑现涉企资金。2020年度婺城区开放型经济发展资金、外经贸专项补贴等惠企政策约

642万元,在2021年6月底前全部兑现完成。开展各类培训。举办RCEP政策宣介会、跨境电商孵化班、亚马逊进阶班等培训课程,从企业实际需求出发分析国际国内形势、解读最新政策、提供业务实操训练,助力企业开拓海外市场。共组织线上、线下培训、招商会、资源对接等活动180场,覆盖线下3670人次,线上42.9万人次。

(何　清)

供销合作

【概况】 2021年,婺城区供销社推动供销综合改革与"三位一体"农合联为农服务体系建设,为奋力打造"重要窗口"贡献供销力量。

【社有资产】 2021年,婺城区供销社加强社有资产监督管理,成立社有资产管理委员会,制定《社有资产监督管理办法》《重大社有资产处置监督管理暂行办法》,突出社有资产保值增值与管理职责等内容,使资产管理有章可循,真正做到用制度管好社有资产。根据省社统一部署,开展供销社集体资产清产核资工作,召开党委会研究制定工作方案,确定第三方审计单位以及清产核资的对象范围,于11月中旬出具联社本级、物资公司、农信公司、瑞祥烟花及联社合并等清产核资专项工作报告5份。通过清产核资加强对资本布局、运作、安全的监督,推动社有资产保值增值,更好的用于为农服务。

【数字化改革】 根据省社、市社统一部署,高标准谋划数字农合联建设工作,婺城区数字农合联综合服务平台于2021年正式上线运行,构建起农产品数字供应链生活服务、农资"进销用回"生态服务、农业主体供应链金融信用服务等三大体系,实现数字化服务供需实时对接,将促进本地农业生产提效增收。

【农产品品牌建设】 2021年,婺城区供销社推荐8家婺城优质农产品企业加入市级"金农好好"区域公共品牌,扩大对农合联会员的品牌服务;5月,供销社联合区农业农村局、区茶文化研究会,组织6家授权企业到杭州参加第四届中国国际茶叶博览会,进一步强化"箬阳龙珍"地理标志的品牌宣传,促进婺城茶产业迭代升级。

【农信担保业务】 2021年,婺城区供销社通过创新"三农"担保产品,研究开发"果商贷""财农贷""项目贷"等符合"三农"主体的贷款担保产品,积极争取创建政银担试点——省农担婺城办事处。2021年新增担保贷款33户,担保金额3800万元,其中涉农担保贷款19户,担保金额2047万元。全年完成省农担试点项目36户、4362万元的担保贷款业务规模,缓解"融资难""融资贵"等资金难题。

【农资供应】 2021年,婺城区供销社做好农资商品储备供应,满足农业生产需求,确保商品质优价稳。根据春耕备耕和疫情防控工作需要,及时整合经营网点,拓展网点服务功能,重点做好农资保供稳价工作。完成2021年婺城区化肥350吨、农药1.8吨的年应急化肥农药储备任务。

【防汛物资准备】 全年组织开展防汛检查12次,发现隐患10处,整改10处,督促代储单位金华市第二土特产公司做好防汛物资的储备;做好应急处突工作。2021年9月11日晚,迅速启动防汛救灾物资应急调运程序,顺利完成省防指"关于防范14号超强台风,调用5万只防汛麻袋运往舟山"的紧急指令。

(张　璐)

交通　通信

交　通

【概况】 2021年，婺城区公路通车里程1628.886千米，其中管养里程1575.98千米，二级及以上公路187.841千米。公路总里程居全市第二位。等级公路通村率、路面硬化率均实现“双百”目标。基本形成以县道为骨架、乡道为支线、村道为脉络的农村公路网络体系。

【交通建设】 2021年，全面加速解放西路、婺江西路、人民西路三大道路西延工程进度，不断提升城市形象。5月26日，制约婺城高铁新城区块发展的婺江西路工程全面竣工；6月17日，连接市区与婺城新城区之间的解放西路贯通工程全面打通；9月8日，金兰两地人民期盼已久的人民西路西延工程(45省道婺城段)全线通车，与2020年全线贯通的金武快速路成为助推“金兰同城”“金武同城”的重要交通廊道。完成二环西路优化提升改造工程、武义江大桥改建工程、南山漫道美丽风景线提升改造一期工程，启动临江东路改造工程，实施紫金南街南延、华龙南街北延等多条“断头路”贯通工程，通过一个个交通项目的落地，不断完善婺城的交通路网，提升婺城的城市形象。

【民生实事项目】 2021年，婺城区交通民生实事工程项目：农村公路安全治理提升工程总投资1.72亿元，主要项目6项，除“四好农村路二期工程”因林地报批、政策处理等原因投资进度明显低于时间进度，其他项目2021年计划投资6323万元，已完成投资6723万元，占年度计划的106.33%，现已全部完成。主要项目有：完成农村公路大中修30千米；完成农村公路信息化升级改造；完成农村公路路网完善工程建设6千米；完成港湾式停靠站建设25个；完成交通事故隐患点位整治50个。

【数字交通改革】 探索推行“综合交通行业数据可视化”模块建设，初步建立交通数据资源中心，接入“两客一危”数据，掌握区域内重点营运车辆状况；搭建路网运行监测与应急指挥平台，做到各类数据可视化。系统已开通硬件设备在线数、危货行业统计、交通流量统计、道路运行监管等4项重点内容，完成虹戴公路、宾虹西路、白汤下线等重点道路和12个乡镇集镇主干道及各路口交通智能监控全覆盖。另外，在婺城交通公众号推出“智慧交通出行服务平台”，第一时间查看并对接处理群众反映的具体情况，实现问题事项快速流转、快速处理。“智慧路长制应用”于2021年完工，投入使用后主要用于实时路况监管、公路建设管养、安全应急处置等。

【提升乡镇交通设施】 2021年，婺城区创建“四好农村路”示范区，实施“四好农村路”二期项目(计划新建5条计11.5千米)，总投资1.087亿元，已完成936万元(工程施工200万元，政策处理736万元)，涉及的乡镇正在进行政策处理。全年实施农村公路大中修30千米，已全部完成，新建港湾式停靠站25个，已全部完成。4月16日，沙畈乡向阳村周辽自然村公交班车619支延伸线开通，4月22日，罗店镇唐村311路公交车开通；优化延伸325路班线到羊甲山村、52路延伸到金湖雅苑，解决沿线三个乡镇20个村的出行难问题；4月，完成对喻斯村公交班线优化;9 月,开通熊猫猪猪两头乌国际牧场旅游专线(301 支 2 线路)。稳步提高 3 个“1 小时交通圈”人口覆盖率,城乡公交一体化率达到 100%,城乡客运一体化水平达到 AAAA 级。

4 月 16 日,沙畈乡向阳村周辽自然村公交班车正式开通(区交通运输局供稿)

【践行“三服务·家服务”】 2021 年,开通沙畈乡周辽村、罗店镇唐村和羊甲山村公交班车,解决沿线三个乡镇 20 个村的出行难问题,实现村民“村口通公交,抬脚就上车”的朴实愿望。“村村通客车”工程直接受益人口达到 4 万余人,交通局再结合农村电商、邮乐购服务点,完成 391 个农村物流网点建设,真正打通了农村物流“最后一公里”。一系列的举措实实在在地改善了婺城区乡村群众的生活,带动沿线山区经济发展,助力乡村振兴。

【守牢交通安全底线】 区交通局贯彻全市交通安全大会战行动要求,牢固树立“以人民为中心”的理念,实施开展“大货车专项整治、非机动车头盔整治、路灯亮化工程、隔离护栏安装工程”等四大专项行动,全年完成虹戴公路、金兰北线等重要公路安装 706 套路灯,覆盖里程约 30 千米;在白汤下线、兰贺线等重要公路安装隔离护栏约 19190 米。制定“无交通事故村”创建标准,推动“警保联动”,深入农村开展交通安全宣传和违法劝导,并全面推行“两站两员”建设,实现一体化运作、网格化管理。1—11 月,全区共发生交通亡人事故 20 起,死亡 20 人,同上年相比下降 44.44%,死亡下降率居全市第一。

【加强防汛防台安全管理】 8 月 16 日、9 月 7 日两天强降雨,给全区公路造成局部受损严重,针对强降雨及台风防抗善后工作,全局出动应急抢险队伍 3010 人次;机械设备 1064 台班;修补坑洞 5427 平方米;清理塌方 156 处,共计 43550 平方米;清理边沟 38 千米;清理行道树 245 棵,整改安全隐患 968 处,修复挡墙损毁 13500 平方米,并及时发布并上报各类防汛信息。

【加强联合执法】 严厉查处二环路货车乱停乱放行为。联合交警开展超限超载联合执法,利用全区已有 7 套非现场执法系统,全年巡查出动 5938 人次,整治超限车辆共查处超限车辆 1402 辆,其中百吨王 56 辆,卸货 4.62 万吨,交警扣分 7897 分;拆除非公路标牌 261 块、清理堆积物 1287 立方米、整治马路市场 403 个、查处违法案件数(件)705 件;处理非现场治超案件 641 件(罚款金额 372.37 万元),运政案件 56 件(罚款金额 23.75 万元),公路案件 8 件(罚款金额 1.9 万元)。

【路域环境整治提档】 在路域整治上,全年共出动人员 49051 次,机械 11015 台班,修补坑洞 36488 平方米,清理塌方 23476.5 立方米,挡墙修复 6230 立方米,修复护栏 1928 米,洒水车路面洒水 123946 千米,清洗护栏 1417 千米,整理路肩 193812 平方米,清理边沟 464 千米,清理堆积物 3960 立方米,绿化修剪 530 千米,清理桥梁伸缩缝 61204 米。补装及清洗各类标志、标牌、公里牌、警示桩 5986 根。全部完成 88 处问题点位的整改治理工作,普速铁路整治面积为 39137 平方米,高铁整治面积 19112 平方米。

【加强党史学习教育】 3 月 18 日,全局召开党史学习教育动员部署会,制定下发《关于开展党史学习教育的实施方案》;4 月 12 日,组织开展交通运输系统党史知识竞赛;4 月 26 日,开展党员认领“微心愿”活动,全系统党员干部认领 35 个“微心愿”,自筹资金 5898.69 元购买群众迫切需要的生活用品,一周内全部送到需求群众的手中。5 月 10 日起,每周开展“婺城交通大讲堂”,把党史学习教育和业务知识相融合。7 月 1 日,组织全系统干部职工收看庆祝中国共产党成立 100 周年大会,组织全局干部职工积极投稿的大会重要讲话精神反响热议在“婺城组工"刊登。7月初，组织全系统干部职工观看红色革命题材电影《1921》《革命者》，重温峥嵘岁月，缅怀革命先烈，汲取奋进力量。开办"婺城交通大讲堂"，邀请律师、教授、专家专题授课，着力提高全体干部的党史、法律和业务知识，提升服务本领。

【清廉交通建设】 全面履行好"一岗双责"和"四责协同"机制，通过开展"除'四不'、转作风、强能力、树形象"主题教育整顿活动，推动作风持续向好，形成"遵纪守法、履职尽责、拼搏争先"的良好工作氛围。4月8日，组织全系统干部到金华监狱党员教育基地开展廉政警示教育；5月26日，组织召开清廉交通建设工作推进会。8月23日，举办"百年逐梦·墨颂清风" 中国共产党成立100周年主题书画展。拍摄庆祝中国共产党成立100周年、清廉交通宣传片。以"庆建党百年华诞·展交通行业新貌"为主题，宣传好婺城交通领域奋斗者的良好形象，向全社会展现新时代交通人的良好面貌。重点开展"树清廉家风·筑幸福家庭" 主题活动、"我的家风家教故事"征文活动、"清廉故事大家讲"等清廉文化主题活动，下发清廉交通建设倡议书和家风助廉承诺书各169份，以多种宣传教育形式，营造"清廉交通"氛围。

【重点工作完成情况】 全年做好金华客运汽车西站的疫情防控工作，助力文明城市创建，5月，为158处公交停靠站制作公益广告409块，每周安排志愿者参加共建社区文明城市创建和斑马线文明劝导；选派3名干部参与三联区块征迁，所在组全部完成签约；选派2名干部参与安地镇酒园村征迁，已完成全部工作。

（吴晓慧）

通　信

·电信公司·

【概况】 2021年，婺城区电信局完成主营收入3.3亿元，宽带用户15万户，移动用户22万户，ITV用户9万户，固话用户11万户。

【网络建设】 2021年，婺城区电信局完成D类机房标准化整治60个。完成转供电改造96个站点小区，完成率131.5%，节约能耗费约50.86万元/年，年节能费用69.39万元。全年完成提前建设需求单2494张，XGPON新增板卡50块，新增政企波分设备17台，完成第一批55个网格的割接工作，完成7000户高速宽带的XGPON光猫的更换；完成OLT传输双路由改造19套，有效降低脱网风险；借助市公司亚运会光网建设专项，新建多条大对数局间中继光缆，改善婺城范围光缆资源紧张状况。

【区重大项目建设与支撑】 婺城区电信局响应婺城区政府和金华经济技术开发区政府数字化改革任务需求，发挥电信数字化能力和云网资源整合能力优势，承接婺城区城市大脑应急平台项目、金华经济技术开发区社会矛盾纠纷调处化解中心智能化建设项目、金华经济技术开发区学前教育智慧管理系统项目、金华经济技术开发区社会治理"微智治"平台应用项目、金华经济技术开发区江南公安智安小区二期项目，智安小区和智安单位(校园)建设项目三期等重点项目的建设。同时，由电信金华分公司领导牵头，协同签约智慧城管二期服务项目，提升金华经济技术开发区智慧城市管理服务智能化水平。婺城区电信局在配合婺城区、金华经济技术开发区政府数字化改革工作的同时，还担负着区政府疫情防控数字化工作。2021年底，开发区疫情防控平台和数据流调中心上线，防疫监控420余户为区政府疫情防控工作提供坚实的技术保障。

【乡村振兴结对村帮扶】 根据婺城区《关于深入开展"2+1"结对帮扶壮大村集体经济工作的通知》文件要求，婺城区电信局召开党总支会议落实乡村振兴工作，成立乡村振兴工作领导小组，到结对帮扶对象安地镇雅干村开展调研，了解村民及村集体经济情况，发挥电信资源优势，在网络、消费、就业等方面实施帮扶。婺城区电信局对就业扶贫政策进行详细解读，与村两委进行深入交流并走访、慰问村困难老党员。为村民提供就业机会，在校园招聘中同等条件下优先录用结对帮扶村高校毕业生。

【网络通信应急保障】 婺城区电信局网络党支部以6名党员为核心，配备16名应急通信队员，实行7×24小时不间断值守制度，开展网络优化、链路设备检修、预防各类隐性故障，确保网络安全运行。开展5G直播活动，完成金华市卫健委疾控中心驻地防疫通信保障、区政府防汛抗台通信保障、中非经贸论坛活动线上直播、婺城区应急局演习通信保障等。疫情期间,安装和移机防疫监控 2000 多台,出动人力 1000 多次,保障婺城区本土市民出行及辖区外来人员的安全,为复工复产奠定坚实的信息基础。

(鲍　晨)

·移动公司·

【概况】 2021 年,中国移动婺城分公司融入地方经济发展,勇做数字信息服务行业"排头兵",实现通话用户 87.87 万,全年收入超 9 亿。搭建 5G+工业互联网平台,助力全区产业大脑建设。已开通 5G 基站 1127 个,实现 5G 网络乡乡通。2021 年,公司获得"金华市第十届消费者信得过单位"、金华市国有企业"五星三强"基层党组织、金华市国有企业先进基层党组织等荣誉。

【5G 应用】 2021 年,分公司围绕数字化改革工作,融入"1 + 5 + 2"工作体系,创新建设 5G 应用,打造标杆示范项目。参与建设金华城市大脑婺城平台支撑系统和数字驾驶舱,延伸开发视频 AI 分析及视频汇聚系统;建设婺城区城市云执法系统,助力婺城区"大综合一体化"行政改革县域上榜省年度有辨识度有影响力法制建设成果;打造婺城区教育局人工智能实验室,为全省首批教育领域人工智能实验室;提档南山省级自然保护区,建设全区首个专业级森林防火预警处置项目;参与建设"数智交投",打造新时代文明实践中心云平台志愿服务轨迹可视项目等。联合星筑科技、浩翔汽配完成 5G 智慧工厂项目建设,通过 5G 技术为企业设计研发、生产管理、仓储物流、智能检测等应用提供解决方案,提高企业的生产管理效率。积极对接万里扬集团、今飞集团等一批骨干企业的 5G+智慧工厂建设,助力企业数字化转型。

【企业担当】 2021 年,分公司数字赋能基层社会治理,让"智"治有方。创新推出"5G"移动警务小黄车,"智能闸机""智安车站""管服 e(疫)眼"平台等应用,助力防疫、助力反诈、助力留金服务和企业招工。全面落实乡村振兴和数字乡村发展战略,实施"5G+"计划和"数智乡村振兴计划",为农村现代化注智赋能。分公司发挥资源优势,通过分公司八婺卡平台优势,让塔石乡银岭村特色农产品逐渐走上品牌化、高端化道路,为农民开辟增收新渠道,助力村经济发展。助力婺城区下张家未来乡村信息化项目设计,自主研发集智兴村"五美"平台,全方位打造数字乡村大脑,推进乡镇数字化管理平台建设,完成安地镇美丽城镇智慧云系统部署。同时引入浙师大高校科研、创意等资源,双方党支部到塔石乡政府、乾西乡下张家村,探索 5G+未来农村发展方面的应用。推进"我为群众办实事"实践活动,全心全意为群众办好实事。针对家宽上网、资费套餐、消费查询等客户反映强烈的问题,推出"消灭最差机制、质差主动治理、宽带服务到家"等主动服务举措。在营业厅设立为民服务"红色驿站",为快递小哥、交警、环卫工人及站点附近的群众提供茶水、歇脚、充电等即时性基础便捷贴心服务。深化营业厅集成改革,实现群众一站式办理,累计开放 21 家"集成办"营业厅,开放"水、电、气、网"一站式通办。主动参与"银龄跨越数字鸿沟"科普行动,切实解决老年人在运用智能手机遇到的困难。

(张　乐)

·联通公司·

【概况】 2021 年,联通婺城分公司坚持党建与生产深度融合,围绕"创新增收,基础提速"根本任务,聚焦 5G 化、融合化以及高质量发展,探索"增效、协同"课题,转变营销思维、强化协同、提升专业运营能力以及一线员工营销能力,推进各项营销措施。完成主营收入 1.4 亿元,通服 1 亿元。创新领域收入 4000 万元。

【网络建设】 2021 年,完成 4G 基站建设 14 个、室分7 个;建设 5G 站点 200 个,布放传输光缆 90 千米,主干光缆布放约 28 千米。

【项目建设】 2021 年,签约 20 余个项目,完成多个单位的指挥平台建设项目,高校标准化考场建设项目,应急卫星移动指挥平台项目,呼叫中心平台及多家医院 5G 院前急救等信息化案例。

【安全生产与信息保障】 每季度总结当季安全生

产情况；每月开展安全生产会议(培训)、驾驶员安全学习、安全隐患清查及安全生产现场检查，做好各项记录及报表；每日进行办公车辆日常检查、办公大楼和电梯消杀、办公大楼日常巡查、食堂和电动自行车安全检查，随时进行安全时间分析并记录。

【节能降耗】 “降本增效，实现高效能治”书记项目推进，通过降低成本、增加效益对公司进行持续健康的发展，提高公司的管理水平，增强公司的核心竞争力。共降本增效100万元。

（胡一晓）

·婺城铁塔·

【概况】 2021年，婺城铁塔基站规模达1382座，机房数达1121间，资产规模达3亿元。2021年，婺城铁塔承接婺城移动公司、婺城电信公司和婺城联通公司三家承接不同批次5G站点建设。全年目标完成680个5G基站建设，经过婺城铁塔全体员工的共同努力，全年实际完成703个5G基站建设，完成率103.4%。4月12日，婺城区政府下发《关于成立婺城区5G移动通信基础设施建设推进工作领导小组的通知》。婺城铁塔领导小组办公室，统筹5G网络建设推进和政策配套的落实。

【区重大建设项目与支撑】 2021年，婺城铁塔公司承接婺城区安置小区建设超150万立方米，为婺城区5G网络覆盖打下坚实的基础。婺城铁塔响应政府关于数字化改革的相关工作要求，与环保、应急管理、乡镇(街道)等部门签订智能高空瞭望系统，涉及27个高空点位建设及维护。

【安全生产与应急保障】 1月，婺城铁塔召开安全生产工作会，要求全面开展安全宣传教育、全员培训教育和事故警示教育工作，全面提高安全管理水平。

7月23—24日，受台风“烟花”影响，金华市婺城区部分地区普降暴雨，通信基站出现大面积停电情况，最高同时停电站点数达35站。为保通信畅通，婺城铁塔同心协力有备而战，周密组织迅速行动，全力投入抗台抢险工作，确保通信基站正常运行。全区出动抢修人员15人，出动车辆8辆，出动抽水机10台，发电时长125小时。

11月，通报1—10月安全生产检查、隐患整治情况，专业部门做专项工作报告，并对岁末年终安全生产工作进行布置。邀请消防救援大队教练员进行消防安全培训，组织全员进行消防演练。通过演练，不仅检验各项消防设施功能，增强全体员工的消防安全防范意识，更在技能上提高员工自防自救的应急处置能力。

【防疫工作】 2021年2—3月疫情期间，婺城铁塔第一时间响应上级号召，变“休假模式”为“战时模式”，组建党员突击队和青年突击队，高效完成各项应急建设和通信保障任务，出动防疫保障人员16人次，完成定点医院3个5G基站的紧急覆盖，完成故障处理32站次，发电39站次，确保重要基站的平稳运行。在做好疫情防控、保障员工安全的同时，做到“公司运营不停摆、通信支撑保障不掉队、服务质量不下降、正常业务发展不间断”，将疫情带来的影响降至最低。

（杨俊杰）

财政　税务

财　政

【概况】 2021年,金华市婺城区实现区属生产总值350.19亿元,比上年增长7.2%。其中:第一产业增加值12.88亿元,下降2.2%;第二产业增加值83.91亿元,增长5.8%;第三产业增加值253.40亿元,增长8.2%。三次产业结构比为3.7:24:72.3。按户籍人口计算,全区人均生产总值90291元,比上年增长9.7%。城镇常住居民人均可支配收入64214元,比上年增长9.3%;农村常住居民人均可支配收入29521元,比上年增长11.1%。全区财政总收入57.35亿元,比上年增长29.6%,地方一般公共预算收入24.59亿元,比上年增长16.9%,其中,区级一般公共预算收入12.63亿元,比上年增长13.7%,占财政总收入的22.0%。一般公共预算支出37.75亿元,比上年增长13.1%,其中,区级一般公共预算支出27.77亿元,比上年增长27.0%。当年财政收支平衡。

【组织财政收入】 2021年,财政局加强收入分析。加强重点税源、重大项目税收监控,强化部门联动,适时分析研判收入形势,掌握收入进度。巩固收入结构。全年地方一般公共预算收入24.59亿元,分别占地区生产总值和财政总收入的7.0%、42.9%,其中税收收入22.69亿元,占地方一般公共预算收入的92.3%,区级税收收入11.35亿元,占区级一般公共预算收入中89.87%。加强非税收入管理。强化非税收入征缴情况分析,清理单位滞留资金。全区实现非税收入58.49亿元,增长46.9%,其中纳入一般公共预算管理的非税收入1.28亿元。向上争取资金。把握政府债券发行政策窗口期,全年新增债券资金8.77亿元,争取中央三农新基建试点,首批到位资金1100万元。

【保障民生支出】 2021年,婺城区民生支出30.81亿元,比上年增长17.5%,占一般公共预算支出的81.6%。支持社会事业发展。全年社会保障支出6.50亿元,同口径增长25.4%,低保标准从850元/人·月提高至900元/人·月、农村“三老”人员补助标准从660元/人·月提高至710元/人·月,发放各类救助金3526万元。推动教育事业提升。全年教育支出10.18亿元,同口径增长10.8%,落实“双减”政策,实施教育项目16个,金华五中成美校区、婺城小学白沙校区等建成投用。发展医疗卫生事业。全年卫生健康支出4.60亿元,同口径增长53.6%,开展“医聚婺城”等医疗服务,重点人群家庭医生签约率达80%以上,应对新冠疫情,累计完成新冠疫苗接种105万剂次。促进城乡协调发展,落实强农惠农政策,整合涉农资金9.14亿元推进乡村振兴。全年城乡社区支出27.62亿元,同口径增长3.4%,完成62个老旧小区改造、42个小区“污水零直排”建设。

【服务经济发展】 2021年,财政局贯彻落实减税降费政策,全年减税降费3.53亿元,兑付各类惠企政策资金2.21亿元,支持金融机构发放支小再贷款2.00亿元,发放春节留婺企业员工流量和房租补助、助企稳岗补助、汽车消费券等2027万元,拉动市场消费2.40亿元。加快应急转贷资金运作,全年使用企业应急转贷资金3125万元。全年拨付惠企利民直达资金2.77亿元。加大招才引智力度。投入

390万元实施引才计划，落实生活补助及人才奖励844万元、“智选金华”购租房补助2059万元。投资1500万元参股组建市级“双龙人才基金”，支持人才创新创业。强化产业转型升级投入。扶持企业转型发展，全年发放科技创新奖励4168万元、技改补贴3518万元。帮助50家企业审核申报2020年度市区开放型发展资金1009万元。

【强化财政监督】 2021年，继续扩大绩效评价规模和范围，选取14个项目开展重点评价，涉及资金3.70亿元，选取6个单位开展整体支出评价，涉及资金4.46亿元。加强财政资金监管。组织2021年度会计监督检查，涉及金额1203万元，相继开展2019至2021年多头申报中央转移支付补助资金情况检查和2017至2020年扶贫资金专项检查问题整改“回头看”检查，涉及金额3.48亿元。坚持政府过“紧日子”，全年共清理存量资金2.81亿元。压减非重点、非刚性支出2056万元，压减比例10.3%。严控政府采购，全年政府采购金额5.65亿元，节约率6.6%。加大投资评审力度，全年完成工程预算项目审核234个，审定预算造价39.20亿元，核减率9.9%；完成工程结算审核项目60个，审定金额19.15亿元，核减率14.1%。

【深化财政改革】 2021年，全区投入3156万元推动数字化改革。采用“实物+虚拟”公务仓管理模式，实现国有资产有序流动。全区198个预算单位，统一使用预算管理一体化系统编制2022年度部门预算。优化乡镇财政体制。出台《关于完善乡镇财政体制的意见》。在原有超收分成的基础上，增加土地整治奖励、土地出让金分成办法以及房地产税收奖励，提高区域统筹发展能力。推进国企改革。加强资产整合力度，城投、交投两大国企资产总额由组建初的138.70亿元增至334.73亿元，增长141.3%。健全国资监管制度，出台三十三项国企监管制度；强化企业内部管理，督促企业制定内部相关管理制度，健全权力运行机制。

【强化队伍建设】 2021年，财政局开展党史学习教育，通过明确重点、开展活动、查摆问题等举措提高党史学习教育实效，全年办理实事72件。加强政治理论学习，落实意识形态工作责任制，执行“第一议题”制度，用好党组会、专题党课、主题党日、专题培训班等学习交流方式。创新党建活动形式。评选“学习强国”十佳“学习之星”。选拔组建“8090”“小财团”宣讲团。建立党员突击队、志愿者服务队6支，开展疫情防控、文明城市创建等志愿服务800余人次，走访慰问困难群众32人。加强干部培养。打造“婺城财苑”青年理论学习平台，成立青年理论学习小组。实施“青蓝工程”，聘任成长导师7名。全年参加各级各类业务培训105人次。提拔中层正职1名，中层副职4名。2021年被金华市委授予优秀基层党组织称号。婺城区财政局连续第10年获得区级岗位目标责任制考核先进单位称号。

（杨秀清）

税　务

【概况】 2021年，区税务局组织收入59.94亿元，比上年增长33.8%；办理出口退(免)税6.03亿元，比上年增长12.1%。社会保险费(含职业年金)入库31.18亿元，比上年增长36.9%；非税收入(不含社会保险费)入库11.63亿元，增长468.0%。婺城区税务局在2021年度工作目标责任制综合考评中获评优秀单位。

【税收管理】 2021年，区税务局在土地增值税清算方面，清算项目完成20个；个人所得税方面，平稳推进所属期2020年度个人所得税年度汇算工作，实现退税办结率、补税率“双一百”，各项考核指标连续两年位列金华市税务系统第一。

【依法治税】 2021年，区税务局依托全面依法行政领导小组，组建联络员团队，强化行政执法公示、执法全过程记录、重大执法决定法制审核“三项制度”工作统筹协调。通过行政执法公示平台对执法基础信息、行政征收、行政检查、执法服务、其他事项五类共1550个执法情况进行公示。

【纳税服务】 2021年，区税务局推出“一扫你就懂”网办流程详解版二维码，整合新户登记、跨区域涉税事项业务办理等多个使用频率较高的二维码，纳税人仅需扫码即可获取所需办税指南。“服务精准化”办税方面，在打造“一公里”闭环办税圈的基础上,打造集业务办理、税务讲堂、普惠讲堂等于一体的“红色阵地”,有效实现140项涉税业务100%自助办理。在“个性定制化”办税方面。精心定制、创新推出便民办税“春风服务卡”,定向发放给新办纳税人及有特殊办税需求的纳税人,纳税人可直观对照卡面内容进行涉税咨询。

9月28日,区税务局举行“税务体验师”授牌仪式暨首次体验活动　（吴晓东摄）

【税收宣传】 区税务局通过征纳沟通平台推送新出台的优惠政策,各业务股室轮流在线直播为纳税人讲解税收政策,2021年,举办9场直播,培训纳税人30404人次。联合金华市婺城区工商联合会联合召开政企恳谈会,介绍2021年减税降费最新政策和“便民办税春风行动”的具体举措,企业家代表围绕自身企业发展状况和近年来办税缴费及减税降费体验畅所欲言,共收集11个意见建议,均已办结。打造“婺税小青团”纳税服务宣传品牌,把握第十二届中国茶花博览会、税收宣传月、浙江省首届乡村美食大会等宣传时点,走出去向社会群众进行宣传,在《浙江日报》、浙江新闻等省级平台发表10篇文章。

【落实税收优惠政策】 严格落实更大规模的减税降费以及支持疫情防控、企业纾困、复工复产的各项政策。为推进疫情防控税费优惠政策落地生根,成立落实疫情防控税费政策工作领导小组和9个专业组,以网格化机制将责任落实到股室和个人。

【减税降费】 创新推出“闪电退税”等服务举措,做好增值税优惠政策落实,深化“落实减税降费政策是硬任务”理念,围绕中央出台的各项减税降费优惠政策紧抓落实,开展全覆盖、多轮次宣传辅导,进一步精准推送到户、精细辅导到位。

【维修改造项目完工】 区税务局办公大楼综合业务办公用房维修改造项目于2020年9月开工,于2021年7月初搬回原办公大楼,整合设置运动场、母婴室、书画室和瑜伽室等功能性空间,努力为干部职工营造轻松愉悦的办公休息环境,各项工作有序衔接,机关功能平稳运转。

【文明城市创建】 区税务局开展荣誉争创,2021年,区局1人获省级“青年岗位能手”和“巾帼建功能手”荣誉称号,1人获“浙江省税务系统先进工作者”荣誉称号,集体层面获“金华市巾帼建功先进集体”荣誉称号,充分展现婺城税务人实干担当的精气神。

【对口帮扶】 在党团共建方面加强协作,深化东西部地区对口帮扶工作。区税务局加强与青海格尔木市税务局的沟通联系,以青年干部为纽带,共同成立东西部“格婺致知”税务青年联盟,建立常态化交流和资源共享协作机制,共同拍摄“青春共筑梦,共建税力量”主题视频,为“五四”青年节献礼。

（黄璐萍）

金 融

银行机构

【中国工商银行股份有限公司婺城支行】 2021年，全行上下坚持和加强党的全面领导，从百年党史中汲取智慧和奋进力量，不断审视历史过往，总结当前深层矛盾，探索有效发展路径，全力支持乡村振兴，聚焦支持生产制造业、民营企业和普惠金融发展，提升服务实体经济质效。2021年，支行经营绩效考核综合排名位列全市第1。截至2021年年底，支行实现拨备前利润2.67亿元，从近三年合计增量看，婺城支行合计增量1.22亿，在全市排名第1。中间业务收入5693万元，位列系统第5，任务完成率98.16%，与上年同期相比降幅14.32%。

2021年末，支行各项存款时点余额80.63亿元，较年初增17.05亿元，增量同业排名第一。其中对公存款42亿元，较年初新增15.07亿元，增量排名同业第1，储蓄存款38.63亿元，较农行少6亿元，比年初增加1.98亿元，增量系统第2。在2020年年末各项存款增量四行第一的基础上继续保持优势。

2021年，公司业务部新增制造业新客户8户，同时持续落地了鹰鸿园林、巨宏工贸等一批民营制造业企业，全年拓展融资项目贷款9个，总金额近52.7亿元，成功发放8.05亿元。截止2021年年底，支行制造业贷款较年初新增2.29亿元，普惠贷款余额9.03亿元，较年初新增2.84亿元。支行积极响应上级行服务实体经济的方针政策，大力支持民营企业和普惠金融，为周边商户及园区内企业提供上门服务，其中白龙桥支行负责白龙桥镇三联村拆迁款的发放，共计发放补偿款3.62亿，助力乡村振兴。截至2021年年底，支行实现个人有效客户净增0.54万户，私银客户共计37户，较年初增加1户，新拓1000万以下有贷户45户，机构有效客户净增51户，公司有效客户净增278户。利用厅堂、外拓等线下和手机银行、网上银行的线上渠道，加快获客拓客，为推进第一个人金融银行战略作出贡献。

（陆冠伊）

【中国农业银行股份有限公司婺城支行】 2021年，农行婺城支行共有网点机构11个：营业中心、江北支行、城西支行、河上桥支行、农产品市场支行、浙师大支行、城北支行、汤溪支行、白龙桥支行、蒋堂支行、罗埠支行。截至2021年年底，支行各项存款余额126.19亿元，比年初增加8.7亿元。各项贷款余额162.77亿元，比年初增加24.88亿元。全年不良贷款余额0.51亿元，不良率0.31%，信贷投向更加合理、贷款投放更加有力。全年实现营业收入4.54亿元，净利润2.1亿元，中收及卡分期收入1.16亿元。

2021年，支行积极对接婺城区委、区政府，加大信贷投放，全面对接婺城区建设，推进政银合作。成功支持花博园、黄金苑安居工程城改等8个重点项目，授信金额合计22亿元，已投放近16亿元。年内储备酒元项目、邻里中心、低效工业用地等已上报项目及黄金苑项目、市交投、国资平台等已授信未提款的项目资金20亿元。省农行制订出台“支持制造业发展十六条”措施，全力支持重点产业、传统制造业改造提升，2021年，支行新增制造业投向贷款6.81亿元。同时，坚持推动小微企业金融服务增量、扩面、提质、降本,充分发挥支行小微拳头产品优势,支行主动对接区委、区政府“百行进万企”融资服务,制定“一企一策”服务方案,加快小微企业推进步伐。全年为743户小微企业提供信贷支持,小微企业贷款余额30.58亿元,比年初增加5.54亿元。支行秉持国有大行使命担当,深耕“智慧生活”产品创新和生态融合,努力担当作为,在助力民生工程中实现自身和社会效益双提升。2021年,成功上线兰溪门智慧菜场、浙师微生活智慧食堂等多种场景建设,为客户提供智能化、个性化的贴心服务,为金融科技惠及民生提供有力支撑。

乡村振兴工作作为重点工作,支行第一时间贯彻落地金融政策,强化农村金融供给渠道,全面提升农户贷款的覆盖面。截至2021年年底,农户贷款余额9.88亿元,比2021年年初新增2.76亿元。

2021年,支行不断优化服务环境,整合优化网点布局,改善客户服务体验,提升网点主阵地获客能力。2021年,支行完成蒋堂支行原址重装、农产品支行新址装修工作。根据城区网点的高低柜业务结构,实现江北支行周末双休,解放劳动力,投入更多人力、时间在外拓营销上。为有效落实深耕乡村工作,需要金融机构的网点分布不断向乡镇区辐射。支行探索调整网点分布,原有布局“7+4”在慎重筛选反复论证的基础上,考虑向“6+5”转变,将“关系”下沉到乡村“一线”。同时在城区选择性打造“无现金网点”,进一步释放人力,向全员营销服务型网点转型,解决金融服务力量不足的问题。支行全年常态化开展橙语堂线上线下学习、“网点数字化转型暨文优服务提升项目”导入培训、合规宣讲大会及夏季大比武竞赛活动,进一步打造高质量营销团队,全面提升员工服务水平,持续抓好网点文明服务,实现网点数字化营销服务模式落地。

(潘丹宁)

【中国银行股份有限公司金华市婺城支行】 2021年,婺城支行下设营业部、业务发展部及汇金支行、解放西路支行、宾虹支行、锦都支行四家经营性支行。截至2021年年底,婺城支行本外币存款余额59.49亿元、人民币贷款余额94.12亿元、授信不良率0.16%。全年实现实现营业净收入2.59亿元,净利润1.64亿元。

2021年年末,婺城支行行政事业存款余额30.28亿元,较年初新增8.3亿元,日均余额39.31亿元,较年初下降1.7亿元,行政事业存款占支行全量存款的51%。2021年,婺城支行抓住金华上半年土地市场,集中供地的有利契机,通过前端跟踪到后期全方位提供金融服务,闭环式营销实现土拍保证金争揽累计达226亿元,带动全年公司日均存款提升8.57亿元。

2021年度市直单位绩效考评中,中国银行金华市分行被评为优秀单位,人行外汇业务合规与审慎经营考核被评定为A。婺城支行根据外部监管要求,定期组织机构负责人、业务经理等重要岗位人员召开内控风险例会,组织学习《中国人民银行办公厅关于做好反洗钱执法检查后续整改工作的通知》《中国人民银行 中国银行保险监督管理委员会 国家外汇管理局关于加强金融机构内部管理做好反洗钱工作的通知》《中国人民银行办公厅关于加强可疑交易类型分析 提升防范打击洗钱犯罪有效性的通知》等监管文件。通过文件学习及监管要求,深入查找2020年人行综合执法检查发现的问题背后的体制机制、系统流程等深层次问题,建立防止问题发生的长效机制;做好客户端的尽职调查及产品端的准入管理,开户环节关注开户资料的完整性及合规性,对于呈现明显异常特征的开户行为,采取追加问题,上门走访、电话联系法定代表人等额外尽职调查措施,核实客户开户意愿、审核开户理由及合理性,排除合理怀疑。开展持续尽职调查过程中,如发现客户涉嫌电信网络诈骗的,结合客户身份和过往交易背景,重新评定客户洗钱风险等级,采取限制非柜面渠道、暂停网银乃至退出客户等强力管控措施;在建立客户关系、业务办理以及开展管理监督过程中,保持风险敏感,针对"对照表"中客户信息、资金交易和行为方面异常特征加强关注,做好尽职调查工作;如发现或怀疑客户、交易涉嫌洗钱活动,第一时间按要求报送可疑交易线索。

强化主动风险管理。紧跟行业信贷投向指引指挥棒,结合区域特色行业政策,有进有退,有所为有所不为。开展资产质量真实性及风险隐患排查,加强贷款风险分类管理,准确反映贷款实际风险。通过客户风险分析平台、企业征信、银保监客户风险等信息平台加强对客户预警信号的排查,重点关注疫情影响、延期还本付息、贸易摩擦、房地产关联行业等领域,对风险企业做好提前预警监控,做到早发现早处置,严格管控新发生不良。

(丁之凡)

【中国建设银行股份有限公司婺城支行】 2021 年,中国建设银行股份有限公司金华婺城支行一般性存款时点余额为 25.39 亿元;各项贷款余额为 28.8 亿元;全行不良贷款余额 235 万元。资产质量明显改善。

2021 年,支行坚持党建引领,抓好基层党建工作。加强反腐倡廉及党风、行风建设,深入推进风险及案件防控,采用多种形式学习各项规章制度和案例,提高员工防腐拒变的能力,培养员工爱岗敬业讲奉献的职业精神,端正行风。做到“全年无案件及重大违规问题”的工作目标。

支行加强网点管理,营造温馨怡人的服务环境,强化技能培训,提升服务效率;实施多措并举,狠抓网点服务;优化劳动组合,缩短客户等候时间;做好疫情防控措施,提升客户满意度;践行“以客户为中心”的服务理念,设立“劳动者港湾”,承担推动构建新金融生态的社会责任,共行大爱之美。为客户提供安全放心、优质便捷的金融服务,不断提高服务品质,增强员工消保服务水平,做好做细消费者权益保护工作,助力营造更加健康和谐的金融环境。

(方翠荷)

【金华银行股份有限公司婺城支行】 2021 年,金华银行婺城支行各项存款余额 579526 万元,比年初增长 64940 万元。其中储蓄存款比年初增长 34428 万元,储蓄存款目标完成率 123.82%。加上弥补质押性存款 1 亿元,实际新增 44428 万元。支行各项贷款余额 302122 万元,比年初增长 71640 万元,增速达到 31.08%。支行创经营利润总额 10343 万元,目标完成率 112.42%,同比增长 6812 万元。创利总额列全行第 1 位,是全行唯一一家创利超亿元机构。2021 年年末,活期存款 246835 万元,定期存款 332691 万元;对公存款 215496 万元,储蓄存款 364030 万元。支行定期存款占比 54.40%;储蓄存款占比 62.82%,占比列全行第 1 位,高于全行平均水平约 26 个百分点。前十大户存款占比约 9.96%左右,智能活期存款占比在 10%上下浮动。支行的存款稳定性较好,存款集中度较低,活期智能占比较少。在贷款结构优化方面,坚持“做大小两头”市场定位,兼顾促规模增长与普惠金融服务,年内新增平台贷款 5.5 亿元,促进盈利能力增长。普惠金融贷款增长 2.13 亿元,小微贷款年度目标完成率为 115.79%,消费贷款年度目标完成率为 140.14%。在票据业务方面,年内累计主动压降质押票据 3 亿元,确保票据业务的合规性。已全部出清原有的质押类的存款 7 亿元,2021 年年末,支行五级不良贷款余额 7891 万元,比年初增长 1080 万元。主要是存量的历史遗留风险客户充分暴露风险,包括开发区生产资料 2900 万元、万象花卉 1000 万元,其他业务风险有效控制。年内,成功收回信华鞋业不良贷款本金 2584 万元,收回利息 500 万元,已累计收回 3356 万元,挽回经济损失 1740 万元。

2021 年,支行立足区域经济社会发展重点项目推进,坚持项目为王,构建分层信息挖掘机制,紧抓区域重点项目机遇,奋力克难攻坚,打好“资源战”,守稳“根据地”。支行先后争取到“金建高铁婺城区段征迁、白龙桥镇黄金苑地块征迁、三联村地块征迁、雅畈镇雅畈一村征迁、金华山智者寺格位清退款、土地非粮化整治”补偿款代发业务,为增户扩面壮大基础客户群以及夯实储蓄存款稳步增长奠定坚实基础。全年参与区域内重点项目资金代发 4 个,累计代发金额 4 亿元,涉及户数 600 余户。据统计代发项目的存款综合留存率在保持 25%水平以上,实现较好的工作预期。年内,支行还先后争取到“金华山前庄头村、二七区块西郊村、高铁新城洪源村”等安置房分配房款代收缴业务,为支行存款实现阶段性突破增长和累积带动日均存款增长助推作用。

2021 年,在盈利渠道仍主要依托存贷利差的现实情况下,支行积极从加大信贷投放、提升贷款利率议价能力、大力拓展低利存款、控制负债成本增加、节约管理成本等多维度着手,确保支行的盈利能力和水平持续向好。全年支行共实现经营利润10343万元,同比增加6812万元。支行账面贷款收益率保持一定增长,从年初的5.13%增长到5.52%。在激烈竞争环境下,支行存款付息率仍实现稳定走低,付息率从年初的2.41%下降至2.35%。通过合理控制管理费用,成本收入比控制在19.11%,低于全行平均水平26.29个百分点,处于历史较低水平。

2021年,支行运营条线工作紧紧围绕总行条线管理工作重点,强化开展存量账户风险排查、反洗钱业务自查评估、反假币宣传、存款保险制度宣传、打击治理跨境赌博、电信网络诈骗等各项工作管理。通过分板块开展内控评价的自查整改,不断提升柜员合规意识,全年会计核算差错质量有所提升,截至2021年年底,支行10家网点中会计核算零差错网点6个,支行整体差错率为万分之0.0172,比上年下降120个BP,运营管理质量实现了提升。

(许美丹)

【浙江金华成泰农村商业银行股份有限公司】 2021年年底,浙江金华成泰农村商业银行各项存款余额335.67亿元,比年初增幅22.33%,其中婺城区各项存款余额74.70亿元。全行贷款余额276.23亿元,比年初增幅27.14%,其中婺城区各项贷款余额58.74亿元。

2021年,成泰银行代理保险业务从代理资格、代理险种、销售渠道上均实现新的转型。在银保监监管部门的支持下,完成保险兼业代理证书的更新,变更代理险种,新增年金保险代理销售资格。与保险公司对接销售端口,成功实现意外险、财险、年金保险、人寿保险在成泰银行系统代理销售出单。促进代理险种由单一向多元化发展,积极与省联社入围合作的保险公司进行合作洽谈,新增代理合作产品中国人寿鑫禧宝年金保险、乐盈一生终身寿险,太平洋人寿鑫相伴人寿保险、少儿保学生意外保险。

2021年,聚焦服务乡村振兴,助推"共同富裕"。加大对农民专业合作社、家庭农场等新型农业经营主体的支持力度,涉农贷款余额30.51亿元。与婺城区农业农村局合作,持续推进农户小额普惠贷款工作,对婺城区辖内6.9万农户授信107.75亿元,实现农户授信100%全覆盖。推进"三位一体"农合联数字化改革,在白龙桥镇果蔬、苗木产业分会开展试点建设。发挥金融活水作用,向区136个行政村发放"富村贷"7868万元,婺城区省定相对薄弱村16个,远低于金东区的148个。大力支持婺城区"金茶花"消薄项目,在解决村集体经营性收入不足问题的同时,资金从发放到使用,形成闭环管理。所有行政村(社区)上线农村"三资"管理系统,实现"阳光收支"全覆盖。建立农村型星级丰收驿站128家,推出"1+N"服务机制,为百姓提供家门口的综合服务。

2021年,银行与婺城区人民政府签订战略合作协议,举行婺城支行综合楼工程奠基仪式,助力"花满婺城"建设。在浙江师范大学成立"成泰共好奖教基金",提供全方位普惠金融服务,推进金华教育事业发展。

11月23日,婺城区人民政府与金华成泰农商银行战略合作签约暨婺城支行综合楼工程奠基仪式举行 (区成泰农商银行供稿)

9月10日,成泰共好奖教基金正式成立暨捐赠签约仪式在浙江师范大学举行

(区成泰农商银行供稿)

全面落实“融资畅通”工程，加大制造业、民营企业信贷投放力度，新增企业法人贷款客户373户。以“金税e贷”为载体开展网格化走访，已发放“金税e贷”155户、8554万元。助力蒋堂丰禾实业创业园、立春智能仪表小微创业园开发建设，共发放项目贷款17780万元；与万里扬、今飞等签订战略合作协议，推广“小微成长贷”，支持浙江今飞汽摩配制造园内22家企业发放贷款9441万元。强化与市场监管局合作，依托“帮帮快服”平台，率先全省推出“帮帮e贷”，支持小微企业和个体工商户。加大国有企业支持力度。发放婺城区城投、交投等国有平台类企业贷款3.42亿元。加强与婺城城投公司的联系与合作，为婺城城投公司分销债券4.5亿元，为政府项目提供金融综合服务业务。

2021年，银行聚焦服务赋能，助推“数字改革”。推动厅堂智能化转型，在婺城区营业网点布放智柜机18台，网点覆盖率达100%，客户开卡由13分钟缩短至4分钟，客户体验度进一步提升。与市公积金中心合作，建设“公积金便民服务网点”6个，提升住房公积金在农村区域的缴存面和受益面。联合市发改委、公安局及所在街道、居委会，以“信义金e贷”、好生活卡等为载体，开展“信义金”进社区、金融反诈宣传等活动，全面推进普惠金融进社区，助推“信义金华”建设。婺城区“信义金e贷”签约3.01万户、金额21.09亿元，发放1.46万户、余额8.66亿元。

（吴　慧）

保　险

【概况】 中国人民财产保险股份有限公司金华市婺城支公司（以下简称公司）始终不忘“人民保险服务人民”的初心和使命，坚持以集团“卓越保险战略”为牵引，以“六大战略服务”为抓手，全方位护航地方社会经济发展。公司践行国企担当，以客户为中心，不断拓宽服务范围，下设汤溪营业部、白龙桥营业部、雅畈营销服务部、金瓯路营销服务部、罗店营销服务部，提供涵盖机动车辆险、家庭财产险、企业财产险、船舶货运险、责任信用险、意外伤害险、农业保险等近百个险种。2021年，公司实现保费1.64亿元，支付各类赔款1.18亿元，充分发挥保险的“经济助推器”和“社会稳定器”功能。

【服务乡村振兴】 2021年，公司坚实履行金华市政策性农业保险共保体首席承保人职责，在承保水稻、小麦、油菜、设施大棚、生猪、能繁母猪、奶牛、淡水养鱼、林木火灾、林木综合10个中央和省级品种的同时，结合地方实际，开办生猪、母猪、茶叶、水稻等16个地方特色品种，为婺城区农户提供特色化的保险服务，共为3500余户农户提供4.2亿元风险保障，全年支付赔款2675万元，涉及农户超4100户次。

公司自2006年起独家统保全市政策性农村住房保险，农户每年仅需支付3元保费，即可获得最高2.25万元的保险保障。2021年，公司共承保政策性农村住房7.62万户，参保率超99%，提供风险保障超17亿元；政策性家财险赔款110万元，赔付率达143.05%，发挥惠农扶贫的保障作用。

【服务民生保障】 2021年，由婺城区农业农村局牵头实施，公司承保的金华市婺城区城乡居民扶贫险，为全区3500余名低收入农户因意外、疾病造成的自理费用提供补充保险，切实减轻低收入农户看病就医负担，有力助推“精准扶贫”。

公司着力守护校园安全。2021年，公司共承保婺城区学校（含幼儿园）152所，学生约6.9万人，教师5千余人，提供风险保障达555亿元。打造以校责险为基础，包含监护人责任险、教职工责任险等险种的一揽子校园风险解决方案，并定期为学校提供风险排查、校园安全知识培训、心理辅导等防灾防损活动，减少校园安全事故发生。

公司积极承担社会责任、履行央企义务，加强弱势群体保障工作。2021年，共为区内超1万名残疾人提供意外保险，为17家残疾人之家提供庇护所责任保险，定期提供心理健康、法律援助、就医绿色通道、意外事故预防等暖心服务。

【服务企业发展】 公司多措并举护航安全生产，积极推进安全生产责任险、建筑施工人员安全生产责任险“保险+服务+科技”模式，整合第三方专业机构力量，常态化开展安全隐患排查、事故风险评估、安全知识宣导等服务;加大智能监控、各类传感器等智能设备运用,为企业建立“安全生产档案”,提供风险预防信息管理系统,通过科技赋能实现风险减量管理。2021年,公司共为婺城区53家企业、40多个施工工地提供约2亿元的安全生产保障。

助企纾困,平稳生产。针对新冠肺炎疫情出台支持企业复工复产十项政策措施,为婺城区475家因疫情停产停工停运的企业,提供延长保险期限、减免保险保费等暖心政策。

【服务交通安全】 推进“警保联动”,服务地方道路交通安全治理。公司与市公安局交警支队三大队达成“警保联动”战略合作,2021年,公司与交警联合举办“警保联动”宣导433场,覆盖群众近万人次,发放宣传资料、警示反光条等超万份。着力完善服务内容,于2021年底在汤溪营业部设立“安全交通服务站”,由交警驻点,提供电动摩托车上牌、办证、保险、交通安全知识宣导等一站式服务,服务范围辐射周边白龙桥、罗埠、洋埠等多个乡镇,打通服务群众“最后一公里”,为当地居民提供便利。

【企业文化】 公司弘扬“分担与共享”的企业文化,以人为本,和谐奋进,不断增强公司凝聚力、向心力和竞争力。切实关爱员工,打造员工幸福感工程,在员工生日时准备生日蛋糕,在妇女节、端午节等传统节日为员工送上鲜花、粽子等节日礼物,定期组织员工开展健康体检,组织爱心捐款帮扶困难员工,病、产假慰问员工,定期组织登山、亲子、观影、团建等集体活动,持续提升员工的幸福感和归属感。此外,公司贯彻“人才强企”经营理念,通过加大干部考核力度、加大人才引进力度、加大青年员工培养力度、加大能上能下、能进能出和岗位交流力度,激发干事创业动力,努力建设一支专业能力强、综合素质高的专业人才队伍,与公司共迎挑战。

(卢珊珊)

教 育

综 述

【基本情况】 2021年,婺城教育事业继续保持良好的发展态势,省政府对婺城区政府履行教育职责考核为优秀。“双减”多项工作在全省率先取得突破。婺城区成为全国青少年校园足球试点区、浙江省幼儿园与小学科学衔接实验区,婺城区教育局获评浙江省数字社会未来教育重点场景先行建设单位、金华市校园安全工作优秀单位、金华市教育信息宣传工作先进集体;在2021年度浙江省教育工作业绩考核中获评优秀单位;在金华市教育系统2021年度教育工作综合考核中获评先进单位,排名第二;连续七年在婺城区岗位目标责任制考核中获评优秀单位。

(方 潇)

【教育投入】 2021年,婺城区国家财政性教育经费总收入128098万元。其中:一般公共预算安排的教育经费97563万元(包含教育事业费78614万元、教育费附加1392万元、其他一般公共预算安排的教育经费17557万元)、政府性基金预算安排的教育经费30534万元;捐资助学305万元;民办学校举办者投入228万元;事业收入33919万元;其他教育经费3965万元。

【捐资助学】 2021年,完成幼儿园学前保育费补助认定工作460人次,补助资金106.4955万元;完成全区中小学困难家庭学生营养餐全额补助认定1363 人次,补助资金116.6156万元;完成全区中小学困难家庭寄宿生生活补助认定89人次，补助资金5.5万元；完成全区中小学困难家庭非寄宿生生活补助补助认定1305人次，补助资金34.7434万元;完成中职困难家庭学生认定101人次,补助资金10.1万元。

(周志宏)

【特殊教育】 2021年,婺城区学前段有残疾儿童56人,入学率100%;高中段有残疾学生74人,入学65人,入学率87.8%;义务教育段有残疾儿童183人,入学率100%。其中上门帮教21人,随班就读87人,特教学校就读58人,其它17人。在《基于浙江省网络IEP平台应用的个别化教育实践》专题论文评比活动中,2人获省三等奖。婺城区仙源湖实验学校被评为金华市示范性资源教室。

(徐校彬)

【民办教育】 2021年,全区有各级各类民办教育机构90个，其中：民办中小学6所，民办幼儿园60所；民办培训机构24所。民办学校在校学生人数16285人,其中:民办幼儿园在园幼儿8730人,占全区在园幼儿的48.23%;民办义务教育阶段在校学生7555人,占全区义务教育阶段在校学生的15.31%。

(邢均林)

【教育教学研究】 2021年,3项课题成果获得浙江省人民政府成果二等奖;5项课题成果获浙江省2020年优秀科研成果奖;2项科研成果获得金华市“双减” 专项科研成果一等奖;4项科研成果获金华市人民政府成果一等奖,8项课题获得金华市优秀科研成果一等奖。

(夏胜华)

【教育改革创新】 2021年,婺城区深入实施教育评价改革,以金华师范附属小学为代表的评价改革方案入围浙江省教育评价改革典型案例(全市唯一)。省幼儿园与小学科学衔接实验区纷纷落户婺城。教育数字化改革率先起步,未来教育家长学校、天天阅读、童创未来三个场景列入省厅项目。深入推进“数字驱动教育教学改进试点区”建设,婺城区教育局获评浙江省数字社会未来教育重点场景先行建设单位。

(方　潇)

【“双减”工作】 2021年,婺城区以“双减”政策为原则导向,聚焦校内外关键问题,率先破题,“双减”工作成效分别获市委副书记蔡永波、副市长祝伦根批示肯定,并两次在省级会议上做经验介绍,为全省“双减”工作落地见效作出示范。培训机构“两转一停”全省领先,举行全省首场培训机构学科鉴定,开出首张非学科类培训项目鉴定单,完成全省首家学科类培训机构“营转非”,完成全省首个营利性学科类培训机构向非学科类培训机构的变更登记。优化教研模式,提高课堂效率,首创“双减码”三色预警系统,获全市推广。分三批公布了“校外培训机构白名单”,以满足各个学校课后服务课程开设的师资需求。全区课后服务参与学生率达95.2%。春节期间开展“留婺过大年”冬令营活动,率先启动暑期托管,婺城区公益托管做法被省教育厅推荐给教育部基础教育司列入宣传典型案例。

(徐奖金、徐校彬)

【文明校园创建】 巩固文明创建成果,持续推进文明校园建设,2021年,全区新增省级文明校园1所。金华市文明示范学校创建达标率达94.7%,全市20所精品文明示范学校,婺城区占12所。在创建全国文明城市省测、国测中婺城教育系统所有点位均零失分。区教育局获金华市创建全国文明城市集体三等功。

(方　潇)

【疫情防控】 2021年疫情期间,教育系统各单位防控工作以“外防输入、内防输出”为宗旨,重点是提升学校疫情防控工作能力。印发了《学校疫情防控工作清单26条》,全区教育系统177家单位,分成6个网格,不定期开展全面督查工作。各单位从守好门、管住人、底数清、快摸排、抓督查、开好会、强宣传7个方面不断推进校园防控工作,取得了无安全事故的好成效。

(徐校彬)

教育基础设施建设

【概况】 2021年,婺城区教育系统基建项目10项;暑期维修项目实施22所学校,总投资2560万元,8月底全面完成。

【基建项目】 2021年,丰亭东路幼儿园新建工程、婺城二中新建工程,环城二小东扩工程、青春中学扩建工程、婺城小学白沙校区扩建工程、北苑小学附属幼儿园新建工程、紫金幼儿园及托育园新建工程、乾西乡中心幼儿园新建工程、金华实验中学学前教育专业实训基地(附属幼儿园)新建工程、安地中小学校扩建工程,总建筑面积133017平方米,总投资67100万元,其中,2021年投资28600万元,新开工面积23400平方米,丰亭东路幼儿园新建工程、婺城二中新建工程,环城二小东扩工程、青春中学扩建工程建成投入使用,竣工面积57000平方米。

【新学校建设】 2021年,全区新建学校及幼儿园项目6所。丰亭东路幼儿园新建工程、婺城二中新建工程、北苑小学附属幼儿园新建工程、紫金幼儿园及托育园新建工程、乾西乡中心幼儿园新建工程、金华实验中学学前教育专业实训基地(附属幼儿

6月29日,举行金华五中成美校区竣工仪式

(区教育局供稿)

园)新建工程,总建筑面积 96800 平方米,总投资 49800 万元,其中,2021 年投资 19700 万元,丰亭东路幼儿园新建工程、婺城二中新建工程建成投入使用,其余主体完成进入二次装修。

(朱剑俊)

教育队伍建设

【概况】 2021 年,婺城区教育系统有教职员工 3195 人,其中中职 242 人,初中 1099 人,小学 1719 人,幼儿园 69 人,直属单位 66 人。教师队伍中有在职特级教师 8 人,正高级教师 10 人,具有副高及以上职称人员 520 多人。

【教师队伍建设】 2021 年,严格执行教师准入制度,扩大中小学招聘自主权,完善教师待遇保障机制,加大优秀人才招引力度,实现“教师工资收入不低于公务员”。2021 年录用新教师 69 人,其中面向 2021 届优秀毕业生招聘 33 人,面向社会招聘 36 人。从区外引进优秀教师 17 人。强化师德师风建设常抓不懈,开展师德师风专项督查活动,严厉查处中小学校违规补课、在职教师有偿家教专项整治行动,对违规教师进行诫勉谈话,坚决执行师德师风“一票否决制”。深入实施教师梯队攀登计划,利用名特教师工作室、青年教师研修班等平台,助推教师专业化发展。建成名特教师工作室 13 个,实现名特教师工作室建设全覆盖,金华师范附属小学校长俞正强受聘担任首届教育部基础教育教学指导委员会数学指导专委会副主任委员,有 10 位教师获得市教坛新秀荣誉称号,有 4 位教师获得省教坛新秀称号。开展开展各类先进选树活动,评选区最美教师 36 人,师德标兵 18 人、师德先进个人 31 人,市最美教师 1 人,市师德标兵 1 人,市师德先进 3 人。

【教师职称评聘】 推进职称评审改革,依托人社部门平台在线评审,推进实验中学、婺城中学自主评聘力度,2021 年新晋升正高级教师 2 人,副高级教师 70 人,一级教师 148 人。

(薛顺生)

校园安全

【概况】 婺城区教育系统始终围绕“以人为本,安全第一;预防为主,综合治理;区域统筹,学校牵头;警校互动,家校联勤”的工作方针,完善校园三防人员设备,强化安全管理,加强安全督查,落实安全责任,保障校园安全稳定,营造良好的育人环境。2021 年未发生一起校园安全事故,被评为金华市校园安全工作优秀单位,婺城区应急管理(安全生产)先进单位。

【创新机制】 2021 年,统一的管理平台和五大基本系统及个性化设施同步建设,并与公安机关共享数据和视频,实现新型“互联网+”智慧平安校园管理体系的数字化改革场景应用。校园安全防范由“被动应付”向“主动防控”转变,由“传统人防”向“智能三防”转变,校园安全防控逐步从纸质化向数字化迈进。深化《婺城区校园安全“三级四阶”工作机制》。就校园安全标准化 100 项内容,根据不同阶段列出排查重点,把排查工作贯穿全年。学校自查自改与分片交叉检查相结合,专项检查与综合考核相结合,按照“一天一片,两周一圈”的巡查部署,走遍所有学校,排查贯穿全年。隐患问题实行清单化管理,推行安全排查专项交办督办制度,达到“一校整改,全区警示”的实效。对疑难问题部门联动,切实深化隐患排查整治实效。做到学校自查常态化,公安、消防、市场监管、卫健专项检查制度化,学校交叉互查、督学督查、联系干部对表检查定期化。

【平安校园建设】 2021 年,全区公办、民办中小学及幼儿园均纳入等级平安校园督导评估范围。区教育局会同区公安分局、区消防救援大队、区市场监管局等部门联合开展考核评定,共评出婺城区“AAAAA 平安校园”75 个,“AAAA 平安校园”57 个,“AAA 平安校园”13 个,“AA 平安校园”3 个。

【交通出行】 婺城区严格校车使用许可审批与监管,校车运行平稳有序,有 21 辆国标专用校车,每天运行 80 趟次,负责 10 个学校,150 个接送点,3200 多名学生的上下学接送任务。开通起总运行里程累计 160 多万安全千米。按照“一校一策、分批错时”制定上、下学治堵方案，开展“儿童安全头盔守护行动”，局机关干部联合交警，对上下学高峰期学生乘坐电瓶车佩戴头盔情况进行暗访并通报，有效减少学生乘坐电瓶车不规范佩戴头盔的情况。

【“三防”工程】 2021年，配备校园专职安保人员共151人；更新换代一键报警系统；全面建成智安校园系统；依托警校家制度实现护学岗全覆盖；全区学校专职保安配备、校园封闭化管理、一键报警、护学岗设置率达4个100%。

【校园食品安全】 坚持“预防为主、突出重点、安全第一”的原则，深化校园食品安全工作责任制，强化责任监管，确保学校师生舌尖上的安全。现全区各校(幼儿园)均办有食堂。近年来，学校(幼儿园)食堂开展智慧食堂工作为契机，率先在全区学校全面实行了食堂“4D”管理。同时运用“阳光采购平台”及智能阳光食堂设备加强对学校食堂食品的购前、购中和购后的全程过程监管，实现6个百分百，即学校食堂“餐饮等级”B级及以上的达100%、全区学校(幼儿园)食堂大宗食品实行统一配送或者定点采购的达100%、校园实现品牌超市的达100%、学校(幼儿园)智能阳光厨房建成已达100%、中小学食堂学校领导陪餐覆盖面达100%、学校食堂超市食品安全责任险投保率达100%。

【安全教育】 围绕校园安全十大专项行动，通过开展安全教育课、国旗下讲话、班队课、漫画征文评比等活动，落实心理健康安全管理，打造防范学生溺水防护网络，加强防诈骗宣传教育，开展交通安全专项治理和校园食品安全守护行动等各类专题宣传教育。不断提升学生安全意识。同时开展包括校车突发情况逃生演练、“5·12”防震演练、反恐演练、消防演练等各类应急演练，强化师生逃生和自救能力。

(洪　丹　叶晓明)

学前教育

【概况】 2021年，全区有各级各类幼儿园92所，其中，公办幼儿园32所。在园幼儿18103人，学前三年幼儿入园率为100%。省等级幼儿园有90所，等级幼儿园占比为97.83%，等级幼儿园招生覆盖面为96.25%。全区有专任教师1517人，大专以上毕业专任教师比例99.34%，教师持证上岗率100%。省三级以上标准的乡镇中心幼儿园建园率100%。

【补短提升行动】 新(改、扩)建公办幼儿园13所，其中丰亭幼儿园建成投入使用；配建或补建小区配套园9所；撤并薄弱幼儿园10所，其中农村公办薄弱幼儿园1所；创建二级及以上等级幼儿园5所，其中白龙桥镇中心幼儿园成功晋升省一级幼儿园。

【学前师资培育】 委托浙江师范大学幼儿师范学院举办婺城区幼儿园园长及骨干教师领导力提升培训班，培训人数100人；与金华职业技术学院人文师范学院合作开展幼儿教师全员培训，培训人数982人；与区妇幼保健院合作开展保健员、保育员上岗培训和复训，并组织保育技能竞赛活动，培训人数492人。

【幼儿园课程建设】 2021年，婺城区被确定为“浙江省幼儿园与小学科学衔接实验区”，站前小学、环城小学、红湖路小学、北苑小学、白龙桥小学、站前幼儿园、环城幼儿园、红湖路幼儿园、北苑幼儿园、白龙桥镇中心幼儿园10所小学和幼儿园被确定为“浙江省幼儿园与小学科学衔接试点校(园)”，园校之间开展了课标互通、环境互通、场地互通、理念互通、活动互通、方法互通等活动，践行以游戏为基本活动的理念，深化幼儿园课程改革。入选浙江省优秀课程案例4篇，课题获得市一等奖2个，二等奖1个，《家园协同深度推进祖辈亲子游戏的路径研究》课题获省级立项，《双减背景下区域推进幼小双向衔接的实践研究》课题被列为金华市规划课题。

义务教育

【概况】 2021年，婺城区义务教育阶段学生49335人，其中小学33453人、初中15882人，班级1231个，其中小学867个、初中364个。学龄人口入学率100%，巩固率100%。

【五育并举】 2021年，婺城区中小学的德育工作以提升“道德与法制”学科质量为抓手，以团委、少先队为德育活动推进主渠道。小学道德与法治学科，以“一课一队”为载体，以全员培训为方向，以用好统编教材为路径，开展了“过程式的研、学、教、议”团队卷入活动，树立了思政教研的新范式。承办金华市“上好思政课 当好引路人”研训活动。婺城小学陈增艳、郑秀婷的学科论文《〈道德与法治〉历史题材中爱国主义教育教学策略研究》在浙江省2021年小学道德与法治教学论文评审获三等奖；婺城小学陈增艳、白龙桥小学徐晖的《分享真快乐》、红湖路小学何飘逸的《公民意味着什么》、金华师范附属小学凤山校区叶静的《这些事我来做》获2021年度浙江省小学道德与法治优秀教学设计；环城小学毛允文在浙江省第六届学生“学宪法 讲宪法”活动个人演讲一等奖；荣光学校石志展获2021年金华市小学道德与法治教师综合能力比赛一等奖，金华师范附属小学凤山校区胡昕仪获2021年金华市小学道德与法治教师综合能力比赛三等奖；承办市级公开课4节。区少工委推出党史学习教育“八个一百”活动，营造浸润式党史学习氛围。成立白沙溪三十六堰少年研究院，带领青少年走读家乡，根植家国情怀。

婺城区教育局组织第二次体育艺术、信息素养监测，对各个学校的监测情况进行全区排名，促进学校不断做好体艺与信息学科的教学工作，促进学生全面发展。2021年婺城区农耕文化园被评为浙江省劳动基地。组建区劳动实践教育公众号，完成各校劳动教育清单化建设方案。

【家校共育】 婺城区教育自创新实施“两书一信”家长学校，家校协同育人成效显著。2021年，家校工作扎实推进，成果丰硕，亮点纷呈，品牌建设工作卓有成效，获得各级领导的高度评价。设计“两书一信”战略全景图、“我为学校书校名”全景图，对家校合作和亲子共学勾画整体框架和蓝图。3月，开始实施“红心向党、青春守望”青春健康教育项目，通过两期师资队伍的培训，磨课、评课、考核，新建一支青春健康讲师团队伍，与原有家庭教育讲师团队伍整合，大大增强了年轻力量。举办两次讲师培训活动（上半年“成长之道”，下半年“沟通之道”）；创新选拔“两金”队伍——金老师、金家长，为讲师团队伍素质提升提供上升通道；组织参加两次考试：市级青春健康师资考证、高级家庭教育专项技能证书。5月，承办金华市家庭教育宣传月启动仪式暨婺城区首届家庭教育周开幕式一次，各联盟校完成“两书一信”宣传资料的编写工作。5月19日，区教育局受邀参加成都“中国好家长大会”宣传“两书一信”成功经验。完善了《“两书一信”家长学校工作实施细则》，制定了《青春健康公益课堂工作实施细则》和《家庭教育讲师团管理实施细则》。

继2020年获评省级联盟校7所，2021年新增市级数字家长学校24所，总数量全市第一。新增省级家庭教育讲师4人，市级27人。全区现有省级家庭教育师资7人，市级35人，区级60人，基本组建完成省、市、区“三级联动”的讲师团。全面启动青春健康托底必修课和点单选修课的送课工作，基本完成编写优秀家长案例集和青春健康教育教案集；建设完成金华实验中学等5个青春健康教育基地，其中省级2个、市级1个。今年已举办340余场公益讲座，线下受众达6万余人次，线上受众20多万人次。创新评选婺城区家庭教育金老师20人、金家长30人；金华首个由家长自发参与、区级家庭教育指导师引领的家长家庭教育工作坊在东市街小学成立。“两书一信”已经成为婺城教育的新品牌，浙江省委教育工作领导小组将婺城区做法呈报中央教育工作领导小组，《中国妇女报》编入《女报内参》上报有关部门，中国计生协高度赞赏婺城“教卫协同”青春健康育人模式，多家国家级主流媒体予以报道。

【集体备课和天天阅读工作】 婺城区的集体备课、天天阅读工作2.0版在2021年“双减”“提质减负”大背景下走在全市前列。本年度重点在务实、落地。依托新教师成长课堂帮助新教师快速适应工作，尽早制定成长规划。1月，区教育局牵头举办两场集体备课、天天阅读推进会。区中小学音乐集体备课探究单元整体设计，夯实“一三五”教学模式，组织“周三之约”。金华市第五中学全面推出“半小时星级动态作业”的实施与评价改革，作为经典案例进行汇报。以这两次推进会为契机，推出了学校集体备课、天天阅读顶层设计方案和工作全景图的架构，教育局筛选优秀案例进行整理编印。区教研室小学数学、小学科学等学科陆续推出“一课一队”“一题一队”团队素质大赛。继续开展一年一次的区级优秀备课组评选。金华市第五中学的“C+T 项目化”集体备课新模式,婺城小学的“三三一”集备模式等较为成熟,在学校青年教师的培养方面成效明显。组织成立“天天阅读”导师团,将全区中小学喜欢阅读的教师组织成团,推进学校阅读、教师阅读工作。

【城乡义务教育共同体建设】 2021 年,婺城区新增共建型城乡教育共同体结对学校 10 家,4 月初确定结对学校,同步开展结对常态工作。4 月 25 日,完成省民生实事地图基本信息录入并通过省级核验。8 月 25 日,下发《金华市婺城区教育局关于落实新时代城乡教育共同体学校教师交流工作的通知》,从制度层面与人员层面保障了教育共同体工作的顺利实施。10 月底,完成省民生实事地图完成信息录入并通过省级核验。11 月 30 日,完成录入并完善浙江省教育共同体智慧服务平台大课表信息,共完成网络同步课堂 100 节, 开展线上线下教研活动 87 次,教师交流 9 人。12 月 6 日,省民生实事督察组到婺城区蒋堂镇初级中学现场绩效考核。

【青少年近视防控】 实施“明眸摘镜”护眼工程,建立学生屈光发育档案 6.62 万份,改造优化视觉教室 265 间。2021 年儿童少年近视率较上年度下降 2.76%,比 2020 年的 1.02%有明显提高。北苑小学获评金华市近视防控示范校。

【区中小学班主任基本功大赛】 探索新形势下班主任队伍建设的新机制、新途径、新方法,组织开展“区中小学班主任基本功大赛”,推进班主任队伍专业化发展,促进全区班主任队伍建设。通过广泛发动,各校选拔推荐,全区共有 60 名班主任参加此次比赛,其中初中组 21 名,小学组 39 名。评选出初中组一等奖 7 人,二等奖 8 人,三等奖 6 人;小学组一等奖 12 人,二等奖 15 人,三等奖 12 人。赛后,推荐小学组 2 人、初中组 2 人参加市级比赛。小学组盛苗获市二等奖,陈扬波获市三等奖;初中组万秀华、张周临获市三等奖。

【区中小学“百年潮涌 红星闪闪放光彩”主题演讲】 区中小学生“百年潮涌·红星闪闪放光彩”主题演讲比赛于 2021 年 10 月 28 日在金华市荣光国际学校举行。有 40 名选手参加本次比赛, 其中初中组 13 名, 小学组 27 名。 共评出小学组一等奖 6 名,二等奖 10 名,三等奖 11 名;初中组一等奖 3 名,二等奖 5 名,三等奖 5 名。推荐参加省、市级比赛的选手,初中组荣光国际学校徐绯阳获市一等奖,东市街小学李妍萱获市一等奖,省一等奖。

【区中小学“温暖的旅程”亲子读书活动】 区中小学“温暖的旅程”亲子读书活动,全区各中小学生、家长踊跃参与,积极报送作品。在学校推荐筛选的基础上, 评出征文比赛一等奖 58 名, 二等奖 102 名,三等奖 332 名;亲子朗读比赛一等奖 10 名,二等奖 20 名,三等奖 30 名;优秀组织奖 17 名。金华师范附属小学、环城小学、站前小学、金华市第五中学获市优秀组织奖。

【区“最美学生”评比】 在全区中小学生中广泛开展“最美学生”评选活动,通过各学校选拔推荐、教育局联评, 决定授予刘宸赫等 49 名学生为婺城区 2021 年“最美学生”,推荐 9 名学生参加金华市第八批“最美学生”评选。分别是:东市街小学李妍萱、站前小学裴修齐、荣光学校张译硕、金华师范附属小学徐偌乔、华电小学陈佳旺、金华市第四中学刘金蕾、金华市第五中学张辰希、婺城中学庄乐佳、实验中学杨船贵。

【区体育竞赛活动】 2021 年,组织完成婺城区第十一届中小学生校园足球联赛、第十三届中小学生乒乓球联赛、第十五届小学生篮球比赛、第十六届初中学生篮球比赛、第二十一届中小学生运动会,极大地促进阳光体育运动持久地开展,学生身体素质和艺术素养的提高。开展各类体育类特色学校创建工作,申报国家级校园足球特色学校中小学 10 所、幼儿园 4 所 、省级校园足球特色学校中小学 8 所、幼儿园 4 所,国家级校园篮球特色学校 3 所学校。

【学校“健康婺城”活动】 开展申报创建省级心理辅导示范学校 7 所,开展健康学校创建工作,申报创建健康金牌学校 4 所,健康银牌学校 7 所,健康铜牌学校 31 所。通过创建申报工作, 提升办学理念、管理机制、课程建设、办学条件、师资队伍、活动成效等六方面建设。因疫情防控要求,组建婺城区心理辅导志愿团队为学生提供心理援助服务，学校心理健康教育整体水平有较大提高。

【区艺术教育活动】 婺城区现有省级艺术特色学校4所、市级艺术特色学校15所。5月12日，举办婺城区第二十一届中小学生艺术展演。5月18—21日组队参加市中小学生艺术节现场表演：金华师范附属小学《精彩中国》、金华市第五中学《拔根芦柴花》获民乐类一等奖，金华师范附属小学《跟上》获戏剧类一等奖，金华市第五中学《战地山花别样红》、金华实验中学《战马》获舞蹈类一等奖、金华市环城小学《洒满人间的爱》、金华师范附属小学《家乡戏有味道》、金华市第九中学《渔歌子》、实验中学《我心歌唱》获合唱类一等奖，金华市环城小学《忆红》获民乐类二等奖，金华市第四中学玉泉校区《智斗》获民乐类二等奖，婺城区华电小学《多彩课堂》、北苑小学《搏少年》获舞蹈类二等奖。

5月22—24日到浦江参加市经典诵读大赛婺城区教育局获优秀组织奖。教师组：青春小学《我的心》获第一名，婺州外国语学校《光的赞歌》、白龙桥小学《月光下的中国》、中圣学校《岳阳楼记》获二等奖；中学组：浙江师范大学婺州外国语学校《誓言》获第一名，金华市第九中学《我用残损的手掌》、《长江之歌》获一等奖，金华十七中《光的赞歌》获二等奖；小学组：环城小学《吹号者》获一等奖、红湖路小学《我用残损的手掌》、东市街小学《中华少年》、新世纪学校《英雄》、荣光国际学校《红岩魂》获二等奖。7月份金华市“笔墨中国”汉字书写大赛婺城区教育局获优秀组织奖。9月，浙江省2021年“诵读中国”经典朗诵大赛：红湖路小学《我用残损的手掌》、浙江师范大学婺州外国语学校《誓言》获一等奖(其中浙江师范大学婺州外国语学校11月视频参赛获全国一等奖)，环城小学《吹号者》、荣光国际学校《红岩魂》获二等奖。

中等职业教育

【概况】 2021年，婺城区有中等职业学校1所——金华实验中学(婺城区职业中等专业学校)，是国家级重点职校，首批“浙江省中职教育改革发展示范学校”，浙江省现代化学校。学校开设14个专业，其中学前教育专业为浙江省高水平建设专业、省级示范性专业与市级重点专业，电子专业为省级示范性专业与市级重点专业，药剂专业为浙江省高水平建设专业；有中央财政支持的数控实训基地1个，省级电子实训基地1个，省级产教融合学前教育实习实训基地1个，金华市重点支持的学前教育公共实训基地1个，金华市中职教育发展专项资金支持的电子技术应用公共实训基地1个。

【项目建设】 “双高”建设有新突破，金华实验中学学前教育和药剂等2个专业列入浙江省高水平专业建设项目；学前教育专业实训基地项目——金华实验中学附属幼儿园完成土建工程。

【技能升学】 2021年，金华实验中学教师获省赛一等奖2人，省赛三等奖2人，市赛一等奖8人，其它等级奖项29人；学生获省赛一等奖3人，省赛二等奖3人、三等奖4人，市赛一等奖11人，其它等级奖项99人。教学成果《从“作品”到“研品”：中职创新创业教育新路径》获2021年浙江省教学成果奖二等奖；教学成果《中职学校良工360人才培养路径构建》获金华市第六届教学成果奖一等奖；《中职学校PDCA双循环结构化集体备课模式的实践研究》获金华市2021年度教育科研优秀成果一等奖。获得金华市职业教育教师教学创新团队一个。学校在金华市中职学校职业教育发展考核中获第二名。2021年高职考上线265人，上线率100%，其中上本科20人。

【特色活动】 5月，金华实验中学举办65周年校庆，以“求实砺新，共赢未来”为主题开展丰富多彩的庆典活动，为庆祝中国共产党成立100周年献礼。

成人教育

【概况】 2021年，婺城区建有社区学院1所，乡镇成人文化技术学校13所，街道社区学校5所。全年完成成人双证制教育培训460人，完成老年人智能技术日常应用普及15585人。学分银行录入164594

人次,占婺城区上年常住人口人数的37.43%。

【项目建设】 罗店镇社区学校获评“浙江省现代化社区学校”,课题“‘双减’背景下社区家长教养素养提升的实践研究”被浙江省职业教育与成人教育协会立项。

【社区教育】 2021年,婺城区有文化礼堂202家,覆盖500人以上行政村192个,2021年完成社区教育进文化礼堂培训活动192家,覆盖率达100%。创建省特色文化礼堂试点2所(书香型特色文化礼堂,墨香型特色文化礼堂)。婺城区社区学院开展“温暖同行·幸福留婺过新年”专项行动,为留婺员工订制了营养餐制作、茶艺、电商等培训课程;开展红十字应急救护普及性培训12场,保育员岗前培训和居家养老中心餐饮操作技能培训879人次。各乡镇成技校和街道社区学校开展高级育婴师、收纳师、花艺培训师、绿色农业新型农民培训等培训3622人。

【老年教育】 2021年,婺城区完成新建老年大学(学堂)14家,老年大学(学堂)覆盖面达到78%。

(邢均林)

招生考试

【概况】 严格规范管理,严肃考风考纪,妥善处置偶发事件,顺利、平稳、圆满地完成中考各项考务工作。先后召开招生报名工作会议、政策性加分及综合素质评价会议、考务工作会议等。先后下发《关于做好2021年高中段学校招生报名工作的实施细则》《关于做好2021年高中段学校招生考试考点组织工作的通知》《关于公布高中段学校招生考点考务组等组成人员和职责的通知》等文件。针对与往年相比有较大的调整的项目,主要是:报考形式、考试时间、分数发布和志愿填报、招生时间和方式、录取规则、听力设备、防疫工作等,按照各阶段的时间节点,做好重点培训。精心做好高中段招生考试组织工作:认真核对5166名考生信息、数码摄像、文具征订,保证后续录取工作顺利进行;做好综合素质测评和政策性加分的培训工作,按要求准确上报各项材料。经审核,2021年共有319名考生符合政策性加分。

【义务教育段招生】 2021年,是婺城区义务段招生公民同招、网上报名”的第二年,工作分两个阶段进行,4月27—30日的义务段招生演练;5月23日—6月13日的义务段招生报名录取。因金华市本级招生与其他县市区招生有冲突,民办第二阶段补招时间改为6月16日进行。根据市教育局关于义务段招生工作的相关要求,线下录入人数控制在4%左右(包括政策生339人),整个招生过程平稳、有序。

(徐校彬)

教育督导

【概况】 2021年,婺城区教育督导室以习近平新时代社会主义思想为指导,根据中共中央办公厅、国务院办公厅印发的《全面深化新时代教育督导体制机制改革的意见》,紧紧围绕打造“优学婺城·幸福城”,高水平建设教育现代化强区为目标,认真履行教育督导的督政、督学、监测评估等职能,履行发挥“监督、检查、评估、指导”作用,促进全区基础教育优质、均衡、可持续发展。全区现有专职督学32人,兼职督学25人。

【省市督导迎检工作】 6月21—22日,省督查专家组对婺城区人民政府履行教育职责进行实地督查,督查结果为优秀;省教育现代化研究与评价中心对婺城区2020年度教育现代化发展水平监测为B等;金华实验中学、金华市第四中学、婺城小学、浙江师范大学附属小学和罗店镇成人文化技术学校通过省专家组督导评估,成为2021年浙江省现代化学校。上半年,对婺城区40所民办幼儿园开展省规范幼儿园办园行为进行专项督导,提升民办幼儿园办园条件和办园行为;下半年,白龙桥镇中心幼儿园通过浙江省一级园评估,婺城区丰亭幼儿园等4所幼儿园通过浙江省二级园评估。

【各项督导监测工作】 组织责任督学对辖区内的学校(幼儿园)实施2021年春、秋季开学工作实地督查;9月,对婺城区教育系统2021年“双减”“五项管理”工作开展为期一个月专项督导；11 月，组织实施婺城区教育系统 2021 年冬季新冠疫情防控专项督导。12 月，对 2021 年金华市(县、区)政府领导教育发展目标责任制考核和省教育现代化发展水平监测工作，全面做好数据采集、分析研判、统计填报工作；下半年，对 10 位离任校长进行离任经济审计工作。6 月，对各中小学校 2020 学年学校发展性评价实施情况开展实地督导评估；12 月，会同职教科组成考核评估组，对 2021 年幼儿园发展性评价实地督导评估工作。10 月，婺城区睿思幼儿园、金华市残联幼儿特教中心通过浙江省三级园评估。

【督学队伍建设】 9 月，新增 11 名责任督学聘任工作，按区域重新调整为东西南北四个督学责任区。9 月 2 日，召开婺城区 2021 年责任督学工作会议暨新任督学培训会。上半年，分别组织责任督学参加浙江省第 34、35 期责任督学培训班学习培训；下半年，组织区级督导员开展为期一周专题培训活动。

（盛祖兴）

学 校

【金华市第五中学】 学校创建于 1898 年，至今已有 124 年办学历史，是浙江省百年名校，浙江省首批现代化学校。2021 年，有 44 个教学班，2161 名学生，163 名教职工，其中省特级教师 1 人、省优秀教师 2 人、省“春蚕奖”3 人、省师德楷模 1 名、省教坛新秀 5 人、省市教改之星 12 人、金华市级名师培养人选 16 人、市级教坛新秀 29 人、市优秀班主任 11 人、市优秀教师 6 人，市优质课一等奖以上获得者 41 人，获区级以上各类先进荣誉近 300 人次。

2021 年，培养出浙江省教坛新秀 1 名，金华市教坛新秀 1 名，婺城区教坛新秀 8 名，金华市“最美教师”、浙派名师培养对象各 1 名，有 20 多人次获金华市、婺城区各类比赛一等奖。党总支书记、校长张震雷撰写的《作新成美：我的治校梦想》入选“浙江省百名优秀校长的办学故事”；学校课题《百科阅读：提升初中学生阅读力的校本探索》获金华市 2020 年度教育科研优秀成果二等奖；另有几十篇论文、课例报告获市、区级奖项。

2021 年，学校教育教学硕果丰盈，继金华一中提前录取 22 人后，中考 588 分(一中统招线)以上 52 人，2C+S(一中录取线)16 人，合计 90 人考入金华一中，毕业生各科合格率、平均分等各项考核指标均居市区前列。学校获婺城区学校 2020 学年发展性评价 A 类第一名，蝉联婺城区初中教育教学质量优胜奖。

【金华市第十四中学】 学校创办于 1958 年，校园面积 43290 平方米，校园建筑面积合计 8182 平方米。2021 年，学校有 3 个年级，12 个班级，学生 471 名，学校有一支专业素养高、乐于奉献的教师团队，教职工 49 人，其中高级教师职称 15 人，金华市“521 工程”培养人选 1 人，金华市优秀教师 1 人，金华市优秀班主任 3 人，金华市“最美教师”1 人，婺城区教坛新秀 1 人，婺城区优秀班主任 5 人。

2021 年，学校获浙江省乡村教育学会先进集体，童小倩获得省乡村教育学会先进工作者。省级论文获奖 5 人次，市级论文获奖 2 人次，区级相关论文获奖 12 人次。教师课题方面，2021 年，金华市第十五届教研课题立项并结题一项，区优秀教科研课题成果立项 3 项，其中一项获得三等奖，两项已结题。

2021 年，在全校师生的共同努力下，学校获“金华市文明示范学校”“婺城区 AAAAA 级平安校园”“婺城区学校发展性评价 A 类学校”“金华市中小学数字家长学校”“婺城区学校生活垃圾分类示范单位”等荣誉称号。

【金华市婺城区雅畈镇初级中学】 学校创办于 1958 年，占地 2.7 万平方米，建筑面积 1.3 万平方米，整体布局合理，环境优美，交通便利。现有教学班 12 个，学生 482 人，教职工 42 名，高级教师 4 名，一级教师 24 人，市区教坛新秀、优质课、优秀班主任、教学新苗等荣誉获得者 18 人。学校教育教学设施齐全，拥有标准化理、化、生实验室以及电脑教室和录播教室，图书室藏书近 1.9 万册，有 300 米塑胶跑道，足球场、篮球场、羽毛球场等一应俱全。2021 新学年以来，学校新建了拥有 LED 屏的现代化会议室，全新添置学生电脑房，新建人工智能创客工作室。

2021年,在全体教师的共同努力下,有25人达到省一级重点中学录取分数线,基本完成省一级重点高中分配指标,重点率,普高率均名列农村初中前茅。

2021学年,学校先后被评为浙江省人工智能教育基地学校、2021年浙江省智慧教育联盟学校、2021年度金华市教育网络与信息安全先进集体、2021年金华市文明示范学校、2021年度婺城区教育系统先进基层党组织、婺城区AAAAA级平安校园、婺城区垃圾分类示范学校、婺城区第六届教职工气排球赛(乙组)比冠军(学校首个区冠军)等。2021学年,学校教师表现优异,在市区各项技能中履获佳绩。

2021学年,各级专家莅临学校,对学校“双减”背景下教育教学工作提出专业的指导意见。由雅畈初中和浙江万松教育共同研制开发的中国第一台“双减王”阅卷机进行成功应用,“双减王”助力学校“双减”工作走深走实。实施“四三三”托管模式,五育并举、五雅并重,规范服务,落实双减。规范托管服务时间和托管课程设置,真正落实体艺活动时间,开展课外拓展课程。2021学年,学校参加课后服务托管的学生占全校总人数的90%以上,课后托管服务内容丰富,形式多样,得到了学生、家长的一致好评。

【金华市第十中学】 学校坐落于金华市婺城区白龙桥镇华电新村,创办于1959年,原系中国水利水电第十二工程局职工子弟中学,是一所企业办的学校,浙江省退役军人事务厅副厅长徐华水曾任学校党支部书记,原金华广播电视大学副校长戴毅群曾任学校校长。1993年纳入地方管理,挂牌为金华市第十中学,是一所全日制公办完全中学。2017年挂牌金华市第五中学教育集团白沙校区。

2021年,学校有12个教学班,480余名学生;48名教职工,学校秉承“以生为本,和谐发展”的办学理念,本着“为学生发展服务,办人民满意教育”的办学宗旨,恪守“学生和谐发展、教师专业发展、学校特色发展”的办学思路,以“厚德 求实 创新”为校风,以“严谨协作 务实高效”为教风,以“勤奋乐学 善思”为学风,坚持“品质为基,内涵发展;文化引领,多元发展”的办学策略,力争把学校建设成为学风好、教风严、校风正、质量高、有特色的美誉度高、家长认可度高的农村一流初中。学校以“办好老百姓家门口的优质学校”为目标 ,坚持着力培养具有“诚正、笃实、勤勉、博才”优秀品质的有幸福感的阳光学生,构建了“幸福家园”(一体二基三翼)课程体系,推动学生多元发展,思行并进,为学生今后的成人、成事 、成才奠定坚实的基础。

【金华市北苑小学】 2021年,学校西扩工程主体项目顺利结顶。学校现有24个班,1026名学生,70名在编教职员工。学校现有特级教师1名,市区级名师名校长2名,教学能手2名,教坛新秀21名,全国、省市区优质课、课堂教学大比武一等奖获得者53名。

2021年,北小教育科研结硕果,倪莉芳校长被评为浙江省教科研先进个人,《梦想教育领航小学生生涯规划行动研究》获金华市一等奖,《小学高段数与代数领域输出式学习的实践研究》获金华市二等奖。另外区规划课题中获区一等奖1项,二等奖6项,三等奖2项。

【金华市站前小学】 2021年,学校占地面积24999平方米,是浙江省生态文化示范基地。现有在校学生1277人,教学班级30个,专任教师76名,专科以上学历100%,本科以上学历90.8%,骨干教师56人,学科占比100%。其中有1名省特级教师,1名正高级教师,1名省教坛新秀,1名金华市拔尖人才,2名金华市名师、名校长,市名师培养人选3名,市、区级教坛新秀24名。

2021年,学校以“六增六减”作为减负增效的方针,全力推动“双减”工作落地。课堂教学以“四新”理念引领、循环“双主题”教研助力、给“七步骤”集体备课加“研”加“料”,落实“四二七”提升课堂教学质量。作业改革做好“三严二推”,即严控作业总量关,严把作业质量关,严把“21点后不作业”关。备课先备作业,布置作业教师先做,对分层作业、拓展作业和套餐作业进行 “精选—精编—精练”,让作业“瘦”下去、“活”起来的同时,推行“周三无作业日”“站小亲情银行”,以阅读、运动、劳动、行为习惯等养成训练来替代书面作业,努力打造“绿色作业”新样态体系。

学校进行整体规划设计，提供菜单式课后服务项目和内容，“5+2” 课后托管服务以一课时学生自主课程(自主作业阅读)和一课时学生个性课程(体育艺术等)相结合的“1+X”的方式进行。周一至四开展班级拓展课程，一二年级增设象棋、礼仪、书法普及课程。周三开设校级拓展课程。周五引进校外优质师资开设体艺俱乐部。目前，站前小学个性化课程有 4 大类、30 多个项目、70 多个授课班级，学生参与率达 93%。

2021 年 3 月，金华市站前小学少年军校成立。学校投入大量资金购置了国防教育图书 5000 余册，精心布置了国防教育图书室；配备了地桩网、梅花桩、仿真激光步枪设备等相关训练设施，精心修建了军事训练中心。积极探索国防教育有效途径，形成了以英雄中队为特色、以环境建设为基础、以课堂渗透为阵地、以国防教育活动为载体的国防教育体系，把国防教育融入学校教育体系，把部队管理融入学生管理模式，把军营文化融入校园文化建设。6 月 16 日，站前小学“少年军校”成果观摩活动暨全区国防教育工作会议圆满召开。军体特色大课间获金华市大课间展示评比二等奖。金华电视台教育科技频道《奔跑吧少年》栏目走进站前小学，展示了站前小学“军体”特色大课间活动。

2021 年，学校人人有机会参与学校组织的各项竞赛，全校师生在省、市、区各类竞赛中获奖 354 项次，其中国家级 2 人，省级 4 人，市级 138 人，区级 210 人。

2021 年，学校新增 3 名高级教师，6 名区教坛新秀，2 名最美教师，区级以上各类教师技能评比获奖有 81 人次；省级课题一项立项，一项课题获市级一等奖，两项获市三等奖，论文 38 篇在省市区级比赛中获奖，国家级发表 1 篇；在区气排球比赛获女子团体一等奖，男子团体二等奖。校本研训开展“半月谈、领航奖、五年百场讲座、教学比武”等系列活动，提升教师的发展平台。

【金华市育才小学】 2021 年，学校现有 16 个班级，670 名在校学生，9 名教坛新秀，4 名高级教师。钱睿老师获金华市小学英语优质课一等奖。

2021 年，学校积极响应国家“双减”号召，推出“1+W”课后托管课程。通过 1 小时的基础阅读与 1 小时的精彩课程项目，让孩子读好书，好运动。其中，结合五项管理精神的学生成长手册《向精彩出发》，设计独特、内容丰富、评价多元，被市区局领导多次点赞。在提高教师双减幸福感方面，育才也成绩突出，推出的“杏好有你”“校长代课”项目登上《金华日报》、学习强国。

【金华市婺城区罗店镇中心小学】 2021 年，学校现有 19 个教学班级，学生 720 人，专任教师 45 人。学校有一支高素质的教师队伍，现有高级教师 4 名，一级教师 34 名。教师积极投身教科研，省教研课题立项 1 个，市区级获奖 4 个，论文获区级以上获奖共计 40 余篇，优质课评比、专业素养比赛、作业设计比赛等获奖人数达 30 多人次，学生获区级及以上奖项人数达到 50 多人次。

2021 年，“双减”开启之年，学校积极探索“双减”思路，寻求农村学校的“双减”举措，让家长和孩子真正享受“双减”的福祉，且行且“减”，在摸索中前行。

【金华市婺城区中圣学校】 2021 年，学校有 17 个班级，学生 395 人，专任教师共 36 人。建有科学实验室、美术教室、音乐教室、计算机教室、智慧书法教室各 1 个；计算机 95 台；体育活动室 90 平方米；阅览室 70 平方米；图书室 70 平方米；藏书总量 12552 册。学校拥有一支学历高、业务能力强的专任教师队伍，从学历看，专任教师学历 100%达标，二级以上骨干教师 16 人，其中高级教师 6 人；一级教师 10 人；研究生 2 人；本科生 31 人；大专 3 人。

2021 年，学校成立“双减”工作领导小组，加强宣传，通过召开教师会议，组织学习“双减”工作的有效文件。“双减”工作领导小组制定措施，落实“双减”实施三个“一”工程：“一”增效，加强有效教学研究，提高教研质量；“二”减负，优化作业设计，减轻课业负担；“三”托管，继续提供课后服务，创新推进“双减”工作落地生效。

【金华市婺城区尚雅实验学校】 学校是经婺城区教育局批准，由浙江尚雅教育集团投资 4000 多万元新建的一所现代化九年一贯制学校。学校地处交通便利的环城西路河盘桥路口，占地18000平方米，拥有30间标准教室，所有教室均配有多媒体一体机、空调、学生专柜。“实验室、电脑室、美术室、音乐室、舞蹈室、心理辅导室、图书室、医务室、多功能报告厅”专用教室一应俱全。2021年，学校有教师54人，25个班级，925名学生。学校以塑儒雅教师、育博雅学生、建尚雅校园为办学目标。学校先后被授予“浙江省义务教育标准化学校”“金华市绿色学校”“婺城区美丽校园”称号。2021年，学校成立“双减”工作领导小组，着力抓好课堂教育教学，改进课堂教学，改进作业管理，改进绩效考核制度。强化管理，合理安排，遵循教育规律和学生成长规律，确保学生全面发展。关爱教师的生活，提升教师幸福感。积极开展课后托管服务。服务时间实行小学星期一至星期五下午放学后2小时，初中星期一至星期五晚自习2小时。课后服务主要内容是安排学生完成作业、练习书法、自主阅读、体育、艺术、科普活动，开展社团及兴趣小组活动、学生综合实践活动等各类校园活动。文体活动、社团活动和兴趣小组活动主要包括篮球队、拉丁舞、围棋、美术、跆拳道。学校老师于艳丹在金华市婺城区小学数学作业设计比赛获二等奖，老师王潇逸在婺城区科学比赛中获一等奖。

科学技术

综　述

【概况】 2021年，全区根据婺城产业发展需求，实施创新驱动发展战略，在完善高效能创新生态，打造高能级科创平台，推进科技与经济深度融合方面积极作为。全年科技成果转移转化成效明显，全区实现技术交易总额7.94亿元，技术交易合同备案数657项，鼓励企业申报各类省、市级科技项目80余个，发明专利产业化项目36项。

【科技计划项目】 2021年，新列省级项目5项、市级37项、区级30项。项目包括先进装备制造业、电子信息、新能源、新材料、新能源汽车、生物医药、节能环保七大新兴产业以及农业、食品加工等传统产业。通过项目的组织实施，加快科技成果的转化和产业化，以项目带动企业自主创新能力的提高。

表5　　2021年省级立项科学技术研究计划项目一览表

项目名称	计划类别	承担单位
基于CVT技术的新能源汽车高效自动变速器关键技术研究及应用	省级重点研发计划	浙江万里扬股份有限公司
新型冠状病毒中和抗体检测试剂盒（假病毒中和法）产品研发及产业化项目	省级重点研发计划应急攻关项目	睿丰康生物医药科技(浙江)有限公司
智适应增程式动力管理系统	省级产品试制计划	浙江中科正方电子技术有限公司
DN800-DN4000mm钢筋混凝土顶管	省级产品试制计划	金华巨龙管道有限公司
超高性能预应力钢筒混凝土输水管	省级产品试制计划	金华巨龙管道有限公司

表6　　2021年市级立项科学技术研究计划项目一览表

项目名称	承担单位	项目类别
基于多基因甲基化检测筛查早期宫颈癌的探索和临床应用研究	金华市婺城区妇幼保健计划生育服务中心	公益类
数字化肺功能训练器对脑卒中气管切开伴吞咽障碍患者预后的影响	金华市婺城区人民医院	公益类

续表 6

项目名称	承担单位	项目类别
逆行穿支皮瓣接力修复指端软组织缺损的临床应用研究	金华市婺城区人民医院	公益类
血清 HSP90α、Hcy 及 CEA 联合检测在大肠腺瘤中的诊断价值研究	金华市婺城区人民医院	公益类
贝那鲁肽不同注射频率治疗 2 型糖尿病的疗效与安全研究	金华市婺城区人民医院	公益类
早、中孕期血清铁蛋白浓度水平与妊娠期糖尿病的相关性	金华市婺城区人民医院	公益类
孕前身体质量指数、育龄与妊娠期糖尿病临床特点的相关性研究	金华市婺城区人民医院	公益类
DRGs 模式下基于 ICF 规范的医联体内脑卒中康复同质化研究	金华市婺城区人民医院	公益类
数智商贸人才培养服务平台	金华市思睿信息科技有限公司	公益类
高精度柔性弧焊机器人关键技术研发	浙江今飞机械有限公司	主动设计
大型工业矿机用耐冲击油浸式油冷内循环全密封长寿命永磁同步电机的研发	浙江创天电机科技有限公司	重大
基于智慧城市物联网技术的智能感应除菌除臭垃圾桶的研发	浙江金保科技有限公司	重大
轻便型抗冲击同步器的研发	金华市新华齿轮有限公司	重点
基于 7 轴机器人的全自动手套浸胶机研制	金华市宝琳科技股份有限公司	重点
防跌落安全带野外救援监测系统的开发	金华捷科工具有限公司	重点
基于电子报大数据的智能设计排版技术开发应用	浙江方正印务有限公司	重点
基于 NB-IoT 技术和国产芯片的应用生态——城市单车管理服务平台开发	浙江助简科技有限公司	重点
小型化高可靠 2515B 减速单向器研制	浙江康灵汽车零部件有限公司	重大
组合支架简迭式雪崩管整流桥研发	金华市灵龙电器有限公司	重点
基于自动化静压造型线工艺技术的刹车盘开发	金华浩翔汽配有限公司	重点
铝合金重力+旋压轮毂轻量化技术研究	浙江铂大工贸有限公司	重点
高效环保废液水煤浆液态排渣焚烧炉研发	浙江先创能源科技股份有限公司	重大
生物质颗粒炉高效燃烧系统研发	金华市海慧环保科技有限公司	重点
智能可调节膝关节矫形器数字化康复系统的研发	金华德仁康复辅具有限公司	重大
基于大鲵体表应激反应物的新型烫刀伤高疗效中药制剂研制	金华市鼎鑫大鲵驯养繁殖场	重点

续表 6

项目名称	承担单位	项目类别
手自一体智能控制高效病理切片机研制	金华市益迪医疗设备有限公司	重点
抗菌不锈钢复合锅具及其自动化生产关键技术研发	浙江赤诚工贸有限公司	重大
基于石墨烯的柔性透明 LED 显示薄膜的研发	浙江斯玛特信息科技有限公司	重大
高硬度抗热性宝石金刚紫光釉的制备工艺的研发	金华市婺窑小镇文化发展有限公司	重点
基于拉挤成型的复合材料 MR 床板研制	浙江元龙复合材料有限公司	重点
北斗高精度导航定位与设施农业智能植保装备集成关键技术研发	浙江东田科技有限公司	重大
乳酸菌、复合酶协同厌氧发酵饲料工艺研发	金华金婺农业发展有限公司	重点
茶花无性系“换根法”快繁育苗技术研究应用	浙江山茶之都农业开发股份有限公司	重点
新冠疫苗接种人群保护性中和抗体检测评价	睿丰康生物医药科技(浙江)有限公司	重大
金华地区糖尿病足患者流行病学调查和近期预后影响因素分析	金华市婺城区人民医院	重点
杆袋协同振动防爆袋式除尘系统研发	金华华东环保设备有限公司	重大
危险废物回转窑协同处置病死动物工艺的研究	金华市莱逸园环保科技开发有限公司	重点

科技创新

【创新主体培育】 2021 年,国家高新技术企业新认定公示 29 家,省科技型中小企业新增 108 家。2021 年,高新技术产业投资完成 9.49 亿元,比上年增长 0.4%;高新技术产业增加值 27.41 亿元,比上年增长 7.7%,占规模以上工业增加值比重为 56.74%。

【建设创新载体】 2021 年, 新增市级孵化器 2 家,省级孵化器 1 家;市级众创空间 2 家,省级众创空间 1 家;市级研发中心 35 家,省级研发中心 3 家,省级企业研究院 2 家;获批省软科学研究基地 2 个。

【技术创新引导】 做实基础工作,通过梳理攻坚清单、联动摸清家底、下沉对点辅导“三步走”,引导规模以上工业企业加大研发投入。2021 年全区规模以上工业企业投入研发费用 7.76 亿元,增速 47.1%,研发投入占营业收入比重 3.28%;2020 年 R&D 占 GDP 比重为 2.39%,比上年度提高 0.48 个百分点。

科技创新建设

【师大创新城建设】 师大创新城从零起步,通过抓统筹、抓整合、抓培育实现共商共推。委托省内最好的智库机构编制“师大创新城整体行动规划”。谋划师大创业园二期,签定原二泥地块回收协议,注册浙师大技术创新研究院有限公司并投入运营。分类推进电商园区提档升级,通过“腾笼换鸟”“三改一拆”等专项整治拓展产业发展空间。生命健康科学城引进睿丰康生物医药公司，设立婺江实验室，与浙江中医药大学附属二院联建婺城中医院。师大创新城建设项目42个，全年计划投资34.2亿元，实际完成投资35.6亿元。

【大力招引院所】 发挥“政府立题、企业出题、高校解题、市场阅卷”政产学研用合作新模式，支持万里扬股份有限公司与合肥工业大学共建婺城新能源汽车和智能制造创新中心，完成民办非企业注册；支持浙江大学、氢途科技有限公司共建氢能与燃料电池联合研发中心。

科技合作

【科技活动】 常态化开展创新活动，召开全区会议表彰市科技婺商获得者，组织召开全区科技创新工作座谈会；承办长三角产业科技创新研讨会暨智江南论坛、2021第十届中国创新创业大赛浙江赛区暨第八届“火炬杯”创新创业大赛高端装备制造行业总决赛。

【科技成果转化】 通过需求端、供给端、服务端“三端”协同发力，推进科技成果转移转化，全区登记技术合作合同657项，当年技术交易总额7.94亿元(居全市第三)。鼓励企业申报各类省、市级科技项目80余个，列入省“尖兵”研发攻关项目1项(万里扬股份有限公司)，列入省重点研发项目1项(睿丰康生物医药公司)，获批省级国际科技合作基地1个(浙江师大)。获省科学技术三等奖一项(万里扬股份有限公司)；高端外国专家引进计划获批立项一项(生命科学领域，中美合作)。引育各类创新人才，入选市科技婺商3人，占全市30%。

【科技人才】 申报国家火炬计划2项，省“万人计划”2项，领军型创新创业团队1项，省海外工程师1项。

科技帮扶企业

【落实科技政策】 全面落实省、市科技政策，出台《关于建设“创新名城”的若干意见 》，专注企业创新能力、高能级创新平台等四个方面制定十条政策，新政内容更集成、奖补范围更广。加大政策执行力度，研发奖励惠及企业110余家，奖励金额达2500万元，政策红利得到释放。区属万里扬股份有限公司获国家级技术创新示范企业(全市仅一家)，今飞凯达轮毂有限公司、万里扬股份有限公司入榜省高新技术企业创新能力百强企业(全市仅两家)。

【科技金融工作】 严把政策执行，经审核、公示申请下达科技创新资金1388万元，比上年增长41.2%。全年发放科技贷4670万元，发放额度较上年增长59%，兑现到期贷款利息和担保补贴110万元。全年发放科技创新券521万元，实际使用388万元，使用率74.5%，较上年提高31.9个百分点，使用率居全市前列。

(鲍晓芸)

婺城区气象局

【概况】 2021年，婺城区气象局认真落实习近平总书记关于气象工作、防灾减灾救灾等重要指示精神，面对人员少，目标考核、竞赛任务重、疫情防控的复杂形势，全局职工齐心协力，吃苦耐劳，团结协作，扎实有力推进各项中心工作。

【党史学习教育】 3月16日，婺城区气象局党组召开党史学习教育动员部署会，传达学习党史学习教育动员会上的重要讲话精神。成立婺城区气象局党史学习教育领导小组及其办公室，制定《中共金华市婺城区气象局党组关于印发开展党史学习教育实施工作方案》。依托“气象服‘婺’党建志愿服务队，细化气象服“婺”方案，提升专业化、精细化气象服务水平。联合财政局支部开展支部书记互讲党课活动。联合金华市气象局气象服务中心党支部、浦江县气象局支部年内开展2次市、县党建二级联动。与区水务局成立“云水长行”党建联盟，提升婺城区气象水务防灾减灾能力。打造一室多用，集会议室、会商室、办公室、党员学习等功能于一体的学习智慧党建空间。组织党员干部认领群众微心愿。

党组成员带头认领，一般干部积极参加。组织党员进社区开展共建活动，每月安排部分党员干部，到玉泉社区开展共建活动，共建社区在100余个二类社区共建单位中排名第23名。深入开展“四攻坚四争先”行动，加强与基层、企业、群众、农业大户的沟通联系，解决群众关切的难题，充分发挥党员先锋模范作用，争做攻坚争先的排头兵。

【气象监测预报】 2021年，婺城区气象局不断加密气象监测站点，发挥气象监测预报预警先导作用。针对“8·17”“9·7”等强对流天气反映出婺城区地面自动气象站分布稀疏的短板，2021年内新增11套自动气象监测站，提高站点数40%。推动婺城区政府下发《金华市婺城区人民政府办公室关于做好气象监测预报能力提升工程建设工作的通知》，不断提升气象监测能力与防灾减灾能力。推进气象灾害综合风险普查工作，做好建党百年重大活动等气象保障服务。加快推进2022年杭州亚运会婺城区水上运动中心气象保障筹备工作。主动融入地方数字政府建设，配合区大数据中心推进各项改革任务，实现气象数据共享“城市大脑”；将“婺城区气象综合服务系统”归集到IRS系统，将婺城区区域自动气象站站点信息、地面自动气象站观测信息、县市区天气预报等信息进行归集；推进“浙政钉”掌上应用开发，将“婺城气象”服务系统与浙政钉平台对接，为婺城区“数字政府”建设贡献气象力量；做好区数字化改革宣传工作，倡导单位内部人员主动积极的使用“数字政府综合应用”，每天登录浙政钉访问平台，记录反馈问题。

【气象防灾减灾】 更新乡镇（街道）协理员、村（社区）信息员、部门联络员、气象灾害防御重点单位联系人等“四员”队伍，召开婺城区2021年基层气象防灾减灾工作培训会。加强与区委政法委的联动，强化网格员在基层气象灾害防御工作上的作用。更新乡镇（街道）气象工作分管领导及机关部门联络员名单，走访应急管理、水务、政法委等部门，加强部门配合和信息共享，提高气象服务的合理性和有效性。推进学校、水库、农业大户等气象灾害防御重点单位责任落实，明确重点行业气象灾害防御重点单位责任人职责。开展气象灾害防御重点单位实地走访督查工作，2021年内走访13家重点单位。全年新建气象防灾减灾标准化村（社区）35个，完善基层气象防灾减灾体系，申报至省气象局验收。新建15套气象显示屏，扩展村（社区）获取气象信息接收渠道。加强气象灾害风险评估，为政府及部门有效开展气象灾害防治工作提供科学决策依据。参加国家局、省局及区普查办组织的相关培训，制定发布《婺城区气象灾害综合风险普查实施方案》，完成雷电、暴雨、大风、低温等9个灾种的数据核查工作。推进婺城区气象灾害普查工作。服务五水共治，做好“河长制”相关工作。制定上报《金华市婺城区桐溪“一河一策”（2021—2023）实施方案》，按要求开展每月两次的巡河工作。明确服务需求，助力婺城“三服务·家服务”。走访调研种粮大户、花卉苗木种植基地和实施农业种植大棚等，调研气象需要、服务，科学分析当年气候变化对农作物生长周期的影响；完善新型农业经营主体直通式服务名单，畅通服务渠道，有针对性地将突发天气变化准确传达到目标用户；为婺城区首个茶花气象服务示范基地金华乐苑花卉有限公司授牌。开展气象科普进校园、进农村，增强村民气象防灾减灾意识和气象灾害防御能力。抢抓时机联合市气象局开展人工增雨作业。婺城区气象局联合金华市人工影响天气中心共开展人工增雨作业6次，发射火箭弹32枚，作业效果明显。浙江卫视、浙江之声、浙江新闻客户端、人民视频、《金华日报》、金华电视台、婺城发布等媒体报刊相继报道婺城区气象局联合市气象局开展人影作业工作，受到婺城区委主要领导的点赞。

【服务保障】 2021年，婺城区气象局做好各项气象服务保障工作。针对“两会”、春耕备耕“五送”服务、第十二届中国茶花博览会、“箬阳龙珍”国家地理标志品牌发布会、中考、2021年浙江省青少年锦标赛等活动制作专题气象服务材料29期，发布重要气象情况汇报14期，《气象信息》（内参）81期，《气象信息》（专报）2期，转发金华市气象台发布的预警信号118次，发布强天气预报61次，天气实况通报、实时联防信息169次，预计受众80.1万人次，为党政领导防灾减灾部署提供科学的决策支撑。持续做好春耕备耕、秋收冬种等为农气象服务。根据作物生长种植情况及后期气象条件,开展春播期、秋收期专题气象服务,新增“水稻”气象服务专题和灾害性天气气象服务专题产品。联合区农业农村局,开展送政策、送科技、送农资、送信息、送服务“五送”服务活动。开展婺城区优势农作物直通式精细化气象服务,研究完成婺城区山茶花气象服务指标。高质量完成省市协同气象服务项目。走访调研沙畈水库、梅溪流域管理中心等单位,了解水库汛期对气象服务的需求。对接省、市气象服务中心,协助省气象服务中心与梅溪流域管理中心签订合同,高质量完成省、市协同气象服务项目。聚焦润“婺”有声,全力做好气象信息宣传工作。加强同宣传部门、新媒体的联系沟通,和区融媒体中心签订气象信息宣传合作协议,3 月 4 日开始在《今日婺城》头版的天气栏目中增加未来三天的天气预报,传递婺城气象好声音。全年婺城气象工作在《中国气象报》、中国气象局网站(CMA)、中国气象局微博、浙江卫视、浙江之声、浙江新闻客户端、省气象局网站、浙江天气微博等 13 家媒体报刊报道信息 49 篇。

【人才强业建设】 2021 年,婺城区气象局坚持以人为本,狠抓人才建设和队伍素质,打造业务学习型、创新型气象台站。选拔婺城区气象局代表队参加全市气象行业天气预报职业技能竞赛,获得团体一等奖、个人全能一等奖和预报专业知识单项第一名。一人入选金华市气象局代表队参加全省气象行业天气预报职业技能竞赛,获得团体一等奖、个人全能三等奖和历史个例天气预报单项第一名,个人获浙江省气象行业技术能手称号,并入选浙江省气象局代表队,将参加第八届全国天气预报职业技能竞赛。加强科研,多措并举不断增强气象人才创新活力。推进气象科技创新体系建设,鼓励业务人员深入研究,积极申报各级科研项目。2021 年内两名职工通过科研项目建设方式确定为导师帮带对象,一个项目获立省气象局青年科技项目,一个项目获立市气象局一般科技项目,两个项目获立市气象局青年科技项目, 一个项目申请婺城区级一般科技项目。持续完善地方双重人力资源保障机制。推动婺城区人力资源和社会保障局核定婺城区气象灾害防御中心岗位设置方案,将高级专业技术岗位比例由原来的 7%提高至 31%,将高级专业技术岗位设置由 1 名副高级岗位增加到 1 名正高级岗位和 2 名副高级岗位, 将中级专业技术岗位比例由原来的 44%提高至 55%。

(周烨堃)

文化 旅游 体育

文 化

【概况】 2021年，婺城区文化工作围绕高质量发展建设共同富裕示范区这一主题，推进公共文化服务体系标准化、均等化、社会化、效能化、品牌化、数智化、一体化、法治化建设，较好地完成各项公共文化建设任务，公共文化服务布局更加均衡，公共文化服务水平显著提高，公共文化服务供给方式更加多元，来自基层群众的文化创造更加活跃，公共文化数字化、网络化、智能化发展取得更大突破，推动公共文化服务高质量发展，文化事业不断繁荣兴盛，为人民群众提供更高质量、更有效率、更加公平、更可持续的公共文化服务，为共同富裕示范区浙中板块婺城新图景注入强大的精神文化力量。

【文化设施建设】 2021年，完成婺城区图书馆“悦读吧”自助图书馆新华街分馆、万泰青少年主题分馆等4个图书分馆建设；新建中济社区、丰亭幼儿园2个图书流通站，推进图书馆、文化馆总分馆建设，建成图书馆分馆9家、文化馆分馆2家；实现城北街道等6个文化站图书室图书通借通还；完成“e家书房”进社区、进农村文化礼堂120家；建成省内唯一一家铁路文化馆，铁路文化公园在9月29日开园。

【文化服务】 2021年，举办钉钉网络课堂送培训进企业活动、“艺”起来普及系列视频拍摄及抖音直播活动等，推出“乡愁婺城 我们的风采”系列线上展览，参与活动人数达398.1万人次；“书海拾贝”“拾光阅影”等5个线上阅读推广活动品牌，“e家书房”进社区、进农村文化礼堂，满足基层群众对线上阅读的需求；“爱阅亭”智慧书屋、乡镇街道文化站图书室实现全市通借通还，打通公共文化服务最后“一公里”。

【文化惠民】 2021年，举办视觉艺术展览17场；送展览(下乡镇、企业)36场；送文化下乡演出活动80场；送师下乡28个班次；承办文化活动及赛事15项；文化走亲11场；志愿服务演出719场；送文化下乡活动130场；庆祝中国共产党成立100周年主题活动38个项目596场；《百年风华》巡演陆续走进农村、社区、企业、军营、学校、商场等15场；“迎七一 庆百年”婺城区2021“百姓颂百年”歌咏比赛决赛暨第二届农村文化礼堂村歌大赛等；通过网络线上平台惠及333.15万人次；数字文化馆点击量300多万人次。

【群众文化】 以“文雅婺风”全民艺术普及为平台，面向全区18个乡镇(街道)推出肚皮舞普及、国画花鸟创作、笛子表演、婺剧花旦唱腔、模特表演、金华道情、摄影提升等二期30个培训项目，计360场次惠民培训课程，直接培训学员近10800人次，并通过视频教学，抖音直播，视频号宣传等新媒体方式，全方位推动“艺”起来普及教学活动，参与学习人数5601人，延伸公共文化服务“最后一公里”。以“婺星剧场”为阵地，通过线上预约，线下参与的方式，面向社会开放，承办中国人民政治协商会议第四届金华市婺城区委员五次会议、“永远跟党走 文化进万家文艺党课”、“六一礼赞 红心向党 歌颂祖国”歌咏比赛等近百场活动，直接参与5万余人次。

打造网络文化新形式。举办钉钉网络课堂送培训进企业活动、春节期间推出丰富的文雅慕课线上课程、线上书画展览、元宵佳节之际云上闹元宵。推出“乡愁婺城 我们的风采”系列线上展览,以及网络直播,累计参与300万余人次,缓解文化馆场地不足、培训供不应求的现状。

【节庆文体活动】 春节前为关心关爱留婺外来人员和企业职工开展三次进企业写春联、送福字、贴窗花活动;通过线上、线下开展文化大过年、元宵节一系列活动;“文雅彩墨·喜迎元宵”2021婺城区书画微展;三八妇女节举办一场“春暖花开”花艺讲座;参与第十二届中国茶花博览会婺城区茶花节为期4天的踩街、演出活动。端午节举办一场“浓情端午 巧手做香囊”活动。

图书事业

【概况】 2021年,区图书馆免费开放成人报刊室、少儿借阅室、电子阅览室、地方文献、自习室、培训室等场所,总馆坚持每周固定开放时间不少于60小时,图书分馆平均每周免费开放不少于48小时,其中悦读吧新华街分馆每周免费开放时间不少于84小时、万泰青少年主题分馆每周免费开放不少于72小时。全年读者到馆人次337556人次,服务读者人次503320人次,文献外借册次152224册,新办借书证(新开通市民卡)2769张。有馆藏文献229427册,2021年新增馆藏65261册。“wcqtsg”微信公众号全年推出微片517篇,新增关注1623人,总粉丝数8861人,累计阅读量84636人次。全年媒体报道共33篇,其中《浙江日报》头版1篇、《金华日报》8篇(头版2篇)、《今日婺城》1篇,浙江学习平台2篇、人民网“人民图片”2篇、婺城发布3篇、凤凰网“浙江金华”1篇。

【图书流通】 2021年,婺城区图书馆已完成9家分馆(主题分馆)建设,其中4个镇街分馆(城东街道、城北街道、白龙桥镇、蒋堂镇),5个主题图书馆(婺州古城、金华之光、天艺影城、万泰、花卉),有5个镇街图书室(城西街道、城中街道、新狮街道、竹马乡、安地镇)实现通借通还,34个图书流通站。新建分馆和流通站共配送图书66900多册。与市馆、少儿馆、兰溪馆等馆际流通图书525余册,现已与全省公共图书馆实现通借通还服务。

【阅读推广】 2021年,开展读者活动523场次(其中线下活动205场次、线上318场次),服务人次152778人次。其中开展线下阅读推广活动总计69场,讲座20场,展览16场次,培训10项目、共100场次;原创线上活动99场次。

【信息服务】 2021年,利用图书馆读者QQ群和微信公众号,加强与读者的交流和沟通,做好线上服务,服务更贴近读者。运用新媒体和自媒体的优势,加强宣传的力度。

【古籍与地方文献收集】 2021年,做好地方文献资料的收集整理与编撰。加强与单位、团体、个人的沟通联系,充实本馆的地方文献资料库,共接收单位及个人捐赠地方文献373册,内容涵盖地方非物质文化遗产、方志、人物传记、文学作品、书画作品选、旅游、本地抗战史等多个类别;配合金华市图书馆“做好金华历史文化研究成果展示厅”的地方文献搜集上交工作;完成区委宣传部布置的“国家版本馆”浙江历史文化名人相关地方文献书籍资料的报送工作;做好家谱文献的数字化加工工作,做好读者咨询服务,为前来寻找文献资源的读者提供查询指导,发挥自身优势,有重点地做好地方文献服务保障工作。

【公共数字文化与数字资源建设】 2021年,完成e家书房进农村文化礼堂120家;利用ILSA服务平台建设微信图书馆,并对接婺地区“一码通一机游”数字平台,实现线上读者证绑定、书查询、图书续借、场馆预约等功能;建设婺城区移动图书馆年访问129万次,歌德电子书下载量1.9万余册;有3个自建省地方特色资源库建设项目数据库,即金华市农耕文化数据库、金华市古戏台数据库、金华市民间曲艺数据库。

【志愿者服务】 2021年,学雷锋志愿服务站点正常开展服务。婺城区图书馆志愿者服务队平台加入组织总人数301人,截至2021年12月组织信用时数5516.8小时。全年开展文化志愿者招募活动7场次,共招募77人次。

【成绩与荣誉】 拍摄并选送的“红色婺城,寻路初心主题阅读”视频获浙江省文化和旅游厅颁发的“领读浙江 寻路初心”中国共产党成立100周年主题阅读活动优秀领读组织奖;区文化馆选送作品《边防战士》获浙江省第十七届未成年人读书节青少年漫画大赛中学组二等奖。区文化馆获2021年长三角阅读马拉松挑战赛(婺城站)暨婺城区第五届阅读马拉松挑战赛优秀组织奖,许丽君、朱翠柳获特别贡献奖。

文化市场管理

【概况】 2021年,文化执法大队围绕“文明城市创建”“护航建党100周年”等重大专项活动,全面有序做好新型冠状病毒感染肺炎疫情防控、全国文明城市创建、安全生产专项整治、“扫黄打非”专项整治、扫黑除恶专项斗争、消防及汛期安全专项大检查等工作,较好地履行执法监管与服务的工作职责,确保安全生产消除隐患、疫情有效防控、执法改革攻坚有序推进、文化旅游市场安全有序。

【文旅市场执法】 2021年,出动检查1524人次,检查文旅场所769家次,办理一般程序案件8起,罚款4.6万元,没收非法财物197件,受理举报(投诉)9件;常态化开展节日专项检查与跨部门联合检查专项行动共计22次,发现各类安全隐患50处,已整改50处;会同文化遗产保护中心开展文物安全专项检查86家次,发现隐患13处,整改完成11处,限期整改2处。

【扫黑除恶专项斗争】 2021年,以平安护航中国共产党成立100周年健康稳定的环境为指引,认真开展扫黑除恶专项工作。整治在文化市场领域内的网吧、歌舞娱乐场所期行霸市、强买强卖,收保护费的市霸、行霸等黑恶势力;整治在文化市场领域内的网吧、歌舞娱乐场所内经营“黄赌毒”等违法犯罪活动;整治在网吧内以游戏充值为由非法高利放贷行为;整治旅游景区等场所欺行霸市、强买强卖、收保护费的市霸、行霸等黑恶势力。

【安全监管】 2021年,开展旅游新业态排查,对辖区内A级景区中的玻璃栈道、滑索等新业态进行摸底并开展隐患排查,做好旅游景区风险普查。指导A级景区制定并完善安全生产责任制度,聚焦易造成重大生产安全事故的游客瞬间集聚安全、大型游乐设施、室内封闭景点、新业态设施等重点部位,落实各项风险管控措施,完善安全提示、警示标识和安全防护设施设备,加强地质灾害多发地段以及网红景点等安全监测和巡查,及时消除各类安全隐患。开展人员密集场所隐患排查和景区隐患专项检查。以网吧、歌舞娱乐场所、游艺娱乐场所等为重点,加强安全生产监督检查,重点检查疏散通道、安全出口是否畅通,自动消防设施、灭火器维护、保养、检测记录。

2021年婺城区文物保护单位一览表

表7

序号	名称	位置	年代	保护级别
1	太平天国侍王府	城东街道八咏楼社区将军路鼓楼里	清	全国重点文物保护单位
2	天宁寺大殿	城中街道四牌楼社区飘萍路488号	元	全国重点文物保护单位
3	法隆寺经幢	江南街道金钱寺村	唐	全国重点文物保护单位
4	铁店窑遗址	琅琊镇泉口村铁店自然村	宋—元	全国重点文物保护单位
5	寺平村乡土建筑	汤溪镇寺平村	明—清	全国重点文物保护单位

续表 7

序号	名称	位置	年代	保护级别
6	七家厅	雅畈镇雅畈二村	明	全国重点文物保护单位
7	石楠塘徐氏宗祠	雅畈镇石楠塘村	明、清	全国重点文物保护单位
8	八咏楼	城东街道八咏楼社区八咏路中段	清	浙江省级文物保护单位
9	永康考寓	城东街道八咏楼社区将军路 81 号	清	浙江省级文物保护单位
10	宏济桥码头	城东街道上浮桥社区浮桥街	清	浙江省级文物保护单位
11	上浮桥邵飘萍旧居	城东街道上浮桥社区浮桥街 89 号	清、民国	浙江省级文物保护单位
12	台湾义勇队旧址	城东街道八咏楼社区酒坊巷 84 号	民国	浙江省级文物保护单位
13	金华府城隍庙	城中街道明月楼社区明月路马路里 116 号	清	浙江省级文物保护单位
14	金华通济桥	城中街道清波门社区八一北路南端	清	浙江省级文物保护单位
15	汤溪城隍庙	汤溪镇汤溪村中山路 60 号	清	浙江省级文物保护单位
16	汉灶窑址	雅畈镇汉灶村	唐	浙江省级文物保护单位
17	东村桥	长山乡长山三村西南面	北宋	浙江省级文物保护单位
18	滕氏宗祠	琅琊镇杨塘下村中央	明	浙江省级文物保护单位
19	琅琊白沙堰	琅琊镇琅琊徐村	三国	浙江省级文物保护单位
20	鹿田书院	罗店镇鹿田村南面	清	浙江省级文物保护单位
21	方梅生故居	罗店镇罗店村	清	浙江省级文物保护单位
22	北山摩崖题记	罗店镇九龙村东北面的白衣洞内及洞前村东南面的双龙洞、冰壶洞、朝真洞内	唐—中华人民共和国	浙江省级文物保护单位
23	古方洞山塔	白龙桥镇古方一村	明	浙江省级文物保护单位
24	叶店叶氏宗祠	白龙桥镇叶店村	清	浙江省级文物保护单位
25	明月楼	城中街道明月楼社区明月路与人民东路交叉口西南侧	清	浙江省级文物保护单位
26	下章章氏宗祠	罗埠镇下章村	清	浙江省级文物保护单位
27	萧家小龙桥	汤溪镇萧家村西面约 1 公里处的莘畈溪上	清	浙江省级文物保护单位
28	上境古建筑群	汤溪镇上境村	明、清	浙江省级文物保护单位
29	赤松门古城墙	城东街道八咏楼社区八咏路	明、清	金华市(县)级文物保护单位
30	《浙江潮》旧址	城东街道八咏楼社区酒坊巷 126 号	民国	金华市(县)级文物保护单位
31	鼓楼里将军楼	城东街道八咏楼社区古子城鼓楼里	1954 年	金华市(县)级文物保护单位
32	东市街 66 号何氏三杰纪念馆	城东街道八咏楼社区东市街 66 号	清	金华市(县)级文物保护单位
33	东市街 31 号福音医院	城东街道八咏楼社区古子城东市街 31 号	民国	金华市(县)级文物保护单位

续表 7

序号	名称	位置	年代	保护级别
34	酒坊巷 98 号真神堂旧址	城东街道八咏楼社区古子城酒坊巷 98 号	民国	金华市(县)级文物保护单位
35	飘萍路 98 号满堂书院	城东街道飘萍路 98 号	清	金华市(县)级文物保护单位
36	侵华日军铁路桥遗址	城东街道上浮桥社区义乌江上	民国	金华市(县)级文物保护单位
37	一览亭	城中街道四牌楼社区飘萍路 100 号	清	金华市(县)级文物保护单位
38	通远门古城墙	城中街道西市街社区西市街南通济巷	明、清	金华市(县)级文物保护单位
39	仁寿堂	城中街道明月楼社区明月街北端	清	金华市(县)级文物保护单位
40	莲花井	城中街道明月楼社区解放东路与后街交叉口东北端	宋	金华市(县)级文物保护单位
41	601 别墅	罗店镇十里铺村	1969 年	金华市(县)级文物保护单位
42	双龙电站	罗店镇西旺村	1958 年	金华市(县)级文物保护单位
43	黄绍竑别墅	罗店镇罗店村	民国	金华市(县)级文物保护单位
44	石楠塘节孝坊	雅畈镇石楠塘村	清	金华市(县)级文物保护单位
45	雅畈将军殿	雅畈镇雅畈二村	明	金华市(县)级文物保护单位
46	白龙桥马海庙	白龙桥镇横大路村	明	金华市(县)级文物保护单位
47	交椅山红军标语	塔石乡大茗村交椅山自然村	民国	金华市(县)级文物保护单位
48	上范红军标语	莘畈乡上范村枫坞里自然村	民国	金华市(县)级文物保护单位
49	开化周氏宗祠祭亭	蒋堂镇开化村	明	金华市(县)级文物保护单位
50	乌云石拱桥	沙畈乡乌云村	明	金华市(县)级文物保护单位
51	雅干龙王庙	安地镇雅干村	明	金华市(县)级文物保护单位
52	新垅申公墓牌坊	安地镇安地村	明	金华市(县)级文物保护单位
53	徐村节孝坊	琅琊镇徐村	清	金华市(县)级文物保护单位
54	琅琊白沙庙	琅琊镇琅琊徐村	清	金华市(县)级文物保护单位
55	东畈石经幢	琅琊镇东畈村	清	金华市(县)级文物保护单位
56	湖前恩荣牌坊	洋埠镇湖前村	明	金华市(县)级文物保护单位
57	下郑善庆堂	罗埠镇下郑村	清	金华市(县)级文物保护单位
58	山下周遗址	罗埠镇山下周村	新石器时代—商周	金华市(县)级文物保护单位
59	金店狮子炉	罗埠镇西金店村金店自然村	不详	金华市(县)级文物保护单位
60	后大窑址	汤溪镇厚大村	五代—北宋	金华市(县)级文物保护单位
61	陶寺忠烈祠	汤溪镇陶寺村	清	金华市(县)级文物保护单位

续表 7

序号	名称	位置	年代	保护级别
62	九峰胡森石刻	汤溪镇九峰风景区	明	金华市(县)级文物保护单位
63	下伊青阳山遗址	汤溪镇下伊村	新石器时代—商周	金华市(县)级文物保护单位
64	长山朱大典读书处	长山乡长山三村	明	金华市(县)级文物保护单位
65	栅川于氏宗祠	乾西乡栅川村育贤路 64 号	清	金华市(县)级文物保护单位
66	白竹诸葛宗祠	竹马乡白竹村白竹街 35 号旁	清	金华市(县)级文物保护单位
67	上阳存义堂	塔石乡上阳村	清	金华市(县)级文物保护单位
68	祝村宣德堂	莘畈乡祝村	清	金华市(县)级文物保护单位
69	周村虞氏宗祠	沙畈乡周村	清	金华市(县)级文物保护单位
70	高儒李氏宗祠	沙畈乡高儒村	清	金华市(县)级文物保护单位
71	银坑红军活动旧址	沙畈乡银坑村	1935—1937	金华市(县)级文物保护单位
72	东俞俞氏宗祠	白龙桥镇东俞村	清	金华市(县)级文物保护单位
73	双牌窑址	白龙桥镇双牌村双牌窑自然村	清—2003	金华市(县)级文物保护单位
74	古方朱氏宗祠	白龙桥镇古方一村	明—清	金华市(县)级文物保护单位
75	下汪八角井	蒋堂镇下汪村	明	金华市(县)级文物保护单位
76	上盛敦伦堂	琅琊镇上盛村	明—清	金华市(县)级文物保护单位
77	东畈敦本堂	琅琊镇东畈村	明—清	金华市(县)级文物保护单位
78	安地信成堂	安地镇安地村	明	金华市(县)级文物保护单位
79	堰头萃德堂	汤溪镇上堰头村	清	金华市(县)级文物保护单位
80	堰头聚成堂	汤溪镇上堰头村	清	金华市(县)级文物保护单位
81	胡碓世名堂	汤溪镇胡碓村	明	金华市(县)级文物保护单位
82	高义新桥	汤溪镇高义村	民国	金华市(县)级文物保护单位
83	鸽坞塔钟氏宗祠	汤溪镇鸽坞塔村	清	金华市(县)级文物保护单位
84	派溪李仙种堂	汤溪镇派溪李村	清	金华市(县)级文物保护单位
85	岩下燕翼堂	汤溪镇岩下村	清	金华市(县)级文物保护单位
86	黄堂前宅全德堂	汤溪镇前宅村	清	金华市(县)级文物保护单位

非物质文化遗产

【概况】 2021年，坚持新发展理念，加强体系建设，促进非遗与旅游的融合发展，全区的非遗保护传承形成新的气象和格局。发挥非遗在婺城旅游和乡村振兴中的重要作用，通过安地岩头禾居文旅的浙中非遗小镇、爱我乡村等网络平台，整合力量，开展非遗展示和体验活动，开展"国庆非遗乐八天"、文化和自然遗产日系列活动、举办非遗购物节、打造"跟着非遗去旅行"婺城文旅品牌。

【"非遗"宣传和保护】 正式启动以婺文化为主题的文化基因解码工作，白沙溪、婺州窑、八咏楼文化标识创建同步开始；自然和文化遗产日主题活动在安地镇启动，活动与仙源湖旅游风情节同步举办，主推"跟着非遗游婺城"文旅品牌；在金华市剪纸博物馆举办婺城区"建党百年"剪纸艺术作品展；金华剪纸（金奖）、金华玉雕（银奖）、婺州窑（银奖、铜奖各一）、金华核雕（铜奖）参加第十六届义乌文博会获工艺美术奖。

【"非遗"传承阵地建设】 婺城泉口村（婺州窑、金华酒）、泽口村（婺剧）、新昌桥村（手工技艺）获金华市第五批民俗文化村荣誉称号。竹马乡（金华山歌）获金华市第五批非遗景区荣誉称号；竹木雕刻、金华酸茶、婺绣、传统中医等非遗项目入驻白龙桥镇新昌桥村，助推乡村振兴。

【"非遗"科研项目】 省文旅课题《打造白沙溪诗路旅游目的地》顺利结题、婺文化丛书《白沙溪三十六堰》正式出版。11月4日，《金华市婺城区人民政府关于公布婺城区第五批非物质文化遗产代表作名录的通知》公布婺城区第九批15项非遗代表性名录；12月26日，《金华市婺城区文化和旅游体育局关于公布第七批非遗传承人、第五批非遗传承保护基地的通知》公布婺城区第七批传承人23人，第五批非遗传承保护基地7个。

文物保护工作

【概况】 2021年，婺城区文物保护工作者坚持新发展理念，加强体系建设，促进文物的融合发展，婺城区文物的保护与利用工作持续向好。婺城区不可移动文物分布较广，具有悠久的历史和地域特色。为了让婺城区文物得到更好保护，2021年婺城区文物部门实地调研所辖域内文物保存情况，启动了8处不可移动文物修缮工程。期间，文物部门组织专家、相关部门完成了从方案评审、工程监管到工程验收等各环节工作，严格遵循文物修缮工程规范实施，确保修缮工程保质保量完成。婺城区文物部门非常重视对革命文物资源的挖掘与保护，2021年4月，根据退休领导杜顺华的介绍，重点对辖区徐文佩革命烈士的相关活动轨迹进行走访调查。根据调研结果，区文物部门进行汇总整理，出具徐文佩革命烈士相关文物保护及活化利用意见。随后，婺城区文物部门对辖区其他革命文物资源进行挖掘调查，形成婺城区革命文物抢救性保护工作意见，同时与婺城旅游相结合，使婺城区革命文物得到常态化、专业化的保护与利用。2021年5月，婺城区文物部门在对金华山同创路一出让土地前期调查中发现疑似有古墓葬群。随即，婺城区文化遗产保护中心联合省、市考古研究所开展对金华山A、C两地块的考古挖掘工作，整个挖掘工作在2021年12月底前结束，共挖掘了24座六朝至明清时期古墓葬。出土多件陶罐、瓷碗及铜钱等文物，其中M6墓位于金品C区块东北角，其墓葬结构包括墓室、墓道和排水沟基本保存完好，对研究宋代丧葬文化具有较高研究价值，另外在M6墓室中铜钱的摆设呈现"長命"二字，在浙江地区实属罕见。

【文物监管】 1月，婺城区召开全区文物安全工作会议，会上与各乡镇人民政府签订《文物安全责任书》。截至2021年12月底，婺城区完成辖区内文保单位责任牌安装及公示上墙，压实文物安全责任，提升保护意识。婺城区文物部门重视文物数字化改革工作，运用省文物安全智慧监管等技术平台开展文物安全日常监管。同时发动基层干部开展网格化巡查,对发现的问题做到及时上报,及时整改。加强基层干部群众的文物安全保护意识,婺城区文物部门全年在辖区范围开展6次消防安全应急演练及文物安全知识培训。参加对象主要有辖区各乡镇文化干部、文保员、消防志愿者、宗教人士等相关人员,同时与各文保员签订文物安全责任书。

【文物调查保养保护】 2021年2月,婺城区文物部门配合浙江省石窟寺调查工作组,开展婺城区摩崖造像专项调查工作。通过全景航拍、数据测绘、局部摄影等技术手段,对躲轮山摩崖石刻、双江口摩崖石刻等进行了信息采集。为做好木结构类古建筑白蚁防治工作,2021年3月,婺城区文物部门联合婺城区白蚁防治站,开展婺城区范围内文物建筑白蚁危害专项调查工作。根据调查结果出具诊断报告,随后联系第三方白蚁防治公司对婺城区文物建筑进行针对性白蚁防治。文物保护离不开日常的维护保养,为做到防患于未然,让文物能够得到更好的保护,2021年11月,婺城区启动文物保养工程。针对婺城区文物现状,婺城区文物部门组织第三方专业古建筑维修单位集中对文物安全隐患进行排查,编制诊断报告,从历史价值,安全隐患,修缮措施等几个方面对文物建筑进行详细分析说明,并对发现隐患进行现场整改指导以及日常维护保养共计10次。婺城区重视对博物馆的建设与保护,为切实做好2022年省政府“浙文惠享”民生实事工程,2021年共申报4处乡村博物馆。加强对民间博物馆的建设指导与管理,2021年,婺城区文物部门对辖区民间收藏的可移动革命文物进行调查统计。

(盛倩丽)

金华市婺城区婺剧促进会

【概况】 2021年,金华市婺城区婺剧促进会有会员165人,理事会成员30人,区婺剧促进会下辖分会6个。在区婺剧促进会的指导下,广大会员开展一系列的活动,各分会呈现出组织健全有网络、活动丰富有平台、载体丰富有影响、宣传广泛有声势的态势。严格防范新冠疫情侵袭,做到抗疫与传承婺剧两不误,婺剧传统文化得到不断创新,促进婺城区乡村振兴和城市发展战略实施,提升居民素质和幸福指数。

【自编剧本弘扬红色文化】 2021年,婺城区婺剧促进会理事、民间文艺作家洪增贵,虽退休在家,依然闲不住,经常自编婺剧短剧,利用泽口村婺剧文化园进行演出,并通过本村婺剧爱好者送戏到蒋堂镇中小学校。特别是在全国隆重庆祝中国共产党成立100周年之际,不怕辛苦,走遍粟裕将军曾经战斗过的沙畈乡银坑村等地,完成大型婺剧剧本《涧道雄关》,通过“扎根婺南、鱼水情深、智勇退敌、抗租风云、木偶除奸、夜探棺山、涧道雄关、舞龙出征”八场戏,再现栩栩如生的粟裕当年的光辉形象。经婺剧促进会牵头多次论证研讨,听取各方意见,精心修改,受到浙江婺剧研究院专家和金华市作家协会好评,为宣传粟裕革命前辈精神,传承红色文化,作出应有的贡献,也深受广大婺迷欢迎,为后人留下了非常宝贵的婺剧财富。

【婺剧进校园活动】 在区婺剧促进会的引导下,婺城区东市街小学继续深入开展“婺剧进校园”活动,取得丰硕的成果,多次在中央电视台等媒体播出。琅琊镇中心小学、蒲公英幼儿园、湖头幼儿园、蒋堂镇初级中学,在指导老师的带领下,把婺剧传承作为孩子们重要学习内容,经常开展唱腔、身段、台步等的婺剧常规训练,把婺剧操融入到学校的体育活动中,以创新有趣的方式吸引小孩学习婺剧,让婺剧传承后继有人。

【民间婺剧兴起】 普及婺剧,从基层抓起,鼓励众多民间婺剧文艺骨干学唱婺剧,真正“把服务广大人民群众,传承婺剧事业,打造精品,提升品位”作为婺剧促进会工作重点,婺剧促进会的婺之声乐队活动正常,引领婺剧爱好者参与各项文化活动。重点培育民间业余坐唱班,经常组织聚会练习交流,让婺剧扎根在基层,在婺城大地上得到蓬勃兴起。各乡镇(街道)的婺剧坐唱班亦有较大的发展与普及,活动遍及城乡各个地方,婺剧声影不仅出现在婺剧院戏台,更多展现在广场公园、廊桥庭院,是茶余饭后的一种享受。婺剧高雅的群众文化生活,寓教于乐的方式正是国家社会所需所求，宣传社会主义核心价值观。婺剧真正展现出永久魅力和时代风采。

【婺剧交流培训】 2021年，婺城区婺剧促进开展婺剧培训交流，组织各婺剧爱好者参加，与会人员就区婺剧促进会如何活动进行交流学习。10月18—19日在安地镇喻斯村，举办婺剧工作研讨会暨业务培训会，50多位婺剧爱好者参会，布置促进会理事会工作，进行学习交流展示。10月21日，白龙桥镇、新狮街道、雅畈镇选送的三支队伍，参加金华市"婺乐留声"百姓婺剧音乐演奏大赛决赛，均取得好成绩。通过交流提高婺剧艺术水平，对普及、宣传、挖掘、传承好婺剧文化意义重大，婺剧不断增加一些自编自演节目，体现全面性、经典性、实用性，及时把群众喜欢听、愿意听、热爱听的经典唱段汇总归类，增加群众喜闻乐见婺剧节目。

（张建红）

旅 游

【概况】 2021年，做好疫情防控工作，抓旅游经济复苏，推进"百千万"工程创建工作，以"花满婺城·幸福生活"休闲文化旅游年系列活动为载体，举办丰富多彩的旅游活动，打造"花满婺城 宜居福地"特色文旅品牌，推动旅游等多业融合。全年全区接待游客278.06万人次，实现旅游收入30.9亿元。婺城区拥有国家AAAA级旅游景区2个，国家AAA级旅游景区4个，国家AA级旅游景区1个。省级旅游度假区1个。创成AAA级景区城，省AAAA级景区镇（乡、街道）2个，AAA级景区镇（乡、街道）12个。省AAA级景区村庄21个，AA级景区村庄25个，A级景区村庄80个。2021年，金华山入选浙江省第二批"名山公园"名单。处理旅游投诉18件，办结旅游违法案件1起。梧杉隐居民宿被评为省金宿级民宿。2021年，配合做好浙江卫视《还有诗和远方》节目录制；在《金华日报》专版推出"花满婺城幸福生活"五一旅游攻略，推出一日游、康养游、红色旅游等经典线路。

【国内旅游】 接待国内游客278.06万人次；实现旅游收入30.9亿元。

【假日旅游】 2021年，元旦重点旅游景区（AAAA级及以上）接待游客8.73万人次，门票收入14.65万元；春节经市文广旅游测算，全区共接待游客9.3万人次，同比上年增长99.84%；实现旅游收入0.7亿元，同比上年增长25.17%。"五一"节假日重点旅游景区（AAAA级及以上）接待游客15.96万人次，门票收入351.36万元。"十一"黄金周经市文广旅局测算，全区共接待游客12.2万人次，同比上年下降7.01%；实现旅游收入0.9亿元，同比上年下降2.92%。

【旅游规划】 委托编制《婺城区全域旅游发展规划》《婺城区文化旅游业发展"十四五"规划》。

【景区创建】 2021年，熊猫猪猪两头乌国际牧场申报国家AAAA级旅游景区景观质量评估。喻斯生态旅游景区通过国家AAA级旅游景区年度复核。国家AAA级旅游景区浙江巨龙温泉旅游度假村变更景区名称为金华南杉温泉旅游度假村，变更运营主体为金华市南山生态旅游投资有限公司。

【旅游行业管理】 2021年，开展婺城区旅游饭店服务技能培训（暨市选拔赛），推荐17名选手参加市选拔赛。启动旅游业"微改造、精提升"行动，与金华成泰银行签署《"八婺·微改易贷"合作协议》，安地镇列入旅游业"微改造、精提升"行动省级试点单位，金华双龙风景旅游区列入市级试点单位，区级试点单位7个，梳理58个旅游业"微改造、精提升"项目，当年完成投资额1.51亿元。

【旅游资源】 2021年，婺州古城、塔石大茗村获评为市级红色旅游教育基地，婺州古城荣获为省级夜间文化和旅游消费集聚区和市级中小学生研学实践教育基地。熙春巷特色饼一条街获评为省级"诗画浙江·百县千碗"美食街区，金华国际雷迪森广场酒店、颐和君悦休闲度假酒店获评为"诗画浙江·百县千碗"省级美食体验（示范）店，金华伟达雷迪森广场酒店获评为"百县千碗·金华有味"市级美食体验店。金华国际雷迪森广场酒店获评为金树叶级绿色旅游饭店。13个在建的文旅项目完成12.73亿元，完成年度计划115.11%。燕语湖国际垂钓中心（二期）综合开发项目推进中，望山隐庐园项目荷花芯综合体地基已完成；荷花芯区块施工道路已完成；油塘水库区块施工道路完成80%。新建AAA级旅游厕所13处；熊猫猪猪两头乌欢乐牧场于8月1日正式开园；金华铁路博物馆于3月26日开馆。

【乡村旅游】 婺城乡村旅游(含开发区)经市文广旅局测算,2021年接待游客13万人次,同比上年下降74.23%,实现旅游经营总收入4.15亿元,同比上年增长66.97%。

【旅游精准营销】 2021年,婺城区以"多跨场景"需求为目标,推进文旅数字化改革工作,依托婺城大数据平台,建设"一码通一机游"文旅应用场景。"一码通一机游"借助婺城城市大脑平台、跨区部门数据,实现婺城全域范围内文化和旅游数据共享、系统互联,并在此基础上建设资讯板块、服务板块、体验板块、商城板块,实现文旅服务数据全面融合。"婺城全域旅游"抖音账号、微信视频号宣传婺城"百县千碗"菜品、非遗、景区等文旅特色。开展"花满婺城幸福生活"休闲文化旅游年系列活动之"全力推进全域旅游全新打造旅游目的地"直播活动,累计观看5万人次,留言点赞互动1.7万次。超过100万人次观看了相关活动推广新闻、短视频、公众号等内容。网红线路推广,定期推出视频,全平台播放量超百万。结合非遗进景区活动,通过直播推出非遗云集市。"5·19"中国旅游日在婺城旅游微信公众号推出答题赢门票活动;制作婺城全域旅游手绘地图,展示婺城旅游资源。

【网络营销】 2021年,在"婺城旅游"微信公众号推出清明、五一等游玩特辑,即时发布微篇共计46篇,阅读量达到4万+篇,全面助推婺城全域旅游发展;开展"花满婺城幸福生活"休闲文化旅游年系列活动之"全力推进全域旅游全新打造旅游目的地"直播活动,累计观看5万人次,留言点赞互动1.7万次。超过100万人次观看了相关活动推广新闻、短视频、公众号等内容。

【打造乡村旅游节庆品牌】 2021年,婺城区委、区政府依托丰富的茶花、桂化等花卉资源,举办"花满婺城 幸福生活"休闲文化旅游年系列活动。3月,第十二届中国茶花博览会在竹马乡举办,4月,第五届雅畈杜鹃花节在雅畈镇举办,5月,"5·19"中国旅游日婺城数字赋能乡村旅游文化节暨2021年金华罗店第四届枇杷节在罗店镇举办,9月,第十三届仙源湖桂花节在安地镇举办,活动带动举办地观光休闲农业和旅游产业的融合发展。7月,"百年风华路时代新篇章"暨第十七届"双龙之夏",9月,金华山首届康养文化旅游节,12月,"迎亚运省运走仙山仙境"金华市第三届毅行大会系列活动不断打造金华山文化旅游品牌。

【旅游安全管理】 做好星级饭店、旅行社、A级景区的安全监管工作,开展平安护航中国共产党成立100周年、三年行动专项治理、旅游领域遏较大、百日整治、旅游风险普查等专项行动,科学精准做好疫情防控工作。成立婺城区文教卫安全生产专委会,负责专委会办公室工作,明确旅游领域工作职责。

【旅行社管理】 科学精准做好新冠疫情防控工作。

【旅游饭店管理】 组织开展消防演练、应急救护、垃圾分类等培训,做好垃圾分类、节能降耗、文明旅游、宣传及普法工作。

体　育

【概况】 2021年,完成民生实事体育建设工程17个,完成婺城区水上运动中心场馆建设,完成燕语湖国际垂钓中心一期建设。人均体育场地面积达到2.59平方米。全区公共体育场地设施100%纳入省全民健身公共服务系统。举办25场体育赛事活动,其中国家级赛事1场,省级赛事活动3场。新增体育社会组织1个(婺城区街舞协会),培训社会体育指导员150人。备战第十七届省运会,承办省运会男子足球甲组、男子足球乙组、乒乓球三项测试赛。组队参加2021浙江省青少年男子足球锦标赛,丙组获冠军、乙组获亚军、甲组获第四名;组队参加2021浙江省青少年男子足球冠军赛,乙组、丙组均获冠军。新增市级"体育+特色村居"1个、市级体育产业(运动休闲)基地1个、市级体育产业(运动休闲)示范基地3个。

【竞技体育工作】 婺城区体校主抓的金华市青少年男子足球队(甲组、乙组、丙组)再创历史佳绩。男足丙组获得 2021 年省锦标赛冠军、男足乙组获得 2021 年省锦标赛亚军、男足甲组获得 2021 年省锦标赛第四名;男足乙组获得 2021 年省冠军赛冠军、男足丙组获得 2021 年省冠军赛冠军、男足甲组获得 2021 年省冠军赛季军。

参加 2021 年金华市青少年田径锦标赛获得团体总分和金牌总数亚军。组队参加重竞技项目(摔跤、柔道、举重、跆拳道)的金华市锦标赛也取得不错的成绩。

为了能够更好的积累省运办赛经验,提高办赛水平,2021 年承担了 7 项省锦标赛(省运会测试赛)的承办任务:浙江省青少年足球(男子乙组)锦标赛、浙江省青少年足球(男子甲组)锦标赛、浙江省青少年儿童乒乓球锦标赛、浙江省青少年皮划艇激流回旋锦标赛、浙江省青少年轮滑锦标赛、浙江省青少年皮划艇赛艇冠军赛、浙江省青少年 BMX 自行车冠军赛。但由于受到疫情的影响只完成了足球和乒乓球 3 个项目的承办。

2021 年 9 月 24 日,婺城区体校输送的代表浙江队出征第十四届全国运动会的婺城区籍运动员龚璐颖以 6.46 米的成绩夺得女子跳远金牌,郑小倩获女子 1500 米决赛季军。婺城区体校输送的男子足球运动员鲍盛鑫、盛天代表浙江队参加全运会男足 U18 组比赛获得第六名。婺城体育健儿闪耀全运会赛场使得婺城区本次全运会成绩位列金华市榜首。这也是婺城区田径、足球项目竞技成果的完美体现。

【群众体育工作】 2021 年,婺城区先后举办 25 场体育赛事活动,带来良好的社会效应,有效地推动群体活动的开展,逐步形成婺城特色品牌赛事。

4 月 24 日,近千名运动员和长跑爱好者集聚燕语湖,举行庆祝中国共产党成立 100 周年辉煌·享花满婺城幸福生活——2021 迎亚运金华 10 千米精英赛。比赛旨在助推高水平建设南山"休闲旅游之花",聚力打造"南山风景线",推进"体育+生态旅游"集聚发展,通过群众性赛事的举办号召全民积极参与运动健身,传递年轻、时尚、健康的生活方式,践行"双城战略"迭代升级,奋力建设"五大名城",让千年古婺风光得以焕发生机。

2021 年"花满婺城 幸福生活"莘畈毅行大会暨国家第六届"万步有约"健走激励大赛婺城赛区启动仪式于 5 月 9 日在莘畈小脚丫寻根研学营地举行。通过毅行活动,推动"双城"战略迭代升级,奋力建设"五大名城",让千年古婺风光不断焕发生机,号召市民积极参与全民健身,传递年轻、时尚、健康的生活方式,致力于将"莘畈毅行大会"打造成为有影响力的品牌赛事。

5 月 20—23 日,2021 年全国健身瑜伽公开赛(金华站)在金华山鹿女湖举行,全国各省市代表队近 300 多名体育瑜伽职业选手和爱好者们参加比赛,公开赛邀请全国国家级裁判长、裁判员及辅助裁判员 30 余名。该类赛事首次落户浙江金华,不仅意味着金华双龙风景旅游区依托良好自然生态环境,开展旅游观光、瑜伽康体、瑜伽旅游新模式,更是"高标准"打造文体旅品牌,为争创 AAAAA 景区添砖加瓦。

【老年体育工作】 5 月 28 日,在金华实验中学隆重举行庆祝中国共产党成立 100 周年暨婺城区老年体协成立 30 周年—婺城区第五届老年人运动会开幕式,本届老年人运动会设置项目有 13 项,其中有乒乓球、兜球、飞镖、门球等 7 个比赛项目;有棋牌、书画、摄影 3 个交流项目;有健身球操、健身气功、广场舞(健身秧歌)3 个展演项目。婺城区老年体协积极搭建活动平台,广泛开展老年人喜闻乐见的各种体育活动,多次承担并且出色完成了省、市老年体育的健身舞、健身气功、木兰拳、太极拳赛事任务,推动全区老年体育事业蓬勃发展,为建设健康婺城和应对人口老龄化作出积极贡献。

(盛倩丽)

南山省级自然保护区

【概况】 2020 年 4 月 29 日,经浙江省人民政府批复建立金华婺城南山省级自然保护区(以下简称保护区)。2020 年 8 月 21 日,中共金华市婺城区委机构编制委员会下文《关于重新组建金华婺城南山省级自然保护区管理中心》,成立金华婺城南山省级自然保护区管理中心。管理中心共有编制17个，现有12名在编人员。保护区为区政府直属公益一类全额补助事业单位，机构规格为正科级。主要负责保护自然保护区内自然环境和自然资源，维持生物多样性，开展自然保护区内的资源管理、科研、宣教、开发利用、饮用水源涵养生态功能区等工作，并协助保护区内异地搬迁工作。

【保护区地理环境】 保护区位于金华南山的核心区块，以沙畈乡南部山区为主，南与武义县、遂昌县接壤，西与婺城区塔石乡毗邻，东至箬阳乡，北至沙畈水库。保护区总面积9532.6公顷，其中核心保护区面积5104.48公顷、一般控制区面积4428.12公顷。是浙江省面积最大的省级自然保护区。地理坐标为：北纬28°43′56.021″~119°54′8.069″，东经119°23′0.081″~119°30′45.113″。气候属中亚热带湿润季风气候，四季分明，雨水充沛，适宜林木生长，中高海拔分布着大面积的落叶阔叶林及针阔混交林，森林覆盖率达94.4%。保护区内分布着丰富多样的野生动植物资源，是浙江省生物多样性最丰富的区域之一。

【婺城南山省级自然保护区管理中心揭牌暨重点建设项目启动仪式】 2021年7月6日，在婺城区政府举行婺城南山省级自然保护区管理中心揭牌暨重点建设项目启动仪式，省林业局一级巡视员王章明，省公益林站和国有林场管理总站站长蒋仲龙，区委书记蔡艳、区长黄国钧、区委常委杜建明，市资规局副局长贾润根等领导参加揭牌仪式，"中国蓝"、省林业网、《金华日报》、婺城发布等媒体进行报道。

【省重点建设项目】 婺城南山省级自然保护区前期重点建设工程是首个新建省级自然保护区建设项目列入省林业重点工作的项目。项目总投资1461万元，主要用于保护管理工程、科研监测工程、宣传教育工程的建设。为让该项目早日落地成景，南山管理中心积极谋划省重点建设项目，主动到省林业局对接工作，听取各级领导的建设意见。同时，邀请浙江大学、浙江省植物协会等多所高研院校的专家学者组队到婺城南山省级自然保护区考察调研，确保项目建设的科学性与合理性。后多次和设计单位现场勘察，确定建设点位与设计方案。先后对该项目的可行性研究报告、实施方案、工程初步设计组织专家评审。8月，婺城区发改局批复同意项目可行性研究报告，9月，婺城区政府同意上报《婺城南山省级自然保护区前期重点建设工程实施方案》，10月，发改局批复同意初步设计方案。

【签订战略合作协议】 5月22日，保护区管理中心承办"保护自然环境 共建生态婺城"2021国际生物多样性日暨世界环境日宣传活动。管理中心与浙江师范大学地理与环境科学学院签订战略合作协议。

【生态公益林】 管理中心推进新增公益林和集体林租赁实施方案的落实。7月，分三个阶段摸清保护区内各村划入保护区的山林界限、面积、山林权属等情况。查验各村山林权证、山林清册、承包流转合同等各类凭证情况，明确新增公益林区划界定，与农户签订公益林保护管理协议书，完成保护区范围新增省级公益林面积2078.33公顷的任务。维护林区社会稳定和林农合法权益。

（张　卓）

卫生与健康

综　述

【概况】 2021年,围绕"病有良医、老有康养、幼有优育"的建设目标,以"健康婺城·幸福城"建设为抓手,区卫健局奋力打造"婺里健康"金名片,实现全生命周期公共服务优质共享,让群众就医获得感、健康幸福感越来越强。以项目引领为依托,区妇幼保健院等6个总投资额约14亿元、总占地约15.7万平米的"健康强基"项目完成投资额约5.6亿元,实现全区优质医疗资源供给提档升级。以"健康婺城"为基底,通过全国健康促进区省级验收,创国家卫生乡镇5个,省级卫生乡镇创建实现全覆盖,成功列入省公共政策健康影响评价试点县。以全力抗疫为主线,精密智控评价指数一直位居全市前列,交出无本地疫情发生的战"疫"成绩单;在全市率先完成40%常住人口新冠疫苗全程接种,以最快速度建立起全人群免疫屏障。以民生实事为抓手,县域就诊率和基层就诊率分别达到93%和50%,基本公共卫生服务和基层健康体检实现全覆盖,群众就医满意率达95%;"医聚婺城""婺家优医"全面推进,重点人群家庭医生签约覆盖率达80%以上,群众药费支出降比达到26%,形成城乡居民"20分钟医疗卫生服务圈",居民健康素养水平达到28%;"移动药房"实现远程移动诊疗和实时用药跟踪的智慧迭代,惠及24050人次,破解山区群众看病用药困境的婺城经验登上人民网。以争创特色亮点为动力,创新以家庭为主导、社区为依托、机构为补充的"3211"婴幼儿照护服务,可满足全区80%以上家庭的婴幼儿照护服务需求,在《金华日报》头版刊登;创新"卫教协同共育"新模式,建成浙江师范大学等5个省级青春健康教育基地,累计公益授课370节,受益人数近7万人次;引进国千人才博士张潇,全面打造高水平专家工作站,实现高级医疗人才"招引留育"一体化。

【人才培养与队伍建设】 实施"良医工程",完善乡镇(街道)卫技人才队伍培养机制,有针对性地制定医务人员培训计划,建立脱产培训与在职培养相结合、分类培训与重点培养相结合的培养教育体系,提高培训实效。制定农村卫生人才引进优惠政策,从工作环境、生活条件等方面采取有效的措施解决农村卫生技术人员的后顾之忧,吸引和留住农村卫生人才。2021年年中,一次性面向社会招聘临床、护理、药剂、中医等各类医技人员45人,缓解基层医疗机构用人需求;定向培养大专、本科医学生9人,储备后备人才;安排42名医护人员到上级医院进修,学成后开展新学科、新技术应用;安排21人参加上级组织的紧缺和骨干人才、全科转岗、西学中等各类培训;落实待遇留人政策,提高基层医疗卫技人员待遇,乡镇工作补贴每人每月400元,山区卫生院工作补贴每年每人2万元,对长期扎根山区的卫生专业技术人员按山区服务年限给予每年5000~10000元奖励;实施名医梯队培育工程。制定名医、医界新秀奖励办法,按服务年限给予各级名医、新秀每年4000~50000元的奖励。

【健康宣讲】 2021年,全区共举办健康巡讲、公民素养健康大讲堂200余场,接受巡讲人数约6500

人。累计播放健康教育音像资料4250小时,张贴宣传海报1800余张,发放高血压、糖尿病、65周岁老年人等个体户化健康教育资料42000多份。组织开展结核病防治日、全国疟疾日、世界无烟日、防治碘缺乏病日、糖尿病宣传日、高血压宣传日等活动150余场,通过横幅、展板、海报折页、咨询台等形式传播健康知识,参与人数6200余人。

医疗机构规划建设

【概况】 2021年,婺城区医院在建项目6个,其中省重点项目2个、标志性工程1个、区民生实事项目2个。

【婺城区中医院新建工程】 婺城区中医院新建工程为省重点、标志性工程。项目位于环城西路以西、碧春路以南地块,项目总用地面积2.97公顷,总建筑面积5.1万平方米。项目总投资4.9亿元,其中专项债资金3.5亿元,拟规划配套床位300张。全年完成投资额1.89亿元,完成年度计划投资率为90.33%。

【婺城区妇幼保健院整体迁建工程】 婺城区妇幼保健院整体迁建工程为省重点项目。项目位于临江东路以北、华龙南街以西、桑田街以东地块,项目总用地面积7.2公顷,总建筑面积约7.6万平方米。项目总投资5.16亿元,其中地方专项债3.5亿元,拟规划配套床位400张。全年完成投资额1.45亿元,完成年度计划投资率为90.98%。

【婺城区康复医院改扩建工程】 婺城区康复医院改扩建工程项目位于原水电十二局医院原址,规划拆除地块内全部陈旧建筑,就地新建两幢康养大楼及配套附属用房,新建建筑面积3.7万平方米。项目总投资2.8亿元,其中地方专项债1.4亿元,拟规划配套床位500张。全年完成投资额1.27亿元,完成年度计划投资率为90.86%。

【罗店镇中心卫生院医养综合楼工程】 罗店镇中心卫生院医养综合楼工程项目总投资4999.98万元,计划拆除院内北侧老门诊楼及职工宿舍,拆除地块重建一幢医养综合楼。项目总投资4999.98万元,总建筑7层(地上6层+地下1层),项目占地面积1133.34平方米,总建筑面积约8500平方米,其中地上建筑面积6800平方米,地下建筑面积1700平方米,配套床位规模150张。全年完成投资额约2100万元。

【卫生应急物资储备中心及疾控中心改扩建工程】 婺城区卫生应急物资储备中心及疾控中心改扩建工程项目计划对已建疾控大楼、综合楼进行装修改造,利用预留用地新建卫生应急物资储备库、新建符合现代化实验室要求的实验楼一栋。项目总投资6000万元,项目总建筑面积9443.97平方米,其中改造建筑面积4343.97平方米;项目新建建筑面积5100平方米,其中地上建筑面积约3750平方米,地下建筑面积1350平方米。全年完成投资额2400万元。

【婺城区塔石乡卫生院维修改造工程】 婺城区塔石乡卫生院维修改造工程为2021年区民生实事。项目总投资500万元,计划对新门诊楼进行装修,对楼内科室布局重新调整,对老旧电路、水路进行改造;原两层土楼的老门诊楼进行拆建,新建筑初步设想包含储备物资仓库,按三区两通道规范设置的发热门诊,标准化病房等。对院区室外进行雨污水改造、绿化提档,使院区布局更为合理。全年完成投资额约20万元。

医联体建设

【概况】 2021年,实施金华市卫健委印发《金华市城市医联体建设工作方案》。方案明确市本级医联体网络布局划分,全区19家卫生院(社区卫生服务中心)及区人民医院与3家市直医院组建3个城市医联体。其中,城东街道、城西街道、城中街道、白龙桥镇、箬阳乡、蒋堂镇、乾西乡、塔石乡、莘畈乡9家卫生院(中心)及区人民医院加入金华市中心医院医联体,琅琊镇、沙畈乡、长山乡、雅畈镇4家卫生院(中心)加入金华市中医医院医联体,城北街道、新狮街道、安地镇、岭上乡、竹马乡、罗店镇6家卫生院(中心)加入金华市人民医院医联体。医联体建设以来,全区基层医疗机构服务能力有所增强,资源利用效率有所提高，分级诊疗就医格局初步形成，区域就诊率达到93%，基层就诊率每年保持1%~2%的增长，双向转诊工作趋于信息化、规范化。

【医联体信息化布局】 开发并启用医卫通系统，市、区两级医院的门诊、住院、检查等资源向医联体成员单位开放，患者在基层就可预约上级医院的挂号、检查，支持线上预约住院和双向转诊，取代之前纸质双向转诊单。着手推动检查、检验结果区域互认。全区卫生院（中心）已完成检查、检验设备LIS、PACS、心电及影响信息化传输系统的设备安装，检查检验影像资料和结果可与上级医院实时传输，放射、心电、检验3个区域共享中心已初步建设完成，可做到基层检查、上级出报告，实现检查检验项目医疗资源节约化利用。

【医疗帮扶】 在牵头医院悉心帮扶下，14家卫生院（中心）根据自身需求，新开设中医、慢病、康复、外科、口腔等联合门诊，罗店镇、雅畈镇、白龙桥镇卫生院开设康复、外科、内科联合病房，极大提高基层医疗单位的服务能力。同时，基层医生在上级医生的传帮带下，拓展业务思路、提升诊疗能力，为基层医疗机构后续发展打下人才基础。

【"全·专"联动】 "全·专"联动助力家医签约。在疾病救治和康复指导上，卫生院（中心）的医生存在全而不专的情况，满足不了群众卫生健康需求。为此，全区100余支家庭医生队伍将医联体牵头医院专科医生、检查检验医生纳入团队，提供线上咨询服务，为疾病诊断、治疗、转诊、康复服务提供技术支撑，提高家医团队服务质量，实现医防有机融合，扩大家医签约覆盖面。

智慧医疗建设

【概况】 数字化、信息化进程，大大提升婺城区医疗健康服务"含金量"，为各家医院、社区卫生服务中心及卫生服务站打造独具特色的"新赛道"。婺城区的智慧医疗正广泛应用于健康管理、疾病筛查、辅助诊断、精准医疗和慢病照护等多个关键领域。婺城区所有乡镇中心卫生院和街道社区卫生服务中心都已配备智慧结算系统，可使享受金华医保的市民在没有携带医保卡的情况下，通过医保电子凭证和电子健康卡实现便捷就医，并在结算中同步享受到应有的医保待遇。没有医保卡的患者，也可以凭"电子健康卡"进行就诊，真正实现一"机"在手，看病无忧。

【数字化医疗】 探索"数字化医疗"应用。以"婺家优医""移动药房"为抓手，探索实施"互联网+家庭医生签约服务"，在医务人员手机端和电脑端实现签约管理信息查询、双向转诊，居家医疗、咨询互动等应用；持续推进"共享药房"建设，实现开方买药、医保报销、服药干预提醒、急缺药品配送四大功能，让患者少跑腿。这两项运用正在推进中。

【数字化托育】 探索"数字化托育"应用。围绕"3211"婴幼儿照护服务体系，依托"互联网+""物联网"等技术搭建交互平台，设计运行"智慧托育平台"，实现社会托育机构注册、托育家长预约下单的无阻碍服务互动，推进从"幼有所育"向"幼有智育"迭代式跨越。

【数字化监管】 落实"数字化监管"。聚焦"大综合一体化"行政执法改革目标任务，强化卫生健康专业执法队伍的规范化建设，推行以远程监管、移动监管、预警防控为特征的"互联网+卫生监管"模式。通过安装运行口腔诊疗机构智能监管平台、住宿场所智能消毒保洁智能监管、医疗机构医疗行为智能监管、餐饮具消毒智慧监管系统，实现与不同部门数字法治应用场景的同步衔接。

疾病预防控制

【概况】 2021年，婺城区全年报告乙、丙类传染病16种，病例4501例，死亡4例，报告发病率571.34/10万，比上年度同期下降41.64%。其中乙类传染病11种，报告发病1252例（发病率158.92/10万），比上年同期上升24.70%；丙类传染病5种，报告发病3249例，比上年同期下降51.57%。乙类传染病发病数前6位为：病毒性肝炎、肺结核、梅毒、淋病、艾滋病、出血热。丙类传染病为：手足口病、其他感染性腹泻、流感、流行性腮腺炎、急性出血性结膜炎;全区无重大疫情报告;共审核各类传染病报告卡11507例,报卡及时率100%,审核及时率100%,综合率100%,报告机构正常运行率100%,共分析处理171起传染病预警信号,处置率100%。

【新冠疫情防控】 2021年,全区报告新冠肺炎疫情无症状感染者2例,均为境外输入。排查密切接触者173例,次密接1028例,其中在全区管控密接37例,次密接624例,均已严格落实集中隔离管控措施,溯源清晰,处置及时,无本地疫情发生。全年完成全区新冠核酸检测39062管,隔离点样本(含平行样)及医务人员63187人次、冷冻食品2969份、环境4761份,检出2例新冠核酸阳性标本;血清抗体361例,检出IgG阳性12例、IgM阳性8例。

【手足口病防治】 2021年,全区报告手足口病病例3372例,比上年同期增加63.53%,无重症和死亡病例。开展手足口病监测,患者咽拭子或疱疹液标本60份做病原学检测,检出阳性43例,其中CA16型19例,CA6型16例,其他类型8例。

【疫苗接种】 2021年,婺城区累计接种乙肝疫苗9750剂次,接种率99.84%;卡介苗3041剂次,接种率99.87%;脊灰疫苗17007剂次,接种率99.49%;百白破疫苗14914剂次,接种率99.43%;白破疫苗4529剂次,接种率98.78%;含麻类疫苗8077剂次,接种率99.58%;A群流脑疫苗6966剂次,接种率99.37%;A+C群流脑疫苗9113剂次,接种率99.12%;乙脑减毒疫苗8361剂次,接种率99.43%;甲肝疫苗5652剂次,接种率99.47%。新冠疫苗接种103.83万剂次,其中3~11岁人群2剂次接种3.95万剂,任务完成率107.20%;12~14岁人群2剂次接种1.68万剂,任务完成率158.64%;15~17岁人群2剂次接种1.55万剂,任务完成率116.64%;18岁以上人群2剂次接种39.45万剂,任务完成率105.19%;18岁以上人群加强针完成9.89万剂次。

【慢性病和死因监测】 2021年,婺城区医疗机构网报4种慢性病共14585例,其中糖尿病6565例,冠心病急性事件568例,脑卒中2760例,肿瘤4692例。辖区报告发病:糖尿病报告发病病例3077例,报告发病率为469.08/10万;恶性肿瘤报告发病病例3366例,报告发病率513.13/10万;冠心病报告发病病例439例,报告发病率66.92/10万,脑卒中报告发病病例2455例,报告发病率374.25/10万。死因顺位前5位是恶性肿瘤、脑血管病、心脏病、损伤和中毒外因、呼吸系统疾病。

卫生监督执法

【概况】 根据《新型冠状病毒感染的肺炎疫情防控卫生监督检查预案》,精准防控重点部位、重点环节,坚决筑牢疫情防线。针对医疗机构查处精密智控推送案件5件,责令关停医疗机构13家,出具监督意见书17份,行政处罚31家;服务指导公共场所1392家次单位,下达监督意见书1016份,整改问题800多个,立案查处疫情防控期间违法案件3起,确保辖区1000多家公共场所经营单位、53所中小学校、1家集中式供水单位,24家二次供水单位防控措施落实到位。国家双随机监督检查。检查对象共172家,其中公共场所89家、生活饮用水1家、学校卫生8家、传染病防治25家、消毒产品7家、医疗卫生26家、放射卫生6家、计划生育10家。已全部完成监督检查。

【省双随机监督检查】 检查对象共177家,覆盖检查事项21项。其中公共场所69家、二次供水单位10家、餐饮具集中消毒服务单位2家、病媒生物预防控制服务单位2家、涉水产品生产企业1家、消毒产品生产企业1家、一级及以上医疗卫生机构1家、一级及以下医疗卫生机构34家、一级以下中医医疗机构7家、学校6家、职业卫生40家。

【监督执法】 2021年,婺城区创新监督执法方式。安装完成3家室内泳池水质在线监测公示系统,完成餐饮具集中消毒追溯系统建设,并完成辖区内44家中小医疗机构诊疗信息预警监管系统安装。2021年,查处各类案件266起,行政处罚子项覆盖26项,已结案216起,其中大案要案5起、一般案件128起、简易案件88起、“互联网+监管”执法平台口腔消毒风险处罚案件4起,共罚款金额49.99万元。

【餐饮具集中消毒监管】 完成全年四个季度80个

批次的产品样品抽检，检测指标为“大肠菌群”“感官指标”“沙门氏菌”、洗消剂残留等项目，检测合格率均达到100%。并将检测结果在监管信息平台进行公示，按“红黑榜”评定表开展评价。

【口腔种植技术专项整治】 全区共有口腔诊疗机构99余家，其中51家已开通视频监控及灭菌设备在线监测功能。开展口腔种植技术的机构共20家，11家机构取得许可种植科目备案，对9家不符合条件机构责令停止口腔种植服务。

【学校卫生监督】 对辖区50所中小学校复学进行地毯式全覆盖专项监督检查，通过实地检查和书面检查，逐项完成返学人员健康监测防控指导意见，共填写落实情况表58份，下达监督意见书60余份；通过上门监督检查，采取对象约谈、现场培训等形式，落实每所学校《近视防控工作卫生监督目标责任书》签订，共签订承诺书50份，推动各学校学生近视防控工作落实。

【公共场所监督检查】 对辖区内应量化的687家公共场所经营单位进行量化分级，其中A级单位5家，B级单位22家，C级单位660家；对辖区内使用公共场所集中空调通风系统的经营单位进行“地毯式、全覆盖”专项整治排查，共计检查19家单位，检测结果均合格；辖区内共有正常营业游泳场所15家，已全部注册并登录口碑网，对监督中发现问题的及水质检测结果不符合国家卫生标准的10家游泳场所进行行政处罚。

【饮用水监督检查】 乡镇抽查覆盖率为100%、供水单位抽查覆盖率为100%。完成1家集中式供水单位每季度一次定期监督检查和重要时段监督工作，完成二年一次水厂水质全分析及一年一次水厂水源水、出厂水水质检测任务，监督31户次，监督覆盖率100%。

【职业卫生监督】 开展全国第19个以“共创健康中国，共享职业健康”为主题的“《职业病防治法》宣传周”活动，举办线上和线下宣讲活动共25次，开展主题宣讲活动3次，分发宣传材料1020份，出动宣传人员23人，为1200余名一线职工进行培训指导；针对医药制造业、家具制造业、造纸和纸制品业、油漆涂料等制造业及存在高毒危害因素的行业企业开展急性职业中毒专项整治工作，累计检查企业43家，出动卫生监督员124人次，立案查处12家。

妇幼保健工作

【概况】 婺城区妇幼保健计划生育服务中心现有婺城新区总院（华龙南街178号）和江北分部（芙苑路138号）两个点，总建筑面积约8752平方米，核定床位58张，现有在职人员71人。2020年启动“婺城区妇幼保健院整体迁建”项目，建成后可设置床位400张，发热门诊留观房15间。

【“最多跑一次”服务】 开展通过“浙里办”App操作完成“出生医学证明”“出生户口登记”“社会保障卡个人申领”“城乡居民基本医疗保险登记”等“出生一件事”办理的事项。全区首次签发人数741人，通过“掌上办”总数590人，掌办率达80%。由于部门间沟通及时，相互配合，办证窗口无一例投诉事件发生。

【婴幼儿照护】 探索建立健全以家庭为主导、社区为依托、机构为补充的婴幼儿照护服务体系，努力构建科学、规范、标准的“3211”婴幼儿照护服务模式。全区共新增3岁以下婴幼儿照护服务机构7家（其中幼儿园开设托班的有5家，共220个托位：西江月幼儿园40个托位、江枫雅苑幼儿园60个托位、一问国际幼儿园60个托位、睿思幼儿园40个托位、宇光幼儿园20个托位），全区可提供托位421个，实现每千名常住人口托位3.2个，镇（街）3岁以下婴幼儿托育机构覆盖率74%，入托率12%。全区婴幼儿健康管理7303人、管理率97.6%，科学育儿普及率97.6%。共组织养育照护小组活动20余次，受众家长200多人。

【公共卫生和民生实事】 全区首次艾梅乙免费检测人数4150人，梅毒感染孕期检测确诊13例，免费治疗13例；注射乙肝免疫球蛋白的儿童数35例；新增服用叶酸任务数1600人，完成1737人，完成率108.56%；全区两癌筛查任务数是4000人，两癌筛查完成数3694人，完成率92.35%；0~3岁儿童发育筛查任务数7244人，完成7397人，完成率102.11%；

孕产妇焦虑抑郁量表筛查累计完成3567人；免费产前筛查1361人，筛查率93.09%，产前诊断470人，诊断率96.51%；接产单位活产数727人，新生儿疾病筛查29项746人，筛查率102.61%，召回率100%；婚前检查2045人，婚检率46.44%；孕前优生健康检查1897人，优检率78.91%；0~6岁儿童视力保健电子建档率94.59%、眼保健和视力免费检查覆盖率94.17%。

【妇幼卫生信息指标】 全区活产数2026人，早孕建卡率97.89%，孕早期检查率96.64%，产后访视率96.94%，系统管理率95.66%。全区围产儿死亡人数10人，死亡率4.91‰，婴儿死亡人数7人，婴儿死亡率3.46‰，高危产妇1341人，高危占产妇数67.32%，高危管理率100%；监测活产数2269人，户籍孕产妇死亡0人，全区户籍剖宫产率40.13%，其中接产医院剖宫产率35.35%。新生儿死亡率0.99‰，婴儿死亡率3.48‰，5岁以下儿童死亡率6.42‰。

【托幼机构管理】 为保障复学复园后的安全，全区107家幼儿园防控督导达到全覆盖；开展辖区四个街道托幼机构综合评估和校验工作，共评审38家、校验69家幼儿园，评审合格率100%；在金华市实验中学组织开展四期保健(育)员复训、保育员岗前培训，全区各幼儿园和部分婴幼儿照护服务机构有760余名从业人员参加。

健康环境促进工作

【概况】 2021年4月是全国第33个爱国卫生月，主题是“文明健康，绿色环保”，结合新冠疫情防控形式，全区开展以城乡环境卫生整洁行动为重点的爱国卫生月活动，免费发放1000份杀蟑药、1000张粘蝇纸、1000份老鼠药、800张粘鼠板和一些杀虫小物品，进一步改善城乡环境卫生面貌，提高群众健康水平。

【国家卫生乡镇创建】 全区有国家卫生乡镇5个：琅琊镇、塔石乡、沙畈乡、莘畈乡、箬阳乡。2021年，长山乡、竹马乡、雅畈镇、安地镇、蒋堂镇、罗店镇、乾西乡7个乡镇继续创建国家卫生乡镇。7月，乾西乡通过国卫乡镇省级技术评估，8月底，白龙桥镇新申报创建国家卫生乡镇。

【健康素养进农村文化礼堂】 以农村居民健康需求为导向、以农村文化礼堂为阵地、以“健康讲座、健康支持性工具、健康活动、健康服务、中医药进文化礼堂”等“健康五送”为手段，100%覆盖全区204个农村文化礼堂，在广大农村群众中普及健康知识、传播健康理念、培育健康文明的生活方式。

【健康支持性环境创建】 在全区范围内开展健康乡镇、健康村、健康家庭、健康促进医院、健康促进学校、健康促进机关、健康促进企业等建设工作，琅琊、塔石、莘畈、沙畈、箬阳5个乡镇创建为健康乡镇；打造6个健康小屋、120个健康村、100户健康家庭。建立覆盖辖区内规上企业的健康促进工作网络，通过开展职业卫生培训、举办运动会等形式，共建设完成30家健康促进企业，创建达标率20%。创建健康促进机关31家，创建达标率52%。全区42所学校、19家医院全部创建为健康促进学校和区级健康促进医院，婺城区唯一的区级综合性医院婺城区人民医院成功创建为浙江省健康促进医院。

人口监测与家庭发展

【概况】 2021年，针对生育登记等事项，新增乡镇(街道)线下办理窗口，印制发放办理流程，“线上+线下”齐发力，全区网上生育登记审核1702例。全区上报出生（含补报)1819人，其中一孩出生939人，二孩出生799人，三孩出生32人，多孩出生49人。出生人数中男孩959人，女孩860人。

【生育奖励】 全年发放特扶金562.2万元。2021年符合国家奖励扶助政策新增498人，退出172人，当年平台奖励扶助对象共4326人，符合省标准(婚后未生育收养)的新增11人，退出9人，当年奖励扶助对象218人，奖扶两类合计4544人，当年发放奖扶金438.91万元（包含岭上乡九峰村28人)；2021年，符合特别扶助政策新增87人，退出7人，当年平台特别扶助对象共651人(其中独生子女伤残的

329人，独生子女死亡的322人)；2021年计划生育手术并发症补助无新增无退出，当年度补助对象共1人。

【计划生育特殊家庭帮扶】 按照“应扶尽扶、精准扶助”的原则，落实计划生育特殊家庭“三个全覆盖”工作。2021年1月农历春节前，对各乡镇(街道)申报的计划生育困难户、新增计划生育特殊家庭进行审核确认和走访慰问，共计走访79户，发放慰问金11.9万元。根据《金华市婺城区计划生育公益金管理实施意见》，累计对部分计划生育特殊家庭发放公益金14.22万元，补助372人次。

【母婴设施建设】 按照国家和省级有关部门关于加快母婴设施建设的要求，提升整改后共有母婴室39家，其中五星级1家，四星级2家，三星级31家，其他5家。并通过“浙里办”等渠道向公众开放母婴室查询导航入口，方便群众母婴室信息查寻、定位导航，营造生育友好社会环境。

【老龄健康】 开展“银龄跨越数字鸿沟，打造健康智慧生活”为主题的健康助老专项行动，并举办健康科普活动30余场，受益1500余人；开展浙江老年电视大学婺城区分校“喜迎建党百年 传唱红色经典”送演出活动20场，不断丰富老年教育教学资源，提升老年电视大学教学质量；扎实开展以“实施国家积极应对人口老龄化战略 乐享智慧老年生活”为主题的敬老月活动，精心组织一系列敬老爱老活动，发放慰问金和物资30万元，营造健康孝亲敬老的生活氛围；推进老年健康服务体系工作，19家医院开展老年友善医院创建，其中二级以上医院1家、专科医院2家、基层医疗机构16家，线上线下培训50余人，提升基层医养结合机构管理服务能力。

【婺城区康复医院】 婺城区康复医院前身中国水电十二局有限公司医院(央企)，成立于20世纪60年代，2013年机构改制并入婺城区人民医院，2019年1月，经婺城区编办批复成为一所独立的公益二类专科医疗机构，正式更名为婺城区康复医院。

医院位于婺城区白龙桥十二局基地内，占地面积约2公顷，院内环境幽静、依山傍水，毗邻330国道，与市区交通方便。

医院现有床位100张，设老年医疗综合病区，康复医学病区、矽肺病区，配备有DR、彩超、全自动生化仪、动态心电、血压监测仪，心电除颤仪、康复医疗器材等仪器，为周边百姓提供优质的医疗服务。医院现有职工70余人，其中包含高级职称3人，中级20余人，医疗人才梯队搭建较为合理，组建一支具有丰富临床经验的医护队伍，对老年性慢性病如慢阻肺、糖尿病、冠心病、脑血管后遗症等积累了丰富的临床治疗与康复经验。在工伤疾病矽肺治疗方面积累多年丰富经验，2021年设立区域矽肺治疗康复站。康复医院在临终病人人文关怀上得到周边群众的一致认可。

金华市婺城区康复医院改扩建工程规划在原址上新建康养大楼两幢，配套附属用房及地下室，另对院内的道路及绿化环境进行提升改造。院区整体拟安排床位500张，其中医疗区设200张床位，养老区设300张床位。康养大楼实现全面智能化的运营与管理；在养老区每层设健身区、娱乐区；新建配套附属用房，包括医院行政、食堂、配电房、门卫室等综合及配套用房；另对院内的道路、绿化环境进行提升改造。项目旨在将医院打造成集医疗护理、康复保健、心理关爱及养老观光为一体的功能齐全、设备完善、环境优雅的花园式康养医院。2021年，两幢9层主体已结顶，二次墙体砌筑3月底完成，开始粉刷并进行外墙及门窗施工，土建于8月完工。装修工程完成招标工作，4月进场施工，信息化、暖通、气体系统工程等专项工程在走招标流程。项目建成投入使用后将带动全区养老及医养结合服务能力提升，真正实现区委健康婺城幸福城的理念。

(张煜凯)

社会事务

综　述

【基本情况】 2021 年,婺城区最低生活保障标准提高至 900 元/月,增幅 5.9%。截至 2021 年年底,全区在册低保对象 1776 户、2477 人,享受低保边缘救助 227 户、527 人,纳入特困救助供养 670 人,共发放低保救助金 2490.1 万元, 低保边缘户春节补助 27.33 万元、特困供养金 949.36 万元,为 197 人次发放临时救助资金59.63 万元。加强儿童福利和未成年人保护,新建 8 家示范型儿童之家。机构养育孤儿、社会散居孤儿基本生活费标准提高至 1877 元/月、1502 元/月。2021 年,全区共有孤儿和困境儿童 65 人,发放孤儿和困境儿童基本生活补助 120.56 万元。

【养老服务】 2021 年,婺城区养老服务供给更加优质多元。高质量完成省、市民生实事,完成 230 户困难老年人家庭适老化改造、8 家乡镇(街道)居家养老服务中心、康养联合体建设试点建设,实现居家养老服务中心乡镇(街道)全覆盖。2021 年,改造提升区级示范型居家养老服务照料中心 17 家,为 211 家有就餐功能的居家养老服务(照料)中心发放补贴资金 1957.96 万元, 就餐功能惠及 8100 余名老人。开展养老护理员职业技能培训,年底全区每万老年人口拥有持证养老护理员达 18 人。建成婺城区智慧养老服务平台。抓实养老服务场所常态化疫情防控。

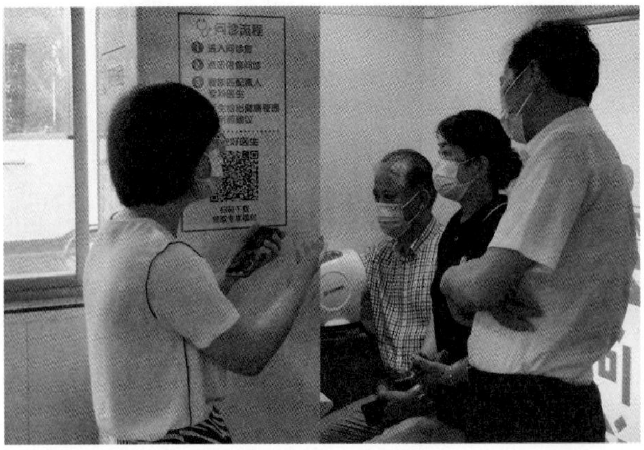

9 月 1 日, 省民政厅党组成员、副厅长方仁表(右一) 在新狮街道居家养老服务中心实地调研婺城区智慧养老服务平台建设情况　(区民政局供稿)

【慈善事业】 召开婺城区慈善总会成立大会,完成区慈善文化基地提升改造、慈善主题公园建设,区内首家“农行关爱儿童之家”投入运行。上线“婺城慈善”小程序,发动企业参与慈善事业,设立婺城区首个千万教育基金。2021 年,募集善款物资 1500 余万元,创历史新高,开展“慈善温暖行动”、福彩儿童大病救助、受灾困难群众慰问等项目活动 10 余项,支出慈善救助资金 1038 万元,受益人数 8 万余人。打造婺城特色慈善助学项目,实现低保家庭就学年龄段子女入学补助全覆盖。成立“幸福婺城”慈善信托,实现慈善信托“零突破”。

【基层政权和区划工作】 深化村(居)务公开和民主管理,275 个村(社)村规民约(社区公约)修订率达 100%。分层分类推进城乡社区建设,打造婺城首个“居民会客厅”,创建罗店镇鹿村等省级引领型农村社区 6 个、安地镇岩头村等市级完善型农村社区 15 个。2021 年,招聘专职社区工作者 51 名,首次面向大学毕业生、退役士兵、婺城驻军部队随军家属增设岗位。出台《婺城区社区配套用房建设使用管理暂行办法》,规范社区配套用房的规划建设、功能设置、移交接收和监督管理。省政府批复同意岭上乡撤销等相关行政区划调整。

【社会组织管理和社会工作】 2021年,登记注册社会组织47家，开展进一步打击整治非法社会组织专项行动、“僵尸型”社会组织专项整治行动和行业协会商会乱收费专项清理整治工作。完成260家社会组织年检和34家社会组织“双随机、一公开”抽查检查。配合开展营利性培训机构转登为非营利性培训机构相关工作,核发全省首张“营转非”登记证书,共完成“双减”转登25家、注销1家。完成婺城区社会组织孵化基地提档升级。新建6家乡镇(街道)社会工作站并投入运行。2021年,新增持证社工398人,增长468.6%,兑现上年度社工考试奖励63.9万元。

【婚姻登记】 2021年，婺城区办理结婚登记3241对、离婚登记836对,跨区域办理婚姻登记548件,窗口受理结婚生育户口“一件事”联办1841件。启动为期三年的集中补领补办婚姻登记证工作,召开区、乡镇(街道)两级动员会,在蒋堂镇开展集中补领婚姻登记证试点。

11月5日，婺城区集中补领婚姻登记证、补办婚姻登记工作部署会召开　　(区民政局供稿)

【殡葬管理】 健全基本殡葬公共服务体系,开展全区殡葬专项治理和提标增项扩面工作,安地镇雅干村公益性骨灰堂成功申报首批省级公益性节地生态安葬示范点。2021年,发放生态安葬补助资金5.4万元。

【水库移民后期扶持】 发放2021年度直补资金971万元,受益移民16002人。下达移民项目25个,其中生产开发类项目涉及资金1165.45万元，占资金总量的51.77%，成功申报省厅共同富裕示范项目1例。完成水库移民“十四五”规划编制,修订出台《婺城区水库移民后期扶持专项资金暂行管理办法》,完成水库移民项目集锦编纂。

(谢文霞)

2021年婺城区百岁老人名单一览表

表8

序号	名称	居住地	出生日期	性别	年龄
1	王秀英	新狮街道鹿村	1915年6月30日	女	106
2	俞作铭	城中街道八一北街	1916年9月4日	女	105
3	陈美仙	三江街道洪坞社区	1917年6月19日	女	104
4	王松凤	塔石乡银铃村	1918年4月28日	女	103
5	郑兰女	乾西乡移民小康社区	1918年11月18日	女	103
6	汪水玉	城东街道	1919年1月21日	女	102
7	戴增光	汤溪镇沙头村	1919年5月20日	男	102
8	徐荣庭	城东街道	1919年6月22日	男	102
9	吴宝庆	西关街道寺后皇社区	1919年9月25日	男	102
10	朱佳沛	三江街道工商城	1919年11月5日	男	102

续表 8

序号	名称	居住地	出生日期	性别	年龄
11	栾　诚	城东街道旌孝街石榴巷	1920 年 3 月 22 日	男	101
12	徐杏春	城东街道八咏路酒坊巷	1920 年 4 月 10 日	女	101
13	周宝蕉	城东街道八咏楼酒坊巷	1920 年 8 月 11 日	女	101
14	谢金仙	城北街道	1920 年 9 月 14 日	女	101
15	刘加福	三江街道洪坞社区	1920 年 11 月 22 日	男	101
16	吴招弟	西关街道西关社区	1920 年 12 月 3 日	女	101
17	金小奶	城东街道金兰街	1921 年 1 月 5 日	女	100
18	汪庆云	江南街道中村社区	1921 年 1 月 21 日	男	100
19	金筠林	城北街道	1921 年 1 月 25 日	女	100
20	徐兰英	白龙桥镇华电新村	1921 年 2 月 24 日	女	100
21	詹星光	城北街道迪耳路	1921 年 3 月 1 日	男	100
22	倪春花	白龙桥镇天姆山村	1921 年 5 月 13 日	女	100
23	方莲玉	白龙桥镇清潭村	1921 年 5 月 13 日	女	100
24	王卓凡	城东街道桃园社区	1921 年 5 月 15 日	男	100
25	贝淑仙	城中街道	1921 年 7 月 11 日	女	100
26	刘贤英	乾西乡	1921 年 7 月 20 日	女	100
27	叶大奶	雅畈镇	1921 年 7 月 30 日	女	100
28	傅金莲	苏孟乡悦和社区	1921 年 9 月 22 日	女	100
29	陈宝悌	汤溪镇仙舟社区	1921 年 10 月 14 日	女	100
30	陆月林	城东街道八咏楼社区	1921 年 10 月 21 日	女	100
31	于碧华	城东街道八咏楼社区	1921 年 12 月 3 日	女	100
32	虞根枝	沙畈乡周村	1921 年 12 月 10 日	女	100

就业和社会保障工作

【概况】 2021 年,婺城区人力资源和社会保障局规范有序推进事业单位人事改革。规范公开招聘制度,有序推进事业单位和编外人员招聘,共组织 3 次事业单位、2 次编外人员公开招考,招聘事业人员 140 人,临聘人员 110 人。精准推进岗位设置实施认定,累计完成 55 件机关事业单位岗位设置以及减编、核编、岗位调整等重新定岗工作,岗位设置实施认定 258 件,涉及 890 人。完善人员交流制度,全面开展事业单位"评聘结合"职称制度改革,下放职称评审权限,在卫生、教育等行业逐步推进单位自主评聘工作，畅通优秀人才职称申报绿色通道，完成1175名参评人员资料审查工作，其中高级职称139人，中级职称473人，初级职称599人。

【就业再就业】 以稳就业保民生作为着力点，高质量推进就业“护航行动”。出台《助企稳岗补助八条惠民惠企举措》，实现“政策找人找企”。牵头组织“婺爱秦巴”行动，与四川省道孚县等10地签订劳务合作协议。创新“直播带岗”云招聘模式，吸引浏览量92.5万人次。联合三大运营商平台，打造“五公里就业圈”，精准推送招聘短信21万余条，为线下招聘活动精准引流近5万人。组织举办各类招聘会20余场。开展双创服务“护航行动”，共建成十家市级创业孵化基地。新增就业岗位15445人，失业登记率1.99%。

【人才建设】 以“青·技”人才引培攻坚行动为抓手，打造招才引智最优生态。举办各类洽谈会10余场，新建大学生实习基地30家，新建婺城首家大学生创业园，新建省级博士后工作站1家。举办中西部重点地区技能人才校企合作洽谈会，与6个中西部人力社保部门签署劳务合作框架协议。开展技能培训3.24万人次，发放技能提升补贴资金1186.9万元。培养浙江工匠4名，推荐浙江大工匠2名、浙江青年工匠22名，新培养高技能人才1803人，引进高校毕业生8059人，完成年度目标任务的100%。

【社会保障体系建设及社会保险】 以打造民生服务品牌为重点，精准高效发挥社保政策兜底保障作用。基本养老保险参保率达到98.78%。做好被征地农民基本生活保障工作，落实被征地农民指标2957人。做好企业退休人员社会化管理服务，全区6万余企退人员通过“智慧认证”完成生存情况核实。完成7444份托管失业人员档案电子化工作。完善社保基金内控稽核工作机制和第三方审计监督模式，做好社保基金法纪教育和警示教育，做到警钟长鸣。

【劳动关系管理及劳动保障监察】 以巩固无欠薪区创建成果为牵引，持续推进构建和谐劳动关系新发展。组织开展迎接省考专项治理行动、“婺城安薪”在建工程专项检查等活动。牵头建立“一站式”司法调解确认机制，拓宽劳动者维权渠道。全年共受理举报投诉案件667起，涉及职工3070人，涉案金额达4000余万元。加强仲裁“三标准”建设，优化调解仲裁网络在线服务能力，加强调解仲裁队伍专业化建设，共处理劳动争议案件474起，涉及劳动者人数516人，涉案金额共计851.55万元，网络庭审案件数302起，网络办案率67.2%。

【数字化改革】 以需求导向为改革突破口，高质量推进人社领域数字化改革工作。完成核心业务梳理28项、重大任务23项，分任务91项。推进创新项目“就帮你”就业岗位个性化智荐系统，系统被列入区“数字社会”重点项目之一，已整合到省人力社保厅统一的“数字就业”重点群体帮扶场景中，完成就业帮扶8915次，实现就业3664人，改革成效被区《赛跑者》、婺城改革、今日婺城等多次刊登报道。

【信息工作】 以提高婺城人社辨识度为目标，不断提升信息宣传工作质量。信息《基层反映应届高校毕业生不再“忧就业”但“慢就业”带来四方面问题亟须警惕》在省政府办公厅《专报国办信息》91期刊登，《基层反映疫情管控趋严背景下节前节后用工总体形势不容乐观》上报省政府专报，并被副省长高兴夫批示肯定。外宣信息在中央电视台、《人民日报》各报道1篇，《浙江日报》报道10篇，《金华日报》报道25篇。

（邵　凯）

人物　荣誉

人物简介

【王亮】 男,1999年1月出生,中共党员,中国人民解放军某部队班长。2020年7月12日,王亮在老家探亲休假期间,面对群众乘车落水的生死险情,不顾自身安危,跃下5米山崖,三进三出山洪激流,两分多钟奋力救出4名落水群众,体现其作为共产党员和“四有”新时代革命军人的崇高品格与使命担当。曾获“中国好人”、陆军第三届“四有”新时代革命军人标兵、一等功,浙江青年五四奖章等荣誉。2021年,获第八届全国道德模范和第七届浙江省道德模范荣誉称号。王亮现在南昌陆军学院学习。

【邵建新】 男,1977年12月出生,群众,籍贯浙江金华,婺城区新狮街道杨家相村村民。2020年11月1日上午10点15分,杨家相村一个女孩被小狗惊吓不慎掉入水深达4米的水井里,来井边洗菜的村民发现落水的小女孩后及时呼救,在附近村委会开会的邵建新听到求救声迅速冲了出来,立刻跳下了水井,将孩子使劲往上托,在井边的其他村民帮忙一起努力将孩子救了上来。从跳水到将人救起仅用时78秒。邵建新短短78秒时间深井救人的事迹被“学习强国”、《金华日报》等多家媒体报道。邵建新入选2021年1月“浙江好人榜”,入选2021年2月“中国好人榜”。

【曹荣安】 男,汉,1938年11月出生,中共党员,籍贯浙江诸暨,金华市工行退休职工 ,金华雷锋事迹馆馆长(创始人)。曹荣安1982年投身环保事业成为一名志愿者,2001年创立金华首个环保组织——金华绿色之友,2010年创办全国首个“雷锋文化”主题民间雷锋馆。40年来,曹荣安传播仁善之美、践行雷锋精神,个人公益捐款80余万元,开展各类志愿服务活动3600余场次,向国内外各界人士宣扬雷锋精神达20万余人次,被世人称为“环保雷锋老人”。他的事迹被《人民日报》《光明日报》《解放军报》《中国环境报》等主流媒体报道,先后获得“全国最美志愿者”“浙江好人”“全国离退休干部先进个人”等荣誉称号,两次受到习近平总书记接见。曹荣安入选2021年12月“中国好人榜”。

【蒋元美】 女,1981年2月出生,中共党员,籍贯浙江金华,现任金华市特殊教育学校党支部副书记。蒋元美扎根特教22年,把金华特教做成从无到有、从有到优的品牌。她根据每个特殊儿童的特点和需要选择适当的教学策略进行缺陷补偿,提供个性化服务。在她的教育引导下,先后有100多名特殊孩子走上工作岗位,200多名特殊孩子学会生活技能,融入社会。在她的指导下,金华市相继建成7个融合教育卫星班,实现资源教室“两个全覆盖”,培训资源教师500余人次,惠及1000余名残障儿童。同时,她还坚持带领同事为重度残障儿童开展送教上门服务,5年来累计开展200余次。她说,特殊教育事业是她亲爱的热爱的事业,先后获“浙江省特教园丁奖”“市特殊教育先进个人”“市直教坛新秀”等荣誉称号,她的事迹相继被《金华日报》、金华百姓零距离、“学习强国”等媒体报道。蒋元美入选2021年4月“金华好人榜”,入选2021年5月“浙江好人榜”。

【杨伟】 男,1967年4月出生,中共党员,浙江省核工业某大队职工。2013年，杨伟的朋友陈孝伟突发中风瘫痪在床，导致生活不能自理，突如其来的打击使他甚至产生了轻生的念头。这时候，作为朋友的杨伟主动找到陈孝伟，一边劝慰一边作出庄重承诺："我来照顾你一辈子，自己照顾不了，儿子会继续照顾。"从此开始了长达8年照料孝伟的历程。8年来，每天风雨无阻到陈家伟家中探望照顾，陈孝伟的进食、穿衣、洗漱、复检都被他安排得妥妥当当、无微不至，从未间断。3000多个日日夜夜，他毫无怨言地照顾着陈孝伟，不是兄弟胜似兄弟。"这8年多，如果没有杨伟和他家人帮助，我真不知道这日子怎么过来的"，陈孝伟一家说起杨伟，心中满满的感激之情。杨伟"老友守望"的感人事迹被搜狐网、新浪网等多家媒体报道。杨伟入选2021年4月"金华好人榜"，入选2021年6月"浙江好人榜"。

【金志捷】　男，1987年1月出生，籍贯浙江金华，金华五星汽车出租有限公司职工。2021年8月12日10时许，金志捷驾驶浙GT2339出租车搭载一位老人前往文荣医院。老人安全送达目的地后，金志捷驾车继续行驶，半路突然发现副驾驶座上遗落着一个黑色塑料袋。金志捷以为是老人遗落的药物，打开一看却发现是一捆捆的现金，足足有4万元，抵得上自己半年的收入。金志捷立马调转车头往文荣医院赶，一个念头就是想着希望能追上老人还给人家，但到了医院门口却不见大爷踪影，金志捷情急之下马上向公司作了报告并报警。上午11时，在多方联系下，金志捷找到老人并亲手把4万元钱交还老人手中。面对失而复得的钱，激动的老人说这是自己准备交到医院的医药费，说罢颤抖着抽出几张钱来要感谢金志捷，被金志捷连连拒绝。金志捷说："这是举手之劳，人家的东西肯定要还给人家，我一直教导两个女儿，别人的东西不要拿。"金志捷拾金不昧的感人事迹一经媒体报道迅速引发社会强烈反响，金华市委常委、宣传部部长吕伟强批示加大宣传并亲自部署宣传工作。金志捷入选2021年8月"金华好人榜"，入选2021年9月"浙江好人榜"。

【王启鹏】　男，1985年10月出生，36岁，中共党员，籍贯安徽芜湖，生前系中国人民解放军某部队战士。王启鹏出身军人世家，家族四代先后有9人参军报国。2007年，从小立志参军的王启鹏如愿光荣从军。14年来，王启鹏以部队为家，待战友如亲人。2021年8月24日上午，王启鹏因脑部疾病医治无效去世，在家人的同意下，他的器官捐献手术在树兰(杭州)医院进行，他所捐献的心脏、肝脏、肾脏等器官至少能挽救5位器官衰竭者的生命。捐献器官时，王启鹏的妻子向红十字会提出了唯一的要求：希望心脏受捐者在康复后能录一段心跳的声音，给女儿留下一个念想。王启鹏的事迹被《人民日报》、央视新闻、人民网、"央视军事"公众号、"新华每日电讯"公众号、《浙江日报》等多家主流媒体宣传报道。王启鹏入选2021年9月"金华好人榜"，入选2021年10月"浙江好人榜"。

【周亚军】　女，1965年9月出生，籍贯浙江金华，现为金华婺城口腔医院院长。她热衷公益40余载，累计向社会捐资近200万元，自从2002年开展儿童公益防蛀牙活动，提供免费体检和咨询，惠及学生30万人次。2015年，周亚军还曾受邀前往美国纽约联合国总部参加女性公益可持续发展国际论坛，并向中国妇女发展基金会捐赠20万元。从16岁的5元钱爱心款，到如今走向联合国把爱心奉献给全世界，周亚军的这份爱始终坚定，从未改变。为更好地开展公益事业，她在2020年10月1日创立了金华市红十字会"婺城口腔医院周亚军口腔健康基金"，并向市红十字会转交了20万元基金。时间在变，周亚军的公益之心始终不变，无论是扶贫公益、口腔医疗援助，还是积极抗疫，周亚军一直坚守善心、传播爱心。周亚军入选2021年1月"金华好人榜"。

【陈迎春】　女，1977年10月出生，籍贯浙江金华，古婺酒坊店主。她连续九年坚持设立免费饮水点，凭借一个保温壶、两个托盘、七八只消毒过的水杯，简单的保温设备，每天为来往的路人提供"一杯水"公益。3000多个日夜，每天早上8点到晚上9点，其间，要及时添水、换水，让游客都能喝上热水，免费饮水点无声浸润着来往游客，这么多年共计惠及上百万游客。作为土生土长的金华人，热爱传统文化的陈迎春，在行"爱心之举"时，积极传播金华古子城的人文历史，介绍特产美食，让更多人了解金华、传播金华。勤勉、热心、互助、友爱是群众对她的赞扬。她的热心之举被央视4套《记住乡愁——江南邹鲁信义之城》节目详细报道。陈迎春入选2021年3月“金华好人榜”。

【朱惠萍】 女,1958年5月出生,籍贯浙江金华,群众,金华市麦地社会工作服务中心创办人。2014年起,朱惠萍创办金华市麦地社会工作服务中心,8年的时间里,她拿出自己70多万元积蓄用于建设服务中心和帮扶智障儿童,帮助他们健康成长。至今,她带领社工服务中心成员累计参与800多场大型志愿服务活动,开展志愿服务时长超6万多小时,手把手引导帮助20多名智力残障孩童走向社会。2021年3月8日,朱惠萍登上央视《向幸福出发》三八国际妇女节特别节目,她动情呼吁更多的人来关爱智障儿童这个特殊群体,同时呼吁社会尊重和接纳他们,引起良好社会反响。她的事迹被央视、浙江新闻等多家权威媒体报道,被孩子们亲切地称为“朱妈妈”。朱惠萍入选2021年5月“金华好人榜”。

【丁夏维】 女,1988年6月出生,中共党员,籍贯浙江诸暨,现任金华市婺城区人民检察院第六检察部主任。从检11年,她以“匠人之心”投身司法办案,承办及审批的1200余件刑事案件,件件成铁案。她在未成年人司法保护领域屡创佳绩,2017年11月创立“蔷薇工作室”未检品牌;带领集体先后获评“全国五四红旗团支部”“浙江省优秀青少年维权岗”等荣誉称号;率先在全市以项目化形式引入专业社会力量,创设“春苗计划”未成年人观护帮教机制,竭尽全力为失足少年纠偏引路,累计教育挽救276名罪错未成年人有序回归社会。她撰写的《未成年人检察及权益保护工作白皮书(2018—2020)》获金华市委副书记、政法委书记蔡永波的批示肯定。她办案工作之余主动深入学校、社区开展法治巡讲50余场,累计覆盖10余万人。她办理的多起案件被评为省级以上典型优秀案例,多次被新华网《检察日报》《浙江法制报》等国家级、省级媒体报道。其中“主动担当、凝聚合力,强化困境未成年人”案例,入选最高人民检察院未成年人保护十大典型案(事)例,2021年5月31日央视新闻频道《新闻直播间》聚焦该案例,以13分钟时长深度采访报道。丁夏维入选2021年6月“金华好人榜”。

【谢小忠】 男,1985年3月出生,中共党员,籍贯江西吉安,金华市美晨商贸有限公司总经理。从2014年开始他就自发组织开展公益助学,坚持每年结对帮扶一所中西部或偏远山区小学,现已结对资助6所小学,累计筹集捐助物资近60万元,他的爱心足迹横跨五省六市,远至新疆温宿。在2020年新冠疫情暴发期间,得知医疗物资短缺,他不惜花费数十万元高价收入5万只口罩紧急援助武汉。不仅如此,他还主动适应互联网需求开展网络生态环保公益活动,多年来带领大家放生鱼苗200万条,有力促进水环境保护。2021年4月,他组织举办白沙溪公益放流活动通过快手、抖音等直播平台向全社会发起倡议,网络播放量超过500多万+,直播互动参与人数超过30万人次。谢小忠入选2021年6月“金华好人榜”。

【华益军】 男,1976年01月出生,中共党员,国网金华供电公司婺城供电分公司罗店供电所所长。1993年,华益军从一名农电工做起,每天穿梭于平均海拔近1000米的崇山峻岭间,足迹踏遍辖区内500多个村庄。28年来,他累计巡线行程12万多千米,带领同事处理各种故障2万多起,上门服务群众用电5000余次,先后为3700户农户解决用电难题,其间的18个除夕夜,他在抢修或岗位中度过。他多次带头参与抢险救灾任务,曾在冰天雪地中连续奋战14个日夜,也曾冒着左胸肋骨骨折可能戳穿肺部的危险,坚持完成抢修任务。华益军扎根基层不忘学习钻研,他先后独自或牵头研发20余项创新成果,其中9项获得国家专利。2010年,他成立的“华益军劳模工作室”,先后培养出班组长15人、高级技能人才50多人。2018年,为解决下张家村、竹马村等片区茶花基地用电、供水难题,华益军亲自勘查、设计并组织增容线路施工,迅速架设10kV线路3条,新增1228kVA变压器10台,带动花卉苗木产值近10亿元。在他的用心服务下,当地的奶牛养殖户解决了多年的漏电问题,全省最大的养鸭场用上了“空调房”,辖区群众称赞其为“电力雷锋”。华益军个人事迹被央视《新闻联播》、人民网、浙江新闻等权威媒体宣传报道,个人获“国网公司系统优秀农村电工”“国网公司劳动模范”等荣誉称号。

华益军入选 2021 年 7 月“金华好人榜”。

【徐宏亮】 男,1974 年 9 月出生,籍贯浙江金华,婺城区琅琊镇琅琊徐村村委,8 月 25 日下午，白沙溪第二堰附近有人溺水,正在溪边的徐宏亮听到呼救声后迅速赶来,面对险情,他没有丝毫犹豫,“抢”过边上群众的救生圈,立刻冲下台阶,朝着男子溺水位置游去。此时的男子已经无力挣扎,逐渐沉下水面。徐宏亮依稀看到男子水下的身影,眼疾手快用腿一把勾住他的手臂,快速地将其拖出水面。一边小心地让男子头部枕在救生圈上,一边提醒岸上的人拨通“120”急救电话。前后不到 4 分钟的时间,就将溺水男子救上了岸。救上岸后,溺水男子已失去知觉,由于场地受限不能平躺,徐宏亮采用背部叩击帮他慢慢恢复知觉,一直照料直到救护车将溺水男子接走,在生死时速的救援行动中成功挽救了溺水者的生命,保全了一个家庭的幸福。他的事迹一经浙江卫视、金华新闻等媒体报道迅速引发社会强烈反响。徐宏亮入选 2021 年 9 月“金华好人榜”。

【吕昭华】 男,1964 年 4 月出生,中共党员,现为城中派出所民警,四级高级警长。他 27 年如一日,将满腔热血投入为百姓办实事中。于他而言,能够穿上警服,被群众需要就是一种幸福。工作中,他创推“心喜月社工站”“茶花姐妹一姐一格”“老党员驿站”“心理咨询服务站”以及“七彩阳光服务队”,形成覆盖全域的“四站七队”服务管理架构,为城中派出所被评为全省首批“枫桥式公安派出所”作出了突出贡献。他走遍辖区每一幢建筑物、每一户住户、每一间出租屋,成为群众的“知心人”,化解矛盾纠纷 1520 余起,为民办实事 3100 余起。他坚持民意主导警务理念,经常性开展“警民恳谈”“公民警校”等警民互动活动,组建了全市第一支市级党员义务巡逻队;他总结出“个十百千万”工作法,成立“口口宣调驿站”独有的矛盾纠纷化解品牌。他开发全市第一辆“5G 阳光移动联席警务车”,其管辖区域电信诈骗发案率为零,5G 小黄车的数字赋能成效先后在《人民日报》《人民公安报》等央级媒体刊发推介。吕昭华入选 2021 年 10 月“金华好人榜”。

【张茂秀】 男,1964 年 7 月出生,中共党员,籍贯浙江金华，金华市婺城区乾西乡卫生院党支部书记、院长。乾西乡卫生院里，挂着患者送来的 11 面锦旗。2012 年,张茂秀在此创办婺城区首个针灸理疗科室,2018 年获评金华市基层医疗卫生机构特色科室。此科室开展针灸、拔罐、牵引、推拿、穴位敷贴、中药熏蒸、小儿抚触等多种特色疗法,平均每年接待患者 1 万多人次。从业 40 年来,张茂秀辗转多个工作岗位,始终坚持在一线服务群众。2013 年任乾西乡卫生院院长后，他带领团队将卫生院打造成“全国群众满意卫生院”、省级“三优”指导中心等,他个人也获评浙江省抗击新冠肺炎疫情先进个人、浙江省优秀乡镇卫生院院长、金华市劳动模范等多项荣誉称号,被授予金华市五一劳动奖章。2020 年年初,婺城区设立医学观察对象集中隔离点,张茂秀主动请战,连续 60 天坚守隔离点,监测观察对象健康状况、日常宣教、清理垃圾、安抚情绪等,不仅是医护人员,也是“服务员”、心理疏导员。作为婺城区人大代表,张茂秀走近群众,倾听民声,先后提出关于“加大对卫健系统的投入”“建设‘四点半学校’”“增设婺城大桥公交线路”等建议,还积极参与土地征迁、“五水共治”等重点工作,其在征迁过程中的民情民访代办经验，曾在婺城区作交流推广。面对高强度的工作，张茂秀总是说:“我是一名医生,更是一名党员,关键时刻本就应该冲在前面。”张茂秀入选 2021 年 10 月“金华好人榜”。

【梅兰溪】 男,1984 年 6 月出生,37 岁，中共党员,籍贯浙江金华,金华市婺城区益心社会工作服务中心主任。2007 年,梅兰溪大学期间响应“西部计划”和“欠发达地区计划”两个计划号召,加入志愿服务队伍,远赴四川省古蔺县及我省欠发达地区开展助农、助学等志愿服务,从一名志愿者逐步成长为志愿组织带头人。2019 年,梅兰溪成立益心社会工作服务中心,将志愿服务投射到金华偏远山区。他推出“情暖桑榆”等扶老助老公益项目,致力于关爱偏远山区困难老人,填补了偏远山区农村志愿服务空白,成为老人们心中温暖的“亲人”。三年来,他带领团队已为婺城区各偏远山区农村老人开展便民服务 36 场,健康知识讲座 16 场,开展“一对一”上门走访服务 185 次,服务人数达 3000 人次,多名老人在他们的帮扶下走出困境、重拾了生活希望。在他的带领下,益心组织不断发展壮大,拥有志愿者100余名,2020年以来,他依托新时代文明实践中心(所、站)等阵地开展疫情防控等各类志愿服务活动100多场(次),服务人群5000余人次。个人曾多次获浙江省志愿服务先进个人、浙江省“战疫群英”优秀个人、金华市最美“战疫”志愿者等荣誉称号。梅兰溪入选2021年11月“金华好人榜”。

荣 誉

2021年度婺城区获党委、政府表彰表扬的先进集体

表9

序号	获表彰单位	荣誉名称	表彰单位/表彰文号	表彰时间
	一、省级			
1	婺城区	2020年度森林浙江建设目标责任制考核优秀单位	浙江省人民政府办公厅	2021年3月
2	婺城区	浙江省2020年度平安区	中共浙江省委 浙江省人民政府	2021年3月
3	婺城区	2020年度“五水共治”(河长制)工作优秀县(市、区)“大禹鼎”	中共浙江省委 浙江省人民政府	2021年5月
4	婺城区	省级生态文明建设示范区	浙江省人民政府	2021年7月
5	区司法局	浙江省文明单位	中共浙江省委 浙江省人民政府	2021年1月
6	婺城区白龙桥镇中心小学	浙江省第一届文明校园	中共浙江省委 浙江省人民政府	2021年1月
7	区林业局	省“森林浙江”建设工作突出贡献集体	中共浙江省委 浙江省人民政府	2021年1月
8	区林业局	省松材线虫病防治工作和全面禁止非法交易、滥食野生动物工作突出贡献集体	浙江省人民政府办公厅	2021年12月
	二、金华市级			
1	婺城区	安全生产优秀县(市、区)	金华市人民政府办公室	2021年1月
2	婺城区、金华经济技术开发区	2020年度县(市、区)综合考评优秀单位	中共金华市委 金华市人民政府	2021年2月
3	婺城区	市工业经济综合目标责任制考核先进单位	金政发〔2021〕11号	2021年2月
4	婺城区、金华经济技术开发区	市党政领导科技进步目标责任制考核优秀县(市、区)	金政发〔2021〕11号	2021年2月
5	婺城区	粮食安全考核优秀县(市、区)	金华市人民政府	2021年8月
6	婺城公安分局 城中街道办事处 罗店镇人民政府	创建第六届全国文明城市工作突出贡献集体二等功	金政发〔2021〕4号	2021年1月

续表 9

序号	获表彰单位	荣誉名称	表彰单位/表彰文号	表彰时间
7	江南街道办事处 三江街道办事处 秋滨街道办事处	创建第六届全国文明城市工作突出贡献集体二等功	金政发〔2021〕4 号	2021 年 1 月
8	区教育局、建设局、行政执法局、城西街道办事处、城东街道桃园社区居委会、城北街道红湖路社区居委会、新狮街道玫瑰园社区居委会、长山乡政府	创建第六届全国文明城市工作突出贡献集体三等功	金政发〔2021〕4 号	2021 年 1 月
9	金华经济技术开发区宣传部、西关街道办事处、苏孟乡政府、洋埠镇政府、汤溪镇政府、罗埠镇政府、市市场监督管理局金华开发区分局、市行政执法局金华开发区分局	创建第六届全国文明城市工作突出贡献集体三等功	金政发〔2021〕4 号	2021 年 1 月
10	区委宣传部、财政局等 13 家单位	创建第六届全国文明城市工作突出贡献集体嘉奖	金政发〔2021〕4 号	2021 年 1 月
11	金华经济技术开发区党群工作部、农业农村和旅游发展局等 13 家单位	创建第六届全国文明城市工作突出贡献集体嘉奖	金政发〔2021〕4 号	2021 年 1 月
12	区纪委、监委、婺城区委办等 28 家单位	金华市创建第六届全国文明城市工作先进集体	金委发〔2021〕2 号	2021 年 1 月
13	金华经济技术开发区纪检监察工委、金华开发区组织人力社保局等 28 家单位	金华市创建第六届全国文明城市工作先进集体	金委发〔2021〕2 号	2021 年 1 月
14	白龙桥镇、秋滨街道	2020 年度全市十强工业强镇(乡、街道)	金政发〔2021〕11 号	2021 年 2 月
15	安地镇人民政府	金华市生态文明建设成绩突出集体	金委发〔2021〕31 号	2021 年 2 月
16	婺城区委组织部 区委政法委 区公安分局 区退役军人事务局 新狮街道党工委、办事处 雅畈镇党委、政府 白龙桥镇党委、政府 区红十字应急救援队	金华市“党建+社会治理”突出贡献集体	金委发〔2021〕12 号	2021 年 4 月
17	金华经济技术开发区政法办公室 开发区组织人力社保局 市公安局江南分局 洋埠镇党委、政府 苏孟乡党委、政府 三江街道寺前皇社区 三江街道向日葵社会工作服务中心	金华市“党建+社会治理”突出贡献集体	金委发〔2021〕12 号	2021 年 4 月

续表 9

序号	获表彰单位	荣誉名称	表彰单位/表彰文号	表彰时间
18	婺城区委办公室、经济商务局、科技局、交通运输局、乾西乡人民政府、蒋堂镇人民政府	2020 年度金华市金义都市区建设工作先进集体	金委发〔2021〕20 号	2021 年 6 月
19	金华经济技术开发区党政综合办公室、经济发展局、社会发展局、建设局、三江街道办事处	2021 年度金华市金义都市区建设工作先进集体	金委发〔2021〕20 号	2021 年 6 月
20	区财政局	金华市先进基层党组织	金委发〔2021〕21 号	2021 年 6 月
21	琅琊镇人民政府	金华市夺取“五水共治”“大禹鼎”金鼎集体二等功	金政发〔2021〕28 号	2021 年 11 月
22	区水务局	金华市夺取“五水共治”“大禹鼎”金鼎集体三等功	金政发〔2021〕28 号	2021 年 11 月
23	金华经济技术开发区“五水共治”专项工作指挥部办公室	金华市夺取“五水共治”“大禹鼎”金鼎集体三等功	金政发〔2021〕28 号	2021 年 11 月
24	新狮街道办事处	金华市夺取“五水共治”“大禹鼎”金鼎集体嘉奖	金政发〔2021〕28 号	2021 年 11 月
25	金华金开城市建设投资集团有限公司	金华市夺取“五水共治”“大禹鼎”金鼎集体嘉奖	金政发〔2021〕28 号	2021 年 11 月
26	琅琊镇、罗埠镇	金华市“基层党建+安全生产标准化”示范乡镇	金华市人民政府办公室	2012 年 12 月
27	秋滨街道办事处	2020 年度金华市民营经济强市建设先进集体	金委发〔2021〕33 号	2012 年 12 月

2021 年度婺城区获党委、政府表彰表扬的先进个人

表 10

序号	姓　名	工作单位	荣誉称号	表彰单位/表彰文号	表彰时间
	一、省级				
1	黄东泳	区检察院	全省扫黑除恶专项斗争先进个人	中共浙江省委 浙江省人民政府	2021 年 3 月
2	王伟文	金华市环城小学	浙江省先进党务工作者	中共浙江省委	2021 年 7 月
3	卢恒星	区乡村建设指导中心	省农村工作指导员和科技特派员工作成绩突出个人	中共浙江省委办公厅 浙江省人民政府办公厅	2021 年 8 月
4	周　艳	金华市婺城区东市街小学	浙江省第四届体育大会龙舟比赛女子组 100 米、200 米、500 米直道竞速第一名(金华队)	浙江省人民政府	2021 年 10 月
5	祝丽娟	区农业技术推广站	省粮食和生猪增产保供成绩突出个人	浙江省人民政府办公厅	2021 年 11 月
6	郑艳宏	区林业有害生物防治检疫站	省松材线虫病防治工作和全面禁止非法交易、滥食野生动物工作突出贡献个人	浙江省人民政府办公厅	2021 年 12 月
7	叶　锋	区野生动植物保护管理站	省松材线虫病防治工作和全面禁止非法交易、滥食野生动物工作突出贡献个人	浙江省人民政府办公厅	2021 年 12 月
	二、金华市级				
1	蔡　艳、曾仁标等 9 人	婺城区	创建第六届全国文明城市工作个人二等功	金政发〔2021〕4 号	2021 年 1 月
2	张旭辉、苏荣兵等 9 人	金华经济技术开发区	创建第六届全国文明城市工作个人二等功	金政发〔2021〕4 号	2021 年 1 月
3	盛奇兵、邹洋等 30 人	婺城区	创建第六届全国文明城市工作个人三等功	金政发〔2021〕4 号	2021 年 1 月
4	张庆奇、孙金能等 30 人	金华经济技术开发区	创建第六届全国文明城市工作个人三等功	金政发〔2021〕4 号	2021 年 1 月
5	胡小荣、张遵强等 66 人	婺城区	创建第六届全国文明城市工作个人嘉奖	金政发〔2021〕4 号	2021 年 1 月
6	陈威虎、刘均利等 66 人	金华经济技术开发区	创建第六届全国文明城市工作个人嘉奖	金政发〔2021〕4 号	2021 年 1 月
7	胡军艳、朱少强等 116 人	婺城区	金华市创建第六届全国文明城市工作先进个人	金委发〔2021〕2 号	2021 年 1 月
8	程　娟、杨　晨等 115 人	金华经济技术开发区	金华市创建第六届全国文明城市工作先进个人	金委发〔2021〕2 号	2021 年 1 月
9	周　峰、叶琳琳等 28 人	婺城区	“党建+社会治理”工作突出贡献个人	金委发〔2021〕12 号	2021 年 4 月
10	蔡于群、华　斌等 21 人	金华经济技术开发区	“党建+社会治理”工作突出贡献个人	金委发〔2021〕12 号	2021 年 4 月

续表 10

序号	姓 名	工作单位	荣誉称号	表彰单位/表彰文号	表彰时间
11	戴志坚	汤溪镇人民政府	金华市劳动模范	金委发〔2021〕15 号	2021 年 4 月
12	童桂恒	金华市第四中学	金华市劳动模范	金委发〔2021〕15 号	2021 年 4 月
13	周文仙	区农业农村局	市优秀共产党员	中共金华市委	2021 年 6 月
14	卞凤涛	罗埠镇湖沿村	金华市优秀党务工作者	中共金华市委	2021 年 6 月
15	陈 波	罗店镇人民政府	金华市优秀党务工作者	中共金华市委	2021 年 6 月
16	杜建明、范锋鑫等 12 人	婺城区	2020 年度金华市金义都市区建设工作先进个人	金委发〔2021〕20 号	2021 年 6 月
17	孙金能、朱卫锋等 10 人	金华经济技术开发区	2020 年度金华市金义都市区建设工作先进个人	金委发〔2021〕20 号	2021 年 6 月
18	应 岚	区人民法院	2021 二季度金华市“攻坚争先大比拼”专班工作“拼创先锋”	中共金华市委 金华市人民政府	2021 年 11 月
19	蔡 艳	婺城区委	金华市夺取“五水共治”“大禹鼎”金鼎个人二等功	金政发〔2021〕28 号	2021 年 11 月
20	徐晓明	塔石乡人民政府	金华市夺取“五水共治”“大禹鼎”金鼎个人二等功	金政发〔2021〕28 号	2021 年 11 月
21	潘陈丽	汤溪镇人民政府	金华市夺取“五水共治”“大禹鼎”金鼎个人二等功	金政发〔2021〕28 号	2021 年 11 月
22	何 宪	区科学技术协会/区“五改”指挥部	金华市夺取“五水共治”“大禹鼎”金鼎个人三等功	金政发〔2021〕28 号	2021 年 11 月
23	包纯正	雅畈镇人民政府	金华市夺取“五水共治”“大禹鼎”金鼎个人三等功	金政发〔2021〕28 号	2021 年 11 月
24	严剑平	区建设局	金华市夺取“五水共治”“大禹鼎”金鼎个人三等功	金政发〔2021〕28 号	2021 年 11 月
25	邵天加	金华经济技术开发区农业农村和旅游发展局	金华市夺取“五水共治”“大禹鼎”金鼎个人三等功	金政发〔2021〕28 号	2021 年 11 月
26	徐金晟	金华经济技术开发区建设局	金华市夺取“五水共治”“大禹鼎”金鼎个人三等功	金政发〔2021〕28 号	2021 年 11 月
27	杨智福	秋滨街道办事处	金华市夺取“五水共治”“大禹鼎”金鼎个人三等功	金政发〔2021〕28 号	2021 年 11 月
28	张振华	区农业农村局	金华市夺取“五水共治”“大禹鼎”金鼎个人嘉奖	金政发〔2021〕28 号	2021 年 11 月
29	缪旭东	安地镇人民政府	金华市夺取“五水共治”“大禹鼎”金鼎个人嘉奖	金政发〔2021〕28 号	2021 年 11 月
30	金晓剑	乾西乡人民政府	金华市夺取“五水共治”“大禹鼎”金鼎个人嘉奖	金政发〔2021〕28 号	2021 年 11 月

续表 10

序号	姓　名	工作单位	荣誉称号	表彰单位/表彰文号	表彰时间
31	时义清	苏孟乡人民政府	金华市夺取“五水共治”“大禹鼎”金鼎个人嘉奖	金政发〔2021〕28 号	2021 年 11 月
32	王　卫	罗埠镇人民政府	金华市夺取“五水共治”“大禹鼎”金鼎个人嘉奖	金政发〔2021〕28 号	2021 年 11 月
33	李　刚	区教育局	金华市人民政府教育教学成果一等奖	金华市人民政府	2021 年 12 月
34	张震雷	金华市第五中学	金华市人民政府教育教学成果一等奖	金华市人民政府	2021 年 12 月
35	王伟文	金华市环城小学	金华市人民政府教育教学成果一等奖	金华市人民政府	2021 年 12 月
36	俞秀玲	金华实验中学	金华市人民政府教育教学成果一等奖	金华市人民政府	2021 年 12 月
37	姚晓芳	金华市环城小学教育集团第二小学	金华市人民政府教育教学成果二等奖	金华市人民政府	2021 年 12 月
38	张　靖	金华市青春小学	金华市人民政府教育教学成果二等奖	金华市人民政府	2021 年 12 月
39	俞正强	金华师范学校附属小学	金华市人民政府教育教学成果二等奖	金华市人民政府	2021 年 12 月

2021 年婺城区获各条线表彰的先进集体

表 11

序号	获表彰单位	荣誉名称	表彰单位/表彰文号	表彰时间
	一、国家级			
1	金华市住房公积金管理中心婺城管理部	全国五一巾帼标兵岗	总工发〔2021〕5 号	2021 年 4 月
2	浙江师范大学附属小学	全国中华优秀传统文化先行先试示范校	国务院发展研究中心东方文化与城市发展研究所、中国国学文化艺术中心	2021 年 1 月
3	区检察院:督促整治保护箬阳茶质量与品牌行政公益诉讼案	公益诉讼检察服务乡村振兴助力脱贫攻坚典型案例	最高人民检察院	2021 年 2 月
4	金华市第四中学语文教研组	全国巾帼文明岗	妇字〔2021〕9 号	2021 年 3 月
5	金华市荣光学校	中国民办教育改革创新示范学校	中国民办教育家代表大会理事会	2021 年 5 月
6	区检察院:主动担当 凝聚合力 强化困境未成年人小兰综合保护案	最高检检察机关与各方力量携手构建未成年人保护大格局典型案(事)例	最高人民检察院	2021 年 5 月
7	区检察院	全国“青少年维权岗”	中青明电〔2021〕23 号	2021 年 7 月
8	金华市婺城区文化和旅游体育局	全国群众体育先进单位	体群字〔2021〕210 号	2021 年 9 月
9	金华市婺城区东市街小学	第三批全国中小学中华优秀传统文化传承学校(婺剧)	教体艺厅函〔2021〕51 号	2021 年 11 月
10	金华实验中学	教育部批复同意设立全国英语等级考试考点	教试中心函〔2021〕115 号	2021 年 11 月
11	金华市红湖路小学	全国生态文明教育特色学校	中国环境文化教育专家委员会	2021 年 12 月
12	浙江师范大学婺州外国语学校	第三届“诵读中国”中华经典诵读大赛中学组一等奖	教语用厅〔2021〕2 号	2021 年 12 月
13	金华市东方红林场	全国深化国有林场改革试点单位	浙林字函〔2021〕402 号	2021 年 12 月
14	区工商联	全国“五好”县级工商联	全联发〔2021〕25 号	2021 年 12 月
	二、省级			
1	婺城区	浙江省区域推进语言文字规范化区	浙语办函〔2021〕1 号	2021 年 1 月
2	婺城区	省提升农村人居环境(农村生活垃圾分类处理)工作考核优秀县(市、区)	浙农社发〔2021〕1 号	2021 年 2 月
3	婺城区	2020 年度建筑工业化工作优秀县(市、区)	浙建设〔2021〕10 号	2021 年 2 月
4	婺城区	法治浙江(法治政府)示范区	中共浙江省委全面依法治省委员会〔2021〕5 号	2021 年 4 月
5	婺城区	浙江省幼儿园与小学科学衔接实验区	浙教办函〔2021〕121 号	2021 年 5 月
6	婺城区	浙江省人民政府对婺城区人民政府履行教育职责考核评价优秀	浙江省人民政府教育督导委员会办公室	2021 年 10 月
7	婺城区	省农村生活垃圾分类处理工作优胜区	浙村整建办〔2021〕11 号	2021 年 12 月
8	婺城区	省美丽乡村(农村人居环境提升)工作优胜县(市、区)	浙村整建办〔2021〕12 号	2021 年 12 月

续表 11

序号	获表彰单位	荣誉名称	表彰单位/表彰文号	表彰时间
9	区司法局	省级文明单位	中共浙江省委　浙江省人民政府	2021 年 1 月
10	区人民法院执行局	集体二等功	浙江省高级人民法院	2021 年 1 月
11	金华市婺城区红十字会	2020 年度浙江省红十字工作进步单位	浙红〔2021〕7 号	2021 年 2 月
12	金华市婺城区红十字会	浙江省红十字会新冠肺炎疫情防控先进集体	浙红〔2021〕8 号	2021 年 2 月
13	区工商联	浙江省县级工商联系统“能力提升年”先进单位	浙联发〔2021〕1 号	2021 年 1 月
14	区林业局	省“森林浙江”建设工作突出贡献集体	中共浙江省委　浙江省人民政府	2021 年 1 月
15	区住房和城乡建设局	2020 年度浙江省生活垃圾分类工作成绩突出集体	浙分类办〔2021〕1 号	2021 年 1 月
16	琅琊镇、安地镇	2020 年度浙江省园林城镇	浙建城〔2021〕1 号	2021 年 1 月
17	蒋堂镇、长山乡、箬阳乡、莘畈乡	2020 年度“浙江省森林城镇”	浙江省关注森林组织委员会	2021 年 1 月
18	金华市第五中学、金华市环城小学、教育集团第二小学、金华市婺城区东市街小学、新狮街道社区学校	2020 年浙江省首批现代化学校	浙政教督办函〔2021〕5 号	2021 年 1 月
19	金华市婺城区雅畈镇中心小学	浙江省中小学心理健康教育示范学校	浙心指中心〔2021〕5 号	2021 年 1 月
20	金华市第五中学	浙江省节水型单位	浙江省住房和城乡建设厅	2021 年 1 月
21	区检察院“暗网”毒品办案组、区检察院第五检察部	2020 年度法律监督成绩突出集体	浙检发政字〔2021〕8 号	2021 年 2 月
22	金华市金师附小教育集团婺城小学	浙江省百校联动优胜单位	浙江电视台少儿频道	2021 年 4 月
23	婺城区站前幼儿园、环城幼儿园、红湖路幼儿园、北苑幼儿园、白龙桥镇中心幼儿园、环城小学、北苑小学、站前小学、白龙桥镇中心小学	浙江省幼儿园与小学科学衔接试点校(园)	浙教办函〔2021〕121 号	2021 年 5 月
24	区检察院办理的刘某等人贩卖、运输毒品、非法持有枪支、弹药、容留他人吸毒案	2020 年度十大法律监督案例	浙江省人民检察院	2021 年 5 月
25	金华师范学校附属小学	浙江省教育评价改革典型案例	浙江省教育厅办公室	2021 年 5 月
26	区检察院办理的主动担当 凝聚合力 强化困境未成年人远离“隐秘角落”案	2021 年度全省检察机关未成年人司法保护典型案例	浙检九部〔2021〕9 号	2021 年 6 月
27	区检察院“暗网”毒品系列案	全省检察机关毒品犯罪案件十大典型案例	浙江省人民检察院	2021 年 7 月
28	区白沙溪三十六堰水利工程	第一批浙江省“五水共治”实践窗口	浙治水办发〔2021〕20 号	2021 年 8 月
29	区市场监督管理局	2018—2020 年浙江省市场环境建设成绩突出集体	浙微组发〔2021〕3 号	2021 年 8 月

续表 11

序号	获表彰单位	荣誉名称	表彰单位/表彰文号	表彰时间
30	区市场监督管理局	2018—2020 年浙江省市场环境建设成绩突出集体	浙微组发〔2021〕3 号	2021 年 8 月
31	区图书馆	“领读浙江 寻路初心”建党百年主题阅读活动“优秀领读组织奖”	浙文旅公共〔2021〕35 号	2021 年 10 月
32	区教育局	浙江省数字社会未来教育重点场景先行建设单位	浙教办函〔2021〕267 号	2021 年 10 月
33	城中街道、城北街道、城东街道、城西街道、新狮街道、乾西乡、白龙桥镇、蒋堂镇、竹马乡、安地镇、雅畈镇、琅琊镇、沙畈乡、塔石乡、长山乡、站前中队十六个综合行政执法中队	浙江省综合行政执法文明规范公正基层队所	浙综法函〔2021〕4 号	2021 年 11 月
34	竹马乡食安办、琅琊镇食安办、洋埠镇食安办、秋滨街道食安办	2021 年浙江省三星级乡镇(街道)食安办	浙食药安办〔2021〕12 号	2021 年 11 月
35	三江街道食安办	2021 年浙江省四星级乡镇(街道)食安办	浙食药安办〔2021〕12 号	2021 年 11 月
36	区图书馆	2021 年长三角阅读马拉松挑战赛（婺城站）暨婺城区第五届阅读马拉松挑战赛“优秀组织奖”	上海图书馆、南京图书馆、浙江图书馆、安徽省图书馆	2021 年 11 月
37	新狮街道	浙江省数字生活新服务特色镇	浙数新办〔2021〕10 号	2021 年 11 月
38	安地镇人民政府	省级零碳乡镇试点创建单位	浙双碳办〔2021〕6 号	2021 年 11 月
39	金华市婺城区琅琊镇中心小学	浙江省中小学教师信息技术提升 2.0 工程示范校	浙工程办函〔2021〕9 号	2021 年 11 月
40	金华市青春小学	浙江省少先队成绩突出团体	团浙联〔2021〕23 号	2021 年 11 月
41	金华市婺城区生态文化协会	省生态文化建设突出贡献集体	浙林办〔2021〕69 号	2021 年 11 月
42	区委组织部(老干部局)	全省老干部工作先进集体	浙人社发〔2021〕68 号	2021 年 12 月
43	区委编办	浙江省事业单位改革成效突出集体荣誉称号	浙事改〔2021〕1 号	2021 年 12 月
44	城东街道办事处八咏楼社区	第四批省级民族团结进步创建重点培养单位	浙江省民族宗教事务委员会	2021 年 12 月
45	汤溪镇	第二批千年古城复兴试点建设单位	浙发改城镇〔2021〕425 号	2021 年 12 月
46	罗埠镇下周村	2021 年度浙江省 AAA 级景区村庄	金广文旅〔2021〕68 号	2021 年 12 月
47	罗埠镇沙溪村	2021 年度浙江省文化示范村	浙文旅公共〔2021〕43 号	2021 年 12 月
48	金华市婺城区安地镇中小学校	入选“百年名校”	浙江教育报刊总社	2021 年 12 月
49	区检察院：周某某诈骗案	补充侦查十大典型案例	浙检发办字〔2021〕183 号	2021 年 12 月
50	婺城区检察院：韩某某等人电信网络诈骗系列案	精品案例(刑事检察类)	浙检发办字〔2021〕194 号	2021 年 12 月

续表 11

序号	获表彰单位	荣誉名称	表彰单位/表彰文号	表彰时间
51	金华市院、婺城区院、杭州市院、周某某诈骗案电子数据声像资料、司法会计鉴定	精品案例(检查技术辅助检察办案类)	浙检发办字〔2021〕194 号	2021 年 12 月
52	塔石乡、沙畈乡、竹马乡	2021 年度“浙江省森林城镇”	浙森组〔2021〕3 号	2021 年 12 月
53	金华市环城小学教育集团第二小学	浙江省教育科研先进集体	浙教科院〔2021〕24 号	2021 年 12 月
54	金华市站前小学	浙江省劳动教育实验校	浙江省教育厅教研室	2021 年 12 月
55	金华市婺城区白龙桥镇中心小学	浙江省生态文化基地	浙生协〔2021〕3 号	2021 年 12 月
56	雅畈镇	2021 年度新时代美丽城镇建设省级样板	浙城乡环治〔2021〕3 号	2021 年 12 月
57	竹马乡、蒋堂镇、莘畈乡、长山乡、箬阳乡、罗埠镇、洋埠镇	2021 年度浙江省新时代美丽城镇建设基本达标乡镇	浙城乡环治〔2021〕3 号	2021 年 12 月
58	竹马乡	2021 年度浙江省 AAA 级景区镇	金文广旅〔2021〕65 号	2021 年 12 月
59	金华市环城小学、金华市北苑小学	浙江省教师发展学校等级评估“优秀”	浙江省教育厅办公室	2021 年 12 月
60	金华师范学校附属小学语文教研组、金华市青春中学语文教研组	浙江省先进教研组	浙教研室〔2021〕39 号	2021 年 12 月
61	金华市站前小学、金华市育才小学	浙江省数字家长学校第二批联盟校	浙江省教育技术中心浙教办函	2021 年 12 月
62	金华市婺城区虹路小学	浙江省数字家长学校共建共享联盟单位	浙江省数字家长学校浙江省教育技术中心	2021 年 12 月
63	金华市婺城区白龙桥镇中心小学	浙江省数字家长学校第二批联盟校	浙江省教育技术中心	2021 年 12 月
64	区林业局	省松材线虫病防治工作和全面禁止非法交易、滥食野生动物工作突出贡献集体	浙江省人民政府办公厅	2021 年 12 月
65	金华市站前小学	2021—2024 周期体育传统项目学校阳光体育后备人才基地	浙体训〔2021〕356 号	2021 年 12 月
66	金华市红湖路小学、金华市婺城区雅畈镇中心小学、金华市婺城区白龙桥镇第二小学	浙江省城乡义务教育共同体区域和学校典型案例	浙教办函〔2021〕327 号	2021 年 12 月
67	区经济商务局	2021 年度中小微企业培育工作成绩突出集体	浙中小企业办〔2021〕5 号	2021 年 12 月
68	金华市住房公积金管理中心婺城管理部	2021 年度会员单位履行社会责任参与慈善事业表彰	浙房协〔2021〕43 号	2021 年 12 月
69	蔷薇工作室	第三批社会大普法“六优”培育行动计划优秀普法工作室	浙普办〔2021〕16 号	2021 年 12 月
	三、金华市级			
1	金华市住房公积金管理中心婺城管理部	金华市公积金管理机构 2021 年度工作目标责任制考核优秀单位	金市金〔2022〕1 号	2022 年 1 月
2	蔷薇工作室	金华市优秀志愿队	金志协〔2021〕1 号	2021 年 1 月

续表 11

序号	获表彰单位	荣誉名称	表彰单位/表彰文号	表彰时间
3	区人民法院王莺(法官工作室)	2020 年度社会大普法“六优”项目	金普办〔2021〕1 号	2021 年 1 月
4	金华市婺城区人民法院白龙桥人民法庭	集体三等功	金华市中级人民法院	2021 年 1 月
5	区检察院	2020 年度金华市先进基层检察院	金检发政字〔2021〕19	2021 年 2 月
6	区税务局	金华市巾帼建功标兵	金市妇〔2021〕8 号	2021 年 3 月
7	蒋堂镇	金华市区域推进语言文字规范化工作先进集体	金市语委办〔2021〕3 号	2021 年 4 月
8	秋滨街道妇联	金华市示范乡镇(街道)妇联	金市妇〔2021〕15 号	2021 年 4 月
9	区红十字会	金华市红十字应急救护大赛团体三等奖	金华市红十字会 金华市总工会	2021 年 4 月
10	蔷薇工作室	金华市检察系统先进集体	金检发政字〔2021〕28 号	2021 年 4 月
11	区人武部	金华市拥政爱民模范单位	金市拥领〔2021〕1 号	2021 年 4 月
12	区退役军人事务局、罗店镇人民政府	金华市拥军优属模范单位	金市拥领〔2021〕1 号	2021 年 4 月
13	金华经济技术开发区管理委员会社会发展局	金华市拥军优属模范单位	金市拥领〔2021〕1 号	2021 年 4 月
14	雅畈镇、塔石乡	2020 年度金华市新时代美丽城镇市级样板	金华市美丽城镇办公室	2021 年 4 月
15	洋埠镇	金华市示范性四好代表联络站	金人大常办〔2021〕46 号	2021 年 5 月
16	区市场监督管理局	“金华市执法人员食品抽样技能比武”团体二等奖	金市监便签〔2021〕103 号	2021 年 5 月
17	区红十字会	金华市红十字系统庆祝建党 100 周年宣传汇演金奖	金华市红十字会 金华市文广旅游局	2021 年 6 月
18	区检察院:行政非诉执行大数据研判平台、国有土地出让金公益诉讼智能研判系统	全市智慧检察创新应用设计优秀方案	金检发政字〔2021〕31 号	2021 年 6 月
19	区东方红林场森林消防队	市首届国有林场森林消防技能比武第一名	金华市森林防灭火和地质灾害应急指挥部办公室、金华市自然资源和规划局、金华市应急管理局	2021 年 8 月
20	洋埠镇	文明创建红榜单位	金华市创建办	2021 年 8 月
21	竹马乡	金华市级特色农业强镇	金农园办〔2021〕1 号	2021 年 8 月
22	区交通运输局区公路与运输管理中心	危货行业整治工作先进单位	金公运〔2021〕152 号	2021 年 9 月
23	区检察院：刘小圳等 42 人偷越国(边)境系列案	全市检察机关刑事检察十大诉源治理案例	金华市检察院	2021 年 10 月

续表 11

序号	获表彰单位	荣誉名称	表彰单位/表彰文号	表彰时间
24	区市场监督管理局	2021 年度全市系统全国法律知识竞赛初赛优秀	金市监便签〔2021〕204 号	2021 年 10 月
25	区统计局、城东街道、新狮街道、江南街道	金华市第七次人口普查模范集体	金人普办〔2021〕7 号	2021 年 11 月
26	区行政执法局（“一圈六方 法制商圈”普法项目）	社会大普法“六优”项目	金普办〔2021〕11 号	2021 年 11 月
27	区市场监督管理局	2021 年度全市系统行政处罚案卷评查优秀	金市监便签〔2021〕234 号	2021 年 11 月
28	区科学技术协会	年度工作突出单位	金市科协字〔2021〕43 号	2021 年 12 月
29	城东街道八咏楼社区	金华市社区“四就近”服务离退休工作三类社区	金华市委老干部局	2021 年 12 月
30	洋埠镇	AAA 级景区镇	金文广旅〔2021〕65 号	2021 年 12 月
31	罗店镇、洋埠镇	金华市法治建设示范性乡镇	金委法办发〔2021〕10 号	2021 年 12 月

2021年度婺城区获各条线表彰表扬的先进个人

表12

序号	姓 名	工作单位	荣誉称号	表彰单位/表彰文号	表彰时间
	一、国家级				
1	俞正强	金华师范学校附属小学	担任首届教育部基础教育教学指导委员会数学指导专委会副主任委员	教基厅函〔2021〕2号	2021年1月
2	汪 莉	浙江师范大学婺州外国语学校	第十五届全国初中教师基本功大赛一等奖	国家基础教育实验中心外语教育研究中心	2021年5月
3	王 洁	金华市荣光学校	第十五届全国初中教师基本功大赛一等奖	国家基础教育实验中心外语教育研究中心	2021年5月
4	徐锦生	金华市荣光学校	中国民办教育改革创新杰出人才	中国民办教育家代表大会理事会	2021年5月
5	陈 程	区检察院	全国网络犯罪检察人才库	高检四厅〔2021〕14号	2021年6月
6	汪庆平	区残疾人联合会	全国残疾人工作先进个人	国务院残疾人工作委员会	2021年7月
7	李君玉	金华市第四中学	全国"一师一优课、一课一名师"活动一等奖	中央电化教育馆	2021年10月
8	汤涵奕	金华市第四中学	全国中小学综合实践活动课程说课展示活动中一等奖	中小学综合实践活动课程师资研究培训基地	2021年11月
9	罗美君	金华市婺城区东市街小学	全国第五届"语文报杯"网络书法大赛金奖	语文报社	2021年11月
10	傅静飞	秋滨街道办事处	全国文化和旅游系统先进工作者	人社部发〔2021〕91号	2021年11月
11	周全喜	区应急管理局	全国应急管理系统先进工作者	人社部发〔2021〕85号	2021年11月
12	王伟文	金华市环城小学	全国实施妇女儿童发展纲要先进个人	国务院妇女儿童工作委员会	2021年12月
13	王彩芳	金华市红湖路小学	全国生态文明教育先进个人	中国环境文化教育专家委员会	2021年12月
14	林乐芸	金华市北苑小学	全国第三届小学语文统编小学语文教科书课例评审一等奖	人民教育出版社课程教材研究所	2021年12月
15	冯运才	区人民法院	荣誉天平奖	最高人民法院	2021年12月
16	叶必顺	区人民法院	荣誉天平奖	最高人民法院	2021年12月
	二、省级				
1	陈 程	区检察院	全省政法系统执法办案、矛盾纠纷调解成绩突出个人	浙政法发〔2021〕2号	2021年1月
2	钱 路	区司法局	全省政法系统执法办案、矛盾纠纷调解成绩突出个人	浙政法发〔2021〕2号	2021年1月
3	黄张弩	区检察院	个人二等功	浙检发政字〔2021〕7号	2021年2月
4	胡小婷	金华市婺城区应急管理局	全省"最美应急人"	浙应急〔2021〕13号	2021年2月

续表 12

序号	姓　名	工作单位	荣誉称号	表彰单位/表彰文号	表彰时间
5	梅晓珊	区消防救援大队	个人三等功	浙消令〔2021〕4 号	2021 年 2 月
6	刘芳艳	区动物防疫检疫中心	省级职工职业技能竞赛优胜选手“浙江金蓝领”	浙总工办发〔2021〕13 号	2021 年 3 月
7	郑艳华	区司法局	全省“法雨春风进万家”爱民实践活动表现突出个人	浙司〔2021〕44 号	2021 年 4 月
8	项　彦	金华市金师附小教育集团婺城小学	浙江省教育系统最美志愿者	浙教工〔2021〕17 号	2021 年 5 月
9	问青青	婺城南山省级自然保护区管理中心	最美家庭	中共浙江省委宣传部 浙江省妇女联合会	2021 年 5 月
10	何　清	区经济商务局	浙江省交易团关于表彰第 129 届广交会先进个人	春广交浙团〔2021〕32 号	2021 年 6 月
11	孙小静	金华师范学校附属小学	浙江省教坛新秀	浙教基金〔2021〕1 号	2021 年 7 月
12	陈红霞	金华市第五中学	浙江省教坛新秀	浙教基金〔2021〕1 号	2021 年 7 月
13	杨丽丽	金华市第四中学	浙江省教坛新秀	浙教基金〔2021〕1 号	2021 年 7 月
14	黄　贝	金华市环城小学	浙江省教坛新秀	浙教基金〔2021〕1 号	2021 年 7 月
15	季淑萍	区检察院	全省检察机关行政检察业务竞赛标兵	浙检发政字〔2021〕41 号	2021 年 8 月
16	张　璟	金华市青春中学	浙派名师名校长培养对象	浙教办函〔2021〕140 号	2021 年 9 月
17	刘旭升	金华市荣光学校	浙派名师名校长培养对象	浙教办函〔2021〕140 号	2021 年 9 月
18	徐俊英	金华市第五中学	浙派名师名校长培养对象	浙教办函〔2021〕140 号	2021 年 9 月
19	郑小咪	金华市第四中学	浙派名师名校长培养对象	浙教办函〔2021〕140 号	2021 年 9 月
20	程晨升	区农业农村局	省林业规划财务工作突出贡献个人	浙林规〔2021〕58 号	2021 年 9 月
21	赵晓华	区统计局	浙江省第七次人口普查省级成绩突出个人	浙人普组〔2021〕1 号	2021 年 10 月
22	钱柳松	金华市婺城区雅畈镇初级中学	浙江省“铭记百年辉煌 践行时代担当”教育技术战线先进个人	浙教技中心〔2021〕61 号	2021 年 10 月
23	叶燕萍、陈瑛汇	金华市婺城区白龙桥镇中心小学	浙江省教育学会乡村教育分会 2020—2021 年度先进工作者	浙教乡村教育分会〔2021〕第 2 号	2021 年 10 月
24	金献林	区环境卫生服务中心	浙江省城市市容环境卫生工作成绩突出个人	浙江省住房和城乡建设厅、浙江省总工会	2021 年 10 月
25	叶江琦	区临江东路消防救援站	个人三等功	浙消令〔2021〕23 号	2021 年 11 月
26	吴新亮	区临江东路消防救援站	个人三等功	浙消令〔2021〕25 号	2021 年 11 月
27	徐　晶	金华市环城小学	浙江省成绩突出少先队辅导员	团浙联〔2021〕23 号	2021 年 11 月
28	杨　欢	金华市环城小学教育集团第二小学	浙江省成绩突出少先队辅导员	团浙联〔2021〕23 号	2021 年 11 月

续表 12

序号	姓　名	工作单位	荣誉称号	表彰单位/表彰文号	表彰时间
29	许丽君、朱翠柳	区图书馆	2021 年长三角阅读马拉松挑战赛（婺城站）暨婺城区第五届阅读马拉松挑战赛“特别贡献奖”	上海图书馆、南京图书馆、浙江图书馆、安徽省图书馆联合颁发	2021 年 11 月
30	何　笑	金华市婺城区东市街小学	2021 年度浙江省精品数字教育资源评比活动获评省精品资源	浙教技中心〔2021〕118 号	2021 年 11 月
31	游　浩	区税务局第二税务所	浙江省青年岗位能手、浙江省巾帼建功能手	浙税发〔2021〕69 号	2021 年 11 月
32	盛俊好	区委编办	浙江省事业单位改革成效突出个人	浙事改〔2021〕1 号	2021 年 12 月
33	章卫坚	区税务局税源管理二股	浙江省税务系统先进工作者	浙税发〔2021〕76 号	2021 年 12 月
34	楚桐丽	区市场监督管理局	全省市场监管系统 2016—2020 年度法治宣传教育表现突出个人	浙市监法〔2021〕16 号	2021 年 12 月
35	陈艳玲	区司法局	全省社区矫正工作成绩突出个人	浙司〔2021〕119 号	2021 年 12 月
36	吴　岑	区经济商务局	2021 年度中小微企业培育工作成绩突出个人	浙中小企业办〔2021〕5 号	2021 年 12 月
37	何　帅	秋滨街道办事处	2021 年度中小微企业培育工作成绩突出个人	浙中小企业办〔2021〕5 号	2021 年 12 月
38	王彩芳	金华市红湖路小学	浙江省教科研先进个人	浙江省教育科学研究院	2021 年 12 月
39	厉贵中	区教育局教研室	浙江省优秀教研员	浙江省教育厅教研室〔2021〕38 号	2021 年 12 月
40	赵建祥	金华四中凤山校区	浙江省第十二届校园足球优秀教练员	浙江省教育厅	2021 年 12 月
41	倪莉芳	金华市北苑小学	浙江省教科研先进个人	浙江省教育科学研究院	2021 年 12 月
42	李君玉	金华市第四中学	浙江省教科研先进个人	浙江省教育科学研究院	2021 年 12 月
43	谢雄娟	金华市婺城区机关幼儿园	浙江省教科研先进个人	浙江省教育科学研究院	2021 年 12 月
44	郦胜威、刘芳艳	区动物防疫检疫中心	“浙江青年工匠”培养项目人员	浙人社函〔2021〕111 号	2021 年 12 月
	三、金华市级				
1	陈　程、朱瑜生、丁夏维	区检察院	金华市人民检察院检务保障处防疫工作组个人三等功	金检发政字〔2021〕6 号	2021 年 1 月
2	周月倩、毛佳佳、袁玮	区检察院	2020 年度省级以上精品案例承办人个人三等功	金检发政字〔2021〕7 号	2021 年 1 月
3	章永伟、刘敬礼、王　姗	区人民法院	个人三等功	金华市中级人民法院	2021 年 1 月
4	张标彦	区人民法院	诉源治理工作先进个人	金华市中级人民法院	2021 年 1 月
5	唐慧敏、林　江	秋滨街道办事处	市区企业退休人员社会化管理服务工作成效显著个人	金市社险发〔2021〕1 号	2021 年 1 月
6	余伟唯	西关街道办事处	市区企业退休人员社会化管理服务工作成效显著个人	金市社险发〔2021〕1 号	2021 年 1 月

续表 12

序号	姓　名	工作单位	荣誉称号	表彰单位/表彰文号	表彰时间
7	王　科	洋埠镇人民政府	金华市区志愿服务品质提升行动先进个人	金志协〔2021〕1 号	2021 年 1 月
8	潘奕帆	秋滨街道办事处	金华市优秀工会工作者	金总工〔2021〕14 号	2021 年 2 月
9	傅静飞	秋滨街道办事处	金华市三八红旗手称号	金华市妇女联合会	2021 年 3 月
10	许　珂	江南街道办事处	2020 年度百名优秀“格姐”	金华市妇女联合会	2021 年 3 月
11	徐　欣	国家税务总局金华市婺城区税务局税政股	金华市优秀团干部	金团市委〔2021〕4 号	2021 年 4 月
12	郑　敏	洋埠镇人民政府	金华市拥政爱民模范个人	金市拥领〔2021〕1 号	2021 年 4 月
13	郑燕一、张仕兆、楼灵燕、吴慧萍	区市场监督管理局	“全市执法人员食品抽样技能比武”金华市食品抽样能手	金市监便签〔2021〕103 号	2021 年 5 月
14	吴慧萍、楼灵燕、吕　卓	区市场监督管理局	“全市执法人员食品抽样技能比武”金华市食品抽样业务标兵	金市监便签〔2021〕103 号	2021 年 5 月
15	楼夏威	区检察院	控告申诉检察业务能手	金检发政字〔2021〕30 号	2021 年 5 月
16	应　岚	区人民法院	全市法院“最美法院人”	金华市中级人民法院	2021 年 6 月
17	郑向华	区人民法院	金华市政法英模	中共金华市委政法队伍教育整顿领导小组	2021 年 6 月
18	王　鲁、郦胜威、刘芳艳、金耀增、冯振灿、厉尹翔	区动物防疫检疫中心	市首届职业技能竞赛获奖人员	金市农办〔2021〕8 号	2021 年 6 月
19	郑　敏	洋埠镇人民政府	金华市建党 70 周年市级优秀党务工作者	中共金华市委组织部	2021 年 6 月
20	唐　健	区综合行政执法局	年度优秀志愿者	金团联〔2021〕11 号	2021 年 6 月
21	张鸿鹏	区检察院	全市检察机关公益诉讼检察业务标兵	金检发政字〔2021〕39 号	2021 年 8 月
22	王丽聪	区检察院	全市检察机关公益诉讼检察业务能手	金检发政字〔2021〕39 号	2021 年 8 月
23	张倩文	区检察院	全市公文写作标兵	金华市检察院	2021 年 9 月
24	张　涛	区检察院	金华市第三届控辩大赛优秀控方辩手	金检发政字〔2021〕47 号	2021 年 11 月
25	何　婷	新狮街道办事处	金华市第七次人口普查模范个人	金人普办〔2021〕7 号	2021 年 11 月
26	郑妹露	新狮街道玫瑰园社区居委会	金华市第七次人口普查模范个人	金人普办〔2021〕7 号	2021 年 11 月
27	潘丹丹、拜静静	区统计局	金华市第七次人口普查模范个人	金人普办〔2021〕7 号	2021 年 11 月
28	郑小琴、尹霞霞	江南街道办事处	金华市第七次人口普查模范个人	金人普办〔2021〕7 号	2021 年 11 月
29	何　帅、邵利兰	秋滨街道办事处	金华市第七次人口普查模范个人	金人普办〔2021〕7 号	2021 年 11 月
30	申松青、李　佩	城东街道办事处	金华市第七次人口普查模范个人	金人普办〔2021〕7 号	2021 年 11 月

续表 12

序号	姓　名	工作单位	荣誉称号	表彰单位/表彰文号	表彰时间
31	朱明升	文化遗产保护中心	2021 年度市民协工作先进个人	金华市民间文艺家协会	2021 年 12 月
32	金旭建、方立科	洋埠镇人民政府	金华市“发现最美金华人·金华好人榜”	中共金华市委宣传部 金华市文明办	2021 年 12 月
33	何国丽	区市场监督管理局	2021 年度市级青年文明号和青年岗位能手	金青文〔2021〕3 号	2021 年 12 月
34	姜裕杰	市公安局交通警察支队直属一大队	2021 年度市级青年岗位能手	金青文〔2021〕3 号	2021 年 12 月
35	王　娜	区人民法院	2021 年度市级青年岗位能手	金青文〔2021〕3 号	2021 年 12 月
36	郑旭航	罗埠镇人民政府	2021 年金华市社会综合治理成绩突出个人		

街道镇乡

城东街道

【概况】 2021年，城东街道辖区面积3平方千米，下辖青春路、八咏楼、旌孝街、桃园、通园路5个社区和东郊、上浮桥2个经济合作社，户籍人口9342户、21791人，常住人口2.4万人。有基层党支部59个(其中两新党支部12个)，党员1311人。街道工作人员45人，其中班子成员12人。

【工业经济】 2021年，城东街道规模以上工业总产值完成62516万元，比上年增长36%；规模以上工业增加值完成14132万元，比上年增长30.4%；外贸自营出口完成2470.59万元，比上年增长14.29%；限额以上批零住餐业完成46157万元，比上年下降14%；固定资产投资完成3510万元，比上年下降79.94%；引进内资完成12200万元。

【财政税收】 2021年，完成区级税收3531.7万元，比上年增长4%。城东辖区共有出租户560户，上缴税金约52万元，比上年下降10%。

【拆迁工作】 2021年年初，上浮桥区块（集体+国有）剩余19个主体95户未拆除，扫尾工作推进缓慢。在市、区两级政府的高度重视和大力支持下，将上浮桥历年剩余拆迁项目列入扫尾清零进行专项攻坚。3月3日，成立婺城区上浮桥区块未拆房屋清零攻坚组专班。截至2021年年底，上浮桥区块拆除房屋面积1.5万平方米，完成应拆未拆面积的75%，剩余7个主体17户未腾空。

【宣传思想文化】 通过健全和完善中心组学习各项制度，加强“学习强国”学习平台学习月考核通报，形成领导干部以身作则，示范带动学习的劲头。全年共召开理论中心组学习会议10次，撰写65篇心得体会；党员干部“学习强国”学习平台的人均学习积分位列全区第三。成立党史学习教育领导小组和青年宣讲团。全年办理“三服务”实事162件，开展服务宣讲15场，覆盖人数1489人次。通过广泛宣传推动各项工作的开展，制作工作美篇167篇，在区级媒体报道32篇，市级媒体报道7篇，省级媒体报道4篇。同时挖掘上报金华好人3名，营造辖区内向榜样学习的良好氛围。

11月，旌孝街社区新时代文明实践站场地建成并对外开放　　（城东街道供稿）

【社会保障】 2021年，完成城乡居民医保征缴工作任务，为3576位居民办理医保续保；完成老农保退保46人，其中：东郊村20人、上浮桥26人。审核申请2021年第二季度“4050”社保补贴338人，申请金额 114.06 万元；给浙江双溪印业有限公司等 17 家单位办理“员工返岗补助申请”，补助金额 108350 元；为贯彻落实中央和省委、省政府稳就业决策部署，在辖区内开展企业用工调查 860 家；春节期间走访慰问特困企退人员 36 人，走访重病住院企退人员 141 人，慰问死亡企退人员家属 110 人，慰问金额共计 22.45 万元；对辖区登记的 6800 多名企退人员以及 386 名城乡居民四项待遇进行领取养老金资格认证；受理劳动矛盾纠纷案件 17 件，涉及人数 22 人，涉案金额 117800 元。为深化数字化改革要求，承担全区就业数字化改革试点工作。

【城市管理】 2021 年，街道按时有效完成智慧城管督办工作。全年共处理督办智慧城管案卷 6150 条，结案率 100%。做好燃气安全工作，通过前期的排摸前后共投入资金 19.5 万元用于更换辖区餐饮店和居民家中的不合格燃气配件，排除隐患 3000 余处。开展除“四害”活动。辖区范围内清除垃圾死角 77 处，投放鼠药 7000 包；餐饮业、集贸市场及招待所等单位作为重点整治，采取环境治理和专业药杀相结合的方法，发放灭蟑药品 10000 包，蟑螂阳性房间严格控制在 2%以内。开展健康教育工作，刊发各类健康知识专题 42 期，举办健康教育知识讲座 29 次，开展义诊活动 12 次，向居民发放健康知识宣传册 7500 份，张贴禁烟标识 100 余处。通过问卷调查得出居民健康知识知晓率达到 97%，健康生活方式与行为形成率达 96%，基本技能掌握率达 95%。

【垃圾分类】 2021 年，街道共建有垃圾分类投放点 97 个，其中新建点位 8 个，实现辖区内所有小区垃圾分类全覆盖。2021 年，2 个小区获省级高标准示范小区荣誉称号，街道 2 次获区级垃圾分类月考核红牌。全年开展垃圾分类活动 36 次，发放垃圾分类宣传资料 8500 余份，宣传信息在省级媒体报道 1 次，市级媒体报道 7 次，区级婺城融媒报道 8 次，另制作工作美篇 20 篇。

【基层党建】 2021 年，街道推进规模以上企业组建党支部工作，协调助力德仁康复企业引进国家级领军人才 1 名。将中心工作和人才培育同步谋划，以“支部+巷战+单元”的模式，搭建四级塔群指挥体系。“疫情防控应急处置”工作样板获区主要领导点赞。着力构建“党建+信访”责任体系，成立积案化解专班，成功化解 4 件历史遗留问题。聚焦主责主业，夯实基层党建助推作用。以党史学习教育为契机，系统梳理城东红色脉络，打造“五位一体”的红色研学线路；搭建季度“晒拼创”活动平台，对社区实事项目“晒进度、拼实绩”，梳理出 25 件 5 年规划实事和 18 件年度项目。

6 月 29 日，城东街道举行“光荣在党 50 年”党员纪念章授牌仪式 (城东街道供稿)

【民政工作】 截至 2021 年年底，街道有低保户 64 户、73 人，2021 年共取消低保户 10 户、12 人。全年发放低保金 720134 元；申报低保户 6 户、9 人，通过 6 户、9 人。春节期间，慈善救助辖区困难居民 17 人，发放救助金 23000 元，其中大病救助 3 人、9000 元，困难救助 7 人、14000 元，年货慰问 7 人。

【残联工作】 2021 年，街道残联共走访慰问残疾人 160 人，其中给 100 人送去慰问金共计 60000 元，给 60 人发放慰问实物(每人发放大米 2 袋、食用油 2 瓶)；为 4 名残疾人机动轮椅车主申请年度燃油补贴 1040 元；对就读九年制义务教育学校、高中和大学的残疾人子女和残疾学生进行全面摸底，为 14 名残疾学生发放助学助困补助金额达 2.1 万元，5 名享受婺城区低保、低保边缘的残疾人子女发放就学补助 4000 元；为 36 位残疾人申请养老保险补助，享受补贴金额 11.59 万元。做好残疾人康复服务工作。抓实残疾人两项补贴的申报和发放，街道全年为辖区的 38 名残疾人申请两项补贴，为 305 名重度残疾人发放居家安养护理补贴83.94万元；为53名重度残疾人发放机构护理补贴61.11万元；为52名低保残疾人发放生活补贴17.4万元。继续开展家庭康复上门服务。做好残疾人信息调查工作。按照市、区残联的要求，认真开展残疾人基本服务状况和需求信息数据动态更新。完成一年一度《残疾人基本服务状况和需求信息数据》的调查584人，入户调查率95%。

【来料加工】 街道有来料加工经纪人5人，从事来料加工人数98人。截至12月底，累计发放加工费329万元；其中有企业营业执照2家，发放加工费304万元。为保障来料加工安全生产环境，街道妇联协同经发办不定期走访各来料加工点，每季开展安全生产教育培训活动，同时要求各社区同辖区的来料加工经纪人签订《2021年度安全生产责任书》，严格落实安全生产主体责任。

【清查违建】 2021年，在婺城区委、区政府、区“三改一拆”办的指导下，城东街道的创建工作始终坚持贯彻、落实全省“三改一拆”行动的总体部署，建立健全违法建筑防控和治理的长效机制，严格按照“无违建”标准实施相关工作，以“有违必拆”的决心强势推进“三改一拆”行动，从而改善街道发展环境，提升街道区域内生活、生产和投资品质，同时取得“无违建”创建工作初步成效。城东街道2021年对各社区和企业的违法建筑进行排摸并组织拆除，拆除违法建筑1.1万平方米，销号率达100%；拆后利用面积为4311平方米，拆后利用率达100%。区下发的无人机第三方月频违建巡查共计21处，均在反馈期间内完成反馈，发放各类限期责令整改通知书100余份，谈话通知书150余份。

【平安综治】 坚持以人民为中心，构建“党建+信访”责任体系，赋能平安建设，共筑幸福城东。2021年，金华市统筹部署智者寺孝道文化园专项工作，街道工作量位居全区第二，一个月内，全面完成286户的签约以及37户的骨灰盒搬迁工作。世贸中心专项工作签约36户，100%完成签约。2021年，下沿区块的拆迁遗留问题随着上浮桥村2公顷市场发展用地的解决而化解，成功置换成6000多万元集体资产。

【人口与家庭发展】 2021年，街道共出生72人，计生率为100%；出生男孩36人，女孩36人，出生人口性别比为100。2021年，网上审核办理一孩、二孩生育登记81人，办理独生子女证7例。街道有特扶对象77人，失独家庭28户、40人，领取公益金10人。街道社区在春节、端午、中秋等传统节日对社区内失独家庭和计生困难家庭进行走访和慰问，听取他们的心声，为他们送上慰问品和慰问金，让他们感受到党和政府的温暖，乐观生活。结合三八国际妇女节，对辖区内失独的母亲送上鲜花进行走访。街道全年共发放失独家庭慰问金13500元。做好全员平台信息核对录入以及生育登记审核确认、信息建档和上报工作，街道通过该平台办理生育登记81件。在辖区内以悬挂宣传横幅、标语、画报等方式做好三孩生育政策宣传，营造良好的生育宣传娱论氛围。

【安全生产】 2021年，街道与社区、辖区企业单位共签订《安全生产综合目标责任书》《消防责任书》及《特种设备责任书》128份。开展安全生产工作宣传，发放宣传资料500多份，贴张宣传画40张、悬挂横幅、电子显示屏14块。开展安全生产大检查以及专项治理活动。开展安全生产“百日攻坚”行动、复工复产专项行动；对辖区危险化学品安全经营企业进行安全检查提醒，确保该类单位生产安全；加强应急演练，开展8次消防和突发事件演练，参演单位共9家，参加演练人员210次。汲取山西太原“10·1”重大火灾事故教训，加强安全防范工作，开展旅游景区、宾馆饭店、建筑施工、消防安全等重点领域安全防范检查，对工业企业做好企业复产复工安全生产宣传工作，同时再深入隐患排查。开展百日消防安全“大检查大宣传大整治大落实”专项行动。

【“五水共治”】 2021年，街道被婺城区委、区政府评为“五水共治”先进单位。与社区签定治水责任书5份，成立治水队伍3支，全面开展治水工作。各社区发动各种宣传手段，发放宣传单8000多份，电子屏滚动播放宣传标语3600条次，发动群众参加群众幸福感调查。调整、更新河长公示牌5块，重新安装排水口标识牌6块。通园溪现有保洁员1人，东阳江巡查员1人，做好每日的巡查保洁工作。全年清理打捞垃圾12余吨，投入经费14万元。2021年，完成东上小区、通园小区2个生活小区的污水零直排建设工作，青春路社区和八咏楼社区的21个小区的污水零直排工程在施工中。水旱灾害防御工作出动检查230人次，共检查86处，发现隐患2处，完成整改2处，特别是"8·17"特大洪水期间，出动160人次，转移群众28人。

8月17日，因强降雨导致通园溪两旁东郊联建房及清风巷易涝点受淹，全体街道、社区干部前往增援　　(城东街道供稿)

【疫情防控】 2021年，街道党工委坚持"硬核"防疫，主要领导带队24小时值班值守，多举措筑起城东疫情防控坚强防线。街道"疫情防控应急处置"工作样板被区主要领导点赞。街道按照"三区"最小单位管控机制结合城东实际，制定疫情处置具体操作规程图和作战体系、四级塔群指挥系统等，在街道2次演练中得以很好地运用，区委书记高峰、区长胡余仙纷纷点赞街道为城区疫情防控应急处置做了很好地示范。重点人员管控精准快速。上级下发重点人员数据5000条，自主排查600条，街道第一时间完成核查，根据"五包一"责任人按照要求落实管控措施、做好动态跟踪。全年组织重点人群核酸检测3000余人次。社会面管控从严从紧。全年开展重点场所疫情防控措施检查1200余次，出动干部2000余人次，发现问题126处并全部整改到位。对照上级标准，街道对街道、社区防疫物资及时补充采购，辖区内设置核酸采样点29个，采样台44个，暖心服务点28个，实现辖区网格全覆盖。加大宣传力度，确保家喻户晓。利用社区小喇叭、LED屏，在街头巷尾宣传疫情防控知识，通过手机移动平台推送信息3万条、自媒体朋友圈推送信息3000条.实现线上线下同频共振。

【全国文明城市巩固提升】 2021年，在全体街道、社区党员、干部和社区居民的共同努力下，文明城巩固提升工作取得丰硕成果。按照"三个五"网格责任分工，定人定岗定责确保测评关键时间节点到网到点，街居干部、所有志愿者深入创建网格，加强协调、相互支持、通力配合，确保文明创建工作顺利进行。在迎国检、迎省测工作中，确保测评得高分。在市、区的月测评中多次获列红榜。八咏楼社区在4月、5月、6月、11月的区垃圾分类月测评中均获得红榜；旌孝街社区、通园路社区各获得1次红榜，街道2次获得红榜。

【文体活动】 2021年，街道文化工作在街道党工委、办事处的高度重视下，文化事业获区委书记蔡艳的三次点赞：4月14日，为城东文化站公益培训工作点赞；5月25日，为城东组织"永远跟党走 百姓颂百年"活动点赞；6月19日，为城东街道鱼悦舞蹈队在省比赛获得好成绩点赞。城东街道文化站被浙江省文化厅评为一级文化站。街道内各团队参加省、市、区各类赛事，共获得35项奖励。

(黄快快)

城西街道

【概况】 2021年，城西街道辖区面积1.67平方千米，下辖中山路、二七花园、双龙、河盘桥4个社区和西郊经济合作社，户籍人口5168户、12257人。2021年完成招商引资6.57亿元。实现规模以上工业总产值7936万元，规模以上工业增加值1823万元，完成区级税收1.35亿元。

【平台拓展】 2021年，全速推进西郊区块开发建设。完成西郊三期和高铁新城安置房109用地的100%签约。分三批次完成巨龙、凤翔区块942套安置房分配工作，圆拆迁户安居梦。办理西郊263名居民失地农民保险。推进高铁新城区块开发建设。

保障道路完工；完成第二面粉厂等道路堵点政策处理，解放西路西延工程、婺江西路西延工程完工，6月完成通车。保障沿江公园顺利推进；金华江二期城防工程涉及街道的河盘桥头城防工程征迁、西郊土地征用等政策处理基本到位。15家企业政策处理完成13家。保障安置房建设。二七区块凤翔安置房、西郊一期和二期共2500套安置房按照工期计划有序建设。

6月26—27日，城西街道举行西郊城中村改造安置房抽签仪式，共分配安置房551套

（城西街道供稿）

【社会治理】 利用大数据专班化运作，打造矛盾调解中心数字集成门户，将2446件代办案例梳理分成12大类、7个子模块，形成早预判、早介入的工作机制。针对劳资纠纷频发实际，建立“红黄绿”三色预警机制，成功化解涉及200余人的矛盾纠纷50余起，追回欠薪80多万元，调解成功率100%。人力

4月15日，省政法队伍教育整顿省委第六驻点指导组组长李剑飞（左二）到街道矛盾调解中心指导工作

（城西街道供稿）

社保部规划财务司司长张立新、省政法队伍教育整顿省委第六驻点指导组组长李剑飞、市政协主席宋志恒等各级领导20批次调研矛盾调解中心。《人民日报》《浙江日报》等媒体多次给予典型报道。

【数字化改革】 街道便民服务中心发挥资源整合优势，将群众办事窗口、退役军人服务站、综合信息指挥室、社会心理服务室等合理配置，实现一站式服务，街道对外服务窗口成为市区辨识度最高窗口之一。推进“大综合一体化”行政执法改革。在西郊巨龙二期安置房中争取1300多平方米作为城西执法中队办公用房。

【安全生产】 抓住凤翔、西郊安置房分配有利时机，主动化解涉访涉诉难题，完成2户重点户签约。在婺城法院支持下，时代置业（福华百货）拖欠租金涉诉问题得到妥善处置。开展“平安护航建党百年”大排查大整治、建筑工地、燃气领域隐患排查等专项工作，督促落实主体责任限期整改到位，按期复查做到闭环管理，事故下降率100%。

【疫情防控】 完善高效群防联控机制，落实重点人员闭环管理、自主排查等工作，疫苗接种超额完成，大规模核酸检测点位布置完备。在精准防控的同时做好企业服务，有效的管控推动经济社会发展持续向好。

【民生保障】 2021年，在市区文明城市创建月测评中，城西6次名列全市第一，2次为红榜表扬单位。垃圾分类准确率高，3次位列全区第一。人居环境品质提升显著。完成凤凰花园、红叶小区等老旧小区五改工作得到群众点赞。辖区内新开放的铁路文化馆、铁路文化公园、凤山街花漾街区成为市民网红打卡点。服务硬件阵地补齐短板。完成街道新时代文明实践所建设，成为居民活动新去处。建设1200平方米街道居家养老服务中心，已完成硬装工程。完成中山路社区、二七花园社区党群服务中心提档升级，其中，中山路社区党群服务中心于8月投入使用。

【六件民生实事】 2021年，街道六件民生实事：西郊城中村改造安置房有序建设中；铁路文化博物馆建成；解放西路建成通车；婺江西路建成通车；居家养老服务中心基本建成；二七花园办公用房建设中。

【作风建设】 落实区委、区政府各项决策部署，开

展党史学习教育,平稳有序推进换届工作。深入贯彻习近平法治思想,坚持依法行政,健全完善重大事项、规范性文件法制审核和法律顾问聘请制度,推进法治政府建设。全面落实政府系统党风廉政建设主体责任和“一岗双责”,推进领导干部履行经济责任审计,抓好各类巡察督查反馈问题整改。

(丁小璐)

城中街道

【概况】 城中街道辖区面积6.2平方千米,下辖杨思岭、明月楼、西市街3个社区居委会,户籍人口9220户、25132人,外来流动人口约1.3万人。辖区内各类经营商户5000余家,是金华市商贸、金融、文化集聚地。

【工业经济】 2021年,全年实现区域工业总产值7703万元,其中规模以上工业产值7623万元;实现区域营业收入8791万元。现有限额以上服务业14家,营业收入27.81亿元,利润3.5亿元。现有限额以上贸易业28家,营销额149亿元。

【基层党建】 2021年,街道开展党史学习教育和庆祝中国共产党成立100周年系列活动,引导广大党员干部学党史、悟思想、办实事、开新局,基层堡垒不断夯实。学习贯彻中共十九届六中全会精神,坚定“以史为鉴、开创未来,埋头苦干、勇毅前行”的思想和行动自觉,增强街道上下“扛旗争先、奋楫赶超”干事创业氛围。“西市街商圈联合党委:党建共同体打造中小型商圈治理样板”成功入选全国“献礼建党百年”基层党建与民生发展优秀案例,收入由中共中央党校出版社出版的《旗帜——基层党建与民生发展优秀案例集》。

【全国文明城市巩固提升】 做好全国文明城市巩固提升工作和马路里—文昌巷文明示范圈创建工作。2021年,街道两度获市级文明创建红榜表扬单位,明月楼社区、杨思岭社区3次获市级文明创建红榜表扬,马路里—文昌巷文明示范圈创建工作通过验收,全域文明氛围显著提升。

【民生事业】 2021年,开展企退活动23场,企退认证3957人,申报“4050”灵活就业社保补贴200人,调解劳动纠纷案件18件;发放低保金448362元,减少特困户2户,发放特困金72600元;临时救助3人,发放临时救助金6401元;走访慰问残疾人68人,发放慰问金4万元,新办残疾证65本,到期换证50本;截至2021年12月底享受居家护理补贴200人,困难残疾人补贴29人,机构护理补贴44人,补贴金额103.25万元;采集392人次残疾人及监护人基本信息;做好15名残疾学生及困难子女教育补助工作;做好24名灵活就业残疾人基本养老保险个人自负50%补贴工作。“365”便民服务中心与市场监管、通信、水电等单位进一步强化对接,更新配备法律服务、政务服务智能设备,全面打造“全配套”数字化服务模式。

【平安综治】 2021年,街道创新打造区域性、功能化、跨界别的基层政治协商新模式“西市街商圈·民生议事堂”,为全市首家实体化运作的民生议事堂,开拓基层综治矛调新思路。街道以“五包一”稳控、专题化解、依法打击“三同步”的工作模式,推进信访积案化解工作。全年街道受理“8890”诉求件477件,100%办结率,满意率超过98%。街道及各社区调委会总共受理调解312起矛盾纠纷,成功调解起312起,成功率100%。

【重点工程】 金华市中心医院科教综合楼建设项目国有土地上房屋征收工作最后一户征迁户完成腾空拆除,完成工作扫尾;世贸中心专项工作完成任务数36户,债权金额达1.34亿元;五百滩专项工作完成任务数25户,债权金额达2888万余元;孝道文化园专项工作完成236户捐建户和26户放置户协调处置。完成区乡人大换届选举工作。

【安全生产】 开展“两房一店”“燃气安全”及相关领域专项排查整治工作,检查沿街商铺2710家次,检查居民户、出租房10103家次。街道“两房一店”消防安全整治工作是全区唯一一个达标的单位,辖区全年未发生重大安全事件。

【疫情防控】 持续开展常态化疫情防控,不断健全平战一体化转换工作机制,疫情防控“扫楼扫街”行动累计排查3.5万人次,完成疫苗接种42174剂次,核查数据1.2万余条,核检各类人员1.1万人次,落实管控 386 人次,“六小行业”、重点行业从业人员严格落实定期核酸检测工作。西市街商圈率先启用金华“防疫码”,辖区商场、超市、宾馆、物业楼等 47 个重要卡口全市第一批上线“防疫码”,确保防疫举措落实落细落到位,全力以赴守好“小门”。

(季晓健)

城北街道

【概况】 城北街道位于金华城区西北部,地处老城区,辖区东起八一北街,南至解放西路,西到长山路、婺州街、金竹路,北抵环城北路、北山路、二环北路,辖区面积 4.43 平方千米,下辖红湖路、祝丰亭、郑岗山、凤凰山、站前、军民、北苑、常青、鸿苑 9 个纯社区和五星城中村社区, 辖区内共有 248 个小区,其中 178 个老旧小区,192 个开放式小区。户籍人口 15634 户、38849 人,常住人口 6.1 万人。

【经济工作】 2021 年,辖区内在册个体工商户 3453 家, 单位企业纳税登记 1687 家, 第三产业占比为 98.2%,总体契合街道辖区经济社会实际。限额以上批零住餐业销售额 170.9 亿, 比上年增长 20.7%,占全区比例 38.3%;区级税收 8136.2 万元,占全区比重 7.2%;出口总额 2.46 亿元,比上年增长 25.4%;内资引进 5.57 亿元,在疫情防控常态化下,经济发展呈现良好态势。

【安置房分配】 5 月初, 洪源安置房分配工作正式启动,截至 12 月底,洪源区块与巨龙区块共 1500 余套房屋已分房到户。分房工作进入房款结算阶段,洪源 672 户村民喜迎新居。五星田里安置房项目工程建设平稳有序,主体工程完工,田里区块共有安置房 678 套,将为田里、后地两村村民安置提供优质保障。

【老旧小区改造】 2021 年,开展市级“无违建街道”“无违建示范社区”创建工作。累计拆除违章建筑 2 万平方米。街道以洪源溪流域综合整治为突破口,抓好水域环境提升各项工作,开展“污水零直排区”建设。双龙北街 360 弄、华塘新园、洪源新村等 5 个城中村区块污水零直排改造基本完工。开展铁路沿线“绿化、美化、洁化”专项工作,整治面积达 1.1 万平方米。

【垃圾分类】 2021 年,辖区内有物业入驻的小区基本实现垃圾分类“物业+”模式全覆盖,一定程度上改变以往“社区干、物业看”的旧局面,构建“街社牵头、居民参与、物业为主、执法保障”的小区垃圾分类新形态。建成垃圾分类投放点 141 处,完善垃圾分类点位配套基础设施,辖区建制小区垃圾分类收集站覆盖率 100%。

【平安综治】 2021 年,街道对各类矛盾纠纷开展主动排查,全年化解各类矛盾纠纷 453 件,调解成功率高达 99.8%。在区司法局的指导下,成功创建婺城区第一家省级枫桥式司法所。

【社会救助】 2021 年,完成 10892 名企业退休人员认证,慰问企业退休特困人员 51 人次、重症住院人员 289 人次,慰问死亡企业退休人员家属 130 人次。继续做好“4050”就业困难人员社保补贴工作,发放补贴 504 人次共计 159.9 万元。发放低保金、低保物价补贴以及临时救助等各类经费 131.3 万元。完成养老服务补贴申请和高龄老人补贴申请核对 1927 人。推进落实适老化改造、成立残疾人之家,不断提升银发群体服务水平,做实帮困救助工作,推动社会保障工作提质扩面。

【公共文化】 通过资金投入、资源整合等系列举措,全面完成新时代文明实践站所评星定级,巩固提升意识形态阵地。广泛推进以弘扬传统美德为抓手的公民道德建设, 开展 “文明家庭”“最美家庭”“绿色家庭”评选、“学雷锋”志愿服务等活动 220 余场,开展百年党史、“好家风、好家训”等微宣讲 32 场。2021 年,文化站以免费形式常态化开放,接待居民 3.2 万余人次, 向辖区居民免费开展秧歌、民族舞、太极拳等各类培训 112 场,围绕传统节日组织开展社区文化活动 50 余次。

(傅婷娜)

新狮街道

【概况】 新狮街道辖区面积 23.75 平方千米, 下辖 23 个村(社区),其中 5 个纯社区,9 个村改居社区,

9个行政村。户籍人口14475户、34494人。2021年,规模以上工业总产值6.9亿元,比上年增长50%;完成全社会固定资产投资1402万元,其中工业投资822万元;财政总收入3.31亿元,一般公共预算收入0.82亿元。

【重大项目】 2021年,柳湖未来社区提升工程稳步推进,从健康、邻里、交通、教育四个方面对柳湖花园小区进行提升改造,全景数字化场景已初步实施,十字花场景建设初显成效;全力保障亚运配套变电站项目推进,协调解决勤俭社区借地、道路封路等难题,提前完成确保为金华亚运赛事提供电力保障;倒排工期成立"三服务"保障专班,保障项目从拍地到结顶预售近8个月时间,至2021年年底,商业综合体项目已完成180余家知名品牌的引进和入住签约,桃源路向西延伸至万固广场道路已经完工。

【平安综治】 2021年,以专班化运作,高质量打赢世贸重组23户商户签约、青年汽车破产24名员工清欠处置、4.67公顷非粮化专项整治、孝道文化园专项行动,完成度和稳定性均走在全区前列。构建"3+N"网格微信塔群。实现街道、社区、小区的纵向三级联动,全体居民实时横向联络,并广泛吸收在职党员、境外留学人员、妇女代表为专职网格员和"微网格"成员,实现"党建+治理"双网融合,破解服务力量弱、反映时效差等难题,全年调处各类矛盾纠纷157件,调处成功率和满意率均为100%。

【安全生产】 开展燃气安全隐患大排查专项行动,逐门逐户深入居民家和沿街店铺进行燃气安全宣传和燃气管道配件更换工作,问题排查仔细,隐患登记全面,配件更换及时,累计更换配件燃气设备5300套。

【疫情防控】 以高效的平战转换体系应对复杂多变的疫情防控形势,不折不扣完成大数据信息核查、疫苗接种全覆盖、重点人员隔离管控、社会面风险管控、防疫宣传等工作。2021年,累计排查大数据14632条,自主摸排68790人次,落实"14+7"集中隔离36人,落实"2+14"日常健康监测81人,摸排辖区三类场所467家,关停密闭场所68家。

【征迁工作】 拆除狗大塘北侧3幢违建别墅,2021年共拆除违法建筑2.08万平方米。接力塘区块征迁工作从2014年开始到2021年,9月末,利用2天时间完成接力塘区块45家经营户签约,签约后造成花卉大量积压,利用国庆黄金周联系媒体通过抖音、微信朋友圈为经营户宣传销售,引入客流量2万人次,带动新增销售额50万元以上,成为暖心征迁的典范。勤俭安置房一期城改取得新成效。勤俭社区于2014年纳入全市城中村改造工作,共建设安置房361套、40703平方米,前期因社区原址规划为绿地,无法进行开发利用,资金难以平衡,导致城改迟迟未能启动。为破解难题,街道全体干部以高度的政治责任感和历史使命感,率先提出"一次规划、分期实施"原则,历时20天提早完成勤俭一期62户、361套安置房的分房任务。

【"五水共治"】 推进"污水零直排"项目,涉及57个生活小区和多家辖区行政事业单位,共计建筑物667幢、住户1.3万户,建筑面积200多万平方米。在推进过程中协调解决数百起因施工引起的停车难、调整绿化等矛盾纠纷,年度任务完成100%;全面落实8·17抗洪救灾工作。灾情来临干部冲在前线,快速转移受灾群众152人,抢险迅速实现人员零伤亡。灾后第一时间组织人员开展抢救行动,投入500万左右资金做好居民住房重建、农田水利设施修复、道路加固等公益基础设施抢修工作,帮助老百姓快速恢复生活生产。

(吕兰政)

江南街道

【概况】 江南街道辖区面积3.04平方千米,下辖下官桥、高畈、南苑、兴学、金龙湾、中村、金钱寺7个社区(含6个城中村)。户籍人口11144户、29917人,常住人口35841人。全年规模以上工业总产值137.93亿元;固定资产投资实际完成16.01亿元;批零住餐业销售总额11.62亿元;限额以上社会消费品零售总额3.04亿;限额以上服务业营业收入7.3亿元。2021年,被评为金华经济技术开发区扩大有效投资先进集体。

【组织建设】 2021 年，组建“高兴苑”党建联盟，推进基层党建+社会治理工作创新发展。深入党史学习教育，开展党工委“第一议题”和理论中心组学习。完成金龙湾社区“平安哨”、高畈社区“和睦哨”和南苑社区“幸福哨”3 个特色“网格微哨”打造，成功承办开发区网络生态“瞭望哨”建设工作现场会。结合市委第二巡察组提级巡察，规范完善基层党建工作责任制等五项制度，运用“四种形态”，党纪立案处理 11 人(其中开除党籍 4 人，严重警告 1 人，党内警告 6 人)。创新打造的“阳光直播间”，获得广大居民的一致好评，被浙江电视台教育科技频道、浙江省纪委监察网等媒体广泛宣传报道。完成婺城区人大第十届人大委员会换届选举工作，选举产生婺城区人大代表 11 名，全面有效落实组织意图。

【疫情防控】 以“外防输入、内防反弹”为目标，开展 17 个核酸检测采样点核酸检测演练，临时接种点保障有力，完成接种 91356 剂次；核查数据 8876 条，落实管控 1081 人。健全平战转换工作机制，优化扁平化指挥体系，充实防疫人员和物资保障。

【城市管理】 健全完善城市管理长效管理机制 5 项，以“高兴苑”党建联盟为载体，依托新时代文明实践所，打造了“家”“春”“秋”3 个特色文化主题街区，获金华市优秀提升示范圈(带)项目，南苑、兴学社区被评为新时代和美社区。全年获创建文明城市市测第一名 1 次、红榜 1 次；区测第一名 1 次、红榜 2 次。所属社区获区测红榜 8 次、市测红榜 9 次，在开发区 2021 年度街道创建工作综合考评成绩中排第一。

【平安综治】 创新打造网格联勤站，全年化解各类矛盾纠纷 298 起，调处成功率 100%，治安调解 189 起，调解率 100%；接到“一警情三推送”事件 267 起，结案率 100%；平安建设网格事件处理 8560 件，办结率 100%。在开发区网格化管理工作 5 次考核中，获得 1 次第一、4 次第二的好成绩。

【“三改一拆”】 拆除金凯街 40 号及金钱寺街 11-1 未批先建违章主体的整体拆除，拆除面积达 7368 平方米，完成年度任务的 105.28%。

【安全生产】 全域开展“两房一店”消防安全、餐饮单位燃气安全、重点领域安全生产等专项行动，完成燃气安全排查 15122 户，燃气安全四件套加电线套管整改 211 户；发现整改消防安全隐患 363 处。发现整改安全生产隐患 80 处。为开发区顺利通过国家级燃气安全专项检查验收，交出高分答卷，牢牢守住安全底线。

【劳动保障】 解决劳动纠纷隐患 1 个；为居民提供法律咨询、法律援助共 58 例；受理辖区内劳动纠纷案件 13 件，成功调解 12 件，涉及金额达 49766 元，移送区级调解及仲裁案件 1 件。

【社会保障】 完成城乡居民医保新参保 13 人，征缴率目标达 68.8%。住院、去世慰问 104 人，日常帮困慰问 30 人。企退资格认证 6272 人，认证率 99.9%。开展健康回访、中秋节月饼制作、端午节包粽子比赛、知识讲座等丰富多彩的企退活动 100 余场次。高校毕业生社保补贴申领(单位吸纳)5 人，企业用工调查 1472 家，企业用工监测 7 家，排查走访企业 858 家，填报率 100%。“4050”社保申报补贴 419 人。

【民政残联】 完成街道残疾人之家建设；完成居家养老服务照料中心(站)提档建设 2 家并投入使用；发放补贴款 86 万余元，发放社会救助 33 万余元。

【人武工作】 为部队输送优质兵员；发放退役军人重点优抚资金 185 万余元；发放 60 周岁退伍军人退休金 523 万余元。

【文化教育】 开展各类大型晚会 3 场、特色活动 1 场，讲座 53 场。加强 36 家校外培训机构管理，开展双减检查 4 次。在第七次综合文化站定级中，街道文化站成功从三级升为二级。

(郑　旸)

三江街道

【概况】 2021 年，三江街道辖区面积 7.73 平方千米，下辖 15 个社区，现有户籍人口 27580 户、70860 人，人口自然增长率为 2.9‰，流动人口 5.8 万人。全年实现一般公共预算总收入 11.96 亿元，规模以上工业总产值 2.08 亿元，全社会固定资产投资 4.79

亿元,限额以上社会消费品零售总额25.23亿元,限额以上营利性服务业营业收入7.28亿元,限额以上批发零售业销售额74.85亿元,规模以上服务业营业收入18.93亿元,限额以上住宿餐饮业营业额2.4亿元。

【疫情防控】 2021年,三江街道构建“八个一”工作体系,逐步建立数据排查、网格化人口管理、社会面管控和应急物资筹备四项常态化疫情防控机制,组织清村扫楼54373户、135357人;排查重点人员51461人,占开发区总数的二分之一;完成疫苗接种267948剂次,占开发区总数的四分之一;对1013人实施集中隔离,1226人实施居家隔离。先后开展核酸检测培训10余次,街道78个点、151个台全部通过核酸演练能力过关测试。特别是2021年1月份项宅社区紧急实施管控,街道领导班子带领街道干部下沉一线,其他社区工作人员全力支援配合,众志成城、严防死守,出色完成两轮24小时全员核酸检测任务。

【征迁工作】 分批组织陈宅29户、3259平方米营业用房分房和陈宅佳苑安置小区268套、28533平方米安置住宅用房及剩余12372平方米的货币化安置工作。2021年列入农转用的6个地块、15.93公顷土地全部完成征收签约,限时完成涉及湖海塘、梅园的7.53公顷土地手续补批工作,省重点金华江二期治理工程项目6.93公顷土地完成交付。完成寺前皇四联路0.83公顷土地和洪坞1.63公顷东里安置地块签约,洪坞教堂南侧0.93公顷地块完成交地,三路口沈宅12.67公顷地块启动并完成签约两户,完成东里城中村改造83户、9743.05平方米房屋拆除以及两户拔钉清障。

【社会治理】 持续固化四级网格建设成果,率先推动“网格+警格”“网格+医疗”等创新模式,雅苑社区四级微网格建设经验2.0版在开发区全面推广,开发区全面12次网格月度考核街道获得8次第一。以“社会工作专业化推动社区网格协同治理新机制”为主题的实验方案成为全市唯一立项的省级实验区项目,随着项目不断落地落实,“孝亲驿站”“繁华宾虹圈”等一批实验成果相继反哺社区。社会治理的本土经验受到广泛关注,先后吸引上级调研指导15次,被各级媒体宣传报道65次,东莱社区四级网格建设经验3.0版应运而生。洪坞社区微网格长陈曦以7330.5分位列开发区网格积分排行榜第一,排名前100人中街道四级微网格长占27人。通过努力,辖区各类治安案件显著下降,其中电信诈骗类发案数比上年下降25.37%。基层社会治理实现由“盆景”向“街景”的转变,治理水平得到有效提升。

【平安综治】 完成雅苑、寺前皇2个社区“双民代办示范点”及街道“双民代办示范站”建设。调查处理来信、来访信访件410起,满意度达99%。特别是5批次专项工作均完成任务,得到市领导祝伦根及各级指挥部的高度肯定。

【城市建设】 2021年,组织拆违行动52次,拆除违章搭建56宗、15740平方米,超额4.93%完成全年任务。燃气安全整治排查1552户,发现并整改安全隐患1884处,安装燃气报警器990个,更换金属软管620根、三通管件56个。开展公益广告专项整治,投入资金30余万元新增和改建街景小品17座,制作公益广告宣传牌150余块,拆除各类公益广告牌220余块。开展联合整治行动410余次,清理楼道4300余个,清理房前屋后堆积物960车,清除各类乱张贴牛皮癣4600处。2021年度创建综合考核位列开发区四个街道第2名,两次被开发区评为红榜街道,各社区先后23次被评为红榜社区,街道被评为2021年度省“五水共治”工作优秀单位。

11月19日,副市长赵秋立(正面左三)一行到洪坞桥头检查排水口情况　　(三江街道供稿)

【民生服务】 投入资金建设5个2.0代办点，增设“三江慧办”服务模块，累计访问量达69971次，民情民访办件量达568件，居民服务体验得到有效改善。投资60万元在33个小区统一标配建设居家养老活动点，投入54.5万元用于更新文体设施，新增健身路径22套、室外乒乓球桌3张，提档升级南国名城多功能体育场。为38户低保对象发放低保金36万元，对477名重残人员发放补贴158.41万元，对35名困难人员发放生活补贴10.34万元。依托实验区项目组织各类服务236场次，服务老年人3800人次、流动人口3275人次、退役军人850人次，为55户困境家庭、146位无业妇女提供关心关爱，居民的获得感、幸福感和安全感大大增强。文化站“文化体育”相融合的办站理念得到市人大主任陈玲玲充分肯定，街道食安办被评为省四星级食安办。

【基层党建】 开展党史学习教育，组织开展知识竞赛和微党课、“微视频”大赛，参观考察“枫桥经验”纪念馆等红色教育基地25次，开展红色宣讲129场，覆盖党员5922人次，开展党史宣传进网格活动88次。开展“三为”实践和“八个一批”活动，走访4351户、8610人，解决各类民生实事610件。启动两新党建“查漏补缺提质”专项行动，撤销“空壳”党支部4个，推进整改1个，新建党支部1个。规范构建“街道大工委”和“社区大党委”，“先锋万达和美家园”“和合天龙”等党建品牌更加深入人心。

（邵　敏）

西关街道

【概况】 西关街道辖区面积4.57平方千米，下辖西关、五里亭、婺星、寺后皇、董宅、山嘴头、金艺7个社区和西关、五里亭、山嘴头、董宅4个经济合作社。户籍人口10401户、25515人，户籍人口中男性12591人，女性12924人；外来流动人口34142人，全年出生人口156人。全年实现财政总收入3.03亿元，完成率114.7%。

【基层党建】 西关街道围绕党建工作任务，创新党建工作品牌，成立“红绘婺星”党建联盟，由辖区共建单位认领“智慧星网”“医路同星”“追寻真理味道”宣讲团等项目。推进“三为”专题实践活动，党员干部认领实现微心愿125个，为群众办实事283件，开展八婺党员暖心志愿服务活动102次，开展“千村万户”民生政策宣讲136场。新增“两新”企业党支部8家，选派7名党建指导员挂点联系“两新”组织，指导33家“两新”企业党组织完成换届选举和改选补选工作。深化“三服务”活动，开展“走访转”调研，走访企业80余次，开展红色帮办等服务32次，解决企业难题22个；组织企业党员建言献策、搭建起企业与街道、企业与企业之间沟通的桥梁。

【工业经济与财政税收】 2021年，街道实现规模以上工业总产值2.1亿元，完成年度任务目标的114%；固定资产投资完成额15.9亿元，比上年增长6.6%；住宿餐饮营业额0.69亿元，比上年增长7.8%；批零贸易销售额99亿元，比上年增长5.5%；社会消费品零售总额21亿元，完成率101%；服务业营业收入54.17亿元，位居开发区各乡镇(街道)第一。全面完成“四上”企业培育任务，年度入库企业24家。成功获评浙江省首批数字生活新服务特色镇，完成一家纯电商企业(金华市梦起点商贸有限公司)，实现开发区纯电商企业“零突破”。

【疫情防控】 坚持“外防输入、内防反弹”策略，牢固树立“打持久战”理念，构建完善街道防控专班和社区、合作社及四级微网格工作体系，落实落细“七大机制”、核酸检测、数据核查、人员管控、实战演

12月12日，市长邢志宏(右二)在西关街道五里亭社区检查疫情防控工作　　（西关街道供稿）

练、防疫物资储备等工作;全力防控新冠肺炎疫情,党员干部、网格员、志愿者连续奋战,实现辖区疫情防控"零输入、零感染"。全面推进全民新冠疫苗接种,完成全程接种60383人,加强免疫接种45598人,累计接种182627剂次。

【征迁工作】 2021年,完成李渔路茶花庭院东边山嘴头村留地清表一宗;推进西关区块城中村改造,841户被征收户已签约344户,占总户数41%;已腾空280户,完成率33%;拆除房屋5幢。

【人口与计生】 2021年,全年共出生123人,其中一孩74人,二孩48人,三孩1人;男孩58人,女孩65人,出生婴儿性别比为89。女性初婚人数35人,已婚育龄妇女4431人,参加妇女生殖健康检查人数859人,参加妇女两癌筛查人数23人,办理生育服务登记153例,其中一孩生育登记 88 例,二孩生育登记 63 例,流动人口6例。

【平安综治】 优化网格体系建设推动基层社会治理,2021年,通过网格主动发现问题解决率达98%以上;接到"一警情三推送"事件267起,结案率100%;平安建设网格事件处理9643件,"8890"交办件1233件,结案率均达到100%。擦亮"亲青老娘舅"调解品牌,调解矛盾纠纷案件92件,调处率100%,成功率98.6%。其中成功处置上访件及死亡案件7件,涉及金额490余万元。以创建民主法治社区为抓手,推进法治建设,现有国家级1家,省级3家、市级3家,全年争创建省级民主法治社区1家,培育"法治带头人"7人、"法律明白人"9人;推进员额法官进网格,成功调解纠纷40起,调解涉案金额达100多万元,力争做到"难事不出街道,大事不出社区,小事不出网格",受到群众一致好评。

【安全生产】 街道按照"全覆盖、零容忍、严执法、重实效"的要求,全域开展"两房一店"消防安全、餐饮单位燃气安全、重点领域安全生产等专项行动,确保燃气、食品药品等领域安全形势持续平稳。检查沿街店铺1476家,完成整改297家,清理违规住人487人;排查餐饮用户365家,整改隐患989处。2021年,辖区内无安全生产事故发生。

【文体活动】 2021年,西关街道开展文艺类活动47次、体育类活动2次、讲座类活动24次、巡展类活动1次;新增图书500册,累计在册图书6800余册;新增健身路径6套,落实专人管理,全天候对外开放,满足广大居民阅读需求。疫情平稳后,完成辖区内73家校外培训机构(其中文化课类培训机构22家,艺术类培训机构51家)复工复课检查,全面完成复工,加强对培训机构疫情防控工作指导,对不合规的培训机构予以停课整改。

【社会保障】 2021年,新增企退人员284人,共计接收企业退休人员5494人,慰问企退人员105人;企业退休人员健康资格认证5829人,认证率97.4%;申报大学生一次性创业补贴4人次,申报就业困难人员灵活就业补贴360人次;收到辖区内劳动纠纷投诉咨询182人次,化解辖区内劳动纠纷153人次,妥善处理疫情防控期间劳动纠纷调解工作,把劳动纠纷化解在基层一线。辖区低保17户、18人,发放金额159272元;百岁老人1人,发放金额3600元;困境儿童1户、1人,发放金额49104元;临时救助因病生活困难人员2人;实施助学圆梦行动,送达幸福清单27人,探访关爱56人。

【居家养老服务中心】 2021年,依托街道居家养老服务中心,探索"社工站+居养中心"模式,面向辖区低保及低保边缘户、残疾人、老年人等困境人群,开展"社社同行"探访关爱行动,探访关爱299人次,实施"银铃拾趣手工坊"长者服务项目活动8场次;实行助餐配送全覆盖,113个老人享受服务,配送达4858人次。

【全国文明城市巩固提升】 2021年,以建设红绘街区示范项目为载体,将江南明珠小区、双馨路、金衡

9月16日,市人大常委会主任陈玲玲(左三)在西关街道调研文明城市创建工作情况 (西关街道供稿)

街、河道街、滨江路串点成片，打造特色文化主题街区，获金华市优秀提升示范圈(带)项目；推进开发区“春雷行动”暨治违除患促安全违法建筑专项整治活动，拆除各类违章、违法建筑共计 17428 平方米，完成率 116.19%；开展违法建筑大排摸，有涉及 6 宗约 1300 平方米的疑似违法建筑物和违章搭建物正提请由相关执法主体认定中。

（黄咏溦）

秋滨街道

【概况】 秋滨街道辖区面积 29.59 平方千米，耕地面积 163.7 公顷，下辖 20 个社区、2 个行政村，户籍人口 7827 户、18559 人。常住人口 4.22 万人，流动人口10.55 万人。街道工业用地面积 849.58 公顷，其中规模以上工业占地面积 530.75 公顷，工业企业数 1300 多家，其中产值亿元企业 65 家，规模以上工业企业 205 家。2021 年，完成规模以上工业总产值 346.6 亿元，比上年增长 49.9%，增速位列开发区第一；完成全社会固定资产投资 52 亿元，比上年增长 52.1%，增速位列开发区第二，其中工业投资 21.5 亿元，比上年增长 20.9%，实现限额以上服务业营业收入 20.6 亿元，比上年增长 0.3%；实现限额以上批发零售业销售额 247.5 亿元，比上年增长 74%，增速位列开发区第一；实现限额以上社会消费品零售总额 18.8 亿元，比上年增长 45.8%，增速位列开发区第一。

【开发建设】 2021 年，秋滨街道重点征收攻坚任务 28 项(其中企业回收项目 13 项)，一类项目 13 项已完成 6 项，基本项目完成 2 项。完成万里扬二期、石门村南北外绕线、秋滨第四消防站、南郊变电站、张坞垅 1.73 公顷土地回收、后宋自然村城中村改造等 6 项；完成青年曼南北地块 37.07 公顷地块青苗政策处理及坟墓搬迁签约，鱼塘附属物正加快扫尾；新能源汽车产业园平台拓展石门村 220 公顷区块青苗政策处理完成率 98%，加速推进附属物、鱼塘政策处理征迁扫尾，努力实现地等项目目标；马鞍山剩余 4 户房屋征收、拆除及地上附着物处置，已完成 3 户。完成宾虹路北侧信合科技等 3 家企业 4.73 公顷土地、工艺美术总厂 6.27 公顷的收储及厂房拆除；已清退 37 家低散乱企业，完成率 123%，超额完成年度任务。根据开发区管委会工作部署，开展重点征收工作百日攻坚拔钉清障行动，采取分组作战合力攻坚的方式，同步推进遗留问题处置工作。完成马鞍山社区第二批 36 户、90 套安置房分配工作；完成丽泽书院地块的征收遗留户 3 户的房屋拆除工作，为学校地块全面完工清除障碍。系统把握张坞垅遗留问题处置，完成 1.73 公顷土地征收和区块内违建烂尾建筑拆除，遗留问题处置取得阶段性成效。围绕省委巡视整改的安置房分配任务，加速推进分房工作。分别于 6 月 25 日、6 月 26 日，完成蟠龙村首批 145 户、319 套公寓式安置房分配工作；完成张坞垅 16 户、40 套、吕献塘 74 户、105 套、姜山头 35 户、94 套公寓式安置房分配工作，遗留问题处置破冰前行。

【组织建设】 从严从实抓好基层党建工作。推动党史学习教育走深走实，发挥党工委中心组学习“旗舰”作用，高质量开展集中学习、专题研讨会等活动。

5 月 15 日，秋滨街道党工委领导班子成员、机关党员干部到中共建德小组纪念馆开展党史学习教育专题活动　　（秋滨街道供稿）

2021 年，街道党工委理论学习中心组开展学习 17 次，党组织书记上党课 120 场次，每月如期开展主题党日活动，共计 1400 余次，远教站点视频观看学习 600 余次，组织党员开展“我为群众办实事”专题志愿服务活动2800余次。

6月29日,秋滨街道举行庆祝中国共产党成立100周年系列活动之党员集中大党课活动

(秋滨街道供稿)

推进党员整治立规创优行动,正风肃纪,加大案件查处力度。集中开展党员干部赌博、酒驾等突出问题整治,街道纪工委立案17起,开除违纪党员5人,涉及酒驾醉驾8人,转整转支部教育20人。开创两新组织党建新局面。在市、开发区组织架构调整后,迅速地毯式排摸企业2377家,接收两新党组织133家,党员1851人。通过深化"三师助企"专项行动,以4家两新党建示范点全面带动两新组织阵地建设提升,推动党建工作和生产经营同频共振、融合互促。加强干部队伍建设。完善主职干部绩效考核办法;制定中心组学习制度,强化学习意识;全面完成村(社)三资管理系统改革工作,实现"三资"监管公开透明,有效防控"微腐败",推动村社干部规范履职、干净做事,构建一支素质过硬、执行力强的村社干部队伍。

【平安综治】 在整合各方资源,打通职能壁垒建立"秋滨客厅"的基础上,优化便民服务、矛盾调处功能,把1287个四级网格与"三驻三联"工作机制有机结合,发挥网格员在参与社会治理中的积极作用,提升辖区矛盾调处队伍的能力水平。累计调解368件,成功率98.4%,涉及金额达665.3万元。成立专班抓稳控。按"五包一"明确职责,实行专人专班,及时掌握动态信息,落实应急方案。接收来信、来访、网上投诉234件,已办结230件。

【全国文明城市巩固提升】 以"十大专项行动"和"文明城市创建复评"为抓手,整合资源,持续性开展17项静态指标清零和动态指标整治行动。全年组织开展各类联合执法整治行动277次,处理问题11769件,行政处罚336人(家),关停经营场所43家;在上级文明城市创建9次测评中,社区19次获红榜表扬,其中后周社区连续4次红榜。

【城市管理】 开展"春雷行动"暨治违除患促安全违法建筑专项整治行动。按照"边排摸、边整治"的思路,通过重点拆除,带动面上自查、自拆,百日攻坚成效显著,全年拆除违法建筑124件、12.67万平方米,完成率126.7%。全域开展"两房一店"消防安全、餐饮单位燃气安全、重点领域安全生产等专项行动。1730家"两房一店"安全隐患动态清零440处;排查燃气使用户1236家,整改隐患228处;按照"全覆盖、零容忍、严执法、重实效"的要求,排查辖区企业1915家次,隐患4538项,动态整改完成3905项;摸排出全区各类涉及化工生产、使用的企业116家,发现小作坊、黑窝点3处;完成低小散整治61家。

【疫情防控】 开展好常态化疫情防控工作。以党员联系户、四级微网格大排查为基础,以防输入为目标,守小门、打巷战。2021年开展村社大规模核酸检测演练22场次,临时接种点保障有序有力,完成接种204959剂次;公共场所关停246家;核查数据4.2万余条,落实管控1941人。

【创新工作】 引导企业创新车间管理模式,秋滨立足辖区企业众多的实际情况,以生产车间等工作环境为背景,全面推广"车间政委"机制。以车间为单位,在生产一线和业务骨干党员中公推选优"车间政委",发挥其上情下达、下情上传的桥梁纽带作用,有效维护生产经营稳定。"车间政委"在车间一线化解职工矛盾纠纷、解决合理诉求等方面发挥作用,助推企业平稳发展。

(方　恬)

雅畈镇

【概况】 雅畈镇辖区总面积 74.41 平方千米，行政村22 个、112 个自然村，户籍人口 9502 户、23541 人，男性 11818 人，女性 11723 人，外来流动人口 5605 人。

【财政税收】 2021 年，税收总收入为 6372 万元，比上年同期增长 14.03%；本级财政收入为 1703.3 元，比上年同期增长 17.4%；一般公共预算收入 3867.04 万元，比上年增长 4.12%，一般公共预算支出 3867.04 万元。实现财政总收入 12087.36 万元。

【工业经济】 2021 年，完成规模以上工业总产值 56201 万元，比上年增长 39%；规模以上工业增加值 12918 万元，比上年增长 35.4%，增速均居全区第二。工业投资增长有力，固定资产投资 53320 万元；第三产业投资 3709 万元；限额以上工业投资 49611 万元，全区占比 28.59%。招商引资持续发力，全年到位内资 44700 万元，超额完成 2.3 亿攻坚目标，新签约工业项目 1 个(浙江金匠建材科技有限公司年产 35 万平方米金属面板保温装饰板系列产品建设项目)，总投资 1 亿元，总用地面积 1.86 公顷，达产后可新增产值 1.12 亿元，税收 470 万元。“四破”攻坚蹄疾步稳，完成 13 家低效企业出清，11 家低散乱企业整治工作。企业培育稳步增长，培育金华雅境再生能源和金华大拇指火腿食品有限公司 2 家企业升规。研发投入增速明显，全年研发费用 2516 万元，完成全年 2000 万元任务数的 125.8%，新增国家高新技术企业 1 家，省科技型中小企业 5 家，企业研发机构 5 家。完成区级税收 1703.3 万元，比上年增长 17.4%。

【农业经济】 2021 年，全面完成上级下达的粮食种植面积任务指标，全年粮食种植面积 227.53 公顷。其中，晚稻种植面积 58.53 公顷，其他粮食种植面积 170.33 公顷。油菜种植面积 112.67 公顷。组织开展 2021 年婺城区现代农业专项扶持项目申报工作，申报钢架大棚项目 2 个，实施面积 13700 平方米并申请财政补贴 65 万余元，农机购机 75 台补贴金额 7.5 万余元，开展农产品监测样本 330 个，完成区下达的任务指标加强农产品质量安全监管和农业生产工作。其中，军毅生猪养殖场开展了“三品一标”认证。金华先实大农业科技公司和铜山蔬菜合作社新建农产品质量安全二维码追述。

全年蔬菜总产量 7201.2 吨，水果总产量 1747.3 吨，花卉苗木播种面积 1093.67 公顷，两家特色种植企业总产值 6963 万元，新增宝华村树莓采摘基地农业标准地认定。

2021 年，镇政府投入 1749.7 万元实施高标准农田建设项目，为现代农业可持续发展奠定基础。根据不同的农时季节开展技术培训 5 次，培训人数在 700 人以上，发放各种资料 1000 余份，农技“110”年咨询 1000 人次。

【村集体经济】 截至 2021 年年底，雅畈镇 22 个行政村总收入均达到 20 万元且经营性收入达到 13 万元，完成率 100%,其中完成经营性收入 50 万元以上的有 6 个村，完成率 100%。

【人居环境】 2021 年，全镇雅畈二村、宝华村、寿溪村获评五星村，雅畈一村获评四星村。全镇 2021 年获评美丽公厕 3 个，其中寿溪村旅游公厕作为省级样板接受领导视察，获评美丽田园 1 个。

【美丽乡村建设】 2021 年，全镇完成精品村秀美村验收 12 个。芳田村美丽宜居示范村已完成设计等待招投标，全年申请上报 2 个美丽宜居示范村项目等待上级批复。垃圾房实施技改提升工作，芳田村、一村、二村已经完成土建和安装；雅上店村、汉灶村和上岭殿村土建已经完成，正在进行设施安装；九同完成清肥，在实施土建和安装。婺城区乡村振兴现场会暨人居环境提升推进会在雅畈镇召开。

【畜牧业】 2021 年，全镇建成生猪养殖小区 5 个，分别为万顺养殖场、辰凯养殖场、黄皮塘养殖场、上家养殖场、军毅养殖场。奶牛养殖场 3 个，分别为加全塘李小华奶牛养殖场、二村奶牛养殖场、上六奶牛养殖场。肉蛋鸡养殖场 2 个，分别为上岭殿肉鸡养殖场、汪家肉鸡养殖场。

2021 年，雅畈镇生猪出栏 13869 头，肉鸡出栏 41200 羽。全年病死猪无害化处理数量在 3000~4000 头之间。全镇各行政村均已进行畜禽遗传资源普查,其中畜禽猪、牛两个畜种,分属4个品种,分别为杜洛克猪、长白猪、金华猪和中国荷斯坦牛;一个蜂资源品种为华南中蜂。动物防疫工作,全镇春秋两季共免疫牛1530头次,猪18669头次,羊25只次,鸡6万只次,免疫密度均在90%以上,防疫经费和防疫员报酬均落实到位,年内没有重大疫情发生。

【林业】 完成森林图斑核查和林地一张图建设,对雅畈镇内的林地违法图斑进行现场核查,并按时上报区农业农村局林业科。完成全镇病虫害防治工作,对镇内的枯死松木进行清理,同时展开防治工作,对未有病虫害的森林进行打药,挂诱捕器。完成百万亩国土绿化工作。按照省委政府文件要求,区委、区政府下达雅畈镇百万亩国土绿化13.33公顷的工作任务,结合花满婺城主题,组织各村开展绿化工作,提倡村民成片种植经济作物如桑葚、杨梅等,完成13.33公顷的国土绿化工作。开展森林防火宣传,落实森林防火值班制度,对镇内公墓进行巡查。定期组织消防队进行演练,养护消防器材,做到发生火情时能快速处理。完成生态公益林补助资金发放工作。

【第三产业】 2021年,雅畈镇文旅产业联动发展。古街、古窑、寿溪月牙湾、车坞小长城、斗牛等文旅产业联动发展,带动农副产品、特色小吃、婺窑产品等各类销售总额400万元,杜鹃花节利用网络新媒体直播带货,吸引流量24000余人次,央视财经频道用近24分钟时间播出《乡村振兴中国行——古镇花海蕴财富》节目。

【疫情防控】 打赢疫情防控阻击战,健全“两保障”,织密“三网格”,做到“四到位”。全镇2000余名党员、干部、群众投入疫情防控,筑牢“外防输入”的铜墙铁壁。12月,排查杭州、宁波、绍兴等返乡人员2.5万余人,入户发放宣传单2万余份,累计张贴防疫标语1500余条,暖心服务点每天服务过往车辆4000余辆,检查督查防疫工作19轮,发现并整改问题82个,关停棋牌室79家、足浴和SPA馆15家,实现“零输入”“零疑似”“零确诊”。全镇22个行政村、4个企业、2897人按照“全链条、全方位、全要素”分片分组开展核酸检测实战演练,提升镇、村两级疫情防控应急处置能力和水平。全年累计接种新冠疫苗45736剂次,基本覆盖雅畈本地常住人口,形成坚不可摧的“免疫屏障”。

【生态环境建设】 2021年,雅畈镇环境空气质量优良率为95.8%,比上年提高2.1个百分点,其中一级优151天,二级良203天,三级轻度污染12天,无中度及以上污染天数,首要污染因子细颗粒物($PM_{2.5}$)和臭氧(O_3)、可吸入颗粒物(PM_{10})、二氧化硫(SO_2)、二氧化氮(NO_2)、一氧化碳(CO)等指标年均浓度均达标,$PM_{2.5}$全年日平均浓度为26微克/米^3,较上年同期下降8%。近三年,SO_2、NO_2、PM_{10}、$PM_{2.5}$浓度均呈下降趋势,O_3、CO数据基本保持稳定。坚决打好蓝天、碧水、净土三大保卫战,重点开展中央环保督查组第一轮13件信访交办件、第二轮5件信访交办件和浙江省环保督查组3件信访交办件办理情况“回头看”工作,迅速处置金华市“8890”便民服务投诉热线关于环境污染问题交办件15件,结合“三改一拆”“五水共治”“低散乱”整治等专项行动,关闭废品收购站30余家、淘汰落后小作坊企业3家,改造提升9家,拆除违法搭建1000余平方米。

【全国文明城市巩固提升】 打赢全国文明城市创建巩固提升攻坚战。打造文明示范全镇22条,成立志愿者队伍5支、411人;完成“五加一”文明精品示范乡镇建设,66家商铺完成文明诚信经营户创建。继2020年全国文明城市测评中被抽中的二环外乡镇交出满分答卷后,2021年继续保持高标准、高规格创建要求,在文明城市创建巩固提升战中查找漏洞和短板,巡查发现并整改各类问题300余个,结合党员酒驾巡查专项整治工作,提倡文明出行。

【新农村建设】 2021年,成功举办婺城区首次乡村振兴现场会暨人居环境提升推进会、金华市妇联主席工作现场会和雅畈镇第五届杜鹃花节。同时加大新型农业经营主体和新型农村人才培育,强化农村人居环境整治,培树农村文明新风,把农村产业持续做大、农村环境持续做美,加快形成工农互促、城乡互补、协调发展、共同繁荣的城乡融合发展新格局。

聚焦人居环境整治提升,稳步推进农村垃圾、污水、厕所“三大革命”，建立健全农村人居环境整治长效管护机制；创建区级十佳村14村次，五星村3个、四星村1个、三星村2个，美丽田园1个，党建+最美庭院635户，示范庭院358户，美丽公厕3个，其中寿溪旅游公厕作为省级样板接受领导视察；全镇精品村、秀美村验收率达100%，每月第3方问题照片整改率均达90%以上；落实“花满婺城”战略，建成“赏花闻香村”11个。寿溪村、石楠塘村获评2021年度浙江省美丽乡村特色精品村。

【民生事业】 加强对困难群众救助和帮扶精准性，建立一户一档，加快完善“1+8+X”大救助体系所需的系统数据库，在册低收入户计219户、350人，其中低保户136户、219人，低保边缘户30户、74人，特困户49户、51人。全镇19个村居家养老服务照料中心正常运行，并办理食品安全许可证，在养老服务照料中心就餐老人545人。智慧养老管理系统已投入使用，为各个居家养老服务照料中心安装监控和人脸识别设备；“浙里养”平台数据库不断完善，完成各村老年食堂的信息录入外和全镇80岁以上老人700多人次的数据校对和信息补充，数字化改革稳步推进。汪家村等11个村的居家养老服务照料中心的厨房进行提升，石楠塘村居家养老服务照料中心进行整体提升改造。全镇已完成集中补领婚姻登记证调查录入3798对。

慈善事业取得新突破，由区慈善总会牵头，在镇领导的大力支持下，雅畈镇慈善分会已完成筹建工作，因疫情原因成立大会推迟召开。区级慈善温暖行动为14户、25人申报31000元补助，区级慈善福彩公益为2名儿童和3名大学新生申报28000元补助。开展“慈善一日捐”活动，含22个行政村全年共募捐得40758元汇入区慈善总会专用账户。

避灾安置点规范化建设稳步推进，2021年完成一村、雅叶村、梅江村、新畈村、九同村、芳田村、竹园村、加全塘村8个村的避灾安置点规范建设。

完成13位低收入农户子女的雨露计划助学补助申请、12人来料加工以奖代补资金发放、低收入农户医疗补充政策性保险购买清单核对、绿色小水电低保户增收项目收益补助发放核对等工作。协助人保财险婺城支公司走访慰问加全塘村低收入农户。

【残联工作】 全镇现有残疾人731人，2021年新增残疾人57人，重评32人。护理补贴在享人数373人，新增42人。生活补贴在享人数131人，新增12人。发放春节走访慰问残疾人资金7万元，实物32份。申报残疾学生助学补助18人，低保低边的残疾人子女就学补助20人。发放残疾人辅助器具23人，申报残疾人灵活就业养老保险补助46人，安排5个有劳动能力的残疾人去福利企业上班。完成全镇2021年度残疾人信息动态更新调查工作。

【城中村改造】 6月23日，雅畈镇启动首个城中村改造项目，召开后陈区块征收大会以来，各征收各组分别带队调查公司、评估公司人员开展入户调查和评估工作。两天时间，完成全部入户调查评估、房屋测绘、资料收集工作。经测量，后陈总占地面积4804.85平方米，建筑面积16476.14平方米。经调查，后陈总户数大户32户、小户66户、人口168人。7月7日，召开第一次认定会认定第一批被征收户安置人口及相关政策；7月14日，召开第二次认定会；7月17日开始入户签约；7月22日，副区长徐镜跃亲自到雅畈听取后陈区块城中村改造工作汇报，并对剩余被征收户进行认定。8月初，所有征收户100%完成签约，8月15日，完成所有住户的腾空交付，拆迁公司入驻启动拆除工作。12月底，征收区块完成土地平整清理。

【党建工作】 坚持理论学习，突出政治引领深学践悟。党政班子成员开展理论中心组学习14次，强化新时代新思想的学思践悟；结合党政智治工作，专题召开数字化改革和“七张问题清单”重要内容学习会8次；举办党史学习教育、中共十九届六中全会精神、习近平总书记在庆祝中国共产党成立100周年大会上的讲话精神等学习交流活动35次，结合各线工作，解决群众关切的问题难点25件；把“三牛精神”融入斗牛文化馆，打造党史学习教育网红基地，让雅畈成为金华市党史系列宣讲活动的首发地。

坚持双轮驱动，突出主业主责扛旗争先。实施“党建+业务”双轮驱动，实现党建工作与业务工作同频共振、融合共进。以“党建+文旅”，成功举办第五届杜鹃花节，开通线上助农直播，央视财经频道用近24分钟时间播出了《乡村振兴中国行—古镇花海蕴财富》节目，打响杜鹃花品牌；以“党建+项目”，投资4100万元，完成河道综合整治、立面改造、小学路等11个美丽城镇建设项目，集镇环境得到美丽升级，成功获评新时代美丽城镇省级样板镇；以“党建+防疫”，组织1000余名党员干部成立疫情防控突击队，设置13处暖心服务点，排摸返乡人员2.5万余人，累计接种新冠疫苗44488剂次，筑牢防疫堤坝；以“党建+服务”，深化“三服务”班子联企机制，助力企业复工复产，帮助企业解决雨污分流、能源双控、基础设施建设等各类问题70余件；协调处理企业用地、电力线路迁改、用地审批等难点纠纷20余起。

坚持从严治党，突出效能建设争先进位。全面深化党员干部整治立规创优“九个一”行动，完成南干村、宜山村软弱涣散党支部整顿转化工作，制定党员三色管理、“零违纪、零违法”支部创建等相关制度，建立44支巡查队伍专项整治党员干部酒驾赌博等不文明行为，巡查劝导1.5万人次，酒驾行为大幅下降，作风效能显著提高；全年自查“七张问题清单”录入问题库18个，整改完成涉及环保、征地、企业服务等方面13个问题，上级交办问题2个均已完成；高质量完成后陈城中村改造拆迁、燕语湖土地流转、党委人大换届等重点中心工作，信访积案化解11件。

【社会治理】 2021年，雅畈镇成功化解调处涉及邻里问题、劳资纠纷、土地纠纷等矛盾120余起，有效减少矛盾纠纷积存量，促进社会的和谐有序。实现与“一警情三推送”机制的有效对接。

结合党员联系户制度，成立红色小网格；按照“五到工作机制”，建立和完善22个行政村的220个“微网格”，形成“看的见、管得着、有人管”的基层社会治理体系。把平安建设作为村主职干部和党员积分考核的重要内容，以“考核”促担当，发挥党员干部“红色网格员”的积极性；深化专职网格员队伍的业务培训，提高党员干部、专职网格员在矛盾纠纷化解中的参与度。雅畈镇专职网格员共上报信息5013条，群众爆料1892条。疫情期间，雅畈镇成立红色代办队伍，为居家隔离人员代办各类事项，以暖心服务助力“抗疫”工作。实现镇、村二级23个民情民访代办服务站全覆盖，260余名民情民访代办员按“微笑办、暖心办、我来办、马上办”四办作风，快速解决群众需求。代办各类诉求1042件，办结率达100%，满意率达99.39%。2021年，代办民情民访事项152件。

(傅燕辉)

安地镇

【概况】 安地镇辖区面积136.4平方千米，下辖22个行政村，1个社区，户籍人口7524户、17181人，是国家级生态乡镇、省级森林城镇、省级卫生乡镇、省小城镇环境综合整治样板镇、浙江省非遗主题小镇、AAAA级景区镇、美丽城镇建设省级样板、浙江省园林城镇。境内山林面积12400公顷，耕地面积573.33公顷，经济作物以花卉苗木、毛竹、食用笋、水果为主，全镇花卉苗木种植面积达500公顷，有品种200多个，其中桂花面积占80%以上，有“中国桂花之乡”的美誉。2002年在境内设立了全省第十二个省级旅游度假区——“仙源湖旅游度假区”，是省内唯一一个城郊湖山型旅游度假休闲区。经过10年开发，建有金华动物园、十里桂花长廊游步道等多个游乐设施；开发建设有仙源欧境、双溪源、香溪玫瑰园等多个高档住宅区。

【经济发展】 2021年，全镇固定资产投资增长率354.46%，排名全区第2；累计完成税收7281万元，其中区本级税收2244.4万元，分别比上年增长44.38%和41.30%。

【重点工程项目建设】 2021年，酒园区块征迁征地任务基本完成，预计释放56公顷发展空间，为“种子星球”项目落地奠定良好基础。燕语湖二期朱山脚地块政策处理基本完成，开拓产业用地13.33公顷，现已进行场地平整。岩头全域土地综合治理项目稳步推进，调查测绘工作全面完成，政策处理有序开展，预计将腾挪出超33.33公顷的产业发展用地。

【基础设施建设】 2021年，政府专项债发债资金，仙源湖旅游度假区提档升级二期工程项目，总投资8187.76万元，9个子项目中的5个已启动，石人山景观节点改造、旅游服务驿站、蒋宝贤红色教育基地、烈士墓提升和红色支部5个项目已开工建设，其中，烈士墓提升及红色支部项目已基本完工。总投资1669万元的香溪西路延伸段工程和桂花街延伸工程已进入招投标阶段，后续工程准备工作正在稳步推进中。总投资5710.07万元的L—2地块道路配套工程已完成可研编制初步设计。总投资345万元的仙源大道两侧绿化提档工程已完成验收，香溪公园和十里桂花长廊连接线工程即将完工。

【乡村旅游】 2021年，继续做大做强桂花特色产业，成功举办十三届“桂花节”，以线上线下相结合的方式带动各类文旅产品销售大幅提升，全年累计接待游客96.88万人次，实现旅游经营性收入9439.3万元，同比分别增长9.08%和26.24%。深挖蒋里红色教育资源，打响“南山火种”红色IP，研学基地顺利揭幕，“南山火种”专题婺剧成功试演。岩头禾居文创、婺州染坊、琴箫馆、南竹轩等非遗文创品牌快速发展，非遗传承集聚效应不断增强。

【安全生产】 2021年，加强值班值守和在岗督查，完善应急值班制度，对镇域内3座小二型水库，19座山塘，5条河道以及建筑工地工棚、旅游设施、地质灾害隐患点、廊桥戏台、危旧房、山塘水库、防汛仓库、避灾安置点等汛期安全生产薄弱环节进行拉网式排查。发现隐患23处，完成隐患整改23处，隐患整改率100%。要求各村村干部、网格员、党员对各村、各网格及党员联系户做好强对流天气防御宣传工作，确保不漏一户、不漏一人。利用微信群、钉钉群、群发短信、应急广播系统等宣传平台及时转发和播放天气实时动态信息和灾害预警相关知识，在全镇范围内营造浓厚防汛防灾氛围，提升灾害防范意识。组织全镇应急管理力量开展应急演练3次，专题总结会1次，有效检验应急管理队伍的业务能力。

【平安综治】 浙江省平安建设信息系统中新增事件3946件，办结3765件，其中有效流转信息3656件。流转率92.65%，办结率95.41%。司法所调处各类矛盾纠纷67起，调解完成66件。其中村级调解60件，镇司法所调解成功6件；接收社区矫正对象6人，解除4人。对全镇79名精神障碍患者建档立案，做好走访登记，确保不遗漏、不失管。

【基层党建】 开展整治立规创优，落实党员“十二分制”积分制考核，出台《安地镇整治党员违法问题“两挂钩三到位五个一律”管理办法》，规范党员日常教育管理。开展提醒谈话28人次，整转不合格党员4名，让党员心中有戒，行为有止。深入实施“红色根脉强基工程”，打造蒋里红色教育研学基地，“南山星火”党建品牌，组织全镇900余名党员干部分批次参观学习，深化理想信念教育和党性教育。

【政府建设】 作为“大综合一体化”综合行政执法改革、“县乡一体、条抓块统”改革、“五度四步”干部积分制改革等三项改革试点单位，安地镇在行政执法、社会治理以及自身建设等工作上开展卓有成效的探索和实践。有效承接565项下放行政执法事项，梳理“多跨协同”一件事10余件，推动景区停车难、交通隐患点整治及遗留问题化解等难点问题有效破解。

【全国文明城市巩固提升】 做好全国文明城市创建工作，出台《安地镇文明城市创建、农村环境卫生村级考核办法》，将区级督查结果与镇、村干部奖金挂钩，发动全员参与文明城市创建，细化镇村创建网格，做到“定人、定点、定责、定事”。文明城市创建新增公益广告52处，横幅宣传68条，清理乱堆乱放346处，牛皮癣广告整治138处，对文明创建交叉检查中发现的整改项全面整改，清理暴露垃圾90处，牛皮藓广告70处，乱堆乱放128处，修复公共设施破损15处。

【环境保护】 结合“十佳村”“十差村”评选工作，集中开展“三清理四整治五提升”村庄环境集中攻坚活动，强化各村环境卫生成果巩固，通过晒拼创和互查互评营造各村之间环境整治氛围。1—4月，安地镇在全区“十佳村”“十差村”评选乡镇综合排名中位居第一，寺口村、茶山下村、郑宅村获区级“十佳村”称号。

【“五水共治”】 完成雅干垅城市饮用水管网延伸工程和外畈、郑宅等村农村饮用水提升工程的主体施工；完成雅干溪(南郭段)河道治理工程和过塘山塘除险加固工程主体施工，基本完成青车坞垅山塘除险加固工程。

【民生事业】 2021年,对全镇低保对象进行全面的经济核查,核减不符合条件的低保户3户、7人,正常死亡核销1户、1人,脱贫2户、6人,新审批7户、9人,全镇享受农村低保158户、208人,参保率为1%。低保边缘户15户,保障总人口43人、特困9户、供养人数9人。为低保户、低保边缘户和特困户发放低保金和物价补贴计156余万元。

【文体事业】 2021年,成功举办第一届仙源湖旅游风情节暨南山五一红色之旅系列活动、迎亚运金华10千米精英赛等文体活动,打响安地知名度;成立婺城图书馆安地分馆,凭市民卡免费借阅及在全市范围所有公共图书馆和阅读吧实现通借通还;举办庆祝中国共产党成立100周年、婺城区文化和自然遗产日、民俗文化等各类文化演出9场;对接区文化馆,举办舞蹈、红歌、舞龙、指挥、民族乐器培训3次,参训人员计110人次。提升女子铜管乐队、旗袍队、汉服队等民间文艺队伍的水平,丰富基层群众文化生活。

(黄寅明)

白龙桥镇

【概况】 白龙桥镇辖区面积92.84平方千米,耕地面积2146.7公顷,下辖28个行政村,7个撤村建居村,6个社区,现有户籍人口30185户、69382人,流动人口5.9万人。

【工业经济】 2021年,全镇小升规企业规模以下小微企业规范升级为规模以上企业19家,732家工业企业完成工业总产值198亿元,其中125家规模以上企业实现总产值140.14亿元,占工业总产值的72%,比上年增长24%;新产品产值64.38亿元,出口交货值31.17亿元,新增固定资产投入12.05亿元。婺城区飞扬小镇一期总承包工程项目完成投入1.27亿元,金华立春智能仪表科创园完成投入1.1亿元。依托巨龙管业、红牌、立春科创园等6个小微企业园,通过整合资源,形成产业集聚,培育规模以上企业15家,成为全镇工业经济新的增长点。出清低效企业70家、盘活低效用地133.33公顷,整治“低散乱”企业45家,新增厂房12万平方米。高新技术企业呈现蓬勃发展势头,全年达到46家,省科技型中小企业142家,其中省级研究院7家占全区的100%。飞扬小镇入围第五批省级创建类特色小镇,浙江万里扬荣膺“国家技术创新示范企业”,浙江开创电气股份有限公司和浙江润华机电有限公司获“国家专精特新‘小巨人’企业”,浙江今飞智造摩轮有限公司荣获市级“创新型领军企业”,被列入2021年省级“未来工厂”试点建设企业,为经济转型发展注入了强劲动力。

【农业经济】 成立熊猫猪猪共创共富党建联盟,辐射带动集体创富、村民致富。通过盘活农村闲置资源,打通村庄精品线路,发展业态经济,打造全区第一个未来乡村社区新昌桥村,实现新增游客10万人次,增收360万元。坚持做强做大村集体经济,推动双牌村便民服务中心、新昌桥村共享农房改造提升、龙蟠村5村联建农民公寓项目落地,增强薄弱村自身造血能力。28个行政村集体总收入5181万元(平均每村185万元),经营性收入2376万元(平均每村84.9万元),18个村经营性收入50万元以上,超额完成区委下达的消薄目标任务。高效完成下山安居创富工程13.33公顷土地政策处理,安置区块一期启动建设。

【财政税收】 2021年,全镇税收总收入121875万元,较上年同期增长48.89%。本级税收收入38439.9万元,较上年同期增长51.3%。其中增值税16829.5万元,企业所得税5131万元,个人所得税2085.6万元,耕地占用税900万元,其他各税合计14393.8万元。

【疫情防控】 坚持常态化疫情防控,成立协调指挥专班,拟制疫情防控封控图和核酸采样点位图,实施挂图作战;组织村社开展针对性核酸检测应急演练,提升应急处置能力;在楼家村、洞溪社区、婺城区人民医院设立新冠疫苗接种点,开展疫苗大接种比拼活动,提升疫苗接种率。2021年,共投入经费183万元保障常态化疫情防控;累计完成疫苗接种21万剂次,数据摸排72万余人次,落实“14+7”管控措施796人,落实“2+14”管控措施1849人;共开设47个暖心服务点,配置73个核酸采样点,守住基层“小门”。

7月18日，白龙桥镇楼家村疫苗接种点正式开始运营　　(白龙桥镇人民政府供稿)

【人才干部】 坚持“学干一体”，培养锻炼年轻干部；聚焦党员整治立规，整转教育党员27名，村干部免职2名；招才引智成效明显，引进省级以上领军人才4名，完成省海外引才计划申报6人，市“双龙计划”申报4人；深化“揭榜挂帅”引才机制，促成揭榜18个，兑现榜额2194万元。

【重点工程】 2021年，白龙桥镇有73项重点工程项目，涉及征迁处理343.53公顷。全力攻坚克难，完成飞扬智能制造小镇65.87公顷地块政策处理，包括雅绕横四路延伸工程17户农户征迁工作；62天高效完成三联区块842户、73.13公顷土地征迁任务；成功拍卖黄金苑一号、二号、三号等5个地块共42.87公顷土地，出让金额63亿元；全面完成荣光国际东侧110千扶线路迁移、筱溪变电站项目、浙赣铁路下穿至西二环绿化景观提档工程、白龙桥卫生院迁建等政策处理工作，完成龙蟠水毁修复项目建设、白门线非机动车道改造工程；加速省运会水上运动中心、区妇幼保健院迁建、康复医院改扩建等项目推进。

【文化宣传】 开展乡村文明建设，30家文化礼堂、38个新时代文明实践站(所)落成运行，组织200余场文化活动惠及群众20万余人次。全国首个情感主题文化公园“龙桥映月”外婆文化公园落地白龙桥，绽放古婺芳华。

【社会保障】 35居家养老服务照料中心全部接入智慧养老服务平台，为全镇1760名老人提供养老服务。危旧房改造、困难家庭改造、适老化改造项目稳步推进，35家村(社)慈善工作站基本建成，40个村社荣誉墙全部完成。全年为民政救助对象、残疾人、重点优抚对象发放补助补贴1049.29万元，全面消除人均收入低于9500元农户，全面脱贫工作持续巩固。落实各项优抚政策，发放重点优抚对象抚恤金和生活补贴213万余元，走访慰问退役老军人和烈军属1126人次，发放慰问金36万元。

【美丽乡村建设】 完成18个精品村、秀美村建设，依托“南山漫道”项目突出新昌桥和美乡村建设，打造全区第一个未来乡村社区新昌桥村。白沙、董村等11个村获评A级景区村庄，筱溪、龙蟠等2个村获评AA级景区村，我镇被评为AAA级景区乡镇，并成功创成国家卫生乡镇。坚持对违法建筑零容忍，用时两天完成对大圩自然村11家违建企业2万余平米的拆除任务，拓展美丽乡村建设空间。

【小城镇环境综合整治】 以创建国家卫生乡镇和巩固全国文明城市创建为抓手，对40个村社全面清理积存垃圾、死角垃圾，有效降低暴露垃圾的污染，对辖区9个农贸市场进行全面整治，清理垃圾杂物80余吨，整治乱堆乱放2000余处，新建垃圾分类投放点32个，做到建成区内垃圾容器化覆盖率100%，垃圾日产日清，密闭储存清运，密闭清运率达到100%。完成婺城区2021年度绿道工程(桐溪—怡村至龙蟠段绿道)、玉山潭西侧湿地等2个湿地生态修复项目，拆除339处建筑面积47.49万平方米的违章搭建，对330国道和白汤下线、白门线等主干道两侧展开50余次拉网式排查，整治点位23个。

10月14日，省爱卫办督查组在白龙桥镇叶店、楼家村检查工作　　(白龙桥镇人民政府供稿)

【平安综治】 2021年,化解国家信访件6件,调处化解纠纷119件,完成区纪委转办信访件17件,持续推进40个村社民情民访代办服务室建设工作;持续深化民情民访代办制,化解信访积案19件,办结"8890"诉求6335件,调解劳资等纠纷583起涉及金额2667万元。

【安全生产】 2021年,以"安全生产月"等活动为契机,开展各类安全生产宣传活动20余次,宣传群众5000余人,发放宣传册600余份。部署安全生产会议12次,领导带队检查督查200多次,检查人员800余人次,检查企业600余家,查出隐患6250条,已整改5155条,下发整改指令文书2125份。排查危化品企业生产经营使用单位100余家,排查并整改隐患120余处。认领整改市级挂牌隐患点2例,完成整改率100%。

【"五水共治"】 全面全域宣传"五水共治"工作,推广完成2980个护水公众号注册,深入开展自查问题280处,整改率100%。对14处督办问题进行"回头看",全面整治河道、湖泊管理范围内乱占、乱采、乱堆、乱建等突出问题;白沙溪、漪溪、桐溪等3名镇级河长和18名村级河长严格落实"河长"App治水巡查机制,严防偷排漏排生产污水。完成"污水污水零直排区"建设工作和区级验收及市复核,整改问题45处。青塘水库、麻吉垅水库在安全鉴定评审会被评为"一类坝",完成了龙蟠村水毁修复工程、新昌桥村水系连通工程、择住邻村渠道改造工程、倪家郭塘溪连通工程。滨江村农饮水提标达标工程基本完成,天姆山村渠道改造工程完成60%。

【矛盾纠纷排查和社区矫正】 2021年,白龙桥司法所目前社区矫正在册社区矫正对象为87名,其中普管75名,严管12名;缓刑80名,假释6名,暂予监外执行1名,全年接收新入矫54名,解矫38名,审前调查23名。各人民调解委员会共受理各类民间纠纷395件,金额达1439.06万元,其中镇调委会调解成功109件,涉及金额1266.58万元,其中劳资纠纷和损害赔偿纠纷案件占比较大(劳资纠纷36件,损害赔偿32件);驻白龙桥派出所调解室调解成功122件,涉及金额134.8万元,95%以上为损害赔偿纠纷;村(社)调委会调解成功164件,涉及金额77.68万元。定期组织法律知识考试,全镇干部参与执法证开始报名达53人。成功创建2个省级、38个市级民主法治村。

【数字化改革】 围绕数字化改革,深化"152"和"141"体系衔接贯通,力推浙政钉和浙里办使用广度,工作群转入浙政钉,激活率实现100%。挂牌成立镇综合智治中心,建成镇级综合信息指挥室,不断完善"四平台"治理,案件化解率93.2%,群众矛盾纠纷实现"一站式"化解。聚焦"县乡一体、条抓块统"和"大综合一体化"行政执法两项改革,整合各类执法力量,优化统筹4个执法主体,对照8个领域、32个方面、560项行政执法赋权清单,通过"婺城随手拍"微信小程序、"浙政钉"掌上执法平台等数字信息化平台,行政执法更加智能高效。

【获得荣誉】 白龙桥镇获得婺城区乡镇(街道)岗位目标责任制考核(第一组)先进集体、获得2021年度婺城区"四大四比晒拼创"活动先进集体。同时,获得国家级卫生乡镇、省级农村文化礼堂建设示范乡镇、省级粮食增产保供成绩突出集体等荣誉,项目大会战、基层大服务、党管武装、工业经济等多项工作领跑全区,相关工作成效被区级以上媒体报道106篇次,其中国家级19篇次、省级39篇次、市级48篇次。

【工业经济亮点】 飞扬小镇入围第五批省级创建类特色小镇,浙江万里扬荣膺"国家技术创新示范企业",浙江开创电气股份有限公司和浙江润华机电有限公司获"国家专精特新'小巨人'企业",浙江今飞智造摩轮有限公司获市级"创新型领军企业",被列入2021年省级"未来工厂"试点建设企业,为经济转型发展注入强劲动力。

(程燕春)

琅琊镇

【概况】 琅琊镇位于金华市西南部,坐落于琅峰山下白沙溪畔。琅琊镇地处金沙兰水源涵养区,水源供金华70万人口饮用,有"金华水缸"美称。辖区面积93.21平方千米,耕地面积1533.33公顷,辖18个行政村、32个自然村。户籍人口7656户、19378人，男性9791人，女性9587人，外来人口960人。全年实现财政总收入637万元，完成税收2879万元。

【工业经济】 2021年，全镇实现工业总产值6.76亿元，比上年增长0.31%，其中规模以上企业工业总产值2.71亿元，比上年增长21.62%。销售产值6.72亿元，比上年增长0.36%，出口交货值8925.43万元。招商引资引进企业1家，为浙江绿威新材料科技有限公司，主要从事年产7500吨玉米纤维PLA可降解与PET纺粘无纺布生产建设项目，计划总投资7800万元。

【农业经济】 2021年，全镇实现农业总产值2.57亿元，比上年增加5.84%。现代农业提质增效。完成“三十六堰优选”“琅禾天下”品牌注册，创建三十六堰品牌服务指导站，构建现代农业绿色发展新格局。开辟线上线下“乐游琅琊”果蔬采摘路线，通过“梦幻白沙 水墨琅琊”微信公众号推出研学、观光路线6条，推出党建集市“第一书记”直播带货、“相约琅琊”农产品展销、周末集市、琅峰夜市等助农活动，推动琅琊农产品进城上云。其中，“政府助农 特色农产品大直销”在线秒杀活动点击量达13.5万次，通过赛事活动创新农产品销售模式，累计完成销售额1000余万元。完成非粮化整治218.87公顷、高标准基本农田提升456公顷。

6月5日，白沙溪三十六堰申遗特殊贡献奖颁奖举行　（琅琊镇人民政府供稿）

【第三产业】 依托琅琊山水资源优势，承办世界灌溉工程遗产“白沙溪三十六堰”授牌仪式暨婺城区第二届“卢文台”治水文化节、“保护自然环境 共建生态婺城”2021国际生物多样性日世界环境日等大型活动，“视觉婺城”第六季白沙溪三十六堰写生创作系列活动。乡创项目泉口铁店窑文化体验馆顺利开馆并投入使用，恋·苍庐重新选址，闲置粮库变为美食研学基地。“白沙八景”之白沙古堰、琅琊峰回、铁店遗韵、双湖烟雨落成揭碑，成为钱塘诗路上的文化新地标。

5月22日，“保护环境　共建生态婺城”2021国际生物多样性日世界环境宣传活动现场

（琅琊镇人民政府供稿）

【疫情防控】 2021年，出动党员干部206人，全面开展辖区内“三扫”行动，设立暖心服务点22个，成立志愿者队伍，全部按照AB岗排班；组织流调人员、采样人员等培训2次，培训人员总计208人次。排查出带★号行程卡149人，全部完成核酸检测。完成下发核查697人次。做好疫苗接种工作，18岁以上完成第二剂次接种12250人，12~17岁完成第二剂次接种615人，3~11岁完成第二剂次接种917人，完成加强针接种2980人左右。举办大型核酸检测演练1场，发放《告知书》、宣传资料等5000余份，投放显示屏标语21块，推送疫情防控信息220条次，悬挂横幅80余条，制作疫情防控道情2个，广播播报每日2次，报送正面典型4例，区采用1例。

【组织工作】 开展村党支部书记百日述职大考评活动，采取“会场+现场”的方式，晒成绩、找问题、明差距、定谋划，通过“班子点评、书记互评、群众测评、现场考评”的四度考评工作法，考实考准18个村党支部书记工作实绩。搭建“1+4”农业拓展平台，统筹推进琅琊镇农业产业谋划，不断做优做大特色品牌。举办“白沙百团 党建联盟”演讲比赛。

【三服务工作】 深化“三服务”2.0版，以浩仁村为试点,老人点餐,专人送餐上门,打通老人用餐“最后一米”。牵头举办琅琊镇“学史力行办实事 直播助农暖人心”特优农产品大直销活动。组建“网格员+第一书记+专家”服务队伍,协同网格员重点做好日常走访、信息收集、问题解决、四项代理等工作,重点推出“琅禾天下”特色品牌,打响琅琊镇投放市场的第一炮。2021年三服务工作全区排名第二。

【平安综治】 开展反诈宣传,发放宣传册8000余份,开展宣讲活动6次。2021年度,全镇21名专职网格员排查隐患252次,上报有效信息2423条,内容涵盖安全生产、消防和燃气安全、疫情防控排查、矛盾纠纷、环境卫生等方面。把“数字赋能”贯穿基层社会治理各领域,精细网格管理,依托人大联络站、政协“请你来协商”、行政执法中队规范化建设、邻里中心等综合平台,解锁乡村智治新模式。聚力“整体智治、高效协同”,以泉口村为试点,以点带面推广18个行政村“数字乡村幸福智治平台”全覆盖,用好“村婺通”数字化成果,以积分激励、村民参与为特色,推动形成“治理+发展”的数字乡村婺城模式,激励村民参与乡村治理。

【全国文明城市巩固提升】 2021年,在琅琊镇党委政府的领导下,琅琊镇文明城市工作稳步开展,集镇及周边乡村环境卫生得到极大改善,从压实工作责任、广泛积极动员、强化督查整改3个方面入手,坚持“教育+规范”双管齐下,通过乡镇干部下沉指导,党员带头、群众参与,将整治任务分解到人,工作责任落实到点到位,同时细化整改、强化督查,以查促干确保创建无死角,保证文明城市创建工作常态化开展,真正打造好“世遗小镇、水墨琅琊”新风貌。

【民生事业】 2021年,申请省级民生实事项目投资20多万元对全镇28户困难老人家庭进行居家适老化的改造工作。完成浩仁居家养老迁建、杨塘背公墓道路、浩仁居家养老周边环境提升和桐山村居家养老迁建4个项目。完成“一事一议”项目3个、山区经济项目1个。全力攻坚上马地区块9.2公顷、九峰水厂4.33公顷征地项目。完成10个水库移民后期扶持项目建设,高效率推进节地生态安葬点建设。全速推进“永农补划”提质扩面工作37.33公顷,实施琅琊镇东畈村莲山塘背造地改田和旱改水项目,完成上盛、东畈、杨塘背、浩仁千亩方永农集中连片整治工程并通过验收。成功创建浙江省“三星级”食安办,保障群众“舌尖上的安全”。

【新农村建设】 2021年,琅琊镇成功创建市级基层党建+安全生产标准化建设示范乡镇。成功创建市级法治建设示范乡镇,妙康里、杨塘背等8个村获评金华市第二批“后陈式”法治村,全镇18个行政村实现“后陈式”法治村创建全覆盖。在浩仁村成功举办婺城区农村建房改革现场会。深入推进“全域美”整治工作,累计获评“十佳村”14次。完成浙江省AAA级景区镇创建。

【清查违章建筑】 2021年,完成7个村25处图斑、51.33公顷三大交通项目卫片执法整改,10个村45处图斑、41处乱占耕地建房整治和9个土地整治项目。

【文化宣传】 2021年,完成3家文化礼堂提升改造,完成19家新时代文明实践所(站)提升,功能性全覆盖;推出白沙溪水文化研学路线,助力文旅创新发展;全年举办健康讲座12次,义诊9次,发放各类宣传册和宣传单3000多份。

(付千真)

蒋堂镇

【概况】 蒋堂镇辖区面积54.22平方千米,耕地面积2331.31公顷,全镇有17个行政村,户籍人口7646户、18635人,外来流动人口4012人,全年实现财政总收入1136.3万元,完成税收4248万元。2021年,蒋堂镇全镇干部攻坚克难、奋勇争先,成功创下省级特色农业强镇、省级美丽城镇、省级森林城镇、省级引领型农村社区4个省级称号,完成镇党委、人大、政府换届,在市级试点工作中交出让市、区满意的高分答卷。

【工业经济】 全镇累计实现工业总产值24.54亿元,其中规模以上产值11.79亿元,规模以下产值12.75亿元,其中固定资产投资2.11亿元。启程新能源地块5.63公顷,金华市禾力建材有限公司计划总投资15500万元建设年产6000万三烘三烧烧结砖生产线，投产后预计增加税收1250万元；引进浙江天晟合纤科技股份有限公司，投资7500万建造年产8000吨功能性水刺非织造布生产线，投产后预计增加税收668.6万元。

【农业经济】 2021年，全镇"非粮化"整治工作从基础示范点到重点突破区到全镇域推进取得明显成效。截至2021年年底，已完成非粮化整治面积89.04公顷，土地集中流转达201.05公顷。2021年，完成早稻种植面积405.33公顷，指导18个种粮大户完成相关资料申报，种植任务完成率达103%；完成建立市级良种繁育基地10公顷；完成洪村粮食功能区提标改造项目、直里村高标准农田提升改造项目的前期设计及方案评审工作，持续推进项目立项实施。

【重点工程项目建设】 全区首个村级亿元项目——智能交通科技园全面结顶，完成3家规模以上企业招商；实施"下山安居创富"工程，加快"双十大"百亿项目——蒋堂移民新村二期建设，落地百万元创业致富项目3个，实现山区移民从安居到乐业的跨越。加快推进许里村全域土地综合整治项目，流转土地80公顷，2.3万平方米拆迁房屋2天、100%完成评估，1个月100%完成签约。15天完成兰溪上华至婺城琅琊公路工程18户、6200平方米房屋征迁，保障省重点项目建设。

【环境整治】 以全域美整治为契机，对标"双十村"检查标准，落实环境卫生整治长效机制，开展精品村建设，清水塘村李塘下自然村、兴利村西叶自然村2个精品村均已完工。推进"无违建"村创建工作，2021年，全镇拆除违法建筑6万平方米，完成拆后利用面积4.3万平方米，胡家村、阳山村成功通过区级"无违建村社"验收。加大提升集镇品质力度，计划投资1500万元谋划建设绿道景观提升、小镇客厅、西入镇口及镇区景观提升、智慧城镇4个项目。绿道景观提升与西入镇口及镇区景观提升项目已完工，小镇客厅及智慧城镇项目完成70%。

【社会管理】 网格化压实安全责任，对重点工业企业、"低散乱"作坊、出租房等场所开展常态化检查，累计专项检查22次；开展交通安全隐患排查，整改问题点位8处，持续推进"两站两员"工作，运用"互联网+"模式，完善智慧交通基础设施，投入近400万元建设智慧交通管理系统和综合指挥中心，构建"三化融合"（实体化、网格化、信息化）、"四防联动"（人防、物防、技防、心防）的新型农村道路交通安全防御网，有效遏制交通事故的发生；加强防汛防台值守，组织人员一线巡查危旧房、在建工程、山塘水库等重点防御点位，推进燃气安全隐患排查整治工作，排查农房6056户，企业餐饮等234家，督促整改问题1152个，购置5072套燃气"四小件"。慎终如始开展疫情防控工作，在完成新冠疫苗接种工作后，持续推进新冠疫苗加强针接种。

【基层党建】 依托各村特色沿白汤下和蒋罗路打造"T型"党建示范带，推进全镇党建水平质变提升。发挥硒望红盟突击队、硒望青春宣讲队等团队作用，深入田间地头、企业车间进行党史学习教育活动，创新举办"七一"大党课暨"光荣在党50年"纪念章颁授仪式、年轻干部演讲比赛、镇村干部红歌对抗赛、邀请老党员宣讲等多种形式的活动，以下汪村革命先驱汪锦波为原型，推出原创本地红色题材话剧《九峰星火》等，增强基层党组织的凝聚力、战斗力、创造力。持续强化干部队伍建设。严把党员年龄、学历等结构比例，统筹抓好党员发展工作，全镇新发展预备党员14人，其中女性5人，35周岁及以下6人，大专及以上学历7人。深入推进村干部和党员整治立规创优行动，从严从快查处党员干部违纪违法问题线索，立案17件、结案7件，其中警告2人，严重警告1人，开除党籍4人。

蒋堂镇第十八届人民代表大会全体代表合影

（蒋堂镇人民政府供稿）

【民生事业】 为激发薄弱村经济发展活力，推动集体经济薄弱村脱贫转化，开发物业经济，筹备4村联建综合服务中心项目，全面打破村域限制，实现“抱团”消薄，项目占地0.66公顷，拟建四栋综合楼，项目分两期建设，第一期建综合楼一栋占地720平方米，建筑面积2160平方米，项目建设总投资约393万元。项目第一期已完工并出租，每年租金23.3万元。推进杨新村农产品交易市场综合楼建设项目，项目占地面积约360平方米，总投资约为90万元，每年租金5.6万元。完成17个行政村居家养老食品经营许可证的办理。推进4个移民项目建设，沙畈村白改黑项目、立新村文化大礼堂项目、前源村平水殿至莘移段富硒小镇旅游观光项目、杨新村毛屋山生产开发项目均已完工。

（朱　苗）

罗店镇

【概况】 罗店镇镇域面积66.58平方千米，辖20个行政村，1个社区。户籍人口8026户、人19226人，流动人口5860人。

【工业经济】 2021年，罗店镇实现工业生产总值7.9亿元，其中规模以上企业产值2.42亿元；固定资产投资11.7亿元，累计实施亿元以上项目2个，完成投资9.12亿元。培育“小升规”企业2家。

【财政税收】 2021年，税收收入8252万元，比上年增长20.89%，区级税收收入2906万元，比上年增长61.7%，两项指标增速均居全区前列。

【环境整治】 加强全域卫生整治力度，提升景区环境，罗店镇2次获得市级交叉测评红旗，获得农村“十佳村”15村次，其中洞前村、放生塘村、唐村、大岭村获评“五星村”。

【基层党建】 平安护航中国共产党成立100周年，深入开展党史学习教育，拓展“‘醉美罗电线、薪火传承路’毅行活动”“薪火传承讲党史、奋发有为振青春”系列宣讲、“‘心系红船、重走一大路’嘉兴南湖主题党日活动”“红色展演进礼堂”、我和党的“金婚”故事系列活动等多项活动载体，实现党史学习教育活起来，把学习成果转化为发展动力。

6月28日，罗店镇召开庆祝中国共产党成立100周年党员大会　　（罗店镇人民政府供稿）

【乡村旅游】 推进农房管控和风貌提升工作，全年完成383户农房风貌提升。强化旅游配套设施提升，完成5个A级景区村及鹿田村AAA级景区村创建，罗店镇获评AAAA级旅游镇。推进鹿田、洞前民宿专业村建设，协助完成30余家民宿办理特种行业许可证，规范民宿管理。举办2021年金华罗店第四届枇杷节，通过“枇杷+旅游”促进农旅、文旅要素融合，带动特色农业和乡村旅游的新发展，芙蓉湖大坝成新网红打卡点，协助双龙管委会做好其它节庆活动保障。

【平安综治】 统筹推进玲珑岩矿山车队、世贸业主签约、青年汽车破产清理、孝道文化园整治等重大矛盾维稳化解工作。深入开展扫黑除恶专项斗争，严格落实安全生产和食品安全责任制，建成市级三星食安办。社会大局平安稳定，“全民反诈”局面基本形成。

【疫情防控】 全面绷紧疫情防控思想防线，迅速织密织牢全民防控网，快速高效完成历次突发疫情数据筛查工作，坚决遏制疫情扩散蔓延。自主排摸省外返乡人员及重点行业人员7360人，大数据推送核查信息16860条，接种疫苗44003剂次，第三针及未成年人疫苗接种工作有序进行。紧盯重点节庆，协助做好景区疫情管控。

【征迁工作】 狠抓重点项目攻坚，完成下山脱贫景区提升、智者寺经幢两侧地块、金品区块同创路以南地块及周边道路用地、南水北上项目、金华市35千伏桥泥线迁改工程、罗店镇中心卫生院项目、友谊水库垃圾转运站项目、仙桥—五一(T站前)π入鹿田变110千伏线路工程、婺城区残疾人托养中心项目等9个项目共24.2公顷土地清表，其余4个项目倪西店区块及配套道路项目7.87公顷完成丈量评估、同创村治堵区块项目3.33公顷推进停车场清退工作、大仙路13.87公顷完成农户签约、四好农村路1.33公顷完成经费发放。

【异地搬迁】 针对前庄头复杂的遗留问题，成立4大工作专班，全员认领责任户，深入村中走访沟通，逐户审定分房协议，召开区、镇专题分析会8次，协调会20余次，修正分房协议14份，收回安置房12套，合计挽回国有资金1200余万元。完成前庄头完成578套房屋分配工作。

（吕　宽）

7月28日，罗店镇举行前庄头安置房分房仪式

（罗店镇人民政府供稿）

汤溪镇

【概况】 汤溪镇辖区面积106.52平方千米，现下辖39个行政村和1个社区，户籍人口20678户、49271人，常住人口6.89万人，是国家级金华经济技术开发区金西区块核心区域，是省级中心镇和金华市级首批5个中心镇之一。

【工业经济】 2021年，汤溪镇贯彻落实“以经济建设为中心”发展理念，克服新冠肺炎疫情、经济下行等压力，全年实现规模以上工业总产值66.56亿元，比上年增长28.1%；全社会固定资产投资完成25.27亿元，比上年增长9.9%，其中完成工业投资15.79亿元，比上年增长18.1%；限额以上批零销售额4.1亿元，比上年增长28.7%；限额以上社会消费品零售总额3033万元，比上年增长9.3%；完成税收总收入3.01亿元，比上年增长39%；乡镇一般公共预算收入0.78亿元，比上年增长42.4%。全年数字经济核心制造业产值、高兴技术产业产值为4.69亿元、32.38亿元，分别增速62.10%、37.3%，分别位列开发区第1、第2；完成低效用地整治40家，整治提升面积78.15公顷，每公顷平均增加值3.36万元，提高38.6%；淘汰落后产能7家，完成低散乱整治25家。

【农旅经济】 2021年，深度融合抓农旅，乡村振兴展现新格局。创建7个A级景区村，1个AA级景区村。打造5个市级研学基地，“金西研学”品牌得到市场认可，旅游人数由2019年的近50万人次增长至2021年的80多万人次，增长60%。镇3内所有行政村经营性收入达到10万元，完成消除村集体经济薄弱任务。其中，全年经营性收入达到50万元行政村10个，经营性收入达到20万元的村19个，40万元的村12个。非粮化整治任务数为496.75公顷，位列开发区第二，按照整治计划，挂图作战，严格按照时间结点完成评估、政策处理、等系列工作，整治488.59公顷。投入500余万元完成厚大畈、派溪李畈及西门畈三大粮食功能区提标改造工程，粮食每公顷平均增产375千克。

【开发建设】 2021年，能级跃升实现新突破。健康生物产业园加快11个村整村搬迁，实现7个村全面清零，做优三服务，保驾护航花园营养科技、尖峰药业、赛默制药等一批在建医药项目竣工投产，实现制造业投资位居市区六大万亩工业平台之首。峙垅湖国有土地区块完成拆除房屋面积8019.42平方米，收回4家企业工业用地13.63公顷；加华种猪场全面完成厂区106.67公顷青苗处置，施工区域坟墓搬迁90穴，12家养殖场全面完成签约。完成进场道路范围内涉及到150余户苗木评估和青苗补偿协议签订、签约率达 85%。

【服务民生】 2021 年，投资 33.6 万元完成汤苏线、汤山线、汤井线道路 120 盏路灯安装，照亮群众回家路。实现金西西区块 31 家工业企业、峙垅湖排水口1—3 标段污水零直排创建，解决峙垅湖入水口雨污水合流现象。12 个村级便民服务点实现政务服务 2.0 信息化设备提升，群众办事更便捷，整年办件量 10553 余件。始终保持“三严三不”基调，全年完成疫苗接种 98479 剂，完善 40 个村社封闭方案与作战图，筑牢疫情防控小门。

12 月 14 日，金华市广东商会到汤溪镇仓里、西章、九峰等村慰问防疫卡口值守人员

（汤溪镇人民政府供稿）

【社会治理】 2021 年，持续做好“无违建”创建工作，全年整治拆除各类违章建筑 211 户、5.4 万平方米，卫片整治 38 宗、10.17 公顷，完成开发区任务数的 108.77%。“四个平台” 完成处理 35832 件事件，“8890”来件 676 次，均能按时结案。矛盾纠纷调处调节各类矛盾纠纷 140 余件，涉及金额 1000 余万元。完成世贸重组、青年汽车处置、五百滩项目三大专项重点项目 44 户。实施企业安全生产“红橙黄蓝”四色管理制度，全年开展各类安全生产大排查大整治各行企业单位 2.4 万家次，排查隐患 16466 项(其中重大隐患 58 项)，完成整改 16451 项，完成率 99.9%。

【基层党建】 2021 年，抓党史学习教育，赓续“红色根脉”，推进“三为”实践，为群众办实事 345 件，为企业解项目审批、园区通公交等重大难题 158 件。从严抓实党风廉政，建设村级监察联络站 40 个。推进党员整治立规创优行动，全年镇纪委提醒谈话 13 人，批评教育 13 人，诫勉谈话 1 人，党内警告、严重警告 25 人。狠抓干部培育，组建 8 支突击队，党员干部在征地拆迁、疫情防控、文明城市创建等重点工作中冲在前当示范，举办 2 次镇级“和美村”创建晒拼创和 4 场镇中层干部晒拼创。

（李竺轩）

12 月 29 日，驻金某部政治部副主任胡桂和一行到仙舟社区范昀家送立功喜报并合影

（汤溪镇人民政府供稿）

罗埠镇

【概况】 2021 年，罗埠镇镇域面积 44.22 平方千米，集镇面积 0.78 平方千米，耕地总面积 2390.1 公顷。现辖 32 个行政村、334 个村民小组，62 个自然村，户籍人口 15050 户、34707 人，外来人口 3000 人。罗埠镇获评 2021 年度浙江省美丽乡村示范镇、省级美丽城镇样板镇、开发区 2021 年度综合工作优秀单位等 15 项荣誉，行政村中有 35 村获省、市、区相关荣誉。

【疫情防控】 2021 年，建立健全“1+2+3+2+2X”的指挥体系和工作机制。全年集中隔离 41 人，居家隔离 121 人，“一通三见面”305 人。关停 “六小行业”

105家,缩减接待人数场所63个。全面开展疫苗接种。全年疫苗全程接种率达108.22%,加强免疫第三针接种率达250.13%。核酸检测演练逐点过堂。对全镇34个核酸检测点开展2轮区域核酸检测实战演练。全力“守好门”。在省内杭州、宁波、绍兴等重点地区发生疫情后,全镇第一时间进入状态,全镇上下坚守防疫一线,全员全天候值守抗击疫情。各村设置防疫卡口,村志愿者不畏严寒、风雨兼程,守好守住自己的“小门”。同时在杭金衢高速(金西)互通口设置暖心卡点,再次将党旗插在抗击疫情的最前沿,严密防范守好阵地,保障生命健康安全。

【工业经济】 2021年,完成工业总产值35.06亿元,比上年增长18.41%;完成限额以上批零住餐销售额6459万元,比上年增长6.28%;完成限额以上社会消费品零售总额2699万元,比上年增长27.46%;规模以上高新技术企业产值3.57亿元,比上年增长10.3%。全年完成外出招商24次,走访乡贤18次。接待考察客商26次,项目落地 2个:智能课桌椅项目占地面积约1.33公顷,总投资3亿元,其中固定资产投资8000万元。投产后,产值可达1.2亿元,纳税超600万元。钛白粉深加工生产项目,占地面积约1.33公顷,总投资4亿元,其中固定资产投资1.4亿元。投产后,年产值可达6.7亿元,纳税超1000万元。全年完成低效工业用地企业整治23家,完成率115%;D类企业低效用地核查14家,完成率100%;亩产效益综合评价70家,完成率140%;淘汰落后产能2家,完成率100%;“低散乱”企业整治提升10家,完成率142%。

【换届工作】 2021年,全镇加强领导,精心部署、严格把关、周密安排、稳步推进换届工作。依法选举区党代表9人,镇党代表81人,于9月28日召开中共罗埠镇第十四次代表大会,会议选举产生新一届党委和纪委班子。依法选举产生区人大代表14人,镇人大代表75人,于12月28日召开罗埠镇第十八届人民代表大会第一次会议,会议选举产生新一届人大、政府班子成员。

【建党百年】 开展“七一”专题党课1次,主题党日专题党课4次。罗埠红色历史展馆于6月7日开馆,作为开发区红色爱国主义教育基地接受党员群众参观学习,为庆祝中国共产党成立100周年献礼,全镇党员分三批次到下周村重温红色历史;同步开展“罗江红”红色印记研学游,吸引游客5万余人次,营业收入超50万元。

6月7日,罗埠镇下周村红色纪念馆开馆

(罗埠镇人民政府供稿)

【乡村振兴】 2021年,全镇举办“爆浆牛奶”水果玉米认购节、美丽乡村运动休闲旅游节等7场大型活动,湖沿村“迷你花生园”接待中小学参加劳动教育研学游10批次、4000余人次;金龙庄园自国庆开园以来吸引5万余人次前来休闲度假,营业收入300万元;拓展“一镇一业”“一村一品”向规范化、产业化、品牌化发展。乡村振兴总公司营业收入超过220万元。持续做好与市农科院、九峰职业学校等单位的产学研究合作,深入打造农业产业链联动发展新模式。全年32个行政村经营性收入均超过10万元,其中11个行政村经营性收入超过50万元。

10月23日,罗埠镇第三届美丽乡村运动休闲旅游节开幕

(罗埠镇人民政府供稿)

【美丽乡村】 2021年,完成下周村、后张村、元里村、塘头郑村4个村精品村建设。湖沿村、渔田庄村胡家自然村、罗埠一村董家自然村已完成精品村立项。投资140万元的中塘水库除险加固工程已开工建设。投资120万元的大陈水库除险加固工程已完成45%。投资约350万元完成下郑村、元里村、湖沿村农村饮用水项目提标改造,山下龚村农村饮用水提标改造项目已完成30%。投资150万元完成塘头郑村水系联通项目建设。投资180万元罗埠一村一事一议新建便民服务中心项目主体已完工。全年成功创建7个“新时代和美村”,数量和质量位居开发区第一。

【“非粮化”整治】 2021年春节期间,全体镇村干部仅用18天时间完成涉及14个村、804户、96个图斑、89.2公顷土地评估、搬迁、平整的永久基本农田提质扩面工作。通过提前谋划布局,坚持“边签约、边腾退、边修复、边耕种”原则,形成每天“两会+两汇报+X会商机制”,涉及的镇村干部“5+2”“白+黑”,全员投入“730图斑”892.8公顷“非粮化”整治和“920图斑”353.94公顷的耕地功能恢复工作,按时保质完成既定目标。

【征收工作】 全年完成岭垅湖区块清泉环保助剂厂等4项征收工作,下达征收工作量2768分,完成2571分,完成率92.8%。

【社会治理】 2021年,全镇探索“三级渠道”“三条路径”“三道关口”矛盾调解工作机制,初步形成一条从源头到调解、点面结合的基层治理新思路,高质高效完成各类矛盾调解处置工作。镇村两级共参与调解成功案例176起。平安建设信息系统、“8890”来电、来信网信、民情民访办结率均100%。

【安全生产】 2021年,开展道路交通安全大会战,完成15个交通事故隐患点整治,交通事故死亡人数比上年下降20%。开展安全生产大排查大整治活动,完成烟花禁燃双禁整治、危化品链条整治、燃气安全大排查大整治、节前安全生产大排查大整治等16个安全生产专项整治工作。对“12·28”火灾进行复盘,组织120余家企业开展现场警示教育活动,确保做到“警钟长鸣”。

【社会保障】 2021年,完成城乡居民基本医疗保险参保18588人,完成率为100%。全镇全年育龄妇女人数7964人,出生人数174人,计生率98.9%。慰问企退人员3438人。走访慰问困难残疾人252人,发放慰问金6.65万元。走访慰问困难群众253人,发放慰问金7.63万元。走访慰问党员104人,发放慰问金8.6万元。困难群众的分层分类救助制度得到落实。采集退役军人信息,输送适龄青年参军服役。

(周俊彪)

洋埠镇

【概况】 2021年,洋埠镇辖区面积18.07平方千米。下辖15个行政村,全镇户籍人口6212户、15182人,耕地面积710.73公顷,粮食生产功能区面积326.67公顷,其中省级146.67公顷。全年完成规模以上工业总产值23.1亿元,比上年增长21.7%。完成全社会固定资产投资2.27亿元,完成全年任务的110%,比上年增长370%,其中工业投资1.48亿元,比上年增长319%。完成限额以上社会消费品零售总额1127万元,比上年增长94%。完成限额以上社会消费品零售总额1127万元,比上年增长94%。完成税收11488万元,比上年增长60.6%;完成一般公共预算收入3098.7万元,比上年增长68.5%,完成预算的144.2%。均超额完成目标。

【招商引资】 2021年,多次到省内外进行招商,全年提供招商信息7条,有效信息2条,另有汤工搬迁项目场地已完成清表。1—9月,洋埠镇招商工作获开发区党工委书记张旭辉批示。高效配合佐源司法处置,开展为期一个月的24小时值班值守,腾出全镇未来发展空间。

【美丽乡村】 打造AAA级景区公厕及停车场,优化游客中心等场所,顺利创建AAA景区镇,顺利通过美丽城镇省、市两级验收,获评2021年度浙江省新时代美丽城镇建设基本达标单位。五都钱村开展“万亩良田”观光农业开发,通过浙江省AAA级景区村庄验收,传统村落项目一期已完成,获2020年度浙江省五星级农村文化礼堂、浙江省文明村等荣誉称号。已成功创建浙江省AAA级景区村庄2个,

AA 级景区村庄 4 个,A 级景区村庄 2 个。

【镇村共建】 依托“春雷行动”,拆除一户多宅、危旧房及违章建筑面积 34219.24 平方米，完成率 114.06%，特别是让宅村通过 7000 余平方的危旧房拆除,成功列入开发区唯一一个“富春山居图”试点村居进行重点打造。完成万亩方永久基本农田集中连片整治项目立项、永久基本农田储备区提质扩面整改工作资金结算,并对耕地功能恢复整改图斑进行现场验收,验收总面积 35.67 公顷,100%完成任务。非粮化整治任务为 77.05 公顷,截至 12 月底,完成整治 55.06 公顷，完成整改率达 71.46%，位列开发区第二。累计 9 个月环境卫生和垃圾分类考核位列开发区第一;7 月、10 月文明创建市测获得红榜表扬。

【农旅融合】 全镇 15 个行政村经济合作社出资联合组建“洋埠有米”公司,围绕现有的“一江水一条街一田园”资源打造洋埠农文旅开发的三个核心区,首批打造红色大剧院、乡味馆、非遗文化展厅、老街艺术粮仓、田园会客厅等五个场馆,相继推出如“大美金开”民俗嘉年华、“米食节”、乡约端午和美洋埠等特色主题活动,结合五都钱村市级研学基地项目,带动消费金额超 500 万元,打响洋埠旅游知名度。

【消薄增收】 消薄扶贫工作全面完成,其中 30%的村完成 50 万元的年经营性收入目标,3 个中央和省级项目已经开始产生收益。

【征地拆迁】 完成杭金衢高速拓宽改造项目戴家进村道路拓宽改造政策处理工作，已进场施工;完成杭金衢高速拓宽改造项目涉及征收房屋拆除清理;完成汤溪工具厂(下萧)地块东侧道路排水线路拟租地地块红线放样、苗木评估及协议拟定工作;完成开发区永久基本农田储备区提质扩面涉及 1.2 公顷整改地块政策处理工作;完成洋埠 0.73 公顷商住地块征收项目苗木评估工作,政策处理资金拨付到位;完成罗洋港建设项目土地征收、资金拨付、清表、验收工作。

【党建工作】 2021 年,获评“党建+社会治理”工作突出贡献集体荣誉称号。顺利完成镇党代表、人大代表换届工作,顺利召开中国共产党洋埠镇第十四次代表大会、洋埠镇第十八届人民代表大会第一次会议,为全方位推进高质量发展优化了班子、凝聚了人心、汇聚了力量。投资 50 万元在青阳洪村、五都钱村等 5 个村开展党建阵地亮点建设,形成红色党建文化精品游线。推动市委提级巡察整改工作“立行立改”,结合党员整治百日攻坚行动,立案审查 9 人,党纪处理 8 人,提醒谈话党员干部 16 人,诫勉谈话 2 人,组织廉政约谈党员干部 61 人次,起到良好的震慑作用,全年党员违纪违法案件发生率比上年下降 54%。

6 月 11 日,迎红色端午·庆建党百年——洋埠镇第四届文化旅游节暨“稻花香里唱红歌”活动开幕

(洋埠镇人民政府供稿)

【清廉村居】 率先完成开发区唯一一个“三资”改革试点工作,与“后陈经验”“智慧金开”等数字化平台深度结合,形成线上线下立体化监督格局。15 个行政村均实现线上报账,审批数达 2136 余条,有效推动村级小微权力智慧化、规范化、阳光化运行。

【平安综治】 获评市级法治建设示范乡镇、市级“四好”人大联络站等称号。依托“四平台”充分发挥“四级网格”作用,创新建立“洋大姐”矛盾纠纷队伍。排查解决上报事件 9154 件,协调处置三级事件 136 件,有效结案率达到 99.92%。办理上级交办来电 140 件,网上投诉 28 件。按期受理率、按时答复率均为 100%,群众满意率为 97%。成功创建省级民主法治村 1 个,市级民主法治村 14 个;“后陈式”民主法治村 9 个,成为开发区第一个创建达标乡镇。

【安全生产】 “四好”农村公路项目创建完成。开展两个月的“遏较大、补短板”全域安全生产大检查活动,形成《联合执法工作清单》《安全生产大排查问题清单清单》《安全生产大排查整改清单》三张清单,同时联合汤溪交警中队和婺城交通执法对相关道路要道口累计开展交通安全巡查24次,全镇未发生安全和环保责任事故。

【疫情防控】 落实书记、镇长“双组长”制,率先制定洋埠镇全员新型冠状病毒核酸检测作战图,组织开展核酸检测实战演练累计32场。各村制定应急预案、工作预案、封控预案共105项,覆盖300余名工作点位人员,出动5000余人次、发动189个微网格开展洗楼式大排查。开展联合执法10次,排查沿街店面,关停场所46家,启动交通暖心卡点10个,对开发区督查问题进行及时整改反馈。疫苗接种27401剂,超额完成接种任务,实现应种接种。

(陈慧波)

乾西乡

【概况】 乾西乡区域面积24.3平方千米,下辖17个村(社区),分别为2个纯社区、9个村改居、6个行政村。户籍人口10496户、24421人。现有常住人口4万人。

【工业经济】 2021年,全乡工业总产值50.76亿元,规模以上工业总产值37.45亿元,均列全区第二。境内汇集各类工业企业150余家,其中规模以上企业19家,八达电子仪表、金宇铝业、金祥板业等8家企业年产值超亿元,形成以包装、印刷及机械加工制造为支撑的三大产业体系。企业创新能力显著。全乡共有国家级高新技术企业4家,省级科技型中小企业17家,建有全市首家海外院士工作站。从分布上看,乾西境内东有工贸区、西有栅川工业园区,分别有规模以上企业12家、7家。

【企业发展】 2021年,乾西乡发力工贸区“退二进三”,以“三年大变样,再造新天地”的理念清退工贸区内低散乱、高耗能企业。以法拍形式取得信华鞋业土地1.5公顷。规划清退今飞亚达轮毂、鑫好包装、泰源彩印3家企业,盘活低效用地;计划启动“长湖湾公园”项目,传承工业发展记忆,再造婺城新地标。栅川工业园区先后引进工业企业20余家,2021年,吸引投资超过3亿元,引进工业项目4个。

【交通物流】 乾西乡毗邻金华高铁客运站、汽车西站,地理位置优越,作为新城老城衔接的重要地段,承接高铁新城建设、杭金衢高速公路拓宽、45省道、金建高铁、二环西路提升改造等一批城市功能、交通建设重点项目,“三纵四横”交通格局逐步清晰。乾西乡的交通能级将进一步加强。乾西乡是东西互济、江陆联动的重要节点乡镇,快递业务量居全区前列。

【文化体育】 乾西乡民俗文化因水而兴,庙会文化传承至今。挺立在溪边的市级文物保护点白沙庙,连续举办5届的区民俗文化艺术节,互为表里成为展示婺城民俗文化生命力的重要窗口。栅川村于氏宗祠经过近年修缮,爱国清廉文化阵地初具雏形。体育强乡战略持续推进,建有全区唯一一家足球公园,坛里郑村续写“亚洲飞人”故事,乾西乡郑小倩夺得第十四届全运会田径项目女子1500米比赛铜牌。

【农业产业化发展】 全乡共有23家家庭农场,32家农民专业合作社。拥有全省单体规模最大的蛋鸭养殖基地金婺农业集团,年产值超4000万元,每年为村集体经济增收30余万元。金泉畈完成62.24公顷农田统一流转,建成千亩水稻种植基地。栅川区域配合周边生鲜配送、农机生产、农旅研学的产业基础和未来3—5年将引进的浙江海螺万家、普洛斯等农业配套产业链,农业综合体初具雏形,申报2022年省级农业产业示范园。

【城镇基础设施建设】 打造以散户搬迁、整村搬迁、公寓房安置为主的“下山安居创富小康模式”,助力2726位村民向居民转变。乡卫生院获有全国群众满意卫生院称号。婺城中医院落地乾西乡,签订浙中医大二院浙中院区省级重点项目协议。乡中心小学、十七中培养一流学生,乡中心小学获浙江省示范小学荣誉称号。乾西乡中心幼儿园将投入使用,可入园幼儿540人,有效补齐乾西学前教育短板。

(吴聪英)

竹马乡

【概况】 竹马乡辖区面积19.61平方千米，耕地面积662.27公顷，下辖7个行政村，辖区户籍人口4925户、12044人。2021年，实现财政总收入18079万元，比上年增长16.5%，完成税收4393.9万元，比上年增长16.4%。

【工业经济】 2021年，竹马乡工业总产值33.28亿元，比上年增长10.28%，规模以上工业总产值28.54亿元，比上年增长11.78%，规模以上工业利税总额5.26亿元，比上年增长30.47%。固定资产投资项目在库13个，引进优质企业三家，分别为井冈山六环机电有限公司、金华市艾沐日用品有限公司、浙江大美农业开发有限公司。开展2021年“低散乱”企业(作坊)及亩均税收万元以下企业整治工作，清除6家无环保措施企业，提升8家亩产效益低下企业。

【农业经济】 2021年，竹马乡完成40公顷水稻种植、20公顷旱粮种植，完成非粮化整治面积173.33公顷。新增市级龙头企业竹马牧业、茶花产业专业村下张家村、十大产业带头人方永根和钱瑞华、十大乡土人才钱玉军、十大新农人黄斌等。协助完成农民大讲堂培训，培训人数达1200余人次。

【环境整治】 2021年，巩固文明城市创建成果，整治乱搭乱建276处、8786平方米，下张家村、竹马馆村被评为农村环境“十佳村”。打造全域旅游乡镇，完成智博园一期(枫隐园)、茶花精品园一期、紫藤园等项目建设，种植茶花、杜鹃、紫藤等特色花卉7600株。

【基层党建】 依托“茶花争艳”党建示范带，因村制宜推进方下店、向李、三贤、联民4个党建示范点创建。依托“全园红”党建示范带，因势利导成立竹马商会党委，完善党委牵头、产业链联盟助力、企业党组织参与的“1+1+N”组织架构。2021年新建两新党组织2家、企业联合党支部1家、现代物流服务中心党支部1家。

【平安综治】 依托乡、村两级矛盾调解中心，深化红色网格、微网格融合发力，成功化解国家级信访4件，化解矛盾纠纷139件。聚力打造数字乡村，先试先行推进区级数字乡村智治“村婺通”平台，探索形成以下张家村为试点的“乡村数字大脑”乡村智治新模式，实现乡村治理数字化、可视化、自主化。

【干部管理】 全面推行“五度四步”干部积分制管理考核，创新“晒拼创”大转盘、“一线党委会”、执行力“红黑榜”3项机制。坚决落实市委村级监督“五个一”工作机制、婺城区“一肩挑”后村级组织运行18条，选优配强“第一书记”8名。开展“双述双评暨乡村振兴大比拼”活动2次。优化党员年龄、学历结构，全年发展党员15名，其中35周岁以下年轻党员8名。

【文体活动】 成功举办第十二届中国茶花博览会，开展精品茶花展、茶花诗书画展、茶花产业发展高峰论坛、线上直播等活动20项，接待游客20万人次，人民网等各类主流媒体宣传报道120余篇，累计浏览量达1000万人次，期间，达成购销协议资金超2亿元。

3月14日，第十二届中国茶花博览会开幕

(竹马乡人民政府供稿)

【安全生产】 持续深化驻企服务员、一企一团等机制，举办专题招聘会1场、政企银对接会3场，解决企业问题68个。常态化开展安全生产大排查大整治，建立专班专管，实施“一企一档”，全年排查整治各类安全隐患136处、“低散乱”企业2家。

【疫情防控】 坚决守牢新冠肺炎疫情防控底线，对区推送交办数据第一时间排查，落实人员管控，及时准确不漏一人。有序推进疫苗接种工作。做到宣传多渠道、全覆盖，发挥本土人才优势，编排道情，引导群众积极接种,并搭建婺城首个乡镇新冠疫苗临时接种点。12 月 14 日,竹马乡率先开展全乡大规模核酸检测演练,区委书记高峰,区委副书记、区长胡余仙到现场指导工作, 全乡设置 16 个采样点,8 个村、1 所小学、85 家企业有序参与, 当天完成 10528 人核酸采样。

【乡村旅游】 挖掘精品竹马山歌,新创党史学习道情曲目《幸福竹马看今朝》, 成功举办文体活动 7 场。组织选送参加上级文体活动比赛 5 次,均获得奖项。完成 2 个景区村创建工作和竹马乡 AAA 级景区乡的创建,已通过验收。向李村依托游步道发展旅游业态,方下店新建的民宿填补竹马乡住宿业的空白。方下店体育文化公园 2021 年承接市级赛事 1 场,日常普通赛事 2 场,接待租用场地人员 589 人次,门球场地使用率得到有效提升。

(冯超凡)

长山乡

【概况】 长山乡辖区面积 60.41 平方千米,下辖 11 个行政村, 户籍人口 5734 户、13478 人。辖内有桐溪、漪溪两条主要河流,40 余座山塘水库,森林面积 4066.67 公顷。

【工业经济】 2021 年, 全乡实现工业总产值 44626.4 万元,比上年增长 12.76%,其中规模以上企业产值 34655.4 万元,比上年增长 22.37%。固定资产投资完成 6171 万元,房地产开发投资 1985 万元。

【财政税收】 2021 年,税收总收入 2232 万元,比上年增长 51.42%,财政收入 566.6 万元,比上年增长 48.9%。

【乡村风貌】 2021 年, 长山乡持续提升交通路网。完成环乡西路新建工程、下溪至东屏联网公路建设、石道畈至思村自然村道路提升、"南山漫道"风景线全线白改黑,实现长山南片资源路网互通。乡交通运输服务站正式投入运营,提升长山公共交通便捷度,打通乡域路网内外循环。创建美丽城镇。政府投资与社会资本投入 9.4 亿元,统筹实施 25 个项目, 将单一的环境面貌改善转变为高质量发展、现代化建设、获得感增强、竞争力提升的综合集成,成功打造"五美"长山,顺利通过省级验收。竭力优化乡村风貌。写好文明城市创建后半篇文章,6—7 月获区、市测评红榜表扬,"全域美"环境综合整治不断深化,长山三村、卢家村、杨宋桥村多次获评"十佳村"。

【基层党建】 多形式活动庆祝中国共产党成立 100 周年。6 月 1 日,联合"白沙溪·百团"党建联盟开展活动(学党史践初心·献礼建党百年——长山乡"力行服务队"集中"三服务第二季"活动),现场为辖区内企业和村民提供人才交流招聘、理发、家庭维修、法律咨询、残疾人义卖等多项志愿服务,同时组织乡村干部开展"微心愿"认领活动,以实际行动践行初心使命;6 月 24 日, 在乡文化礼堂组织全乡党员开展"凝聚奋进力量、献礼建党百年"集中大党课活动;同时为在党 50 周年的老党员颁发纪念章。6 月 30 日,开展"奋斗百年路、启航新征程"庆祝中国共产党成立 100 周年文艺汇演活动。为营造浓厚的"红色氛围"庆祝中国共产党成立 100 周年,在长山桐溪、老街等增添红色探照灯和红色文化街,宣传党的百年光辉历史。做好村级组织换届"后半篇"文章,为高质量发展建设共同富裕示范区提供坚强组织报保障。

【民生实事】 2021 年,总投入资金 390 万元,累计完成 8 个"一事一议"项目建设。完成省级示范性居家养老服务中心建设。扎实推进精准扶贫,持续做好特殊群体救助,落实"2+1"帮扶模式,点对点精准扶贫,发放各类资金 179 万余元。多措并举构建"非粮化"管理闭环,220 公顷良田恢复粮食种植,为发展规模种植提供条件,保障粮食安全。提升改造石道畈村等 3 家新时代文明实践站,逐步夯实农村文化阵地。

【平安综治】 "规范化"强化平安建设。全年共组织安全生产培训 11 次, 发放宣传册 3965 册、倡议书 8973 份,开展安全宣传工作。完善应急处置机制,加强防汛防台值守,"9·7"洪灾中,快速反应、正确处置,避免了人员伤亡,交出应急抢险高分答卷。"高效化"化解社会矛盾。提高"网格化管理、组团式服务"工作效能,累计办结"8890"及交办信访案件 107

件，调解群众矛盾 50 起，涉及金 92 万余元，实现问题事件整改率、矛盾纠纷调处率、受理投诉结案率三个 100%。“现代化”推进基层治理。铺开三资管理“数字化”改革，依托手机 App 实现村级财务收支审批监管数字化、移动化。规范化集成建设综合行政执法中队、交管站、微型消防站、应急体验站等场所。上下联动启动数字驾驶舱建设，全面推进“雪亮工程”，整合“四个平台”、水位监测预警、交通治安监控等智慧平台，精密智控提升基层治理能力。严格落实安全生产和食品安全责任制，建成市级三星食安办。

【疫情防控】 织密织牢全民防控网，快速高效完成上级系统数据核查。认真执行疫情防控各项指令，坚持“网格管理+专班作战”，动态做好宣传发动、人员摸排、疫苗接种等工作，全乡 9000 余人完成疫苗全程接种。

【农房改革】 2021 年，长山乡深入推动农房改革。农村住房建设管理改革试点工作稳步推进，长山二村、桐思岭村试点工作开展良好，建成 2 个特色聚居区，为建房改革全面铺开提供有力支撑。

【项目建设】 着重抓好项目服务保障，成功落地一批激发长山“文旅”“农旅”爆点的特色项目。土地项目有序推动。5 月上旬，完成乡集贸市场项目土地招拍挂，作为首家由村集体建设的综合市场，项目已完成初步设计方案。5 月下旬，完成望山隐庐项目地块招拍挂，为全乡产业升级再添新动能。产业项目势头强劲。熊猫猪猪两头乌国际牧场正式运营，日均接待游客 2000 人次以上，成为婺城旅游新地标。大宸农业农景山基地开园，成功打造全国花园式数字化规模药用蛇养殖品牌标杆。望山隐庐配套道路、电力、供水等子项目全部完工，主体项目平稳推进。文旅项目开启新篇。建设桐溪特色街区，利用桐溪沿线优质资源，培育新业态、规划研学线路。引进果烧酒非遗文化园，实现非遗文化“实体化”展陈、体验。

（丁　超）

沙畈乡

【概况】 沙畈乡辖区面积 184.86 平方千米，是金华市行政区域最大的纯山区乡，辖 17 个行政村、54 个自然村。2021 年，全乡户籍人口 5537 户、12934 人，耕地面积 428.13 公顷，山林面积 15510.33 公顷，其中毛竹面积约 2000 公顷、茶园面积 666.66 公顷，气候温和湿润，无霜期在 210 天以上。2021 年，全乡财政总收入 963 万元，其中乡财政收入 201.4 万元。

【基层党建】 2021 年，沙畈乡高质量完成党委、人大换届，全乡范围推选出 53 名乡党代表、53 名乡人大代表、5 名区人大代表。落实“第一议题”制度，开展中国共产党成立 100 周年庆祝活动和党史学习教育活动，创新“南山南”宣讲品牌，建立年轻干部“夜学宣讲”机制，开展“书记讲党史”活动。从严加强干部队伍建设，实现 19 个支部 626 名党员精密智管。培养全能型“红领新青年”，年轻人才储备库达 72 人，有效解决年轻后备人才不足问题。深化“党建+社会治理”，依托村级事务数字化管理、“村婺通”等平台，集成监察联络站和矛调中心多元力量统筹共治。建立“领雁”擂台机制，推动基层党员干部在实现共同富裕中争先创优，全乡村集体经营性收入 12 万元实现全覆盖。坚持党风廉政建设教育，对“四不”干部从严处理，强化“不敢腐”的震慑，强化监督检查、效能监察和执纪问责。2021 年，运用“第一种形态”158 人次，其中提醒谈话 153 人次、批评教育 5 人次。办理党员违纪案件 4 件，自办件 2 件，党纪处分 3 人，警告处分 3 人，持续释放监督执纪从严从实的政治信号。组织党员干部进行义务献血活动，45 名党员参与献血。

【经济发展】 2021 年，沙畈乡农林经济紧扣农业供给侧结构性改革，发展势头稳中有升。建立健全乡、村两级责任体系，把消除集体经济薄弱村纳入乡各部门综合目标责任制考核、乡党委党建责任制考核和新当选村干部任期履诺考评的承诺事项，形成齐抓共管强大合力。2021 年，全乡 17 个村全部完成总收入 20 万元且经营性收入达到 12 万元的目标，其中,辽头村完成经营性收入达到50万元的目标。成立乡农业开发公司,通过土地流转等多种手段,盘活土地资源,以潭背村包根玉林下经济基地、停久村乡农林经济基地和高儒村萝卜产业为中心向外辐射带动全乡发展。构建以"党支部+合作社+农户"的运营模式,高儒村村两委以非粮化整治为契机,发挥党组织"火车头"和党员"主心骨"作用,帮助农户解决土地闲置、劳动力闲置等问题。高儒村建有13.33公顷萝卜种植基地,收获期,萝卜日产量可达500千克,日收入1万元,带动村上劳动力70余人,实现村集体、农户双赢。小水电整治步伐稳健,集中开展小水电综合整治,全面推进区"绿水小水电"创建工作,对乡域范围内的7个水电站开展全面摸底调查,顺利按期完成全乡范围内7个水电站的签约收购工作。辽头笋干加工基地稳步推进,2021年,辽头村自筹20余万元试点推动"竹笋经济"迭代升级,购买笋干加工设备,建立小规模笋干加工基地,每日制成笋干上百斤,实现日创收4000余元。全力开展非粮化整治,1月,全乡完成首批4.67公顷非粮化整治工作,截至12月底,粮食生产功能区需整改的149.67公顷土地,有93.47公顷通过第三方验收,完成率62.4%。

【社会保障】 2021年,乡全年注销低保户16户、25人,新增1户、1人;注销低保边缘户4户、7人,新增1户、3人;注销特别困难户2户、2人,新增2户、2人。全面聚焦"两不愁、三保障",完成对全乡199户、270人的低收入农户帮促工作,对低收入农户走访实现全覆盖。推进危房修缮工作,改善低收入农户居住环境,持续推进危房整治工作,保障村民住房安全,改善村庄居住环境。全年修缮整治危旧房8户,其中低收入危房3户,均已完成改造提升。组织乡机关党员干部为22名困难群众送上"微心愿"礼物。

【基础设施】 2021年,完成辽头村村口景观提升工程。以白沙溪沿线为核心,以白沙森林古道为轴,将林水田城有机结合,形成"一核、一道、多点"的森林城镇建设总体布局。总投资334.95万元的林药产业扶贫项目基地基本建成。投资400万元,用于改造提升银坑村红色教育基地。高儒水系连通工程完成招投标,计划总投资299万元。建成李宫村综合办公楼。潭背村南山漫道工程完成土地征迁工作,其中政策处理涉及农户68户,耕地3785平方米,林地30.31万平方米。

【公共服务】 2021年,完成残疾人申、换证30人,帮助11名残疾人就业,残联现金、实物慰问120户。重点优抚对象抚恤金发放70.84万元,一般优抚对象抚恤金发放44.89万元。全面落实"雨露计划",全年申报10户,每人3000元。通过"浙里办"人脸识别、上门认证等方式完成对309名企业退休人员的资格认证。2021年,全乡城乡居民医疗保险参保人数达7446人,参保到账率达到100%,大病保险到账人数5516人,到账率74.2%,较往年有所提高。全年筑牢防疫底线,综合运用"强宣传、强执行、强服务"工作法,第一时间建立健全"点、线、面"疫情防控工作体系。分别在向阳村和周村村,组织开展疫情防控消杀实战演练和核酸检测实战演练。2021年,全乡完成疫苗接种4592针剂次,超额完成接种任务。完成辽头和周村2个村文化礼堂提升验收工作,发挥文化礼堂"建管用育"功能。弘扬好家风,结合"三服务"要求,开展"四大"活动。动员"婺之源公益服务中心"志愿者,为山区留守老人送爱心。开展文化走亲、文化下乡,2021年,沙畈乡新时代文明实践所开展活动51场。乡文艺队在"庆建党百年 享幸福生活"区2021"百家礼堂迎亚运"群众舞蹈大赛中获铜奖。全年在各类媒体刊发新闻报导共计78篇,其中《今日婺城》31篇、《婺城发布》15篇、《金华日报》12篇、《新闻联播》14条、省级及以上媒体6篇。

【美丽乡村】 11月,成功创建省级森林城镇。完成新增百万亩绿化面积3.33公顷。深化开展"五水共治",严格落实"河长制",乡级河长累计开展河道巡查156次。11名乡村两级河长常年巡查1500小时以上,巡河率100%,对在白沙溪流域游泳、钓捕鱼、烧烤、散养畜禽开展常态化巡查,发现并劝离垂钓人员183起,处置率100%。全乡现有污水处理终端58处,运行平稳。在汛期加大对污水处理终端的巡查维护,做好污水管道检修。加强各村畜禽养殖监管,乡域范围内水域水质常年基本保持在I类。清理枯死松树167.2公顷,4128株。大力开展美丽庭院建设，完成美丽庭院创建达标户 374 户。强化河道治理，完成 2 座山塘和水毁工程修复的巡查检查。全面开展下山安居创富工程民情民意调研。“三改一拆”强力推进，拆除违章 5200 平方米，超额完成拆违任务。农房确权工作稳步推进，已完成 966 宗登簿，还有 200 宗一户一档已提交区不动产登记中心，等待登簿。依托好山好水，和美村、停久村成功创建 A 级景区村庄。店边村、白沙源村、周村村获得“十佳村”。

【基层治理】 深入推进“互联网+政务服务”，推动“最多跑一次”和“数字化改革”落地见效，以“三服务”为抓手，打通服务群众“最后一米”，坚持“整体智治”，着力打造“数智化”基层治理模式，以综合行政执法改革试点为契机，加强和创新社会治理，推动由“事”到“制”“治”“智”的根本转变，有效推进基层治理体系和治理能力现代化。各村调委会调解民间纠纷 18 件，调解成功 18 件，成功率 100%。周村村成功创建省级民主法治村。全面落实安全生产责任制，全面签订安全生产责任书。坚持平安稳定，做好矛盾排摸化解工作。开展普法宣传 10 余次，发放电信反诈宣传资料 6000 余份，接受宣传人数在 6000 人次以上。开展“扫黄打非”“移风易俗”专项工作，进行文明祭扫责任书签订和防火禁燃宣传，发放宣传册 6000 份，张贴禁火宣传标语、横幅 1090 条。

（潘　跃）

莘畈乡

【概况】 莘畈乡地处金华南山山麓，属于九峰山规划景区之一的仙舟湖景区，是全国环境优美乡、国家级生态乡、省级重要湿地、省 AAA 级景区乡。辖区面积 73.04 平方千米，辖 7 个行政村，全乡户籍人口 2498 户、5876 人。

【工业经济】 2021 年，莘畈乡完成工业总产值 2320 万元，农业总产值 3211 万元，旅游（农家乐）营业额 854 万元，发放来料加工费 163.53 万元。完成税收收入 698 万元，其中区级税收收入 165.2 万元。

【农业经济】 大力发展特色农业，把发展特色农业产业、骨干品种作为推进农业转型升级的重点。坚持“早动员、清底数、保面积、强督察”四步走，全速推进耕地非粮化整治工作，完成第一批非粮化整治面积 2.4 公顷。村两委与联村干部摸排春季种植意向，提前谋划，发动农户种植番薯、水果玉米、山玉米、土豆、大豆等旱粮，共发放种子 550 余千克，种植面积 40 余公顷。不断引进新品种，壮大种植规模；稳步推进石斑鱼、娃娃鱼特色养殖业，培育莘畈本土农产品品牌，强化一村一品建设。

【乡村旅游】 做大做强返乡创业“大文章”，充分挖掘乡贤资源，通过搭建返乡人才发展“大舞台”、开通返乡人才“绿色通道”、健全政府服务队伍、对涉企事项提供全流程代办贴心服务等举措激励返乡人才发展，以乡愁、乡情、友情为纽带，培育新型农业产业带头人，激发优秀人才返乡活力。5 月 9 日，承办 2021 年“花满婺城 幸福生活”莘畈毅行大会暨国家第六届“万步有约”健走激励大赛，吸引 1 万余名选手、游客参加，受到中央、省、市百余家媒体报道，进一步提高莘畈“体旅”辨识度。

【美丽城镇】 以美丽城镇建设为契机，紧紧围绕“山水莘畈、体旅之乡”的发展定位，立足山区特点，因地制宜，统筹谋划，按照“量小、做精”的原则，投入 800 万元推进设施提档、服务提质、产业提升、品质提高、治理提效，全域推进美丽庭院、美丽田园、美丽道路、美丽街巷等项目建设，发挥妇女街长、党员示范街长制的作用，不断巩固全国文明城市创建成果，开启新时代美丽乡村新征程，通过美丽城镇省级验收，获评美丽城镇市级标杆。

【消除集体经济薄弱村工作】 整合美丽乡村建设等涉农项目资金，优先用于壮大村集体经济。依托区级平台如泰越制砂、金茶花、绿色小水电等投资项目，因村制宜谋划实施壮大村集体经济“一村一策”发展方案。7 个行政村消薄工作进展顺利，总收入均已达 20 万元以上，经营性收入达到 12 万元以上。祝村、学岭头、井下村盘活资源，整合项目，引乡贤回归创业，已将铁塔产业园与姑蔑文化馆成功发包，每年收益达 30 万元以上；盛有松铁塔产业园项目，预计每年收益可达 20 万元；生态养殖石斑鱼、娃娃鱼，种植黄精、高山白茶等农产品效益可达 300

万元以上。

【疫情防控】 牢牢把握“外防输入、内防反弹”防控策略。多次召开疫情防控部署会，号召广大党员干部当先锋作表率，发动村民接种新冠疫苗，完成2300剂疫苗接种。莘“e”家红盟战疫突击队冲锋在前，对省外回乡人员进行登记，及时掌握回乡人员动态，守好最后一道“小门”，让党旗在疫情防控一线高高飘扬。乡党委、政府研判疫情防控形势，启动第二波疫情防范预案，开展大规模核酸检测演练6次，储备全乡1个月用量的防疫物资。

【平安建设】 2021年，莘畈乡深化“大应急”理念，牢固树立安全生产责任重于泰山的意识，专题召开安全生产工作会议，与各村签订安全生产目标管理责任书。深入开展“基层党建+应急管理标准化”建设工作，对全乡宗教场所、居家养老、农家乐、民宿的消防、食品安全等进行拉网式检查，对施工现场安全设施定期巡查，举办消防安全知识讲座和防汛应急演练等，营造良好的安全生产氛围。开展燃气领域突出问题专项整治行动，更换老旧液化燃气管道、钢瓶阀门100余处，发放煤气泄漏报警器100余套。紧抓综治维稳不放松。严格落实社区矫正工作。开展矛盾纠纷排查，强化调解员队伍，配备专职调解员，推进调解工作规范化、高效化。乡、村两级调委会共化解各类社会矛盾纠纷38件次，涉及协议金额总计206.95万元，其中乡级调委会化解各类社会矛盾纠纷5件次。在全域范围内开展治安形势排查，平安完成全国两会、庆祝中国共产党成立100周年安保任务。紧抓防汛防火工作，汛期值班人员24小时在岗在位，密切观测雨情水情，按照山洪防范预案要求，抓好汛期山塘水库、水利设施的排查和防洪防汛工作。汛期，全乡排查巡查C、D级危旧房35处、240余次；巡查水库山塘7处，200余次，排除隐患3处；勘察地质灾害隐患点8处，60余次，发现并治理隐患1处，转移人员1户2人；处理道路塌方17余处。开展“禁燃”和森林防火工作，在春节、清明等重要时间节点和高温天气，要求全乡干部、护林员全员上岗巡查，利用微信、消防巡逻车等方式宣传消防知识。4月，组织进行消防安全现场演练，提升森林火灾应急处置能力，全年无森林火灾发生。

【社会事业】 乡民政残联部门核对全乡残疾人两项补贴享受人员、低保低边户人员，及时更新数据。2021年，享受残疾人生活补贴28人，享受残疾人护理补贴87人(含机构托养2人)，对5户困难残疾人家庭生活设施进行无障碍改造。核查低收入农户经济现状、人员死亡情况，清退16户不符合低收入农户救助标准的农户。全乡特困(五保)户55户、55人；低保户49户、73人；低保边缘户12户、21人，发放临时救助资金4775元。摸排梳理退役军人，建立完善乡、村两级退役军人服务站8个，采集退役军人、现役军人家属信息，悬挂光荣牌。“春节”和“八一”建军节期间分别走访慰问退伍军人、残疾军人、军属、烈士子女，发放慰问金。乡妇联切实维护妇女儿童合法权益，充分发挥妇联在基层矛盾调解中的优势，努力解决各类家庭矛盾，调解率100%，为妇女群众提供及时、便利、优质的法律服务。乡团委充分发挥青年团员志愿者作用，为村民提供优质“家服务”。注重宣传引导，掌握应征人员状态，向部队输送5名优秀适龄青年。

(邢俊辉)

箬阳乡

【概况】 箬阳乡辖区面积60.69平方千米，全乡(除横坑区块)有山林面积4720.83公顷，耕地面积133.32公顷，辖8个建制村，户籍人口1751户、4188人。全年实现财政总收入495万元。2021年，箬阳乡获浙江省新时代美丽城镇建设基本达标乡镇。

【乡村振兴】 4月，举办第三届茶文化旅游节，开展采茶制茶比赛、品茶大会等系列主题活动，以茶为媒，全力推介茶文化，隆重举办“箬阳龙珍”国家地理标志品牌发布会，组织召开茶产业发展高峰论坛、婺城茶商座谈会等，邀请百余名专家学者、茶农茶商共叙茶缘，共同谋划做好获评地理标志的后半篇文章。乡党委书记带头为箬阳茶叶直播带货，吸引客源，探索拓展“飞地”模式，联合金华日报社等单位，在市区打造展现箬阳农产品的展示窗口，拉近产品和消费者之间的距离，并组织茶商、农户前往古子城等地宣传销售箬阳农副产品，日均营业收入万余元。

4月1日，“箬阳龙珍”国家地理标志品牌发布会暨婺城区第三届茶文化节系列活动之采茶大比拼活动现场　（箬阳乡人民政府供稿）

【环境治理】 全面深化河长制及河道保洁长效管理机制，组建功能区专职巡查队伍，常态化开展禁渔、禁燃宣传和巡查，10名乡、村两级河长一年人均巡查200小时以上。箬阳、琴坛、罗坪、大应村先后多次被评为农村人居环境“十佳村”，其中箬阳村2次获评五星村。2021年结合美丽城镇创建，改造提升箬阳入村口、老茶厂、老街庭院等景观节点，全域全面提升城镇形象，10月，市级考核组验收中，获得专家组一致好评。

【新农村建设】 开展美丽庭院创建，完成达标户460户，示范户256户，打造美丽庭院示范街，箬阳村花漾街区落地成景。开展厕所革命，新建公厕13个，旱厕改造104个。全面完成箬阳集镇污水零直排工程，抓实全乡农村生活污水长效运维管理。制定箬阳乡环境卫生综合整治方案，常态化开展环境卫生大排查、大整治、大提升行动，全面营造整洁有序村容村貌。高标准、严要求推动村庄面貌提档升级，打造精品村1个，秀美村2个。

【民生事业】 2021年，医保参保率实现100%，大额医保参保率达75%，位列全区第一；养老方面，建设省级居家养老服务中心1家，同时对全乡8个村老年食堂的硬件设施提档改造。加快推进殡葬改革，建成瀛头、茶园2座公墓共700穴。全乡8个村进行饮用水提标及垃圾沤肥房提升。完成南坑病桥改造、石辽公路建设工程、湖大线公路等级提升工程及狮罗公路拓宽工程。对接市公交集团增加公交班次、优化线路、增加运力，从原来2条线7个班次增加到11个班次，实现在安地镇公交枢纽站的无缝快速转乘，极大方便山区群众出行。完成5个村小流域治理工程，修复溪坎2000米，新建堰坝12座。实施高标准农田建设173.33公顷，电力、移动通信等配套设施建设进一步完善。

【平安建设】 面对省内疫情严峻形势，迅速进入“战时状态”，组织80余名乡村干部及志愿者，逐户逐村逐人排摸817人，对“行程码带星号人员”第一时间落实核酸检测措施。在安山线、湖大线入乡口设立2个暖心服务点，加强值班值守力量，全时段对来往车辆人员进行检查，真正做到守好“小门”不松懈。利用各村广播、宣传车、微信群、宣传栏等渠道，通过三句半微视频、张贴手写防疫标语、发放宣传册等形式，营造浓厚防疫氛围。推进新冠疫苗接种，第一、第二剂接种率位全区第一。为解决山区60周岁以上老人疫苗接种“出行难”问题，12月，在箬阳村文化礼堂设置临时接种点，专场组织百余名老人完成接种。组织开展流调消杀培训会和核酸检测应急演练。以演促练，以练备战，全面提升突发疫情应对能力与实战能力。把安全生产贯穿发展的各领域和全过程，持续开展燃气、地质灾害点、危旧房、道路交通等安全隐患大排查，把各类安全隐患消除在萌芽状态。防御超强台风“烟花”“灿都”及“9·7”强降雨天气，做好抢险救灾，且高度重视后期复盘工作，组织乡、村两级干部到安地镇项村、南七村现场学习强降雨应急处置及灾后重建的宝贵经验。开展汛期小流域山洪和地质灾害演练及全员应急转移演练，提高全乡干部群众防汛防台安全意识。重点针对燃气安全问题，乡村干部逐户进行排查，入户帮助村民安装燃气管与减压阀，安装燃气软管和减压阀650套，民宿农家乐等安装报警器26个。

（张　婕）

苏孟乡

【概况】 苏孟乡辖区面积37.9平方千米，耕地面积1213.4公顷（包括市石门农场耕地235.6公顷），山林面积800公顷。下辖15个村民委员会和5个社区居民委员会，户籍人口10954户、26842人，常住人口69457人。

【经济指标】 2021年，苏孟乡坚持稳中求进工作总基调，统筹推进疫情防控和经济社会发展取得成效。全年实现工业总产值1.98亿元，比上年增长10.9%；固定资产投资49.47亿元，比上年增长40.47%；限额以上服务业5.58亿元，比上年增长5.6%;新增入库企业4家。

【安全生产】 2021年，系统重塑苏孟乡安全生产体系，建立防汛防台抗旱等3个应急预案，成立13个专业委员会，强化“基层党建+应急管理”形成具有苏孟特色的应急管理工作体系，强化联合执法机制。开展安全生产“百日攻坚”行动，检查企业81家，发现隐患258个，立即整改186个，限时整改69个，现场关停存在重大隐患企业3家。

【疫情防控】 2021年，苏孟乡不断建强疫情防控指挥组和全乡防控作战体系，全年完成疫苗接种86189剂，其中全程接种30549人次，完成率为108.6%，加强针接种6854人，完成率309.2%。绍兴等地疫情发生后，两天内全面完成第一轮清村扫楼任务，核查人数49301人次，组织开展和悦社区、溪口下村大规模核酸检测实战演练，检测现场高效有序，得到市督查组高度肯定。创新社会治理，夯实平安之基。强化“大安全”工作格局，坚定维护全乡政治社会安全稳定。常态化开展“清村扫楼”，严格落实“一通三见”工作标准，做好活动举办管理、新冠疫苗接种和核酸检测能力建设等工作，确保不发生疫情风险点失管漏管，交出防疫高分报表。

【征迁工作】 2021年，征收土地98.678公顷，流转土地92.13公顷，完成对家地、西埠头、清湖等11个村2304户、5803套安置房分配。纵深推进征迁遗留户拔钉清障，成功签约17户，腾空拆除11户。顺利完成桥儿头房屋征收，加华种猪场土地收回，江家村、义乌街延伸段、经六街、双龙变西区土地清表等工作，有力保障新能源、湖海塘区块开发建设。

【新农村振兴】 打响乡村振兴攻坚战。发挥苏孟乡区位优势，投入2000余万元推进农文旅融合发展。2021年，成功创建朱项店、后岗2个A级旅游村，举办金华首届传统糕点节，打响“游在苏孟”的靓丽名片，“天空之境”等景点成为网红打卡点。开展农村生活污水综合整治，全面消除垃圾河、黑臭河，完成汤店、和堰新村秀美村市级验收。

【全国文明城市巩固提升】 2021年，苏孟乡全力以赴打好创建“巩固提升”战，全年下拨村社创建经费280万元，开展联合执法100余次，成立“兄弟联盟”“抗战老兵环境卫生督导队”“民兵突击队”3支特殊创建队伍，建强“五色海棠”物业红管家、“小红帽”楼道长、“草鞋”文明劝导队、“娘舅”帮帮团等一批志愿服务队。全年6次市测检查均位列全市乡镇前5名。通过持续攻坚整治，城乡面貌焕然一新，人居环境持续改善，文明程度不断提升。

【平安综治】 抓好“一网一平台三中心”建设，高效推进乡、村两级矛盾纠纷调解中心、便民服务中心、应急管理中心、社会治理微智治平台建设，实现办事“最多跑一地”、解忧“只进一扇门”。抓好“四级微网格”建设。强化乡域16个二级网格、26个三级网格、678个四级微网格建设，将矛盾调解、应急管理、便民服务、文明创建等各项重点工作分解落实到“网格”中，全年通过网格上报事件9000余件，办结率达99.97%。抓好“平安苏孟”建设。建立完善重大决策社会风险评估、维稳三色预警等工作机制，“基层党建+社会治理”创新试点工作得到中央部委、省、市领导肯定。

【换届工作】 狠抓队伍建设，完成乡党委、政府、人大换届，配齐配强班子、中层干部队伍力量，按季度组织班子成员、机关部门、村社对重点工作进行“亮晒比拼”，营造“比学赶超”工作氛围。

（鲍文佩）

塔石乡

【概况】 塔石乡辖区面积99.33平方千米，山林面积1.13万公顷，其中竹林0.2万公顷，耕地面积809.65公顷，共辖22个行政村，户籍人口4516户、户籍人口10269人。2021年，实现税收总收入484万元，本级财政收入101.6万元。经营性收入12万元以上的村，完成22个，占总村数100%；集体经济总收入20万元以上的村，完成22个，占总村数100%；经营性收入12万元以上且总收入20万元以上的村，完成22个，占总村数100%；经营性收入50万元以上的村，完成1个。

【农业产业发展】 2021年，百善村百草园项目投资2000万元，项目已累计投入资金1000万元，完成133.33公顷山林流转，已种植26.67公顷黄精、粉防己等中药材。银岭百合园项目，全年投入150万元，扩种百合1.33公顷，种百合植面积达到6.67公顷，新种植猕猴桃0.67公顷，全年实现净收入80万元。现代特色农业覆盖面积不断扩大，一村一品发展逐步成型，后畈村流转土地种植黄精7.33公顷，井上村流转土地16.67公顷，塔石村云中香榧基地30公顷。

【基础设施建设】 2021年，塔石乡上阳村将军形公墓建设中，完成塔石乡居家养老中心建设，并投入使用；塔石乡文明实践所及大茗村、东店村、井上村文明实践站完成改造提升；新建19个港湾式公交车站；百善村百草园中草药研学基地工程改造中。

【乡村精细化管理】 2021年，塔石乡全力推进“三改一拆”活动，全乡拆除违法面积1326.36平方米，完成拆违任务的221.06%，拆后土地利用率100%。高标准农田建设项目有序推进，涉及到塔石乡17个行政村，建设任务237.8公顷。“非粮化”整治项目涉及10个村，全年完成整治40.03公顷。

【生态环境建设】 2021年，塔石乡实施“河长制”三级联管，水断面每月水质监测达成Ⅰ类水标准。

【文体活动】 3月7日，在大茗村开展全乡妇女主任及文艺骨干瞻仰革命先烈唱革命歌曲活动；5月25日，在塔石村举办光影流婺·百部电影庆百年金华市农村红色主题电影启动仪式；6月2日，在塔石村举办百姓颂百年歌咏比赛和文化礼堂村歌赛；6月6日，在乡政府开展文物安全工作推进（培训）会；6月9日，在乡文化礼堂组织党员、群众观看文艺党课《百年风华》巡演活动；6月20日，在上阳村文化礼堂举办塔石乡庆祝中国共产党成立100周年上阳“红色记忆”主题活动；6月28日，在乡文化礼堂举办庆祝中国共产党成立100周年主题活动；7月22日，在塔石村办公楼开展“妈妈的味道”农家厨娘就业提升培训；9月24日，在塔石村开展稻田里的党课——塔石乡开展“体验式”党史学习教育。

9月24日，塔石乡机关青年党员走进丰收稻田开展党史学习教育活动　（塔石乡人民政府供稿）

9月27日，在塔石乡政府举办2021年塔石农民丰收节暨农民运动会。

9月27日，塔石乡农民丰收节暨农民运动会开幕　（塔石乡人民政府供稿）

10月14日，在塔石村举办九九重阳节、浓浓敬老情丨塔石乡开展重阳节关爱老人活动；11月30日，在塔石村举办“信义金华　德耀婺城”巡展；11月29日至12月5日，先后在井上村、塔石村、百善村、余坞里村、东店村、举办2021婺城乡村文艺轻骑兵文艺演出。

（项烜赫）

附　录

统计公报

2021年金华市婺城区国民经济和社会发展统计公报

2021年,面对复杂严峻的国际环境和国内疫情散发影响,全区上下深入贯彻落实省、市、区党委、政府各项决策部署,始终以习近平新时代中国特色社会主义思想为指导,以数字化改革为引领,奋楫赶超争先,奋进共同富裕。社会经济稳中有进,民生福祉保障有力,各项社会事业繁荣发展,群众获得感、幸福感、安全感不断提升,"十四五"实现良好开局。

一、综合

全区主要经济指标（含金华经济技术开发区） 全区实现生产总值(GDP)719.53亿元,比上年增长7.7%。其中:第一产业增加值18.54亿元,比上年下降0.9%;第二产业增加值237.85亿元,比上年增长10.5%;第三产业增加值463.15亿元,比上年增长6.8%。在第三产业中,交通运输、仓储和邮政业增长11%,批发零售业增长9.9%,住宿餐饮业增长18.2%,金融业增长7%,房地产业下降1.5%,其他营利性服务业下降0.7%,非营利性服务业增长7.9%。土地总面积1391.24平方千米,年末户籍总人口65.76万人,人均生产总值(户籍人口)109523元,比上年增长7.4%。第一、二、三产业增加值占地区生产总值的比重由上年的3.3:30.5:66.2调整为2.5:33.1:64.4。

区属主要经济指标（不含金华经济技术开发区） 实现区属生产总值(GDP)350.19亿元,比上年增长7.2%。其中:第一产业增加值12.88亿元,比上年下降2.2%;第二产业增加值83.91亿元,比上年增长5.8%;第三产业增加值253.4亿元,比上年增长8.2%。在第三产业中,交通运输、仓储和邮政业增长10.7%,批发零售业增长8.2%,住宿餐饮业增长18.2%,金融业增长7.1%,房地产业增长3.3%,其他营利性服务业增长2.7%,非营利性服务业增长9.2%。土地总面积1139.6平方千米,年末户籍总人口38.68万人,人均生产总值(户籍人口)90291元,比上年增长7.5%。第一、二、三产业增加值占地区生产总值的比重由上年的4.4:22.3:73.3调整为3.7:24:72.3。

二、农业

综合农业。全年完成农林牧渔业总产值21.71亿元,比上年下降1.8%,完成农林牧渔业增加值13.78亿元,比上年下降1.8%。根据粮食监测统计,全年粮食作物播种面积3780公顷,比上年增长3.8%;粮食总产量2.08万吨,比上年增长 4.0%。年底花卉苗木种植面积3640公顷,比上年下降52.3%。全区油菜籽产量1950吨,比上年下降15.4%;蔬菜产量5.22万吨,比上年下降24.3%;果用瓜及园林水果总产量1.7万吨,比上年下降38.4%。

畜牧业。全年生猪出栏12.76万头,比上年下降14.5%,年末生猪存栏10.49万头,比上年下降11.8%;家禽出栏27.76万羽,比上年下降4.0%;牛存栏数7355头,比上年下降8.0%,牛奶产量25431吨,比上年下降21.5%;淡水产品产量10547吨,比上年增长2.51%。

林业。全年完成造林面积210公顷,森林抚育面积980公顷。

三、工业和建筑业

工业。全区完成工业增加值64.1亿元,比上年增长7.4%,工业增加值占GDP的比重18.3%。其中规模以上工业企业完成总产值250亿元,比上年增长16%;完成销售产值246.6亿元,比上年增长14%,工业品产销率为98.6%。规模以上工业企业完成出口交货值36亿元,比上年增长13%,占销售产值比重为14.6%。全年规模以上工业企业实现营业收入264.4亿元,比上年增长11.3%;实现利税总额19.8亿元,比上年下降21.2%;其中利润总额14.3亿元,比上年下降27.7%。

建筑业。全年完成建筑业总产值59.44亿元。全区建筑施工企业全年房屋建筑施工面积226.58万平方米,竣工房屋面积49.68万平方米。

四、固定资产投资

全年完成限额以上固定资产投资120.8亿元,比上年增长10.8%。其中项目投资49.8亿元,比上年下降24.8%;房地产开发投资71亿元,比上年增长66%。项目投资中工业投资17.4亿元,比上年下降12.8%。限额以上固定资产投资按产业分:第二产业完成投资17.4亿元,比上年下降12.8%;第三产业完成投资102.9亿元,比上年增长15.8%。

五、国内贸易和对外经济

国内贸易。全年完成社会消费品零售总额336.8亿元,比上年增长12.3%。批发业销售额比上年增长10%;零售业销售额比上年增长21.9%;住宿业营业额比上年增长11.7%;餐饮业营业额比上年增长33.6%。

对外经济。全年实现外贸进出口总额9.66亿美元,比上年下降12.47%。其中外贸出口额9.43亿美元,比上年下降12.57%;实际利用外资411万美元,比上年下降26.34%。

六、财政

全区财政总收入57.35亿元,比上年增长29.6%;区级一般公共预算收入12.63亿元,比上年增长13.8%;全区一般预算支出37.75亿元,比上年增长13.1%。

七、科学技术

科技。全年各类科技立项84项,其中省级科技计划项目3项、市级科技计划项目37项、区级科技计划项44项。国家高新技术企业新认定数30家,重新认定国家高新技术企业14家;全区新增省科技型中小企业108家。

专利。全区专利申请量1180件,其中发明专利申请量452件,发明专利申请占比38.31%;全区专利授权量2279件,其中发明专利授权量351件,发明专利授权占比15.4%。

八、教育、文化和体育

教育。全面实施素质教育,深化教育改革,学校办学条件得到较大提升,实现教育资源的优化配置,教育教学质量稳步持续发展。学前教育高质量发展,小学推进“特色教育”,切实推广初中“高效课堂”,积极推进职业教育产教融合,创新实施“警校家”联动护校。全区小学入学率、小学毕业升初中比例均为100%。年末全区有职业高中1所,专任教师272人,在校学生3722人;初中20所,专任教师1280人,在校学生15963人;小学22所,专任教师2072人,在校学生33375人;幼儿园92所,专任教师1428人,在园儿童18103人。

文化。围绕建党百年开展系列群众文化活动,举办竹马茶花节、罗店枇杷节、2021第四届中国·金华山水四项公开赛等大型文体活动30余场。建成图书馆分馆9家、文化馆分馆2家,新建图书流通站2个,实现6个文化站图书室图书通借通还。建成全省首家铁路文化馆,全市首家商圈图书馆—万泰青少年主题分馆。开展婺图文化助残进基层活动、“青少年红色主题漫画大赛”等各类读书、读者活动469场,共服务群众14万人次;全年免费开放30个项目、培训360场次、受益学员近万人;红色歌舞情景剧《百年风华》、婺剧《南山火种》等建党百年系列群众文化活动178场,线上线下参与活动人数达52.5万人次;承办“全民阅读月”各类文化活动及赛事15项,送文化下乡130场、送戏下乡90场,文化走亲7场,举办展览120场、讲座31场,服务读者455433人次。

体育。落实全区基层体育场地设施和百姓健身房建设任务,建设完成百姓健身房7个,笼式足球场2个,村级全民健身广场1个,体育公园2个。先后举办了17场体育赛事活动,其中国家级赛事1场,省级赛事活动2场。选树竞技体育强将,婺城选手在各类赛事中斩获15个第一的好成绩,其中全运会荣获一枚金牌、一枚铜牌。积极筹备亚运省运,顺利承办3项省运会测试赛,安置优秀退役运动员14人,完成14枚加计金牌任务,引进优秀运动员28人。水上运动中心建设项目已完成有效投资额约4.8亿元,占项目整体工程量的96%。皮划艇(赛艇)场馆、轮滑场馆、小轮车场馆达到交付使用条件并完成赛事功能验收,体育大楼、运动员公寓已结顶,主体结构通过验收,处于设备安装及装修阶段。

九、卫生事业

全区共有医疗卫生机构373家,其中政府举办医疗卫生计生单位26家,包括综合性公立医院2家(区人民医院,区康复医院),监狱医院2家(金华监狱医院、省第二女子监狱医院)基层医疗机构19家(14家乡镇卫生院、5家街道社区卫生服务中心),公共卫生计生机构3家(卫生监督所、疾病预防控制中心、妇幼保健计划生育服务中心);另有延伸(一体化管理)的社区卫生服务站21家。民营医疗机构42家,其中医院13家,门诊部29家。核定医疗床位1120张,其中政府举办的599张,社会力量举办的521张。

十、人口、人民生活和社会保障

人口。据公安人口年报统计,年末全区户籍管理人口为38.68万人,其中男性19.22万人,女性19.46万人;全年出生人口2458人,人口出生率为6.35‰,死亡人口2336人,死亡率为6.04‰,人口自然增长率为0.31‰。

人民生活。据抽样调查,2021年城镇居民人均可支配收入64214元,比上年增长9.3%;人均消费性支出37863元,比上年上升17.7%;其中食品烟酒消费支出10478元,比上年增长12.1%。农村居民人均可支配收入29521元,比上年增长11.1%;人均生活消费支出19365元,比上年增长19.7%;其中食品烟酒消费支出6427元,比上年增长15.6%。

社会保障。2021年我区低保、低边、特困、残疾人员城乡居民养老保险在保4176人,其中待遇享受人员1738人,发放待遇627.77万元。2021年新建8家乡镇(街道)居家养老服务中心,实现服务中心乡镇(街道)全覆盖。为211家有就餐功能的居家养老服务(照料)中心发放补贴资金1957.96万元,就餐功能惠及8100余名老人。完成230户困难老年人家庭适老化改造。开展慈善温暖行动、东西部协作等慈善活动,金额达433万元;广泛开展募捐活动,共收到捐赠款物价值1495万,其中定向捐赠1140万元。按政策落实全区符合条件的孤儿(或困境儿童)基本生活费的发放,发放儿童福利费120.56万元。

2021年,全年共新增就业岗位15445人,失业人员实现再就业2735人,其中就业困难人员再就业623人;登记失业率1.99%。

说明:1.本公报所列各项数据为年度快报数据

2.本公报中生产总值和各产业增加值绝对数按现价计算,增长速度按可比价计算

3.本公报中除标注(含金华市经济技术开发区)段落外,其余内容均不含金华市经济技术开发区

2021年婺城区行政区划及土地总面积情况表

表13

乡镇名称	村民委员会(个)	社区居委会(个)	土地总面积(平方千米)
全区合计	317	117	1391.24
城东街道	0	5	3
城中街道	0	3	6.2
城西街道	0	4	1.67
城北街道	0	10	4.43
新狮街道	9	14	23.75
罗店镇	20	1	66.58
雅畈镇	22	0	74.41
安地镇	22	1	136.4
琅琊镇	18	0	93.21
蒋堂镇	17	0	54.22
竹马乡	7	0	19.61
长山乡	11	0	60.41
箬阳乡	8	0	60.69
沙畈乡	17	0	184.86
塔石乡	22	0	99.33
岭上乡	0	0	60.64
莘畈乡	7	0	73.04
婺城新城区小计	34	24	117.14
白龙桥镇	28	13	92.84
乾西乡	6	11	24.3
金西开发区小计	86	1	168.8
汤溪镇	39	1	106.52
罗埠镇	32	0	44.22
洋埠镇	15	0	18.07
金华市开发区小计	17	52	82.83
江南街道	0	7	3.04
三江街道	0	15	7.73
西关街道	0	7	4.57
秋滨街道	2	20	29.59
苏孟乡	15	5	37.9

2021年婺城区主要社会经济指标一览表

表14

指标名称	单位	全区	与2020同比(+%)	区属	与2020同比(+%)
人口、土地面积					
人口	万人	65.77	0.21	38.68	−0.53
年平均人口	万人	65.7	0.21	38.79	−0.29
人口自然增长率	‰	1.06	—	0.31	—
土地总面积	平方千米	1391.24	—	1139.59	—
地区生产总值(当年价)	亿元	719.53	7.7	350.19	7.2
第一产业	亿元	18.54	−0.9	12.88	−2.2
第二产业	亿元	237.85	10.5	83.91	5.8
工业	亿元	192.04	13.5	64.10	7.4
建筑业	亿元	46.09	−0.5	19.80	1.1
第三产业	亿元	463.15	6.8	253.40	8.2
人均国内生产总值(按常住人口计算)	元	74578	6.1	72585	6.8
工农业总产值(当年价)					
规上工业总产值	亿元	867.7	29.0	250.00	16.1
农业总产值	亿元	33.6	−10.38	21.80	−7.31
固定资产投资					
固定资产投资额	亿元	—	—	120.80	10.8
其中:房地产开发投资	亿元	—	—	71.00	66
批零贸易和外贸业					
社会消费品零售总额	亿元	511.03	12.2	336.80	12.3

2021年婺城区国民经济产业结构情况表

表15

项目	绝对值(亿元)		构成(%)	
	全区	区属	全区	区属
地区生产总值	719.53	350.19	100.00	100.00
第一产业	18.54	12.88	2.58	3.68
第二产业	237.85	83.91	33.06	23.96
第三产业	463.15	253.40	64.37	72.36

2021 年婺城区户籍人口情况表

表 16

乡镇名称	总户数(户)	总人口(人)	其中:男(人)	其中:女(人)
全区合计	271433	657667	325346	332321
城东街道	9342	21791	10650	11141
城中街道	9220	25132	12397	12735
城西街道	5168	12257	6274	5983
城北街道	15634	38849	19001	19848
新狮街道	14475	34494	16756	17738
罗店镇	8026	19226	9512	9714
雅畈镇	9502	23541	11818	11723
安地镇	7524	17181	8708	8473
琅琊镇	7656	19378	9791	9587
蒋堂镇	7646	18635	9430	9205
竹马乡	4925	12044	6071	5973
长山乡	5734	13478	6702	6776
箬阳乡	1751	4188	2139	2049
沙畈乡	5537	12934	6563	6371
塔石乡	4516	10269	5363	4906
岭上乡	1752	3738	1916	1822
莘畈乡	2498	5876	3067	2809
婺城新城区小计	40681	93803	46015	47788
白龙桥镇	30185	69382	34020	35362
乾西乡	10496	24421	11995	12426
金华市开发区小计	109846	270853	133173	137680
江南街道	11144	29917	14685	15232
三江街道	27580	70860	34571	36289
西关街道	10401	25515	12591	12924
秋滨街道	7827	18559	8802	9757
汤溪镇	20678	49271	24721	24550
罗埠镇	15050	34707	17385	17322
洋埠镇	6212	15182	7645	7537
苏孟乡	10954	26842	12773	14069

2021 年区级组织机构及其负责人名录

中国共产党婺城区第八届委员会

书　记：
高　峰(2021 年 11 月任职)
蔡　艳(女)(任职至 2021 年 11 月)
副书记：
胡余仙(女)(2021 年 11 月任职)
黄国钧(任职至 2021 年 11 月)
胡小荣(2019 年 12 月任职)
常　委：
陈旭辉(2016 年 12 月任职)
贾恒飞(2018 年 4 月任职)
赵燕华(女)(2020 年 6 月任职)
何军杰(2021 年 1 月任职)
徐妙芳(女)(任职至 2021 年 1 月)
王兴国(2021 年 12 月任职)
吕良勇(2021 年 11 月任职)
王建中(任职至 2021 年 2 月)
陈　夙(女)(任职至 2021 年 12 月)
张遵强(2021 年 12 月任职)
魏　然(2021 年 11 月任职)
潘国东(任职至 2021 年 11 月)
杜建明(任职至 2021 年 12 月)
陈曙初(任职至 2021 年 12 月)

婺城区第十届人民代表大会常务委员会

主　任：
朱利群(女)(2017 年 2 月任职)
副主任：
诸晓东(民革)(2012 年 3 月任职)
盛奇兵(2015 年 3 月任职)
钟春宏(2017 年 2 月任职)
章旭升(2019 年 2 月任职)
傅得樟(2020 年 4 月任职)
张遵强(2020 年 4 月任职)

婺城区第十届人民政府

区　长：
黄国钧(任职至 2021 年 11 月)
代区长：
胡余仙(女)(2021 年 11 月任职)
副区长：
王建中(任职至 2021 年 2 月)
陈　夙(女)(任职至 2021 年 12 月)
范锋鑫(2017 年 2 月任职)
王兴国(2020 年 6 月任职)
严卫星(2021 年 12 月任职)
江少华(2020 年 6 月任职)
徐镜跃(2021 年 1 月任职)
胡广辉(2021 年 12 月任职)
洪一政(2021 年 12 月任职)
李可春(2021 年 12 月任职)
吴冠频(无党派)(任职至 2021 年 12 月)

中国人民政治协商会议第五届婺城区委员会

主　席：
张茹先(女)(2017 年 2 月任职)
副主席：
楼存根(2008 年 3 月任职)
吴月华(女,无党派)(2007 年 1 月任职)
张琳鑫(民进)(2007 年 1 月任职)
应跃成(无党派)(2017 年 2 月任职)
舒理成(2017 年 2 月任职)
陈丽萍(女,民革)(2019 年 2 月任职)
秘书长：
刘志明(任职至 2021 年 12 月)

中国共产党婺城区第八届纪律检查委员会

书　记：
魏　然(2021 年 11 月任职)
潘国东(任职至 2021 年 11 月)
副书记：
龚卫东(2021 年 12 月任职)
徐君振(2021 年 12 月任职)
范跃成(任职至 2021 年 1 月)
金跃园(女)(任职至 2021 年 12 月)
常　委：
郑云汐(2020 年 7 月任职)
厉　凌(女)(2021 年 12 月任职)
冯　斌(2019 年 12 月任职)
华国庆(2021 年 12 月任职)
徐寒雁(女)(任职至 2021 年 12 月)
徐君振(任职至 2021 年 12 月)

中国共产党婺城区监察委员会

主　任：
潘国东(任职至 2021 年 11 月)
代主任：
魏　然(2021 年 12 月任职)
副主任：
金跃园(女)(2017 年 2 月任职)
范跃成(任职至 2021 年 1 月)
委　员：
徐君振(2017 年 2 月任职)
郑云汐(2017 年 10 月任职)
华国庆(2020 年 11 月任职)
陈　滇(女)(2020 年 11 月任职)

婺城区人民法院

院　长：
鲍大兵(任职至 2021 年 10 月)
代院长：
丁　胜(2021 年 11 月任职)

婺城区人民检察院

检察长：
李良才(2020 年 4 月任职)

婺城区 2021 年度十强企业

婺城区 2021 年度工业十强企业

浙江万里扬智能制造有限公司
浙江金圆水泥有限公司
浙江万里扬股份有限公司
浙江八达电子仪表有限公司
浙江金华南方尖峰水泥有限公司
金华中燃城市燃气发展有限公司
浙江开创电气股份有限公司
浙江虎鹰水泥有限公司
浙江今飞智造摩轮有限公司
浙江耐司康药业有限公司

婺城区 2021 年度区级工业财政贡献十强企业

浙江万里扬股份有限公司
浙江金圆水泥有限公司
浙江虎鹰水泥有限公司
金华中燃城市燃气发展有限公司
浙江金华南方尖峰水泥有限公司
浙江八达电子仪表有限公司
浙江开创电气股份有限公司
金华双宏化工有限公司
金华市龙正商品混凝土有限公司
浙江万里扬智能制造有限公司

婺城区 2021 年度数字经济十佳企业

浙江八达电子仪表有限公司
浙江六环电缆科技股份有限公司
浙江尖峰通信电缆有限公司
金华市宝琳科技股份有限公司
浩源科技有限公司
金华市美晨商贸有限公司
金华米马贸易有限公司
金华西谷电子商务有限公司
金华市智凯网络技术有限公司
金华丁宇电子商务有限公司

婺城区 2021 年度特色农业十强主体

浙江金华熊猫猪猪两头乌产业发展有限公司
浙江花木之窗农业开发有限公司
浙江金华婺美旅游开发有限公司
浙江金手宝生物医药科技有限公司
浙江天下正方农业发展有限公司
金华市婺城区陈章作盆景园艺场
金华禾园种业科技开发有限公司
金华金婺农业发展有限公司
金华市大宸农业发展有限公司
金华市婺城区椒椒农业有限公司

婺城区 2021 年度工业企业纳税大户

婺城区 2021 年度工业企业纳税大户

金华中燃城市燃气发展有限公司
浙江虎鹰水泥有限公司
浙江金圆水泥有限公司
浙江金华南方尖峰水泥有限公司
浙江万里扬股份有限公司
浙江万里扬智能制造有限公司
浙江开创电气股份有限公司
浙江八达电子仪表有限公司
浙江天丰生物科学有限公司
浙江今飞亚达轮毂有限公司
浙江浙能金华燃机发电有限责任公司
金华市龙正商品混凝土有限公司
金华双宏化工有限公司
浙江先创能源科技股份有限公司
金华市巨龙商品混凝土有限公司
金华市城建混凝土有限公司
浙江高峰控股集团有限公司
浙江八达电子仪表有限公司时通电气分公司
金华华东环保设备有限公司
金华力拓钢柜有限公司
金华市捷达商品混凝土有限公司
浙江六环电缆科技股份有限公司
浙江新辰食品股份有限公司
金华浩翔汽配有限公司

婺城区 2021 年度纳税千万元以上企业

浙江省烟草公司金华市公司
金华保骏置业有限公司
金华富力房地产开发有限公司
金华意谐房地产开发有限公司
中国工商银行股份有限公司金华分行
浙江国贸集团金信资产经营有限公司
金华中海宏洋地产有限公司
中国平安财产保险股份有限公司金华中心支公司
浙江万里扬股份有限公司
金华天璟置业有限公司
金华保润置业有限公司
金华远大废旧物资回收有限公司
金华瑞翔房地产开发有限公司
金华婺城万固置业有限公司
金华万婺置业有限公司
中国人民财产保险股份有限公司金华市分公司
浙江金康医药有限公司
中国石化销售股份有限公司浙江金华石油分公司

中国铁路上海局集团有限公司金华车务段
浙江金圆水泥有限公司
浙江师范大学
中国建设银行股份有限公司金华分行
浙江虎鹰水泥有限公司
金华海盛置业有限公司
中国农业银行股份有限公司金华婺城支行
中信证券股份有限公司金华分公司
浙江正方置业有限公司
金华中燃城市燃气发展有限公司
金华市中心医院
金华万津置业有限公司
金华市环球房地产开发有限公司
浙江尖峰集团股份有限公司
浙江金华南方尖峰水泥有限公司
金华市中厚置业有限公司
金华银泰购物中心有限公司
金华市金筑房地产开发有限公司
金华美联商业运营管理有限公司
金华东航置业有限公司
中国农业银行股份有限公司金华分行
金华市新月房地产开发有限公司
浙江开创电气股份有限公司
金华市金宇再生资源利用有限公司
浙江省交通投资集团有限公司杭金衢分公司金华管理处
金华雅郡置业有限公司
浙江茂新房地产开发有限公司
金华市第一百货集团股份有限公司
新世纪建设集团有限公司婺城分公司
金华雷博企业管理咨询有限公司
浙江正方交通建设有限公司
上海浦东发展银行股份有限公司金华分行
浙商证券股份有限公司金华后街证券营业部
金华上铁房地产开发有限公司
浙江盛合建设工程有限公司
浙江天丰生物科学有限公司
平安证券股份有限公司金华宾虹路证券营业部
浙江八达电子仪表有限公司
北京红牛饮料销售有限公司金华分公司
金华万泰置业有限公司
浙江万里扬智能制造有限公司
万泰集团(金华)有限公司
金华市景德洪商贸有限公司
金华嘉辰房地产开发有限公司
中国铁路上海局集团有限公司金华货运中心
金华双宏化工有限公司
金华市人民医院
金华泰龙置业有限公司
浙江通旭建设集团有限公司
浙江瑞城发展有限公司
金华雅筑房地产开发有限公司
浙江八达电子仪表有限公司时通电气分公司
浙江金华兴达建设有限公司
金华市第二水泥厂
金华市金沃房地产开发有限公司
金华市世腾房地产开发有限公司
浙江今飞亚达轮毂有限公司
浙江浙能金华燃机发电有限责任公司
金华市第二土特产总公司
金华市龙正商品混凝土有限公司

婺城区 2021 年度重点企业

婺城区 2021 年度重点骨干工业企业

浙江天丰生物科学有限公司
浙江远大铝业有限公司
浙江今飞亚达轮毂有限公司
金华双宏化工有限公司
浙江高峰控股集团有限公司
浙江赤诚工贸有限公司
金华市今飞轻合金材料有限公司
金华市佳怡包装有限公司
金华市龙正商品混凝土有限公司
浙江润华机电有限公司
金华市城建混凝土有限公司

浙江星筑科技有限公司
金华华东环保设备有限公司
浙江六环电缆科技股份有限公司
浙江精深实业有限公司
金华正方机械设备有限公司
浙江先创能源科技股份有限公司
金华市高亚天然气有限公司
金华市天裕工具有限公司
金华欧仑催化科技有限公司
金华市捷特包装有限公司
金华市精工工具制造有限公司
浙江金成铝业制造有限公司
金华乐嘉厨具有限公司
金华市金杰铝业有限公司
浙江浙能金华燃机发电有限责任公司
金华力拓钢柜有限公司
金华金星纸业有限公司
浙江今飞机械有限公司
金华市巨龙商品混凝土有限公司

婺城区 2021 年度自营出口超千万美元企业

浙江开创电气股份有限公司
金华市捷顺贸易有限公司
浙江耐司康药业有限公司
浙江润华机电有限公司
浙江嘉格进出口贸易有限公司
金华市力扬五金制造有限公司
金华星河科技有限公司
金华市精工工具制造有限公司
金华威廉姆贸易有限公司
浙江精深实业有限公司
浙江庚源工贸有限公司
浙江铂大工贸有限公司
金华市永强车辆厂
金华市双宏园林工具有限公司
浙江拓帆进出口有限公司
金华乐嘉厨具有限公司
金华奥洋国际经贸有限公司

浙江金祥板业有限公司
浙江金华蓝森装饰材料有限公司
浙江基恒康门业有限公司
浙江孚泰科技有限公司
浙江八达运动服饰有限公司
浙江樱玫莉雅化妆品有限公司
金华瑞迪车业有限公司

婺城区 2021 年度政府质量奖获奖企业

浙江万里扬智能制造有限公司
浙江康灵汽车零部件有限公司
金华浩翔汽配有限公司

婺城区 2021 年度建筑业企业综合贡献奖获奖企业

浙江盛合建设工程有限公司
浙江正方交通建设有限公司
浙江金华兴达建设有限公司
浙江省浙中地质工程勘察院有限公司
浙江致远工程管理有限公司
浙江婺丰建设有限公司
金华市鑫隆路桥建设有限公司
金华市婺城区水利水电建筑安装工程有限公司

婺城区 2021 年度
人才开发先进企业

浙江万里扬股份有限公司
浙江正方交通建设有限公司
浙江今飞机械有限公司
浙江万里扬智能制造有限公司
浙江开创电气股份有限公司
睿丰康生物医药科技(浙江)有限公司
浙江尖峰集团股份有限公司
浙江星筑科技有限公司
浙江先创能源科技股份有限公司
浙江天丰生物科学有限公司

婺城区 2021 年度优秀企业科技人才

楼美善(浙江虎鹰水泥有限公司)
毛建平(浙江万里扬智能制造有限公司)
王　东(浙江万里扬股份有限公司)
陆国胜(浙江尖峰健康科技有限公司)
徐勇存(浙江天丰生物科学有限公司)
章国栋(金华双宏化工有限公司)
张小彬(浙江润华机电有限公司)
郑向阳(浙江先创能源科技股份有限公司)
姚海涛(浙江今飞机械有限公司)
金　泉(浙江正方交通建设有限公司)

婺城区 2021 年度优秀建筑企业

新世纪建设集团有限公司婺城分公司
浙江中鹰建筑有限公司
金华市政力建设有限公司
金华市嘉盛劳务有限公司
金华市交通规划设计院有限公司
浙江臻泽建设有限公司
金华市新远建设劳务有限公司
金华八达集团有限公司建筑分公司

婺城区 2021 年度数字经济示范园

金华电子商务创业园
浙江师范大学网络经济创业园
安云智慧产业园
合丰服务外包产业园
金华 CRC 文化创意园

名词解释

六横六纵 六横即北山大道、规划省道义乌至江山、虹戴公路、白汤下线、南山大道、货运北线。六纵即 G235 婺城至武义段（金华至武义快速路）、S313 省道(45 省道)金华至兰溪段、规划 G330 国道、蒋罗公路、吴兴至龙泉公路(兰婺遂公路)、白沙公路。

一村一品 指在一定区域范围内,以村为基本单位,按照国内外市场需求,充分发挥本地资源优势,通过大力推进规模化、标准化、品牌化和市场化建设,使一个村(或几个村)拥有一个(或几个)市场潜力大、区域特色明显、附加值高的主导产品和产业。

15 分钟医疗服务圈 居民步行 15 分钟就可到达方便的医疗点。

五星四过硬 为村社干部标准,即五星级(五星优秀,四星良好,三星合格,二星一星不合格),政治过硬、能力过硬、作风过硬、实绩过硬。

五星三强 为基层党组织标准,即五星级(五星优秀,四星良好,三星合格,二星、一星不合格),党建强、发展强、治理强。

全面从严治党“三大工程” 指强基固本、党建引领、先锋领航“三大工程”。

城市能级排名进入全省市辖区前 25 名 能级是城市能量、活力、竞争力和影响力的集中体现,婺城的赶超发展,关键是能级,短板也是能级。《人民日报》人民智库于 2020 年 5 月发布了对浙江省 56 个市(区)城市能级的测评及排名,以城市化程度较高、城市功能较完善的市辖区(行政级别以县一级为主)和县级城市作为评价对象,围绕影响力、竞争力、吸引力、创造力 5 个维度设置了 34 项具体评价指标，婺城区在全省 37 个市辖区中位列第 31 位,到 2026 年,目标是进入全省前 25 名(第 25 名是台州市椒江区)。

3 个“1 小时”交通圈 分别指省域 1 小时交通圈、市域 1 小时交通圈和城区 1 小时交通圈。

“152”体系 “1”即一体化智能化公共数据平台;“5”即五个综合应用,分别是党政机关整体智治综合应用、数字政府综合应用、数字经济综合应用、数字社会综合应用和数字法治综合应用;“2” 即数字化改革的理论体系和制度规范体系。

三张清单 权力清单、责任清单和负面清单。

五个必须 必须应用话语体系、必须聚焦重塑重构、必须坚持多跨协同、必须推动标志性场景应用先行、必须突出管用实效。

鲲鹏行动 聚焦数字经济、生命健康以及新材料、先进制造等领域,重点引进一批具有全球影响力的顶尖人才及其领衔的创新创业团队。

“揭榜挂帅”机制 以“奖金+股权”激励方式,邀约“全球大脑”解决产业发展难题。

一城两巷、一带两环 一城两巷为古子城、酒坊巷、八咏路,一带两环为博物馆发展带、城垣遗址历史文化游步环线、酒坊巷石榴巷—旌孝街—鼓楼里—八咏路传统街巷环。

一校一园四带 一校为浙师大,一园为跨境电商产业园,四带为二环北路、东市街、环城北路、迎宾大道城市门户景观带。

一港二铁三轨三高四干五联 一港:婺州港及航道工程(罗洋作业区、乾西作业区和衢江航道、金华江航道)。二铁:金建铁路、沪昆铁路外绕。三轨:金义东轨道、金武永东轨道、金兰轨道等。三高:G60杭金衢高速二期拓宽工程、甬金衢上高速、建德至武义高速。四干:南山大道(330国道外移)、虹戴公路二期(S315省道)、兰婺遂公路(S215省道)、货运北线(S315省道)。五联:上华至琅琊公路、华龙南街南延和北延、八达路至长山公路(八达路延伸)、白沙公路至龙乾南街(白沙公路北延)、北山旅游大道。

四好农村路 建好、管好、护好、运营好。

"3060"农村公路交通圈 30分钟全区各平原乡镇可到达城区,60分钟各乡镇可互相到达或各行政村均可到达城区。

共同富裕"1+5+N"重大改革清单 "1"是以"扩中""提低"推进社会结构变革,发挥"扩中""提低"改革对共同富裕各领域改革的牵引带动作用。"5"是力争在"缩小地区差距、缩小城乡差距、推动公共服务优质共享、建设共同富裕基本单元、打造精神文明高地"等五大领域实现重点突破。"N"是在"1+5"总体框架下提出的具体举措。

"三块地"改革 农村土地征收、集体经营性建设用地入市、宅基地制度改革。

下山安居创富工程 通过开展下山脱贫、下山移民、异地搬迁等一系列工作,有效推进山区百姓增收、山区村集体经济发展,是改善山区农民生产生活条件、促进农民增收致富的重要抓手。

"3211"婴幼儿照护服务体系 打造婴幼儿照护指导员、服务员、志愿者三支服务队伍。在妇幼保健机构和乡镇卫生院 (街道社区卫生服务中心)建立"医防护"儿童健康管理中心和婴幼儿照护服务指导中心两个中心。利用村委会活动室、文化礼堂、村卫生室(社区卫生服务站)、未来社区等公共资源建设多功能、多协作的村(社区)婴幼儿照护服务驿站。

六个严防 严防发生严重影响政治稳定的重大事件。严防发生大规模重大突发性群体事件。严防发生大规模进京非正常聚集上访事件。严防发生影响恶劣的严重刑事案件。严防发生重特大道路交通、火灾、爆炸等安全事故。严防因执法、涉警问题引发群体性事件或媒体炒作事件。

"0579X"舆情闭环管理机制 0579X舆情风险防范化解闭环管理机制。实行每日舆情信息"0"报告全覆盖,建立"5+X"舆情信息共享专班,实施全区重点舆情风险隐患7日一汇报,对9大类重点网络舆情进行分级分类处置,完善培训、实战、考核、约谈等"X"机制。促进舆情苗头信息在第一时间发现、第一时间化解。

"141"体系 "1"即县级社会治理中心、"4"即乡镇(街道)基层治理"四个平台"、"1"即村社网格。

北山水系"三库三溪"综合整治工程 对金华市区北山区块进行防洪排涝综合提升整治,包括山下吴、山口冯加高扩容,山口冯—山下吴—长岭水库连通,回溪、通园溪、赤松溪防洪除涝综合提升整治约30千米,新建通园溪出口排涝泵站,配套实施部分水系连通工程,城市内部阻水堵点拓宽、改造。

千万工程 "千村示范、万村整治"工程。

四优四强 干部队伍年龄结构优、专业结构优、经历结构优、气质结构优,"一把手"强、领导班子能力强、作风纪律强、解决自身问题能力强。

五力大比拼 组织力比硬、发展力比富、治理力比效、环境力比美、战斗力比强。

双建争先 在建设清廉机关模范机关上争先。

四责协同 党委(党组)主体责任、党委(党组)书记第一责任、班子成员"一岗双责"、纪委监督责任"四责协同"机制。

清廉建设"十百千"五年行动 到2022年底,培育十家特色样本,到2026年,建成百家区级清廉建设示范单位,千家单位基本实现清廉单元规范化建设。

四不 不担当、不作为、不规矩、不适应。

清廉文化五大精品工程 新媒体作品、婺剧、书画、非遗、文旅产品。

浙江制造"品字标" 以"区域品牌、先进标准、市场认证、国际认同"为核心,以"标准+认证"为手段,集质量、技术、服务、信誉为一体,经市场与社会公认, 代表浙江制造业先进性的区域品牌形象标识。

农业"标准地" 全区范围内符合土地利用和

产业发展总体规划，满足相关控制性指标要求，在土地流转基础上，通过招商引进项目用于发展现代农业的耕地、园地和林地。

“大综合一体化”行政执法改革 以大综合方向为统领，以整体政府理念统筹行政执法，对行政执法体系进行体制性、机制性和结构性的集成改革，更大范围更大力度整合执法职责，优化配置执法资源，健全执法协同机制，推进行政执法理念、体制、机制创新和标准化规范化数字化建设。

四好农村路 建好、管好、护好、运营好。

救助对象三个率 探访关爱率、幸福清单送达率、救助“一件事”惠民联办率。

“两转一停” 原有营利性学科类培训机构转登为非营利性学科类培训机构，原有学科类培训机构转型为非学科类培训机构，原有学科类培训机构关停。

“八五”普法 在公民中开展法治宣传教育的第八个五年规划(2021—2025年)。

七张清单 基于巡视、审计、督查、群众信访等方面问题，运用数字化改革理念、方式、手段赋能全流程精密智控、全要素综合分析、全方位党建统领的综合应用，是省委抓党建、带全局的重要抓手和加强政治建设的具体举措。

食药环 食品药品和环境。

“最多跑一次”改革 通过“一窗受理、集成服务、一次办结”的服务模式创新，让企业和群众到政府办事实现“最多跑一次”的行政目标。

“无证明城市”改革 2019年2月23日起，金华启动全面实施“无证明城市”改革，市域内凡是需要群众、企业自己去政府机关、公共事业单位、服务机构开具证明的，一律取消。

五位一体 经济建设、政治建设、文化建设、社会建设和生态文明建设五位一体。

四个全面 全面建设社会主义现代化国家、全面深化改革、全面依法治国、全面从严治党。

“1483”发展战略 “1”是坚持“奋楫赶超争先，奋进共同富裕，凝心聚力建设高能级现代化都市核心区”的主题。“4”是建设“活力婺城”“品质婺城”“幸福婺城”“水墨婺城”。“8”是奋力提升“八个能级”打造“八个高地”：奋力提升经济能级，打造浙中产业新高地；奋力提升创新能级，打造数字化改革新高地；奋力提升城市能级，打造人居品质新高地；奋力提升乡村能级，打造共同富裕新高地；奋力提升公共服务能级，打造民生幸福新高地；奋力提升治理能级，打造法治建设新高地；奋力提升文化能级，打造浙中文化新高地；奋力提升生态能级，打造绿色发展新高地。“3”是纵深推进全面从严治党“三大工程”：实施变革重塑提能工程，锻造扛旗争先的过硬队伍；实施红动婺城强基工程，筑牢扛旗争先的战斗堡垒；实施清廉婺城深化工程，厚植扛旗争先的廉政根基。

雄鹰行动 助力培育本土跨国企业和具有全球竞争力的千亿级企业。

雏鹰行动 帮扶量大面广的优质中小企业，培育隐形冠军和单项冠军。

五个必须 必须应用话语体系，必须聚焦重构重塑，必须坚持多跨协同，必须推动标志性场景应用先行，必须要突出管用有效。

三张清单 重大需求、多跨场景、重大改革。一体化数字资源系统IRS应用：以云计算、大数据、人工智能、互联网等技术为支撑，是省域治理全过程数据感知、数据共享、数据计算的基础平台。

“揭榜挂帅”机制 以“奖金+股权”激励方式，邀约“全球大脑”解决产业发展难题。

综合交通大会战 高速度建设全国综合性交通枢纽。完成G60高速婺城互通项目，加快建设金建高铁、上华至琅琊公路等项目，开启婺城对外新通道；加快推进甬金衢上高速城区段、建武高速婺城段、金兰轨道、华龙南街北延、华东国际联运港婺城港区乾西作业区等重点项目，争取年内开工；加快谋划金华铁路枢纽扩容改造、金武永东轨道交通、虹戴公路二期、货运北线等项目，不断打通婺城外畅内联通道，形成都市区半小时通勤圈。高水平建设“四好农村路”，实施望山隐庐配套道路和白龙桥集镇周边路网完善工程，提升长山到城区道路等级，加快实现平原乡镇高等级公路全覆盖；高质量建设数字交通、平安交通、绿色交通，实现城乡公交一体化率达100%，打造3060个农村公路交通圈。

婺城拾珍 高山蔬菜、佛手、两头乌、高山茶、金华花茶、杜鹃花、桂花、无抗鸭、高端景观苗木、富硒米。

十大标志性项目 2022年婺城具有代表性的大项目、好项目。具体包含工业、城市更新、服务业、物流枢纽、公路、医疗卫生、教育等领域的十大项目。

"1+8+X"大救助体系 "1"是指一个系统,浙江省大救助信息系统"浙里救";"8"是指八类社会救助,低保、特困、救灾、医疗、教育、住房、就业、临时救助;"X"是指多元社会力量参与。

"1+1+N"委员培训体系 即每年举行一次全体委员专题辅导学习、一次骨干委员履职能力提升培训和日常多次知情明政调研交流。

矛盾纠纷化解"136"工作格局 10%以内矛盾纠纷化解在区级,30%以内矛盾纠纷化解在乡镇(街道),60%以上矛盾纠纷化解在村(社)。

"五改" 指老旧小区改造、背街小巷改造、城中村改造、撤村建居社区市政设施改善及危旧房改造。

索 引

说明：

一、本索引采用内容分析法,正文中凡具有独立检索意义的完整资料,包括条目、子目等均可使用索引检索。特载、统计公报、大事记、名录、附录等不作索引。

二、本索引按被索引词首字的汉语拼音字母顺序排列，首字相同按照第二个字的拼音字母顺序排列,依次类推。

A

B

C

D

F

G

H

J

K

L

M

N